Umstrukturierung durch *Schemes of Arrangement* mit Gesellschaftern im englischen Recht

Frankfurter wirtschaftsrechtliche Studien

Herausgegeben von
Theodor Baums, Andreas Cahn, Friedrich Kübler,
Hans-Joachim Mertens, Eckard Rehbinder, Gunther Teubner

Band 61

PETER LANG
Frankfurt am Main · Berlin · Bern · Bruxelles · New York · Oxford · Wien

Udo Prinz

Umstrukturierung durch *Schemes of Arrangement* mit Gesellschaftern im englischen Recht

– ein Vorbild?

PETER LANG
Europäischer Verlag der Wissenschaften

Bibliografische Information Der Deutschen Bibliothek
Die Deutsche Bibliothek verzeichnet diese Publikation in der Deutschen Nationalbibliografie; detaillierte bibliografische Daten sind im Internet über <http://dnb.ddb.de> abrufbar.

Zugl.: Frankfurt (Main), Univ., Diss., 2003

D 30
ISSN 0723-0427
ISBN 3-631-52286-X

www.peterlang.de

Meinen Eltern

Vorwort

Die vorliegende Arbeit wurde im Sommersemester 2003 von der juristischen Fakultät der Johann Wolfgang Goethe-Universität Frankfurt am Main als Dissertation angenommen. Die weitere Entwicklung im Schrifttum und in der Rechtsprechung wurde bis Anfang Dezember 2003 soweit wie möglich berücksichtigt.

Das Thema wurde von meinem verehrten Doktorvater, Herrn Prof. Dr. Dr. h. c. Theodor Baums, angeregt und während aller Phasen der Bearbeitung mit großem Interesse unterstützt und gefördert. Herr Prof. Dr. Andreas Cahn hat die Aufgabe des Zweitgutachters übernommen. Beiden sei an dieser Stelle mein herzlicher Dank ausgedrückt, ebenso auch den weiteren Herausgebern der „Frankfurter wirtschaftsrechtliche Studien" Prof. Dr. Hans-Joachim Mertens, Prof. Dr. Friedrich Kübler, Prof. Dr. Eckard Rehbinder und Prof. Dr. Gunther Teubner für die Aufnahme der Arbeit in diese Schriftenreihe.

Von den vielen anderen Menschen, die mich bei diesem Projekt begleitet und unterstützt haben, möchte ich an dieser Stelle folgenden ganz besonders danken:

Der Anwaltssozietät Freshfields Bruckhaus Deringer, Frankfurt, dort vor allem Herrn Dr. Andreas Fabritius, für „logistische" Hilfe, für die Großzügigkeit, der Dissertation stets Vorrang gegenüber den Aufgaben in der Kanzlei eingeräumt zu haben, sowie für interessante Einblicke in die deutsche Umstrukturierungspraxis.

Meinem Bonner Studienfreund Herrn Ref. jur. Dirk Florian Schäfer, LL.M., für die „logistische" Unterstützung aus Londoner Bibliotheken und für die Unterbringung während kurzer Forschungsaufenthalte in London.

Den Trägern und Mitarbeitern der anderen Bibliotheken, in denen ich forschen durfte, insbesondere den Bibliotheken des Fachbereichs Rechtswissenschaft der Johann Wolfgang Goethe-Universität Frankfurt am Main sowie der rechtswissenschaftlichen Fakultät der Rheinischen Friedrich-Wilhelms Universität Bonn.

Dem englischen Verlag „Practical Law Company" für einen kostenlosen Internetzugang zum Verlagsangebot.

Meinen Eltern, Geschwistern und Freunden für Aufmunterung und Hilfe während der Erstellung dieser Arbeit.

Meiner Verlobten Anne-Sophie für Ihre ständige Geduld, Ihr Verständnis und Ihre Unterstützung.

Frankfurt am Main, im Dezember 2003 — Udo Prinz

Inhaltsverzeichnis

Allgemeiner Teil: Das Verfahren gem. secs. 425 - 427A Companies Act 1985

Besonderer Teil: Anwendungsbereiche des „Scheme of Arrangement“

Abkürzungsverzeichnis

a.A.	anderer Ansicht
a.a.O.	an angegebenen Orte
Abl.	Amtsblatt
Abs.	Absatz
A.C.	Law Reports Appeal Cases, seit 1891
A.C.L.C.	Australian Company Law Cases
A.C.L.R.	Australian Company Law Reports
A.C.S.R.	Australian Corporations and Securities Reports
ACT	Advance Corporation Tax
ADR	American Depository Receipt
a.E.	am Ende
a.F.	alte Fassung
AG	Die Aktiengesellschaft (Zeitschrift)
AG	Aktiengesellschaft
AktG	Aktiengesetz
All E.R.	All England Law Reports
Anm.	Anmerkung
AO	Abgabenordnung
App. Cas.	Appeal Cases (English Law Reports), 1875-1890
Art.	Artikel
Aufl.	Auflage
Az.	Aktenzeichen
B.A.	Bankruptcy Act
BayObLG	Bayerisches Oberstes Landesgericht
BayObLGZ	Entscheidungen des Bayerischen Obersten Landesgerichts in Zivilsachen
BB	Der Betriebsberater
B. & B.	Broderip & Bingham's English Common Pleas Reports
B.C.C.	British Company Cases
B.C.L.C.	Butterworths Company Law Cases
Bd.	Band
Begr.	Begründer
BegrRegE	Begründung zum Regierungsentwurf
betr.	betreffend
Beschl.	Beschluß
BGB	Bürgerliches Gesetzbuch
BGBl.	Bundesgesetzblatt

BGH	Bundesgerichtshof
BGHZ	Entscheidungen des Bundesgerichtshofs in Zivilsachen
BILAJ	British Insurance Law Association Journal
BKR	Zeitschrift für Bank- und Kapitalmarktrecht
Bros.	Brothers
B.V.	Besloten Vennootschap
BVerfG	Bundesverfassungsgericht
BVerfGE	Entscheidungen des Bundesverfassungsgerichts
bzw.	beziehungsweise
c.	Citator
CA	Companies Act
C.A.	Court of Appeal
Ch.	Law Reports, Chancery Division, seit 1891 bzw. Chapter
Ch.App.	Chancery Appeal Cases, 1865-1875
Ch.D.	Law Reports, Chancery Division, 1876-1890
C.L.R.	Commonwealth Law Reports (Australia)
Cmd.	Command Paper
Co.	Company, Compagnie
Col. L. Rev.	Columbia Law Review
Comp. Lawy.	The Company Lawyer
Corp.	Corporation
CPR	Civil Procedure Rules
C.S.	Court of Session
CTA	Corporation Tax Act
Ct. of Sn.	Court of Session
DAV	Deutscher Anwaltverein e.V.
DB	Der Betrieb
DBA	Doppelbesteuerungsabkommen
ders.	derselbe
d.h.	das heißt
dies.	dieselbe(n)
diff.	differenzierend
D.L.R.	Dominion Law Reports
DNotZ	Deutsche Notarzeitung
DPCI	Droit et Pratique du Commerce International
D.R.	Decision Reports (European Commission of Human Rights)
DStR	Deutsche Zeitschrift für Steuerrecht
DTI	Department of Trade and Industry

DWiR	Deutsche Zeitschrift für Wirtschaftsrecht
ebd.	ebenda
EBLR	European Business Law Review
EC	European Community, European Counsel
Edw.	Edward
EG	Europäische Gemeinschaft
EGBGB	Einführungsgesetz zum Bürgerlichen Gesetzbuch
EGV	Vertrag zur Gründung der Europäischen Gemeinschaft
E.H.R.R.	European Human Rights Report
Einl.	Einleitung
EMRK	Europäische Menschenrechtskonvention
Eq.	Equity Cases
et al.	et alii, und andere
etc.	et cetera
EuGH	Gerichtshof der Europäischen Gemeinschaften
EWiR	Entscheidungen zum Wirtschaftsrecht
Ex.	Exchequer
Ex.D.	Law Reports, Exchequer Division
ex p.	ex parte
F.	Federal Reporter
f.	folgende
FA	Finance Act
F.C.	Full Court
Fed. C.A.	Federal Court of Appeal
FGG	Gesetz über die Angelegenheiten der freiwilligen Gerichtsbarkeit
ff.	fortfolgende
Fn.	Fußnote
FS	Festschrift
FSA	Financial Services Authority
FSMA	Financial Services and Markets Act
GA	Generalanwalt
GB	Großbritannien
Gen.	General
Geo.	George
GG	Grundgesetz
ggf.	gegebenenfalls

GmbH	Gesellschaft mit beschränkter Haftung
GmbHG	Gesetz betreffend die Gesellschaften mit beschränkter Haftung
GmbHR	GmbH-Rundschau
GroßKomm	Großkommentar
Harv. L. Rev.	Harvard Law Review
H.C.	High Court
HGB	Handelsgesetzbuch
H.K.L.R.	Hong Kong Law Review
H.L.	House of Lords
H.L.C.	House of Lords Cases
h.M.	herrschende Meinung
H(em). & M.	Hemming and Miller's Reports, 1862-1865
HMSO	Her Majesty's Stationery Office
H. & N.	Hurlstone and Normann
HoldCo.	holding company, Holding-Kapitalgesellschaft
Hrsg.	Herausgeber
hrsg.	herausgegeben
HRV	Handelsregisterverfügung
HS	Halbsatz
IA	Insolvency Act
ICCLR	International Company and Commercial Law Review
I.C.I.	Imperial Chemical Industries
ICTA	Income and Corporation Taxes Act
i.d.R.	in der Regel
i.d.S.	in diesem Sinne
IDW	Institut der Wirtschaftsprüfer
i.E.	im Ergebnis
i.e.	id est
IFLR	International Financial Law Review
I.H.	Inner House
i.H.v.	in Höhe von
ILP	Insolvency Law & Practice
Inc.	incorporated
insbes.	insbesondere
InsInt	Insolvency Intelligence
InsO	Insolvenzordnung
Insolv. Lawy.	Insolvency Lawyer
IntBFL	International Banking and Finance Law

IntBL	International Banking Law
IntILR	International Insurance Law Review
IPR	Internationales Privatrecht
IPRax	Praxis des Internationalen Privat- und Verfahrensrechts
IR	Insolvency Rules
I.R.C., IRC	Commissioners of the Inland Revenue
i.S.v.	im Sinne von
i.S.d.	im Sinne des/der
i.V.m.	in Verbindung mit
J.	Justice
JBL	Journal of Business Law
JIBL	Journal of International Banking Law
JIFM	Journal of International Financial Markets
JZ	Juristen Zeitung
K.B.	Law Reports, King's Bench Division, seit 1901
KG	Kammergericht, Kommanditgesellschaft
KK	Kölner Kommentar
KStG	Körperschaftssteuergesetz
KTS	Zeitschrift für Insolvenzrecht (bis 1989: Zeitschrift für Konkurs-, Treuhands- und Schiedsgerichtswesen)
LBO	Leveraged Buy-Out
L.J.	Lord Justice
L.J. Ch.	Law Journal, New Series, Chancery Division
Lloyd's Rep.	Lloyd's Law Reports
L.Q.R.	Law Quarterly Review
L.R.	Law Reports
L.R. Ch.App.	Law Reports, Chancery Appeal Cases
L.R. Eq.	Law Reports, Equity Cases
L.R. (N.S.W.)	Law Reports (New South Wales)
L.T.	Law Times Reports
LSE	London Stock Exchange
Ltd.	Privat Limited Company
Mat.	Materialien
MBO	Management Buy-Out
Mio.	Million(en)
M.L.R.	Modern Law Review

Mrd.	Milliarde(n)
MüKo	Münchener Kommentar
MünchHdb.	Münchener Handbuch
m.w.N.	mit weiteren Nachweisen
NewCo.	new company, neu gegründete Kapitalgesellschaft
n.F.	neue Fassung
NJW	Neue Juristische Wochenschrift
NJW-RR	NJW-Rechtsprechungs-Report Zivilrecht
No.	Numero
Nr.	Nummer
N.S.W.	New South Wales
N.S.W.L.R.	New South Wales Law Reports
N.V.	Naamlooze Vennootschap
NYSE	New Yorck Stock Exchange
N.Z.	New Zealand
NZG	Neue Zeitschrift für Gesellschaftsrecht
N.Z.L.R.	New Zealand Law Reports
o.g.	oben genannte(r/s)
O.H.	Outer House
OLG	Oberlandesgericht
P.	Law Reports, Probate and Divorce
para.	Paragraph
paras.	Paragraphen
P.C.	Privy Council
PD	Practice Direction
P.I.C.	Palmer's In Company
plc., plcs.	Public Limited Company, Companies
PLC	Practical law for companies
Prot.	Protokoll
Pt.	Part
Pty.	Party
Q.B.	Law Reports, Queen's Bench, 1865-1875
Q.B.D.	Law Reports, Queen's Bench Division, 1875-1890
Qd.R.	Queensland Law Reports

R.	Rettie, Crawford and Melville, Court of Session Cases, 4th series (Scotland)
r.	rule
RabelsZ	Rabels Zeitschrift für ausländisches und internationales Privatrecht
Re	in Sachen
RefE	Referentenentwurf
reg.	Regulation
RegBegr.	Regierungsbegründung
RG	Reichsgericht
RGBl.	Reichsgesetzblatt
RGZ	Entscheidungen des Reichsgerichts in Zivilsachen
Rn.	Randnummer
RIW	Recht der Internationalen Wirtschaft
Rs.	Rechtssache
Ry.	Railway
Rz.	Randziffer
S.	Seite, Satz
s.	siehe
S.A.	société anonyme
S.A.L.R.	South African Law Reports
SARs	Rules Governing Substantial Acquisitions of Shares
S.A.S.R.	South Australian State Reports
S.C.	Supreme Court, Session Cases, seit 1906
Sched.	Schedule
SchVG	Schuldverschreibungsgesetz
SE	Societas Europaea
SEC	Securities and Exchange Commission
sec.	section
secs.	sections
S.I.	Statutory Instrument
Slg.	Sammlung der Rechtsprechung des Gerichtshofes
S.L.T.	Scots Law Times, seit 1893
s.o.	siehe oben
sog.	sogenannte(r)
Sol.Jo.	Solicitors' Journal
Sonderbeil.	Sonderbeilage
SP	Statement of Practice
SpruchG	Spruchverfahrensgesetz

ss.	subsection
S.T.C.	Simon's Tax Cases
st. Rspr.	Ständige Rechtsprechung
Sten. Ber.	Stenographische Berichte
s.u.	siehe unten
SubHoldCo.	Zwischenholdinggesellschaft
subsec(s).	subsection(s)
Tax Cas.	Reports of Tax Cases
TCGA	Taxation of Chargeable Gains Act
T.L.R.	Times Law Reports, seit 1885
u.a.	und andere, unter anderem
UK	United Kingdom
UmwG	Umwandlungsgesetz
UmwR	Umwandlungsrecht
UmwStG	Umwandlungssteuergesetz
URN	Unique Reference Number
US	United States
u.U.	unter Umständen
v.	versus, von, vom
V.C.	Vice Chancellor (=Präsident der Chancery Division)
VerglO	Vergleichsordnung
vgl.	vergleiche
Vict.	Victoria
VO	Verordnung
Vol.	Volume
V.R.	Victoria Law Reports
W.L.R.	Weekly Law Reports
WM	Wertpapiermitteilungen
W.N.	Weekly Notes
Wpg.	Die Wirtschaftsprüfung
W.R.	Weekly Reporter
z.	zum
z.B.	zum Beispiel
ZBB	Zeitschrift für Bankrecht und Bankwirtschaft
ZGR	Zeitschrift für Unternehmens- und Gesellschaftsrecht

ZHR	Zeitschrift für das gesamte Handels- und Wirtschaftsrecht
Zif.	Ziffer
ZIP	Zeitschrift für Wirtschaftsrecht
zit.	zitiert
ZPO	Zivilprozeßordnung
z.T.	zum Teil
zzgl.	zuzüglich

Einführung

§ 1: Gegenstand, Zielsetzung und Gang der Untersuchung

I. Gegenstand

Das englische Kapitalgesellschaftsrecht zeichnet sich seit jeher durch große Flexibilität und Liberalität aus. Exemplarisch dafür steht das Rechtsinstitut des „Scheme of Arrangement“ gem. secs. 425 - 427A Companies Act 1985.

In diesem formalisierten Vergleichsplanverfahren, dem der Companies Act 1985 keinen genauen Anwendungsbereich zuweist, läßt sich die gesamte Gesellschafter- und Gläubigerrechtsstruktur eines Unternehmens durch qualifizierte Mehrheitsbeschlüsse der jeweils betroffenen Gesellschafter oder Gläubiger unter Aufsicht des Gerichts umgestalten. Von der bloßen Schuldenstundung über Abschwächungen und Umwandlungen von Eigen- wie Fremdkapitalgeberrechten bis zur Verschmelzung mit einer anderen Gesellschaft oder zur freundlichen Übernahme aller Anteile durch einen Bieter bieten sich die verschiedensten Fallkonstellationen an, in denen dieses Rechtsinstitut zum Einsatz gebracht werden kann. Das „Scheme of Arrangement“ erfreut sich in der Praxis in weiten Bereichen großer Beliebtheit.

Grob gliedert sich das Verfahren in drei Schritte. Zuerst wird ein Antrag bei Gericht auf Einleitung des Verfahrens zum vorgeschlagenen Vergleichsplan gestellt. Anschließend stimmen nach Weisungen des Gerichts einberufene und abzuhaltende Versammlungen über das „Scheme“ ab. Bei positivem Ausgang der Abstimmung wird es in einem dritten Schritt demselben Gericht zur Genehmigung vorgelegt und erlangt anschließend Wirksamkeit.

Im deutschen Rechtssystem gibt es kein Rechtsinstitut mit derart flexiblen Anwendungsmöglichkeiten. Am ehesten gleicht ihm im deutschen Recht der aber nur auf Insolvenzfälle und Gläubigervergleiche beschränkte Insolvenzplan gem. §§ 217 ff. InsO, der das Verfahren nach Kapitel 11 des US-amerikanischen Bankruptcy Act zum Vorbild hat, das wiederum durch das englische „Scheme of Arrangement“ beeinflußt ist[1].

Eine ähnliche Plankonzeption, die aber nur auf die Änderung der Rechte von Schuldverschreibungsinhabern beschränkt ist, weist das Schuldverschreibungsge-

---

[1] Rosenberg, Col. L. Rev. 17 (1917), 523, 530 ff.; Spring, Harv. L. Rev. 32 (1919) 489, 490 f.; Riesenfeld, KTS 1983, 85, 86 ff. zu den Vorläufern von Kapitel 11 B.A.

setz (SchVG) auf. Auch dieses Verfahren wurde durch einen Vorläufer des „Scheme of Arrangement" beeinflußt.[2]

Auf Gesellschafterseite sind dem deutschen Kapitalgesellschaftsrecht flexible Gesamtplankonzeptionen fremd. Vielmehr unterliegt die Umstrukturierung hier einer ausführlichen Reglementierung durch eine Vielzahl bereichsspezifischer Rechtsinstitute mit einer mehr oder minder großen tatbestandlichen Rigidität.

II. Einschränkung der Untersuchung

Wegen der Fülle der Anwendungsfälle beschränkt sich diese Untersuchung auf „Schemes of Arrangement" gem. secs. 425 - 427A Companies Act mit Anteilseignern („shareholders") bzw. allgemeiner Gesellschaftern („members"), so daß Umstrukturierungen im Bereich der Gesellschafterrechtsstruktur im Vordergrund stehen. Sofern solche „Schemes" gleichzeitig auch Gläubigerrechte modifizieren, wie das insbesondere bei umfassenden Sanierungsplänen der Fall sein kann, läßt sich eine solche Trennung zwar nicht immer strikt durchführen. Dennoch ist eine solche Kategorisierung zur Vereinfachung der Darstellung geboten.

Diese Einschränkung wird dazu führen, daß insbesondere der Bereich der Umgestaltung der Rechte von Schuldverschreibungs- und Anleihegläubigern („debenture-" und „bond-holder") nicht schwerpunktmäßig dargestellt wird und ein detaillierter Rechtsvergleich mit der Änderung der Schuldverschreibungs- und Anleihebedingungen im deutschen Recht[3] unterbleibt. Auch wird die Bedeutung von Vergleichsplänen in der Sanierungspraxis[4] und im Unternehmensinsolvenzrecht nur gestreift und auf eine Gegenüberstellung mit den anderen insolvenzrechtlichen Institutionen in England[5] sowie mit dem deutschen Insolvenzplan gem. §§ 217 ff. InsO verzichtet.

[2] Vgl. den Abdruck des Railways Companies Act 1867 in Anlage A zur Regierungsbegründung zum „Entwurf eines Gesetzes, betreffend das Pfandrecht an Eisenbahnen und die Zwangsvollstreckung in dieselben" (sog. „Eisenbahnentwurf", Sten. Ber. Über die Verhandlungen des Reichstags, 4. Legislaturperiode, II. Session 1879, 5. Bd., Aktenstück 130) als gesetzgeberischem Vorläufer des SchVG; dazu Vogel, Die Vergemeinschaftung der Anleihegläubiger und ihre Vertretung nach dem Schuldverschreibungsgesetz, 1999, S. 81 ff.

[3] Zur deutschen Rechtslage siehe Vogel, Die Vergemeinschaftung der Anleihegläubiger und ihre Vertretung nach dem Schuldverschreibungsgesetz, 1999; ders., ZBB 1996, 321 ff.; Hopt, FS Steindorff, S. 341 ff.; Kümpel, Bank- und Kapitalmarktrecht, 2. Aufl. 2000, S. 1264-1278, insbes. 1269 ff.

[4] Siehe z.B. Gillespie, PLC Oktober 1990, 19 ff.; Gillespie, PLC November 2001, 27 ff.

[5] Spezifisch mit den einzelnen Institutionen des Unternehmensinsolvenzrechts setzen sich auseinander: Flessner, Sanierung und Reorganisation, 1982, S. 156-163; Perker, Das Reorganisationsverfahren im englischen Insolvenzrecht im Vergleich zur geplanten deutschen Insolvenzordnung, 1994; Reinhart, Sanierungsverfahren im internationalen Insolvenzrecht, 1995, S.

Bei der Darstellung des „Scheme of Arrangement" gem. secs. 425 ff. CA 1985 wird auf die steuerlichen Implikationen grundsätzlich nur eingegangen, wenn sie spezifisch für ein Vorgehen gem. secs. 425 ff. CA 1985 sind. Eine allgemeine Darstellung der Besteuerung von gesellschaftsrechtlich relevanten Umstrukturierungsvorgängen, die überwiegend auch mittels eines „Scheme of Arrangement" durchgeführt werden können, würde den Rahmen dieser Arbeit sprengen, so daß auf sie verzichtet werden muß.

Es ist weiterhin darauf hinzuweisen, daß sich die Untersuchung auf das englische Recht beschränkt und nicht auf die meist nur geringen Unterschiede für das restliche Vereinigte Königreich mit Wales, Schottland, Nordirland, der Insel Man und den Kanalinseln (Guernsey, Jersey, Alderney und Sark) eingeht. Eine Ausweitung auf das gesamte britische Recht verspricht keinen nennenswerten rechtswissenschaftlichen Gewinn im Rahmen dieser Untersuchung und unterbleibt daher.[6]

Auch auf die Verbreitung des „Scheme of Arrangement" in den Staaten des Commonwealth und dort abweichende Gerichtsurteile mit entsprechenden Denkanstößen für eine kritische Würdigung der englischen Rechtsprechung wird nur bei Bedarf eingegangen.[7]

39-48; Starnecker, Englische Insolvenzverfahren - Administrative Receivership und Administration Order vor dem Hintergrund der deutschen Insolvenzordnung, 1995; Vach, Aspekte der Insolvenzrechtsreform von 1986 in England, 1991, S. 84-170.

[6] Es sei angemerkt, daß sich der Companies Act 1985 zwar auf Wales und Schottland erstreckt, gem. sec. 745 CA 1985 nicht jedoch auf Nordirland. Für Wales gilt nahezu uneingeschränkt der Companies Act 1985, für Schottland bestehen einige Ausnahmeregelungen, vgl. z.B. die secs. 410-424 CA 1985. Nordirland hat ein eigenes Recht der Kapitalgesellschaften, das im Companies Act (Northern Ireland) 1960 und der Companies (Northern Ireland) Order 1986 (beide in der jeweils gültigen Fassung) geregelt ist. Die Kodifikationen entsprechen jedoch im wesentlichen den Bestimmungen des Companies Act 1985. So enthält Artikel 418 der Companies (Northern Ireland) Order 1986 in fast identischer Form das Rechtsinstitut des „Scheme of Arrangement". Lediglich auf der Insel Man und den Kanalinseln bestehen stärker abweichende eigenständige Regelungen des Kapitalgesellschaftsrechts, vgl. dazu Pennington, Jura Europae, 90.00 Anm. 2; Gower and Davies, S. 104 f.

[7] Hier sei ausschnitthaft zu verweisen auf folgende Aufsätze und Regelungen: Stranex, JBL 1989, 177 ff. (*Südafrika*: sec. 311 CA 1973); Pyman/Foster, JIBL 1987, 184 ff., Coonan, ICCLR 1997, C59 ff. und Frieze, InsInt 1992, 17 ff. (*Australien*, secs. 315 ff. CA 1981); Tay, JIBL 1994, N191 ff. (*Kanada*: Business Corporations Act); Booth, JBL 2001, 126 ff. (*Hong Kong*: sec. 166 Companies Ordinance); Ogowewo, ICCLR 1996, 55 ff. (*Nigeria*: secs. 539, 591 Companies and Allied Matters Act 1990).

III. Begriffsklärung

Unter dem Begriff „Scheme of Arrangement“ bündelten sich im Laufe der Geschichte des englischen Kapitalgesellschaftsrechts eine Vielzahl von Verfahren. Die meisten wurden aber im Laufe der Zeit aufgehoben, so zuletzt die in sec. 539 und sec. 601 Companies Act 1985 enthaltenen „Schemes“, die mit Wirkung vom 29. Dezember 1986 an durch sec. 438 i.V.m. Sched. 12 Insolvency Act 1986 aufgehoben wurden.[8]

Im übrigen wird im Schrifttum teilweise[9] der Liquidationsplan gem. secs. 110, 111 Insolvency Act 1986[10] oder das „company voluntary arrangement“ gem. secs. 1 - 7 IA 1986[11] als „Scheme of Arrangement“ behandelt. Auch für Vergleichspläne von natürlichen Personen mit Gläubigern nach dem Deeds of Arrangement Act 1914 oder nach sec. 260 IA 1986 wird zum Teil[12] der Begriff „Scheme of Arrangement“ verwandt.

Das Gesetz versteht heute unter dem Begriff „Scheme of Arrangement“ sowohl den Liquidationsplan gem. secs. 110, 111 IA 1986 als auch das Verfahren nach secs. 425 ff. CA 1985, so etwa in den secs. 44 (7), 103 (7) oder 131 (7) CA 1985. Weder sec. 110 IA 1986 noch sec. 425 CA 1985 verwenden selbst den Begriff „Scheme of Arrangement“, verwandt wird nur der Begriff „arrangement“.

Trotz allem wird im ganz überwiegenden rechtswissenschaftlichen Schrifttum zum englischen Kapitalgesellschaftsrecht und in der Praxis unter „Scheme of Arrangement“ (nur) ein solches gem. secs. 425-427A Companies Act 1985 verstanden.

Der Begriff „Scheme of Arrangement“ oder nur „Scheme“ wird daher im folgenden häufig anstelle der eigentlich korrekten Bezeichnung „Scheme of Arrangement“ im Sinne der secs. 425 - 427A CA 1985 verwandt. Das „Scheme of Arrangement“ gem. secs. 110, 111 Insolvency Act 1986 wird unter dem Begriff des Liquidationsplans oder Liquidationsplanverfahrens geführt. Ein „company voluntary arrangement“ wird als Unternehmensinsolvenzrechtsinstitut nur kurz erwähnt und nicht übersetzt.

---

[8] Vgl. dazu Rajak, Company Liquidations, 1988, Rz. 102 ff.; Perker, Das Reorganisationsverfahren im englischen Insolvenzrecht im Vergleich zur geplanten deutschen Insolvenzordnung, S. 20 Fn. 38.

[9] Lingard, Corporate Rescues and Insolvencies, 2. Aufl. 1989, S. 49 ff.

[10] Eine Plankonzeption zur Unternehmens- und Vermögensübertragung im Rahmen einer freiwilligen Abwicklung, die damit der übertragenden Auflösung gem. §§ 179 a, 262 Abs. 1 Nr. 2 AktG ähnelt, siehe S. 336 ff.

[11] Ein vereinfachtes Vergleichsplanverfahren ohne gerichtliche Aufsicht, das im Krisen- und Insolvenzfall angewandt wird, siehe S. 158.

[12] Vgl. Triebel/Hodgson/Kellenter/Müller, Englisches Handels- und Wirtschaftsrecht, 2. Aufl. 1995, Rz. 822, 824; v. Bernstorff, Einführung in das englische Recht, 2. Aufl. 2000, S. 186.

IV. Übersetzung

Vielfach[13] wird der Begriff „Scheme of Arrangement" in deutschen Abhandlungen - wie auch teilweise hier - gar nicht übersetzt. Ansonsten variieren die Übersetzungsvorschläge.

Teilweise[14] wird je nach Anwendungsbereich und Funktion eine andere Übersetzung gewählt, so daß als Übersetzung „Anpassungs-", „Fusions-", „Spaltungs-" und „Sanierungsplan" in Betracht kommen. Diese Vorgehensweise wird jedoch in dieser Abhandlung nicht übernommen, da sie zu großer Verwirrung führen würde. Dennoch wird insoweit der funktionalen Unterscheidung gefolgt, als Begriffe wie „takeover scheme" oder „cancellation and reduction scheme" unübersetzt benutzt werden, wenn ein „Scheme of Arrangement" zum Beispiel für eine Unternehmensübernahme benutzt wird.

Wieder andere[15] sprechen im Hinblick auf die Bindungswirkung auch für dissentierende Minderheiten von einem Zwangsvergleich.

Flessner[16] verwendet den Begriff „Arrangement-Verfahren", das sich durch Übernahme des Bestandteils Arrangement an den englischen Begriff anlehnt, was den Vorteil hat, einen in der deutschen Rechtssprache nicht belegten und damit neutralen Begriff zu wählen.

Zum Teil[17] orientiert sich die Übersetzung an einer genauen Übertragung Wort für Wort, deren Ergebnis „Vergleichs"- oder „Vergleichsplanverfahren" ist. Dieser Begriff trifft auch am ehesten den Kern der secs. 425 ff. CA 1985, auch wenn die Kriterien für ein „arrangement" derart aufgeweicht sind, daß ein Vergleich nur noch dem Grundsatz entsprechend vorliegen muß. Als Nachteil dieser Übersetzung ist des weiteren denkbar, daß durch sie in Anspielung auf die vor der InsO in Deutschland geltenden VerglO die Beschränkung der Anwendung auf die Insolvenz-/Konkurssituation suggeriert wird. Wenn man aber die weite Bedeutung des Begriffs „Vergleich" im deutschen Recht in Betracht zieht, dürften sich diese Bedenken auflösen.

---

[13] Gillessen, Europäische transnationale Sitzverlegung und Fusion im Vereinigten Königreich und in Irland, 2000, S. 241-290, 348-383; Müller-Driver, Grenzüberschreitende Restrukturierungen von Kapitalgesellschaften zwischen Deutschland und England, 2002, S. 39 ff.; Perker, a.a.O., S. 20 f.; Reinhart, a.a.O., S. 39-48; Starnecker, a.a.O.; Vach, a.a.O., S. 103-119.

[14] Pennington, Jura Europae, Bd. IV, § 90.10 Rz. 150, 176 ff.

[15] Gottwald, KTS 1981, 17, 20, 27 ff.

[16] Flessner, a.a.O., S. 156 - 163; vgl. auch Lange, ZIP 1991, 850, 853.

[17] Lange, ZIP 1991, 850, 853; Widmann/Mayer-Tomsett/Thömmes, UmwR, Bd. 6, Anh. 3: Großbritannien, Rz. GB 21 ff.; Romain/Bader/Byrd, Wörterbuch der Rechts- und Wirtschaftssprache, 5. Aufl. 2000, Bd. 1, S. 724.

In dieser Untersuchung wird entweder der englische Begriff oder die Übersetzung als „Vergleichsplan“ und stellenweise auch als „Arrangement-Verfahren“ gewählt.

V. Zielsetzung

In der vorliegenden Untersuchung soll eine detaillierte Analyse von „Schemes of Arrangement“ gem. secs. 425 - 427A Companies Act 1985 mit Gesellschaftern in ihren jeweiligen Anwendungsbereichen und der dort konkurrierenden Rechtsinstitute des englischen Rechts sowie eine Gegenüberstellung mit jeweils einschlägigen deutschen Institutionen erfolgen. Es sollen die Vor- und Nachteile des englischen Rechtsinstituts herausgestellt und Denkanstöße für eine mögliche Fortentwicklung des deutschen Rechts gewonnen werden. Aus rechtsvergleichender Sicht wird auf die Vor- und Nachteile eines übergreifenden und flexiblen Umstrukturierungsrechtsinstituts sowie auf Einzelaspekte des Anteilseigner-, Minderheiten- und Gläubigerschutzes eingegangen, die zu einem differenzierten Urteil über das „Scheme of Arrangement“ aus rechtsvergleichender Sicht führen sollen.

Mit der nachfolgenden Untersuchung wird einer Anregung zur Untersuchung des „Schemes of Arrangement“ als Finanzierungsmittel aus dem Bericht der Regierungskommission „Corporate Governance“ gefolgt, worin eine Übernahme dieses Rechtsinstituts in das deutsche Recht unter anderem mit der Begründung abgelehnt wurde, daß es in der deutschen Literatur bislang weder in seinen Voraussetzungen, Funktionsweisen und Defiziten analysiert noch den deutschen Institutionen gegenübergestellt worden ist.[18]

VI. Gang der Untersuchung

Die Untersuchung ist in einen Allgemeinen und einen Besonderen Teil aufgeteilt und folgt damit einem in der deutschen Rechtswissenschaft verbreiteten, aber der Rechtsvergleichung eher fremden Muster, bei der meist nach der getrennten Darstellung der beiden Problemlösungsansätze in den jeweiligen Rechtsordnungen ein Vergleich folgt.

Nach einem schwerpunktbezogenen Überblick über das englische Kapitalgesellschaftsrecht noch innerhalb der Einführung stellt der Allgemeine Teil das Rechts-institut des „Scheme of Arrangement“ in abstrakter Form dar, ohne ausführlich auf bestimmte Planinhalte und Konkurrenzinstitute einzugehen. Zunächst

---

[18] Baums-Bericht, Rz. 244.

wird dabei auf historische Entwicklung des „Scheme of Arrangement“ eingegangen, bevor anschließend eine detaillierte Beschreibung des Verfahrens nach secs. 425 - 427A Companies Act 1985 erfolgt. Dabei werden Sonderprobleme in eigenen Abschnitten behandelt.

Im Besonderen Teil werden die facettenreichen Funktionsweisen des „Scheme of Arrangement“ behandelt. Hier wird auf die Vor- und Nachteile dieses Rechtsinstituts eingegangen, die sich in Gegenüberstellung mit den jeweils konkurrierenden englischen Gestaltungsmöglichkeiten, denen in diesem Besonderen Teil besonderes Augenmerk geschenkt wird, herauskristallisieren.

Da eine umfassende Vergleichsplankonzeption im deutschen Recht fehlt, erfolgt ein Rechtsvergleich nicht in allgemeiner Form. Vielmehr wird eine anwendungsbereichsspezifische Gegenüberstellung der relevanten Institute im deutschen Recht vorgenommen. Damit die Situation im englischen Recht dem geistigen Auge nicht zu weit entrückt und ein ständiges Zurückblättern so weit wie möglich erspart bleibt, findet diese Form des Rechtsvergleichs nicht in einem neuen komparativen Teil statt, sondern am Schluß jeder Darstellung eines Anwendungsbereichs im Besonderen Teil dieser Arbeit. Dabei wird nicht von allen möglichen Implementierungsvarianten des jeweiligen Anwendungsbereichs im deutschen Recht ausgegangen, sondern nur von dem jeweiligen Kerninstitut oder Rechtsinstitut, das in der jeweiligen Fallgruppe dem „Scheme of Arrangement“ am ehesten entspricht.

Schließen wird die Untersuchung mit einer zusammenfassenden Bewertung des untersuchten englischen Verfahrens.

§ 2: Grundbegriffe des englischen Kapitalgesellschaftsrechts

Zum Verständnis des Rechtsinstituts des „Scheme of Arrangement" gem. secs. 425 ff. Companies Act 1985 ist zunächst seine Einbettung in das englische Kapitalgesellschaftsrecht darzulegen. Dadurch soll das begriffliche und systematische Rüstzeug für die vielfältigen und teilweise recht komplizierten Funktionsweisen dieses Rechtsinstituts vermittelt werden, ohne dabei eine weitere Gesamtdarstellung des englischen Gesellschaftsrechts in deutscher Sprache[1] zu liefern. Daher wird ein Überblick über die verschiedenen „company"-Begriffe gegeben, die grundsätzliche Struktur der „company" nur kurz dargestellt sowie die Finanzverfassung und dabei vor allem die Grundsätze der Kapitalerhaltung erläutert. Die dynamischen Mechanismen zur Satzungs- und Strukturänderung werden allerdings erst später im Besonderen Teil als zu den secs. 425 ff. CA 1985 konkurrierende Rechtsinstitute dargestellt.

I. Begriff der „company" im englischen Gesellschaftsrecht

1. Allgemeine Bemerkungen

Im deutschen Rechtssystem umfaßt der Begriff der Gesellschaft sowohl Personen- als auch Kapitalgesellschaften. Das englische Rechtssystem kennt demgegenüber keinen derart weiten Begriff der „company", sondern trennt strikt zwischen Personengesellschaften, den „partnerships"[2], und Kapitalgesellschaften, den „companies". Für Mischformen, wie in Deutschland die GmbH & Co. KG, besteht aufgrund der hohen Flexibilität der Rechtsform der „company" kein Be-

[1] Vgl. etwa Triebel/Hodgson/Kellenter/Müller, Englisches Handels- und Wirtschaftsrecht, 2. Aufl. 1995, §§ 4 - 10; Güthoff, Gesellschaftsrecht in Großbritannien, 2. Aufl. 1998; Behrens, Die Gesellschaft mit beschränkter Haftung im internationalen und ausländischen Recht, 1976; v. Bernstorff, Einführung in das englische Recht, 2. Aufl. 2000, S. 201-212; Widmann/Mayer-Tomsett/Thömmes, UmwR, Anh. 3 Rz. GB 1-26.

[2] Die „partnership" ist im Partnership Act 1890 geregelt, die Spezialform der „limited partnership", bei der nur der nicht geschäftsführende Teil beschränkt haftet, im Limited Partnership Act 1907. Die neue Form der „limited liability partnership" (LLP), bei der alle Partner grundsätzlich nur beschränkt haften, ist im Limited Liability Partnerships Act 2000 i.V.m. mit den auf dessen Grundlage erlassenen Verordnungen geregelt. Es bleibt abzuwarten, ob Neugründungen diese Gesellschaftsform in Zukunft der „limited company" vorziehen werden und ob die Angehörigen der freien Berufe, denen das Standesrecht die „company"-Gründung verbietet, von der neuen Möglichkeit Gebrauch machen. Insbesondere im Hinblick auf die großen Wirtschaftsprüfungsgesellschaften, deren Abwanderung ins Ausland verhindert werden sollte (vgl. Gower/Davies, S. 97, 561), ist eine Umwandlung in die neue Gesellschaftsform zu erwarten.

dürfnis.[3] Auch die „partnership" hat aufgrund der geringen gesetzlichen Anforderungen an die Gründung einer Kapitalgesellschaft, die sie auch für Kleinunternehmen zugänglich macht, äußerst geringe Bedeutung.[4] Annähernd nur die Angehörigen der freien Berufe wählen die „partnership" als Gesellschaftsform, da ihnen ihr Standesrecht (bisher) die Gründung einer Kapitalgesellschaft mit Haftungsbeschränkung („limited company") verbietet.[5]

Das englische Kapitalgesellschaftsrecht kennt zudem keinen Rechtsformenzwang je nachdem, ob es sich um eine bürgerlich-rechtliche oder handelsrechtliche, freiberufliche oder gewerbliche Tätigkeit handelt.[6] Eine Kapitalgesellschaft kann grundsätzlich zur Verfolgung beliebiger Zwecke gegründet werden. Es ist daher - anders als bei „partnerships" - unerheblich, ob die Gesellschaft mit Gewinnerzielungsabsicht geführt werden soll oder nicht.

2. Erscheinungsformen der „company"

Bei der Einteilung der „companies" kann sowohl eine haftungsrechtliche Differenzierung als auch eine Differenzierung unter dem Gesichtspunkt der Kapitalbeschaffung vorgenommen werden. Ein drittes phänomenologisches Unterscheidungskriterium besteht in der Art des Gründungsverfahrens.

Es muß aber nachdrücklich darauf hingewiesen werden, daß das englische Recht von einer einheitlichen Form der Kapitalgesellschaft ausgeht.[7] Die nun aufgeführten verschiedenen Erscheinungsformen der „company" sind nur unterschiedliche Typen ein und derselben Gesellschaftsform.[8]

---

[3] Güthoff, a.a.O., S. 1.

[4] Güthoff, a.a.O., S. 3. Die Rechtsform der „limited partnership" sieht zwar - ähnlich der deutschen Kommanditgesellschaft - nur eine volle Haftung eines Teils der Partner vor. Dennoch löst jedes Einmischen („advise with the partners") in die Geschäftsführung die volle Haftung der zunächst nur beschränkt haftenden Partner aus, vgl. sec. 6 (1) Limited Partnership Act 1907. Insbesondere in der Krise einer Gesellschaft dürfte die Versuchung eines beschränkt haftenden Partners groß sein, das investierte Geld durch Intervention zu retten. Solch ein Vorgehen reißt ihn dann jedoch noch tiefer ins Unglück; vgl. dazu Gower/Davies, S. 82.

[5] Güthoff, a.a.O., S. 3: Daneben gibt es im englischen Gesellschaftsrecht keine Gesellschaftsform, die der stillen Gesellschaft im deutschen Recht entspricht. Daher führt jede entsprechende Vereinbarung zur Gründung einer „partnership" unter Geschäftsführung des aktiven Gesellschafters.

[6] Güthoff, a.a.O., S. 1.

[7] Triebel/Hodgson/Kellenter/Müller, a.a.O., Rz. 554, 568 ff.

[8] Vgl. Behrens, a.a.O., Rz. 601.

a) Haftungsrechtliche Differenzierung

Haftungsmäßig unterscheidet sec. 1 (2) Companies Act 1985 zwischen drei verschiedenen Erscheinungsformen von Kapitalgesellschaften, nämlich „companies limited by shares", „companies limited by guarantee" sowie „unlimited companies".

aa) „Company limited by shares"

Die am weitesten verbreitete und mit Abstand bedeutendste Gesellschaftsform ist die „company limited by shares".[9] Sie beschränkt in ihrer Satzung die Haftung der Anteilseigner für Verbindlichkeiten auf das Gesellschaftsvermögen. Bei einer Beteiligung verpflichten sich die Anteilseigner zur Leistung einer Kapitaleinlage, wobei sie Anteile („shares") erhalten, deren Zahl und Nennwert („nominal value") von der Einlage abhängen.[10] Bei Abwicklung der „company" können die Anteilseigner nur zur Zahlung der von ihnen übernommenen Einlagepflicht in Anspruch genommen werden. Obwohl in aller Regel die Kapitaleinlage bei Zuteilung der Anteile gezahlt wird, besteht keine Verpflichtung dazu.[11] Außerdem verfügt die „company" zwar über ein Nominalkapital, für das allerdings grundsätzlich keine gesetzliche Ober- oder Untergrenze vorgesehen ist.[12]

bb) „Company limited by guarantee"

Bei der „company limited by guarantee" handelt es sich um eine Kapitalgesellschaft, die die Haftung der Gesellschafter für Schulden und Verbindlichkeiten der Gesellschaft im Falle der Liquidation auf einen in der Gründungssatzung, dem „memorandum", festgesetzten Betrag beschränkt. Diese Gesellschaftsform ist selten. Man findet sie in der Praxis beinahe nie im geschäftlichen Bereich vor, sondern überwiegend bei „companies", die einen sozialen oder karitativen Zweck verfolgen (Sportvereine, Schulen, „colleges", museale oder musikalische Fördervereine etc.) und deren Gründung wegen der Haftungsbeschränkung risikoloser ist als die einer Vereinigung, die das Vermögen treuhänderisch verwaltet.[13]

---

[9] Güthoff, a.a.O., S. 4, 48; Widmann/Mayer-Tomsett/Thömmes, UmwR, Anh. 3 Rz. GB 1.
[10] Widmann/Mayer-Tomsett/Thömmes, UmwR, Anh. 3 Rz. GB 1.
[11] Widmann/Mayer-Tomsett/Thömmes, UmwR, Anh. 3 Rz. GB 1.
[12] Güthoff, a.a.O., S. 48.
[13] Gower/Davies, S. 11.

Bis zum Companies Act 1980 konnten „companies“ auch als „company limited by guarantee“ mit einem „share capital“ gegründet oder in eine solche umgewandelt werden, so daß es „shareholder“ gibt, die nur in Höhe ihres Anteils haften, andererseits aber auch Gesellschafter vorhanden sind, die auf den festgesetzen Garantiebetrag haften, aber keine „shareholder“ sind. Bis zum 21. 12. 1980 vorhandene „companies“ dieser Art bleiben weiterhin zulässig, sind aber äußerst selten.[14] Der Companies Act 1985 erwähnt diese seltene Gesellschaftsform in den secs. 1 (4), 3 (1)(b), 3 (1)(e) CA 1985. Außerdem gebraucht er an einigen Stellen, z.B. in sec. 125 (5) und vor allem auch in den secs. 425 ff., den weiteren Begriff „member“, um diesem in der Praxis selten vorkommenden Fall einer hybriden Kapitalstruktur Rechnung zu tragen.[15]

cc) „Unlimited company“

Die dritte Erscheinungsform der „company“ ist die „unlimited company“. Bei ihr haften die Gesellschafter („members“) im Fall der Abwicklung unbeschränkt mit ihrem gesamten persönlichen Vermögen für die Schulden und Verbindlichkeiten der Gesellschaft. Die „unlimited company“ hat im Bereich der englischen Wirtschaft wenig Bedeutung.[16] Die Gründung einer „unlimited company“ kommt nur dann in Betracht, wenn eine äußerst anpassungsfähige Kapitalstruktur (z.B. die Möglichkeit der jederzeitigen Rückzahlung von Kapital) oder bestimmte steuerrechtliche und ausländische Rechtsvorschriften (z.B. US-amerikanische Vorschriften über die Qualifikation von Rechtssubjekten) ausschlaggebend sind für die Formwahl.[17] Um dennoch die Haftung in solchen Fällen zu begrenzen, handelt es sich bei den Gesellschaftern meist um „companies limited by shares“.[18]

b) Differenzierung nach der Art der Kapitalbeschaffung

Das wichtigste Unterscheidungskriterium der verschiedenen Erscheinungsformen der „company“, das das Gesetz allerdings erst seit Inkrafttreten des CA 1980 nachvollzogen hat, ist die Art der Kapitalbeschaffung. Unter diesem Gesichtspunkt wird die „public“ von der „private company“ unterschieden. Das Gesetz

---

[14] Gower/Davies, S. 11, nennt beispielhaft Theatervereine und Hausverwaltungsgesellschaften.
[15] Gower/Davies, S. 721 Fn. 83.
[16] Gower/Davies, S. 10.
[17] Widmann/Mayer-Tomsett/Thömmes, UmwR, Anh. 3 Rz. GB 1.
[18] Widmann/Mayer-Tomsett/Thömmes, UmwR, Anh. 3 Rz. GB 1.

geht zwar weiterhin von einer einheitlichen Form der „company“ aus. Dennoch trägt es diesen funktionalen Unterschieden zunehmend Rechnung.[19]

aa) „Public company“

„Public companies“, die gem. sec. 1 (3) CA 1985 in der Form der „company limited by shares“ und der „company limited by guarantee“ vorkommen können, finanzieren sich zum größten Teil über den öffentlichen Kapitalmarkt.[20] Sie sind entsprechend ihrem Namen Publikumsgesellschaften. „Public companies“ sind befugt, ihre Anteile öffentlich zur Zeichnung aufzulegen; darin besteht der Hauptunterschied zur „private company“.[21] Die „public company“ entspricht insoweit funktionell der deutschen Rechtsform der Aktiengesellschaft.[22] Mit dem Recht zur öffentlichen Kapitalsammlung gehen aber auch strenge Kapitalaufbringungs- und -erhaltungsvorschriften einher.[23] „Public companies“ müssen z.B. über ein Mindestkapital verfügen, das gem. sec. 118 (1) CA 1985 50.000 Pfund beträgt und von dem ein Viertel des Nennbetrages samt Agio sofort eingezahlt werden muß.[24] Die Firmenbezeichnung muß darüber hinaus den Zusatz „public limited company“, abgekürzt „plc.“ führen.

Formell gilt gem. sec. 1 (3) CA 1985 eine Kapitalgesellschaft als „public company“, wenn sie in ihrem „memorandum“, das Teil ihrer Gründungsverfassung ist, als solche bezeichnet wird und darüber hinaus den Vorschriften des Companies Act für „public companies“ genügt. Die Befugnis zur öffentlichen Kapitalbeschaffung verpflichtet nicht auch gleichzeitig zu einer solchen. Tatsächlich findet man viele als „public companies“ nach dem Companies Act registrierte „companies“, deren Anteile weder an der Börse („Stock Exchange Quotation“) noch im Freiverkehr („Unlisted Securities Market“) gehandelt werden.[25]

Sowohl „companies limited by shares“ als auch „companies limited by guarantee“ mit Anteilskapital können sich in ihrem „memorandum“ als „public company“ bezeichnen, vgl. sec. 3 CA 1985.

---

[19] Gower/Davies, S. 13; vgl. insoweit auch die nur auf „public companies“ anwendbaren Vorschrift der sec. 427A CA 1985.

[20] Triebel/Hodgson/Kellenter/Müller, a.a.O., Rz. 586.

[21] Widmann/Mayer-Tomsett/Thömmes, UmwR, Anh. 3 Rz. GB 1.

[22] Triebel/Hodgson/Kellenter/Müller, a.a.O., Rz. 586.

[23] Widmann/Mayer-Tomsett/Thömmes, UmwR, Anh. 3 Rz. GB 1.

[24] Vgl. secs. 11, 101 (1), 117, 118 CA 1985.

[25] Der untechnische Begriff des „Going Public“, der für einen Börsengang verwendet wird, darf nicht mit der „re-registration“ einer „private company“ als „public company“, also einem bloßen Formwechsels, verwechselt werden.

bb) „Private company"

„Private companies" beschaffen sich ihr Kapital von einzelnen persönlich miteinander verbundenen Kapitalgebern.[26] Die Zahl ihrer Anteilseigner darf 50 nicht überschreiten. Diese Erscheinungsform ist daher insbesondere für Kleinunternehmen geeignet. Eine „private company" benutzt den Firmenzusatz „limited", abgekürzt „ltd.". Sie entspricht funktionell der deutschen GmbH.[27] Formell gilt jede „company", die keine „public company" ist, als „privat company", sec. 1 (3) 2. HS CA 1985. Bei ihr legt der Gesetzgeber kein Mindestkapital fest, auch besteht keine gesetzliche Pflicht zur Einlageleistung bei der Zuteilung der Anteile.

c) Differenzierung nach der Art des Gründungsverfahrens und der Registrierung

Es gab und gibt in der englischen Rechtsgeschichte verschiedene Verfahren, nach denen eine Kapitalgesellschaft Rechtsfähigkeit („incorporation") erlangen konnte und kann. Heute differenziert sec. 716 (1) CA 1985 zwischen nach dem Companies Act (oder dem Financial Services and Markets Act 2000[28]) registrierten Gesellschaften und solchen, die durch Parlamentsgesetz oder durch Erteilung eines „letters patent" gegründet worden sind.

aa) „Registered company"

Die heute weitaus häufigste Form ist die Gründung und Eintragung nach den Vorschriften des Companies Act 1985 oder eines seiner Vorgänger.[29] Sofern der Companies Act nichts Abweichendes bestimmt, meint er solche Kapitalgesellschaften, wenn er den Begriff „companies" verwendet, vgl. sec. 735 CA 1985. Jedoch ist auch eine Umwandlung einer auf anderem Wege gegründeten Gesellschaft in eine nach dem Companies Act 1985 registrierte „company" gem. secs. 680 ff. CA 1985 möglich. In beiden Fällen liegt eine „registered company" vor. Eine ausländische Kapitalgesellschaft wird aber nicht dadurch zu einer „registered company" im Sinne von sec. 735 CA 1985, indem sie eine Zweigniederlassung nach den sec. 690A ff. CA 1985 registrieren läßt.[30]

---

[26] Behrens, a.a.O., Rz. 601.
[27] Triebel/Hodgson/Kellenter/Müller, a.a.O., Rz. 586.
[28] Dieser regelt den Finanzmarkt und Finanzdienstleistungen und löst Vorgängergesetze (Insurance Companies Act 1982, Financial Services Act 1986) ab.
[29] Gower/Davies, S. 5, 99.
[30] Vgl. Tolley's Company Law, R2008.

bb) „Unregistered company" im Sinne des Companies Act

„Unregistered companies" im Sinne des Companies Act sind solche juristischen Personen, die nicht als „company" im Sinne des CA 1985 oder eines seiner Vorgänger gegründet oder registriert worden sind.[31] Sie weichen von der Anwendungsregel in sec. 735 CA 1985 ab. Dennoch erklärt sec. 718 CA 1985 bestimmte, in Sched. 22 zum CA 1985 enumerativ aufgeführte Vorschriften auf „unregistered companies" anwendbar, wenn sie ihre Hauptgeschäftstätigkeit in Großbritannien entfalten sowie Rechtspersönlichkeit und einen bestimmten Unternehmensgegenstand besitzen.

(1) „Statutory company"

Eine Form der „unregistered company" ist die „statutory company". „Statutory companies" werden durch oder aufgrund eines Gesetzes gegründet, daher auch ihre Bezeichnung. Streng genommen sind auch alle nach dem Companies Act gegründeten Gesellschaften „statutory companies".[32]

Es gibt „companies", die direkt aufgrund von in England zulässigen Einzelfallgesetzen gegründet werden. Andere verdanken ihre Rechtsfähigkeit einem abstrakt-generellen Gesetz, das ein Gründungsverfahren vorschreibt, das durchlaufen wird.

Gesetzesvorlagen können in England auch durch Privatpersonen eingebracht werden. Solche privaten Gesetzesvorlagen („Private Bills") beinhalten meist die Gründung einer Gesellschaft durch ein parlamentarisches Einzelfallgesetz („Special Private Act of Parliament").[33] Das solchen „companies" Rechtsfähigkeit verleihende Gesetz regelt auch die Rechtsverhältnisse einer solchen Kapitalgesellschaft. Genauso können aber auch die Regierung oder einzelne Mitglieder des House of Commons oder des House of Lords ein solches Einzelfallgesetz („Special Public Act of Parliament") beantragen und eine konkrete Gesetzesvorlage einbringen. Abstrakt-generelle Spezialgesetze, die ein Gründungsverfahren für bestimmte „companies" beinhalten, basieren in der Praxis nie auf privaten Gesetzesvorlagen. Sie sind immer „General Public Acts".

Der englische Gesetzgeber hat in Bereichen, in denen ein besonderes öffentliches Interesse besteht und die daher in Deutschland dem Begriff der Daseinsvorsorge unterfallen würden, „General Public Acts" erlassen. Beispiele dafür sind der „Friendly Societies", der „Industrial and Provident Societies" oder der

---

[31] Gower/Davies, S. 127.
[32] Vgl. Lewis, PLC September 2001, 33, 39.
[33] Gower/Davies, S. 98.

„Building Societies Act".[34] In ihren Strukturen ähneln viele aufgrund dieser Gesetze gegründete Gesellschaften besonderen öffentlichen Interesses den gewöhnlichen „companies".[35]

Dennoch wurden viele Kanal-, Eisenbahn-, Elektrizitäts-, Wasser- und Gasunternehmen in England in der Vergangenheit durch ein gesondertes „Private Bill"-Verfahren errichtet, da Monopolrechte und andere Sonderbefugnisse benötigt wurden.[36]

Um Gesetzesvorlagen von Privatleuten in den genannten Bereichen zu erleichtern, wurden im Laufe des 19. Jahrhunderts allgemeine Gesetze, die Companies Clauses Acts 1845-1889, ergänzt durch bereichsspezifische „Clauses Acts", erlassen, die Mustersatzungen für Gesellschaften enthielten, die im jeweiligen „Private Act" ausdrücklich ausgeschlossen werden mußten, um nicht für die errichtete Gesellschaft zu gelten.[37]

Nach dem Zweiten Weltkrieg wurden viele dieser Unternehmen verstaatlicht und nach Erlaß eines „Special Public Act" in Form einer „public corporation" fortgeführt, die keine Anteilseigner besitzt und keine Gewinne ausschüttet.[38] In den letzten Jahrzehnten hat der Gesetzgeber die meisten von ihnen privatisiert und in „registered companies" im Sinne des Companies Act überführt oder umgewandelt, so daß es heute nur noch wenige „statutory companies" gibt, zumal heute Neugründungen in dieser Form äußerst selten sind.[39] Nach wie vor gibt es jedoch in England eine gewisse Anzahl von Bank- und Versicherungsgesellschaften, deren Rechtsverhältnisse immer noch durch „Private Acts" bestimmt werden.[40] Dies alles gab es auch in Deutschland unter dem alten Oktroi-System.[41]

(2) „Chartered company"

Ein zweite Form der „unregistered company" ist die „chartered company". „Chartered companies" verdanken ihre Rechtsfähigkeit und die Regelung ihrer Rechtsangelegenheiten einer auf Antrag ergangenen königlichen Gründungsurkunde („Royal Charter"), die der Companies Act 1985 in sec. 716 (1) mit dem

[34] Gower/Davies, S. 5.
[35] Gower/Davies, S. 5.
[36] Gower/Davies, S. 5 f.
[37] Gower/Davies, S. 6.
[38] Lewis, PLC September 2001, 33, 39.
[39] Gower/Davies, S. 6.
[40] Lewis, PLC September 2001, 33, 39.
[41] Vgl. nur Baums (Hrsg.), Gesetz über die Aktiengesellschaften für die königlich preußischen Staaten vom 9. November 1843, Einführung, S. 12 ff.; K. Schmidt, Gesellschaftsrecht, S. 761 m.w.N.

allgemeineren Begriff „letters patent“[42] bezeichnet.[43] Die Krone ist innerhalb ihrer Regalien („Royal Prerogative“), die sich auf „Common Law“ und ergänzend auf allgemeine oder Ad-hoc-Parlamentsgesetze, etwa früher den Trading Companies Act 1834 oder den Chartered Companies Act 1837 und 1884, stützen, berechtigt, eine „Charter“ zu verleihen. „Chartered companies“ sind im Gegensatz zu „statutory companies“ im Gesellschaftsregister eingetragen[44], so daß sie zwar „registered“ sind, aber nicht im strengen Sinne von sec. 735 CA 1985.

„Chartered companies“ waren insbesondere (und sind teilweise immer noch, wenn sie das Registrierungsverfahren der secs. 680-690 CA 1985 nicht durchlaufen haben) die großen britischen Gesellschaften der Kolonialzeit. Heute beantragen nur noch gemeinnützige Organisationen[45] wie Schulen, „colleges“, Universitäten, Bildungs- und Kunstvereine eine „Royal Charter“, um von deren Prestige zu profitieren.[46] Eine prominente „chartered company“ in Schottland war etwa die Royal Bank of Scotland, die im Jahre 1727 eine „Royal Charter“ erhielt, sich aber später als Gesellschaft nach dem Companies Act umregistrieren ließ. Noch bestehende prominente „chartered companies“ in England sind etwa die BBC oder das Institute of Chartered Accountants.[47]

d) Differenzierung nach der Liquidierbarkeit durch englische Insolvenzgerichte

Eine zweite Abweichung von der Grundregel der Synonymität von „company“ und „registered company“ gem. sec. 735 CA 1985 enthält der Companies Act

---

[42] Der Begriff ist historisch begründet. Patente räumen heute normalerweise Exklusivrechte für die Verwertung einer Erfindung ein. Früher wurde jedoch auch den großen Handelsgesellschaften neben der Rechtsfähigkeit ein Handelsmonopol in einer gewissen Branche durch „letters patent“ zugestanden, vgl. Gower/Davies, S. 6 Fn. 16.

[43] Gower/Davies, S. 6.

[44] Lewis, PLC September 2001, 33, 39.

[45] Für Gesellschaften mit Gewinnerzielungsabsicht ist das Verfahren zu langwierig und kostspielig. Gemeinnützige Vereinigungen wurden oft als „company limited by guaranty“ gegründet. Beantragen diese eine „Royal Charter“ und wird sie erteilt, dann kommt es zu einer Abwicklung der „Registered Company“, bei der ihr Vermögen auf die neue „chartered company“ übertragen wird; anschließend löscht der Registerrichter gem. sec. 652 CA 1985 die alte „company“ aus dem Gesellschaftsregister, ohne daß es eines förmlichen Liquidationsverfahrens bedarf; vgl. Gower/Davies, S. 6 f., 98 f.

[46] Gower/Davies, S. 7 mit dem Hinweis, daß die renommiertesten öffentlichen Schulen, „colleges“ und Universitäten eine „Royal Charter“ erhalten haben. Viele Vereine, Clubs und Berufsorganisationen, die weder eine „charter“ erhalten noch einer Spezialgesetzgebung unterliegen, wollen auch nicht als normale „company“ Rechtsfähigkeit erlangen, sondern bedienen sich zur Vermögensverwaltung einer Treuhandlösung („trust“).

[47] Vgl. Lewis, PLC September 2001, 33, 39 mit weiteren Beispielen.

1985, indem er an zahlreichen Stellen die Anwendung einer Vorschrift ausdrücklich auf „companies liable to be wound up under this Act" beschränkt. Die Abwicklungsvorschriften des CA 1985 wurden jedoch durch den Insolvency Act 1986 gestrichen. Sec. 735A (1) CA 1985 verweist nun in allgemeiner Form auf die entsprechenden Vorschriften im Insolvency Act 1986. Welche „companies" der Abwicklung nach dem Insolvency Act unterliegen, regeln die secs. 117, 120, 220 ff. IA 1986.

Gem. secs. 117 (1), 120 (1) IA 1986 wird jedenfalls jede „registered company" nach dem Insolvency Act 1986 abgewickelt. Die secs. 220 ff. IA 1986 regeln die Liquidation von „unregistered companies". Sec. 220 (1) IA 1985 versteht den Begriff der „unregistered company" jedoch anders als sec. 718 CA 1985. Faßt sec. 718 CA 1985 darunter alle in England gegründeten Kapitalgesellschaften mit Rechtspersönlichkeit, so wird das Fehlen eines numerus clausus des englischen Gesellschaftsrechts und die Auswirkungen der in England vorherrschenden sog. Gründungstheorie in sec. 220 (1) IA 1986 deutlich. Sec. 220 (1) IA 1986 erweitert den Begriff auf Sparkassen („trustee savings banks"), Vereine und Verbände („associations"), vor allem aber auf alle Kapitalgesellschaften[48] (außer „registered companies"), also grundsätzlich auch ausländische, sog. „oversea companies"[49]. Die Abwicklung solcher Personenvereinigungen nach dem Insolvency Act 1986 ist gem. sec. 221 (1) IA 1986 grundsätzlich möglich. Der CA 1985 findet bei entsprechender ausdrücklicher Ausdehnung auf ausländische Kapitalgesellschaften Anwendung.

II. Funktionsweise der englischen „company" im Überblick

1. Satzung

Die Verfassung einer englischen Kapitalgesellschaft besteht im Unterschied zum deutschen Recht nicht aus einer einheitlichen Satzung, sondern aus zwei selbständigen Teilen: dem „memorandum of association" und den „articles of association", wobei ersteres vor allem das Außenverhältnis regelt, wie Firma, Sitz, Gegenstand des Unternehmens sowie Höhe und Stückelung des Nominalkapitals, während die „articles" das Innenverhältnis der „company" betreffen, also insbesondere Fragen im Zusammenhang mit der Kompetenzabgrenzung zwischen Hauptversammlung und Geschäftsleitung, der Gewinnverwendung und der Aus-

---

[48] Mit Ausnahme von Eisenbahnkapitalgesellschaften, die durch Parlamentsgesetz gegründet wurden.

[49] Vgl. Re Paramount Airways Ltd. [1993] Ch. 223, 240, C.A.; Gower and Davies, S. 110.

gabe und Übertragbarkeit von Gesellschaftsanteilen.[50] Der CA 1985 verfügt hinsichtlich des Innenverhältnisses nur über wenige zwingende Regelungen, so daß der Satzungsautonomie im englischen Kapitalgesellschaftsrecht eine überragende Bedeutung zukommt.[51] Jedoch enthalten die Durchführungsbestimmungen zum CA 1985 (Companies Regulations 1985, Anhang, Table A) je ein Muster für die Innensatzung einer „public“ und einer „privat company limited by shares“, deren Regelungen dann zur Anwendung gelangen, wenn die „company“ für eine der dort aufgeführten Materien keine eigene Regelung getroffen oder die Vorschriften der Mustersatzung nicht ausgeschlossen oder geändert hat, sec. 8 (2) CA 1985.

2. Gesellschaftskapital

a) Eigenkapital

Wie beschrieben, besitzt der Großteil aller praktisch vorkommenden „companies“ ein „share capital“. Ein solches Anteilskapital existiert nicht nur bei „companies limited by shares“, sondern auch im seltenen Fall einer „company limited by guarantee“, der neben dem satzungsmäßig festgesetzten Garantiehaftungsbetrag noch ein Anteilskapital als (potentieller) Haftungsfond zur Verfügung steht.

aa) Kapitalarten

Das „memorandum“ einer „limited company“ muß das „share capital“ (auch „nominal capital“ oder „authorised share capital“ genannt) und seine Stückelung enthalten, sec. 2 (5) CA 1985. Das „share capital“ ist vergleichbar mit dem genehmigten Kapital einer deutschen Aktiengesellschaft gem. §§ 202 ff. AktG.[52] Dieses Nominalkapital hat bei einer „private limited company“ keine vorgeschriebene Mindestgröße, bei einer „public limited company“ beträgt sie hingegen 50.000 Pfund, von denen 25 % und das volle Prämium (Emissionsagio) eingezahlt sein müssen. Die Einlagen sind entweder durch Sachleistungen oder in bar zu erbringen. Für die Stückelung sind keine Vorgaben gemacht, und sie lautet

---

[50] Triebel/Hodgson/Kellenter/Müller, a.a.O., Rz. 602 f.; Pennington, Jura Europae, Bd. IV, §§ 90.04, 90.11.

[51] Triebel/Hodgson/Kellenter/Müller, a.a.O., Rz. 631.

[52] Triebel/Hodgson/Kellenter/Müller, a.a.O., Rz. 634; Güthoff, a.a.O., S. 28.

in der Praxis auch auf erheblich geringere Beträge als in Deutschland, so zum Beispiel oft auf ein Pfund oder nur 10 Pence.

Vom „share capital" ist das sog. „issued capital" und das sog. „paid-up capital" zu unterscheiden.[53] Ersteres besteht aus der Summe aller bislang ausgegebenen Anteile und kann daher mit dem Begriff des gezeichneten Kapitals übersetzt werden. Dieses Kapital ist Haftungssubstanz der „company" und soll möglichst erhalten bleiben.[54] Die Gesellschafter haften bis zum Nennwert der von ihnen gezeichneten Anteile, sec. 74 (1), (2)(d) Insolvency Act 1986. Daraus resultiert auch das Verbot der Emission unter pari („at a discount") gem. sec. 100 CA 1985.[55]

Das „paid-up capital" ist dagegen das tatsächlich durch Einzahlung auf ausgegebene Anteile aufgebrachte Kapital. Bei einer Ausgabe der Anteile über dem Nennbetrag („at a premium") fallen die über den Nennwert hinausgehenden Beträge jedoch nicht unter das „paid-up capital", sondern müssen auf einem Sonderkonto für Emissionsagio, dem sog. „share premium account" gem. sec. 130 CA 1985, gebucht werden, dessen Verminderung oder Auflösung den strengen Regeln der Kapitalherabsetzung gem. secs. 135 ff. CA 1985 in entsprechender Anwendung unterliegt. Soweit gemäß den Ausgabebedingungen oder der Satzung die Zahlung der Anteile noch nicht fällig ist, kann die Gesellschafterversammlung einer „company" mit ¾-Mehrheit der bei einer Gesellschafterversammlung abgegebenen Stimmen gem. sec. 120 CA 1985 bestimmen, einen beliebigen Teil des noch nicht eingeforderten Kapitals („uncalled capital") in Rücklagen („reserve capital") umzuwandeln, die erst bei der Abwicklung der Gesellschaft eingefordert werden können.

bb) Ausgabe von Anteilen und Bezugsrecht

Was die Ausgabe der Anteile anbetrifft, liegt die Befugnis dazu bei den Direktoren, vgl. sec. 80 (1) CA 1985. Diese müssen aber zunächst durch die „articles" oder durch Gesellschafterbeschluß zur Ausgabe der „relevant securities"[56] ermächtigt werden, sec. 80 (1), (2) CA 1985. Eine solche Ermächtigung muß bestimmen, wieviele Anteile ausgegeben werden dürfen, und auf maximal fünf Jah-

[53] Vgl. Güthoff, a.a.O., S. 28 f.
[54] Triebel/Hodgson/Kellenter/Müller, a.a.O., Rz. 640.
[55] Vgl. § 9 AktG in Deutschland.
[56] Unter „relevant securities" versteht man auch Optionsscheine und Wandelschuldverschreibungen.

re[57] befristet bleiben, secs. 80, 80A, 89, 95 CA 1985. Jedoch kann nach Ablauf des Ermächtigungszeitraums je eine Verlängerung um weitere fünf Jahre beschlossen werden. Eine fehlende Ermächtigung berührt die Wirksamkeit der dann strafbewehrten Ausgabe jedoch nicht.

Aufgrund der so dargestellten, akquisitionsfreundlichen Rechtslage für die Anteilsausgabe kann mithin schnell ein Verwässerungseffekt („share watering") eintreten.[58] Die Altanteilseigner sind vor einer solchen Anteilswert- und Stimmrechtsverwässerung aber dadurch geschützt, daß sie durch ordentlichen Hauptversammlungsbeschluß ihre Ermächtigung an den Vorstand zur Ausgabe von Anteilen jederzeit abändern oder zurücknehmen können, sec. 80 (4) CA 1985.

Gründungsgesellschafter, sog. „subscribers" können für ihre Anteile schon im „memorandum" zeichnen. Bietet eine Gesellschaft nur ihren Gesellschaftern weitere Anteile an, spricht man von einem sog. „rights issue".[59]

Des weiteren besitzen die Anteilseigner einer „company" bei der Ausgabe junger Anteile grundsätzlich entsprechend ihrer jeweiligen Beteiligung am Nominalkapital ein Bezugsrecht („pre-emption right") gem. sec. 89 (1) CA 1985, das nur bei „privat companies" in der Satzung ausgeschlossen werden kann, sec. 91 (1) CA 1985. Erst nach Verstreichen einer Angebotsfrist von 21 Tagen können die Anteile an Dritte ausgegeben werden.

Das Bezugsrecht kann im Rahmen einer Zuteilung junger Anteile i.S.v. sec. 80 CA 1985 („allotment of shares") gem. sec. 95 CA 1985 ausgeschlossen werden, indem der Verwaltungsrat („board") in der Satzung oder durch einen außerordentlichen Gesellschafterbeschluß („special resolution") generell oder für den Einzelfall ermächtigt wird, Anteile ohne Beachtung der Regelungen des Bezugsrechts oder mit Modifikationen dieser Regelungen zuzuteilen. Dann müssen die Direktoren jedoch die Gründe hierfür zuvor in einem Rundschreiben an die Anteilseigner erklären.[60] Einzelne Aktionäre können außerdem vom grundsätzlich gem. sec. 89 (1), (4) CA 1985 bei Bareinlagen bestehenden Bezugsrecht ausgeschlossen werden, wenn rechtliche und tatsächliche Komplikationen bestehen, so etwa strenge börsenrechtliche Erfordernisse bei der Neuemission an der Wall Street in New York bei US-amerikanischen Anteilseignern.

---

[57] Für „private companies" kann diese Vorgabe gelockert werden, vgl. sec. 80A CA 1985. Bei einer börsennotierten „public company" kann eine Ermächtigung zur Ausgabe nur für fünfzehn Monate erfolgen.

[58] Weinberg/Blank/Rabinowitz, Rz. 2-3006.

[59] Triebel/Hodgson/Kellenter/Müller, a.a.O., Rz. 658.

[60] Mutual Life Insurance Company of New York v. Rank Organisation Ltd. [1985] B.C.L.C. 11.

cc) Einlagefähigkeit und Prüfung von Sacheinlagen

Die Einzahlung auf gezeichnete Anteile kann sowohl durch Bar- als auch - was sehr häufig ist[61] - durch eine sonstige „geldwerte" Leistung erfolgen. Als geldwerte Leistung gilt jede vermögenswerte Leistung, also die Verpflichtung zur Übertragung von beweglichen oder unbeweglichen Vermögensgegenständen, Rechtsansprüchen (Anteilen oder Obligationen einer anderen Gesellschaft) oder Rechten an immateriellen Gütern.[62] Sec. 99 CA 1985 bestimmt, daß auch Goodwill und Know-How einlagefähig sind. Gleiches gilt für Dienstleistungen im Falle von „private companies".[63]

Bei einer „private company" greift jedoch die „common law"-Regel, daß das Gericht nicht nachprüft, ob die Gegenleistung angemessen ist, sofern sie nicht illusorisch erscheint.[64] Bei „public companies" hat die Bewertung durch die Direktoren und einen unabhängigen Wirtschaftsprüfer zu erfolgen, vgl. secs. 103 (1), 108 CA 1985. Dadurch soll die Verwässerung des eingezahlten Anteilskapitals vermieden werden.[65] Der Wirtschaftsprüfer hat innerhalb der sechs Monate vor Zuteilung der jungen Anteile einen Bewertungsbericht zu erstellen, von dem eine Kopie an den vorgeschlagenen Zuteilungsbegünstigten („allottee") geht. Diesen trifft bei einer schuldhaft zu niedrig erbrachten Einlage eine Nachschußpflicht zzgl. Zinsen, sec. 103 (6) CA 1985.[66] Außerdem muß eine Kopie des Prüfungsberichts gem. sec. 111 CA 1985 an das Gesellschaftsregister übermittelt werden. Bei Verstößen gegen die aus secs. 103 (1), 108 CA 1985 erwachsenden Pflichten treten die in secs. 114 ff. CA 1985 festgelegten Sanktionen ein. Insbesondere wird der Gesellschaft sowie den verantwortlichen Verwaltungsratsmitgliedern gem. sec. 114 CA 1985 eine Geldstrafe auferlegt.

dd) Anteilsgattungen („classes of shares")

In der englischen Wirtschaftspraxis trifft man verschiedene Anteilsgattungen, sog. „classes of shares" an. Eine Gattung liegt vor, wenn das „memorandum", die „articles of association", die Emissionsbedingungen („terms of issue") oder der

---

[61] Gower/Davies, S. 238.

[62] Güthoff, a.a.O., S. 31.

[63] Sec. 99 (2) CA 1985.

[64] Re Wragg Ltd. [1897] 1 Ch. 796; Hong Kong and China Gas Co. Ltd. v. Glen [1914] 1 Ch. 527.

[65] Gower/Davies, S. 240.

[66] Vgl. auch Re Ossory Estates plc. [1988] B.C.L.C. 213; Systems Controls plc. v. Munro Corporate plc. & Anor [1990] B.C.C. 386; Re Bradfort Investments plc. [1990] B.C.C. 740; Re Bradford Investments plc. (No. 2) [1991] B.C.C. 379.

Anteilseignerbeschluß, der die Direktoren zur Ausgabe von Anteilen ermächtigt, Anteilen Rechte gewährt, die sich von den mit anderen ausgegebenen Anteilen verbundenen Rechten unterscheiden.[67] Wenn alle Anteilseigner die gleichen Rechte haben bzw. keine von den üblichen Rechten abweichenden Sonderrechte verliehen werden, liegt daher keine Einteilung in Anteilsgattungen vor, sondern alle Anteile sind gleichrangig.[68]

Die einzelnen Gattungen unterscheiden sich voneinander vor allem durch die Höhe und die Rangordnung der Dividenden, die den Anteilsinhabern jeweils zustehen. Von untergeordneter Bedeutung ist eine unterschiedliche Ausgestaltung des Nennwertes, der Rangordnung der Ansprüche auf den Liquidationserlös und der Stimmrechte.[69] Auch die verschiedene Ausgestaltung des Rechts der Anteilseigner zur Übertragung eines Anteils kann zur Bildung einer Anteilsgattung führen.[70]

Da alle möglichen Permutationen dieser Ausgestaltungsmöglichkeiten gestaltbar sind, können theoretisch in einer „company" so viele Gattungen bestehen, wie Anteile ausgegeben werden. Insbesondere Publikumskapitalgesellschaften haben aber kein Interesse daran, ihre Kapitalstruktur zu kompliziert zu gestalten, so daß regelmäßig nur wenige Anteilsgattungen anzutreffen sind.[71]

Zu den geläufigen Gattungen zählen Vorzugsanteile („preference shares")[72], Stammanteile („ordinary shares"), Stammanteile erster Klasse („preference ordinary shares"), Nachzugsanteile („deferred shares"[73]), stimmrechtslose Anteile („non-voting shares") und rückkaufbare Anteile („redeemable shares").[74]

---

[67] Gore-Browne, § 14.7.1; Gower/Davies, S. 313.

[68] So die „Common Law"-Regel seit Birch v. Cropper (1889) 14 App. Cas. 525; vgl. auch Tolley's Company Law, S5002; Gore-Browne, § 14.7.1.

[69] Tolley's Company Law, S5002 ff.; anders als im deutschen Aktienrecht (§ 12 Abs. 2 AktG) können Mehrfachstimmrechte verliehen werden, was insbesondere im Zusammenhang mit präventiven Abwehrmaßnahmen gegen feindliche Unternehmensübernahmen eine nicht zu unterschätzende Bedeutung haben dürfte; ebenso kann bei allen Anteilsgattungen das Stimmrecht ausgeschlossen werden (dies ist gem. § 139 Abs. 1 AktG nur bei Vorzugsaktien möglich); stimmrechtlose Anteile treten wie in Deutschland bei Aktiengesellschaften insbesondere bei „public companies" auf, da ohne die Verleihung von Stimmrechten ohne einen Einflußverlust Kapital auf dem Kapitalmarkt aufgebracht werden kann.

[70] IRC v. Beveridge [1979] S.T.C. 592; Tolley's Company Law, S5002.

[71] Gower/Davies, S. 313.

[72] Zu Vorzugsanteilen ausführlich Hale/Beddow/Oditah, PLC November 1995, 39 ff.

[73] Diese gewähren ein Recht auf eine Dividende erst nach Zahlung eines bestimmten Dividendensatzes auf die „ordinary shares".

[74] Tolley's Company Law, S5003 ff.

ee) Kapitalerhaltung

Im englischen Kapitalgesellschaftsrecht gilt wie im deutschen Recht aus Gründen des Gläubigerschutzes der Grundsatz der Kapitalerhaltung. Einmal auf Anteile bezahltes Kapital darf nicht an die Anteilseigner zurückgezahlt werden, es sei denn im Rahmen einer förmlichen Kapitalherabsetzung gem. secs. 135 ff. CA 1985, die im englischen Recht der gerichtlichen Genehmigung bedarf. Wie im deutschen Recht bedeutet dies jedoch nicht, daß geschäftliche Verluste nicht zu einem Kapitalverlust führen können. Das Vermögen der „company" kann unter den Betrag des gezeichneten Anteilskapitals fallen. Das führt dann zur Unfähigkeit, Dividenden zu zahlen, aber nicht direkt zur Insolvenz; eine solche liegt nämlich erst dann vor, wenn die Verbindlichkeiten nicht mehr durch das Vermögen der „company" gedeckt sind.[75]

(1) Verbot des Erwerbs eigener Anteile

Zurückgehend auf die Entscheidung *Trevor v. Whitworth*[76] aus dem Jahre 1887 ist der Kauf eigener Anteile („purchase of own shares"), deren Zeichnung oder der sonstige Erwerb heute gem. sec. 143 (1) CA 1985 grundsätzlich verboten.[77] Das Verbot ist strafbewehrt, und der Erwerb ist nichtig, sec. 143 (2) CA 1985. Nach sec. 23 CA 1985 darf auch eine Tochter grundsätzlich keine Anteile ihrer Mutter halten, so daß auch wechselseitige Beteiligungen im Mutter-Tochter-Verhältnis ausgeschlossen sind.

(2) Umgehungsschutz: Verbot der finanziellen Unterstützung

(a) Grundsatz

Damit das Verbot zum Erwerb eigener Anteile nicht umgangen wird, statuiert sec. 151 CA 1985 das grundsätzliche Verbot der finanziellen Unterstützung („financial assistance") des Erwerbs eigener Anteile mit Hilfe anderer

---

[75] Bei „public companies" sind die Direktoren gem. sec. 142 CA 1985 zur Einberufung einer Hauptversammlung zur Entscheidung über das weitere Vorgehen verpflichtet, wenn das Vermögen nur noch die Hälfte oder weniger des bezahlten Anteilskapitals beträgt, vgl. dazu Gower/Davies, S. 248.

[76] (1887) 12 App. Cas. 409, H.L.

[77] Gower/Davies, S. 247.

„companies“ oder Personen.[78] Darlehen an solche Käufer sind nichtig, und Unternehmensleiter, die Darlehen zu solchen Zwecken gewähren, verletzen ihre Treupflicht und machen sich schadensersatzpflichtig.[79] Sec. 153 CA 1985 enthält gewisse Ausnahmen vom Verbot der „financial assistance“. Die in den secs. 155 ff. CA 1985 enthaltene sog. „whitewash procedure“ ermöglicht die gerichtliche Befreiung vom Verbot der finanziellen Unterstützung gem. sec. 151 CA 1985, wenn die Direktoren eidesstattlich erklären, daß sie die Solvenz der „company“ innerhalb der nächsten zwölf Monate für gesichert halten.

(b) Ausnahmen

Die bedeutendsten Ausnahmen vom Verbot der „financial assistance“ enthält sec. 153 (3) CA 1985. Nicht als finanzielle Unterstützung gelten demnach u.a. die Ausschüttung („distribution“) von Dividenden und Liquidationserlösen, die Ausgabe von Gratisanteilen („bonus shares“) und die gerichtlich genehmigte Kapitalherabsetzung gem. secs. 135 ff. CA 1985.

Jedoch dürfen Dividenden nur aus ausschüttungsfähigen Gewinnen („profits available for distribution“) gezahlt werden, damit das gezeichnete Kapital nicht ausgehöhlt wird.[80] Seit Inkrafttreten des Companies Act 1980 ist die durch „case law“[81] entwickelte Beschränkung von Dividenden auf ausschüttungsfähige Gewinne in sec. 263 CA 1985 durch Umsetzung der EG-Kapitalrichtlinie Gesetz geworden.[82] Ausschüttungsfähige Gewinne werden vom Gesetz in sec. 263 (3) CA 1985 definiert als angesammelte und realisierte Gewinne („accumulated and realised profits“), sofern sie nicht zuvor bei einer Ausschüttung oder Thesaurierung verwertet worden sind, abzüglich der angesammelten und realisierten Verluste, sofern sie nicht zuvor bei einer ordnungsgemäß vorgenommenen Kapitalherabsetzung oder -umstrukturierung abgeschrieben worden sind. Folglich kann es nur zu einer Dividendenzahlung kommen, wenn es nicht nur im gegenwärtigen Geschäftsjahr einen Gewinnüberschuß gab; bei der Ermittlung des ausschüttbaren

---

[78] Ausführlich zu secs. 151 ff.: Cabrelli, JBL 2002, 272 ff.; Hanton/Cotton/Wheeler, PLC Juli 2000, 49 ff.
[79] Triebel/Hodgson/Kellenter/Müller, a.a.O., Rz. 644.
[80] Zur kapitalerhaltenden Beschränkung auf „distributable profits“ und den Auswirkungen auf Unternehmenstransaktionen insbesonder Carey/Friel/Compagnoni, PLC August 1996, 25 ff.
[81] Leitentscheidung war Flitcroft's Case (1882) 21 Ch.D. 519.
[82] Triebel/Hodgson/Kellenter/Müller, a.a.O., Rz. 647; die secs. 264 ff. CA 1985 enthalten Sonderregelungen für „public companies“ und „investment companies“, auf die hier nicht eingegangen wird.

Gewinns sind vielmehr auch die Gewinne und Verluste der Vorjahre einzubeziehen.[83]

„Bonus shares" können an die Gesellschafter ausgegeben werden, wenn ihre Ausgabe in den „articles of association" vorgesehen ist und genügend thesaurierte Gewinne („capitalised profits") zur Bezahlung dieser Gratisanteile zur Verfügung stehen.[84] Die Ausgabe von Gratisanteilen gilt nicht als Ausschüttung. Im Gegensatz zu dieser müssen die zur Bezahlung verwandten Gewinne nicht realisiert sein. Auch darf das Sonderkonto für Emissionsagio zum Zwecke der Ausgabe voll einbezahlter Bonusanteile gem. sec. 130 (1) Alt. 1 CA 1985 herabgesetzt werden.

(3) Ausnahmen

Sec. 143 (3) CA 1985 enthält fünf Ausnahmen vom Verbot des Erwerbs („acquisition") eigener Anteile. Die wichtigsten werden im folgenden kurz dargestellt.

(a) Rückerwerbbare Anteile und Kapitaltilgungsrücklage

Eine erste Ausnahme besteht für den Erwerb sog. rückerwerbbarer Anteile („redeemable shares"), die durch den Companies Act 1929 für Vorzugsanteile eingeführt wurden und seit dem Companies Act 1981 bei allen Anteilsgattungen möglich sind.[85] Die „articles" können die Ausgabe rückerwerbbarer Anteile erlauben, die vom Anteileigner eingelöst werden können oder nach Wahl der „company" eingelöst werden müssen, secs. 159 (1) CA 1985. Die Ausübung dieses Andienungs- oder Erwerbsrechts ist zulässig, wenn die Anteile voll einbezahlt („fully paid-up") sind, sec. 159 (3) CA 1985. Des weiteren müssen zum Schutz der Anteilseigner, die keine rückerwerbbaren Anteile besitzen, die Bedingungen

---

[83] Gower/Davies, S. 283; es kann daher seit 1981 nicht mehr zur Zahlung sog. „nimble dividends" kommen.

[84] Vgl. die Muster-„articles" im Anhang des Companies Acts 1985: Table A Art. 110 bestimmt, daß die Direktoren zur Ausgabe die Zustimmung einer ordentlichen Anteilseignerversammlung einholen müssen. Die Gratisanteile müssen vor der Zuteilung voll bezahlt sein. Die Zuteilung erfolgt pro rata. Genauso können auch Gratisschuldverschreibungen („bonus debentures") ausgegeben werden. Die tatsächliche Satzung kann abweichend auch eine höhere Mehrheit bei der Zustimmung, eine Entbindung von der Zustimmungspflicht durch die Anteilseigner, eine Zuteilung, die nicht pro rata erfolgt, oder die nur teilweise Bezahlung der Gratisanteile vorsehen; siehe zur Praxis: Topham v. Charles Topham Group Ltd. [2003] 1 B.C.L.C. 123, 139 ff.

[85] Gower/Davies, S. 251.

und das Verfahren des Rückerwerbs in der Satzung geregelt werden, sec. 160 (3) CA 1985. Auch dürfen rückerwerbbare Anteile durch eine „public company"[86] nur mit ausschüttbaren Gewinnen oder den Erlösen einer erneuten Anteilsemission erworben werden, sec. 160 (1) CA 1985. Durch den Rückerwerb („redemption") werden die rückerwerbbaren Anteile für kraftlos erklärt („cancelled") und das ausgegebene und gezeichnete Kapital um den entsprechenden Nennwert herabgesetzt, sec. 160 (4) CA 1985. Jedoch kommt es dadurch zu keiner Herabsetzung der im „memorandum" genannten Nominalkapitalziffer („nominal/authorised capital"), sec. 160 (5) CA 1985. Auch wenn der Rückerwerb durch eine Anteilsneuemission finanziert worden ist, kommt es zu keiner Herabsetzung des gezeichneten Kapitals.

Sofern die Finanzierung jedoch vollständig auf ausschüttbaren Gewinnen beruht hat, dann werden sowohl die Aktiva als auch das gezeichnete Kapital der „company" verringert. Um dieses Resultat zu verhindern, bestimmt sec. 170 (1) CA 1985, daß im Falle eines vollständig durch ausschüttbare Gewinne finanzierten Rückerwerbs eine Kapitaltilgungsrücklage („capital redemption reserve") in Höhe des Betrages gebildet werden muß, durch den das ausgegebene und gezeichnete Kapital verringert wird.

Sofern die Finanzierung nur teilweise durch ausschüttbare Gewinne erfolgt und der Erlös aus einer Anteilsneuemission geringer ist als der Nennwert aller zurückgekauften Anteile, dann muß eine „capital redemption reserve" in Höhe dieser Differenz gebildet werden, sec. 170 (2) CA 1985.

Ähnlich wie das Sonderkonto für Emissionsagio („share premium account") wird auch die Kapitaltilgungsrücklage wie voll einbezahltes Kapital behandelt. Daher finden auf sie ebenfalls die Kapitalherabsetzungsvorschriften der secs. 135 ff. CA 1985 entsprechende Anwendung. Eine Ausnahme besteht insoweit, als die Rücklage zur Bezahlung von Gratisanteilen („bonus shares") benutzt werden darf, vgl. sec. 170 (4) CA 1985. Bei der Einzahlung auf Gratisanteile findet auf diesem Wege eine Umwandlung der Rücklage in bezahltes Anteilskapital statt.

Insgesamt wird durch die Bildung einer „capital redemption reserve" also die Erhaltung der ursprünglichen Kapitalausstattung gewährleistet, obgleich der Anteil an ausschüttbaren Gewinnen zur Dividendenzahlung geringer ausfällt.[87]

---

[86] Für „private companies" gilt gem. sec. 171 CA 1985 eine Ausnahme; insgesamt ist das Prinzip der Kapitalerhaltung auch noch anderweitig für „private companies" gelockert, vgl. secs. 171-177 CA 1985.

[87] Gower/Davies, S. 253.

(b) Kauf eigener Anteile

Erst seit dem Companies Act 1981 ist als weitere Ausnahme auch der Kauf eigener Anteile („purchase of own shares"), die nicht als rückerwerbbare Anteile ausgegeben wurden, unter den strengen Voraussetzungen der secs. 162 ff. CA 1985 möglich.[88] Der wesentliche Unterschied zur „redemption" besteht darin, daß die Einigung zwischen den Parteien über die Rückkaufbedingungen nicht schon bei der Ausgabe der Anteile als „redeemable" vorliegt, sondern erst im Moment des Kaufs der eigenen Anteile durch die „company" von den Parteien frei ausgehandelt werden kann.

Zur Finanzierung des Kaufs gelten die secs. 159-161 CA 1985 zur „redemption" sowie sec. 170 CA 1985 zur Bildung einer Kapitaltilgungsrücklage, die die Kapitalerhaltung gewährleistet. Eigene Anteile im Eigentum der „company" können im Gegensatz zur Rechtslage in Deutschland oder den Vereinigten Staaten nicht als wieder übertragbare Anteile („treasury shares") verwandt werden, sondern gelten als für kraftlos erklärt.[89] Eigene Anteile taugen daher in England weder als Akquisitionswährung noch zur nachträglichen Beeinflussung des eigenen Börsenkurses.

Die weiteren Bedingungen des Kaufs eigener Anteile sind in den secs. 163 ff. CA 1985 geregelt und hängen im einzelnen davon ab, ob es sich um eine „private" oder eine „public company" sowie um einen Kauf am geregelten Markt („market purchase") oder einen Kauf am Markt vorbei („off-market purchase") handelt. Allgemein bedarf es beim Kauf eigener Anteile aber einer vorhergehenden Ermächtigung durch einen Anteilseignerbeschluß, der die Bedingungen des Kaufs in gewissen Grenzen festlegen muß. Bei „public companies" kann die Ermächtigung nur für maximal 18 Monate erteilt werden.

b) Fremdkapital

Die Finanzverfassung der englischen „company" kennt verschiedene Formen der Fremdfinanzierung. Darunter fällt natürlich die Aufnahme von Darlehen.[90] Die wichtigste Art des Fremdkapitals sind jedoch Schuldverschreibungen, sog. „debentures". Unter diesem Oberbegriff sind Schuldverschreibungen im rechtstechnischen Sinne, beziffertes Kapital aus Schuldverschreibungen („debenture

---

[88] Triebel/Hodgson/Kellenter/Müller, a.a.O., Rz. 643; Gower/Davies, S. 253-263 mit weiteren Einzelheiten.
[89] Sec. 161 (2) i.V.m. sec. 160 (4), (5) CA 1985.
[90] Güthoff, a.a.O., S. 29.

stock"), geldmäßig beziffertes Anleihekapital („loan stock") oder Schuldscheine („loan notes") zusammengefaßt.[91]

Die massenweise Ausgabe von Schuldverschreibungen ist sogar bei kleinen „companies" häufig anzutreffen.[92] Die außerordentliche Beliebtheit dieser Finanzierungsform ist dadurch begründet, daß die „company", sofern sie in ihren „articles" dazu ermächtigt ist, wie jede natürliche Person jede Art von Sicherungsrechten, etwa Pfand- und Grundpfandrechte, an ihrem Vermögen begründen kann.[93] Im Gegensatz zu natürlichen Personen kann eine Kapitalgesellschaft außerdem eine durch die Rechtsprechung entwickelte sog. „floating charge" entweder an ihrem gesamten gegenwärtigen und zukünftigen Vermögen und Unternehmen („cross-over security") oder an bestimmten Arten von Vermögensgegenständen (z. B. Warenbestand, Außenstände von Forderungen) begründen.[94] Diese Art einer revolvierenden Sicherheit beschränkt die „company" im Gegensatz zur „fixed charge" nicht in ihrer Verfügungsbefugnis. Erst unter bestimmten Voraussetzungen, etwa bei Eröffnung des Insolvenzverfahrens, konkretisiert sich die „floating charge" („crystallisation") und verwandelt sich in eine dingliche Belastung.[95]

Eine „debenture" ist eine Schuldurkunde, die gewöhnlich mit einem Siegel versehen ausgestellt wird und in der die „company" anerkennt, dem Gläubiger, dem „debenture holder", einen bestimmten Betrag zu schulden.[96] Außerdem werden im englischen Recht die Schuldverschreibungsinhaber regelmäßig durch einen Treuhänder („trustee") vertreten, der die für die Schuldverschreibung von der „company" gegebene Sicherheit, meist eine „floating charge", verwaltet, indem diese auf den Namen des Treuhänders ausgestellt wird.[97] In einem solchen Falle muß eine Treuhandurkunde („debenture trust deed") ausgefertigt werden.[98] Gibt es mehrere Gläubiger, werden die „debentures" häufig als „stock" ausgegeben. Dann werden die Rechtsbeziehungen zwischen Gläubigern, „company" und Treuhänder in einem „debenture" oder „loan stock trust deed" zwischen den beiden letzten geregelt, und die Gläubiger erhalten ein „debenture stock certificate" als Beweisurkunde zur Geltendmachung ihrer Rechte.[99] Im „debenture/loan (stock) trust deed" finden sich häufig sehr detaillierte Bestimmungen über die

---

[91] Güthoff, a.a.O., S. 29.
[92] Triebel/Hodgson/Kellenter/Müller, a.a.O., Rz. 691.
[93] Güthoff, a.a.O., S. 29.
[94] Güthoff, a.a.O., S. 30; Triebel/Hodgson/Kellenter/Müller, a.a.O., Rz. 331 ff., 691; zur „floating charge" allgemein: Vach, a.a.O., S. 33-52.
[95] Güthoff, a.a.O., S. 30.
[96] Triebel/Hodgson/Kellenter/Müller, a.a.O., Rz. 692.
[97] Triebel/Hodgson/Kellenter/Müller, a.a.O., Rz. 692.
[98] Triebel/Hodgson/Kellenter/Müller, a.a.O., Rz. 692.
[99] Triebel/Hodgson/Kellenter/Müller, a.a.O., Rz. 692.

einzelnen Rechte und Pflichten der Beteiligten, also die Obligationssumme samt Zinsen und Kosten, die dafür bestellten Sicherheiten und die Verwertungsbedingungen.[100]

Für Schuldverschreibungen gilt anders als für Anteile nicht das Verbot der Unterpariemission, es sei denn es handelt sich um Wandelschuldverschreibungen, sog. „convertible debentures".[101] Von den Schuldverschreibungen sind nach englischem Verständnis nur die „bearer debentures" echte Wertpapiere, da sie auf den Inhaber lauten. Die viel häufigeren „registered debentures" sind keine Wertpapiere, sondern unkörperliche Gegenstände, sog. „choses in action".[102]

3. Organe

a) Gesellschafter- bzw. Anteilseignerversammlung und Verwaltungsrat

Die englische „company" verfügt über zwei Organe unabhängig davon, um welche Erscheinungsform der „company" es sich handelt. Auch hierin manifestiert sich der Grundsatz einer einheitlichen Kapitalgesellschaftsform. Das „board of directors" als Verwaltungsrat oder Direktorium und das „general meeting" als Gesellschafter- bzw. Anteilseignerversammlung sind die Organe der „company".

Das im deutschen Aktienrecht geltende dreigliedrige System eines neben das Verwaltungsorgan geschalteten Aufsichtsrats ist dem englischen Recht im Grundsatz fremd, auch wenn zu betonen ist, daß es mittlerweile der Praxis der „public companies" entspricht, das „board" zwischen „executive" und „non-executive directors" aufzuteilen; erstere sind mit der Geschäftsführung befaßt und letzteren kommt eine Überwachungsfunktion zu.[103]

Im Falle eines monistischen Verwaltungsrats sind grundsätzlich alle Direktoren zur Geschäftsführung und Vertretung befugt. Normalerweise gibt sich der Verwaltungsrat eine eigene Geschäftsordnung für seine Sitzungen, wenn nicht die

---

[100] Triebel/Hodgson/Kellenter/Müller, a.a.O., Rz. 693 mit detaillierter Schilderung.

[101] Vgl. Triebel/Hodgson/Kellenter/Müller, a.a.O., Rz. 694 f.

[102] Triebel/Hodgson/Kellenter/Müller, a.a.O., Rz. 696; „choses in action" sind Rechte, die nur im Klagewege durchgesetzt werden können.

[103] Gower/Davies, S. 193 ff., insbes. 196; diese Neuerung geht auf den nach dem Kommissionsvorsitzenden benannten Cadbury-Bericht des Committee on the Financial Aspects of Corporate Governance aus dem Jahre 1992 zurück. Dessen Empfehlungen sind in einem Code of Best Practice enthalten. Obwohl nicht gesetzlich verankert, sehen die sog. Listing Rules der Londoner Börse vor, daß eine „public company" jährlich zur Einhaltung des Code begründend Stellung beziehen soll, vgl. dazu Triebel/Hodgson/Kellenter/Müller, a.a.O., Rz. 715.

„articles“ abweichende Vorgaben machen.[104] Dem Vorsitzenden („chairman“) kommt bei Stimmengleichheit die entscheidende „casting vote“ zu.[105]

b) Zuständigkeiten der Gesellschafter- bzw. Anteilseignerversammlung

Die Direktoren haben im englischen Recht meist sehr weitgehende Kompetenzen, da der Gesellschafterversammlung zwingend nur wenige ausdrückliche Komptenzen eingeräumt sind, so insbesondere die Abänderung der Satzung, d.h. des „memorandums“ und der „articles“.

Das „memorandum“ ist nur in denjenigen Fällen abänderbar, in denen das Gesetz dies ausdrücklich zuläßt, sec. 2 (7) CA 1985.[106] Hierzu zählt neben der Möglichkeit, die Objektklausel eines Unternehmens zu ändern (sec. 4 CA 1985), unter anderem die Befugnis, das Nominalkapital durch einen Gesellschafterbeschluß, der gerichtlich genehmigt werden muß, herabzusetzen (secs. 135 ff. CA 1985), die Nominalkapitalziffer im „memorandum“ zu erhöhen (secs. 121 ff. CA 1985) sowie die satzungsmäßig verankerten Gesellschafterrechte zu ändern (secs. 121 ff., 125 ff. CA 1985). Die meisten der genannten Kapitalmaßnahmen müssen noch durch Satzung ausdrücklich zugelassen sein, damit ihre Durchführung möglich ist. Die Satzung kann in solchen Fällen auch ein abweichendes Verfahren festlegen.

Eine besondere Art der Satzungsänderung ist der Formwechsel einer „company“. Das englische Recht kennt zwar keine formändernden Umwandlungen, wie sie die §§ 190 - 304 UmwG im deutschen Gesellschaftsrecht ermöglichen. Eine solche „conversion“ oder „transformation“ hat in England keine rechtstechnische Bedeutung.[107] Eine Kapitalgesellschaft kann nicht in eine Personengesellschaft („partnership“) umgewandelt werden und umgekehrt. Vielmehr bedarf es dazu einer Abwicklung und Auflösung[108] mit anschließender Neugründung in der jeweiligen Rechtsform.

Will sich jedoch eine „private company“ in eine „public company“ umwandeln oder umgekehrt oder eine „limited company“ in eine „unlimited company“, stellt

[104] Triebel/Hodgson/Kellenter/Müller, a.a.O., Rz. 717.
[105] Triebel/Hodgson/Kellenter/Müller, a.a.O., Rz. 717.
[106] Güthoff, a.a.O., S. 20 f.: Im Joint Stock Companies Act 1856 wurde die Zweiteilung in „memorandum“ und „articles of association“ eingeführt. Zum Schutz der Gesellschafter und der Allgemeinheit bestimmte der Gesetzgeber zunächst, daß das „memorandum“ unabänderlich sei. Dies ist heute anders. Mit Ausnahme des Gesellschaftssitzes („domicile“) kann die Hauptversammlung alle Satzungsbestimmungen ändern, sofern nichts anderes vorgesehen ist.
[107] Triebel/Hodgson/Kellenter/Müller, a.a.O., Rz. 766.
[108] In England geht die Abwicklung der Auflösung voraus.

dies keinen Rechtsformwechsel dar, da beide nur verschiedene Erscheinungsformen derselben Gesellschaftsform sind. Eine solche „conversion“ vollzieht sich vielmehr durch bloße Satzungsänderung.[109] Besondere Anforderungen für solche Satzungsänderungen sind in den secs. 43 ff. CA 1985 aufgestellt.

Darüber hinaus gibt es im englischen Recht keine ungeschriebenen Gesellschafterversammlungszuständigkeiten, wie sie im deutschen Kapitalgesellschaftsrecht seit der sog. „Holzmüller“-Entscheidung des BGH[110] im Grundsatz anerkannt sind. Gewisse Transaktionsvolumina relativ zur Größe der beteiligten Gesellschaft lösen bei einer nicht börsennotierten Gesellschaft mangels expliziter Regelungen im Companies Act 1985 keine Pflicht des Verwaltungsrats aus, das Vorhaben der Gesellschafterversammlung zur Entscheidung vorzulegen, damit die Transaktion Gültigkeit erlangt, es sei denn, daß eine solche Gesellschafterversammlungskompetenz in der Satzung einer „company“ enthalten ist, was nicht häufig der Fall ist.[111] Jedoch existiert in den Anleihebedingungen („loan stock trust deeds“) vielmals eine Klausel (sog. „Tickler-Clause“), daß bei wesentlichen Änderungen des Geschäftsbetriebes oder Vermögens („substantial changes in business or assets“) einer „company“ die Zustimmung einer Anleihegläubigerversammlung eingeholt werden muß.[112]

Ohne solche Satzungsbestimmungen oder Klauseln dürfen Direktoren also das gesamte Unternehmen oder Vermögen einer „company“ an eine andere „company“ gegen eine Barzahlung[113] oder die Ausgabe voll bezahlter Anteile[114] der übernehmenden „company“ an die übertragende „company“ verkaufen, sofern die Gegenleistung angemessen ist und die Direktoren ihre Sorgfaltspflichten und ihre gesellschaftliche Treupflicht nicht verletzen.[115] Die übertragende „com-

---

[109] Vgl. secs. 43, 53 CA 1985; Triebel/Hodgson/Kellenter/Müller, a.a.O., Rz. 583, 766.

[110] BGHZ 83, 122 ff.

[111] Weinberg/Blank/Rabinowitz, Rz. 2-2062; eine Ausnahme enthalten nur die secs. 320, 347 CA 1985: ein zwingender Gesellschafterbeschluß ist für den Fall wesentlicher Vermögenstransaktionen mit Direktoren oder ihnen nahestehenden Personen vorgeschrieben.

[112] Weinberg/Blank/Rabinowitz, Rz. 2-2062 Fn. 2.

[113] Die Bargegenleistung können die Direktoren einer nicht gelisteten „company“ anschließend wieder vollständig durch den Kauf von Anteilen an einer anderen „company“ reinvestieren, selbst wenn der Unternehmensgegenstand dieser „company“ ein völlig anderer ist; einzige Voraussetzung ist, daß die Satzung die Direktoren zum Kauf von Anteilen ermächtigt, vgl. Weinberg/Blank/Rabinowitz, Rz. 2-2063.

[114] Die Angemessenheit des Tauschverhältnisses muß gem. secs. 103 (1), 108 CA 1985 durch eine von einem unabhängigen Sachverständigen vorgenommene Bewertung überprüft werden, wenn die übernehmende „company“ eine Publikumsgesellschaft ist.

[115] Weinberg/Blank/Rabinowitz, Rz. 2-2066; vgl. zur Treupflicht („fiduciary duty“) der Direktoren beim Verkauf des Unternehmens oder von Teilen davon etwa Knight, PLC Oktober 1992, 11, 16.

pany" wird dann zu einer reinen Investmentgesellschaft, ohne daß die Anteilseigner dies verhindern können.[116] Allerdings ist zu betonen, daß die Umwandlung in eine reine Investmentgesellschaft nur zulässig ist, wenn die Übertragung des Unternehmens und die Fortführung der „company" als Investmentgesellschaft von der Gegenstandsklausel der Satzung gedeckt ist.

Lediglich die von der Financial Services Authority (FSA) auf Grundlage der secs. 72 (1), 74 (4) Financial Services and Markets Act 2000[117] erlassenen, für börsennotierte Gesellschaften geltenden Listing Rules, die in einem gelb eingefaßten Buch, dem sog. „Yellow Book", mit dem Titel „Admission of Securities to Listing" zusammengefaßt sind, enthalten in Kapitel 10 „Transactions"[118] Vorschriften, die bei gewisse Schwellenwerte übersteigenden Transaktionsgrößen oder beim Erfüllen gewisser qualitativer Kriterien die Zustimmung der Anteilseignerversammlung der übertragenden und/oder der aufnehmenden Gesellschaft fordern, wenn die betreffende Gesellschaft zum amtlichen Handel zugelassen ist.[119] Einer der wichtigsten Schwellenwerte ist überschritten, wenn die Buchwerte eines zu veräußernden Vermögensgegenstandes, der keine Beteiligung an einem anderen Unternehmen ist, 25 % im Verhältnis zum Gesamtvermögen (Anlage- und Umlaufvermögen) einer „company" überschreiten. In einem solchen Fall liegt eine sog. „Class 1 transaction" vor. Diese bedarf zu ihrer Wirksamkeit der Zustimmung durch einen Anteilseignerbeschluß. Gleiches gilt für eine „Class 4 transaction", die bei einer Transaktion mit einem Mitglied des Verwaltungsrats oder einem wesentlichen Anteilseigner gegeben ist.[120]

Wenn einer der relevanten Schwellenwerte 5 % übersteigt, keiner aber 25 %, dann liegt eine „Class 2 transaction" vor, die gem. Listing Rule 10.31 eine Meldepflicht mit Einzelheiten der Transaktion beim Company Announcements Office auslöst. Wenn keiner der Schwellenwerte 5 % übersteigt, liegt eine „Class 3 transaction" vor, die gem. Listing Rule 10.29 nur dann eine entsprechende Meldepflicht nach sich zieht, wenn eine Börsennotierung der als Gegenleistung ausgegebenen Anteile angestrebt wird. In Zweifelsfällen erteilt die FSA verbindliche Auskünfte über die Qualifikation einer Transaktion und bewilligt notfalls Ausnahmen.

Außerdem fordert Regel 21 des City Codes on Takeovers and Mergers eine Zustimmung durch die Anteilseignerversammlung bei einer Veräußerung oder

---

[116] Weinberg/Blank/Rabinowitz, Rz. 2-3042.

[117] Früher sec. 143 Financial Services Act 1986.

[118] Abgedruckt bei Palmer, Rz. C.231-C.240.

[119] Dazu etwa Knight, PLC September 1992, 19, 19 ff.; kurze Darstellung in deutscher Sprache auch im Baums-Bericht, Rz. 80.

[120] Vgl. Kapitel 1, sec. 6 Listing Rules; der Companies Act 1985 enthält in den secs. 320, 347 eine ähnliche Bestimmung, die für alle Typen von „companies" gilt und bei Transaktionen mit Mitgliedern des „board" einen Gesellschafterbeschluß fordern.

einem Kauf wesentlicher Vermögensteile nach Abgabe oder unmittelbarem Bevorstehen eines Übernahmeangebots (sog. „crown jewel option" zur Abwehr eines feindlichen Übernahmeversuchs).[121]

Ist die Anteilseignerversammlung einmal zuständig, dann kann zwischen ordentlichen und außerordentlichen Anteilseignerbeschlüssen unterschieden werden.[122] Ein ordentlicher Anteilseignerbeschluß benötigt die einfache Mehrheit der bei der Abstimmung abgegebenen Stimmen[123] und ist erforderlich, wenn weder das Gesetz oder die Satzung einen anderen Beschluß fordern.

Außerordentliche Anteilseignerbeschlüsse sind in sec. 378 CA 1985 geregelt. Man unterscheidet bei ihnen zwischen „extraordinary" und „special resolutions". Beiden ist gemeinsam, daß sie eine qualifizierte Mehrheit von ¾ der bei der Beschlußfassung abgegebenen Stimmen fordern. Bei einer „extraordinary resolution" muß die Hauptversammlung lediglich pflichtgemäß den Anteilseignern mitgeteilt werden, bei einer „special resolution" beträgt die Mindestfrist zwischen Mitteilung und Abhalten der Versammlung 21 Tage, sec. 379 (1), (2) CA 1985.

Das Gesetz verlangt eine „extraordinary resolution" für die Änderung von Gattungsrechten, sec. 125 (2)(b) CA 1985 oder für bestimmte Entscheidungen im Zusammenhang mit der Abwicklung einer „company", vor allem die Entscheidung zur freiwilligen Abwicklung bei Überschuldung gemäß sec. 84 (1)(c) IA 1986. Eine „special resolution" ist weitaus häufiger vorgeschrieben, beispielsweise für die Änderung der „articles of association" oder für den Erwerb eigener Anteile.

---

[121] Vgl. dazu Weinberg/Blank/Rabinowitz, Rz. 2-2062.

[122] Daneben tritt noch die neu eingeführte „elective resolution" gem. sec. 379 (2) CA 1985, die aber im Zusammenhang dieser Untersuchung ohne Bedeutung ist und nur auf „private companies" Anwendung findet. Eine „elective resolution" fordert einen einstimmigen Beschluß aller Gesellschafter und nicht nur derer, die bei der Beschlußfassung anwesend sind. Vgl. dazu Gower/Davies, S. 586 f.

[123] Normalerweise vermittelt ein Anteil eine Stimme. Anteile können das Stimmrecht aber auch ausschließen oder mehrere Stimmen vermitteln.

Allgemeiner Teil: Das Verfahren gem. secs. 425 - 427A CA 1985

§ 3: Historische Entwicklung des „Scheme of Arrangement"

I. 19. Jahrhundert

Das Rechtsinstitut des „Scheme of Arrangement" gem. secs. 425 - 427A Companies Act 1985 ist keine Neuschöpfung der zuletzt genannten Kodifikation des englischen Kapitalgesellschaftsrechts. Vorläufer bestanden vielmehr bereits seit der zweiten Hälfte des 19. Jahrhunderts.

Seit Beginn des 19. Jahrhunderts kam es im Verlauf der Industriellen Revolution zu einer rasanten Zunahme an Bedeutung und Zahl der „company"-Gesellschaftsform. Diese Entwicklung machte detaillierte Regelungen erforderlich, die vorher nicht einmal in Ansätzen vorhanden waren. So wurde das moderne „company law" in England geboren.[1]

Im Laufe dieser verstärkten Fortentwicklung und Kodifikation des „company law"[2] wurde auch das Arrangement- oder Vergleichsplanverfahren eingeführt. Insbesondere dort, wo Kapitalgesellschaften mit einer Vielzahl von Kapitalgebern, d.h. Anteilseignern, Kreditgebern und vor allem Schuldverschreibungsinhabern zu tun hatten und deren Rechte abgeändert werden sollten, war eine einstimmige Lösung oft unmöglich. Daher drängte sich die Einführung eines Verfahrens auf, das für alle Beteiligten bindende Mehrheitsentscheidungen einführte, dabei aber gleichzeitig in angemessener Weise die Wahrung von Minderheiteninteressen garantierte.

1. Secs. 136 ff., 159 ff. Companies Act 1862

Der Companies Act 1862[3] war die erste Kodifikation des englischen Kapitalgesellschaftsrechts, die mit ihren 212 Sektionen und 3 Gesetzesanhängen („Schedules") diesen Namen verdiente.[4] Jedoch enthielt dieser Act noch kein gerichtlich

[1] Vgl. die Zweiteilung bei Gower/Davies, S. 18-35 (Geschichte des Company Law bis 1825) und S. 36-53 (Geschichte des Company Law von 1825 bis in die Gegenwart).
[2] Dazu Gower/Davies, S. 36 ff.
[3] 25 & 26 Vict. c. 89.
[4] Gower/Davies, S. 44, 46, auch zu den Vorgängern, von denen der Joint Stock Companies Act von 1856 mit 116 Sektionen und einem Anhang bereits bedingt als erste der modernen Kapitalgesellschaftsrechtskodifikationen bezeichnet werden kann; insbesondere die Joint Stock Companies Acts von 1856 und 1857 bilden auch heute noch die materielle Grundlage des heu-

überprüftes[5] Vergleichsverfahren, das opponierende Minderheiten ausdrücklich auf den Mehrheitswillen band. Die secs. 136 ff.[6], 159 ff.[7] CA 1862 beinhalteten zwar Bestimmungen zum Vergleich („arrangement") von abzuwickelnden oder bereits in Abwicklung befindlichen Gesellschaften sowohl mit ihren Anteilseignern als auch mit ihren Gläubigern. Jedoch deuteten diese Regelungen nur auf eine Bindung der zustimmenden Mehrheit hin. So entzündete sich bald Streit, ob Vergleiche nach diesen Bestimmungen auch abweichende Minderheiten bänden. Davon zeugen etwa die Entscheidungen *Imperial Bank of China, India, and Japan v. Bank of Hindustan, China, and Japan*[8], *Re Irrigation Company of France, ex parte Fox*[9] und *Re Albert Life Assurance*[10], in denen eine Bindung der oppo-

---

tigen Rechts; jedoch waren wichtige Gesellschaftstypen wie Banken und Versicherungen aus deren Anwendungsbereich immer noch ausgeklammert und eine große Menge von Altgesellschaften verblieb unter der Herrschaft der alten Gesetze; diese Defizite wurden erst durch den Companies Act 1862 aufgehoben. Vgl. dazu mit Kurzüberblick über die Ursprünge des englischen Kapitalgesellschaftsrechts: Begründung zum Entwurf eines Gesetzes, betreffend die KGaA und AG von 1884, in: Schubert/Hommelhoff, ZGR-Sonderheft 4, Hundert Jahre modernes Aktienrecht, 1985, S. 534 f.

[5] Sec. 137 CA 1862 gab Gläubigern oder Gesellschaftern zwar ein Anfechtungsrecht bei Gericht, das dann das Arrangement zurückweisen, abändern oder genehmigen konnte. Ohne einen solchen Antrag kam es jedoch zu keiner Gerichtsbeteiligung.

[6] Für Vergleiche eines durch einen außerordentlichen Anteilseignerbeschluß ermächtigten Liquidators im Namen einer in freiwilliger Liquidation („voluntary winding-up") befindlichen „company" mit Gläubigern, die mit ¾-Mehrheit nach Köpfen und Forderungswerten dem Vergleich zustimmten.

[7] Für Vergleiche einer in Abwicklung befindlichen Gesellschaft mit Gläubigern oder Gesellschaftern im Hinblick auf noch ausstehende Einlageleistungen. Bei einer Zwangsliquidation („winding-up by the court" bzw. „compulsory winding-up") oder einer Liquidation unter gerichtlicher Aufsicht („winding-up subject to the supervision of the court") wurde der Liquidator durch eine gerichtliche Genehmigung zum Vergleichsabschluß ermächtigt. Bei einer freiwilligen Liquidation war dazu ein außerordentlicher Anteilseignerbeschluß notwendig. Eine freiwillige Liquidation wurde zur Liquidation unter gerichtlicher Aufsicht, wenn der Gerichtshof einem Antrag eines Gläubigers oder Anteilseigners entsprach.

Die secs. 161, 162 CA 1862 enthielten Sonderbestimmungen für den Fall der Auflösung einer Gesellschaft durch gänzliche oder teilweise Übertragung ihres Unternehmens oder Vermögens auf eine andere Gesellschaft gegen Ausgabe von Anteilen der übernehmenden Gesellschaft an den Liquidator zur Ausschüttung an die Anteilseigner der übertragenden Gesellschaft. Den einzelnen Anteilseignern, die bei der Beschlußfassung überstimmt worden waren, stand unter gewissen Voraussetzungen ein Widerspruchsrecht zu, das nur durch Erwerb ihrer Anteile gegen Abfindung beseitigt werden konnte. Insoweit sind die secs. 161 f. CA 1862 die Vorläufer des heutigen Liquidationsplanverfahrens gem. secs. 110, 111 IA 1986.

Eine Übersicht zur damaligen Gesetzeslage findet man in deutscher Sprache bei Schubert/Hommelhoff, a.a.O., S. 539 f. und in englischer Sprache in Re Savoy Hotel [1981] 1 Ch. 351, 358.

[8] (1868) L.R. 6 Eq. 91, 100 f.

[9] (1871) L.R. 6 Ch.App. 177, 192.

nierenden Anteilseigner versagt worden war. Insbesondere das letztgenannte Urteil räumte mit den bisher geäußerten Zweifeln auf und beantwortete die Frage nicht nur in einem obiter dictum.[11]

Bemerkenswert ist an diesem Vorläufer des „Scheme of Arrangement", daß er nicht nur Vergleiche mit Gläubigern, sondern nach den secs. 159 f. CA 1862 auch mit nachschußpflichtigen Gesellschaftern („contributories") zuließ, gleichzeitig aber nicht auf Gesellschaftervergleiche allgemein („arrangements with members") angewandt werden konnte.

2. Railways Companies Act 1867

Vor allem die Eisenbahngesellschaften der Mitte des 19. Jahrhunderts bedienten sich im großen Stil zur Finanzierung ihrer Vorhaben, in ganz England und im British Empire Schienennetze zu errichten, der Ausgabe von Schuldverschreibungen („debentures"). Auf Eisenbahngesellschaften begrenzt enthielt der Railways Companies Act von 1867[12] in den secs. 6-22 ein erstes, ausführlich geregeltes Arrangement-Verfahren[13] hinsichtlich der Vergemeinschaftung von Anteilseignern, gesicherten Gläubigern und Schuldverschreibungsinhabern[14] von Eisenbahngesellschaften im Falle der Zahlungsunfähigkeit („inability to meet their engagements"), bei dem Minderheiten von Kapitalgebern nach einer gerichtlichen Überprüfung und Genehmigung auf den Mehrheitswillen gebunden werden konnten.[15] Verschiedene Klassen von Gesellschaftern und Gläubigern waren an einen Vergleichsvorschlag gebunden, wenn (je) eine Dreiviertelmehrheit an repräsentiertem Kapital oder Forderungen der betroffenen Klasse(n) diesem Vorschlag zustimmte.

---

[10] (1871) L.R. 6 Ch.App. 381.

[11] Vgl. Re Albert Life Assurance (1871) L.R. 6 Ch. App. 381, 381, 385 f., freilich zu spät, nämlich nach Inkrafttreten des dann für die Praxis geltenden Joint Stock Companies Arrangement Act von 1870.

[12] 30 & 31 Vict. c. 127.

[13] Abgedruckt sind die secs. 6-22 Railways Companies Act 1867 etwa in: Halsbury's Statutes of England, Bd. 19, 2. Aufl. 1950, S. 774-778; dazu Spring, Harv. L. Rev. 32 (1918) 489, 490 f. m.w.N.

[14] Vgl. Vogel, Die Vergemeinschaftung der Anleihegläubiger und ihre Vertretung nach dem Schuldverschreibungsgesetz, 1999, S. 112 m.w.N., der in seiner Darstellung - entsprechend dem gewählten Untersuchungsgegenstand der Schuldverschreibungen - auf Gläubiger beschränkt bleibt. Vgl. ebenso Vogel, a.a.O., S. 106 ff. zu ähnlichen Modellen der Vergemeinschaftung von Schuldverschreibungsgläubigern im europäischen und weltweiten Ausland im 19. Jahrhundert.

[15] Vgl. Re Neath and Brecon Railway Company [1892] 1 Ch. 349, wo ein Fall eines „Scheme of Arrangement" nach dem Railways Companies Act 1867 zugrunde lag.

Wegen der Begrenzung auf Eisenbahngesellschaften handelte es sich beim Railways Companies Act 1867 jedoch nur um eine partielle Kodifikation. Dennoch war die Ausweitung auf Anteilseigner zukunftsweisend, da so ein umfassendes Vergleichsplanverfahren für alle Kapitalgeber im Insolvenzfall gewährleistet war. Außerdem war die Bindung der Minderheit zum ersten Mal durch eine gerichtliche Aufsicht und Genehmigung legitimiert.

Vorher war eine solche Bindung nur durch ein Parlamentsgesetz im „private bill"-Verfahren, also auf eine private Gesetzesvorlage hin, möglich. Cairns L. umschrieb den Sinn und Zweck des Verfahrens nach dem Railways Companies Act 1867 in der Entscheidung *Cambrian Railways Company's Scheme* folgendermaßen:

> „Hitherto such companies, if they desired to raise further capital to meet their engagements, have been forced to go to Parliament for a special Act, enabling them to offer such advantages by way of preference or priority to persons furnishing new capital as would lead to is being obtained. And Parliament, in dealing with such applications, has been in the habit of considering how far the arrangements proposed as to such new capital were assented to or dissented from by those who might be considered as to the proprietors of the existing capital of the company, either as shareholders or bondholders. The object of the present Act [...] appears to be to dispense with a special application to Parliament of the kind I have described, and to give a Parliamentary sanction to a scheme filed in the Court of Chancery, and confirmed by that Court, and assented to by certain majorities of shareholders and of holders of debentures and securities *ejusdem generis*."[16]

3. Joint Stock Companies (Arrangement) Act 1870

Der eigentliche Vorläufer der für grundsätzlich alle „companies" geltenden secs. 425 ff. CA 1985 findet sich im „Act to faciliate Compromises and Arrangements between Creditors and Shareholders", kurz: Joint Stock Companies (Arrangement) Act vom 10. August 1870[17].[18] Dessen entscheidende sec. 2 lautet:

> „Where any compromise or arrangement shall be proposed between a company which is, at the time of the passing of this Act or afterwards, in the course of being wound up, either voluntarily or by or under the supervision of the Court, under the Companies Acts, 1862 and 1867, or either of them, and the creditors of such company, or any class of such creditors, it shall be lawful for the Court, in addition to any other of its powers, on the application in a summary way of any creditor or the liquidator, to order that a meeting of such creditors or class of creditors shall be summoned in such manner as the Court shall direct,

[16] (1868) 3 Ch. App. 278, 294.

[17] 33 & 24 Vict. c. 104.

[18] Rajak, Company Liquidations, 1988, para. 105; Palmer, Rz. 12.014 Fn. 1; Gower and Davies, S. 795; vgl. auch Schubert/Hommelhoff, a.a.O., S. 540.

and, if a majority in number representing three-fourths in value of such creditors or class of creditors, present either in person or by proxy at such meeting shall agree to any arrangement or compromise shall, if sanctioned by an order of the Court, be binding on all such creditors or class of creditors, as the case may be, and also on the liquidator and contributories of the said company."

Erstmalig erstreckte sich eine solche, auch dissentierende Minderheiten bindende Regelung auf grundsätzlich alle Arten von „companies". Das Arrangement war aber noch entgegen seinem Vorgänger für Eisenbahnkapitalgesellschaften auf Gläubiger, also Fremdkapitalgeber, beschränkt; außerdem setzte der Vergleich die Liquidation der „company" voraus.[19]

Der Joint Stock Companies (Arrangement) Act 1870 wurde verabschiedet, nachdem Zweifel darüber geäußert worden waren, ob der Liquidator einer „company" einen Vergleich mit Gläubigern im Sinne der vorhergehenden Kodifikation des „company law", i.e. der secs. 136 ff., 159 ff. des Companies Act 1862, in der Weise schließen könne, daß dieses Arrangement auch nicht zustimmende Gläubiger bände.[20]

II. 20. Jahrhundert

Gegen Ende des 19. Jahrhunderts führte das damalige Handelsministerium („Board of Trade") in England die bis in die Mitte des 20. Jahrhunderts dauernde Praxis ein, „company law"-Reform-Kommissionen in Abständen von ungefähr 20 Jahren einzusetzen und deren Vorschläge anschließend durch ein Artikelgesetz umzusetzen.[21] Ergebnis der in den jeweiligen Kommissionsberichten vorgebrachten Reformvorschläge waren die Companies Acts von 1908[22], 1929[23] und 1948[24].[25]

---

[19] Rajak, a.a.O., para. 105; Brown, Corporate Rescue, 1996, Rz. 18.1; Wilkinson/Cohen, in: Clarke (Hrsg.), Current Issues in Insolvency Law, 1991, S. 121, 122; Nourse J. in Re Savoy Hotel Ltd. [1981] 1 Ch. 351, 358.

[20] Wilkinson/Cohen, a.a.O., S. 121, 122; vgl. oben S. 65 f.

[21] Gower/Davies, S. 48.

[22] Zurückgehend auf die Empfehlungen des 1906 vorgelegten Berichts des Loreburn Committees.

[23] Zurückgehend auf die Empfehlungen des Berichts des 1925 eingesetzten Greene Committees.

[24] Zurückgehend auf die Empfehlungen des Berichts des 1945 eingesetzten Cohen Committees.

[25] Gower/Davies, S. 49 f., m.w.N.

1. Companies Act 1900

Schon zu Beginn des 20. Jahrhunderts erfolgte jedoch bereits eine weitreichende Änderung, die außerhalb der großen, von den eingesetzten Kommissionen ausgelösten Reformschübe stattfand. Sec. 24 Companies Act 1900[26], der als Artikelgesetz nur bestehende Acts abänderte, erweiterte sec. 2 Joint Stock Companies (Arrangement) Act 1870 auch auf Arrangements zwischen der „company" und ihren Gesellschaftern („members").[27]

Diese Erweiterung hatte enorme Bedeutung für die Rechtsanwendung, wie die vorliegende Untersuchung zu Arrangements mit Anteilseignern aufzeigen wird. Ab diesem Zeitpunkt konnten auch Änderungen der Gesellschafterrechte, Anteilssowie Vermögensübertragungen, also jegliche Formen von Eigenkapitalumstrukturierungen mittels eines „Scheme of Arrangement" durchgeführt werden. Vorher ließen nur die die Minderheit nicht bindenden secs. 161 f. CA 1862 eine Übertragung des Unternehmens oder Vermögens oder von Teilen davon durch den Liquidator gegen Gewährung von Anteilen an der übernehmenden Gesellschaft zur Ausschüttung an die Anteilseigner der übertragenden Gesellschaft zu. Außerdem waren gem. secs. 159 f. CA 1862 Vergleiche mit noch nachschußpflichtigen Gesellschaftern („contributories") möglich.

2. Companies Act 1907

Das „Loreburn Law Amendment Committee" legte im Jahre 1906 seinen Bericht vor. Darin wurde es für unangemessen gehalten, daß die Abwicklung („winding-up", „liquidation") Bedingung für ein gerichtlich überprüftes Arrangement sein sollte.[28] Das nachfolgende Änderungsgesetz, der Companies Act 1907[29], folgte der Empfehlung des Loreburn-Berichts und weitete durch seine Änderungsbestimmung sec. 38 den Umfang der sec. 2 des Joint Stock Companies (Arrangement) Act 1870 auf „companies" aus, die nicht in Abwicklung begriffen waren.[30] Diese gesetzliche Änderung erfolgte, nachdem sich die Praxis durchgesetzt hatte,

[26] 63 & 64 Vict. c. 48.

[27] Vgl. den historischen Abriß von Younger J. in Re Guardian Assurance Co. [1917] 1 Ch. 431, 439 f. und von Nourse J. in Re Savoy Hotel Ltd. [1981] 1 Ch. 351, 358 f.; außerdem Gower and Davies, S. 795. Insofern irren sich Wilkinson/Cohen, a.a.O., S. 121, 122 f., die fälschlicherweise behaupten, die Ausweitung auf „Schemes" zwischen Mitgliedern und „company" sei erst durch den Companies Act 1908 erfolgt.

[28] Wilkinson/Cohen, a.a.O., S. 121, 122.

[29] 7 Edw. 6, c. 50.

[30] Wilkinson/Cohen, a.a.O., S. 121, 122; vgl. auch Younger J. in Re Guardian Assurance Co. [1917] 1 Ch. 431, 440 und Nourse J. in Re Savoy Hotel Ltd. [1981] 1 Ch. 351, 358 f.

in der Gesellschaftssatzung auf einer Mehrheitsentscheidung beruhende, für alle Beteiligten bindende Arrangements zu verankern, die unabhängig vom Liquidationsfall waren, so daß bei einer Klage eines überstimmten Kapitalgebers das Gericht nicht anders entscheiden konnte, als es das bei einem „Scheme of Arrangement“ einer „company“ in Liquidation getan hätte.[31]

Außerdem sah sec. 39 CA 1907 explizit vor, daß eine „company“ auch dazu ermächtigt war, ihre Kapitalstruktur per gerichtlich genehmigtem, außerordentlichem Anteilseignerbeschluß eine Zusammenlegung von oder Teilung in verschiedene Anteilsgattungen vorzunehmen, da die Reichweite des Begriffs „arrangement“ noch nicht geklärt war. Diese Regelung befand sich anschließend in sec. 45 CA 1908, die aber der Companies Act 1929 nicht mehr übernahm. Zuvor hatte die Rechtsprechung nämlich entschieden, daß die genannten Umstrukturierungsvarianten der Zusammenlegung oder Teilung aus Umgehungsschutzgründen nicht durch ein „Scheme of Arrangement“, sondern nur durch das durch sec. 39 CA 1907 eingeführte Verfahren gem. sec. 45 CA 1908 zulässig sein sollte, obwohl man sich einig war, daß ein „arrangement“ auch die genannten Fälle umfaßte.[32] Dementsprechend wurden die durch sec. 45 CA 1908 geregelten Fälle in eine aufgrund der historischen Genese beispielhafte Nennung in die das „Scheme of Arrangement“ regelnde sec. 153 CA 1929 aufgenommen, die man heute - eigentlich überflüssigerweise - in sec. 425 (6)(b) CA 1985 wiederfindet, vgl. zwischenzeitlich sec. 206 (6)(b) CA 1948.

3. Sec. 120 Companies (Consolidation) Act 1908

Im folgenden Jahr 1908 trat der Companies (Consolidation) Act 1908[33] in Kraft und löste damit den bis dahin geltenden Companies Act 1862 und den Joint Stock Companies (Arrangement) Act 1870 ab.[34] Der Companies Act 1908 ist das eigentliche Ergebnis der Reformanstrengungen, die im Loreburn-Bericht ihren Ausdruck fanden. Er übernahm ohne wesentliche Änderungen sec. 2 Joint Stock Companies (Arrangement) Act 1870 in ihrer durch die Companies Acts 1900 und

---

[31] Rajak, a.a.O., para. 105 mit Verweis auf Sneath v. Valley Gold Ltd [1893] 1 Ch. 477 sowie Mercantile Investment and General Trust Co. v. International Co. of Mexico [1893] 1 Ch. 484.

[32] Re Schweppes Ltd. [1914] 1 Ch. 322, C.A., in Bestätigung von Re Palace Hotel Ltd. [1912] 2 Ch. 438; a.A. noch Re Doecham Gloves Ltd. [1913] 1 Ch. 226; vgl. dazu Lord Hailsham of St. Marylebone, Rz. 1455 m.w.N. zur damaligen Rechtsprechung.

[33] 8 Edw. 7, c. 69.

[34] Vgl. Gower/Davies, S. 46.

1907 geänderten Fassung.[35] Das „Scheme of Arrangement" war nun in sec. 120 Companies (Consolidation) Act 1908 geregelt.

4. Secs. 153, 154 Companies Act 1929

Erweitert wurde das Rechtsinstitut des „Scheme of Arrangement" durch die secs. 153, 154 Companies Act 1929[36]. Sec. 154 CA 1929 wurde eingefügt, um Gesellschaftsumgründungen („reconstructions") und Verschmelzungen („amalgamations") mittels eines „Scheme of Arrangement" zu vereinfachen, indem dem Gericht ausdrücklich die Befugnis eingeräumt wurde, flankierende Anordnungen anläßlich der erwähnten Umstrukturierungsmaßnahmen zu treffen.[37] Sec. 154 CA 1929 entsprach weitgehend der heutigen Regelung in sec. 427 CA 1985.[38]

Zugleich erfolgte mit der Einführung von sec. 154 CA 1929 auch eine gesetzgeberische Klarstellung der gerichtlichen Befugnis zur Genehmigung von „Schemes of Arrangement" zur Übertragung des im wesentlichen gesamten Unternehmens oder Vermögens auf eine andere Gesellschaft, wenn diese Übertragung auch anderweitig nach dem Companies Act unter strengeren Bedingungen hätte durchgeführt werden können.[39] Diese Klarstellung war eine Reaktion auf die vorhergehende Rechtsprechung[40], die dem Gericht die Bestätigung eines „Scheme of Arrangement" wegen der mißbräuchlichen Umgehung anderer Rechtsinstitute untersagte.

Weiterhin wurde in sec. 153 (2) CA 129 eine kleine, aber nicht unbedeutende Abänderung der Mehrheitserfordernisse vorgenommen. Nunmehr war durch Einfügen der Worte „and voting" hinter „present" nicht mehr neben der qualifizierten Kapitalmehrheit die Mehrheit der anwesenden, sondern diejenige der tatsächlich abgegebenen Stimmen notwendig.[41] Dies führte dazu, daß eine Nichtabgabe der Stimme („abstention") bei der Wahl nicht mehr wie eine Gegenstimme gezählt wurde, sondern keinen Einfluß auf den Wahlausgang hatte.[42]

---

[35] Vgl. Younger J. in Re Guardian Assurance Co. [1917] 1 Ch. 431, 440; Nourse J. in Re Savoy Hotel Ltd. [1981] 1 Ch. 351, 359.
[36] 19 & 20 Geo. 5, c. 23.
[37] Pennington, Company Law, S. 985.
[38] Vgl. Pennington, Company Law, S. 985 Fn. 14.
[39] Pennington, Company Law, S. 985.
[40] Re General Motor Cab Co. [1913] 1 Ch. 377; Re Sandwell Park Colliery Co. [1914] 1 Ch. 589; Re Guardian Assurance Co. [1917] 1 Ch. 431; Re Anglo-Continental Supply Co. [1922] 2 Ch. 723; anders noch in Re Tea Co. Ltd., Sorsbie v. Tea Co. Ltd. [1904] 1 Ch. 12; vgl. dazu insgesamt Pennington, Company Law, S. 984 ff.
[41] Palmer, Rz. 12.028 Fn. 1.
[42] Palmer, Rz. 12.028 Fn. 1; Nourse J. in Re Savoy Hotel Ltd. [1981] 1 Ch. 351, 359.

5. Secs. 206 - 208 Companies Act 1948

Im Companies Act 1948[43] fand sich das „Scheme of Arrangement“ geregelt in den secs. 206 - 208. Im Vergleich zum Companies Act 1929 völlig neu war sec. 207, die der heutigen sec. 426 CA 1985 weitgehend entspricht. Durch diese 1948 neu eingeführte Regelung wird dem Informationsbedürfnis der Kapitalgeber, also der Gesellschafter und der gesicherten Gläubiger, Rechnung getragen, um sich ein ausreichendes Bild über die Chancen und den Nutzen der zu treffenden Entscheidung machen zu können und über die Interessenverflechtungen informiert zu sein. Auch schon lange vor 1948 hatte die Rechtsprechung die Notwendigkeit einer ausreichenden Information betont, damit die Abstimmung fair und frei von Betrug sei.[44] Von den Mißbrauchsmöglichkeiten abgesehen, lag es darüber hinaus auch im Interesse des Antragstellers selbst, hinreichend über den zur Abstimmung stehenden Vergleichsplan zu informieren, damit die Geladenen sich einer befürwortenden Entscheidung nicht verweigerten, weil sie nicht wüßten, über was sie tatsächlich abstimmen würden.[45]

Aus diesen Gründen entsprach es auch schon vor 1948 gängiger Praxis, in Rundschreiben die Betroffenen über den zur Abstimmung stehenden Vergleichsplan zu informieren.[46] Damit die Betroffenen nicht ganz dem Antragsteller ausgeliefert waren und nur die Informationen erhielten, die er ihnen auch zukommen lassen wollte, kam bald Streit über den Umfang der Informationspflicht des Antragstellers auf. Insbesondere in *Re Dorman Long & Co. Ltd.*[47] stellte sich die Frage der Angemessenheit der Information in den dort verschickten Rundschreiben. Maugham J.[48] befand im Jahre 1934, daß es zur Pflicht des Gerichts gehöre, die Informationsschreiben genau zu untersuchen, wenn die betroffenen Angelegenheiten sehr komplex und schwierig seien:

> „[...] it is, in my opinion, the duty of the Court very carefully to scrutinize the circular when the matters involved are matters of considerable difficulty and doubt.“

Um den schwierigen Problemen einer solchen Einzelfallabwägung und der damit einhergehenden Rechtsunsicherheit zu entgehen, entschied sich der englische Gesetzgeber für wenngleich immer noch sehr abstrakte gesetzliche Regelung, die wir heute in sec. 426 CA 1985 wiederfinden.

---

[43] 11 & 12 Geo. 6, c. 38.
[44] Gower/Davies, S. 764 Fn. 50; Palmer, Rz. 12.020.
[45] Vgl. Palmer, Rz. 12.020.
[46] Palmer, Rz. 12.020.
[47] [1934] Ch. 635.
[48] Re Dorman Long & Co. Ltd. [1934] Ch. 635, 665.

6. Secs. 425 - 427 Companies Act 1985 und Cork-Report

Der vom 1962 vorgelegten Jenkins-Report[49] beeinflußte Companies Act 1967[50] und die Änderungen des Companies Acts der 70er und frühen 80er Jahre des zwanzigsten Jahrhunderts[51] ließen das „Scheme of Arrangement" nach dem CA 1948 unberührt. Zu einer Neufassung mit unbedeutenden Änderungen kam es erst durch den Companies Act 1985[52] in den secs. 425 ff., also durch die heute gültige Fassung[53].

Es ist darauf hinzuweisen, daß bei der geringfügigen Novellierung der Forderung des Cork-Reports[54] nicht gefolgt wurde, ein Moratorium zum Schutz des Gesellschaftsvermögens in der Phase zwischen der Antragstellung auf Einberufung der benötigten Versammlung(en) und der Übersendung einer amtlichen Ausfertigung der Plangenehmigung des Gerichts zum Gesellschaftsregister, also der äußeren Wirksamkeit, einzurichten. Ohne dieses Moratorium können ungesicherte Gläubiger bis zum Zeitpunkt der Einreichung des Gerichtsbeschlusses beim Gesellschaftsregister ungehindert ihre Forderungen gegen die Gesellschaft durchsetzen.[55] Dieser Umstand raubt „Schemes of Arrangement" in der Sanierungspraxis einen Großteil ihrer Attraktivität.[56] Daher wird auch heute wieder überlegt, ob nicht doch die Möglichkeit eines Moratoriums, wie es schon einmal für „Schemes of Arrangement" nach den secs. 7-9 Railway Companies Act 1867 existierte, ab der Antragstellung bei Gericht auf Einberufung der Versammlung gem. sec. 425 (1) CA 1985 eingeführt werden solle.[57]

Der Cork-Report war das Ergebnis der Untersuchungen der im Januar 1977 eingesetzten Insolvenzrechtsreformkommission unter Leitung von Sir Kenneth Cork. Deren Aufgabe war es, ein neues, konsistentes Insolvenzrechtssystem zu erarbeiten. Im Juni 1982 veröffentlichte die Kommission ihre Schlußempfehlung.[58] Eine große Zahl der Empfehlungen fanden jedoch Eingang in den Insol-

---

[49] Gower/Davies, S. 49.
[50] C. 81.
[51] Überblick über die Änderungen bei Gower/Davies, S. 49 f.
[52] C. 6.
[53] Die Änderungen des Companies Act 1985 durch den Companies Act 1989 (c. 40) berührten die secs. 425 - 427A CA 1989 nicht.
[54] Cork-Report, paras. 406-408.
[55] Vgl. sec. 425 (3) CA 1985.
[56] Goode, Principles of Corporate Insolvency Law, 2. Aufl 1997, S. 269.
[57] S.u. S. 157 f.
[58] Siehe dazu etwa Farrar/Fletcher, JBL 1983, 72 ff.

vency Act 1986[59] und den zeitgleich erlassenen Company Director's Disqualification Act 1986[60].

Im übrigen nahm der Cork-Report die Kritik an der Einteilung der verschiedenen Arten von Anteilseignern und Gläubigern in verschiedene Abstimmungsklassen gem. secs. 206 - 208 CA 1948[61] zwar auf, da dadurch eine schnelle Beschlußfassung verhindert werde und die erst nachträgliche Überprüfung durch das Gericht für erhebliche Rechtsunsicherheit sorge. Der Bericht hielt dennoch an der Klasseneinteilung fest, da nur durch sie eine Wahrung der Chancengleichheit der beteiligten Gruppen möglich sei.[62]

7. Sec. 427A i.V.m. Sched. 15A CA 1985

Auch die Harmonisierungsbestrebungen der Europäischen Gemeinschaft ließen das Rechtsinstitut des „Scheme of Arrangement" nicht unberührt. Durch die Companies (Mergers and Divisions) Regulations 1987[63] wurde der CA 1985 um sec. 427A CA und Sched. 15A, die durch den Companies Act 1989[64] in 15B geändert wurde, erweitert, um die dritte[65] und sechste[66] Richtlinie der Europäischen Gemeinschaft auf dem Gebiet des Gesellschaftsrechts betreffend Verschmelzungen und Spaltungen von Aktiengesellschaften umzusetzen. Die neuen Regelungen traten zum 1. Januar 1988 in Kraft. Sie enthalten zusätzliche formale und andere Sicherheitsanforderungen für gewisse Fälle der Verschmelzung oder Spaltung durch „Schemes of Arrangement" unter Beteiligung von „public companies". Spaltung meint entsprechend den europarechtlichen Vorgaben nicht die drei in Deutschland gem. § 123 UmwG normierten Formen der Aufspaltung, Abspaltung und Ausgliederung. Der Begriff „division" im europarechtlichen Sinne sollte vielmehr nur die Aufspaltung umfassen, die im wesentlichen auf das französische Umwandlungsrechtsinstitut der „scission" zurückgeht, das bereits 1966 bestand.[67]

---

59 C. 45.

60 C. 46.

61 Vgl. Vach, Aspekte der Insolvenzrechtsreform von 1986 in England, 1991, S. 115; Flessner, Sanierung und Reorganisation, 1982, S. 157 ff.; Gottwald, KTS 1981, 17, 28; Weiss, ZIP 1982, 1038, 1039; Farrar, JBL 1976, 214, 222.

62 Vgl. Cork-Report, paras. 416, 426.

63 S.I. 1987 No. 1991.

64 Im übrigen ließ der Companies Act 1989, trotz zahlreicher sonstiger Änderungen im Companies Act 1985, die Regelungen zum „Scheme of Arrangement" unberührt.

65 Verschmelzungsrichtlinie 78/885/EWG v. 9. 10. 1978, Abl. EG Nr. L 295 vom 20. 10. 1978, S. 36 (= Lutter, Europäisches Unternehmensrecht, 4. Aufl. 1996, S. 131 ff.).

66 Spaltungsrichtlinie 82/891/EWG v. 17. 12. 1982, Abl. EG Nr. L 378 vom 31. 12. 1982, S. 47 (= Lutter, Europäisches Unternehmensrecht, 4. Aufl. 1996, S. 199 ff.).

67 Sagasser/Bula/Brünger-Sagasser/Sickinger, Rz. M 6 m.w.N.

8. Sonderregelungen für bestimmte Gesellschaftsarten

Im Jahr 1989 wurden die Regelungen zum „Scheme of Arrangement" durch die Cmpanies Act 1985 (Modifications for Statutory Water Companies) Regulations[68] für Wasserkapitalgesellschaften leicht modifiziert und der Anwendungsbereich der sec. 425 durch Erweiterung der ss. (6)(a) auf „companies" erweitert, die nach sec. 25 Water Industry Act 1991 der Abwicklung unterliegen. Die heute gültige Modifizierung befindet sich im Statutory Water Companies Act 1991, sec. 12 (1)(b), der sec. 425 (3) CA 1985 für Wasserkapitalgesellschaften dahingehend ändert, daß es neben der gerichtlichen Genehmigung und deren Hinterlegung beim Gesellschaftsregister noch eines Inkrafttretens der neu gefaßten Gesellschaftssatzung durch einen Beschluß des zuständigen Ministeriums bedarf und daß die secs. 427 - 430 CA 1985 keine Gültigkeit für „water companies" haben.

Unter anderem durch diese Änderungen hat sich der englische Staat in protektionistischer Weise den Einfluß auf die privatisierten „water companies" gesichert, indem Umstrukturierungsformen, die eine Unternehmens- oder Vermögensübertragung auf eine andere Gesellschaft beinhalten, durch Streichung von sec. 427 CA 1985 faktisch stark erschwert wurden, eine vom Verwaltungsrat einer „water company" empfohlene Übernahme der Zustimmung des zuständigen Ministeriums bedarf und durch Streichung der Squeeze-out-Möglichkeit gem. secs. 428 ff. CA 1985 eine 100 %ige Übernahme erschwert wurde.

Die zweite Gruppe von Kapitalgesellschaften, für die der Companies Act 1985 modifiziert wurde, sind Kapitalanlagegesellschaften mit eigener Wertpapieremission („Open-ended Investment Companies"). Reg. 64 i.V.m. Sched. 7 der Open-Ended Investment Companies (Investment Companies with Variable Capital) Regulations 1996[69] erweitert und modifiziert die secs. 425 ff. CA 1985 im Hinblick auf Verschmelzungen und Spaltungen solcher Gesellschaften. So macht Sched. 7, §§ 1 - 4, bestimmte Vorgaben für den zulässigen Inhalt eines „compromise" oder „arrangement" in diesem Bereich. Außerdem paßt Sched. 7, §§ 5-6, die secs. 425 ff. CA 1985 an die Besonderheiten von Kapitalanlagegesellschaften mit eigener Wertpapieremission an.[70]

Die angesprochenen Sonderregelungen für Wasser- und Investmentgesellschaften sollen aufgrund ihrer Spezialität nicht zum weiteren Gegenstand dieser Untersuchung gemacht werden.[71]

---

[68] S.I. 1989/1461.

[69] S.I. 1996/2827.

[70] Vgl. dazu mit knapper Darstellung Palmer, Rz. 5A.413.

[71] Vgl. zu Kapitalanlagegesellschaften allgemein Smith, PLC Oktober 1997, 19 ff. und Walsom, PLC November 1997, 27 ff.; zu Kapitalanlagegesellschaften mit variablem Kapital: Palmer, Rz. 5A.313.

III. 21. Jahrhundert: Limited Liability Partnerships Act 2001

Durch Reg. 4 und Sched. 2 der Limited Liability Partnership Regulations 2001[72] wurde der Anwendungsbereich der secs. 425 ff. CA 1985 auch auf die durch den Limited Liability Partnerships Act 2000 neu eingeführte Gesellschaftsform der Limited Liability Partnership (LLP) ausgedehnt, der die Qualität einer juristischen Person und damit die volle Rechtsfähigkeit zuerkannt wurde[73]. Die LLP ist nicht zu verwechseln mit der Limited Partnership[74], die der deutschen Kommanditgesellschaft ähnelt und bei der weder alle Gesellschafter - wie bei der normalen „partnership" - noch nur die Gesellschaft mit ihrem Vermögen haften, sondern es sowohl mit ihrer Einlage haftende als auch voll haftende Partner gibt. Bei der LLP hingegen haftet jeder Partner nur beschränkt und verliert diese Haftungsbeschränkung im Gegensatz zur Limited Partnership nicht durch die (vor allem im Krisenfall auftretende) Einmischung in die Geschäftsführung. Im übrigen findet die Gesetzgebung bezüglich Partnerships und Companies auch nur bei ausdrücklicher Nennung im Limited Liability Partnerships Act 2000 Anwendung, vgl. dessen sec. 5. Dadurch ergibt sich eine größtmögliche Freiheit der inneren Organisation der LLP. Sie wird durch Gründungsurkunde und deren Registrierung von zwei oder mehr Personen mit dem Zweck der Gewinnerzielung gegründet.[75] Inhaltlich sind die Anforderungen an den Inhalt der Gründungsurkunde gering. Nach außen hat die LLP einige der Gläubigerschutzbestimmungen, die für „companies" gelten, zu beachten.

Im Hinblick auf die secs. 425 ff. CA 1985 ergeben sich folgende Modifikationen in der Anwendung auf LLPs.[76] Das Wort „company" in den secs. 425 ff. CA 1985 muß so gelesen werden, als würde es auch LLPs umfassen. Eine LLP kann also sowohl selber ein „Scheme of Arrangement" implementieren, da für sie die Beschränkung der sec. 425 (6)(a) CA 1985 auf „companies" nicht gilt, als auch durch Erweiterung der eigentlich nur für bestimmte „companies" zugänglichen sec. 427 (6) CA 1985 Nutznießer der Verschmelzungen und andere Umstrukturierungen mit Außenwirkung erleichternden Bestimmung der sec. 427 CA 1985 werden. Nach der neuen Gesetzeslage kann eine „company" nun zum Beispiel ein „Scheme of Arrangement" zur Verschmelzung mit oder Abspaltung auf eine oder mehrere LLPs (oder mit oder auf „companies" und LLPs) oder zur Aufspal-

[72] S.I. 2001 No. 1090 beruhend auf secs. 14-17 Limited Liability Partnerships Act 2000.
[73] Vgl. sec. 1 (2), (3) Limited Liability Partnerships Act 2000.
[74] Dazu knapp Gower/Davies, S. 82; geregelt durch den Limited Partnership Act 1907.
[75] Secs. 2, 3 Limited Liability Partnerships Act 2000.
[76] Vgl. dazu Palmer, Rz. 12.005.1.

tung in mehrere LLPs oder in eine „company“ und eine LLP implementieren.[77] Genauso kann die Implementierung auch auf Seiten der LLP erfolgen.

Hinzuweisen ist darauf, daß Sched. 2 Limited Liability Partnership Regulations 2001 sec. 425 (6)(a), die eine Begrenzung des Anwendungsbereichs von sec. 425 (1)-(5) CA 1985 auf nach dem Insolvency Act 1986 abwickelbare „companies“ vornimmt, im Falle der Beteiligung von LLPs streicht.[78] Damit kann aber in systematischer Auslegung nur gemeint sein, daß die Verschmelzung einer „company“ auf eine LLP, die eine Implementierung eines „Scheme of Arrangement“ nur seitens der „company“ erfordert, nicht die Aufgabe der Begrenzung auf „companies“ bedeutet, die nach dem Insolvency Act 1986 abgewickelt werden können. Dann finden secs. 425, 426 CA 1985 nach wie vor ihre übliche Anwendung auf „companies“. Nur sec. 427 CA 1985 wird in diesem Fall zur Erleichterung der Vermögensübertragung auf die LLP modifiziert, da sec. 427 CA 1985 auch den Begriff der übernehmenden „company“ einschränkt.

IV. Ergebnis

Insgesamt zeigt der Überblick über die Gesetzgebungsgeschichte zum „Scheme of Arrangement“, daß es im Laufe der Zeit zum einen nur zu kleinen, wenngleich manchmal bedeutenden Abweichungen von der eigentlichen Ursprungsfassung im Joint Stock Companies (Arrangement) Act 1870 und zum zweiten zu einer Erweiterung und Fortentwicklung des Rechtsinstituts aufgrund der Bedürfnisse der Praxis, der richterrechtlichen Rechtsfortbildung oder des europarechtlichen Einflusses kam. Insgesamt kann aber zur Auslegung der heutigen Fassung weitgehend auf die Rechtsprechung zu den Vorgängerfassungen zurückgegriffen und diese Rechtsprechung direkt oder jedenfalls sinngemäß angewandt werden.

Auf einen Ausblick auf geplante Reformen der secs. 425 ff. CA 1985 wird an dieser Stelle verzichtet und erst nach einer detaillierten Darstellung des Vergleichsplanverfahrens ausführlich eingegangen.[79]

[77] Palmer, Rz. 12.005.1.

[78] Auf die folgende gesetzliche Unklarheit weist zu Recht Palmer, Rz. 12.005.1 Fn. 1, hin.

[79] Siehe unten S. 155 ff.

§ 4: Sinn und Zweck des Verfahrens gem. secs. 425 ff. CA 1985

Gegenstand eines „Scheme of Arrangement" gem. sec. 425 CA 1985 sind „compromises" oder „arrangements" zwischen der „company" und ihren Gesellschaftern und/oder ihren Gläubigern. Abgesehen von den Fällen, in denen solche „arrangements" Abänderungen von reinen Mitgliedschaftsrechten ohne direkten Vermögensbezug haben, zielt ein „Scheme of Arrangement" immer auf die Änderung der Kapitalstruktur ab. Da „arrangements" sowohl mit Gesellschaftern als auch mit Gläubigern getroffen werden können, ist unter Kapitalstruktur sowohl die Struktur des Eigen- als auch des Fremdkapitals gemeint.

Diese kann in vielfältigster Weise geändert werden. Zum einen fallen darunter die Fälle, bei denen es lediglich zu einer internen Umschichtung des Kapitals und der Kapitalgeberrechte zwischen den einzelnen Eigen- und/oder Fremdkapitalgebern kommt. Andererseits können solche Änderungen aber auch beinhalten, bisher außenstehende Dritte in die Reorganisation der Kapitalstruktur einzubeziehen, indem die „company" beispielsweise bei einer Verschmelzung das Gesellschaftsvermögen auf eine andere Gesellschaft oder bei einer Übernahme Anteile auf den Bieter transferiert, so daß man von einer Außenwirkung der Umstrukturierungsmaßnahme sprechen kann. Rein rechtlich betrachtet liegt dann dennoch kein „arrangement" der Gesellschaft mit dem außenstehenden Dritten vor, sondern nur mit den Gesellschaftern.

Grundsätzlich können alle Maßnahmen zur Änderung der Gesellschafter- und Gläubigerrechte und damit meist der Kapitalstruktur einer „company" einstimmig beschlossen werden, sofern die Gesellschaftssatzung diese Maßnahmen erlaubt.[1] Dies liegt in der Reichweite der Privatautonomie aller Beteiligten. Eine einstimmige Lösung kommt insbesondere bei kleinen Kapital- oder bei Joint-Venture-Gesellschaften in Betracht.[2]

In der Praxis wird es jedoch in vielen Fällen zu einem solch übergreifenden Konsens nicht kommen. Zu unterschiedlich und komplex sind die Interessengeflechte bei einer steigenden Zahl von Beteiligten. Dann bleibt der „company" die Möglichkeit, nur mit den zustimmenden Gesellschaftern, Gläubigern oder Dritten zu kontrahieren. Falls dadurch aber gleichzeitig in die Rechtsposition eines dissentierenden Gesellschafters oder Gläubigers[3] eingegriffen werden sollte und der Companies Act 1985 ein bestimmtes Verfahren zur geplanten Strukturänderung vorsieht, das auch den Schutz von Interessen der in Frage stehenden dissen-

[1] Vgl. Pennington, Company Law, S. 977.
[2] Gower/Davies, S. 705.
[3] Cardiff Preserved Coal and Coke Co. v. Norton (1867) 2 Ch. App. 405; Re City and County Investment Co. (1879) 13 Ch. D. 475.

tierender Person bezweckt, dann kann diese eine gerichtliche Unterlassungsverfügung („injunction") gegen die „company" erwirken[4]; auch kann die Gesellschaftssatzung solche Minderheitenschutzvorschriften nicht abbedingen.[5] Darüber hinaus enthält sec. 459 CA 1985 generalklauselartig ein Verfahren zum Schutz eines Gesellschafters vor einer unbilligen Schädigung. Auch das „common law" hat für extreme Fälle Kriterien für den Minderheitenschutz entwickelt.[6]

Opponierende Gläubiger stellen für eine solvente „company" selten ein Hindernis für eine Kapitalstrukturänderung dar. Denn diese haben meist nur ihr Befriedigungsinteresse, das eine solvente „company" zur Aufgabe des Widerspruchs durch Zahlung abwehren kann. Die Zustimmung des Gläubigers ist also in solchen Fällen nur notwendig, wenn dieser das Recht hat, die sofortige Erfüllung seines Anspruchs zurückzuweisen.[7]

Ein opponierender Gläubiger kann aber dann erfolgreich gegen die Kapitalstrukturänderung vorgehen, wenn die „company" in Ausführung der geplanten Änderung nicht mehr genügend Aktiva besäße, um ihre Verbindlichkeiten zu begleichen.[8] In diesem Fall würde sogar der Straftatbestand des Gläubigerbetrugs erfüllt sein.[9]

Selbst wenn die Änderung der Kapitalstruktur darin besteht, das Vermögen der „company" auf eine andere zu übertragen, um eine Fusion herbeizuführen, und diese andere „company" ausreichend Vermögenswerte besitzt, um den Gläubiger zu befriedigen, nimmt ihm das nicht das Recht, die Übertragung abzulehnen und einen Unterlassungsanspruch geltend zu machen, da er einen Anspruch darauf hat, sich an die ursprüngliche „company" halten zu können, mit der er kontrahiert hat.[10]

Außerdem besteht insbesondere bei Publikumsgesellschaften das Problem, daß Anteilseigner unbekannt sind oder nicht ermittelt werden können, so daß sie nicht an der Reorganisationsentscheidung beteiligt werden können. Wird eine solche Entscheidung über ihren Kopf hinweg gefällt, dann besteht die Gefahr, daß diese

[4] Vgl. Pennington, Company Law, S. 977 f.

[5] Re Irrigation Company of France, ex parte Fox [1871] 6 Ch. 176; Bisgood v. Henderson's Transvaal Estates Ltd. [1908] 1 Ch. 743, 755, 759; Etheridge v. Central Uruguay Northern Extension Ry. Co. [1913] 1 Ch. 425.

[6] Vgl. Triebel/Hodgson/Kellenter/Müller, Englisches Handels- und Wirtschaftsrecht, 2. Aufl. 1995, Rz. 682-688.

[7] Vgl. Pennington, Company Law, S. 978.

[8] Cardiff Preserved Coal and Coke Co. v. Norton (1867) 2 Ch. App. 405; Re City and County Investment Co. (1879) 13 Ch. D. 475.

[9] Cardiff Preserved Coal and Coke Co. v. Norton (1867) 2 Ch. App. 405; Re City and County Investment Co. (1879) 13 Ch. D. 475.

[10] Pennington, Company Law, S. 978.

Anteilseigner im nachhinein die Umsetzung der Maßnahme erfolgreich angreifen.[11]

In den genannten Fällen opponierender oder nicht ermittelbarer Anteilseigner oder Gläubiger ist es also notwendig, ein Verfahren bereitzustellen, das Mehrheitsentscheidungen zur Bindung von Minderheiten ermöglicht, um die Handlungsfähigkeit der „company" sicherzustellen und ihrem Bedürfnis nach Rechtssicherheit nachzukommen.[12]

Eine „company" hat daher einerseits die Möglichkeit, mit den Beteiligten schon präventiv Regelungen zu treffen für den Fall, daß eine Änderung ihrer Rechte notwendig wird. Eine englische „company" finanziert sich zum einen durch Ausgabe von Anteilen, viel stärker als deutsche Kapitalgesellschaften jedoch auch über die Ausgabe von Schuldverschreibungen, sog. „debentures".[13] Wenn eine „company" Anteile oder Schuldverschreibungen an eine Vielzahl von Unterzeichnern ausgibt, dann wird gewöhnlich in der Gesellschaftssatzung („memorandum" oder „articles of association") oder im Falle von „debentures" in diesen selbst oder den diese betreffenden Treuhandurkunden durch sog. „majority rules" festgelegt, daß die Rechte der Anteilseigner oder Obligationäre durch Zustimmung einer bestimmten zahlenmäßigen Mehrheit an Anteilen oder sonstigen Wertpapieren geändert werden können.[14] Der Companies Act 1985 enthält darüber hinaus in seinen secs. 121 ff., 125 ff. Vorschriften zur Änderung der Gesellschafterrechte einer „company".[15] Außerdem stellen die Satzungsänderungsvorschriften der secs. 9, 17 CA 1985 weitere Rechtsinstrumente zur Verfügung. Normalerweise reichen all diese Verfahren aus, um Gesellschafter- und Gläubigerrechte abzuändern.[16]

Insbesondere in Fällen der Umstrukturierung mit Außenwirkung (Übernahmen, Verschmelzungen, Spaltungen) sind diese Vorschriften aber unzureichend. Auch auf Fremdkapitalseite beinhalten die Schuldverschreibungsbedingungen außer bei massenhaft ausgegebenen Schuldverschreibungen häufig keine Mehrheitsklauseln zur Änderung der Obligationärsrechte.

Das „Scheme of Arrangement" gem. secs. 425 ff. CA 1985 wurde daher zu dem Zweck geschaffen, bindende Mehrheitsentscheidungen zur umfassenden Änderung der Kapitalstruktur einer „company" zu ermöglichen.[17] Es verfolgt damit

---

[11] Palmer, Rz. 12.002.

[12] Vgl. Pennington, Company Law, S. 583; Palmer, Rz. 12.002.

[13] Vgl. Pennington, Company Law, S. 583.

[14] Pennington, Company Law, S. 583; vgl. auch Vogel, Die Vergemeinschaftung der Anleihegläubiger und ihre Vertretung nach dem Schuldverschreibungsgesetz, 1999, S. 112.

[15] Siehe dazu noch S. 166 ff.

[16] Palmer, Rz. 12.009.

[17] Palmer, Rz. 12.009.

denselben Zweck, den auch die aufgeführten gesetzlichen oder auf Vereinbarung beruhenden Möglichkeiten des bindenden Mehrheitsentscheids verfolgen.

In *Re Guardian Assurance Co.*[18] faßte Richter Younger J. den Normzweck eines „Scheme of Arrangement“ daher folgendermaßen zusammen:

> „[...] to supply, by recourse to the procedure thereby prescribed, the absence of that individual agreement by every member of the class to be bound by the scheme which would otherwise be necessary to give it validy.“

[18] [1917] 1 Ch. 431, 441.

§ 5: Implementierungsbefugnis

Zur Implementierung von „Schemes of Arrangement" sind gem. sec. 425 (6)(a) CA 1985 nur diejenigen Kapitalgesellschaften befugt, die „liable to be wound up under this Act" sind. Welche Kapitalgesellschaften darunter zu verstehen sind, ist gem. sec. 735A (1) CA 1985 im Insolvency Act 1986 geregelt, insbesondere in dessen secs. 220, 221, 225.

Darunter fallen alle in England gegründeten oder registrierten „companies", aber auch alle „unregistered companies" und damit auch außerhalb Englands und des Vereinigten Königreichs gegründete Kapitalgesellschaften.[1] Es ist also auch jede ausländische Kapitalgesellschaft zur Implementierung eines „Scheme of Arrangement" befugt.[2]

Auch spielt es keine Rolle, ob es sich um eine „private" oder „public limited company" mit Anteilskapital oder um eine „company limited by guarantee" oder eine „unlimited company" handelt.[3] Sec. 425 (1) CA 1985 spricht ausdrücklich nicht von „shareholders", sondern von „members", so daß ein Anteilskapital nicht vorhanden sein muß. Etwaige Probleme bei der Ermittlung der ¾-Kapitalmehrheit gem. sec. 425 (2) CA 1985 löste Brightman J. in *Re NFU Development Trust Ltd.*[4] dadurch, daß er bei einer „company" ohne Anteilskapital, im betreffenden Fall handelte es sich um eine „guarantee company", jedem Mitglied eine identische Einlage („financial stake") zusprach, so daß jedes Mitglied so behandelt wurde, als ob es einen Anteil besäße.

Von der Frage der Implementierungsbefugnis zu trennen ist die Frage, ob die Zuständigkeit eines englischen Gerichts gegeben ist. Trotz grundsätzlicher Implementierungsbefugnis einer Kapitalgesellschaft kann ein englisches Gericht nämlich mit Verweis auf ein forum non conveniens seine Zuständigkeit verneinen.[5] Die Beantwortung der Frage, wann ein forum conveniens vorliegt und wann nicht, ist speziell in bezug auf die secs. 425 ff. CA 1985 nicht präzise möglich. Jedoch wird auch hier wieder wegen des Verweises auf „companies liable to be wound up" auf das englische internationale Insolvenzrecht in den secs. 220 ff. IA

---

[1] Buckley, § 425.3; ebenso Reinhardt, Sanierungsverfahren im internationalen Insolvenzrecht, 1995, S. 265; Gillessen, Europäische transnationale Sitzvelegung und Fusion im Vereinigten Königreich und in Irland, 2000, S. 392; Müller-Driver, Grenzüberschreitende Restrukturierung von Kapitalgesellschaften zwischen Deutschland und England, 2002, S. 199; vgl. bereits oben S. 46 f.

[2] Schmitthoff, J.B.L. 1972, 1, 2; Gillessen, a.a.O., S. 392.

[3] Re N.F.U. Development Trust Ltd. [1973] 1 All E.R. 135; Gore-Browne, § 30.10.1.

[4] [1973] 1 All E.R. 135, 138 f. in Abweichung von Re Albert Life Assurance Co. (1871) 6 Ch. App. 381.

[5] Gillessen, a.a.O., S. 392 Fn. 208.

1986 zurückgegriffen. Diese Vorschriften werden tendenziell weit ausgelegt.[6] Für die Zuständigkeit fordert die englische Rechtsprechung im Rahmen des Insolvenzrechts, daß eine „oversea company" Inlandsvermögen oder anderweitige ausreichende Kontakte zum Inland besitzt oder ein überwiegendes Interesse der Gläubiger eine Zuständigkeit des englischen Gerichts fordert.[7] Eine Zweigniederlassung („branch" oder „place of business") in England ist dafür nicht erforderlich.[8]

Für die angesprochene andere hinreichende Verbindung der ausländischen Kapitalgesellschaft mit England ist es notwendig, daß die in Frage stehende ausländische Gesellschaft sich in einem Staat befindet, dessen Gesetzgebung ein dem Verfahren nach sec. 425 CA 1985 ähnliches Verfahren besitzt.[9] Solche Länder sind u.a. Bermuda, Australien, Neuseeland, Malaysia, Hong Kong, Kanada oder Südafrika, also Länder des Commonwealth.[10]

Ob auch in Deutschland ein ausreichend ähnliches Verfahren existiert, ist fraglich. Als solche Verfahren könnten der Insolvenzplan gemäß §§ 217 ff. InsO und das Verfahren zur Änderung der Schuldverschreibungsbedingungen nach dem SchVG in Betracht kommen. Dafür spricht nämlich, daß sie ebenfalls als Elemente eine Art von Vergleich und eine gerichtliche Aufsicht beinhalten. Der Insolvenzplan und das Verfahren nach dem SchVG regeln aber nur Vergleiche mit Gläubigern, so daß möglicherweise nur eine auf diese begrenzte Anerkennung durch englische Gerichte erfolgt.[11]

---

[6] Palmer, Rz. 15.222 ff.

[7] Vgl. aus der neueren insolvenzrechtlichen Rechtsprechung Re Real Estate Development Co. [1991] B.C.L.C. 210 m.w.N.; International Westminster plc. v. Okeanos Maritime Corp. [1988] Ch. 210; Re Eloc Electro-Optieck and Communicatie B.V. [1982] 1 Ch. 43; Re A Debtor (No. 784 of 1991) [1992] Ch. 554; dazu Fletcher, The Law of Insolvency, 2. Aufl. 1996, Kapitel 30, 31; Dicey & Morris, Rz. 30-033 ff.

[8] Stocznia Gdanska S.A. v. Latreefers Inc. (No. 2) [2001] 2 B.C.L.C. 116, C.A.; Gower and Davies, S. 110.

[9] Brown, Corporate Rescue, 1996, S. 41, 620 f.; Wilkinson/Cohen, in: Clarke (Hrsg.), Current Issues in Insolvency Law, 1991, S. 121, 125 für „Schemes" von englischen „companies", die Gläubiger in Ländern mit einer ähnlichen Gesetzgebung (z.B. Bermuda, Australien, Neuseeland, Singapur) binden; Smart, Cross-Border Insolvency, 2. Aufl. 1998, Kapitel 30, 31, der mehrere Fälle erwähnt, in denen englische Gerichte „Schemes" genehmigten, an denen australische Kapitalgesellschaften beteiligt waren; vgl. auch Re Maxwell Communications Corp. plc. [1993] 1 W.L.R. 1402, Re Heron International [1994] 1 B.C.L.C. 667, Re RMCA Reinsurance Ltd. [1994] B.C.C. 378 unter Beteiligung einer Gesellschaft aus Singapur; vgl. zur Problematik der Zuständigkeit englischer Gerichte für Sanierungsverfahren ausländischer Gesellschaften nach secs. 425 ff. CA 1985 in deutscher Sprache: Reinhardt, a.a.O., S. 263 ff.

[10] Wilkinson/Cohen, a.a.O., S. 121, 125, vgl. insbesondere die Verweise auf andere Staaten in Fn. 4.

[11] Ob die Verfahren zur Verschmelzung und Spaltung nach dem deutschen UmwG den secs. 425 ff. CA 1985 hinreichend ähneln ist fraglich. Im Besonderen Teil werden rechtsvergleichend

Die Erwägungen zeigen, daß es bei der Frage der Zuständigkeit eines englischen Gerichts für „Schemes of Arrangement“ ausländischer Gesellschaften letztlich auf die gegenseitige Anerkennung von Verfahren und Gerichtsentscheidungen und damit auf die Rechtsangleichung und Kooperation zwischen den beteiligten Ländern und Gerichten ankommt, wenn die Wirkung der gerichtlichen Anordnungen nicht nur auf in England befindliche Vermögensbestandteile der ausländischen Gesellschaft beschränkt bleiben soll. Bei einigen anerkannten Ländern ergibt sich aufgrund ihrer Zugehörigkeit zum Commonwealth eine Kooperationspflicht, wie sie für englische Gerichte in sec. 426 (4), (11)(b) IA 1986 i.V.m. entsprechenden Verordnungen des Secretary of State aufgrund völkerrechtlicher Verträge verankert ist.[12]

Innerhalb der europäischen Union ist am 31. Mai 2002 die europäische Insolvenzverordnung[13] in Kraft getreten, die in allen EU-Mitgliedstaaten mit Ausnahme Dänemarks gilt. Sie regelt die gegenseitige Anerkennung von Insolvenzverfahren und hält Kollisionsnormen bereit, die das internationale Insolvenzrecht der Mitgliedstaaten ersetzen. Da die secs. 425 ff. CA 1985 zwar im Insolvenzfall eine ähnliche Funktion ausüben wie der Insolvenzplan gem. §§ 217 ff. InsO in Deutschland und regelmäßig als Insolvenzverfahren in englischen Unternehmensinsolvenzrechtslehrbüchern aufgeführt werden, sollte man denken, daß das „Scheme of Arrangement“ auch als von der neuen Verordnung erfaßtes Insol-

---

Ähnlichkeiten aufgezeigt werden. Eine deutsche Kapitalgesellschaft, die eine Verschmelzung (möglicherweise mit einer englischen „company“) anstrebt, wird diese jedoch kaum als „Scheme of Arrangement“ strukturieren noch einen entsprechenden Antrag bei einem englischen Gericht stellen. Auch wird eine englische Konzernobergesellschaft zwei deutsche Töchter wohl immer nach dem deutschen Verschmelzungsverfahren fusionieren, statt ein englisches Gericht um Durchführung eines „Scheme“ zu bitten, das dann mit der Rechtsunsicherheit der Anerkennung in Deutschland belastet ist. „Schemes“ ausländischer Kapitalgesellschaften mit ihren Anteilseignern dürften daher in der Praxis so gut wie nie vorkommen. Das beweist auch die fehlende Veröffentlichung von Rechtsprechungsfällen. Gläubigervergleichspläne sind dagegen sinnvoll bei einem nicht unbeträchtlichen Vermögen einer ausländischen Kapitalgesellschaft in England und der sich daraus ergebenden Befriedigungsmöglichkeit. Wenn Vermögen in England vorhanden ist, dann muß aber nicht mehr nach einer anderweitigen ausreichenden Verbindung gefragt werden.

[12] Vgl. die Angaben bei Walmsley (Hrsg.), Butterworths Company Law Handbook, 15. Aufl. 2001, Anmerkung zu sec. 426 (11) IA 1986; vgl. aber auch New Zealand Loan and Mercantile Agency Co. v. Morrison [1898] A.C. 349, P.C.; Gibbs & Sons v. Société Industrielle et Commerciale des Metaux (1890) 25 Q.B.D. 399, C.A.: Ein Gläubiger der durch einen Vergleichsplan in England überstimmt worden ist, kann vor einem Gericht eines anderen Commonwealth-Staates der Geltendmachung der gesamten Forderung nicht den Vergleich entgegenhalten. Entsprechend kann auch ein in einem Commonwealth-Staat getroffenes „Scheme of Arrangement“ nicht als Einrede vor einem Gericht in England benutzt werden, vgl. Dane v. Morgan Insurance Corp. Ltd. [1894] 1 Q.B. 54, C.A.; Lord Hailsham of St. Marylebone, Companies, Rz. 1458.

[13] Nr. 1346/2000, veröffentlicht in Abl. EG Nr. L 160 v. 30. 6. 2000.

venzverfahren gilt. Dennoch führt die europäische Insolvenzverordnung in ihrem Anhang A das englische Vergleichsplanverfahren nach den secs. 425 ff. CA 1985 nicht auf, wahrscheinlich bedingt dadurch, daß dessen Funktion als Insolvenzverfahren in der Praxis vergleichsweise gering ist im Vergleich zu den sonstigen Anwendungsmöglichkeiten. Die neu in Kraft getretene europäische Regelung gibt also keinen neuen Aufschluß über die Kooperationspflichten englischer Gerichte mit Gerichten von EU-Mitgliedstaaten bei der Durchführung und Anerkennung von „Schemes of Arrangement" gem. secs. 425 ff. CA 1985.

§ 6: Reichweite eines „Scheme of Arrangement“

I. Inhaltliche und personelle Beschränkung

Grundlage und unabdingbare Voraussetzung eines „Scheme of Arrangement“ gem. sec. 425 CA 1985 ist ein „compromise“ oder „arrangement“ zwischen der Gesellschaft und ihren Gesellschaftern (oder einer Klasse davon) oder ihren Gläubigern (oder einer Klasse davon). Für die Begriffe „compromise“ oder „arrangement“ kann nicht auf eine Legaldefinition zurückgegriffen werden. Insbesondere nennt sec. 425 (6)(b) CA 1985 nur ein Beispiel für ein „arrangement“, nämlich daß dieses eine bestimmte Form der Reorganisation der Gesellschaftskapitalstruktur explizit mitumfassen soll. Diese beispielhafte Nennung stellt aber keine abstrakte und allgemeingültige Definition des Begriffs dar.[1] Ebenso bedürfen die Begriffe des Gesellschafters („member“) und des Gläubigers („creditor“) einer Klärung.

1. „Compromise“

Der Begriff „compromise“ bereitet dem Rechtsanwender kaum Schwierigkeiten hinsichtlich seiner Bedeutung. In *Sneath v. Valley Gold Ltd.*[2] urteilte Fry L.J., daß ein „compromise“ eine gleich in welcher Form geschlossene Übereinkunft zwischen zwei Parteien voraussetzt, die eine Meinungsverschiedenheit über die Rechtsposition einer oder mehrerer streitender Parteien beendet.[3] Ein „compromise“ setzt also zwingend einen vorangehenden Streit („dispute“) über Rechte voraus, z.B. über deren Umfang selbst oder über die Befugnis, diese Rechte durchzusetzen.[4]

Ein „compromise“ verlangt des weiteren, daß eine Einigung durch gegenseitiges Nachgeben der Beteiligten erreicht wird, ein bloß einseitiger Verzicht ohne

---

[1] Vgl. bereits oben S. 70 f.; Gower/Davies, S. 762 f.; Lord Hailsham of St. Marylebone, Companies, Rz. 1455 Fn. 1 m.w.N.

[2] [1893] 1 Ch. 477, wo sich die Frage bei Auslegung des Begriffs „compromise“ in einer Treuhandurkunde („trust deed“) und nicht in einem Gesetzestext stellte, was dem Leitcharakter der Entscheidung keinen Abbruch tut: siehe Mercantile Investment and General Trust Co. v. International Co. of Mexico (1891) [1893] 1 Ch. 484; Mercantile Investment and General Trust Co. v. River Plate Trust, Loan and Agency Co. [1894] 1 Ch. 578; vgl. auch Re N.F.U. Development Trust Ltd. [1971] 1 W.L.R. 1548.

[3] Vgl. auch Pennington, Company Law, S. 583: „A compromise has been described as an agreement terminating a dispute between parties as to the rights of one or more of them, [...].“

[4] Palmer, Rz. 12.011.

ein Entgegenkommen der Gegenpartei reicht für einen „compromise“ nicht aus. So stellte Brightman J. in *Re N.F.U. Development Trust Ltd.*[5] folgendes fest:

> „The word ‚compromise’ implies some element of accommodation on each side. [...] It is not apt to describe total surrender.“

2. „Arrangement“

Der Begriff „arrangement“ ist weiter gefaßt als der Begriff „compromise“.[6] Ihm kommt daher eine Auffangfunktion zu.[7] Ein „arrangement“ setzt im Gegensatz zum „compromise“ keinen Disput zwischen den Beteiligten voraus.[8] So bemerkte Fry L.J. bereits in der Entscheidung *Mercantile Investment and General Trust Co. v. International Co. of Mexico (1891)*[9] in einem obiter dictum:

> „In my opinion, the power to compromise does not include the power to give up one chose in action, namely, a secured debenture, in namely, a preference share, in the absence of all dispute as to the rights of creditor, of all difficulty in enforcing those rights, and of any suggestion that the full fruits of these rights could not been obtained. Such a transaction might be described as an exchange, possibly as a barter, or an arrangement.“

Im Jahre 1917 war die Frage, was ein „arrangement“ kennzeichnet, dann bei der Auslegung der eines Vorgängers von sec. 425 CA 1985, nämlich der sec. 120 Companies (Consolidation) Act 1908, in *Re Guardian Insurance*[10] entscheidungserheblich. Dort ging es darum, daß jeder Anteilseigner der antragstellenden „company“ einen Teil seiner Anteile auf eine andere „company“ und deren Anteilseigner übertragen sollte. Der Court of Appeal hob die dio Plangenehmigung ablehnende erstinstanzliche Entscheidung des Richters Younger J. auf, der die Existenz eines „compromise“ verneinte, da keine Meinungsverschiedenheit zwischen den Parteien geherrscht habe, und ebenfalls die Annahme eines „arrangement“ ablehnte, da dieses dem „compromise“ weitgehend entsprechen müsse. Der Court of Appeal befand, daß ein „arrangement“ nicht auf eine bloße Entsprechung zum „compromise“ beschränkt sein solle[11], sondern diesem Begriff eine größere eigenständige Bedeutung zukommen müsse. Insbesondere spreche

[5] [1972] 1 W.L.R. 1548, 1555.
[6] Pennington, Company Law, S. 583; Palmer, Rz. 12.011
[7] Vach, Aspekte der Insolvenzrechtsreform von 1986 in England, 1991, S. 110.
[8] Palmer, Rz. 12.011; Pennington, Company Law, S. 583.
[9] [1893] 1 Ch. 484, 491.
[10] [1917] 1 Ch. 431.
[11] So aber Buckley L.J. in einem obiter dictum in Re General Motor Cab Co. [1913] 1 Ch. 377, 384; vgl. in diesem Sinne auch die Entscheidung Shaw v. Royce Ltd. [1911] 1 Ch. 138, 148.

weder der Wortlaut noch der Sinn und Zweck des Gesetzes gegen eine solche Auslegung. Wenn alle Anteilseigner einer Regelung mit der „company“ einzelvertraglich zustimmen würden, dann spreche man auch von einem „arrangement“; warum das anders sein solle, wenn ein solches Übereinkommen mit einstimmiger oder mehrheitlicher Zustimmung im Verfahren gem. sec. 120 CA 1908 erfolge, sei unbegründet.[12] Insbesondere bestehe auch keine Gefahr des Mißbrauchs, da eine nachträgliche gerichtliche Kontrolle diesen gerade verhindere.[13]

Bei einem „arrangement“ ist mithin keine vorangehende Meinungsverschiedenheit der Parteien („dispute“) notwendig. Es bedarf lediglich eines Elements des gegenseitigen Gebens und Nehmens.[14] Ein gewisses quid pro quo ist unabdingbare Voraussetzung.[15] Im Fall *Re N.F.U. Development Trust Ltd.*[16] versagte Richter Brightman J. daher seine Zustimmung zu einem „Scheme“, gemäß dem alle Mitglieder ausgleichslos ihre finanziellen Rechte aufgaben. Es habe weder ein „compromise“ noch ein „arrangement“ vorgelegen, so daß der zu genehmigende Vergleichsplan außerhalb der Rechtsprechungsbefugnis des Gerichts liege.

Auch wenn ein Element des beiderseitigen Nehmens und Gebens gefordert wird, sind die Anforderungen an dieses Element jedoch derart gering sind, daß der Begriff „arrangement“ nahezu jede rechtliche Transaktion umfassen kann.[17] Diese Auffassung entspricht der gängigen Praxis, und die englische Rechtsprechung verweigert eine genaue Definition, die über das Kriterium des quid pro quo hinausgeht und damit auch zu einer Einschränkung der Flexibilität des englischen Rechts führen könnte. So stellte Nourse J. in Re Savoy Hotel Ltd.[18] im Jahre 1981 exemplarisch folgendes fest:

> „All that case shows that there must be some element of give and take. Beyond that it is neither necessary nor desirable to attempt a definition of ‚arrangement‘.“

3. „Member“

Unter einem „member“ im Sinne von sec. 425 CA 1985 versteht man zunächst jeden Gesellschafter einer „company“, egal ob er im Anteilseignerregister ver-

---

[12] Vgl. Warrington L.J. in Re Guardian Assurance Co. [1917] 1 Ch. 431, 449 f.
[13] Vgl. A.T. Lawrence J. in Re Guardian Assurance Co. [1917] 1 Ch. 431, 450.
[14] Brightman J. in Re N.F.U. Development Trust Ltd. [1972] 1 W.L.R. 1548, 1555.
[15] Gower/Davies, S. 763; Tolley's Company Law, R2012.
[16] [1972] 1 W.L.R. 1548.
[17] Gower/Davies, S. 763; vgl. auch Re Empire Mining Co. (1890) 44 Ch.D. 402; Gillies v. Dawson (1893) 20 R. 1119, O.H.; The Philadelphia Securities Co. v. The Realisation etc. Corp. of Scotland Ltd. (1903) 11 S.L.T. 217, O.H.; Re Calgary and Edmonton Land Co. Ltd. [1975] 1 W.L.R. 355.
[18] [1981] Ch. 351, 359.

zeichnet ist[19], so daß auch Eigner von Inhaberanteilen („bearer shares“) oder bloßen Zeichnungsscheinen („letters of allotment“) im Vorfeld als „member“ gelten[20]. Noch ungeklärt ist, ob Inhaber von Optionsscheinen oder anderen vertraglichen Ansprüchen auf Gewährung von Anteilen ausreichen, um als „member“ gem. sec. 425 CA 1985 angesehen zu werden.[21] Jedenfalls stellen diese Personen bei Verneinung der Eigenschaft als „member“ Gläubiger dar, die in einen Vergleichsplan einbezogen werden können.[22]

Sogenannte „associated members“, die aufgrund einer regelmäßigen Beitragsleistung gewisse Rechte gegenüber einer „company“ besitzen und daher gewisse Leistungen in Anspruch nehmen können, ohne jedoch stimmberechtigt oder am Liquidationserlös beteiligt zu sein, gelten jedoch nicht als „member“ im Sinne des Companies Act und können daher nicht an einem Gesellschaftervergleich im Sinne von sec. 425 ff. CA 1985 teilhaben.[23] Letztlich bedarf es in solchen Fällen jedoch einer genauen Analyse der jeweiligen Satzung einer „company“, um abzugrenzen, ob ein körperschaftliches oder ein bloß schuldrechtliches Verhältnis vorliegt.[24] Liegt letzteres vor, kommt jedoch wie bei Optionsrechtsinhabern eine Vergleichsplanbeteiligung als „creditor“ im Sinne von sec. 425 (1) CA 1985 in Betracht.

Das mögliche Ausweichen auf die Gläubigerstellung besagt aber lediglich, daß die in Frage stehenden Personen in einen Vergleichsplan einbezogen werden dürfen. Das hilft ihnen jedoch nicht weiter, wenn die Gesellschaft zu einer solchen Einbeziehung nicht gewillt ist. Soll zum Beispiel der Gesellschaftsvertrag geändert werden, müssen nur die unmittelbar betroffenen Gesellschaft am Vergleichsplan beteiligt werden und der Änderung zustimmen, nicht jedoch die Gläubiger. Folglich ist die Abgrenzung zwischen Gesellschafter und Gläubiger oft von großer Bedeutung.

4. „Creditor“

Der Gläubigerbegriff in sec. 425 CA 1985 wird weit ausgelegt und umfaßt daher alle Personen, die Inhaber eines auch noch nicht fälligen, zukünftigen, höhenmäßig unbestimmten oder bedingten pekuniären Anspruchs sind, dessen Wert er-

[19] Dey v. Rubber and Mercantile Co. Ltd. [1923] 2 Ch. 528.
[20] Re Wedgwood Coal and Iron Co. (1877) 6 Ch.D. 627.
[21] Pennington, Company Law, S. 588; Buckley, § 425.19; vgl. dazu die obiter dicta von Slade J. in Compania de Electricidad de la Provincia de Buenos Aires Ltd. [1980] Ch. 146, 179-183.
[22] Buckley, § 425.19.
[23] Re RAC Motoring Services Ltd. [2000] 1 B.C.L.C. 307.
[24] Vgl. Re RAC Motoring Services Ltd. [2000] 1 B.C.L.C. 307, 319 f.

mittelt werden kann.[25] Auch spielt es keine Rolle, an welchem Ort das Schuldverhältnis zustande gekommen ist oder welchem Recht es unterliegt.[26] Auch Gesellschafter können zugleich Gläubiger sein; sie sind dann in der jeweiligen Eigenschaft als Gesellschafter oder Gläubiger zu eventuellen Versammlungen zu laden.[27] Kann der Wert eines Anspruchs nicht ermittelt werden, wird das Gericht die Genehmigung des Vergleichsplans versagen, da sec. 425 CA 1985 nicht anwendbar ist.[28]

II. Beschränkung durch die Ultra-vires-Lehre

1. Die Ultra-vires-Lehre im englischen Kapitalgesellschaftsrecht

Nach englischer Rechtsauffassung ist eine „company" nur für bestimmte Zwecke geschaffen, so daß sie auch nur eine beschränkte Rechts- und Handlungsfähigkeit besitzt.[29] Alle der Gesellschaft eingeräumten Befugnisse hat die „company" nur, um die Gesellschaftsziele erfüllen zu können. Daher fordert der Companies Act die Aufführung dieser Gesellschaftsziele und -gegenstände im das Außenverhältnis regelnden „memorandum of association". Die Vertretungsmacht der Verwaltungsratsmitglieder ist zwangsläufig durch diese Objektklausel beschränkt.[30] Das „memorandum" einer „company" kann beim Gesellschaftsregister eingesehen werden, der damit Publizität verleiht.[31]

Die sog. Ultra-vires-Lehre hatte früher zur Folge, daß die „memoranda" den Unternehmensgegenstand oft sehr umfangreich bis ins Detail regelten, um von

---

25 Vgl. Re Midland Coal Coke and Iron Co. [1895] 1 Ch. 267, 271, 277; Sovereign Life Assurance v. Dodd [1892] 2 Q.B. 573; Re Albert Life Assurance Co. (1871) 6 L.R. Ch.App. 381, 386.

26 Buckley, § 425.22 f. Eine andere Frage ist, ob das „Scheme of Arrangement" auch gegenüber solchen „foreign creditors" durchsetzbar ist, etwa wenn ein solcher Gläubiger die Vollstreckung in im Ausland befindliche Aktiva der „company" betreibt. Die Durchsetzbarkeit hängt von der gegenseitigen Anerkennung des „Scheme of Arrangement" ab, die insbesondere in Commonwealth-Staaten gewährt ist.

27 Re Madras Irrigation and Canal Co. [1881] W.N. 172.

28 Re Albert Life Assurance Co. (1871) 6 L.R. Ch.App. 381; Buckley, § 425.33.

29 v. Bernstorff, Einführung in das englische Recht, 2. Aufl. 2000, S. 69; siehe zur deutschen Rechtsauffassung K. Schmidt, Gesellschaftsrecht, 4. Aufl. 2002, S. 214 ff. m.w.N.

30 Beispielsweise war ein durch ein Organ der „company" abgeschlossener Kreditvertrag unwirksam, wenn die Gegenstandsklausel die Kreditaufnahme nicht vorsah.

31 v. Bernstorff, a.a.O., S. 69.

vornherein ein Handeln ultra vires auszuschließen.[32] Alte Satzungen enthalten daher auch heute noch oft seitenlange Gegenstandsklauseln.[33]

Die Ultra-vires-Lehre wurde jedoch seit dem Beitritts Großbritanniens zur EG im Jahre 1973 unter dem Einfluß des Europarechts eingeschränkt.[34] Der Companies Act 1985 ermöglicht heute in sec. 3A, eine nur noch allgemeine, kurzgefaßte Gegenstandsklausel in das „memorandum“ aufzunehmen. Die Ultra-vires-Lehre gilt heute beinahe vollständig als abgeschafft, was das Außenverhältnis anbetrifft; im Innenverhältnis macht sich jedoch ein seine Befugnisse überschreitendes Verwaltungsratsmitglied weiterhin schadensersatzpflichtig.[35] Aus Gründen des Verkehrsschutzes muß daher heute zwischen rechtlichem Können und Dürfen der Direktoren unterschieden werden.

2. Die Ultra-vires-Lehre bei sec. 425 CA 1985

Im Zusammenhang mit den secs. 425 ff. CA 1985 hat die Ultra-vires-Doktrin ihre Bedeutung weitgehend behalten, da bis zur Genehmigung durch das Gericht keinerlei Vertrauenstatbestand geschaffen wird, der einen Verkehrsschutz rechtfertigen würde. Die Ultra-vires-Doktrin begrenzt daher die Reichweite von Vergleichsplänen, die vom Gericht genehmigt werden dürfen.[36] Denn Gegenstand eines Vergleichsplans kann nur sein, was auch allgemein Gegenstand einer einverständlichen Regelung zwischen der „company“ und ihren Gesellschaftern oder Gläubigern sein kann.[37] Im Fall *Oceanic Steam Navigation Company Ltd.*[38] sah ein Vergleichsplan beispielsweise die Übertragung des Unternehmens einer insol-

---

[32] v. Bernstorff, a.a.O., S. 69.

[33] v. Bernstorff, a.a.O., S. 69, mit dem Hinweis auf die Auslegung in England, wonach zweifelhafte Passagen lediglich anhand des Wortlauts eng ausgelegt werden dürfen, so daß auch Hauptzwecken inhärente Nebenzwecke ausdrücklich in einer Gegenstandsklausel formuliert werden müssen; andererseits wurde seit *Re Ashbury Railway Carriage Co. v. Riche (1875) L.R. 7 H.L. 653* auch die Formulierung „Die Gesellschaft darf jedes Geschäft abschließen, das nach der Meinung der Unternehmensleitung für die Gesellschaft vorteilhaft ist.“ als ausreichend anerkannt.

[34] Vgl. dazu v. Bernstorff, a.a.O., S. 69 Fn. 176; ausführlich: Palmer, Rz. 2.604 ff.; Lord Hailsham of St. Marylebone, Companies, Rz. 1097 ff.; Hannigan, JBL 1987, S. 165 ff. sowie Hess, RIW 1992, 638 ff.

[35] v. Bernstorff, a.a.O., S. 70.

[36] Vgl. Re Cooper, Cooper v. Johnson [1902] W.N. 199; Re Stephen Walters & Sons [1926] W.N. 236; Re Oceanic Steam Navigation Co. [1939] 1 Ch. 41, [1939] 3 All E.R. 740; Palmer, Rz. 12.012; Pennington, Company Law, S. 585.

[37] Younger J. in Re Oceanic Steam Navigation Co. [1939] 1 Ch. 41, [1939] 3 All E.R. 740; Pennington, Company Law, S. 585; Tolley's Company Law, R2013.

[38] [1939] 1 Ch. 41.

venten „company“ auf eine andere vor, die im Gegenzug Anteile an die Gläubiger der insolventen „company“ ausgeben sollte. Das „memorandum“ beinhaltete keine Bestimmung zur Übertragung des Unternehmens, so daß das „Scheme“ gegen die Ultra-vires-Doktrin verstieß und nicht genehmigt werden konnte.

Um Vergleichspläne jenseits der Gegenstandsklausel zu ermöglichen, darf das „memorandum“ aber auch noch kurz vor Antragstellung durch einen außerordentlichen Anteilseignerbeschluß gem. sec. 4 CA 1985 ergänzt werden.[39] Außerdem kann das Gericht nach Antragstellung die Genehmigung von einer Änderung des „memorandums“ abhängig machen.[40]

Ein einmal unter Verstoß gegen den Ultra-vires-Grundsatz vom Gericht in Unkenntnis der Unzulässigkeit genehmigter Vergleichsplan hat jedoch dennoch Gültigkeit. Der dem Arrangement zugrunde liegende Makel wird durch die gerichtliche Anordnung grundsätzlich geheilt.[41]

III. Beschränkung wegen Umgehung anderer gesetzlicher Vorschriften

Ist für einen bestimmten Beschlußinhalt bereits eine andere gesetzliche Verfahrensregelung vorhanden, dann dürfen die secs. 425 ff. CA 1985 nicht dazu mißbraucht werden, die gesetzlichen Anforderungen dieser anderen Verfahrensregelung zu umgehen.[42]

Das genaue Verhältnis zu anderen Verfahren zur Änderung der Gesellschafterrechte oder der Kapitalstruktur wird ausführlich im Besonderen Teil bei der fallgruppenspezifischen Darstellung und beim Vergleich mit konkurrierenden Verfahren vorgenommen.

IV. Notwendigkeit der Zustimmung durch die „company“

Sec. 425 (1) CA 1985 spricht von einem „compromise“ oder einem „arrangement“ zwischen der „company“ und ihren Gläubigern (oder einer Klasse von ihnen) und/oder zwischen der „company“ und ihren Gesellschaftern (oder einer Klasse von ihnen) vor. Insgesamt kann die „company“ repräsentiert durch ihr

---

[39] Tolley's Company Law, R2013.

[40] Tolley's Company Law, R2013; vgl. Re Bramall & Ogden Ltd., Law Society's Gazette v. 22.5.1981.

[41] Nicholl v. Eberhardt Co. Ltd. (1889) 1 Meg. 402, 408, C.A.; British Commonwealth Holdings plc. v. Barclays Bank plc. et. al. [1996] 1 All E.R. 381, 403.

[42] Palmer, Rz. 12.013; Tolley's Company Law, R2013; Pennington, Company Law, S. 586: „Secondly, the court cannot sanction an act being done if the law permits it only subject to conditions, and the arrangement seeks to dispense with those conditions.“.

„board“ also alle denkbaren Arrangements mit ihren Gesellschaftern und Gläubigern treffen.

Jedoch stand im Jahre 1981 die Frage zur Entscheidung, welche Bedeutung die Passage „[...] arrangement between the company and [...]“ in sec. 425 (1) CA 1985 habe. Der Leitentscheidung *Re Savoy Hotel Ltd.*[43] lag dabei folgender Sachverhalt zugrunde: Die Savoy Hotel Ltd. besaß zwei Anteilsgattungen, A-Anteile und B-Anteile, von denen 27.687.825 A-Anteile und 1.306.267 B-Anteile emittiert waren. Die B-Anteile besaßen jedoch Mehrfachstimmrechte, so daß deren Gewicht ungleich höher wog und so die zahlenmäßige Unterlegenheit annähernd ausgewogen wurde. Auf die A-Anteile entfielen bei einer Abstimmung 51,45 % der Stimmen und auf die B-Anteile 48,55 %. Mitglieder des Verwaltungsrates hielten 65,26 % der B-Anteile entweder für sich selbst oder als Treuhänder und damit 31,68 % der Stimmrechte. Trust House Forte Ltd. (THF) hielt 88.000 A-Anteile im Eigenbesitz und wollte die Kontrolle über die Savoy Hotel Ltd. mittels Implementierung eines „Scheme of Arrangement“ zum Erwerb aller Savoy-Anteile erlangen, jedoch hielt der Verwaltungsrat der Savoy die unterbreiteten Angebote für inakzeptabel. THF beantragte eine gerichtliche Verfügung gem. sec. 425 (1) CA 1985 zur Einberufung getrennter Anteilseignerversammlungen sowohl der A-Anteilseigner ohne THF als auch aller B-Anteilseigner zur Abstimmung über einen direkten Anteilstausch zwischen THF-Anteilen und den noch nicht von THF gehaltenen Savoy-Anteilen.

Das Gericht hatte sich so mit der Frage zu befassen, ob es die Zuständigkeit besaß, ein „Scheme“ einzuberufen und zu billigen, das nicht das Einverständnis der Gesellschaft selbst hatte. Nourse J.[44] urteilte, daß die Zustimmung der „company“ zum Vergleichsplan unbedingt erforderlich sei und daß ein dennoch gestellter Antrag von Gesellschaftern[45] oder Gläubigern[46] zur Einberufung von Versammlungen zur Abstimmung über den vorgelegten Plan gem. sec. 425 (1) CA 1985 zurückzuweisen sei, wenn keine Aussicht auf eine Zustimmung durch die „company“ bestehe. Die Zurückweisung eines solchen Antrags stelle dabei entgegen einer früher vertretenen Auffassung[47] keine Folge der beschränkten Rechtsprechungsgewalt des Gerichts dar („limit on the court's power“), sondern ergebe sich aus einer pflichtgemäßen Ermessensausübung des Gerichts („an exercise of the court's discretion“).[48] Das Ermessen des Gerichts reduziere sich durch

---

[43] [1981] 3 All E.R. 646; [1981] 1 Ch. 351.

[44] Re Savoy Hotel Ltd. [1981] 1 Ch. 351, 366.

[45] Re Savoy Hotel Ltd. [1981] 1 Ch. 351; Re Oceanic Steam Navigation Co. Ltd. [1938] 3 All E.R. 740.

[46] Re International Contract Co. (1872) 26 L.T. 358; Re East of England Banking Co. (Pearson's Case) (1872) 7 L.R. Ch. App. 309.

[47] Palmer, 22. Auflage, § 75-08.

[48] Re Savoy Hotel Ltd. [1981] 1 Ch. 351, 366; Palmer, Rz. 12.016.

den Umstand der fehlenden Zuständigkeit („jurisdiction") zur nachträglichen Genehmigung[49] eines von den einzelnen Versammlungen ohne Zustimmung der „company" gebilligten Vergleichsplans. Sofern also im ohne Zustimmung der „company" gestellten Antrag zur Einberufung dieser Versammlungen keine Vorkehrungen getroffen werden, diese Zustimmung doch noch einzuholen oder diese Zustimmung ex ante äußerst unwahrscheinlich ist, dann reduziert sich das Ermessen des Gerichts auf Null, den Antrag auf Einberufung ablehnend zu bescheiden. Eine solche Zustimmung kann alternativ durch die beiden Organe der „company" geäußert werden, d.h. entweder durch den Verwaltungsrat oder durch die Hauptversammlung mittels eines ordentlichen Beschlusses der Anteilseignerversammlung mit einfacher Mehrheit[50].[51] So urteilte Nourse J.[52]:

> „[...] the court has no jurisdiction to sanction an arrangement under sec. 206 which does not have the approval of the company either through the board or, if appropriate, by means of a simple majority of the members in general meeting."

Nourse J. begründete seine Entscheidung damit[53], daß zwar ein „arrangement" vorliege, da dieser Begriff weit ausgelegt werde und der vorgeschlagene Plan die zwischen der „company" und ihren Mitgliedern bestehende körperschaftliche Beziehung berühre, indem der konkrete Vergleichsplan von der „company" verlange, den Antragsteller anstelle existierender Anteilseigner der Savoy Hotel Ltd. als Anteilseigner zu registrieren. Insoweit wurde auch die Argumentation der „company" verneint, der Begriff „between" in sec. 425 (1) CA 1985 erfordere die aktive Beteiligung der „company" zur Gestaltung des Vergleichsplans und eines Nachgebens von ihrer Seite aus.[54]

Auch sei das vom Antragsteller vorgebrachte Argument[55], daß ansonsten aufgrund der durch Zustimmung eingegangenen Bindung der „company" die Formu-

---

[49] Re Savoy Hotel Ltd. [1981] 1 Ch. 351, 364 ff.; unter Bezugnahme auf obiter dicta insbesondere in den Fällen Re International Contract Co. (Hankey's Case) (1872) 26 L.T. 358 und Re Oceanic Steam Navigation Co. Ltd. [1939] Ch. 41.

[50] In Schottland ist ein außerordentlicher Beschluß der Anteilseignerversammlung erforderlich: RL Hector & Sons Ltd., Petitioners (Company: Scheme of arrangement), 1947 S.C. 641.

[51] Lord Hailsham of St. Marylebone, Companies, Rz. 1456 a.E.: So kann der von einem Gesellschafter oder Gläubiger gegen den Willen des Verwaltungsrats vorgeschlagene Vergleichsplan eine zeitnah mit den Klassenversammlungen einzuberufende ordentliche Anteilseignerversammlung vorsehen, die als Organ der „company" deren Zustimmung erklären kann.

[52] Re Savoy Hotel Ltd. [1981] 1 Ch. 351, 366.

[53] Re Savoy Hotel Ltd. [1981] 1 Ch. 351, 361 f.; unter Bezugnahme auf obiter dicta vor allem in den Fällen Singer Manufacturing Co. v. Robinow 1971 S.C. 11 und Re Guardian Assurance Co. [1917] 1 Ch. 431.

[54] Re Savoy Hotel Ltd. [1981] 1 Ch. 351, 358 ff.

[55] Re Savoy Hotel Ltd. [1981] 1 Ch. 351, 362 unten unter Bezugnahme auf Re International Contract Co. (1872) 26 L.T. 358.

lierung in sec. 425 (2) CA 1985 „[...] is binding on all creditors [...] or on the members [...], and also on the company [...].“ überflüssig gewesen wäre, nicht zwingend[56].

Schon die frühe Vorgängerregelung sec. 136 Companies Act 1862, die eine Zustimmung der „company“ explizit forderte, sei ein Indiz aus der Gesetzgebungsgeschichte.[57] Wenn die späteren Regelungen seit dem Joint Stock Companies Arrangement Act 1870 auf eine solche Formulierung verzichteten, bedeute dies nicht, daß eine Zustimmung nicht erforderlich sei.[58]

Als letztlich ausschlaggebend dafür, die Zustimmung der „company“ zu verlangen, wurde der Verweis auf die eigene, von ihren Gesellschaftern verschiedene Rechtspersönlichkeit der „company“, deren „legal personality“ als unabdingbare Voraussetzung für die „limited liability“, der eigentlichen Errungenschaft des Companies Act 1862[59], angeführt. Die Anerkennung der „company“ als juristische Person habe zur Folge, daß ihre Rechte als Person nicht übergangen werden dürften[60]:

> „I therefore start from the position that the rights of a company cannot be overridden in the absence of a provision, express or implied, to that effect. The undoubted purpose of section 2 of the Act of 1870 having been that which eminent judges of the time consistently said that it was, I cannot read that section or its successors as having been a provision to that wider effect. To do so would, I think, offend the general principle in our law that the rights of a person whom it regards as having the status to deal with them on his own behalf will not (save in special circumstances, [...]) be overridden.“

Das Erfordernis der Zustimmung durch die „company“ hat insbesondere große Auswirkungen im Zusammenhang mit Unternehmensübernahmen. Bei einer feindlichen Übernahme, einem sog. „hostile takeover“, kann ein Minderheitsanteilseigner, der die Kontrolle oder gar 100 % der Anteile einer „company“ erwerben will, sich - wie im Fall *Re Savoy Hotel Ltd.* - nicht ohne Zustimmung der „company“ des Verfahrens gem. secs. 425 ff. CA 1985 bedienen.[61] Er muß ein feindliches Übernahmeangebot abgeben, dessen Erfolg von je individuellen Annahmeentscheidungen abhängt und nicht von einer kollektiven Mehrheitsentscheidung, die die unterliegende Minderheit auf den Mehrheitswillen bindet.

[56] Re Savoy Hotel Ltd. [1981] 1 Ch. 351, 365.
[57] Re Savoy Hotel Ltd. [1981] 1 Ch. 351, 363.
[58] Re Savoy Hotel Ltd. [1981] 1 Ch. 351, 363 f.
[59] Re Savoy Hotel Ltd. [1981] 1 Ch. 351, 365.
[60] Re Savoy Hotel Ltd. [1981] 1 Ch. 351, 365.
[61] S.u. S. 239.

§ 7: Verfahren gem. secs. 425 - 427A Companies Act 1985 i.e.S.

Damit die Rechte opponierender Minderheiten und nicht auffindbarer Gesellschafter und Gläubiger in angemessener Weise berücksichtigt werden, sieht das Rechtsinstitut des „Scheme of Arrangement" gem. secs. 425 ff. CA 1985 strenge Verfahrensvorschriften vor.[1] Im folgenden soll das Verfahren in rein formeller Hinsicht - daher Verfahren im engeren Sinne - dargestellt werden[2], ohne auf sich ergebende Spezialfragen, wie Auslegungsschwierigkeiten, eine Verquickung mit dem Verfahren einer Kapitalherabsetzung gem. secs. 135 ff. CA 1985 oder mit dem Unternehmensübernahmeverfahren nach dem City Code on Takeovers and Mergers einzugehen. Die Auslegungsfragen werden im Anschluß an diesen Paragraphen behandelt. Die Verquickung mit den Regeln zur Kapitalherabsetzung oder dem City Code sind Gegenstand des Besonderen Teils.

Geregelt sind die prozeduralen Vorgaben grundsätzlich in den secs. 425 ff. CA 1985. Sie werden aber ergänzt durch Part 49 der Civil Procedure Rules 1998 (CPR), durch die diesen Part 49 CPR konkretisierende Practice Direction[3] - applications under the Companies Act 1985 and the Insurance Companies Act 1982, und durch Chapter 20 des Chancery Guides.[4] Die relativ jungen verfahrensrechtlichen ergänzenden Vorschriften ersetzen die zuvor geltenden Regelungen[5], weitgehend ohne wesentliche Änderungen vorzunehmen.[6]

I. Antrag auf Einberufung der Versammlungen

Das Verfahren des „Scheme of Arrangement" wird eingeleitet durch einen Antrag bei Gericht nach Part 8 der CPR 1998, daß dieses die erforderlichen Klassenversammlungen („class meetings") der betroffenen Gesellschafter und/oder Gläubi-

---

[1] Pennington, Company Law, S. 585; Palmer, Rz. 12.009, 12.015.

[2] Besonders ausführlich wird der prozedurale Teil dargestellt bei: Tolley's Company Law, R2019, und Gore-Browne, § 44; daneben sind Muster für die einzelnen Verfahrensschritte abgedruckt bei: Jacob (Hrsg.), Atkin's Encyclopaedia of Court Forms in Civil Proceedings, Bd. 9, Companies: General, 1992.

[3] Durch den Präsidenten der Chancery Division, den Vice Chancellor, erlassene Verfahrensrichtlinie.

[4] Vgl. Tolley's Company Law, R2019; Gore-Browne, §§ 30.10, 44.6; die CPR 1998 und die ergänzenden Regelungen können auch im Internet auf der Website des Lord Chancellor's Department unter http://www.lcd.gov.uk abgerufen werden.

[5] Order 102 Rules of the Supreme Court 1965 in der Fassung der Rules of the Supreme Court (Amendment No. 3) 1986 (S.I. 1986 No. 2289); Practice Direction [1997] W.L.R. 1.

[6] Gore-Browne, § 44.6.1.

ger entsprechend dem gestellten Antrag einberuft.[7] Part 8 CPR 1998 regelt den Inhalt des Antrags und die Einzelheiten der Antragstellung. Ein „Part 8"-Antragsformular ist bei der Geschäftsstelle des Companies Court, der Teil der Chancery Division des High Court in London ist, oder beim örtlichen County Court Office erhältlich.[8]

Grundsätzlich ist der Antrag an den „registrar" des für ganz England zuständigen Companies Court in London zu richten.[9] Der „registrar" ist ein Angehöriger des unteren Gerichtspersonals[10] und hat geringere Befugnisse als der „judge", der später über die Genehmigung des „Scheme" entscheidet. Der „registrar" ist mit dem deutschen Rechtspfleger oder Registerrichter vergleichbar.

Seit Erlaß der Verfahrensanweisung („practice statement") vom 4. April 2002 durch Morrit V.-C.[11] ist jedoch intern von Anfang an ein „judge" anstelle des „registrar" zuständig, wenn es sich um einen wesentlichen Gläubigervergleichsplan („substantial scheme with creditors") handelt, der eine frühzeitige Bewertung der Klasseneinteilung erforderlich macht, damit eine mangelhafte Einteilung nicht erst am Ende des Verfahrens mit der Folge einer nicht zu rechtfertigenden Kosten- und Zeitverschwendung zulasten der antragstellenden „company" im Wege der Genehmigungsverweigerung gerügt wird. Sollte der „judge" die Wesentlichkeit des „Scheme" verneinen, dann kann er das Verfahren dem „registrar" zuweisen und umgekehrt.

Wann genau ein wesentlicher Vergleichsplan vorliegt, ob nur bei einer gewissen Komplexität oder bereits bei einem hohen Wertvolumen, ist noch genauso ungeklärt wie die Frage, ob wegen der identischen Gefährdungslage eine analoge Anwendung auch auf Gesellschaftervergleichspläne zu erfolgen habe[12]. Im Rahmen dieses Kapitels wird daher weiterhin von der alleinigen Zuständigkeit des „registrar" für die in dieser Untersuchung relevanten Gesellschaftervergleichspläne ausgegangen.[13]

---

[7] Der Antrag sollte nicht auf Einberufung einer allgemeinen Gesellschafterversammlung gerichtet sein, da eine „company" ein solches Treffen auch ohne gerichtliche Anordnung einberufen kann, vgl. Cayzer Irvine & Co. Ltd., Petitioners, 1963 S.L.T. 94; Palmer, Rz. 12.019 Fn. 79, auch zur Antragstellung in Schottland.

[8] Vgl. sec. 2 (3) Practice Direction 49B zu Part 49 der CPR 1998.

[9] Gore-Browne, § 44.6.2.

[10] Vgl. dazu v. Bernstorff, Einführung in das englische Recht, 2. Aufl. 2000, S. 27.

[11] [2002] 3 All E.R. 96; vgl. auch Re Marconi plc., unveröffentlicht, Beschl. v. 24. 3. 2003 sowie dazu wiederum Griffith/Weeks, PLC Oktober 2003, 19 ff.

[12] Palmer, Rz. 12.017 (S. 12024 Fn. 3), sieht keinen Grund, warum nicht genauso auch ein „judge" bei wesentlichen Gesellschaftervergleichsplänen von Anfang bis Ende zuständig sein solle, da dieselben Kosten- und Zeitersparniserwägungen, die eine frühe Überprüfung erforderten, genauso auch bei Vergleichsplänen mit Gesellschaftern angestellt werden könnten.

[13] Sollte tatsächlich eine Ausweitung der Verfahrensanweisung auf Gesellschaftervergleichspläne erfolgen, ist statt „registrar" jeweils „judge zu lesen.

Wenn das eingezahlte Kapital der „company“ den Betrag von 120.000 britische Pfund nicht übersteigt und konkurrierend damit auch der County Court[14] für die Abwicklung der „company“ zuständig ist, dann darf das Verfahren gem. sec. 425 CA 1985 auch beim örtlich zuständigen County Court beantragt werden.[15] County Courts befinden sich in ganz England und sind ganz unten in der englischen Gerichtshierarchie angesiedelt. Sie sind mit den deutschen Amtsgerichten vergleichbar. Örtlich zuständig ist derjenige County Court, in dessen Bezirk sich das „registered office“ einer „company“ befindet.

Besteht eine konkurrierende Zuständigkeit, dann kann entweder der Companies Court der Chancery Division das Verfahren an einen County Court verweisen[16] oder der County Court an den Companies Court[17].

Antragsberechtigt ist gem. sec. 425 (1) CA 1985 zunächst die „company“ selbst, die durch den Verwaltungsrat vertreten wird. Sollten die Verwaltungsratsmitglieder ausnahmsweise durch die Satzung der „company“ nicht zur Eingehung eines „compromise“ oder „arrangement“ berechtigt sein, müssen sie zuvor durch die Hauptversammlung dazu ermächtigt werden; alternativ kann auch die Satzung befugniserweiternd geändert werden.[18] Darüber hinaus ist aber auch jeder Gesellschafter („member“) und Gläubiger antragsberechtigt.

Normalerweise wird der Antrag in der Praxis von der „company“ selbst gestellt, ohne daß darüber den Gesellschaftern oder Gläubigern Mitteilung erstattet wird.[19] Wenn der Antrag ausnahmsweise nicht von ihr gestellt wird, dann kann das Gericht den Antrag zurückweisen, wenn nicht sichergestellt ist, daß er von der „company “ - entweder vom „board of directors“ oder von einer einfachen Hauptversammlungsmehrheit - befürwortet wird.[20] Sofern der antragstellende Gesellschafter oder Gläubiger keinen Nachweis der Zustimmung durch die Gesellschaft beibringen kann, dann gilt die Gesellschaft als Antragsgegner („respon-

---

[14] Vergleichbar mit dem deutschen Amtsgericht.

[15] Rule 1 (2) Practice Direction zu Part 49 CPR 1998 erläutert die Zuständigkeit unter Verweis auf die eigentlich schon bestehenden Verweiskette: sec. 744 Companies Act 1985 („[...] ‚the court’ means the court having jurisdiction to wind up the company[...].“) i.V.m. sec. 117 (2) Insolvency Act 1986 („Where the amount of a company’s share capital paid up or credited as paid up does not exceed L 120,000, then (subject to this section) the county court of the district in which the company’s registered office is situated has *concurrent* jurisdiction with the High Court to wind up the company.“

[16] Re Vernon Heaton Co. Ltd. [1936] 1 Ch. 289, 291.

[17] Jacob, Supreme Court Practice 1997, Rz. 102/1/3.

[18] Vgl. Bruce, Peeples & Co. Ltd. v. Bain & Co. 1918 S.C. 781; Lord Hailsham of St. Marylebone, Companies, Rz. 1445 Fn. 2.

[19] Tolley’s Company Law, R2019; Gore-Browne, § 44.6.2.

[20] Siehe oben S. 93 ff., Leitentscheidung: Re Savoy Hotel Ltd. [1981] 1 Ch. 351, 366.

dent") und sie wird von dem Antrag unterrichtet.[21] Stellt die „company" den Antrag, werden hingegen zunächst weder die Gesellschafter noch die Gläubiger als Antragsgegner betrachtet und in das Verfahren miteinbezogen.[22] Es handelt sich dann um ein sogenanntes Ex-parte-Verfahren, ein Antragsverfahren ohne Einbeziehung der Gegenseite.

Eine wegen fehlender Zustimmung der Gesellschaft erfolgende Ablehnung des Antrags stellt ausweislich des weiten Wortlauts von sec. 425 (1) CA 1985 („may") eine Ausübung des gerichtlichen Ermessens dar, das sich wegen der fehlenden Zuständigkeit („jurisdiction") auf Null reduziert. Die Ablehnung kann jedoch nicht mit der Begründung fehlender Rechtsprechungsgewalt („limit on the court's power") ergehen.[23]

In den Ausnahmesituationen der Abwicklung[24] und des mit dem deutschen Insolvenzverfahren vergleichbaren „administration"-Verfahrens[25] ist der Liquidator

---

[21] Gore-Browne, § 44.6.2.

[22] Gore-Browne, § 44.6.2.

[23] Re Savoy Hotel Ltd. [1981] 1 Ch. 351, 366; Palmer, Rz. 12.016; vgl. S. 93 ff.

[24] Zu den Abwicklungsverfahren unten S. 336 ff.

[25] Das durch den Insolvency Act 1986 eingeführte und durch den Enterprise Act 2002 abgeänderte Verfahren der „administration" gem. Sched. B1 Enterprise Act 2002 gewährt einer in finanzielle Schwierigkeiten geratenen, aber auf einer grundsätzlich stabilen Geschäftsbasis stehenden „company" Gläubigerschutz, um ihr Zeit zu geben, sich zu restrukturieren. Es ist aber in seinem Ausgang offen und kann somit sowohl zur Abwicklung als auch zur Fortführung der Gesellschaft oder von Gesellschaftsteilen führen.

Zunächst ist ein Antrag auf Anordnung der „administration" zusammen mit einer eidesstattlichen Versicherung über die Verhältnisse der „company" bei Gericht einzureichen. Der Enterprise Act 2002 hat daneben in § 2 Sched B1 die Möglichkeit eröffnet, eine „administration" ohne gerichtliche Anordnung durch bloße Ernennung eines „administrators" durch einen per qualifizierter „floating charge" gesicherten Gläubiger oder durch die „company" oder ihre Direktoren selbst herbeizuführen.

Es tritt ab Mitteilung der Ernennung oder ab Anordnung der „administration" durch das Gericht automatisch ein vorläufiges Moratorium ein. Weder dürfen verpfändete Gegenstände verwertet noch die Zwangsabwicklung der „company" beantragt noch ein anderes Gerichtsverfahren gegen die „company" eingeleitet werden.

Dem Antrag auf Erlaß einer „administration order" gibt das Gericht nur statt, wenn das Gericht zu der Überzeugung gelangt, daß die „company" gem. sec. 123 IA 1986 zahlungsunfähig ist oder wahrscheinlich wird und daß eine solche Anordnung gem. § 3 Sched. B1 Enterprise Act 2002 nach Priorität geordnet 1. die Rettung der Gesellschaft als laufendes Unternehmen, 2. eine bessere Verwertung des Gesellschaftsvermögens für alle Gläubiger im Vergleich zu einer normalen Liquidation oder 3. eine Befriedigung der gesicherten oder bevorrechtigten Gläubiger ermöglichen kann, ohne die Interessen der ungesicherten Gläubiger in unbilliger Weise zu verletzen.

Ab Eröffnung des Verfahrens werden die Geschäfte, die Angelegenheiten und das Vermögen der „company" vom „administrator", der ein anerkannter Insolvenzverwalter („insolvency practitioner") sein muß und vom Gericht zuvor bestellt wird, verwaltet. Der „administrator"

bzw. der „administrator“ zur Antragstellung gem. sec. 425 (1) CA 1985 anstelle der Direktoren der „company“ berechtigt.[26] Denn alle Befugnisse der Direktoren gehen in diesen Fällen auf den Abwickler oder „administrator“ über.

Das „Part 8“-Antragsformular muß mit unterstützendem Beweismaterial („evidence“) versehen werden. Mit dem Antragsformular ist eine beeidete, schriftliche Erklärung, ein sog. „affidavit“, oder seit Geltung der CPR 1998 alternativ ein sog. „witness statement“[27] einzureichen.[28] Der beeideten Erklärung liegt der Entwurf des Vergleichsplans bei.

Der Inhalt des den Antrag unterstützenden Beweismaterials unterliegt keinen gesetzlichen Vorgaben, sondern ergibt sich aus der Verfahrenspraxis. Er dient nicht unmittelbar den Interessen der Anteilseigner oder Gläubiger, sondern ermöglicht eine umfassende Information des Gerichts bzw. des „registrar“.[29] Eine umfassende und in allen Belangen ausreichende Information liegt also im Interesse eines zügigen und erfolgreichen Verfahrens und damit im Interesse des Antragstellers, also meist der Gesellschaft selbst.

---

hat umfassende Befugnisse zur Geschäftsführung und Vermögensverwaltung. Die Befugnisse der Direktoren gehen auf ihn über, auch wenn jene nicht automatisch entlassen sind, sondern häufig noch weiter unter Aufsicht des „administrator“ tätig bleiben. Jeder Geschäftsbrief und jede Bestellung muß mit dem Vermerk versehen werden, daß die Geschäfte vom „administrator“ wahrgenommen werden.

Die Direktoren oder Angestellten müssen sofort nach der Bestellung des „administrator“ von diesem zur Anfertigung eines Berichts über die Verhältnisse der „company“ beauftragt werden, der durch eine beeidigte Erklärung zu bekräftigen ist. Acht Wochen nach der Zulassung des Antrags muß der „administrator“ dem „registrar“, den Gläubigern und den Gesellschaftern einen Bericht über die von ihm geplanten Maßnahmen (z.B. „company voluntary arrangement“ gem. secs. 1-7 IA 1986 oder „Scheme of Arrangement“) zur Erreichung eines der in § 3 Sched. B1 Enterprise Act 2002 nach Priorität gestuften Ziele vorlegen und von einer spätestens in der zehnten Woche nach Bestellung einzuberufenden Gläubigerversammlung genehmigen lassen. Sollte das vorrangige Ziel einer Unternehmensrettung nicht möglich sein, muß der „administrator“ dies ausführlich begründen, ebenso bei der Unmöglichkeit einer besseren Verwertung. Über die Ergebnisse der Gläubigerversammlung muß der „administrator“ dem „registrar“ und dem Gericht berichten. Werden die vorgeschlagenen Maßnahmen in der Versammlung abgelehnt, dann bleibt dem Gericht meist nichts anderes übrig, als die Zwangsabwicklung der „company“ zu betreiben.

[26] Vgl. Tolley's Company Law, R2019.

[27] Dem „witness statement“ kommt eine geringere Beweiskraft zu, so daß es daher im wesentlich häufigeren „ex parte“-Verfahren nicht verwandt werden sollte, da bei ihm der Antragsgegner nicht einbezogen wird und daher die Beweisanforderungen höher sind, vgl. Gore-Browne, § 44.6.4.

[28] Gore-Browne, § 44.6.4; Tolley's Company Law, R2019.

[29] Gillessen, Europäische transnationale Sitzverlegung und Fusion im Vereinigten Königreich und in Irland, 2000, S. 263.

Die Erklärung sollte daher alle relevanten Tatsachen darlegen, einschließlich einer Erklärung über die Notwendigkeit und die Motive zur Implementierung des Vergleichsplans, einen Vorschlag für einen oder mehrere den Interessen der Anteilseigner oder Gläubiger entsprechende, auch im Ausland mögliche[30] Versammlungsorte, eine Erklärung der Einteilung in verschiedene Gesellschafter- oder Gläubigerklassen mit einer entsprechender Begründung sowie Informationen zur Entscheidung über die Modalitäten der Versammlungseinladung, z.B. die Adressen der Anteilseigner bei Namensanteilen zur Zustellung der Benachrichtigung oder die Rate nicht erreichbarer Anteilseigner und die Existenz von Inhaberanteilen („bearer shares") zur Entscheidung über die Notwendigkeit einer öffentlichen Benachrichtigung[31].[32]

Die Erklärung sollte normalerweise auch Personen vorschlagen, die zu Versammlungsleitern („chairman") für die Klassenversammlungen sowie zu deren Stellvertretern ernannt werden sollen.[33]

Empfehlenswert ist ebenfalls, an dieser Stelle bereits einen Entwurf einer erklärenden Stellungnahme der Direktoren gem. sec. 426 CA 1985 sowie einer Stimmrechtsvollmacht einzureichen, wenn mit einem „proxy voting" zu rechnen ist.[34]

Bildet ein Gesellschafter oder ein Gläubiger oder eine kleine Gruppe solcher Personen eine separate Klasse, dann kann das Gericht auf die Einberufung einer Versammlung dieser Personen verzichten, wenn deren Zustimmung in schriftlicher Form beigebracht werden kann.[35] Steht bereits zu diesem Zeitpunkt die Zustimmung dieser Person oder Personengruppe fest, dann ist es empfehlenswert, die schriftliche Zustimmung bereits in diesem frühen Verfahrensstadium mit dem sonstigen Beweismaterial einzureichen, und nicht erst bei der Anhörung zur Einberufung der Klassenversammlungen oder erst bei der Beantragung zur Genehmigung des „Scheme".[36] Insgesamt ist es jedoch notwendig, daß zumindest eine Klassenversammlung einberufen und abgehalten wird, damit das Gericht den Vergleichsplan überhaupt genehmigen darf.[37]

---

[30] Re RMCA Reinsurance Ltd. [1994] B.C.C. 378, 380; Buckley, § 425.24.

[31] Vgl. Gore-Browne, § 44.6.4.

[32] Tolley's Company Law, R2019; Gore-Browne, § 44.6.4.

[33] Gore-Browne, § 44.6.4; in der Praxis werden heute für einen Versammlungsleiter normalerweise zwei Stellvertreter vorgeschlagen und benannt, um das Risiko eines Scheiterns des Verfahrens mangels Versammlungsleiters zu minimieren.

[34] Gore-Browne, §§ 30.10.3, 30.13.1, 44.6.4 f.

[35] Re RMCA Reinsurance Ltd. [1994] B.C.C. 378; Gore-Browne, § 44.6.6; Buckley, § 425.35; Palmer, Rz. 12.017.

[36] Gore-Browne, § 44.6.6.

[37] Palmer, Rz. 12.017.

II. Anhörung und Versammlungsanordnung mit detaillierten Weisungen

Der gestellte Antrag wird vom „registrar" grundsätzlich allein mit der „company" oder im Ausnahmefall eines Antrags durch einen Gesellschafter oder Gläubiger mit diesem und der „company" in einem Anhörungstermin „in chambers", also nicht öffentlich, erörtert.[38] Will abweichend von dieser Regel eine Person am Anhörungstermin teilnehmen, also nicht antragstellende Gesellschafter, Gläubiger oder sonstige Dritte, dann muß deren Teilnahme gesondert vom „registrar" zugelassen werden.[39] Wenn die „company" gegen die Zulassung einer anderen Partei Einspruch erhebt, dann besteht die Praxis, daß der „registrar" die Entscheidung dem „judge", dem ihm vorgesetzten Richter, überläßt.[40]

Bei der Anhörung sollten dem „registrar" die aktuellsten Entwürfe des Vergleichsplans, der Anordnung gem. sec. 425 (1) CA 1985 zur Einberufung der Versammlung(en), der erklärenden Stellungnahme gem. sec. 426 CA 1985 sowie der Stimmrechtsvollmachten vom Antragsteller vorgelegt werden.

Sofern der „registrar" mit dem Antrag zufrieden ist, erläßt er gerichtliche Weisungen („directions") hinsichtlich der Versammlungsmodalitäten, zu denen auch Weisungen für die Versammlungseinladungen oder -bekanntmachungen gehören.[41] Er zeichnet das Vergleichsplandokument und die Stimmrechtsvollmachten ab und erläßt im öffentlichen Verfahren eine gerichtliche Anordnung gem. sec. 425 (1) CA 1985 im Sinne des vorgelegten Entwurfs. Einmal abgezeichnet, kann die Gesellschaft unverzüglich eine amtliche Abschrift der Anordnung anfordern, indem sie die Gerichtsakte mit zwei zusätzlichen Kopien der Anordnung und jedes Bekanntmachungsentwurfs beim „court manager" einreicht.[42]

Ist das Gericht der Ansicht, daß der Versammlungsort oder der Zeitpunkt, die als Versammlungsleiter vorgeschlagenen Personen oder ähnliche Details unangemessen sind, dann kann es entsprechende Anordnungen unterlassen oder nach Rücksprache „in chambers" abweichende Weisungen erteilen.

---

[38] Gore-Browne, § 44.6.8.

[39] Gore-Browne, § 44.6.8.

[40] Gore-Browne, § 44.6.8.; vgl. Re Savoy Hotel [1981] Ch. 351.

[41] Tolley's Company Law, R2019; Buckley, § 425.35. Das Gericht ist gem. sec. 425 (1) CA 1985 befugt, detaillierte Weisungen für die Versammlungen, ihre Vorbereitung und Durchführung, zu erteilen, vgl. Re English, Scottish and Australian Chartered Bank [1893] 3 Ch. 385, 395.

[42] Gore-Browne, § 44.6.8.

III. Versammlungseinberufung

Im Anschluß werden die vom „registrar" zugelassenen Einladungen zu der bzw. den Versammlungen verschickt und eventuell öffentliche Bekanntmachungen veranlaßt.

In der Praxis wird eine Klasse von Anteilseignern oder Gläubigern nicht zu einer Abstimmung über ein „Scheme" eingeladen oder aufgerufen, wenn diese Klasse von dem Vergleichsplan nach Ansicht des Gerichts nicht betroffen ist.[43] Eine solche Klasse kann gewöhnlich auch nicht mit Aussicht auf Erfolg Widerspruch gegen den gebilligten Vergleichsplan erheben.[44] Nicht betroffen sind etwa Anteilseigner einer insolventen „company", deren Rechte als völlig wertlos eingestuft werden.[45] Entsprechend können untergeordnete Gläubiger von einem Vergleichsplan ausgeschlossen werden, wenn ein voraussichtliches Defizit für von einem Vergleichsplan betroffene Gläubiger besteht und diese untergeordneten Gläubiger daher keine Aussicht auf Befriedigung haben.[46]

In der Praxis gestaltet das Gericht den Termin der Versammlungen so, daß er nicht früher als 21 Tage nach dem Absendedatum der genannten Dokumente liegt.[47] Wichtig ist, daß die Fristen der gerichtlichen Anordnung strikt eingehalten werden, da das Gericht nicht zögert, einen Antrag auf Grund eines Verfahrensfehlers zurückzuweisen und nur im Ausnahmefall eine Heilung eines solchen zuläßt.[48] Die Mindestzeitspanne beträgt 14 Tage.[49] Bei einer Zeitungsveröffentlichung ist der Tag der Anzeige ausschlaggebend.[50]

Auch wird mit den Einladungen ein Vollmachtsformular übermittelt, das dem „in chambers" ausgearbeiteten Entwurf entsprechen muß[51]; jedoch wird dadurch

---

[43] Brownfield Guild Pottery Society [1898] W.N. 80; Re Tea Corporation [1904] 1 Ch. 12; Re Mortgage Insurance Corporation [1896] W.N. 4; Clydesdale Bank Ltd., Petitioners, 1950 S.L.T. 123; Palmer, Rz. 12.016; Tolley's Company Law, R2019; Buckley, § 425.35.

[44] Re International Contract Co. (1872) 26 L.T. 358; vgl. auch Re RAC Motoring Services Ltd. [2000] 1 B.C.L.C. 307; Palmer, Rz. 12.016; Buckley, § 425.35.

[45] Re Oceanic Steam Navigation Company Ltd. [1939] 1 Ch. 41.

[46] Re British & Commonwealth Holdings plc. (No. 3) [1992] B.C.C. 58; Re Maxwell Communications Corporation plc. (No. 3) [1993] B.C.C. 369, [1993] 1 W.L.R. 1402; vgl. Tolley's Company Law, R2019.

[47] Tolley's Company Law, R2019; Barron/Scott, PLC März 2002, 29, 33; vgl. die Wertung in sec. 369 (1)(a) CA 1985.

[48] Vgl. Anglo-Spanish Tartar Refineries [1924] W.N. 222; Gore-Browne, § 30.10.5; Buckley, § 425.35.

[49] Mercantile Investment and General Trust Co. v. International Co. of Mexico [1893] 3 Ch. 235; vgl. die Wertung in sec. 369 (1)(a)(ii) CA 1985.

[50] Buckley, §§ 425.41-425.45.

[51] Practice Direction [1910] W.N. 154; Lord Hailsham of St. Marylebone, Companies, Rz. 1451.

das Recht eines Gesellschafters oder Gläubigers, ein anderes geeignetes[52] Stimmrechtsvollmachtsformular zu benutzen, nicht berührt.[53] Nur im Liquidationsfall muß das vom Gericht ausgefertigte Stimmrechtsformular benutzt werden.[54] Auch Verwaltungsratsmitglieder, die durch geeignete, aber nicht dem „in chambers" entworfenen Urkunden entsprechende Vollmachtsurkunden bevollmächtigt werden, für oder gegen ein „Scheme" zu stimmen, sind verpflichtet, die erhaltene Vollmachtsurkunde zu benutzen.[55]

Der „registrar" legt einen Zeitpunkt fest, bis zu dem die ausgefüllte Vollmachtsurkunde bei der „company" eingereicht sein muß. In der Praxis ist dies normalerweise 48 Stunden vor dem Beginn der Versammlung(en).[56] Jedoch hindert eine solche Weisung durch den „registrar" einen Gesellschafter nicht daran, eine Stimmrechtsvollmacht erst bei der Versammlung dem Versammlungsleiter zu überreichen.[57]

Eine erteilte Vollmacht kann weisungsfrei ergehen, so daß der Stimmrechtsvertreter die Entscheidung über die Annahme oder Ablehnung des „Scheme" trifft.[58] Eine genaue Weisung hat nur im Fall einer in Liquidation befindlichen „company" zu erfolgen.[59]

Auch kann das Gericht zulassen, daß eine Stimmrechtsvollmacht der „company" per Telex oder Telegramm eingereicht werden darf, wenn dies notwendig oder angemessen erscheint, so zum Beispiel im Falle einer Vielzahl von Gläubigern oder Anteilseignern im Ausland.[60] Dies gilt jedenfalls dann, wenn die Satzung der „company" eine solche Bevollmächtigung nicht untersagt.

In den letzten Jahrzehnten hat der technische Fortschritt im Zusammenhang mit Gesellschafterversammlungen allgemein die Frage aufgeworfen, ob auch auf elektronischem Wege übermittelte Stimmrechtsvollmachten zulässig sind.[61] Sec. 372 (5) CA 1985 sprach bisher nur von einem „instrument", ohne jedoch ausdrücklich ein „written instrument" zu fordern. Durch die sec. 372 CA 1985 und

---

[52] Vgl. dazu Practice Direction (1896) 40 Sol.Jo. 545; Re Waxed Papers Ltd. [1937] 2 All E.R. 481, C.A.

[53] Tolley's Company Law, R2019.

[54] Practice Direction (1896) 40 Sol.Jo. 545; Re Magadi Soda Co. Ltd. [1925] W.N. 50; Lord Hailsham of St. Marylebone, Companies, Rz. 1451.

[55] Re Dorman Long & Co. Ltd. [1934] 1 Ch. 635.

[56] Gore-Browne, § 44.6.5; vgl. auch sec. 372 (5) CA 1985.

[57] Gore-Browne, § 44.6.5.

[58] Buckley, § 425.38.

[59] Re Magadi Soda Co. [1925] W.N. 50; Re Dorman, Long & Co. [1934] Ch. 635; Gore-Browne, § 30.10.5.

[60] Re English, Scottish and Australian Bank [1893] 3 Ch. 385, 395, 418, C.A.; Buckley, § 425.37.

[61] Ausführlich zur englischen Rechtsprechung und zur Rechtshistorie Edgtton, Comp. Lawy. 2000, 294 ff.

die Mustersatzung in Table A zum Companies Act 1985 erweiternde sec. 15 Companies Act 1985 (Electronic Communications) Order 2000[62] wurde diese Rechtsunsicherheit nunmehr beseitigt.[63] Die neu eingeführte bzw. neu gefaßte sec. 372 CA 1985 erlaubt nunmehr die Übermittlung der Stimmrechtsvollmacht auf elektronischem Wege, also insbesondere per E-mail, an eine von der „company“ angegebene Adresse, wenn die Gesellschaftssatzung nicht ausdrücklich diese Möglichkeit ausschließt. Im übrigen erlaubt die Einfügung der sec. 369 (4A)-(4D) CA 1985 nun auch die Einladung zu den entsprechenden Versammlungen durch elektronische Mitteilung auf der Website der „company“ oder durch eine E-mail an eine vom Gesellschafter oder Gläubiger angegebene Adresse.

Auf Versammlungen zur Abstimmung über ein „Scheme of Arrangement“ finden die secs. 369 ff. CA 1985 aber keine direkte Anwendung, da es sich weder um ordentliche noch außerordentliche, von der Gesellschaft einberufene, sondern gerichtlich angeordnete Versammlungen handelt.[64] Bisher wurde außerdem noch nicht gerichtlich entschieden, ob die secs. 369 ff. CA 1985 zumindest analog auch für „Schemes of Arrangements“ gelten. Da die Einberufung der Versammlungen an sich und auch die einzelnen Modalitäten der Einberufung und Abhaltung im freien Ermessen des Gerichts stehen, ist aber mit einer Orientierung an der vom Gesetzgeber vorgegebene Wertung zu rechnen. So wurde im Zusammenhang mit der Abspaltung des „Wireless“-Geschäftsbereichs von British Telecommunications im Jahr 2001 ein „Scheme of Arrangement“ implementiert, bei dem das Gericht sich unter gewissen Auflagen zur Beweissicherung damit einverstanden erklärte, daß Stimmrechtsvollmachten telefonisch, per Fax oder Internet übermittelt wurden.[65] In Zukunft ist also damit zu rechnen, daß die Gerichte bei entsprechender Antragstellung auch den umfassenden Einsatz der angesprochenen Medien, insbesondere des Internets, erlauben werden.[66]

IV. Erklärende Stellungnahme gem. sec. 426 CA 1985

Sec. 426 (2) CA 1985 schreibt vor, daß jeder Einladung zu Versammlungen, die die gerichtliche Anordnung vorsieht, eine erklärende Stellungnahme („explanatory statement“) zu den Wirkungen des Vergleichsplans beigefügt werden muß. Insbesondere umfaßt das „explanantory statement“ gem. sec. 426 (2) CA 1985

[62] S.I. 2000/3373.
[63] Dazu ausführlich rechtsvergleichend Siems, RIW 2002, 202 ff. sowie zusammenfassend PLC Januar/Februar 2001, 59 f.
[64] Barron/Scott, PLC März 2002, 29, 36.
[65] Dazu Barron/Scott, PLC März 2002, 29, 36.
[66] So auch die Einschätzung von Fidler, InsInt 2001 (3), 17, 19, allerdings in bezug auf Gläubigerversammlungen gem. sec. 425 CA 1985.

aber auch die Aufdeckung jedes wesentlichen Vermögensinteresses („material interest") der Direktoren, ob dieses Interesse aus ihrer Eigenschaft als Direktor, als Gesellschafter („member"), als Gläubiger oder aus einem ganz anderen Grunde hervorgeht und ob die Wirkungen des Vergleichsplans auf die Direktoren andere sind als auf andere Personen.

Ein solches Sonderinteresse eines Direktors liegt vor, wenn es dazu geeignet sein könnte, seine Entscheidung zu beeinflussen, den Vergleichsplan zu empfehlen oder abzulehnen.[67]

Sofern eine Stellungnahme lediglich feststellt, daß die Direktoren kein anderes Interesse am Vergleichsplan haben als andere Gesellschafter und das Interesse sich aus ihrer Eigenschaft als Gesellschafter ergibt, genügt diese Stellungnahme nicht den Anforderungen des Gesetzes.[68] Eine Wiedergabe des Gesetzeswortlauts ohne weitere Erklärung ist nicht ausreichend.

Sofern jedoch keine Unterschiede der Direktoreninteressen mit Interessen anderer bestehen, dann muß dies nicht erwähnt werden.[69] Sec. 426 CA 1985 dient nur zur Aufdeckung von Sonderinteressen.[70] Die Vermögensinteressen der Mitglieder des „board" ergeben sich auch aus ihren Vermögensinteressen als Treuhänder.[71]

Sofern sich die Interessenlage im Zeitraum zwischen Absendung der erklärenden Stellungnahme und den Versammlungen zur Abstimmung in irgendeiner Weise ändert, dann wird das Gericht den Vergleichsplan erst dann genehmigen, wenn entweder die Anteilseigner noch vor den Versammlungen von dem Interessenwandel informiert worden sind oder wenn der Interessenwandel so beschaffen ist, daß kein vernünftiger Anteilseigner anders entschieden hätte, wenn ihm diese Tatsache schon vor der Abstimmung offengelegt worden wäre (sog. „reasonable shareholder"-Test).[72] Da sec. 426 CA 1985 ausdrücklich keine Verpflichtung zur Aufdeckung nachträglicher Veränderungen enthält, stellt die Rechtsprechung die Frage der ausreichenden Aufdeckung innerhalb der Fairneß-Prüfung zur Genehmigung des Vergleichsplans.

Der Geschäftsführung ist übrigens nicht zu raten, in Hoffnung auf die Feststellung fehlender hypothetischer Kausalität für ein divergierendes Abstimmungsverhalten als Ergebnis des „reasonable shareholder"-Tests relevante neue Fakten

[67] Gore-Browne, § 44.6.7.

[68] Coltness Iron Co. Ltd., Petitioners, 1951 S.L.T. 344.

[69] City Property Investment Trust Corp. Ltd., Petitioners, 1951 S.L.T. 371; Scottish Eastern Investment Trust, Petitioners, 1966 S.L.T. 285.

[70] Vgl. Palmer, Rz. 12.020.

[71] Second Scottish Investment Trust Corp., Petitioners, 1962 S.L.T. 392.

[72] Re Jessel Trust [1985] B.C.L.C. 119; Re Minster Assets plc. [1985] B.C.L.C. 200; Re Adams International Food Traders Pty. Ltd. (1988) 13 A.C.L.R. 586; Palmer, Rz. 12.020.1.

nicht aufzudecken, da der Maßstab der Rechtsprechung in diesem Punkt teilweise sehr streng ist. Die folgende kurze Analyse der ergangenen Urteile wird die Rechtsunsicherheit verdeutlichen:

In *Re Jessel Trust Ltd.*[73] stellte Slade J. fest, daß die volle Aufdeckung der Fakten im öffentlichen Interesse („public policy") liege, und erwog daher, daß nur geringe Änderungen unschädlich seien. Sobald eine Änderung dazu *geeignet* sei, die Einstellung eines Anteilseigners zum Vergleichsplan zu beeinflussen, müßte sie offengelegt werden.

Harman J. lehnte diesen restriktiven Ansatz jedoch in *Re Minster Assets plc.*[74] in Anwendung des „reasonable shareholder"-Tests ab. In *Re MB Group plc.*[75] konkretisierte er seinen Standpunkt, indem er sagte, daß der Test danach fragen sollte, ob alle den Verwaltungsratsmitgliedern bekannt gewordenen Änderungen der Umstände offengelegt worden sind, die wesentlich sind in dem Sinne, daß ein vernünftiger Anteilseigner *wahrscheinlich* durch die neuen Umstände in seinem Stimmverhalten beeinflußt worden wäre. In *Re Heron International N.V.*[76] wurde auf dieser Grundlage entschieden, daß auch die Offenlegung weiterer Informationen nicht zu einer Beeinflussung des Standpunktes der Gläubiger geführt hätte.

Auch in *Re Allied Domecq plc.*[77] kam es zu einer weiten Auslegung des „reasonable shareholder"-Tests. In diesem Fall sollte ein Unternehmensteil an einen bestimmten Käufer verkauft werden. Nach Verschicken der erklärenden Stellungnahme, aber noch vor den Abstimmungen wurde ein konkurrierender Kaufinteressent ins Spiel gebracht. Dennoch hielt der befaßte Richter den Vergleichsplan auf der Grundlage aufrecht, daß kein vernünftiger Anteilseigner anders gestimmt hätte, wenn ihm der zweite Kaufinteressent rechtzeitig bekannt geworden wäre. Indiz für diese Hypothese war jedoch im konkreten Fall, daß lediglich der von Anfang an genannte Kaufinteressent Widerspruch gegen das „Scheme" erhob, nicht jedoch der nachträglich involvierte. Darüber hinaus waren sich die Anteilseigner darüber bewußt, daß der Vergleichsplan an sich auch ohne Käufer hätte implementiert werden können.

Des weiteren bestimmt sec. 426 (3) CA 1985, daß jede öffentliche Bekanntgabe („advertisement") einer Versammlung angeben muß, wo eine Kopie der erklärenden Stellungnahme erhältlich ist, sofern sie nicht selbst schon eine erklärende Stellungnahme mitbeinhaltet. Gem. sec. 426 (5) CA 1985 muß die „company" eine solche Kopie jedem zur Abstimmung berechtigten Gesellschafter oder Gläu-

---

[73] [1985] B.C.L.C. 119.
[74] [1985] B.C.L.C. 200.
[75] [1989] B.C.L.C. 672; vgl. auch Re Heron International N V. [1994] 1 B.C.L.C. 667.
[76] [1994] 1 B.C.L.C. 667.
[77] [2000] 1 B.C.L.C. 134.

biger unverzüglich kostenlos auf Verlangen zusenden. Selbst wenn jedem Adressaten eine Kopie der Stellungnahme zeitgleich zur öffentlichen Bekanntgabe zugesandt worden ist, dann führt das Fehlen der gem. sec. 426 (3) CA 1985 erforderlichen Angabe zur Ungültigkeit des Vergleichsplans.[78] In diesem Punkt führt der übergeordnete Zweck des Gesellschafter- und Gläubigerschutzes zu einer äußerst strengen Formalisierung, selbst wenn aufgrund des Fehlers niemandem ein Schaden entstanden ist[79]. Jedoch kann dieser Fehler durch erneute Versammlungen zur Abstimmung geheilt werden, sofern diese dann ordnungsgemäß einberufen werden.[80]

Sec. 426 (4) CA 1985 sieht vor, daß im Falle der Beeinträchtigung von Schuldverschreibungsinhabern durch den Vergleichsplan eine der Erklärung der Direktoren entsprechende Offenlegung der Interessen der Treuhänder von Treuhandurkunden, die die Schuldverschreibungen in entsprechender Weise sichern, erfolgen muß.[81]

Sec. 426 (7) 1. HS CA 1985 bestimmt, daß Personen, deren Interessen aufgedeckt werden müssen, verpflichtet sind, alle notwendigen Informationen der „company" zum Zwecke der Offenlegung zu übermitteln. Eine Zuwiderhandlung durch Zurückhalten von Informationen ist gem. sec. 426 (7) 2. HS CA 1985 mit einer Geldstrafe („fine") bewehrt.[82]

In ähnlicher Weise bestimmt sec. 426 (6) CA 1985, daß jede verschuldete Zuwiderhandlung und Pflichtverletzung in bezug auf die Offenlegungspflichten von sec. 426 (1)-(5) CA 1985 durch die Gesellschaft oder einen ihrer leitenden Angestellten[83] bzw. Verwalter des „trust" mit einer Geldstrafe geahndet wird.[84] Entla-

---

[78] City Property Investment Trust Corp. Ltd., Petitioners, 1951 S.L.T. 160; Scottish Eastern Investment Trust, Petitioners, 1966 S.L.T. 285.

[79] Vgl. Scottish Eastern Investment Trust Ltd., Petitioners, 1966 S.L.T. 285; Tolley's Company Law R2019.

[80] Gore-Browne, § 30.10.2.

[81] Vgl. Second Scottish Investment Trust Corp., Petitioners, 1962 S.L.T. 392; zum Verhältnis zwischen Gesellschaft, Treuhänder und Schuldverschreibungsinhaber oben S. 57 ff.

[82] Gem. sec. 730 i.V.m. Sched. 24 CA 1985 erfolgt eine Verurteilung im summarischen Verfahren vor einem Einzelrichter („summary conviction"), der eine Geldstrafe verhängen darf, die ein Fünftel des gesetzlichen Maximums nicht überschreiten darf. Das gesetzliche Maximum ist in England und Wales durch sec. 32 Magistrates' Courts Act 1980 festgelegt und beträgt z. Zt. 5000 Pfund.

[83] „Officers", darunter fallen neben den „directors" auch „managers" und der „secretary", sec. 744 CA 1985. Darüber hinaus gelten gem. sec. 426 (6) Satz 1, 2. HS CA 1985 auch der Liquidator oder der Administrator zu den „officers", sofern sich die „company" im Stadium der Abwicklung oder „administration" befindet.

sten kann sich die in Frage stehende Person nur durch den Nachweis, daß die Säumnis auf der Weigerung eines Verwaltungsratsmitglieds oder „Trust"-Verwalters im Falle von Schuldverschreibungen beruhe, die erforderlichen Informationen beizubringen, sec. 426 (6) Satz 2 CA 1985.

Trotz aller Details liegt die überragende Bedeutung von sec. 426 CA 1985 darin, daß sie zu einer Aufklärung über die Wirkungen des „Scheme" verpflichtet. Dazu reicht die bloße Zusendung einer Kopie der Antragstellung an alle Betroffenen nicht aus[85], auch wenn der Antragsteller dort das Gericht bereits regelmäßig über die Wirkungen des Vergleichsplans unterrichtet hat. Eine Ausnahme von dieser strengen Formalisierung wurde bisher nur in dem Fall zugelassen, daß ein einziger Anteilseigner alle Anteile der betroffenen „companies" hält.[86] In diesem Fall durfte eine Erklärung gem. sec. 426 CA 1985 ganz unterbleiben. Eine Informationspflicht zugunsten von am Vergleichsplan beteiligten Gläubigern bleibt jedoch auch bei einer „One-man-company" bestehen.

Andererseits hält selbst das vorsätzliche Unterlassen der Offenlegung bestimmter Informationen in der Erklärung das Gericht nicht unbedingt davon ab, den Vergleichsplan dennoch zu genehmigen, sofern hinreichend dargelegt wird, daß das „Scheme" fair ist und die Offenlegung der zurückgehaltenen Informationen zu einer Schädigung der Anteilseigner hätte führen können.[87] So dürfen empfindliche Daten zurückgehalten werden, insbesondere also Details über die Geschäftskonten, die auch nach den Bilanzierungsvorschriften ebenfalls nicht offengelegt werden müssen.[88]

Die in solchen Fällen vom Gericht vorgenommene Interessenabwägung läßt sich durch das allgemeine Prinzip umschreiben, daß die erklärende Stellungnahme zusammen mit der Anzeige zur Einberufung der Versammlungen in vernünftiger Weise hinreichend sein müssen („reasonable sufficiency of information").[89] Insbesondere ist es immer erforderlich, daß die aufgedeckten Informationen klar und nicht irreführend sind.[90]

---

[84] Gem. sec. 730 i.V.m. Sched. 24 CA 1985 erfolgt eine Verurteilung entweder im summarischen Verfahren vor einem Einzelrichter, der eine Geldstrafe verhängen darf, die bis zum gesetzlichen Maximum (z.Zt. 5000 Pfund) gehen darf, oder im Geschworenenverfahren („conviction on indictment"), dessen Geldstrafgewalt nicht festgelegt ist.

[85] Rankin & Blackmore, Petitioners, 1950 S.L.T. 160; vgl. auch Peter Scott & Co., petitioners, 1950 S.C. 507 sowie Coltness Iron Co. Ltd., Petitioners, 1951 S.L.T. 344.

[86] Clydesdale Bank Ltd., Petitioners, 1950 S.L.T. 123.

[87] Re National Bank Ltd. [1966] 1 W.L.R. 819; Gore-Browne, § 30.13.1.

[88] Ausführliche Gore-Browne, § 30.13.1.

[89] Palmer, Rz. 12.020.2.

[90] Re RAC Motoring Services Ltd. [2000] 1 B.C.L.C. 307 in Anwendung von: Kaye v. Croydon Tramways Co. [1898] 1 Ch. 358, Tiessen v. Henderson [1899] 1 Ch. 861, Re Moorgate

So stimmte Neuberger J. in *Re RAC Motoring Services Ltd.*[91] der folgenden Stellungnahme des Richters White J. im australischen Fall *Residues Treatment & Trading Co. Ltd. v. Southern Resources Ltd.*[92] zu:

„I am not satisfied that it contained any information which was wrong on this reading. The most that can be said about arguments addressed by counsel in that case is that he was able to identify a number of matters which could, if the directors had thought fit, have been included in the notice by way of further explanation. But it is unnecessary for the directors to give to shareholders in a notice convening the meeting of this kind every piece of information which might conceivably affect their voting. It is sufficient if directors make full and fair disclosure of all matters within the knowledge of the directors which would enable shareholders to make a properly informed judgment on the matters intended to be submitted to them."

V. Versammlung und Abstimmung

Nachdem die Einladungen mit den entsprechenden Informationen und Vollmachtsformularen verschickt und eventuell Zeitungsanzeigen veröffentlicht wurden, werden zum angegebenen Zeitpunkt die notwendigen Versammlungen von dem oder den ernannten Versammlungsleitern nach den Vorgaben des Gerichts abgehalten. Bei jeder einzelnen (Klassen-)Versammlung bedarf es zur Annahme des Vergleichsplans einer doppelt qualifizierten Mehrheit, die gem. sec. 425 (2) CA 1985 nur dann erreicht ist, wenn eine numerische Mehrheit nach Köpfen der entweder persönlich oder durch Stimmrechtsvertreter abstimmenden Personen vorliegt, die zugleich drei Viertel des in der jeweiligen Klassenversammlung vertretenen Eigen- oder Fremdkapitals repräsentiert. Brightman J. hat den Sinn des Kriteriums der qualifizierten Kapitalmehrheit in *Re N.F.U. Development Trust Ltd.*[93] folgendermaßen erläutert:

„[...] in referring to ‚three-fourths in value of the [...] members or class of members' the section is directing attention to the size of the stake which each member has in the company. The purpose is to prevent a numerical majority with a small stake outvoting a minority with a large stake, e.g. to prevent 51 members with one share each outvoting 49 members with ten shares each."

Gleichzeitig werden Kapitalminderheiten aber dadurch geschützt, daß eine geringe Zahl von Personen, die einen großen Teil am Kapital halten eine große An-

---

Mercantile Holdings Ltd. [1980] 1 W.L.R. 227 sowie Residues Treatment & Trading Co. Ltd. v. Southern Resources Ltd. (1988) 14 A.C.L.R. 375.

[91] Re RAC Motoring Services Ltd. [2000] 1 B.C.L.C. 307, 328.

[92] (1988) 14 A.C.L.R. 375, 394.

[93] [1973] 1 All E.R. 135, 139.

zahl von Kleinanlegern nicht überstimmen können, da in jeder Klasse auch eine numerische Mehrheit nach Köpfen erreicht werden muß.[94]

Insgesamt kommt es bei der Ermittlung der Mehrheiten nicht auf die absolute Anzahl von Kapitalgebern oder das absolute Kapital an. Vielmehr liegt jeweils nur die Zahl der abgegebenen Stimmen der Ermittlung der numerischen und kapitalmäßigen Mehrheit zugrunde.

Des weiteren ist bei Gesellschaften ohne Anteilskapital eine Bestimmung einer kapitalmäßigen Mehrheit nur analog möglich. Für den Fall einer „company limited by guarantee" ermittelte die Rechtsprechung in *Re N.F.U. Development Trust Ltd.*[95] einen fiktiven Kapitalanteil eines Gesellschafters nach der prozentualen Höhe des Anspruchs bei Verteilung des Gesellschaftsvermögens im Liquidationsfall, der für jeden Gesellschafter gleich hoch war, so daß jedem von ihnen auch ein gleicher Kapitalanteil zugeschrieben wurde.[96]

Die Abstimmung erfolgt in der oder den einzelnen Versammlungen nicht durch Handzeichen („show of hands"), sondern in förmlicher Weise mit Stimmzetteln („by poll"), da sich die gesetzliche Mehrheit aus dem repräsentierten Kapital ergibt, das nicht ohne weiteres durch Handzeichen ermittelt werden kann.[97] Ebenso ist die Ermittlung der Kopfmehrheit problematisch, wenn ein Stimmrechtsvertreter mehrere Gesellschafter vertritt. Es ist jedoch möglich, zunächst eine Abstimmung durch Handzeichen durchzuführen, um absehen zu können, ob eine förmliche Abstimmung überhaupt erfolgversprechend ist.[98]

---

[94] Bei ordentlichen oder außerordentlichen Beschlüssen der Gesellschafterversammlung kann ein Gesellschafter, der die Mehrheit der stimmberechtigten Anteile hält, die nach Köpfen überlegenen Minderheitsgesellschafter überstimmen, sofern diese keine Mehrstimmrechtsanteile halten; weiterführend dazu Gower/Davies, S. 585 ff., 589 ff.

[95] [1973] 1 All E.R. 135, 138 f.; Gore-Browne, § 30.10.1.

[96] Die Ermittlung einer Fremdkapitalmehrheit der hier nicht schwerpunktmäßig behandelten Vergleichspläne mit Gläubigern kann problematischer werden, so etwa bei vorgetäuschten Gewinnen auf Investitionen, vgl. Re Exchange Securities & Commodities Ltd. et al. [1988] Ch. 46, oder zu Forderungen in noch unbestimmter Höhe, vgl. die australische Entscheidung Re RL Child & Co. Pty. Ltd. [1986] 4 A.C.L.C. 312. Es ist daher erforderlich, daß einzelne Gläubiger ihre Berechtigung zur Teilnahme an den Abstimmungen nachweisen, so etwa Schuldverschreibungsgläubiger, vgl. Re Wedgwood Coal and Iron Co. (1877) 6 Ch.D. 627, 634 f.

[97] Palmer, Rz. 12.019. Grundsätzlich wird bei englischen Gesellschafterversammlungen durch ein „show of hands" abgestimmt, wenn die Gesellschaftssatzung nichts Abweichendes bestimmt. Da bei einem solchen Abstimmungsmodus nicht festgestellt werden kann, wieviel Stimmrechtsmacht ein Handzeichen repräsentiert, wird bei umstrittenen Entscheidungen aber regelmäßig ein „voting by poll" durch Gesellschafter oder den Versammlungsleiter beantragt. Jedoch darf die Satzung gewisse Mindestquoten für die Beantragung aufstellen, vgl. weiterführend Gower/Davies, S. 590.

[98] So im Fall Carruth v. Imperial Chemical Industries Ltd. [1937] A.C. 707.

Des weiteren sollte bei den einzelnen Versammlungen so früh wie möglich Vorsorge dafür getroffen werden, daß Mitglieder einer bestimmten Klasse nicht bei einer Versammlung einer anderen Klasse anwesend sind, damit es nicht zu mißbräuchlichen mehrfachen Stimmabgaben oder unzulässigen Beeinflussungen kommt. Obwohl eine solche mehrfache Stimmabgabe oder Beeinflussung nicht zwingend zur Ungültigkeit des Vergleichsplans insgesamt führt, dürfte ein solcher Verfahrensfehler bei der Ermessensausübung durch das Gericht Berücksichtigung finden.[99] Das Gericht wird also die Versammlungen verschiedener Klassen nicht am selben Ort gleichzeitig stattfinden lassen. Andernfalls könnte nicht mehr von verschiedenen Klassenversammlungen mit Abstimmung, sondern nur noch von einer einzigen Versammlung mit verschiedenen Abstimmungen gesprochen werden.[100]

Das Versäumnis, eine von mehreren Klassenversammlungen einzuberufen, kann nach erneutem Antrag und Anordnung durch das Gericht sowie ordnungsgemäßem Nachholen der Versammlung geheilt werden, ohne daß es notwendig wäre, die anderen Versammlungen erneut abzuhalten.[101]

Der Versammlungsleiter („chairman") einer jeden Versammlung ist verpflichtet, einen Bericht über den Verlauf und das Ergebnis der Versammlung zu erstellen. Der Bericht muß ausführliche Angaben enthalten und folgende Feststellungen treffen:

1. die Anzahl der bei der Versammlung entweder persönlich oder per Stimmrechtsvertreter erschienenen Personen und die Höhe des durch sie repräsentierten Kapitals;
2. die Anzahl derjenigen, die für und gegen den Vergleichsplan stimmten, das jeweils durch die Befürworter und Ablehnenden repräsentierte Kapital, wobei auch unterschieden werden muß zwischen den persönlich und den per Stimmrechtsvertreter abgegebenen Stimmen;
3. die Anzahl der persönlich anwesenden Personen, die ihre Stimme nicht abgegeben haben; sowie
4. Angaben zu allen Stimmrechtsvertretern, die vom Vorsitzenden der Versammlung abgelehnt worden sind.

---

[99] Vgl. Carruth v. Imperial Chemical Industries Ltd. [1937] A.C. 707, 755 ff., 761.
[100] Carruth v. Imperial Chemical Industries Ltd. [1937] A.C. 707, 754.
[101] Re United Provident Assurance Co. Ltd. [1911] W.N. 40.

VI. Genehmigungsantrag und Widerspruch

Nachdem die Klassenversammlungen abgehalten und sofern die notwendigen Mehrheiten erreicht worden sind[102], wird ein Antrag („petition") auf Genehmigung des Vergleichsplans bei dem zuständigen Einzelrichter des Companies Court („judge")[103], also nicht mehr beim tieferrangigen „registrar", zusammen mit den notwendigen Berichten und anderen Beweismitteln, die durch beeidete, schriftliche Erklärung („affidavit" oder „witness statement") glaubhaft gemacht werden müssen, bei einer Anhörung „in chambers" eingereicht.[104] Wenn die „company" Antragstellerin ist, gestaltet sich das Verfahren ex parte, also einseitig ohne Anhörung einer Gegenseite. Anders ist es wiederum nur, wenn ein Gesellschafter oder Gläubiger Antragsteller ist. Dann ist die „company" notwendiger Antragsgegner, so daß ihr der Genehmigungsantrag zugestellt und sie zu einer Anhörung geladen wird.[105]

Zu den im Antrag enthaltenen Informationen zählen ausführliche Angaben zu der Gesellschaft: neben dem Gründungszeitpunkt, dem „registered office", den Gesellschaftsgegenständen, Einzelheiten zum Gesellschaftskapital, den Hintergründen, Motiven und Zielen des Vergleichsplan, der Anordnung des Gerichts zur Einberufung der Versammlungen sowie gegebenenfalls entsprechenden Zeitungsanzeigen und den Einzelheiten der einzelnen Klassenabstimmungen gehört dazu auch ein Bericht, der über eventuell aufgetretene Schwierigkeiten bei den oder anläßlich der Abstimmungen informiert.[106] Der Antrag muß jedoch keine Angaben darüber enthalten, ob die „company" ihre Geschäfte weiterführt.[107] Angaben zur bisherigen Geschäftstätigkeit seit Gründung reichen aus. Sofern mit dem „Scheme of Arrangement" gleichzeitig eine Kapitalherabsetzung gem. secs. 135 ff. CA 1985 einher geht, dann sind jedoch ausführlichere Angaben zum Gesellschaftskapital und seiner Genese notwendig.[108]

---

[102] In Re Dynevor, Dyffryn and Neath Abbey Collieries Co. (1879) 11 Ch.D. 605, C.A., wurde es für unwesentlich gehalten, in welcher Reihenfolge vorgegangen wird. Theoretisch kann der Antrag auf Genehmigung des Vergleichsplans also auch vor Abhalten der Klassenversammlung oder vor der dort erfolgenden Abstimmung gestellt werden. In der Praxis dürfte dieses Vorgehen jedoch wenig praktikabel sein, vgl. Lord Hailsham of St. Marylebone, Companies, Rz. 1457.

[103] Sec. 7 (2) Practice Direction 49B zu Part 49 CPR 1998.

[104] Tolley's Company Law, R2019; Palmer, Rz. 12.019.

[105] Gore-Browne, § 44.6.9.

[106] Gore-Browne, § 44.6.9.

[107] Re Great Universal Stores Ltd. [1960] 1 W.L.R. 78; Palmer, Rz. 12.019; Gore-Browne, § 30.13.1; anders anscheinend vorher Re Wallasey Brick and Land Co. [1894] W.N. 20.

[108] Einzelheiten bei Gore-Browne, § 44.6.9.

Zum Genehmigungsantrag muß wiederum ausführliches, unterstützendes Beweismaterial in Form eines „affidavit" oder „witness statement" eingereicht werden. Es kann von jeder hinreichend sachkundigen und dazu von der Gesellschaft ermächtigten Person beigebracht werden. Regelmäßig ist dies ein Verwaltungsratsmitglied oder der „chairman" selbst, teilweise aber auch der „company secretary"[109] oder ein „senior employee".[110] Die beeidete Erklärung bekräftigt die im Antrag bereits enthaltenen Informationen, erläutert aber den Hintergrund, die Motive, Bedingungen und Ziele des Vergleichsplans oftmals noch detaillierter, ohne den Antrag zu wiederholen.[111] Daneben muß eine beeidete, schriftliche Erklärung die Versendung der Versammlungseinladungen samt eventueller Zeitungsanzeigen sowie der Stimmrechtsvertretungformulare nachweisen.[112] Die Versammlungsberichte des oder der Versammlungsleiter müssen dem Gericht ebenfalls als Anlage übermittelt werden.[113]

Sollte eine Kapitalherabsetzung mit dem Vergleichsplan kombiniert sein, muß das unterstützende Beweismaterial zusätzlich ausführliche Angaben zum vorgesehenen Gläubigerschutz enthalten und eine zweite Anhörung „in chambers" beim „registrar" sowie eine Veröffentlichung des Antrags auf Genehmigung der Kapitalherabsetzung durchgeführt werden.[114] Anders als über das „Scheme" entscheidet ein „registrar" über die Genehmigung der Kapitalherabsetzung.[115] Bei der Kapitalherabsetzung ist außerdem eine Gerichtsbeteiligung zur Einberufung einer Versammlung zur Abstimmung über die Kapitalherabsetzung nicht vorgesehen. Es erfolgt also nur eine nachträgliche Beteiligung eines „registrar" im Kapitalherabsetzungsverfahren.

Ein wichtiger Aspekt bei der Anhörung zur Antragstellung ist auch die Möglichkeit zur Widerspruchserhebung für dissentierende Gesellschafter, Gläubiger und teilweise auch außenstehende Dritte.

Jede am Vergleichsplan beteiligte Person, die Widerspruch erheben will, sollte ihre Widerspruchsbereitschaft bereits bei der Versammlung, zu der sie eingeladen wurde, dem Versammlungsleiter mitteilen, um bei der Übergabe des Antrags auf Genehmigung des Vergleichsplans zur Anhörung entweder persönlich oder ver-

---

[109] Der „company secretary" ist quasi Urkundsbeamter der Gesellschaft und als „chief administrative officer" ihr höchster Angestellter, Triebel/Hodgson/Kellenter/Müller, Englisches Handels- und Wirtschaftsrecht, 2. Aufl. 1995, Rz. 735.

[110] Gore-Browne, § 44.6.9.

[111] Gore-Browne, § 44.6.9.

[112] Gore-Browne, § 44.6.9.

[113] Tolley's Company Law, R2019.

[114] Gore-Browne, § 44.6.9.

[115] Gore-Browne, § 44.6.1.

treten durch einen Rechtsanwalt zu erscheinen.[116] Wenn jemand entweder die Anzeige der Widerspruchsbereitschaft oder das Erscheinen bei Antragseinreichung versäumt, dann ist er regelmäßig nicht berechtigt, Rechtsmittel gegen eine einmal ergangene gerichtliche Anordnung („court order“) zur Genehmigung des Vergleichsplans einzulegen, es sei denn, daß er ausnahmsweise noch eine gerichtliche Erlaubnis zum Einlegen von Rechtsmitteln („leave to the court“) erhält.[117]

Normalerweise ist ein solcher Verfahrensgang auch sachgemäß, da es so zu einer Verfahrensverdichtung kommt, wenn die dissentierenden Anteilseigner und/oder Gläubiger schon vor der Genehmigung des Vergleichsplan geladen und angehört werden können. Regelmäßig sind auch nur die am Vergleichsplan und damit an den jeweiligen Versammlungen Beteiligten bereit und berechtigt, Widerspruch zu erheben.[118] In *Re B.A.T. Industries plc.*[119] wurde jedoch von zukünftigen Klägern gegen die „company“ Widerspruch gegen den Vergleichsplan erhoben, über den nur die Gesellschafter abgestimmt hatten. Neuberger J. argumentierte, daß es keine gesetzlichen Einschränkungen gebe, wen das Gericht anhören dürfe und welche Sachverhalte bei der Ermessensausübung berücksichtigt werden könnten. Daher dürfe das Gericht auch die legitimen Belange unbeteiligter Dritter im Hinblick auf einen Vergleichsplan mitberücksichtigen.

Derselbe Richter erörterte sogar im Fall *RAC Motoring Services Ltd.*[120] den Widerspruch eines Nicht-Gesellschafters gegen einen Vergleichsplan, ohne dessen Postulationsfähigkeit zu prüfen.

Die im Fall *B.A.T. Industries* vorgebrachten Widersprüche bezogen sich auf von der „company“ geplante Folgemaßnahmen nach der Implementierung des Vergleichsplans, nämlich die Ausschüttung einer Naturaldividende, statt auf den Vergleichsplan selbst; dieser beinhaltete eine interne Umstrukturierung des Anteilskapitals. Neuberger J. sagte, daß von einem Gericht nicht erwartet werden dürfe, einen Vergleichsplan zu genehmigen, ohne daß es auch den gesamten geschäftlichen und sonstigen faktischen Kontext gewürdigt habe; daher solle es auch geplante Folgemaßnahmen, die durch den Vergleichsplan als Teilschritt eines Gesamtplanes ermöglicht würden, und damit auch die gegen diese Folgemaßnahmen erhobenen Einwände mit einbeziehen. Neuberger J. betonte aber auch zugleich, daß die Gerichte kein weitläufiges Mandat („roving commission“) zur Berücksichtigung der Widersprüche aller möglichen Personen besäßen, die nur irgendwie von den Auswirkungen des Vergleichsplans betroffen seien. Auch müsse die Tatsache, daß der Widerspruch sich nur auf eine Folgemaßnahme be-

---

[116] Tolley's Company Law, R2019; Barron/Scott, PLC März 2002, 29, 33.
[117] Re Securities Insurance Company [1894] 2 Ch. 410, C.A.; Lord Hailsham of St. Marylebone, Companies, Rz. 1458.
[118] Palmer, Rz. 12.031.
[119] Unveröffentlicht, Beschl. v. 3. 9. 1998, zitiert von Palmer, Rz. 12.031.
[120] [2000] 1 B.C.L.C. 307.

zogen hätte und nicht direkte Folge der Implementierung des „Scheme“ sei, berücksichtigt werden, so daß Neuberger J. das „Scheme“ letztlich auch genehmigte.[121]

Das Gericht kann auch noch nach Abschluß der ersten Anhörung bei der Antragseinreichung weitere Anhörungstermine zur Erörterung von Widersprüchen und zur weiteren Beweiserhebung anberaumen, wenn die Sach- und Rechtslage dazu Anlaß gibt.[122]

Sollte es durch einen Widerspruch zu einer Verfahrensverzögerung kommen und der Richter dem Widerspruch nicht stattgeben und den Vergleichsplan genehmigen, dann werden die durch den Widerspruch entstandenen Kosten regelmäßig dem Widerspruchsführer aufgebürdet.[123] Jedoch kann es in Ausnahmefällen legitimer oder hilfreicher, aber letztlich nicht durchschlagender Widersprüche auch dazu kommen, daß das Gericht davon absieht, eine Kostenentscheidung zu treffen, so daß jede Partei ihre eigenen Kosten selbst trägt[124], oder daß der antragstellenden „company“ die Kosten des erfolglosen Widerspruchsführers im nachhinein aufgebürdet werden[125]. In einem Fall[126], in dem die Anwesenheit eines Widerspruchsführers ohnehin zur ordnungsgemäßen Beweiserhebung notwendig war und die Erhebung des Widerspruchs sogar nützlich für die antragstellende „company“ war, ordnete ein Gericht sogar an, daß die antragstellende „company“ die dem Widerspruchsführer voraussichtlich entstehenden Kosten vorschießen müsse.

VII. Gerichtliche Genehmigung

Wenn das Gericht nach Anhörung, Erörterung und Überprüfung der formellen und materiellen Rechtslage zu dem Schluß kommt, daß der Vergleichsplan rechtmäßig ist, genehmigt es gem. sec. 425 (2) CA 1985 den Vergleichsplan durch Beschluß („court order“).

---

[121] Vgl. Palmer, Rz. 12.031.

[122] Gore-Browne, § 44.6.9.

[123] Palmer, Rz. 12.031.1: „This is expressed to be on the basis that the objector has in some way materially assisted the court in testing the validity of the scheme and has acted properly rather than frivolously.“

[124] So in Re Imperial Tobacco Group Ltd., unveröffentlicht, Beschl. v. 11. 2. 1969; vgl. Gore-Browne, § 44.6.9.

[125] So in Re Thomas De La Rue & Co. Ltd. [1911] 2 Ch. 361, 367; Re National Bank Ltd. [1966] 1 W.L.R. 819, 830.

[126] Re Axa Equity and Law Life Assurance Society plc. [2001] 2 B.C.L.C. 447; die Anordnung stand unter dem Vorbehalt, daß die veranschlagten Kosten vernünftig und angemessen waren.

In formeller Hinsicht überprüft das Gericht, ob die Versammlungen der Anordnung und den Weisungen des „registrar“ entsprechend einberufen und durchgeführt wurden und die erforderlichen Mehrheiten in den Versammlungen tatsächlich zustande gekommen sind.

Neben der formellen Überprüfung ist zentraler Bestandteil die materielle Überprüfung des Vergleichsplans insgesamt, die keinen gesetzlichen Vorgaben folgt. Dieses richterrechtlich begründete materielle Prüfungs- und Aufsichtsrecht stellt eine Kompensation für das nur lückenhaft geregelte gesetzliche Verfahren dar. Zur materiellen Prüfung zählt die korrekte Einteilung der Gesellschafter- und/oder Gläubigerklassen, sofern erforderlich, sowie die Fairneß des Abstimmungsverhaltens und des Vergleichsplans insgesamt. Die dazu entwickelte detaillierte und zum Teil komplizierte Rechtsprechung soll in gesonderten Abschnitten behandelt werden.[127]

Das Gericht ist berechtigt, die Genehmigung mit Auflagen zu erteilen bzw. sie von bestimmten Bedingungen abhängig zu machen; vielfach macht es von dieser Befugnis in der Praxis Gebrauch.[128]

Um dem Richter eine Hilfestellung zu leisten, sollte die „company“ bereits einen Genehmigungsbeschlußentwurf beim zuständigen Richter einreichen, die dieser im Falle der Genehmigung nur noch abzeichnen muß; dabei bleibt es dem Richter selbstverständlich vorbehalten, mögliche Änderungen vorzunehmen.[129]

Unmittelbar nach dem Erlaß der „court order“ kann die „company“ mit einem Gerichtssiegel versehene Kopien des Beschlusses erhalten.[130]

VIII. Hinterlegung der Genehmigung beim Gesellschaftsregister

Damit das „Scheme of Arrangement“ Wirksamkeit erlangt, muß eine amtliche Ausfertigung des gerichtlichen Genehmigungsbeschlusses gem. sec. 425 (2) CA 1985 beim Gesellschaftsregister[131] zur Eintragung hinterlegt werden, sec. 425 (3) 1.HS CA 1985. Es kommt für die Wirksamkeit daher nur auf den Zeitpunkt der Hinterlegung („delivery“) und nicht auf den der Eintragung selbst an.

---

127 Siehe S. 121 ff.

128 Lord Hailsham of St. Marylebone, Companies, Rz. 1458.

129 Gore-Browne, § 44.6.9.

130 Gore-Browne, § 44.6.9.

131 Der Gesellschaftsregister befindet sich beim Companies House in Cardiff, das mehrere Zweigstellen in England besitzt, so auch in London, vgl. Gore-Browne, § 44.6.9.

Gem. sec. 425 (4) CA 1985 ist die Nichteinreichung einer amtlichen Ausfertigung des Gerichtsbeschlusses zur Genehmigung des Vergleichsplans für die „company" und ihre Direktoren geldstrafenbewehrt.[132]

Nachdem der Vergleichsplan wirksam geworden ist, muß eine Kopie des gerichtlichen Genehmigungsbeschlusses jeder zeitlich nachfolgend ausgegebenen Kopie des Gesellschaftsmemorandums beigefügt werden, sec. 425 (3) 2. HS CA 1985. Falls eine „company" kein „memorandum" besitzen sollte, dann muß eine Kopie der „court order" jeder zeitlich nachfolgend ausgegebenen Kopie der Gesellschaftsverfassungsurkunde („instrument constituting the company or defining its constitution") beigefügt werden, sec. 425 (3) 2. HS a.E. CA 1985.

Ab Wirksamkeit des Vergleichsplan ist dieser für alle Beteiligten bindend. Die Gesellschaft ist verpflichtet, ihn in vollem Umfang durchzuführen.[133]

IX. Verfahrensdauer und Auswirkungen der Gerichtsferien

Wenn das Verfahren ohne unnötige Verzögerung durchgeführt wird, sollten die Formalitäten normalerweise innerhalb von zwei Monaten nach dem ersten Antrag bei Gericht abgeschlossen sein.[134] Damit für die „company" oder einen sonstigen Antragsteller eine gewisse Sicherheit des Zeitplans gewahrt wird, entspricht es üblicher Praxis, daß das Gericht im Vorhinein mit den Anwälten des Antragstellers bzw. der „company" einen Zeitplan ausarbeitet, um einen relativ sicheren Aufschluß über die Verfahrensdauer und den voraussichtlichen Wirksamkeitszeitpunkt zu geben.[135]

Die Einschätzung einer Verfahrensdauer von zwei Monaten gilt jedoch während der langen Gerichtsferien („Long Vacation") im Sommer vom 1. August bis zum 30. September nicht. Der Geschäftsgang während dieses Zeitraums wird heute durch die secs. 8 und 9 der Part 49 CPR 1998 ergänzenden Practice Direction 49B geregelt. Demnach muß ein Richter des zuständigen Gesellschaftsgerichts („Companies Court") an einem Mittwoch im August und an zwei Mittwochen im September Anträge zur Genehmigung von „Schemes" gem. sec. 425 CA 1985 anhören. Darüber hinaus ist der Richter aber auch befugt, nach gesonderter Absprache an anderen Tagen Sitzungen abzuhalten, wenn er dies für notwendig erachtet.[136] Wenn der Zeitplan eines „Scheme" einen Anhörungstermin während

---

132 Gem. sec. 730 i.V.m. Sched. 24 CA 1985 erfolgt eine Verurteilung im summarischen Verfahren vor einem Einzelrichter, der eine Geldstrafe verhängen darf, die maximal ein Fünftel des gesetzlichen Maximums (z.Zt. 5000 Pfund) beträgt.

133 Siehe zu den Einzelheiten unten S. 149.

134 Tolley's Company Law, R2019.

135 Gore-Browne, § 44.6.1; Buckley, § 425.48.

136 Vgl. zusammenfassend Tolley's Company Law, R2019.

der Gerichtsferien erfordert, dann sollten die Parteien einen informellen Antrag beim Gerichtsmanager des Gesellschaftsgerichts stellen, damit ein passender Termin anberaumt werden kann.[137]

[137] Vgl. zusammenfassend Tolley's Company Law, R2019.

§ 8: Einteilung in „classes“

I. Zuständigkeit für die Klasseneinteilung und Zeitpunkt der Überprüfung

Ein besonderes Problem bei der Implementierung von „Schemes of Arrangement“ stellt die korrekte Einteilung der Gesellschafter oder Gläubiger in bestimmte Klassen dar, die sich aus divergierenden Rechten und außerkorporativen Interessen der Beteiligten ergeben können.

Der Grund für die Problematik liegt darin, daß es grundsätzlich nicht der Gerichtspraxis in England entsprach, daß das Gericht eine verfahrensgestaltende, proaktive Rolle bei der Klasseneinteilung im Sinne von sec. 425 (1) CA 1985 spielte.[1] Vielmehr erfolgte die Einteilung in Klassen, d.h. wer in welcher Gruppeneinteilung Partei des Vergleichsplans wird, allein durch den Antragsteller, also regelmäßig durch den Verwaltungsrat der „company“.[2] Der Antragsteller legte sich beim Initialantrag auf Anordnung der Einberufung von Versammlungen gem. sec. 425 (1) CA 1985 auf eine Klasseneinteilung fest und war an diese vorgeschlagene Einteilung gebunden. Der für diesen Antrag zuständige „registrar“ überprüfte die in dem Initialantrag auf Einberufung der Klassenversammlung(en) der Gesellschafter und/oder Gläubiger vom Antragsteller vorgenommene Einteilung noch nicht auf ihre Rechtmäßigkeit.[3] Begründet wurde diese Vorgehensweise damit, daß zu diesem Zeitpunkt auch dissentierende Beteiligte noch nicht gegen den Vergleichsplan vorgehen könnten und ein zu diesem Zeitpunkt ergehender Widerspruch regelmäßig unzulässig sei und damit keine Aussicht auf Erfolg habe.[4] Die Überprüfung der Klasseneinteilung erfolgte daher vielmehr erst später bei der Prüfung zur Genehmigung eines in den Versammlungen angenommen Vergleichsplans gem. sec. 425 (2) CA 1985 („sanction of the court“).[5] Dementsprechend wurde auch die Zulässigkeit und Behandlung von Widersprüchen dissentierender Beteiligter erst in diesem Verfahrensstadium angesiedelt.[6] Es sei nicht praktikabel, bereits eine umfassende Überprüfung der Klasseneinteilung eines Vergleichsplans vorzunehmen, dem die beteiligten Personengruppen noch nicht zugestimmt haben. Vielmehr ergebe sich dann eine doppelte Arbeitsbelastung des Gerichts, nämlich zunächst die Rechtmäßigkeit der Einteilung zu überprüfen, obwohl die Annahme des Vergleichsplans ungewiß sei, dann abstimmen

---

[1] Palmer, Rz. 12.017.

[2] Practice Note [1934] W.N. 142; Palmer, Rz. 12.017; Gore-Browne, § 30.10.3; Gower/Davies, S. 763; Tolley's Company Law, R2014.

[3] Palmer, Rz. 12.017.

[4] Palmer, Rz. 12.017.

[5] Palmer, Rz. 12.017.

[6] Re BTR plc. (No. 1), unveröffentlicht, Beschl. v. 12. 1. 1999, zitiert bei Palmer, Rz. 12.017.

zu lassen und anschließend nach Erhebung von Widersprüchen noch einmal eine umfassende Überprüfung vorzunehmen. Durch eine einheitliche nachträgliche Prüfung werde auch das Risiko widersprechender Entscheidungen ausgeschaltet.

So stellte Richter Lush J. 1983 im australischen Fall *Nordic Bank plc. v. International Harvester Australia Ltd.*[7] in Anerkennung der die geltende Praxis bestimmenden englischen internen Verfahrensanweisung (Practice Note) aus dem Jahre 1934[8] folgendes fest:

> „The application [...] for an order for meetings is a preliminary step, the applicant taking the risk that the classes which are fixed by the judge, usually on the applicant's request, are sufficient for the ultimate purpose of the section, the risk being that if in the result, and we emphasise the words ‚in the result,' they reveal inadequacies, the scheme will not be approved."

Ebenso betonte Templeman J. in *Re Hellenic & General Trust Ltd.*[9], daß es in den Verantwortungsbereich und die Risikosphäre des Antragstellers falle, wie er die Klasseneinteilung der betroffenen Anteilseigner vornehme. Aus diesem Grunde trage auch er die Beweislast für die Einteilung.

In jüngster Zeit zeichnet sich eine Änderung der Gerichtspraxis hin zu einer bereits im frühen Einberufungsstadium verfahrensgestaltenden Rolle des Gerichts ab. Angestoßen wurde diese Entwicklung durch Chadwick L.J. in *Re Hawk Insurance Ltd.*[10]. Er betonte, daß die Verlagerung der Überprüfung der Klasseneinteilung in die abschließende Genehmigungsprüfung eine enorme Verschwendung an Zeit und Kosten für die betroffene „company" bedeute, wenn der Antragsteller eine falsche Einteilungsentscheidung getroffen habe. Insbesondere gebe es keinen nachvollziehbaren Grund, eine solche Überprüfung bei Eingang des verfahrenseinleitenden Antrags auf Einberufung aus Praktikabilitätserwägungen abzulehnen. Es könne insbesondere bereits zu diesem frühen Zeitpunkt eine Anhörung der dissentierenden Gesellschafter oder Gläubiger durchgeführt werden, bei der diese ihre ablehnenden Standpunkte vortragen könnten. Chadwick L.J. hielt die geltende Praxis daher für inakzeptabel und regte ihre erneute Überprüfung an. Es könne nämlich nicht angehen, daß das Gericht im frühen Verfahrensstadium gem. sec. 425 (1) CA 1985 eine Ermessensentscheidung treffe („may [...] order"), die allein Rechtsfragen anbelange, und der Antragsteller auf diese Entscheidung nicht einmal in dem Falle umfassend vertrauen dürfe, daß beim späteren Antrag auf Genehmigung gem. sec. 425 (2) CA 1985 keinerlei Widerspruch gegen die Klas-

---

[7] [1983] 2 V.R. 298, 303; Entscheidung des Full Court of Victoria.
[8] Practice Note [1934] W.N. 142.
[9] [1976] 1 W.L.R. 123.
[10] [2001] 2 B.C.L.C., 480, 508 ff., C.A.; siehe auch Palmer, Rz. 12.017.

seneinteilung von einem Beteiligten erhoben werde; das Gericht solle daher zumindest bei fehlender Opposition gegen die Klasseneinteilung an die vorhergehende Ermessensentscheidung in der Rechtsfrage der Klasseneinteilung gem. sec. 425 (1) CA 1985 gebunden sein.[11]

Diese kritische Auffassung wird auch durch die abweichende Rechtspraxis in vielen Commonwealth-Staaten untermauert.[12] Dort überprüft ebenfalls ein „judge", und nicht nur ein „registrar" bereits frühzeitig die Klasseneinteilung und lehnt die Einberufung von Klassenversammlungen auch schon in diesem frühen Verfahrensstadium ab oder gibt dem Antragsteller Möglichkeit zur Nachbesserung des Antrags, ohne daß diese proaktive Rolle des Gerichts zu unpraktikablen Ergebnissen geführt hätte.[13]

Der von Chadwick L.J. in obiter dicta in *Re Hawk Insurance Ltd.*[14] geäußerten Kritik schloß sich auch der High Court in der Entscheidung *Re Equitable Life Assurance Society* vom 26. November 2001[15] an, diesmal jedoch entscheidungstragend. In diesem Fall stellte die Gesellschaft den verfahrenseröffnenden Antrag zur Anordnung auf Einberufung von Klassenversammlungen nicht beim bisher zuständigen „registrar", sondern direkt bei einem „judge" des Companies' Court in London, nämlich Lloyd J., der sich im verfahrenseröffnenden Stadium für zuständig erklärte und folgendermaßen urteilte:

> „The moral of that seems to me that it is right for the Court to attempt to form a prima facie view as to whether the class or classes put forward by the company are appropriate, because if there were some clear flaw or fallacy in the proposition, in particular some real conflict within one proposed class, it would be pointless and extremely unsatisfactory for that to remain concealed at the first stage, not to be averted to at the first stage and only to emerge at the third stage when time and money will have been devoted to proceedings on the false basis. [...] but I wish to make it clear that that is no more than a preliminary view. Although I have seen, as I say, some letters and some reference to possible arguments, I have heard no argument from any party concerned to argue that there ought to be more than three meetings. My conclusion, therefore, does not in any way pre-judge the question that I will have to address on the petition for the sanction of the arrangement, if it is approved by the necessary majorities of the class meetings. If that comes to be argued before me at that stage, I will of course address the matter afresh."[16]

---

[11] Re Hawk Insurance Ltd. [2001] 2 B.C.L.C. 480, 513 f.

[12] Gore-Browne, § 30.10.3 nach Stand der 37. Ergänzungslieferung März 2001; vgl. auch die Forderung nach einer frühen Überprüfung der Klasseneinteilung bei Lingard, Corporate Rescues and Insolvencies, 2. Aufl. 1989, § 5.20.

[13] Gore-Browne, § 30.10.3 nach Stand der 37. Ergänzungslieferung März 2001.

[14] [2001] 2 B.C.L.C. 480, 508, 513 f.

[15] [2002] B.C.C. 319; zusammenfassend dazu Isaacs, InsInt 2002, 15 (7), 49 ff.

[16] [2002] B.C.C. 319, 323.

Mithin kann also der verfahrenseinleitende Antrag gem. sec. 425 (1) CA 1985 generell bereits bei einem „judge“ gestellt werden, der eine vorläufige Prüfung der Klasseneinteilung vornehmen darf. Diese Überprüfung schafft eine Selbstbindung des Gerichts hinsichtlich der Klasseneinteilung, wenn bei der Anhörung zum Genehmigungsantrag gem. sec. 425 (2) CA 1985 kein Widerspruch gegen die Klasseneinteilung erhoben wird, der neue Argumente hinsichtlich der Sach- oder Rechtslage zum Vorschein bringt.

Im Lichte dieser beiden Entscheidungen reagierte die Chancery Division des High Court am 15. April 2002 mit einem Practice Statement von Morrit V.-C.[17], das die Vorgaben der die bisherige Gerichtspraxis regelnden Practice Note von Eve J. aus dem Jahre 1934[18] hinsichtlich der Entscheidung über die Klasseneinteilung bei einem „Scheme of Arrangement“ zwischen der „company“ und ihren Gläubigern revidierte. Zwar fällt die Einteilung in Klassen immer noch in den Verantwortungsbereich des Antragstellers, jedoch ist ein „judge“ statt eines „registrar“ bei bedeutenden Vergleichsplänen („substantial schemes“) während des gesamten Verfahrens zuständig. Sollte der Antrag fälschlich beim „registrar“ gestellt werden, hat dieser das Verfahren an den „judge“ zu verweisen. Der Antragsteller muß alle relevanten Fakten und Argumente für die von ihm vorgenommene Einteilung schon bei der Anhörung zum verfahrenseinleitenden Antrag vorbringen. Dabei muß er das Gericht auch auf etwaige Einteilungsprobleme aufmerksam machen. Der „judge“ überprüft bereits in diesem frühen Stadium, ob nur eine einzige Gläubigerversammlung abgehalten werden muß oder ob eine Aufteilung der Gläubiger in mehrere Klassen notwendig ist und ob gegebenenfalls die richtige Einteilung vom Antragsteller vorgenommen wurde. Schon zu diesem Zeitpunkt kann der Richter die Beteiligten auffordern, innerhalb einer bestimmten Frist Bedenken bezüglich der Einteilung vorzubringen. Sollte ein Beteiligter nun keine Bedenken äußern, dann verschärfen sich die Anforderungen an einen Widerspruch bei der später nachfolgenden Entscheidung zur Genehmigung des Vergleichsplans gem. sec. 425 (2) CA 1985. Ein Gläubiger muß besondere Gründe dafür vorbringen, warum er seine Bedenken gegen die Fairneß der Klasseneinteilung nicht bereits bei der Antragstellung vorgebracht habe.

Insgesamt lassen die genannten Entscheidungen und das Practice Statement zur Verlagerung der Überprüfung der Klasseneinteilung auf das Stadium der Erörterung des Antrags auf Einberufung der Versammlungen gem. sec. 425 (1) CA 1985 noch einige Fragen offen.

---

[17] [2002] 3 All E.R. 96; [2002] 1 W.L.R. 1345; vgl. auch Re Marconi plc., unveröffentlicht, Beschl. v. 24. 3. 2003 sowie dazu wiederum Griffith/Weeks, PLC Oktober 2003, 19 ff.

[18] [1934] W.N. 142.

Zum einen scheint sich im Hinblick auf „Schemes of Arrangement" mit *Gesellschaftern* keine Änderung abzuzeichnen. Sowohl *Re Hawk Insurance Ltd.* als auch *Re Equitable Life Assurance Society* bezogen sich auf Gläubigervergleichspläne. Auch das Practice Statement bezieht sich ausdrücklich nur auf „Schemes of Arrangement" mit Gläubigern. Eine solche Einschränkung könnte man damit begründen, daß die Probleme der Klasseneinteilung im Hinblick auf Gläubiger meist viel größer sind und eine Analyse der verschiedenen Gesellschafterrechte und eventueller Sonderinteressen, etwa im Hinblick auf den Bieter und mit ihm verbundene Gesellschafter bei einem Übernahmeangebot, eine Einteilung mit relativ großer Rechtssicherheit möglich macht. Andererseits können sich auch bei Vergleichsplänen mit Gesellschaftern schwierige Einteilungsprobleme ergeben, die eine Vorabklärung zur Ersparung von Zeit und Kosten wünschenswert erscheinen lassen. Teilweise[19] wird die Beschränkung der Practice Direction nicht als beredtes Schweigen interpretiert und eine analoge Anwendung auch auf Gesellschaftervergleichspläne angeregt. Zum Teil[20] begegnet man der neuen Gerichtspraxis ablehnend, da sie kein effektives Mittel zur Verhinderung von abweichenden Genehmigungsbeschlüssen oder Appellationsentscheidungen sei.

Zweitens ist unklar, welche Kriterien zur Bestimmung eines „substantial scheme" heranzuziehen sind, ob nur die rechtliche Komplexität oder alternativ auch ein hohes Kostenrisiko das Kriterium des „substantial" erfüllt.

Es bleibt daher abzuwarten, wie sich die weitere Gerichtspraxis entwickeln und konkretisieren wird.

II. Korrekte Beteiligung und Klasseneinteilung

Die korrekte Beteiligung am Vergleichsplan und die richtige Einteilung in Klassen, die je gesondert über den Plan abstimmen, hat nicht nur die Bedeutung, daß bei falscher Einteilung und Beteiligung der Plan nicht genehmigt wird, sondern vor allem auch, daß durch die Beteiligung am Vergleichsplan Stimmgewicht vergeben wird und eine Abspaltung einer bestimmten Gruppe von Beteiligten in eine separate Klasse dieser Gruppe ein Vetorecht zugesteht. Denn dem Vergleichsplan muß jede Klasse mit qualifizierter Mehrheit zustimmen. Ein kleiner Teil einer großen Beteiligtenklasse hat nur ein geringes Stimmgewicht, bei einer Abspaltung wegen eines im wesentlichen verschiedenen Partikularinteresses wird das Stimmgewicht dieses Gruppenteils jedoch um ein Vielfaches aufgewertet. Die folgenden

[19] Palmer, Rz. 12.017 (S. 12024 Fn. 3).

[20] So Lord Millet als nicht ständiger Richter in einem obiter dictum der unveröffentlichten Entscheidung *Re UDL Argos Engineering & Heavy Industries Co. Ltd.* des Court of Final Appeal (Hong Kong) vom 26. November 2001; zitiert von Moss, InsInt 2002, 15 (6), 41, 43.

Ausführungen sind also von größter Bedeutung und stellen ein zentrales Problem bei der Auslegung der secs. 425 ff. CA 1985 dar. Gleichzeitig bestehen hier wegen der Abstraktheit der Frage aber auch äußerst große Unsicherheiten, so daß man im Hinblick auf das Problem der Klasseneinteilung in einigen Bereichen noch nicht von einer gesicherten Rechtslage ausgehen kann.

1. Betroffensein vom Vergleichsplan

Über einen Vergleichsplan stimmen notwendigerweise nur die betroffenen („affected“) Gesellschafter oder Gläubiger ab. Für eine solche Affizierung durch einen Vergleichsplan gibt es so viele mögliche Konstellationen wie es mögliche Vergleichspläne gibt. Wenn festgestellt ist, wer tatsächlich vom Vergleichsplan betroffen ist, sind auch noch die tatsächlich Betroffenen je nach Interessenlage und je nachdem, ob es sich um Gesellschafter oder Gläubiger handelt, in verschiedene Klassen - sofern notwendig - aufzuteilen.

Die Feststellung, wann von einem Betroffensein vom Vergleichsplan die Rede ist, ist noch relativ unkompliziert. Damit von einem Betroffensein gesprochen werden kann, bedarf es einer unmittelbaren Abänderung von Rechten. Eine nur mittelbare Gefährdung oder Abänderung der Rechte reicht grundsätzlich nicht aus.[21] Falls z.B. ein Teil der Aktiva auf eine andere „company“ übertragen wird gegen Gewährung von Anteilen der übernehmenden „company“ an die Anteilseigner der übertragenden „company“, dann verliert die übertragende Gesellschaft an real haftendem Vermögen. Dennoch sind dadurch die Gläubiger nicht unmittelbar betroffen, da ihre Ansprüche gegen die „company“ nicht direkt abgeändert werden. Sie haben nach wie vor dieselben Rechte gegenüber der „company“. Sie sind nicht unmittelbar vom Vergleichsplan betroffen.[22]

Genauso verhält es sich auch für das Betroffensein innerhalb der Gruppe aller Gesellschafter, wie folgendes Beispiel[23] verdeutlichen wird: Eine „company“ schlägt einen Vergleichsplan zur Abänderung der Rechte der Stammanteilseigner („ordinary shareholders“) vor. Daneben gibt es nur noch Vorzugsanteilseigner („preference shareholders“), deren Rechte aber nicht berührt werden. Nur die

[21] Vgl. Gore-Browne, § 30.10.5.

[22] Dennoch mag es erforderlich sein, die Gläubiger in einem solchen Fall abzufinden oder ihnen Sicherheiten zu geben, da es ansonsten zu einer Umgehung des durch secs. 110, 111 IA 1986 gewährten Minderheiten- und Gläubigerschutzes kommt. Eine solche Umgehung führt zur Genehmigungsverweigerung durch das Gericht. Zum Verhältnis zu den secs. 110, 111 IA 1986 unten S. 371 ff., 388 f.

[23] Vgl. Palmer, Rz. 12.017.

Stammanteilseigner sind unmittelbar betroffen. Folglich ist grundsätzlich nur die Einberufung einer Versammlung der Stammanteilseigner notwendig.[24]

Trotz der Grundregel der notwendigen Beteiligung lediglich von unmittelbar in ihren Rechten betroffenen Gesellschaftern oder Gläubigern besteht heute Rechtsunsicherheit dahingehend, ob eine bedeutende Interessenbeeinträchtigung durch Abänderung der Rechte in einer anderen Gesellschafterklasse einer unmittelbaren Rechtsänderung der in Frage stehenden Klasse gleichgestellt und so eine Beteiligungspflicht dieser Klasse ausgelöst werden soll.[25] Für diese Möglichkeit sprach sich etwa ein australisches Gericht in *Re CMPS & F Pty. Ltd.*[26] aus. Auch deutet das im folgenden zitierte obiter dictum von Lindley L.J. in *Re Neath and Brecon Rly. Co.* auf eine Ausdehnung auf wesentliche Interessenbeeinträchtigungen hin:

> „But unless the Court can say as a matter of law, or exercising its own natural sense, that no right and no interest of any particular class is prejudicially affected, then the Court is bound to say, ‚you must consult that class'."[27]

Zur Risikominimierung können daher in der Praxis auch nicht unmittelbar betroffene Personengruppen an der Abstimmung über den Vergleichsplan beteiligt werden, wenn sie indirekt in ihren Interessen beeinträchtigt werden („prejudicial affection"). Kommt es dann zu einer Annahme des Vergleichsplans auch durch diese Personengruppen, dann kann der Vergleichsplan nicht mehr mangels Beteiligung dieser Personen angegriffen werden. Im Gegenzug wirkt sich eine nicht notwendige Beteiligung aber auch nicht auf die Wirksamkeit des Vergleichsplans insgesamt aus.

2. Einteilung der betroffenen Personen in Klassen

Den neuralgischsten Punkt bei „Schemes of Arrangement" stellt der „class"-Begriff gem. sec. 425 (1), (2) CA 1985 dar. Dieser wird zwar auch an einigen anderen Stellen des Companies Acts 1985 benutzt.[28] Es besteht jedoch tendenziell[29] dort der Unterschied, daß von „class of shares", also von Anteilsgattung, und nicht von „class of members" die Rede ist. Der Klassenbegriff unterscheidet sich so auch im Zusammenhang mit den secs. 425 ff. CA 1985 vom Begriff „class of

---

[24] Sofern es nicht innerhalb der Gruppe der Betroffenen aufgrund divergierender Interessenlagen zu einer Einteilung nach Klassen kommt, vgl. Tritonis Ltd. [1943] A.C. 584.

[25] Gore-Browne, § 30.10.5.

[26] (1997) 24 A.C.S.R. 728, 736, S.C. (N.S.W.).

[27] [1892] 1 Ch. 349, 357.

[28] So etwa in den secs. 54, 125 ff. CA 1985.

[29] Nur sec. 17 (2) CA 1985 benutzt ebenso den Begriff der „class of members".

shares“ im restlichen Companies Act.[30] Er soll daher hier nicht mit dem Begriff der Anteilsgattung übersetzt werden, sondern vielmehr mit dem Begriff der Anteilseigner- oder Gesellschafterklasse.

Dennoch ist es oft der Fall, daß die Einteilung in Gesellschafterklassen der Einteilung in Anteilsgattungen entspricht, da Anteile einer anderen Gattung andere Rechte verleihen und so auch von verschiedenen Interessen der jeweiligen sie haltenden Anteilseigner auszugehen ist. Diese Gleichsetzung von Anteilsgattung und Gesellschafterklasse stellt jedoch nur einen groben Leitfaden bei „Schemes of Arrangement“ mit Gesellschaftern dar. Im Einzelfall ist eine Feinabstimmung mit einer detaillierteren Aufteilung erforderlich, die den verschiedenen (körperschaftlichen oder außerkorporativen) Interessenlagen Rechnung trägt. So können sich unterschiedliche Klassen nicht nur aus der unterschiedlichen Ausgestaltung der mit der Mitgliedschaft verbundenen Rechte ergeben, sondern beispielsweise auch aus dem Umfang geleisteter Einlagen auf bestehende oder zukünftige Einlageverpflichtungen.[31] Auch gebietet eine Ungleichbehandlung von Anteilseignern derselben Gattungen oder der Anteilseigner insgesamt die Aufteilung der jeweils benachteiligten und der vom Vergleichsplan begünstigten Anteilseigner in jeweils verschiedene Klassen.[32]

Die Rechtsprechung konnte insgesamt noch keine Kriterien für die genaue Einteilung der Beteiligten in Klassen entwickeln. Dennoch hat sich ein gewisser begrifflicher Rahmen und eine Kasuistik herausgebildet, die Präzedenzfunktion für wichtige Konstellationen hat. Bowen L.J. formulierte in der Grundsatzentscheidung *Sovereign Life Assurance Co. v. Dodd* den klassischen und nunmehr allgemein anerkannten Test, wann eine Klasse vorliegt:

> „It seems plain that we must give such a meaning to the term ‘class’ as will prevent the section being so worked as to result in confiscation and injustice, and that it must be confined to those persons whose rights are not so dissimilar as to make it impossible for them to consult together with a view to their common interest.“[33]

Eine Klasse setzt sich mithin aus solchen Personen zusammen, deren Rechte nicht derart verschieden sind, daß es ihnen unmöglich wäre, sich im Hinblick auf ihr gemeinsames Interesse beraten zu können. Folglich kommt es zum einen auf

---

[30] Vgl. Palmer, Rz. 7.407; Gower/Davies, S. 763 und dort auch Fn. 49; Ferran, Company Law and Corporate Finance, 1999, S. 332 f.

[31] Re United Provident Assurance Co. Ltd. [1910] 2 Ch. 477, 480 f.; Gore-Browne, § 30.10.5.

[32] Tritonia Ltd. v. Equity & Law Life Assurance Society [1943] A.C. 584; vgl. analog zu einer Ungleichbehandlung von Gläubigern: Re PT Garuda Indonesia, unveröffentlicht, Beschl. v. 4. 10. 2001.

[33] [1892] 2 Q.B. 573, 583; dort wurde in Anwendung dieses Tests entschieden, daß Versicherungsnehmer mit fälligen Versicherungsansprüchen Gläubiger seien und einer anderen Klasse angehören wie Versicherungsnehmer, die noch keine fälligen Ansprüche besitzen.

ausreichend ähnliche Interessenlagen an. Nur diese gewährleisten den unabhängigen Ideenaustausch zum Wohle aller in einer Klasse zusammengefaßten Personen. Wenn eine Person wesentlich andere Interessen besitzt, besteht die Gefahr, daß sie die anderen Personen entgegen deren gemeinsamen Interessen zugunsten des Eigeninteresses beeinflußt. Zum anderen enthält der klassische Test aber auch eine lange Jahre wenig beachtete und in jüngster Zeit ins Blickfeld geratene Anknüpfung an das Kriterium der verschiedenen Rechte.

Entsprechend wurde in *Re Hellenic & General Trust Ltd.*[34] ein Vergleichsplan aufgrund fehlender Aufteilung der betroffenen Anteilseigner in zwei Klassen mit unterschiedlichen Interessen nicht genehmigt. Das „Scheme" beinhaltete die kaufweise Übertragung aller Anteile auf eine andere „company". Der Mehrheitsanteilseigner der Zielgesellschaft war jedoch eine 100 %ige Tochtergesellschaft der Bietergesellschaft. Templeman J. entschied, daß von einer wesentlichen Interessendivergenz der Anteilseigner der Zielgesellschaft auszugehen sei und daß der Bieter bereits dann ein gemeinsames Interesse im Hinblick auf sec. 425 CA 1985 mit seiner Tochtergesellschaft habe, wenn er an dieser 50 % und mehr der Anteile halte. In Anlehnung an das Diktum von Bowen L.J. urteilte Templeman J. folgendermaßen:

„Vendors consulting together with a view of their common interest in an offer made by the purchaser would look askance at the presence among them of a wholly owned subsidiary of the purchaser."[35]

Es ist zu betonen, daß Templeman J. sich mit seiner Entscheidung in Widerspruch setzte zu der bis dahin geltenden Rechtsprechung in England und in den Commonwealth-Staaten[36], daß Mitglieder einer Anteilsgattung (oder Schuldverschreibungsinhaber einer Schuldverschreibungsgattung oder ungesicherte Gläubiger, je nach Lage des Falles) zum Zwecke der Organisation der Versammlungen als einer Klasse angehörend behandelt werden sollten, auch wenn sie in klarer Weise widerstreitende Interessen verfolgten, da der Schwerpunkt auf der Verschiedenheit der Rechte liegen müsse.[37]

---

[34] [1976] 1 W.L.R. 123.

[35] Re Hellenic & General Trust Ltd. [1976] 1 W.L.R. 123, 126.

[36] Siehe für England z.B. Re Alabama, New Orleans, Texas and Pacific Junction Rly. [1891] 1 Ch. 213; Re Holders Investment Trust Ltd. [1971] 2 All E.R. 289 und vgl. die Nachweise zur australischen und südafrikanischen Rechtsprechung in der kritischen Anmerkung zum Hellenic-Fall von Hornby, M.L.R. 1976 (Vol. 39), 207, 208 f.

[37] Gore-Browne, § 30.10.3; Hornby, M.L.R. 1976 (Vol. 39), 207, 208; Prentice, L.Q.R. 1976 (Vol. 92), 13.

In *Re BTR plc.* schränkte Jonathan Parker J.[38] die Grundsätze des *Hellenic*-Falls insoweit ein, als daß von von einer Tochtergesellschaft des Bieters gehaltene Anteile bei einem Übernahmevergleichsplan im wesentlichen überhaupt nicht betroffen sind, wenn ihre finanzielle Position unverändert bleibt, egal ob der Vergleichsplan Erfolg hat oder nicht. Dabei rückte er einen schon im *Hellenic*-Fall[39] geäußerten, aber dort die Argumentation nur hilfsweise unterstützenden Gedanken in den Vordergrund: Wenn die Übernahme glücke, dann erhalte die Tochter von der Mutter eine angemessene Gegenleistung für ihre Anteile an der Zielgesellschaft oder sie behalte ihre Anteile ohne Gegenleistung durch die Mutter. Rein finanziell mache die Transaktion für die Tochter mithin keinen wesentlichen Unterschied.[40] Somit wird der Entscheidung im *Hellenic*-Fall im Ergebnis zugestimmt, aber mit der Begründung, daß nicht dieselbe Betroffenheit durch den Vergleichsplan vorliege, statt mit der Begründung, daß wesentlich verschiedene Interessen vorlägen und diese die Einteilung in verschiedene Klassen erfordern würden.

Jonathan Parker J. wies durch seine Entscheidung also den Gedanken zurück, daß Anteilseigner mit verschiedenen Interessen eine separate Klassen bilden können, ohne daß gleichzeitig aus ihren Anteilen auch verschiedene Rechte erwachsen.[41] Nur so könne eine klare Unterscheidung getroffen werden, da die aus Anteilen erwachsenden Rechte klar feststellbar sind, jedoch die persönliche Interessenlage der betroffenen Anteilseigner kaum ohne nicht zumutbaren Aufwand ermittelt werden kann. Er stellte in diesem Sinne folgendes fest:

> „Shareholders with the same rights in respect of the shares which they hold may be subject to an infinite number of different interests and may therefore, assessing their own personal interests (as they are perfectly entitled to do), vote their shares in the light of those interests. But that in itself, in my judgment, is simply a fact of life: it does not lead to the conclusion

[38] [1999] 2 B.C.L.C. 675, 682: „For myself, I find it difficult to understand the concept of an interest arising out of the right as being something separate from the right itself. Nor do I think that such a process of analysis is necessary in relation to the *Hellenic* case [...]. Templeman J effectively discounted the views of the registered holder of those shares and he did so, as I read the judgment, on the basis that in substance the Scheme affected only the remainder of the shares. That is, in my judgment, the ratio of Templeman J's decision in so far as it addressed the question of separate classes."; bestätigt durch den Court of Appeal: [2000] 1 B.C.L.C. 740, insbes. 745 ff.

[39] Vgl. [1976] 1 W.L.R. 123, 126.

[40] Letztlich steckt dahinter jedoch die Wertung, daß man die Tochter und die Mutter als Einheit sehen muß; denn die Aussage, daß es keinen Unterschied mache, ist nur dadurch begründet, daß der Einheit Mutter-Tochter der Kaufpreis egal ist, da die Vermögenswerte innerhalb der Gruppe Mutter-Tochter verbleiben und ein Fehlschlag der Übernahme hinsichtlich der von der Tochtergesellschaft gehaltenen Anteile keinen großen Unterschied macht, da die Mutter diese Anteile über ihre Tochter hält.

[41] Re BTR plc. [1999] 2 B.C.L.C. 675, 676 in Leitsatz (2).

that shareholders who propose to vote differently are in some way a separate class of shareholders entitled to a separate class meeting."[42]

Ob diese Hinwendung zu einer stärker objektivierten Sichtweise, die die Beziehung der Anteilseigner zu ihrem Anteil durch aus dem Anteil erwachsende Rechte ermittelt, in Zukunft tatsächlich eine größere Rechtssicherheit liefert, bleibt abzuwarten. Jedenfalls wird so der „company" nicht die unzumutbare Last aufgebürdet, sich über die wirtschaftliche oder sonstige Interessen- und Motivlage jedes einzelnen Anteilseigners zu informieren, bevor sie die Anteilseigner in Klassen einteilt.[43] Gleichzeitig können in der Person liegende und nicht im Anteil an sich begründete Belange einer überstimmten Minderheit, der kein Vetorecht durch separate Klassenbildung eingestanden wurde, immer noch bei der später erfolgenden Gerechtigkeitskontrolle zur Genehmigung des „Scheme of Arrangement" berücksichtigt werden.[44]

In Anbetracht dieser Rechtsprechung dürften die Gerichte in Zukunft eine Neubewertung derjenigen Fälle[45] vornehmen, in denen ein Recht, das mit der Person des Anteilseigners verbunden war, aber nicht der Natur des Anteils inhärent war, als „class right" bewertet wurde.[46]

Ein solcher Ansatz wurde auch von Neuberger J. in *Re Anglo American Insurance Ltd.*[47] vertreten: Er betonte, daß die Frage der Klasseneinteilung in jedem Einzelfall mit großer Sorgfalt behandelt werden müsse. Einerseits seien die Konsequenzen für dissentierende Minderheiten zu bedenken, andererseits aber auch die Tatsache, daß das Gericht nicht verpflichtet sei, einen mit den erforderlichen Mehrheiten angenommenen Vergleichsplan zu genehmigen.[48] Zudem seien praktische wirtschaftliche Erwägungen anzustellen, etwa im Hinblick auf eine zu hohe Klassenanzahl.

Vor kurzem konkretisierte Chadwick L.J. in *Re Hawk Insurance Ltd.*[49] den klassischen Test Bowen L.J.'s aus *Sovereign Life Assurance v. Dodd*[50] weiter. Er

---

[42] Re BTR plc. [1999] 2 B.C.L.C. 675, 682.
[43] Palmer, Rz. 12.017.2.
[44] Vgl. Nazareth J. im Hong Kong-Fall Re Industrial Equity (Pacific) Ltd. [1991] 2 H.K.L.R. 614, 625 [zitiert durch Jonathan Parker J. [1999] 2 B.C.L.C. 675, 681 f. und durch den Court of Appeal in Re BTR plc. [2000] 1 B.C.L.C. 740, 746]: „It is determination by reference to *rights* of shareholders that meets such difficulties, while leaving any conflict of interest which may result in a minority being overborne or coerced to be dealt with by the courts when their sanction is sought.".
[45] Vgl. z.B. Cumbrian Newspapers Group Ltd. v. Cumberland and Westmorland Herald Newspaper & Printing Co. Ltd. [1987] Ch. 1; Re BML Group Ltd. [1994] B.C.C. 502, C.A.
[46] Palmer, Rz. 12.017.3.
[47] [2001] 1 B.C.L.C. 755.
[48] Vgl. auch Chadwick L.J. in Re BTR plc. [2001] 1 B.C.L.C. 740.
[49] [2001] 2 B.C.L.C. 480, C.A.

betonte, daß das Testergebnis davon beeinflußt werden müsse, wer am „compromise“ oder „arrangement“ beteiligt sei:

„In each case the answer to that question will depend upon analysis (i) of the rights which are to be released or varied under the scheme and (ii) of the new rights (if any) which the scheme gives, by way of compromise or arrangement to those whose rights are to be released or varied. It is in the light of that analysis that the test formulated by Bowen LJ in order to determine which [members or][51] creditors fall into a separate class - that is to say, that a class 'must be confined to those persons whose rights are not so dissimilar as to make it impossible for them to consult together with a view to their common interest' - as to be applied.“[52]

Mit dieser Aussage wird in den Vordergrund gerückt, daß es einerseits einer Trennung in verschiedene Klassen bedarf, um sicherzustellen, daß diejenigen, deren Rechte im wesentlichen verschieden sind, sich nicht im Hinblick auf ein gemeinsames Interesse gemeinsam beraten können, aber auch, daß es andererseits einer Gleichbehandlung derjenigen bedarf, deren Rechte in ausreichendem Maße ähnlich sind, so daß sie sich angemessen untereinander beraten können.[53] Auch äußert Chadwick L.J., daß die Gerichte bei der Überprüfung der Klasseneinteilung vorsichtig sein sollten mit der Vergabe von Vetorechten durch eine übereifrige Aufteilung in Klassen; denn es sei zu bedenken, daß überstimmte Minderheiten immer noch durch die nachfolgende gerichtliche Gerechtigkeitskontrolle und die Widerspruchsmöglichkeit und gerichtliche Anhörung geschützt seien.[54] Durch eine solche Feinabstimmung bei der Genehmigungsentscheidung könne der Mehrheits-Minderheits-Konflikt in angemessenerer Weise gelöst werden.[55]

Diese Aussagen stellen eine Abkehr von der Frage dar, ob Anteilsrechte hinreichend verschieden sind, hin zu der Frage, ob Anteilsrechte hinreichend ähnlich sind, so daß ihre Eigner eine einzige Klasse bilden können. Entsprechend wandte Lloyd J. diesen neuen Ansatz in *Re Equitable Life Assurance Society*[56] an und stellte fest, daß weder unterschiedliche Rechte noch unterschiedliche Ergebnisse bei der Interessenbewertung notwendig eine Einteilung in unterschiedliche Klassen hervorbringen müßten. Das von Bowen L.J. in *Sovereign Life Assurance v.*

---

[50] [1892] 2 Q.B. 573, 583.

[51] Eingefügt von Palmer, Rz. 12.017.4 Fn. 1, der zu Recht keinen Grund dafür sieht, warum die für Gläubiger geltende Begründung nicht auch auf Gesellschafter übertragbar sein soll.

[52] Re Hawk Insurance Ltd. [2001] 2 B.C.L.C. 480, 518.

[53] Palmer, Rz. 12.017.4.

[54] Re Hawk Insurance Ltd. [2001] 2 B.C.L.C. 480, 519.

[55] Vgl. Re Hawk Insurance Ltd. [2001] 2 B.C.L.C. 480, 519; in diesem Sinne auch Tolley's Company Law, R2014.

[56] [2002] B.C.C. 319; zusammenfassend: Isaacs, InsInt 2002, 15 (7), 49 ff.

Dodd[57] begründete Prinzip des „consulting together" müsse an den modernen Kontext angepaßt werden, wo solche gegenseitigen Beratungen oft undurchführbar seien. Viel stärker komme es daher auf die Gleichheit der Rechte der in einer Klasse zusammengefaßten Personen an.

In Zukunft deutet also alles auf eine restriktive Anwendung der Klasseneinteilung hin[58], die im Hinblick auf „Schemes of Arrangement" mit Gesellschaftern zu einer weitgehenden Gleichsetzung des Klassenbegriffs mit dem Anteilsgattungsbegriff führen könnte. Mit einer Abschaffung der Klasseneinteilung ist aber nicht zu rechnen. Die Einteilung der am Vergleichsplan beteiligten Personen in Klassen unterliegt zwar wegen der sich daraus ergebenden Rechtsunsicherheit schon seit Jahrzehnten einer gewichtigen Kritik aus dem rechtswissenschaftlichen Schrifttum[59]. Dennoch wurde bei der Reform des Companies Acts 1948 am Kriterium der Klasseneinteilung festgehalten. Der Cork-Report[60] äußerte sich folgendermaßen: Die Einteilung in einzelne Klassen und die getrennte Abstimmung solle eine umfassende Chancengleichheit der beteiligten Gruppen gewährleisten, auch wenn dadurch eine schnelle Beschlußfassung verhindert werde. Im Interesse der Gesellschafter- und Gläubigerrechte dürfe die Einteilung in Klassen nicht abgeschafft werden. Auch der im Juli 2001 vorgelegte Abschlußbericht „Modern Company Law for a competitive economy" der Kommission zur umfassenden Reform des Kapitalgesellschaftsrechts, der Company Law Reform Steering Group, hat einer Abschaffung des „class"-Begriffs eine Absage erteilt.[61] Neben der Aufteilung nach Anteilsgattungen kommt nach wie vor eine Einteilung in benachteiligte und begünstigte Gesellschafter einer Anteilsgattung bei einer Ungleichbehandlung in Betracht[62], wie insbesondere auch die Ausführungen von Lloyd J. in *Re PT Garuda Indonesia*[63] bestätigen. Rechtsunsicherheit besteht nach wie vor bei der dem *Hellenic*-Fall zugrunde liegenden Konstellation.

---

[57] [1892] 2 Q.B. 573, 583.

[58] Moss, InsInt 2002, 15 (6), 41, 43.

[59] Farrar, JBL 1976, 214, 222; vgl. Flessner, Sanierung und Reorganisation, 1982, S. 157 ff.; Gottwald, KTS 1981, 17, 28; Weiss, ZIP 1982, 1038, 1039 alle m.w.n.

[60] Cork-Report, paras. 416, 426.

[61] Ch. 13.8, URN 01/942, abrufbar auf der Website des Handels- und Industrieministeriums unter www.dti.gov.uk; gegen eine solche komplette Abschaffung des „class"-Erfordernisses aus Minderheitenschutzgründen auch Sykes, PLC Juni 2001, 6, 6 f.; vgl. dazu auch die Replik von Moss, InsInt 2002, 15 (6), 41 ff.

[62] Palmer, Rz. 12.017.5.

[63] Unveröffentlicht, Beschl. v. 4. 10. 2001.

III. Spezialproblem: Klasseneinteilung bei Gläubigern

Die Frage, wie der Begriff „class of creditors" zu bestimmen ist, wirft größere Probleme auf als in bezug auf Gesellschafter, insbesondere im Falle von Versicherungsnehmern („policyholders").[64] Die Problematik der Gläubigerklasseneinteilung soll hier nicht im Detail, sondern nur in Grundzügen erörtert werden, da sie im Randbereich des Untersuchungsgegenstandes liegt.

Gläubiger können allgemein in drei Kategorien eingeteilt werden, die sich auch überschneiden können: bevorrechtigte Gläubiger („preferential creditors"), absonderungsberechtigte Gläubiger („secured creditors") und ungesicherte Gläubiger („unsecured creditors").[65] Ob diese in Kategorien eingeteilten Gläubiger auch entsprechende Klassen bilden oder andere, richtet sich grundsätzlich nach denselben Kriterien wie bei Gesellschaftern und ist eine Frage des Einzelfalles.[66] Im Einzelfall ergeben sich insbesondere Unterschiede aus der Natur und Sicherung des Schuldverhältnisses, dem Rangverhältnis, der Verbriefung der Ansprüche und deren Fälligkeit. Grob läßt sich jedoch eine Einteilung vornehmen, wie folgt.

Alle bevorrechtigten Gläubiger, die ungesichert sind, können grundsätzlich als eine Klasse behandelt werden; und wenn alle bevorrechtigten Gläubiger - wie es häufig der Fall ist - voll ausbezahlt werden, gehören sie auch alle einer einheitlichen Gläubigerklasse an, egal ob einige absonderungsberechtigt und andere ungesichert sind.[67]

Entsprechend bilden alle ungesicherten Gläubiger grundsätzlich eine gemeinsame Klasse, es sei denn, daß einige von ihnen anders behandelt werden müssen (etwa wegen unterschiedlicher Fälligkeitsdaten und anderer divergierende Interessen, die in Konflikt zueinander geraten könnten).[68]

Noch komplizierter ist die Situation von absonderungsberechtigten Gläubigern.[69] Diejenigen, für die eine gemeinsame Sicherheit bestellt wurde, z.B. Schuldverschreibungsinhaber mit gleichem Rang, bilden eine Klasse.[70] Sobald

---

[64] Vgl. Palmer, Rz. 12.018; Gower/Davies, S. 763 Fn. 48.

[65] Palmer, Rz. 12.018; Pennington, Company Law, S. 589; Brown, Corporate Rescue, 1996, § 18.25.

[66] Palmer, Rz. 12.018.

[67] Palmer, Rz. 12.018.

[68] Palmer, Rz. 12.018; solche Interessenkonflikte können durch die Ausgestaltung des Vergleichsplans überwunden werden, so daß keine Aufteilung in zwei Klassen notwendig ist, vgl. Re Anglo American Insurance Ltd. [2001] 1 B.C.L.C. 755; außerdem Re Hawk Insurance Ltd. [2001] 2 B.C.L.C. 480, C.A.; Re PT Garuda Indonesia, unveröffentlicht, Beschl. v. 4. 10. 2001.

[69] Palmer, Rz. 12.018.2.

[70] Vgl. Slater v. Darlaston Steel and Iron Co. [1877] W.N. 139.

aber keine gemeinsame, sondern nur eine ähnliche Sicherheit bestellt wurde, ist der Fall wieder nicht eindeutig.[71]

Des weiteren hängt die Einteilung der Gläubiger davon ab, ob die ihnen gegenüber bestehende Schuld englischem oder ausländischem Recht unterliegt, wo der Gläubiger seinen Wohnsitz hat und wie es um die Durchsetzbarkeit seiner Forderung und um die Durchsetzbarkeit des Vergleichsplans bestellt ist.[72]

Die dargestellten Regeln bilden jedoch lediglich eine ungenaue Richtschnur. Bei der Ermittlung der Gläubigerklassen ist der klassische, von Bowen L.J. im *Sovereign Life Assurance*-Fall entwickelte Test in seiner durch Chadwick L.J. im *Hawk Insurance*-Fall[73] modifizierten Form anzuwenden.[74] Auf Grund der Abstraktheit der dort entwickelten Kriterien und der meist vielfältigeren Problemlagen bei Gläubigern, insbesondere bei Versicherungsnehmern, besteht jedoch eine noch größere Rechtsunsicherheit. Hier liegt sicherlich die größte Schwäche des Arrangement-Verfahrens gem. sec. 425 Companies Act 1985, die durch die Möglichkeit einer Vorabentscheidung über die Gläubigereinteilung durch einen „judge" nur abgemildert wurde.

IV. Ausschluß bestimmter Klassen

In besonders gelagerten Fällen, insbesondere bei insolventen „companies", kann es dazu kommen, daß bestimmte Anteilseigner- oder Gläubigerklassen von der Abstimmung ausgeschlossen werden dürfen oder die Abstimmung ihrer Klasse nicht berücksichtigt werden muß („cram-down"), obwohl ihre Rechte durch den Vergleichsplan unmittelbar abgeändert werden. In *Re Oceanic Steam Navigation Co. Ltd.* billigte Simonds J. einen Vergleichsplan ohne Rücksicht „[...] to the wishes of the shareholders or a class of creditors who had no real interest in the assets of a company,"[75] Daher wurde in diesem Fall, in dem die „company" hoffnungslos insolvent war und nicht genügend Masse zur Verfügung stand, um auch die Anteilseigner auszuzahlen, akzeptiert, daß diese von jeglicher Beteiligung am

[71] Palmer, Rz. 12.018.2.

[72] Vgl. dazu näher Palmer, Rz. 12.018.2. In Re English, Scottish and Australian Chartered Bank [1893] 3 Ch. 385 wurde die Frage des Entstehungsorts der Schuld von der Frage der Klasseneinteilung getrennt. Die unterschiedliche Durchsetzbarkeit aufgrund eines divergierenden Entstehungsortes der Schuld solle vielmehr bei der Genehmigung des Vergleichsplans separat erwogen werden.

[73] [2001] 2 B.C.L.C. 480, C.A.

[74] Palmer, Rz. 12.018, 12.018.1 mit weiteren Ausführungen.

[75] [1939] Ch. 41, 47.

Vergleichsplan ausgeschlossen werden durften, obwohl ihre Rechte hinreichend berührt waren.[76]

Entsprechend wurde in *Re Tea Corporation Ltd.*[77] entschieden, daß der Vergleichsplan auch ohne die Zustimmung der ordentlichen Anteilseigner implementiert werden könne, wenn diese keinen Anspruch auf die verbleibende Vermögensmasse der „company" hätten. Versammlungen der Gläubiger und der Vorzugsanteilseigner wurden für ausreichend gehalten.

In *Re British & Commonwealth Holdings Ltd.*[78] wollten die Verwalter („administrators") der „company" Aktiva veräußern, die für die Zwecke des „Administration"-Verfahrens nicht mehr benötigt wurden. Diese Aktiva reichten zur Befriedigung der bevorrechtigten Gläubiger und zur Zahlung einer Dividende für die ungesicherten Gläubiger aus. Jedoch gab es eine Menge untergeordneter Gläubiger („subordinated creditors"), die nach dem vorgelegten Vergleichsplan nichts erhalten sollten. *Vinelott J.* war der Ansicht, daß sie bei sachgemäßer Auslegung ihrer Rechte keinen Anspruch auf die Vermögensmasse hätten, die Gegenstand des Vergleichsplan war, und wies daher die Verwalter an, einen Antrag bei Gericht auf Einberufung einer Gläubigerversammlung gem. sec. 425 (2) CA 1985 auf der Grundlage zu stellen, daß die untergeordneten Gläubiger keinen Anspruch darauf hätten, zu einer Klassenversammlung geladen zu werden oder bei einer solchen abstimmen zu dürfen.

---

[76] Vgl. auch Re Brownfield's Guild Pottery Society [1898] W.N. 80.

[77] [1904] 1 Ch. 12.

[78] [1992] B.C.C. 58; vgl. auch Re Maxwell Communications Corporation plc. (No. 3) [1993] B.C.C. 369 und Re British Commonwealth Holdings plc. (No. 3) [1992] 1 W.L.R. 672; Gore-Browne, § 30.12.

§ 9: Genehmigung des „Scheme of Arrangement"

Der Companies Act 1985 enthält in sec. 425 (2) keine Bestimmungen darüber, wie das Gericht sein Ermessen zur Genehmigung eines „Scheme of Arrangement" ausüben muß. Jedoch hat die Rechtsprechung in eigener Rechtsfortbildung drei Kriterien entwickelt, die sie regelmäßig anwendet.[1] Es geht dabei um eine Prüfung der formellen Rechtmäßigkeit des Verfahrens, einer fairen Einteilung und Vertretung der Gesellschafter- oder Gläubigerklassen und um die Durchführung einer abschließenden Gerechtigkeitskontrolle. Das in der Praxis wichtigste Kriterium ist die Einhaltung der Verfahrensvorschriften, da die restlichen Kriterien nur zu einer Evidenzkontrolle führen.[2] Das Votum der Mehrheit wird grundsätzlich als Garant für die Integrität, Fairneß und Vernünftigkeit des Vergleichsplans angesehen.[3] Auf den ersten Blick suggeriert die Gesetzgebung und Rechtsprechung zwar eine ausreichende Information der Beteiligten, die ein solches Vertrauen in die Mehrheitsentscheidung legitimieren kann. Die Wirklichkeit, insbesondere bei großen Publikumsgesellschaften, dürfte aber den tatsächlich großen Einfluß des Verwaltungsrats auf die Entscheidung offenlegen und an der Legitimation des Vertrauens in die Mehrheitsentscheidung zweifeln lassen.[4] Dem englischen Rechtsverständnis liegt ein liberaler Standpunkt zugrunde, der die objektive Möglichkeit zur ausreichenden Information ausreichen läßt und von der Parität der Beteiligten ausgeht. Das Gericht übernimmt grundsätzlich keine paternalistisch wirkende Kontrolle, die in Anbetracht der im wesentlichen rein juristischen Ausbildung der Richterschaft vielleicht ein größeres Übel darstellen würde.

Das Gericht prüft neben den drei genannten Kriterien, ob der vorgeschlagene Vergleichsplan überhaupt innerhalb der Reichweite von sec. 425 CA 1985 liegt[5] und ob eine Genehmigung gegen geltendes Recht verstoßen würde, sofern solche Verstöße nicht bereits zur Verweigerung der Einleitung des Vergleichsplanverfahrens geführt haben.

---

[1] Zu betonen ist jedoch, daß im Einzelfall mangels gesetzlicher Bindung auch andere Erwägungen zur Genehmigungsverweigerung führen können, vgl. Re B.A.T. Industries plc., unveröffentlicht, Beschl. v. 3. 9. 1998.

[2] Vgl. Kemps v. Ambassador Insurance Co. [1998] 1 B.C.L.C. 234, P.C.; Charlesworth & Morse, S. 597.

[3] Davies, The Regulation of Take-overs and Mergers, 1976, S. 72.

[4] Davies, a.a.O., S. 72 f.

[5] S. o. S. 87 ff.

I. Beachtung der Verfahrensvorschriften

Zunächst überprüft das Gericht die Einhaltung der gesetzlich vorgegebenen Verfahrensvorschriften. Der Vergleichsplan muß jeweils in allen Klassenversammlungen mit der gesetzlich vorgeschriebenen qualifizierten Mehrheit ordnungsgemäß verabschiedet worden sein, also jeweils mit einer einfachen Mehrheit der abgegebenen Stimmen, die drei Viertel des bei der Beschlußfassung vertretenen Kapitals ausmacht. Weiterhin müssen die Versammlungen ordnungsgemäß entsprechend den Vorgaben der gerichtlichen Anordnung[6] einberufen und abgehalten worden sein.[7] Vor allem von diesen formellen Kriterien hängt in der Praxis die Genehmigung des Gerichts ab.[8]

Im Vorfeld müssen außerdem die erklärenden Stellungnahmen („explanatory statements") gem. sec. 426 CA 1985 ausgegeben worden sein und den Anteilseignern in Übereinstimmung mit dem Wesen der Klassenversammlungen ausreichende Informationen verschafft haben.[9] Falls eine Verschmelzung oder Aufspaltung von zwei „public limited companies" vorliegt, die einer der drei in sec. 427A CA 1985 festgelegten Konstellationen unterfällt, dann muß das Gericht die Einhaltung der in Sched. 15B zum Companies Act 1985 enthaltenen Zusatzbestimmungen überprüfen.[10]

Das Gericht ist des weiteren nicht befugt, sich durch die Genehmigung eines Vergleichsplans über das ablehnende Votum oder die fehlende Zustimmung einer Gesellschafter- oder Gläubigerklasse hinwegzusetzen, selbst wenn der Vergleichsplan die betreffende Klasse billig und gerecht behandelt oder das Gericht der Ansicht ist, daß die betreffende Klasse dem Vergleichsplan zustimmen würde.[11]

---

[6] Zu spät eingereichte, aber dennoch vom Gericht genehmigte Stimmrechtsvollmachtsformulare sind daher kein Grund für eine Genehmigungsverweigerung: Re Equitable Life Assurance Society [2002] B.C.C. 319.

[7] Palmer, Rz. 12.027.

[8] Maugham J. in Re Dorman, Long & Co. [1934] Ch. 635, 655; vgl. auch: La Lainière de Roubaix v. Glen Grove Co. 1926 S.C. 91, 1926 S.L.T. 5; Chief Commissioner of Pay-Roll Tax v. Group Four Industries Pty. Ltd. [1984] 1 N.S.W.L.R. 680; vgl. aber auch die Bemerkungen von Chadwick L.J. in Re Hawk Insurance Ltd. [2001] 2 B.C.L.C. 480, C.A.

[9] Vgl. dazu z.B. Re Allied Domecq plc. [2000] 1 B.C.L.C. 307; Re Equitable Life Assurance Society [2002] B.C.C. 319.

[10] Re Minster Assets plc. [1985] B.C.L.C. 280; Re Jessel Trust Ltd. [1985] B.C.L.C. 119; siehe zu sec. 427A i.V.m. Sched. 15B CA 1985 unten S. 390 ff., 453 ff.

[11] Re Neath and Brecon Ry. [1892] 1 Ch. 349 (zum Railways Companies Act 1867); Re Hellenic General Trust Ltd. [1976] 1 W.L.R. 123; jedoch sah die Rechtsprechung in Schottland in William Dixon Ltd., Petitioners, 1948 S.C. 511, von der Notwendigkeit der Zustimmung einer Klasse mit der Begründung ab, daß deren Mitglieder durch den Vergleichsplan klar nicht beeinträchtigt würden.

Jedoch soll die Genehmigung durch das Gericht nicht an kleinen Unregelmäßigkeiten im Verfahrensablauf scheitern, wenn die Zustimmung durch eine Klasse nachträglich erreicht wird[12] oder wenn die Zustimmung durch eine Klasse zwar im Moment der Antragstellung auf Genehmigung noch nicht vorliegt, aber bis zu einem erneuten Antrag auf Genehmigung nachgeholt wird, ohne daß auch alle anderen Klassenversammlungen noch einmal abgehalten werden müssen[13]. Inwieweit andere formelle Mängel ein „Scheme of Arrangement" scheitern lassen, hängt von einer Abwägung im Einzelfall ab. Es kommt dabei neben der materiellen Fairneß des Vergleichsplans auf die Schwere des Fehlers und die hypothetischen Auswirkungen auf das Abstimmungsergebnis an.[14]

II. Faire Vertretung der einzelnen Klassen und faires Abstimmungsverhalten

Innerhalb der einzelnen Klassen muß eine faire Vertretung der jeweiligen Klasse und ein faires Abstimmungsverhalten der zu den Versammlungen erschienenen Personen gewährleistet gewesen sein, damit das Gericht das „Scheme of Arrangement" genehmigt.[15] Die gesetzlich erforderte Mehrheit darf die Minderheit zur Durchsetzung ihrer Interessen nicht in unzulässiger Weise genötigt haben, sondern muß bona fide im Interesse der Klasse als solcher die Minderheit überstimmt haben.[16] Die immer wiederkehrende Formulierung ist folgende: „The class must have been fairly represented."[17]

---

[12] Re Dynevor, Duffryn and Neath Abbey Collieries Co. (1879) 11 Ch.D. 605.

[13] Re United Provident Assurance Co. [1911] W.N. 40.

[14] Vorstellbar sind hierbei insbesondere Verstöße gegen die nicht in den secs. 425 ff. CA 1985 enthaltenen Verfahrensvorschriften der CPR 1998 und der Practice Directions; vgl. auch die Folgenbetrachtungen in Re Anglo-Spanish Tartar Refineries Ltd. [1924] W.N. 222 und Re Equitable Life Assurance Society [2002] B.C.C. 319, wo das Versäumnis des Verschickens einer Versammlungsbekanntmachung an abstimmungsberechtigte Personen als irrelevant angesehen wurde, wenn es als zufällig oder nicht ins Gewicht fallend bewertet werden kann oder der Erfolg der Bekanntmachung aufgrund bürgerkriegsähnlicher Unruhen im Zielland nicht zu erwarten ist. Konkret ging es im letztgenannten Fall um einen Versicherungsnehmer in Sierra Leone, wo das Postwesen zusammengebrochen war.

[15] Palmer, Rz. 12.028; Tolley's Company Law, R2013.

[16] Re Anglo-Continental Supply Co. [1922] 2 Ch. 723, 736; Re Alabama, New Orleans, Texas and Pacific Junction Ry. Co. [1891] 1 Ch. 213, 238 f., C.A.; Re English, Scottish & Australian Chartered Bank [1893] 3 Ch. 385, 414 f., C.A.; Shandon Hydropathic Co. Ltd., Petitioners, 1911 S.C. 1153, 1155.

[17] Vgl. nur Re Anglo-Continental Supply Co. [1922] 2 Ch. 723, 736; Palmer, Rz. 12.028.

Dieses zweite Prüfungskriterium ist in gewisser Weise ein Abklatsch des ersten.[18] Denn bereits bei der Erfüllung der gesetzlichen Anforderungen weisen die Gerichte auf die Notwendigkeit der qualifizierten Mehrheit hin. Jedoch erfolgt bei Prüfung des zweiten Erfordernisses der fairen Vertretung eine eingehende Prüfung, ob die erforderliche Mehrheit tatsächlich erreicht wurde.

Das Gesetz fordert in sec. 425 (2) CA 1985 zum einen eine zahlenmäßige Mehrheit derjenigen Angehörigen einer jeden Klasse, die anwesend sind und gleichzeitig abgestimmt haben; zweitens müssen diese das „Scheme" befürwortenden Stimmen eine ¾-Merheit desjenigen Kapitals repräsentieren, das alle anwesenden und gleichzeitig abstimmenden Personen halten.

Wenn daher zum Beispiel[19] 100 Anteilseigner in einer Klasse abstimmen, von denen einer 901 Anteile hält und die anderen 99 Anteilseigner je einen Anteil halten, dann kann die numerische Mehrheit der 99 Anteilseigner das „Scheme" nicht gegen die eine Stimme desjenigen Anteilseigners durchsetzen, der 901 Anteile hält, da ihnen die notwendige Kapitalmehrheit fehlt. Umgekehrt kann dieser eine Anteilseigner, der 901 Anteile hält, nicht mit 49 anderen Anteilseignern das „Scheme" gegen die Stimmen der verbleibenden 50 Anteilseigner durchsetzen. Da bei einem zahlenmäßigen Patt von 50 Stimmen gegen 50 die numerische Mehrheit nach Köpfen verfehlt wurde. Genauso lassen sich diese Beispiele für Gläubiger bilden. An die Stelle des Anteilskapitals wird das von ihnen gewährte Fremdkapital, also die Höhe ihrer Forderungen gegen die „company", gesetzt.

In dem Beispiel war von 100 abstimmenden Personen die Rede. Selbst wenn zu dieser Versammlung noch mehr Personen geladen waren, aber diese nicht erschienen sind oder zwar höchstpersönlich oder durch einen Stimmrechtsvertreter anwesend waren, aber nicht abgestimmt haben, dann ändert sich an dem genannten Beispiel nichts. Es kommt also nicht auf die Anzahl der Stimmberechtigten oder die Anzahl der bei der Abstimmung anwesenden Personen an, sondern auf die Zahl der abgegebenen Stimmen.[20] Diese Einschränkung auf die tatsächlich abgegebenen Stimmen gilt jedoch erst seit dem Companies Act 1929; dessen Vorgänger gingen von einer Mehrheit der anwesenden Stimmen aus, so daß auch Stimmenthaltungen („abstentions") als Gegenstimmen gewertet wurden.[21]

Zur Ermittlung des jeweiligen Kapitalanteils einer Person wird bei Anteilen auf den Nennwert abgestellt; bei Forderungen wird ebenfalls vom Nennbetrag ausgegangen. Bei einer höhenmäßig noch unbestimmten, einer zukünftigen, ungewissen

---

[18] Palmer, Rz. 12.028.

[19] Nach Palmer, Rz. 12.028.

[20] Re Bessemer Steel and Ordnance Co. (1875) 1 Ch.D. 251; California Redwood Co. (1885) 13 R. 335.

[21] Siehe ausführlicher bereits oben S. 72.

oder bedingten Forderung wird eine angemessene und faire Schätzung vorgenommen.[22]

Neben der eingehenden Überprüfung der gesetzlichen Mehrheit erfolgt eine über die Einhaltung der gesetzlichen Anforderungen hinausgehende Prüfung der fairen Repräsentation.[23] Diese Prüfung deckt viele Aspekte ab.

Sie entspricht zunächst dem, was man in Deutschland als Überprüfung der Beschlußfähigkeit bezeichnen würde. Wenn z.B. 1.000 Anteilseigner 10.000 Anteile halten, dann wird das Gericht voraussichtlich nicht von einer fairen Repräsentation der Klasse ausgehen, wenn nur 10 Anteilseigner der Klasse anwesend sind, die insgesamt 100 Anteile halten.[24] Das starke Indiz für die Fairneß des Vergleichsplans, nämlich daß er eine den formellen gesetzlichen Anforderungen entsprechende Mehrheit erhalten hat, kann in solchen Fällen entkräftet sein. Bisher hat die Rechtsprechung sich noch nicht für ein bestimmtes Quorum entschieden, unterhalb dessen die Beschlußunfähigkeit und damit die Unfairneß gegeben ist. Vielmehr ist eine Abwägung von Fall zu Fall notwendig.

Ein weiterer Fall, in dem die durch die Mehrheitsabstimmung indizierte Vermutung für die Fairneß des Vergleichsplans entkräftet werden kann, liegt vor, wenn ein wesentlicher Teil der Mehrheit aufgrund ihm in einer anderen Eigenschaft erwachsender Interessen einen größeren Gewinn oder Nutzen aus dem Vergleichsplan zieht als die überstimmte Minderheit in derselben Klasse.[25] Wenn beispielsweise Gläubiger den Anteilseignern durch die Zustimmung zum Vergleichsplan entgegenkommen und einige Gläubiger gleichzeitig auch Anteilseigner sind, dann kann es vorkommen, daß deren Gewinn in der Eigenschaft als Anteilseigner ihren Verlust in der Eigenschaft als Gläubiger überwiegt, so daß sie sich zu Lasten der überstimmten Minderheit unzulässig bereichern würden.[26] In einem solchen Fall der Interessenvermischung wird das Gericht den Vergleichsplan einer besonders sorgfältigen Prüfung unterziehen. Falls Angehörige der überstimmten Minderheit gegen das „Scheme" vorgehen, dann prüft das Gericht die Angemessenheit, die Stimmen derjenigen Personen mitzuzählen, die sich in einem Interessenkonflikt befinden.[27] Interessenkonflikte können sich neben einer Dop-

---

[22] Pennington, Corporate Insolcency Law, 2. Aufl. 1997, S. 435.
[23] Vgl. Palmer, Rz. 12.028.
[24] Beispiel und Prognose von Palmer, Rz. 12.028.
[25] Palmer, Rz. 12.029.1; Lord Hailsham of St. Marylebone, Companies, Rz. 1453; vgl. auch Curtis v. B.U.R.T. Co. (1912) 28 T.L.R. 585.
[26] Palmer, Rz. 12.029.1; vgl. den ähnlich liegenden Fall Re Wedgwood Coal and Iron Co. (1877) 6 Ch.D. 627.
[27] Palmer, Rz. 12.029.1. Alternativ kann der Vergleichsplan in einem solchen Fall aber auch schon aufgrund einer falschen Klasseneinteilung scheitern. Es wäre denkbar, daß der zuständige Richter den Standpunkt vertritt, daß für Klassenangehörige, die widerstreitende Interessen

pelstellung als Angehöriger mehrerer Gläubiger- und/oder Gesellschafterklassen auch aus gänzlich außerhalb des Gesellschafter- oder Gläubigerverhältnisses liegenden Motiven oder aus einer Treupflicht als Treuhandverwalter, der formell Eigentümer der treuhänderisch gehaltenen Anteile ist, ergeben.

Eine weitere, bisher entschiedene Fallgruppe betrifft den Stimmenkauf. Wenn einem Anteilseigner eines bedeutenden Blocks der die Klasse betreffenden Anteile von außen ein Anreiz geboten wird, den Vergleichsplan zu unterstützen, kann dies schon dafür ausreichen, die Unwirksamkeit der in Frage stehenden Abstimmung herbeizuführen, wenn der angebotene Anreiz den anderen Mitgliedern der Klasse nicht offengelegt wird.[28] Eine geheime Stimmkaufabsprache führt sogar zu einer Strafbarkeit wegen Verabredung zu einer unerlaubten Handlung („conspiracy").[29] Wenn die unzulässige Einflußnahme jedoch schonungslos aufgedeckt wurde, dann wird das Gericht - sofern auch alle anderen Voraussetzungen erfüllt sind - seine Genehmigung zum Vergleichsplan erteilen und sogar die Stimmen derjenigen Person für gültig erklären, auf die Einfluß genommen wurde.[30]

Lindley M.R. formulierte im Fall *Allen v. Gold Reefs of West Africa Ltd.*[31] in einem anderen Zusammenhang das der vorstehenden Kasuistik zugrunde liegende Prinzip folgendermaßen:

> „[...] the power conferred by it must, like all other powers, be exercised subject to those general principles of law and equity which are applicable to all powers conferred on majorities and enabling them to bind minorities. It must be exercised, not only in the manner required by law, but also bona fide for the benefit of the company as a whole, and it must not be exceeded. These conditions are always implied, and are seldom, if ever, expressed."[32]

Eine andere klassische Formulierung des zugrunde liegenden Prinzips stammt von Bowen L.J. in *Re Alabama, New Orleans, Texas and Pacific Junction Ry.*[33], in dem an einem Vergleichs-plan beteiligte Gläubiger widerstreitende Interessen besaßen, da sie auch noch einer zweiten Klasse angehörten:

---

oder Motive besitzen, eine separate Klasse gebildet werden müsse. Die Tendenz zu einer restriktiven Auslegung des „class"-Begriffs deutet jedoch auf eine Berücksichtigung widerstreitender Interessen erst bei der abschließenden Fairneßkontrolle hin, vgl. S. 127 f.

[28] British American Nickel Corp. Ltd. v. M.J. O'Brien Ltd. [1927] A.C. 369, P.C.

[29] R. v. Potter [1953] 1 All E.R. 296; Lord Hailsham of St. Marylebone, Companies, Rz. 1453 a.E. m.w.N.

[30] Goodfellow v. Nelson Line (Liverpool) [1912] 2 Ch. 324.

[31] [1900] 1 Ch. 656.

[32] [1900] 1 Ch. 656, 671.

[33] [1891] 1 Ch. 213.

„Therefore, although in a meeting which is to be held under this section it is perfectly fair for every man to do that which is best for himself, yet the court, which has to see what is reasonable and just as regards the interests of the whole class, would certainly be very much influenced in its decision, if it turned out that the majority was composed of persons who had not really the interests of that class at stake."[34]

Letztlich kommt es also auf eine Interessenabwägung unter besonderer Berücksichtigung des Interesses der jeweiligen Klasse als ganzer[35] und von Treu und Glauben[36] an. Das Gericht übt eine lockere Gerechtigkeitskontrolle aus, die das Gesetz allein nicht gewährleistet, um einen Mißbrauch des Mehrheitsprinzips zu verhindern. Es ist zu betonen, daß der letztlich ungelöste Konflikt zwischen dem Vorteil des Übereinkommens für die betroffene Klasse an sich und der daraus resultierenden Pflicht zu einem entsprechenden Abstimmungsverhalten bona fide einerseits und dem subjektiven Vorteil des Individuums und eines entsprechenden Abstimmungsverhaltens mala fide andererseits so aufgelöst wird, daß es nur in echten bzw. evidenten Fällen des Mißbrauchs zu einer Genehmigungsverweigerung kommt.

III. „The arrangement must be such as a man of business would reasonably approve"

Von der Rechtsprechung wird betont, daß sie bei der Ausübung ihres richterlichen Ermessens zur Genehmigung eines Vergleichsplans traditionell den Willen der beteiligten Gesellschafter oder Gläubiger respektiert und ihnen nicht den Willen des Gerichts aufzwingt. Die fehlende Zustimmung zu einem „Scheme" kann nicht durch eine gerichtliche Anordnung ersetzt werden. Umgekehrt bedeutet dies aber keine Verpflichtung des Gerichts, Vergleichspläne zu genehmigen,

---

[34] [1891] 1 Ch. 213, 244.

[35] Vgl. Megarry J. in Re Holders Investment Trust Ltd. [1971] 1 W.L.R. 583, 586.

[36] Dieser Aspekt wurde von Templeman J. in *Re Hellenic & General Trust Ltd.* [1976] 1 W.L.R. 123, 130, betont. Dort erkannte er das Argument eines dissentierenden Anteilseigners, der von der Mehrheit zum Verkauf seiner Anteile an eine Bietergesellschaft gezwungen wurde, an, eine Ungerechtigkeit würde dadurch entstehen, daß für ihn durch den Verkauf der Anteile in Griechenland eine erdrückende Kapitalgewinnsteuerpflicht („swingeing capital gains tax") anfiele. Templeman J. genehmigte den Vergleichsplan nicht, obwohl dieser fair oder mehr als fair gegenüber den Stammanteilseignern als Klasse war. Denn der individuelle Verlust des dissentierenden Anteilseigners müsse im Auge behalten werden, auch wenn jeder Anteilseigner sich in die unmögliche Situation versetzen müsse zu entscheiden, was im besten Interesse der Klasse als solcher liege.

die allen im Vorstehenden erwähnten Prüfungen standhalten.[37] Das Gericht darf z.B. seine Zustimmung abhängig machen von einer zusätzlichen Zustimmung durch die Anteilseigner, falls der Vergleichsplan aufgrund einer zwischenzeitlichen Umstandsänderung eine solche erneute Zustimmung notwendig macht.[38] Auch steht es nach solch einer Änderung im freien Ermessen des Gerichts, ob es eine Anhörung zur Beibringung neuen Beweismaterials anberaumt.[39]

Vor allem überprüft das Gericht den Vergleichsplan aber zum Schluß noch darauf, ob er nachvollziehbar und vernünftig ist. Das Gericht lehnt den Vergleichsplan ab, wenn ein vernünftiger Geschäftsmann („reasonable man of business") ihm nicht zustimmen würde.[40] Diesen „business-reality"-Test[41] formulierte Maugham J. in *Re Dorman Long & Co. Ltd.* folgendermaßen:

> „In my opinion [...] what I have to see is whether the proposal is such that an intelligent and honest man, a member of the class concerned and acting in respect of his interest, might reasonably approve."[42]

So lehnte z.B. Brightman J. in *Re N.F.U. Development Trust Ltd.*[43] einen Vergleichsplan als unvernünftig ab, der beinhaltete, daß die Gesellschafter einer „company limited by guarantee" entschädigungslos enteignet werden sollten. An dieser Stelle kann das Gericht auch berücksichtigen, welche Auswirkungen das

---

[37] Vgl. z.B. Re Axa Equity and Law Life Assurance Society plc. [2001] 2 B.C.L.C. 447; eine solche Verpflichtung wurde von dem Anwalt Sir Horace Davey im Fall Re Alabama, New Orleans, Texas and Pacific Junction Ry. [1891] 1 Ch. 213, 234, erwogen.

[38] Siehe Re Allied Domecq plc. [2000] 1 B.C.L.C. 134, 135, wo ein konkurrierender Bieter für den Einzelhandelsgeschäftsbereich von Allied Domecq plc. auf den Plan trat und eine neu gegründete Holding, auf die der Einzelhandelsgeschäftsbereich übertragen wurde, Anteile nicht an den ursprünglichen Bieter, sondern an den neuen ausgab.

[39] Re Perusahaan Penerbangan Garuda Indonesia, unveröffentlicht, Beschl. v. 3. 10. 2001.

[40] Lindley J. in Re Alabama, New Orleans, Texas and Pacific Junction Ry. [1893] 1 Ch. 213, 239 (für Schuldverschreibungsinhaber); Vaughan Williams J. in Re English, Scottish and Australian Chartered Bank [1893] 3 Ch. 385, 396 ff. mit breiter Diskussion und m.w.N.; Plowman J. in Re National Bank Ltd. [1996] 1 W.L.R. 819, 829; Edinburgh etc. Mortgage Co. v. Lang's Trustees 1909 S.C. 488; Re BTR plc. [1999] 2 B.C.L.C. 675; Re Osiris Insurance Ltd. [1999] 1 B.C.L.C. 182; Tolley's Company Law, R2013; Palmer, Rz. 12.030; Gore-Browne, § 30.13.1; Rice, M.L.R. 1958 (Vol. 21), 623, 624 ff.; abweichend äußerte sich lediglich Lindley L.J. in einem obiter dictum in Re Alabama, etc. Ry. [1893] 1 Ch. 213, 239, indem er schon eine Verweigerung der Genehmigung annehmen wollte, wenn irgendwelche vernünftigen Einwände („any reasonable objection") gegen das „Scheme" vorgebracht werden können; diese den Minderheitenschutz enorm ausweitende Ansicht konnte sich nicht durchsetzen und wird heute allgemein abgelehnt.

[41] So die Bezeichnung durch Tolley's Company Law, R2014.

[42] [1934] 1 Ch. 635, 657.

[43] [1972] 1 W.L.R. 1548.

„Scheme“ auf unbeteiligte Dritte hat, die mittelbar von dem Vergleichsplan betroffen sind.[44]

Auch wenn das Gericht den Vergleichsplan auf seine Vernünftigkeit überprüft, geschieht dies in der Praxis mit äußerster Zurückhaltung[45], und zwar mit um so stärkerer, je größer die sich für den Vergleichsplan aussprechende Mehrheit war[46]. Denn es ist grundsätzlich Sache der Angehörigen einer Klasse, den Vergleichsplan auf seine geschäftliche Vernünftigkeit zu überprüfen.[47] Insofern besitzen die Gesellschafter oder Gläubiger eine Einschätzungsprärogative. Es kommt also nur zu einer paternalistische Tendenzen entschärfenden, lockeren Zweckmäßigkeitskontrolle. Die englischen Gerichte sehen die Mehrheitsentscheidung als starkes Indiz für die wirtschaftliche Vernünftigkeit und Fairneß an, was dazu führt, daß die Beweislast für die Unfairneß und Unvernünftigkeit der überstimmten Minderheit aufgebürdet wird und damit deren Schutzmöglichkeiten gemindert werden.[48] Eine eigenmächtige Einmischung in die wirtschaftlichen Details scheut die englische Rechtsprechung. Es bestehen starke Parallelen zur amerikanischen „Business Judgement Rule“.[49] Typisch ist daher der Ausspruch von Lloyd J. in *Re Equitable Life Assurance Society*:

> „Unless it be said that these favourable votes were obtained under some misapprehension or as a result of inadequate information, it would be a remarkable proposition that a Scheme favoured by more than 220,000 of the Society's policy holders was one which no intelligent and honest man in their position could reasonably approve.“[50]

In manchen Entscheidungen[51] betont die Rechtsprechung des weiteren, daß es bei der lockeren Zweckmäßigkeitskontrolle auf die Vernunft eines durchschnittlichen Geschäftsmanns und nicht die Sichtweise der befaßten Richter ankomme. Damit rückt es aber gleichzeitig auch von der Formulierung des „intelligent and

---

[44] Vgl. z.B. Re B.A.T. Industries plc., unveröffentlicht, Beschl. v. 3. 9.1998, zitiert von Palmer, Rz. 12.030; Re RAC Motoring Services Ltd. [2000] 1 B.C.L.C. 307.

[45] Palmer, Rz. 12.030.

[46] Re Empire Mining Co. (1890) 44 Ch.D. 402.

[47] Vgl. Re London Chartered Bank of Australia [1893] 3 Ch. 540; Shandon Hydropathic 1911 S.C. 1153; 1911, 2 S.L.T. 267.

[48] Vgl. Carruth v. I.C.I. [1937] A.C. 707, 769 f.; Re Holders Investment Trust Ltd. [1971] 1 W.L.R. 583, 586, 590; Re Hoare & Co. (1933) 150 L.T. 374,375; Re Press Caps [1949] Ch. 434, 446, C.A.

[49] Vgl. Carruth v. I.C.I. [1937] A.C. 707, 769; Re National Bank [1966] 1 W.L.R. 819; Re English, Scottish & Australian Chartered Bank [1893] 3 Ch. 385, 409; Re MB Group plc. [1989] B.C.L.C. 672; Re Perusahaan Penerbangan Garuda Indonesia, unveröffentlicht, Beschl. v. 3. 10. 2001; vgl. ebenso Davies, a.a.O., S. 72 f.

[50] [2002] B.C.C. 319, 344.

[51] Carruth v. I.C.I. [1937] 707, 770, H.L.; Re English, Scottish & Australian Charterd Bank [1893] 3 Ch. 385, 409, C.A.; Poole v. Bank of China Ltd. [1907] A.C. 229, 236.

honest man, a member of the class concerned and acting in respect of his interest" ab.

Unklar ist dabei, ob die Bewertung aus der hypothetischen Perspektive eines vernünftigen Geschäftsmanns, eines verobjektivierten Subjekts, mit der Frage nach der Beachtung des Interesses der Klasse als solcher, also eines Kollektivs, in Einklang zu bringen ist. Auch die verobjektivierte Sicht eines hypothetischen Geschäftsmanns kann mit dem Gruppeninteresse in Konflikt treten. Die Lösung dieses Zwiespalts wäre entweder durch Betonung des reinen Gruppeninteresses, also der fairen Vertretung der Klasse durch die Mehrheit, oder durch die reine Ausrichtung am gesunden Menschenverstand eines Geschäftsmannes möglich. Die englische Rechtsprechung legt sich zwischen diesen beiden Polen nicht fest und wahrt so ein Höchstmaß an Flexibilität für den Einzelfall. Manchmal erscheint es zufällig, welcher Aspekt stärker in den Vordergrund gerückt wird. Weitgehend, wenngleich nicht vollständig, nähert sich der „Business-Reality"-Test damit dem Kriterium der fairen Klassenvertretung durch die Mehrheit an und geht in diesem auf.[52]

In *Re MB Group plc.* fügte Harman J.[53], nachdem der Vergleichsplan auch dem Test der Vernünftigkeit standhielt, hinzu, daß der zugrunde liegende geschäftliche Zweck des Vergleichsplan vom Gericht nicht untersucht werden brauche, wenn das vorgeschriebene Verfahren eingehalten und die erforderliche Mehrheit erreicht worden sei. Jedoch muß dieser traditionelle Ansatz im Lichte der Entscheidung von Neuberger J. in *Re B.A.T. Industries plc.*[54] gelesen werden, wo der zugrunde liegende Umstrukturierungsgesamtplan, innerhalb dessen das „Scheme" nur einen Teilschritt bedeutete, in die Erwägungen mit einbezogen wurde, da unbeteiligte Dritte von dem Umstrukturierungsplan und damit von den Fernwirkungen des „Scheme of Arrangement" betroffen waren.

Auch wird das Gericht in Ausübung seines Ermessens einen Vergleichsplan wegen Unausgewogenheit ablehnen, wenn ein Gläubiger von der Vollstreckung eines gerichtlich erwirkten Titels abgebracht wird, indem ihm von der Schuldner-„company" eine Zusicherung gegeben wird und diese Zusicherung durch die Wirksamkeit des Vergleichsplan vereitelt würde.[55]

---

[52] Rice, M.L.R. 1958 (Vol. 21), 623, 624.

[53] [1989] B.C.L.C. 672.

[54] Re B.A.T. Industries plc., unveröffentlicht, Beschl. v. 3. 9. 1998, zitiert von Palmer, Rz. 12.030.

[55] Re Richards & Co. (1879) 11 Ch.D. 676: das „Scheme" wurde in diesem Fall darüber hinaus aufgrund einer Vergrößerung der persönlichen Steuerlast eines dissentierenden Anteilseigners abgelehnt; Re Hellenic & General Trust Ltd. [1976] 1 W.L.R. 123.

IV. Verstoß gegen geltendes Recht

Das Gericht verweigert die Genehmigung eines Vergleichsplans, wenn dieser gegen geltendes Recht verstößt, sofern solche Verstöße nicht bereits zur Versagung der Einleitung des Vergleichsplanverfahrens wegen eines unzulässigen Planinhalts geführt haben.[56] Unter diesem Aspekt wurden in den letzten Jahren vor allem Verstöße gegen die Europäische Menschenrechtskonvention geprüft, die wegen des im Oktober 2000 in England in Kraft getretenen Human Rights Act 1998 zu beachten ist.

Der *Re Hawk Insurance Co. Ltd.*[57] zugrunde liegende Vergleichsplan beinhaltete eine Schiedsklausel, nach der alle aus dem „scheme" erwachsenden Streitigkeiten durch einen Schiedsrichter („scheme adjudicator") entschieden werden sollten, dessen Entscheidung für alle bindend und - abgesehen vom Fall einer Pflichtverletzung des Schiedsrichters - sofort rechtskräftig sein sollte. Da nach sec. 2 (1) Human Rights Act 1998 auch die Europäische Menschenrechtskonvention und die dazu zu ergangene Rechtsprechung des Europäischen Gerichtshofs für Menschenrechte bei der richterlichen Ermessensausübung zu berücksichtigen ist, wurde erwogen, daß die entsprechende Schiedsklausel gegen das Recht auf ein faires Verfahren vor einem unabhängigen, auf Gesetz beruhenden Gericht gem. Art. 6 Abs. 1 EMRK verstoße. Unter Berufung auf die Entscheidung *Deweer v. Belgium*[58] des Europäischen Gerichtshofs für Menschenrechte entschied Arden J.[59], daß ein wirksamer Verzicht auf das durch Art. 6 Abs. 1 EMRK garantierte gerichtliche Verfahren grundsätzlich durch Vereinbarung eines privaten Schiedsverfahrens möglich sei und daß dieser Verzicht aufgrund der Beachtung der bei „Schemes of Arrangement" bestehenden Minderheitenschutzbestimmungen und der gerichtlichen Kontrolle auch in bezug auf nicht zustimmende Minderheiten wirksam erfolgt sei. Abgelehnt wurde eine Analogie zu der Entscheidung *Malmström v. Sweden*[60] der Europäischen Kommission für Menschenrechte, der der Fall eines gesetzlichen Verweises auf ein Schiedsverfahren zur Überprüfung einer „Squeeze-out"-Abfindung in Schweden zugrunde lag. Zwar habe die Genehmigung eines „Scheme of Arrangement" gegenüber den gebundenen Beteiligten gesetzesähnliche Wirkung. Dennoch beruhe der Verzicht auf den durch

---

[56] Palmer, Rz. 12.011.3, behandelt diese Fallgruppe daher bereits bei der Reichweite des Vergleichsplans; vgl. auch zu einer Genehmigung erst nach Nachbesserung Re Canning Jarrah Timber Co. (Western Australia) Ltd. [1900] 1 Ch. 708, 714, 717.

[57] [2001] 2 B.C.L.C. 480.

[58] [1980] 2 E.H.R.R. 439, 460 f.

[59] [2001] 2 B.C.L.C. 480, 503 f.; vgl. dazu Lightman, InsInt 2001 (9), 69, 70; zusammenfassend Bulletin, PLC Mai 2000, 77, 78.

[60] [1983] 38 D.R. 18.

Art. 6 Abs. 1 EMRK gewährten Schutz auf einer zulässigen vorgeschalteten (Mehrheits-)Entscheidung der Beteiligten.

In *Re Equitable Life Assurance Society*[61] setzte sich Lloyd J. mit der Frage auseinander, ob in der dem Vergleichsplan Wirksamkeit verschaffenden, gerichtlichen Genehmigungsanordnung eine unzulässigen Enteignung der überstimmten Gesellschafter („confiscation of their property rights") liegen könne. Von den dissentierenden Gesellschaftern wurde insbesondere vorgebracht, daß durch die Genehmigung das durch Art. 1 Zusatzprotokoll Nr. 1 zur Europäischen Menschenrechtskonvention garantierte Eigentumsrechts verletzt sei. Lloyd J. wies diesen Einwand mit der dogmatisch wenig überzeugenden Begründung zurück, daß ein „scheme" mit enteignender Wirkung weder einen „compromise" noch ein „arrangement" darstellen könne, da das Wesen eines Vergleichsplans in einem Austausch von Rechten liege und ein solches quid pro quo niemals enteignenden Charakter habe. Bei dieser Begründung stützte sich Lloyd J. weiterhin auf die Entscheidung der Europäischen Kommission für Menschenrechte im Fall *Bramelid and Malmström v. Sweden*[62], wo ein Zwangserwerb („Squeeze-out") von Anteilen unter bestimmten Voraussetzungen für rechtmäßig gehalten wurde.

---

[61] [2002] B.C.C. 319.

[62] [1982] 29 D.R. 64.

§ 10: Wirkungen des gerichtlichen Genehmigungsbeschlusses

I. Grundsätzliche Wirkung auf Beteiligte und Dritte

Die Genehmigung („sanction“) des Gerichts entfaltet gem. sec. 425 (2) CA 1985 eine umfassende Bindungswirkung gegenüber allen am Vergleichsplan beteiligten Personen und der implementierenden „company“. Nach der Genehmigung ist der Vergleichsplan grundsätzlich nicht mehr abänderbar. Ausnahmsweise können Fehler oder Unrichtigkeiten des Vergleichsplans durch das genehmigende Gericht selbst entweder in Ausübung der dem Gericht eigenen Befugnisse oder nach der sog. „slip rule“, der Berichtigungsmöglichkeit bei Schreibversehen, abgeändert werden.[1] Eine Zurückversetzung in den status quo ante ist selbst dann nicht mehr möglich, wenn die Gesellschafter (und Gläubiger) der nachträglichen Änderung zustimmen.[2] Daher ist auch ein „Scheme“ nicht genehmigungsfähig, wenn es die Gesellschafter (oder Gläubiger) ermächtigt, die Bedingungen des Vergleichsplans nach der Vergleichsplangenehmigung abzuändern.[3] Ein einmal genehmigter Vergleichsplan ist grundsätzlich nicht mehr angreifbar und schafft somit eine umfassende Rechtssicherheit.[4] Die Aufhebung eines einmal wirksamen „Scheme of Arrangement“ ist nur durch ein erneutes „Scheme“ möglich.[5]

Eine Vergleichsplangenehmigung entfaltet jedoch nur eine umfassende Bindungswirkung gegenüber der „company“ und allen anderen am Vergleichsplan beteiligten Personen, die entweder Gesellschafter oder Gläubiger der „company“ sind. Der Genehmigungsbeschluß des Gerichts („court order“) wirkt nicht absolut. Unbeteiligte Dritte werden vom Genehmigungsbeschluß nicht gebunden.[6] Jede Wirkung auf unbeteiligte Dritte leitet sich vielmehr aus der Natur des Vergleichsplans als Vertrag ab.[7] Das „Scheme“ hat daher nur relative Wirkung. Die

---

[1] Re AGL Gas Networks Ltd. (2001) 37 A.C.S.R. 441, S.C. (N.S.W.); Gore-Browne, § 30.14.2.

[2] Devi v. People's Bank of Northern India [1938] 4 All E.R. 337, P.C.

[3] Re R & M Eastmond Pty. Ltd. (1972) 4 A.C.L.R. 801, S.C. (N.S.W.); Re NRMA Ltd. (2000) 33 A.C.S.R. 595, S.C. (N.S.W.); Re Homemaker Retail Management Ltd. (2001) 40 A.C.S.R. 116, S.C. (N.S.W.).

[4] Sovereign Life Assurance Co. v. Dodd [1892] 2 Q.B. 573; Devi v. People's Bank of Northern India [1938] 4 All E.R. 337, P.C.; vgl. auch Gore-Browne, § 30.10 Fn. 7.

[5] Devi v. People's Bank of Northern India [1938] 4 All E.R. 337, P.C.

[6] Re Glendale Land Development Ltd. [1982] 1 B.C.L.C. 540; Re Glendale Land Development (No. 2) [1982] 1 B.C.L.C. 562; Isles v. Daily Mail Newspaper Ltd. [1912] 14 C.L.R. 193; Re A & C Constructions Pty. Ltd. [1970] S.A.S.R. 565; Lietzke (Installations) v. Morgan [EMJ] (1973) 5 S.A.S.R. 88.

[7] Palmer, Rz. 12.032.1; Gore-Browne, § 30.14.2; vgl. auch die australischen Fälle Re Buka Minerals NL (1983) 8 A.C.L.R. 507, S.C. (N.S.W.); Elric Pty. Ltd. v. Taylor (1986) 4

Wirkung auf Dritte kann auch nicht von der „court order“ abgeleitet werden.[8] So hatte beispielsweise ein Vergleichsplan, der eine „company“ aus ihrer Gesamtschuld entließ, keinerlei Wirkung auf die anderen Gesamtschuldner; sie blieben weiterhin zur Leistung verpflichtet.[9]

II. Fortdauer der Bindungswirkung bei Klageerhebung

Die umfassende Bindungswirkung einer einmal gem. sec. 425 (3) CA 1985 hinterlegten „court order“ hat in aller Regel auch Bestand, wenn dissentierende Anteilseigner, Gläubiger oder sonstige direkt von der Vergleichsplangenehmigung affizierte, aber unrechtmäßig nicht in das Vergleichsplanverfahren einbezogene Personen gegen die „court order“ vor einem Appellationsgericht[10] klagen.[11] Das hat grundsätzlich[12], gleich ob die „court order“ vom County Court oder von Companies Court als Teil der Chancery Division des Londoner High Courts erlassen wurde, zunächst beim Court of Appeal und anschließend beim House of Lords als zweitem Appellationsgericht zu erfolgen.[13] Nach englischem Zivilpro-

---

A.C.L.C. 327, S.C. (N.S.W.); außerdem: Daewoo Singapore Ltd. v. CEL Tractors Ltd. [2001] 4 S.L.R. 35, C.A. (Singapore).

[8] Palmer, Rz. 12.032.1.

[9] Re Garner's Motors Ltd. [1937] Ch. 594.

[10] Das englische Recht unterscheidet begrifflich nicht zwischen Berufung und Revision, sondern kennt nur den zentralen Begriff „appeal“, vgl. v. Bernstorff, Einführung in das englische Recht, 2. Aufl. 2000, S. 169.

[11] Zur Klagebefugnis von Personen, deren Interessen oder Rechte beeinträchtigt wurden, die aber nicht in den Vergleichsplan miteinbezogen worden sind: Lord Mackay of Clashfern, Practice and Procedure, Rz. 1542 m.w.N. zur Rechtsprechung. Diese Frage wurde durch die Civil Procedure Rules 1998 nicht geregelt; insofern ist also allein das schon vorher bestehende Fallrecht ausschlaggebend.

[12] Das House of Lords kann auch direkt per Sprung-Appellation („leapfrog-procedure“) angerufen werden, wenn der Fall von allgemeiner Bedeutung ist, sec. 12 (3) Administration of Justice Act 1969; Einzelheiten dazu bei Lord Mackay of Clashfern, Practice and Procedure, Rz. 1557.

[13] Art. 4 Access to Justice Act 1999 (Destination of Appeals) Order 2000, S.I. 2000/1071 i.V.m. Rule 49 (2)(f) CPR 1998; ebenso: Practice Direction (2001) PD 49C und Practice Direction-Appeals (2001) PD 52 § 2A.2 i.V.m. Rule 49 (2)(f) CPR 1998; Lord Mackay of Clashfern, Practice and Procedure, Rz. 1502, 1556 f.; v. Bernstorff, a.a.O., S. 169 f. Einige der in dieser Arbeit zitierten Entscheidungen wurde auch vom sog. Privy Council (P.C.), dem Kronrat gefällt. Das House of Lords war früher nur befugt, für das Vereinigte Königreich, nicht jedoch für die Kolonien und heutigen Commonwealth-Staaten bindende Entscheidungen zu treffen. Der Privy Council ist daher letzte Gerichtsinstanz für Appellationen aus Kolonien und zahlreichen Commonwealth-Staaten (z.B. Neuseeland, Malaysia, die Kanalinseln, Isle of Man, Gibraltar etc.), wenn in diesen Staaten die vorhergehenden Rechtswege erschöpft sind.

zeßrecht hat das erstinstanzliche Urteil oder im Fall der sec. 425 CA 1985 die gerichtliche Genehmigungsentscheidung eine stark präjudizierende Wirkung, die nicht durch Einlegung von Berufung oder Revision beseitigt werden kann. Es wird von der Rechtsbeständigkeit des erstinstanzlichen Urteils ausgegangen, für dessen Richtigkeit eine Vermutung spricht, so daß es im Zweifel aufrechterhalten werden muß.[14] Das erstinstanzliche Verfahren hat also eine erheblich größere Bedeutung als in Deutschland.[15]

Englische Gerichtsentscheidungen können wegen der starken Richtigkeitsvermutung sofort vollstreckt werden. Es kommt nicht zu einer automatischen Sistierung („stay") des Verfahrens, die im Falle eines Vergleichsplanverfahrens die Wirksamkeit durch Hinterlegung beim Gesellschaftsregister gem. sec. 425 (3) CA 1985 zumindest vorläufig hemmen bzw. aufheben würde, wenn gegen die „court order" geklagt wird. Dies ergibt sich insbesondere[16] aus Rule 52.7 CPR 1998, die folgendes festlegt:

> „Unless -
> (a) the appeal court or the lower court orders otherwise or
> (b) the appeal is from the Immigration Appeal Tribunal,
> an appeal shall not operate as a stay of any order or decision of the lower court."

Es steht also lediglich im Ermessen des genehmigenden oder des Appellationsgerichts, das eine richterliche Vorprüfung[17] zur Notwendigkeit und den Erfolgsaussichten der Klage durchführt, Anordnungen zur Sicherung von Rechten einzelner zu treffen, damit die grundsätzliche Wirksamkeit des gerichtlichen Genehmigungsbeschlusses gem. sec. 425 (3) CA 1985 diese Rechte nicht vereitelt. Das Gericht kann von sich aus eine sichernde Anordnung bzw. Verfügung erlassen oder erst auf Antrag tätig werden.[18]

Im englischen rechtswissenschaftlichen Schrifttum wird aber weder von einem veröffentlichten Fall berichtet, in dem im Zusammenhang mit sec. 425 (3) CA 1985 eine solche Anordnung erfolgte, noch äußert sich das gesellschaftsrechtliche

---

Entscheidungen des Privy Council sind aufgrund der Auslegung auch ausländischen Rechts nicht bindend für englische Gerichte.

[14] Bunge, Zivilprozeß und Zwangsvollstreckung in England, 1995, S. 129.

[15] v. Bernstorff, a.a.O., S. 169.

[16] Diese Wertung ergibt sich ebenfalls aus den vor Geltung der Civil Procedure Rules 1998 entwickelten Rechtsprechungsgrundsätzen, die parallel gelten, vgl. Lord Mackay of Clashfern, Practice and Procedure, Rz. 931; Vaughan William L.J. in Shackleton v. Swift [1913] 2 K.B. 304, 312, C.A.; The Sennar (No. 2) [1983] 2 Lloyd's Rep. 399.

[17] Vgl. hinsichtlich des Courts of Appeal Rule 52.3, 52.13 CPR 1998, und hinsichtlich des Houses of Lords Lord Mackay of Clashfern, Practice and Procedure, Rz. 1556 m.w.N. zum Verfahren.

[18] Lord Mackay of Clashfern, Practice and Procedure, Rz. 929.

Schrifttum ausdrücklich zu der Frage. Das Interesse eines widersprechenden Beteiligten dürfte also gegenüber dem gerichtlich gebilligten Mehrheitswillen - abgesehen von noch unbestimmten krassen Fällen - zurücktreten und ein Wirksamkeitsaufschub oder eine -hemmung nicht angeordnet werden.[19] Auch wird diese Prognose durch die allgemeine Tendenz englischer Gerichte gestützt, nur äußerst sparsam von der Befugnis zur Anordnung eines „stay" Gebrauch zu machen.[20]

III. Befugnisse des Appellationsgerichts bei Klagestattgabe

Sollte der Court of Appeal oder in letzter Instanz das House of Lords einem „appeal" stattgeben, dann steht es wiederum im freien Ermessen des Gerichts, ob es das „Scheme of Arrangement" ex tunc rückgängig macht, dessen Bindungswirkung nur ex nunc aufhebt, das „Scheme" verändert, den Kläger aufgrund der überwiegenden Interessen der Gesellschaft, der sonstigen Gesellschafter, Gläubiger oder Dritter nur auf sein Vermögensinteresse durch Gewährung eines Schadensersatzanspruchs in Geld verweist oder andere Maßnahmen ergreift, die es für geeignet hält.[21]

Die Ausübung des richterlichen Ermessens erfolgt nach einer umfassenden Interessenabwägung. Dabei spielt es eine Rolle, ob gegen tragende Grundsätze des materiellen oder Verfahrensrechts verstoßen wurde oder es sich nur um geringe Verstöße handelte, ob die Verstöße für die Genehmigung des „Scheme" kausal waren und vor allem auch welche Auswirkungen eine Rücknahme der „court order" hätte.[22]

Im Fall *Sovereign Life Assurance Co. v. Dodd*[23] wurde die Bindungswirkung eines gerichtlich genehmigten „Scheme" gegenüber einem Gläubiger verneint, weil keine separate Versammlung einer Gläubigerklasse abgehalten wurde, der auch der betroffene Gläubiger angehörte. Seine Rechte wurden daher nicht durch den Vergleichsplan abgeändert.

---

[19] Vgl. Lord Mackay of Clashfern, Practice and Procedure, Rz. 926, 929 ff., 1513.

[20] Lord Mackay of Clashfern, Practice and Procedure, Rz. 926 m.w.N.

[21] Vgl. Rule 52.10 CPR 1998 sowie sec. 15 (3), (4) Supreme Court Act 1981; ausführliche Erläuterungen zu den Befugnissen des Appellationsgerichts bei Lord Mackay of Clashfern, Practice and Procedure, Rz. 1515.

[22] Vgl. Bunge, a.a.O., S. 100; ein hervorragendes Beispiel einer Folgenbetrachtung findet man von Neuberger J. im Fall Fletcher v. Royal Automobil Club [2000] 1 B.C.L.C. 331, 345 f.

[23] [1892] 2 Q.B. 573.

Dieser Ansatz wurde jedoch in Australien im Fall *Chief Commissioner of Payroll Tax v. Group Four Industries Pty. Ltd.*[24] zurückgewiesen; ein einmal wirksam gewordenes „Scheme of Arrangement“ solle eine uneingeschränkte Bindungswirkung für die „company“ und die beteiligten Gesellschafter und Gläubiger entfalten, auch wenn dem „Scheme“ Verfahrensmängel und Unregelmäßigkeiten anhaften würden. Formale Fehler könnten eine Rücknahme des Vergleichsplans nicht rechtfertigen.

Entsprechend nahm auch der Court of Appeal im Fall *British & Commonwealth Holdings plc. v. Barclays Bank plc.*[25] einen Vergleichsplan, der eine Optionsvereinbarung zwischen einer „company“ und einem ihrer Anteilseigner beinhaltete und der gem. sec. 425 (2) CA 1985 genehmigt worden war, nicht zurück, obwohl der Vergleichsplan eine unzulässige Kapitalherabsetzung beinhaltete und daher gegen die Ultra-vires-Doktrin verstieß.[26] Der Vergleichsplan entfaltete daher weiterhin Bindungswirkung gegenüber der „company“ und den am „Scheme“ beteiligten Gesellschaftern und Gläubigern. Die Heilung dieses Rechtsmangels durch die „court order“ bewirkte, daß ein unbeteiligter Dritter sich auf eine ihn begünstigende Klausel in der Optionsvereinbarung berufen konnte, da die „company“ an den Vergleichsplan gebunden war und sich nicht mehr auf ihre fehlende Rechtsfähigkeit zum Abschluß einer solchen Vereinbarung berufen konnte.[27]

Gegenüber am „Scheme“ beteiligten Personen, die weder Gläubiger noch Anteilseigner sind, entfaltet jedoch die „court order“ keine Bindungswirkung.[28] Sie leitet sich für solche Personen vielmehr aus der vertraglichen Natur des „Scheme of Arrangement“ ab[29], so daß für sie die mittlerweile im Zuge der europarechtli-

---

[24] [1984] 1 N.S.W.L.R. 680; vgl. ebenfalls: Excelsior Land Investment and Building Co. and Bank Ltd. v. Phelan (1898) 19 L.R.(N.S.W.) 59; Frick Australia Pty. Ltd. v. Pen Pak Ocean Products Pty. Ltd. [1971] Qd.R. 286.

[25] [1996] 1 B.C.L.C. 1.

[26] Im Fall *British & Commonwealth Holdings plc. v. Barclays Bank plc.* wurde des weiteren die in Frage stehende Optionsvereinbarung mit dem Argument angegriffen, sie beinhalte eine gem. sec. 151 CA 1985 unzulässige finanzielle Unterstützung zum Kauf eigener Anteile. Harman J. verneinte daraufhin zwar das tatbestandliche Vorliegen einer solchen finanziellen Unterstützung, äußerte aber zugleich in einem obiter dictum die Auffassung, daß die „court order“ auch diesen Mangel heilen würde. Der Court of Appeal verneinte ebenfalls das Vorliegen einer unzulässigen „financial assistance“ und äußerte sich nicht weiter zu der im obiter dictum angeschnittenen Frage.

[27] Vgl. so auch Nicholl v. Eberhardt Co. 5 T.L.R. 464; Palmer, Rz. 12.012, 12.032.

[28] Re Glendale Land Development Ltd. [1982] 1 B.C.L.C. 540; Re Glendale Land Development Ltd. (No. 2) [1982] 1 B.C.L.C. 562; Isles v. Daily Mail Newspaper Ltd. (1912) 14 C.L.R. 193; Re A & C Constructions Pty. Ltd. [1970] S.A.S.R. 565; Lietzke (Installations) v. Morgan (EMJ) [1973] 5 S.A.S.R. 88.

[29] Palmer, Rz. 12.032.1.

chen Vorgaben ergangenen Verkehrschutzbestimmungen gelten, die die Ultra-vires-Doktrin im Außenverhältnis abgeschafft haben. Solche Personen können sich also ebenfalls auf die Wirksamkeit des Vergleichsplans berufen, obwohl sie keine unbeteiligten Dritten sind.

Im Fall *Fletcher v. Royal Automobile Club*[30] hat sich die Rechtsprechung dagegen einschränkend dahingehend geäußert, daß der Wortlaut von sec. 425 (2) CA 1985 die Gerichte nicht daran hindere, einen Genehmigungsbeschluß zurückzunehmen, wenn die Zustimmung zum Vergleichsplan durch Betrug erlangt worden sei. Abzuwarten bleibt, ob die englische Rechtsprechung die Rücknahme der Bindungs- und Legalisierungswirkung auf kausale kriminelle Verhaltensweisen beschränkt oder ob auch andere Unregelmäßigkeiten und Verfahrensfehler zur Rücknahme eines „Scheme" führen können.[31]

Der im zuletzt zitierten Fall entscheidende Richter Neuberger J.[32] ließ in seinen Ausführungen keinen Zweifel daran, daß das Gericht durchaus vom Grundsatz her zur Rücknahme oder Abänderung eines gerichtlichen Genehmigungsbeschlusses befugt sein solle und sec. 425 (2) CA 1985 dieser Befugnis nicht entgegenstehen könne, aber die Folgenabwägung insbesondere bei Umstrukturierungsvorgängen mit Außenwirkung zu einem Überwiegen des Bestandsschutzes führe.

Es scheint darüber hinaus Einigkeit darüber zu bestehen, daß der Wortlaut von sec. 425 (2) CA 1985 keine Heilung aller Rechtsmängel erlaubt. Wenn die Genehmigungserteilung auf kriminellen Handlungen beruht und der verletzte Straftatbestand den Schutz der Öffentlichkeit, der „company" und ihrer Gesellschafter und Gläubiger bezweckt, dann hat das Gericht jedenfalls grundsätzlich die Befugnis zur Rücknahme des Genehmigungsbeschlusses.[33]

---

[30] [2000] 1 B.C.L.C. 331 per Neuberger J.

[31] Im australischen Fall *Ray Brooks Pty. Ltd. v. N.S.W. Grains Board (2002) 41 A.C.S.R. 631, S.C. (N.S.W.)* ging die Rechtsprechung davon aus, daß Betrug oder die Vorenthaltung von Verfahrensgerechtigkeit durchaus zur Aufhebung der gerichtlichen Genehmigung führen können, wenn die neu vorgelegten Beweise hinreichend sind und diese neuen Beweismittel erst nach der Genehmigung aufgetaucht sind. Diese strengen Anforderungen gelten jedenfalls dann, wenn die dissentierenden Personen die Möglichkeit hatten, ihre Belange bei einer Anhörung vor Genehmigung des Vergleichsplans vorzubringen. Außerdem entfaltet die Vergleichsplangenehmigung nach der Entscheidung *Samos Investments Inc. v. Pattison (2000) 190 D.L.R. (4th) 448, C.A.* keine Sperrwirkung für vorausgegangene einklagbare unerlaubte Handlungen, vgl. Gore-Browne, § 30.10 Fn. 7.

[32] [2000] 1 B.C.L.C. 331, 344 f.; Ansätze im übrigen auch bei Barclays Bank plc. v. British and Commonwealth Holdings plc. [1996] 1 B.C.L.C. 1, 20 per Harman J. und 44 per Aldous L.J.

[33] Vgl. Palmer, Rz. 12.032.1, 12.032.2; Gore-Browne, § 30.10 Fn. 7.

§ 11: Reformbestrebungen und Ausblick

In England brachte das Department of Trade and Industrie (DTI) im März 1998 eine umfassende Reform des Kapitalgesellschaftsrechts auf den Weg.[1] Zur Erarbeitung von Reformvorschlägen wurde eine Reformkommission, die Company Law Review Steering Group, eingesetzt, der Experten aus Wissenschaft und Praxis angehörten. Sie legte nach Veröffentlichung mehrerer Beratungspapiere, in denen die Öffentlichkeit zur Stellungnahme aufgerufen wurde und von denen für die secs. 425 ff. CA 1985 insbesondere das Papier „Completing the structure"[2] vom November 2000 von Bedeutung ist, im Juli 2001 ihren Abschlußbericht „Modern Company Law for a competitive economy"[3] vor. Dort werden zahlreiche Änderungen zur Verbesserung der secs. 425 ff. CA 1985 empfohlen oder zumindest erwogen:

1. Zunächst befand die Reformkommission einstimmig, daß das Problem der mit der Klasseneinteilung verbundenen Rechtsunsicherheit angegangen werden müsse. Es wurde zum einen diskutiert, daß die Gerichte über die Klasseneinteilung schon verbindlich im Antragsstadium zur Einberufung der Klassenversammlungen entscheiden sollten.[4] Wegen der sich aus notwendigerweise abzuhaltenden gerichtlichen Anhörungsterminen ergebenden Zeitverzögerungen und Kosten wird aber letztlich empfohlen, das Gesetz dahin zu ändern, daß das Gericht eine frühe Entscheidung über die Klasseneinteilung nur auf Antrag desjenigen, der auch den Antrag nach sec. 425 (1) CA 1985 stellt, treffen müsse.[5] Eine Beschränkung dieser Antragsmöglichkeit auf Vergleichspläne mit Gläubigern wurde nicht vorgeschlagen.
2. Um die Problematik einer korrekten Klasseneinteilung zu entschärfen, soll auch eine Legaldefinition des Klassenbegriffs entsprechend der Definition in *Re BTR plc.* eingeführt werden: eine Klasse solle sich aus Personen zusammensetzen „[...] whose rights are not so dissimilar as to make it impossible for them to consult together with a view acting in their common interest."[6]
3. Zusätzlich wird vorgeschlagen, gesetzlich zu regeln, daß das Gericht bei einer mangels Antragstellung vorher nicht überprüften Klasseneinteilung nicht gezwungen sein solle, die Genehmigung zum Vergleichsplan verweigern zu müs-

[1] Überblick zur Reform insgesamt bei Lembeck, NZG 2003, 956 ff.; Mayson/French/Ryan, S. 779-789 sowie Gower and Davies, passim.
[2] URN 00/1335, Chapter 11; vgl. dazu auch Bulletin, PLC Januar/Februar 2001, 60.
[3] URN 01/942 und URN 01/943, abrufbar im Internet auf der Website des Department of Trade and Industrie unter www.dti.gov.uk.
[4] Ch. 13.6, URN 01/942; vgl. auch Ch. 11.32, URN 00/1335.
[5] Ch. 13.6, URN 01/942.
[6] [1999] 2 B.C.L.C. 675.

sen. Das Gericht solle vielmehr in die Lage versetzt werden, dennoch eine Genehmigung erteilen zu dürfen und von der korrekten Einteilung oder überhaupt vom Abhalten von Klassenversammlungen abzusehen, wenn es zu der Überzeugung gelangt, daß die falsche oder fehlende Klasseneinteilung für das Ergebnis der Abstimmungen unschädlich war oder die Unterschiede zwischen den einzelnen Gattungsrechten für den konkreten Vergleichsplan unwesentlich waren.[7] Durch diese nachträgliche Dispensmöglichkeit wird nicht auf das grundsätzliche, einen notwendigen Schutz von Gläubiger- oder Gesellschafterminderheiten gewährleistende Kriterium der Klasseneinteilung verzichtet, dieses aber gleichzeitig auch nicht überspannt.[8] Damit hat der Abschlußbericht dem Vorschlag des Beratungspapiers „Completing the structure“[9] eine Absage erteilt, das „class“-Kriterium radikal abzuschaffen und eine Einberufung von Versammlungen ohne gesetzliche Bindung ganz dem gerichtlichen Ermessen zu überlassen.

4. Eine weitere Empfehlung der Expertenkommission geht dahin, das Erfordernis einer qualifizierten Mehrheit in jeder abzuhaltenden Versammlung zu verändern, indem keine zusätzliche numerische Mehrheit, sondern nur noch eine Kapitalmehrheit von 75 % erforderlich sein solle.[10] In der heutigen Wirtschaftspraxis würden die Anteilseigner von börsennotierten „companies“ in solch hohem Maße bei Abstimmungen durch Stimmrechtsvertreter („nominees“) nur indirekt vertreten, daß nicht die eigentlichen Anteilseigner die Entscheidung träfen, sondern Vertreter, denen ob der hohen Anzahl von vertretenen Kleinanteilseignern eine unangemessen hohe Stimmrechtsmacht zukomme, auch wenn die Anteile, die vertreten werden, oft ohne reguläres Stimmrecht ausgestattet sind.[11] Ein eventueller Schutz von Kleinanlegern oder -gläubigern solle vielmehr durch die Gerichte bei der Prüfung der Fairneß des Vergleichsplans vorgenommen werden.[12]
5. Ein letzter Vorschlag geht dahin, den Zeitpunkt der Wirksamkeit von Vergleichsplänen mit dem Zeitpunkt der Wirksamkeit einer Kapitalherabsetzung zu koordinieren.[13] Im Gegensatz zu einem „Scheme of Arrangement“ wird eine Kapitalherabsetzung nicht schon mit der Hinterlegung der Genehmigung beim Gesellschaftsregister wirksam, sondern gem. sec. 138 (2) CA 1985 erst mit der Eintragung. Oftmals, wie in den folgenden Kapiteln aufgezeigt wird, geht ein

[7] Ch. 13.7, 13.8, URN 01/942; Ch. 11.32, 11.33, URN 00/1335.
[8] Ch. 13.8, URN 01/942; gegen eine komplette Abschaffung des „class“-Erfordernisses aus Minderheitenschutzgründen auch: Sykes, PLC Juni 2001, 6, 6 f.
[9] Ch.11.33, URN 00/1335.
[10] Ch.13.10, URN 01/942.
[11] Ch. 11.34, URN 00/1335.
[12] Ch. 13.10 a.E., URN 01/942.
[13] Ch. 13.11 unter iv), URN 01/942.

Vergleichsplan mit einer Kapitalherabsetzung einher. Beide Verfahren müssen dann parallel durchgeführt werden. Wegen der unterschiedlichen Wirksamkeitszeitpunkte kommt es aber insbesondere im Fall von börsennotierten „companies“ zu Problemen, da für sie ein genauer und bestimmter Zeitplan von großer Bedeutung für den Handel mit ihren Anteilen ist.[14] Es wird daher empfohlen, die Kapitalherabsetzungsvorschriften so zu fassen, daß dort die Wirksamkeit auch mit der Hinterlegung eintritt oder daß zumindest für ausreichende Flexibilität für den Fall einer Kumulation mit dem Vergleichsplanverfahren gesorgt wird.[15]

Die Reformkommission diskutierte auch andere Problembereiche, sah aber endlich von einer Empfehlung ab, da sie nicht davon überzeugt war, daß in den verbleibenden Punkten tatsächlich Schwierigkeiten in der Praxis bestünden.[16] Dazu gehörte die Frage der Bindung von Anteilsoptionsinhabern, die nicht in den Vergleichsplan einbezogen und erst nach dessen Wirksamkeit durch Ausübung der Option zu Anteilseignern werden. Außerdem wurde erwogen, sec. 426 CA 1985 dahin zu ändern, daß Verstöße gegen diese Vorschrift das Gericht nicht mehr zur Genehmigungsversagung zwingen sollten. Des weiteren befaßte die Expertengruppe sich mit der Frage des Verhältnisses von sec. 425 CA 1985 und secs. 428 ff. CA 1985 betreffend den Zwangsausschluß der nach einem qualifiziert erfolgreichen Übernahmeangebot noch verbleibenden freien Anteilseigner.

Ein weiterer bedeutender, aber im wesentlichen im Randbereich des Untersuchungsgegenstandes dieser Abhandlung und auch der Company Law Review Steering Group[17] liegender Vorschlag zur Reform des Unternehmensinsolvenzrechts durch den Bericht der DTI/Treasury-Arbeitsgruppe betreffend „Company Rescue and Business Reconstruction Mechanisms“ vom November 2000[18] wurde gestreift. Der Vorschlag umfaßt die Einführung der Möglichkeit eines Moratoriums in den secs. 425 ff. CA 1985 für „Schemes of Arrangement“ im Zusammenhang mit der Sanierung von Gesellschaften in der Krise, damit diese dem Ansturm der Gläubiger bis zur Wirksamkeit des Vergleichsplans standhalten können.[19] Eine solche Einführung würde die Attraktivität von Vergleichsplänen in diesem Bereich steigern und die Implementierung eines „Scheme of Arrangement“ unabhängiger von der Einbettung in ein Zwangsliquidationsverfahren oder in eine „administration procedure“ machen, die ein automatisches Moratorium

---

[14] Ch. 13.11 unter iv), URN 01/942.

[15] Ch. 13.11 unter iv), URN 01/942.

[16] Ch. 13.11 unter i)-iii), URN 01/942.

[17] Ch. 13.11 a.E., URN 01/942; dazu: Bulletin, PLC Dezember 2000, 85 f.; Milman, P.I.C. 3/2001, 1, 1.

[18] Abrufbar im Internet unter www.insolvency.gov.uk.

[19] Ch. 13.11 a.E., URN 01/942.

vorsehen. Außerdem könnten so die Kosten und Komplikationen einer „administration procedure" vermieden werden.[20] Ein Bedürfnis dafür besteht auch insofern, als das Moratorium einer „administration procedure" die Insolvenz voraussetzt.[21] In der Krise der Gesellschaft ist ein schnelles Moratorium nach Einführung durch den Insolvency Act 2000[22] nur für kleine „companies" im Sinne von sec. 247 (3) CA 1985 im Rahmen eines „company voluntary arrangement"-Verfahrens gem. secs. 1-7 IA 1986 möglich, das ohne Klassenversammlungen und weitgehend ohne Gerichtsbeteiligung auskommt und Vergleiche mit Gläubigern ermöglicht, aber für Umstrukturierungen im Eigenkapitalbereich keine Bedeutung hat.[23]

Es bleibt abzuwarten, inwieweit die Vorschläge und Empfehlungen des Abschlußberichts der Company Law Review Steering Group Eingang in eine umfassende Reform des englischen Kapitalgesellschaftsrechts finden werden. Insbesondere die Einführung einer gerichtlichen Vorprüfung der korrekten Klasseneinteilung scheint bereits durch die Rechtsprechungswende in *Re Equitable Life Assurance Society*[24] und das Practice Statement der Chancery Division des Lon-

[20] Milman, P.I.C. 6/2001, 1, 2; ders., Insolv. Lawy. 2001, 145, 145 f.

[21] Milman, P.I.C. 6/2001, 1, 2; ders., Insolv. Lawy. 2001, 145, 145 f.

[22] Dazu allgemein Marshall, PLC Juni 2001, 31 ff.; Palmer, Rz. 14.412.2 ff.

[23] Sec. 1 (1) IA 1986 schränkt den Anwendungsbereich auf der Gesellschaft und den Gläubigern unterbreitete Umschuldungen („composition in satisfaction of a company's debts") und Vergleichspläne für das Geschäft einer Gesellschaft („schemes of arrangement of a company's affairs") ein. Das CVA hat damit nur Bedeutung im Zusammenhang mit Umschuldungen zur Sanierung einer Gesellschaft, vgl. Gower/Davies, S. 768 ff.; Brown, Corporate Rescue, 1996, Rz. 12.5. Ein solcher freiwilliger außergerichtlicher Vergleich bedarf der Genehmigung einer qualifizierten Mehrheit von ¾ der bei der Abstimmung anwesenden und stimmberechtigten Forderungen im Falle einer Gläubigerversammlung und einer einfachen Stimmenmehrheit im Falle einer Gesellschafterversammlung, ohne daß das Gesetz eine Einteilung der Gläubiger oder Gesellschafter in „classes" fordert, vgl. Einzelheiten in §§ 1.17-1.21 Insolvency Rules (IR) zum IA 1986.

Dieser Mehrheitsentscheid bindet alle stimmberechtigten Gesellschafter und/oder Gläubiger, egal ob sie an der jeweiligen Versammlung teilgenommen haben oder nicht. Stimmberechtigte Gesellschafter oder Gläubiger können im Falle einer unbilligen Benachteiligung („unfair prejudice") durch den freiwilligen Vergleichsplan oder eines wesentlichen Verfahrensfehlers das Gericht zur Überprüfung anrufen.

Der Vergleichsvorschlag wird von den Direktoren, die dem Gericht einen ausführlichen Bericht hierüber vorlegen müssen, unterbreitet. Wurde bereits ein Liquidations- oder „administration"-Verfahren eingeleitet, dann schlägt der Liquidator oder der „administrator" den Vergleich vor. Die Gesellschafter oder Gläubiger haben aber kein Vorschlagsrecht. Der Vorsitzende der Versammlung muß dem Gericht binnen vier Tagen einen Bericht über die Beschlüsse der Versammlung vorlegen. Die Aufsicht und Durchführung des „voluntary arrangement" muß einem Treuhänder oder einem anderen „nominee" anvertraut werden, der als anerkannter Insolvenzverwalter („insolvency practitioner") zugelassen ist.

[24] [2002] B.C.C. 319.

doner High Court betreffend Vergleichspläne zwischen einer „company“ und ihren Gläubigern vom 15. April 2002[25] vorweggenommen, so daß es vielleicht keiner Änderung des Gesetzes mehr bedarf, obwohl eine ausdrückliche Ausweitung der gerichtlichen Vorprüfungsmöglichkeit auf Gesellschaftervergleichspläne immer noch aussteht.

Das im Juli 2002 mit einer öffentlichen Aufforderung zur Stellungnahme bis Ende November 2002 vom Secretary of State veröffentlichte *White Paper*, das einen Teilentwurf eines neuen Companies Act[26] umfaßt, enthält noch keine Anhaltspunkte, welche Änderungen der secs. 425 ff. CA 1985 die Regierung favorisiert.

Bis zum Ende der bis spätestens 2006 laufenden Legislaturperiode ist entsprechend dem Regierungsprogramm die Verabschiedung eines neuen Companies Act mit Änderungen der secs. 425 ff. CA 1985 nicht auszuschließen.

[25] [2002] 3 All E.R. 96 per Morrit V.-C.

[26] Cmd. 5553 in zwei Bänden, abrufbar im Internet auf der Website des Department of Trade and Industry unter der Adresse www.dti.gov.uk .

Besonderer Teil: Anwendungsbereiche von Anteilseignervergleichsplänen

§ 12: Interne Reorganisation der Kapitalstruktur

In der Fallgruppe der internen Reorganisation der Kapitalstruktur hat das „Scheme of Arrangement" trotz seiner enormen Reichweite in der heutigen Praxis im Gegensatz zu früher nur eine sehr begrenzte Bedeutung, da es seit der Einführung von Sondervorschriften, die kein zeitraubendes und kompliziertes Einschalten des Gerichts oder Einteilung in Gesellschafterklassen bei der Abstimmung erfordern, verdrängt worden ist. Dennoch sollen alle Möglichkeiten der internen Kapitalumstrukturierung in Grundzügen dargestellt werden, um einen Überblick über die Dimension dieser Fallgruppe zu erhalten und zumindest die Gründe für die praktisch marginale Anwendung sowie die theoretischen Anwendungsmöglichkeiten von sec. 425 CA 1985 aufzuzeigen.

I. Begriff

Die gesellschaftsinterne Reorganisation der Kapitalstruktur ist ein im englischen Wirtschaftsleben häufiger Vorgang.[1] „Gesellschaftsintern" bedeutet, daß nur bisher beteiligte Gesellschafter von der Umstrukturierungsmaßnahme berührt werden und keine Übertragung von Anteilen oder Gesellschaftsvermögen auf außenstehende natürliche oder juristische Personen vorgenommen wird.[2]

Sec. 425 (6)(b) CA 1985 definiert den Vorgang der Reorganisation der Kapitalstruktur als Konsolidierung von Anteilen oder von verschiedenen Anteilsgattungen oder als Teilung von Anteilen oder verschiedenen Anteilsgattungen. Diese gesetzliche Definition kann aber nur als beispielhaft gelten und hat rechtshistorische Klarstellungsgründe.[3] Es ist anerkannt, daß auch andere Umstrukturierungen

---

[1] Palmer, Rz. 12.002; Gower/Davies, S. 734.

[2] Vgl. Gower/Davies, S. 734; Umwandlungen der Kapitalstruktur der „company" mit Außenwirkung werden in den darauffolgenden Paragraphen als eigene Fallgruppen behandelt.

[3] Die nicht mehr in spätere Companies Acts aufgenommene sec. 45 CA 1908 sah für die beiden in sec. 425 (6)(b) CA 1985 klargestellten Fälle ein gesondertes Verfahren vor. Aufgrund dieser Spezialität ließ die englische Rechtsprechung eine Anwendung des damals durch sec. 120 CA 1908 geregelten „Scheme of Arrangement" in diesen Fallgruppen nicht zu, vgl. Re Palace Hotel Ltd. [1912] 2 Ch. 438; Re Schweppes Ltd. [1914] 1 Ch. 322, C.A., a.A. noch Re Doecham Gloves Ltd. [1913] 1 Ch. 226. Daher hielt man eine gesetzliche Klarstellung des „arrangement"-Begriffs für diese Fallgruppen für angebracht, obwohl Einigkeit über die weite-

der Kapitalstruktur einer „company“ unter den Begriff der Reorganisation der Kapitalstruktur fallen.[4] Neben der Zusammenlegung und Zerlegung von Anteilen oder der Schaffung, Änderung oder Abschaffung von Anteilsgattungen kann eine „company“ ihre Kapitalstruktur intern auf verschiedenste Weise umgestalten. Dazu gehören die Erhöhung des Nominalkapitals, die Kapitalherabsetzung, die Kraftloserklärung („cancellation“) von gezeichneten oder noch nicht gezeichneten Anteilen mit gleichzeitiger Kapitalherabsetzung, die Kaduzierung („forfeiture“) von Anteilen, die trotz Fälligkeit nicht bezahlt worden sind, sowie die Umwandlung von „share“ in „stock“ und umgekehrt.[5,6]

II. Methoden der internen Reorganisation der Kapitalstruktur

1. Allgemeine Bestimmungen zur Satzungsänderung

Reorganisationen der Eigenkapitalstruktur einer „company“ vollziehen sich ganz überwiegend[7] durch Satzungsänderungen, da die Satzung als Verfassung des sozialen Gefüges „company“ die vermögensrechtlichen und mitgliedschaftlichen Rechte und Pflichten der Mitglieder dieses Gefüges, der Gesellschafter bzw. Anteilseigner, regelt.

Normalerweise befinden sich die Gesellschafter- bzw. Anteilseignerrechte im Satzungsteil der „articles of association“.[8] Die „articles“ sind gem. sec. 9 (1) vorbehaltlich der anderen Bestimmungen des Companies Act 1985 und des „memorandum“ durch außerordentlichen Anteilseignerbeschluß („special resolution“ i.S.v. sec. 378 CA 1985) mit einer ¾-Mehrheit der persönlich oder durch Stimmrechtsvertreter anwesenden und abstimmenden Gesellschafter abänderbar. Anders als bei „Schemes of Arrangement“ ist das mit einem Anteil verbundene Stimm-

re Tragweite des Begriffs herrschte, Lord Hailsham of St. Marylebone, Companies, Rz. 1455 Fn. 1 m.w.N., siehe ausführlich oben S. 70 ff.

4 Vgl. Gore-Browne, § 15.1; Lord Hailsham of St. Marylebone, Companies, Rz. 1455.

5 Siehe dazu S. 168.

6 Gore-Browne, § 15.1.

7 Auf satzungsergänzende Nebenverträge wird im englischen Schrifttum kaum eingegangen, so daß diese Sonderproblematik hier nur angedeutet werden soll. Selbstverständlich können zur Änderung solcher Verträge unter bestimmten Voraussetzungen auch „Schemes of Arrangement“ implementiert werden; siehe jedoch unten S. 182 ff. zu den Gründen für die weitgehende praktische Irrelevanz.

8 Vgl. Gore-Browne, § 2.6.

recht für das Erreichen der ¾-Mehrheit ausschlaggebend und nicht eine qualifizierte Kapitalmehrheit oder eine numerische Mehrheit nach Köpfen.[9]

Jeder Gegenstand, der in den „articles" geregelt werden kann, kann stattdessen aber auch im „memorandum", dem zweiten Satzungsteil, festgeschrieben werden.[10] Diese Vorgehensweise ist in England insbesondere im Hinblick auf die speziellen Gattungsrechte von Vorzugsanteilen nicht ganz unüblich.[11] Denn sie ermöglicht, solche Rechte aufgrund der strengeren Änderungsanforderungen stärker zu verankern als in den „articles".[12]

Zwar wird der Grundsatz der Unabänderbarkeit des „memorandum" in sec. 2 (7) CA 1985 teilweise durch sec. 17 CA 1985 gelockert. Sec. 17 (1), (2)(b) 1. HS CA 1985 schreibt zur Änderung von Bestimmungen des „memorandum", die auch in den „articles" hätten geregelt werden können, vor, daß sie durch außerordentlichen Anteilseignerbeschluß, also wie die „articles" gem. sec. 9 (1) CA 1985 geändert werden können, sofern das „memorandum" selbst nichts anderes vorschreibt. Als abweichende Vorschrift enthält das „memorandum" manchmal höhere Mehrheitserfordernisse bis zur Einstimmigkeit oder verbietet ausdrücklich die Änderung der fraglichen Regelungen im „memorandum".[13] In einem solchen Fall bleibt jedoch noch die Möglichkeit, auf ein durch qualifizierten Mehrheitsbeschluß mögliches, aber gerichtlich überprüftes „Scheme of Arrangement" gem. sec. 425 CA 1985 auszuweichen.[14] Andererseits bedeutet diese prinzipielle Anwendbarkeit als Generalinstitut nicht, daß im Einzelfall ein Vorgehen nach secs. 425 ff. CA 1985 auch praktikabel ist.[15] Wenn z.B. das „memorandum" seine Unabänderbarkeit dadurch zementiert, daß neben einem Abänderungsverbots dem Gesellschafter X ein Vetorecht für jede Satzungsänderung eingeräumt wird, dann

9 Vgl. die Berechnungsbeispiele bei Gower/Davies, S. 586, 589 f. sowie den Wortlaut von sec. 378 (1) CA 1985: „[...] not less than three-fourths of such members as (being entitled to do so) vote in person or, where proxies are allowed, by proxy, at a general meeting [...]."

10 Gore-Browne, § 2.6.

11 Gore-Browne, §§ 2.6, 2.6.1: andere Gegenstände, die dem originären Regelungsbereich der „articles of association" unterliegen, werden darüber hinaus äußerst selten im „memorandum" festgelegt.

12 Gore-Browne, § 2.6.

13 Gore-Browne, § 2.6.1.

14 Palmer, Rz. 6.032; Gower/Davies, S. 728; Ferran, Company Law and Corporate Finance, 1999, S. 350. Es wird auch versucht, das Ergebnis der angestrebten Änderung nicht auf Satzungsebene, sondern auf vertraglicher Basis zwischen der Gesellschaftsleitung und allen Gesellschaftern einstimmig zu regeln. Dieser gesellschaftsrechtliche Nebenvertrag wäre dann je nach Vertragsinhalt abänderbar. Dabei ist jedoch äußerst problematisch, ob der anfänglich einstimmig geschlossene Vertrag trotz Umgehung der beschränkenden Satzungsbestimmung wirksam geschlossen wurde; vgl. zu diesem Problem: Gower/Davies, S. 728-732 m.w.N. zur Rechtsprechung.

15 Gower/Davies, S. 728.

besitzt X ein besonderes „class right“ und würde aufgrund seines Sonderinteresses eine eigene „class of members“ bilden, so daß es auch im Rahmen von sec. 425 CA 1985 seiner Zustimmung bedarf und so Mehrheitsentscheidungen faktisch verhindert werden können.

Diese Lockerung des Grundsatzes der Unabänderbarkeit wird im Gegenzug aber wieder durch folgende Regelung kompensiert: sec. 17 (2)(b) 2. HS CA 1985 verbietet jede Änderung oder Abschaffung von Sonderrechten, die durch das „memorandum“ einer Gesellschafterklasse verliehen werden, so daß beinahe wieder zum Grundsatz der Unabänderbarkeit zurückgekehrt wird. Sonderrechte dieser Art im „memorandum“ können nur abgeändert werden, wenn das „memorandum“ selbst eine ausdrückliche Änderungsklausel enthält, wenn die Änderung des Sonderrechts einstimmig beschlossen, sec. 125 (5) CA 1985, oder ein gerichtlich überprüftes, aber dem Mehrheitsentscheid zugängliches „Scheme of Arrangement“ gem. sec. 425 ff. CA 1985 implementiert wird.[16] Da sec. 125 (5) CA 1985 aber nicht von einer „class of members“, sondern von einer „class of shares“ spricht, scheidet bei „guarantuee companies“ ohne Anteilskapital sowie „unlimited companies“ zwangsläufig eine einstimmige Änderung von Sonderrechten aus. Es entspricht gefestigter Rechtsprechung[17], daß sec. 17 CA 1985 eine Änderung von Sonderrechten durch sec. 425 CA 1985 niemals ausschließt, selbst wenn das „memorandum“ kein Verfahren zur Änderung vorsieht.

Der Minderheitenschutz bei Satzungsänderungen ist gesetzlich also erstens durch das Erfordernis einer qualifizierten Mehrheit von ¾ der abgegebenen Stimmen, im Falle von im „memorandum“ verankerten Sonderrechten sogar durch das Einstimmigkeitserfordernis gewährleistet, sofern das „memorandum“ kein abweichendes Verfahren regelt.

Des weiteren bestimmt sec. 16 [ggf. i.V.m. sec. 17 (2)] CA 1985, die ius cogens darstellt, daß einem Anteilseigner im Rahmen einer Satzungsänderung nachträglich zu seiner Mitgliedschaft eine Nachschußpflicht weder durch eine Verpflichtung zur Zeichnung weiterer Anteile noch in irgendeiner anderen Weise ohne seine schriftliche Zustimmung auferlegt werden darf. Eine solche Satzungsänderung ist ihm gegenüber nicht bindend.

---

[16] Gore-Browne, § 2.6.1; Palmer, Rz. 6.033; Ferran, a.a.O., S. 350.

[17] City Property Investment Trust Corp. Ltd., Petitioners, 1951 S.L.T. 371; Balmenach v. Glenlivet Distillery 1916 S.C. 639, 1916 1 S.L.T. 294; Edinburgh Railway etc. Co. v. Scottish Metropolitan Assurance Co. 1932 S.C. 2, 1932 S.L.T. 49; Re RAC Motoring Services Ltd [2000] B.C.L.C. 307; Palmer, Rz. 2.1002, 6.014, 12.009.

Drittens unterliegt auch die eine Satzungsänderung herbeiführende Anteilseignermehrheit der gesellschaftsrechtlichen Treupflicht, so daß Satzungsänderungen nur im Gesamtinteresse der „company“ erfolgen dürfen.[18]

Die Publizität von Satzungsänderungen ist durch die Pflicht zur zügigen Übermittlung einer Anmeldung, des satzungsändernden Beschlusses und einer aktualisierten Fassung der Satzung gem. sec. 18 (2) CA 1985 sowie durch die Verpflichtung des Gesellschaftsregisters zur Veröffentlichung einer Anzeige der Satzungsänderung im offiziellen Anzeiger („Gazette“) gem. sec. 711 (1)(b) CA 1985 gewährleistet.[19] Auch ist die Gesellschaft verpflichtet, jedem Gesellschafter auf sein Verlangen hin gegen eine maximale Gebühr von 5 Pence eine Kopie der aktualisierten Satzung zuzusenden, sec. 19 (1) CA 1985.

Es ist anzumerken, daß der englische Gesetzgeber im Rahmen der geplanten großen Kapitalgesellschaftsrechtsreform die Aufteilung der Satzung in „memorandum“ und „articles“ abschaffen und in eine einheitliche Gesellschaftsverfassung überführen will.[20] Es wird daher voraussichtlich zu einer Flexibilisierung kommen, indem nur noch die bisherigen allgemeinen Bestimmungen zur Änderung der „articles“ Anwendung finden werden. Die Möglichkeit von Einstimmigkeits- oder Unabänderlichkeitsklauseln sowie von strengeren Abänderungsverfahren in den „articles“ soll aber beibehalten werden.[21] Die praktische Bedeutung der secs. 425 ff. CA 1985 im bisher dargestellten Bereich wird daher kaum verringert werden.

Im Rahmen der Reorganisation der Kapitalstruktur bedarf es jedoch ohnehin selten eines Rückgriffs auf die allgemeinen Satzungsänderungsbestimmungen. Der Companies Act 1985 sieht nämlich neben dem in seinem Anwendungsbereich noch weitgreifenderen Rechtsinstitut des „Scheme of Arrangement“ gem. sec. 425 CA 1985 noch andere spezielle Satzungsänderungsverfahren zur gesellschaftsinternen Reorganisation der Kapitalstruktur vor, die die allgemeinen Satzungsänderungsvorschriften verdrängen. Diese speziellen Verfahren werden im folgenden dargestellt, um anschließend auf deren Verhältnis zum „Scheme of Arrangement“ einzugehen. Sofern keine Sondervorschriften bestehen, gelten die allgemeinen Publizitätsanforderungen für Satzungsänderungen auch für die im fol-

---

[18] Gower/Davies, S. 707, 709; zurückgehend auf die von Lindley J. gefällte Entscheidung Allen v. Gold Reefs of West Africa [1900] 1 Ch. 671 spricht man von einer Pflicht zum Handeln „bona fide for the benefit of the company as a whole“.
[19] Vgl. dazu Gore-Browne, §§ 2.7, 2.7.1.
[20] Gower and Davies, S. 58 m.w.N.
[21] Gower and Davies, S. 58, 497 f., 506 m.w.N.

genden beschriebenen speziellen Satzungsänderungsverfahren, vgl. sec. 711 (1)(b) CA 1985.

2. Nominalkapitalerhöhung gem. secs. 121 ff. CA 1985

Da die Erhöhung des dem genehmigten Kapital in Deutschland gleichenden Nominalkapitals in England nicht als potentiell gefährlich angesehen wird, ist das in den secs. 121 ff. CA 1985 geregelte Verfahren insgesamt unkompliziert.[22] Jedoch müssen die „articles“ ausdrücklich ein Vorgehen nach diesen Vorschriften oder ein modifiziertes Vorgehen zulassen. Tun sie dies nicht, besteht die Möglichkeit, durch außerordentlichen Anteilseignerbeschluß diese Ermächtigung durch Änderung der „articles“ gem. secs. 9 (1), 378 (2) CA 1985 zu schaffen.

Die Nominalkapitalerhöhung, die der Schaffung genehmigten Kapitals gem. §§ 202 ff. AktG ähnelt, vollzieht sich folgendermaßen. Zunächst bedarf es einer Änderung des „memorandum“, in dem die Nominalkapitalziffer ausgewiesen ist, vgl. sec. 121 (1), (2) CA 1985. Gem. sec. 121 (4) CA 1985 wird diese Änderung durch einen ordentlichen Anteilseignerbeschluß mit einfacher Mehrheit der abgegebenen Stimmen[23] beschlossen, sofern die „articles“ kein höheres Mehrheitserfordernis aufstellen. Der Beschluß muß den Nennwert der neuen Anteile bestimmen, in die der Kapitalerhöhungsbetrag gestückelt ist, vgl. sec. 121 (2)(a) CA 1985. Dieser Wert muß nicht mit dem Nennwert der bestehenden Anteile übereinstimmen, und zwar nicht einmal dann, wenn mit den neuen Anteilen die gleichen Rechte verbunden sind.[24]

Weiter muß die Änderung gem. sec. 123 CA 1985 innerhalb von 15 Tagen beim Gesellschaftsregister zur Eintragung gemeldet werden. Diese Meldung soll auch eine Abschrift des Beschlusses, sec. 123 (3) CA 1985, sowie eine aktualisierte Fassung der „articles“, sec. 18 (2) CA 1985, enthalten.

Nach einer so erfolgten Änderung des Nominalkapitals können junge Anteile ausgegeben und gezeichnet werden, auch wenn das bis dahin bestehende Nominalkapital ausgereizt war.[25]

---

[22] Gower/Davies, S. 245.

[23] Gower/Davies, S. 237 Fn. 12; Triebel/Hodgson/Kellenter/Müller, Englisches Handels- und Wirtschaftsrecht, 2. Aufl. 1995, Rz. 636, 709; anders als bei „Schemes of Arrangement“ richtet sich das Stimmrecht und das Stimmgewicht nach dem gehaltenen Anteil und nicht nach Köpfen.

[24] Pennington, Jura Europae, Bd. IV, § 90.10 Rz. 142.

[25] Dann sind aber die Vorschriften zur Ausgabebefugnis der Direktoren, zum Bezugsrecht der Altanteilseigner und zu dessen Ausschluß zu beachten, s.o. S. 49 f.

3. Sonstige Kapitalstrukturänderungen gem. secs. 121 ff. CA 1985

Die „articles" können bestimmen, daß neben der Erhöhung des Nominalkapitals gem. secs. 121 ff. CA 1985 auch noch andere Änderungen der Kapitalstruktur zulässig sein sollen. Dabei können sie auf die Änderungsmöglichkeit gem. secs. 121 ff. CA 1985 verweisen oder modifizierte oder in gewissen Grenzen ganz andere Verfahren festlegen.[26] Wenn die „articles" nichts anderes vorsehen, genügt bei einer Änderung im Rahmen von sec. 121 CA 1985 ein ordentlicher Anteilseignerbeschluß mit einfacher Mehrheit der abgegebenen Stimmen.

a) „Consolidation", „Division" und „Sub-division"

Gemäß sec. 121 (2)(b), (2)(d) CA 1985 kann ein solcher Beschluß die Zusammenlegung oder Stückelung von gezeichneten oder nicht gezeichneten Anteilen zur größeren oder kleineren Stückelung des Kapitals herbeiführen. Die Zusammenlegung („consolidation") geht mit einer Heraufsetzung des Nennwertes gezeichneter und nicht gezeichneter Nennwerte und einer entsprechenden Herabsetzung der Zahl der Anteile einher, z.B. der Zusammenfassung von 100.000 Anteilen zu 1 Pfund zu 10.000 Anteilen zu 10 Pfund. Eine Stückelung kann sowohl zu einer Erhöhung (dann „division" gem. sec. 121 (2)(b) CA 1985) als auch zu einer Herabsetzung des Nennwertes (dann „sub-division" gem. sec. 121 (2)(d) CA 1985) führen. Sec. 121 (3) CA 1985 bestimmt für die Stückelung mit Herabsetzung des Nennwertes („sub-division", sec. 121 (2)(d) CA 1985), daß das bestehende Verhältnis des Nennwertes der Anteile zum Betrag der eingezahlten Anteile aufrechterhalten werden muß. Wenn z.B. 100.000 Anteile zu 1 Pfund, auf die je 50 Pence bezahlt sind, in 1.000.000 Anteile zu 10 Pence weiter gestückelt werden, müssen auf jeden neuen Anteil 5 Pence bezahlt sein. Außerdem kann in allen Fällen der Gesamtbetrag der eingezahlten Anteile nur erhöht werden, wenn an die Gesellschaft eine Zahlung in entsprechender Höhe erfolgt.[27]

Nach der Stückelung oder Zusammenlegung kann die „company" den Anteilseignern entweder neue Anteilszertifikate zusenden und über die Ungültigkeit der unrichtig gewordenen Wertpapiere informieren, was sehr aufwendig ist, oder Aufkleber an die Anteilseigner verschicken, auf die die gemachten Änderungen gedruckt sind.[28] Teilweise bleiben „companies" aber auch ganz untätig. Sie sind

[26] Pennington, Jura Europae, Bd. IV, § 90.10 Rz. 142.
[27] Pennington, Jura Europae, Bd. IV, § 90.10 Rz. 142.
[28] Randell/Walford, PLC April 1998, 12, 14.

nicht zur Korrektur verpflichtet.[29] Die Satzungsänderung und Information des Gesellschaftsregisters reicht aus.

Als Gründe für die Zusammenlegung oder Stückelung können vier genannt werden. Zum einen kann der Nennwert der Anteile zu hoch oder zu gering (sog. „penny shares") sein, um auf dem Kapitalmarkt attraktiv zu sein.[30] Außerdem kann - zum Beispiel infolge einer Kapitalherabsetzung - der Nennwert eines Anteils auf einen ungewöhnlichen bzw. krummen Betrag lauten, den man glätten will.[31] Auch innerhalb von Kapitalrückführungsvorhaben kann eine Stückelung der Anteile notwendig sein, um eine der beiden zerlegten Anteilshälften zurückzukaufen, sog. „B share scheme".[32] Letztlich kann eine Zusammenlegung von Anteilen als wenn auch nicht ganz bedenkenloses oder risikoloses Mittel dazu dienen, Minderheitsanteilseigner, die nur eine sehr geringe Anzahl von Anteilen halten, hinauszudrängen, wenn diese nicht genug Anteile besitzen, um dafür einen konsolidierten Anteil zu erhalten.[33] So kann die „company" ihre Verwaltungskosten reduzieren, und die Kleinstanleger müßten abgefunden werden, indem die ihnen verbleibenden Anteile zurückgekauft und anschließend für kraftlos erklärt würden.[34]

b) Umwandlung von „shares" in „stock" und umgekehrt

Außerdem spricht sec. 121 (2)(c) CA 1985 von der Möglichkeit der Umwandlung voll bezahlter Anteile in „stock" oder umgekehrt.[35] „Shares" stellen im Gegensatz zu „stock" eine Einheit dar. Sie können nicht weiter zerlegt oder in Bruchteilen übertragen werden. Auch müssen sie durchnumeriert werden. Seit dem Companies Act 1948 (heute sec. 182 (2) CA 1985) ist es möglich, die Numerierung aufzuheben, sobald der Anteil voll bezahlt ist. „Stock" besitzt den Vorteil, daß er in Bruchteilen übertragen werden kann. Die Gesellschaftssatzung setzt teilweise jedoch Mindestbruchteile, sog. „stock units" fest, häufiger ermächtigt sie jedoch die Direktoren zur Festsetzung eines solchen Mindestbetrages.[36] In der Praxis er-

[29] Randell/Walford, PLC April 1998, 12, 14.
[30] Randell/Walford, PLC April 1998, 12, 12.
[31] Randell/Walford, PLC April 1998, 12, 12.
[32] Randell/Walford, PLC April 1998, 12, 12; siehe zu den Kapitalrückführungsvorhaben und „B share schemes" unten S. 271 ff.
[33] Randell/Walford, PLC April 1998, 12, 12, 14 mit Erläuterung zu den Rechtsrisiken und zur negativen Öffentlichkeitswirkung.
[34] Randell/Walford, PLC April 1998, 12, 14 zu weiteren Gestaltungsmöglichkeiten der Abfindung auch unter kapitalmarkt- und bankrechtlichen Gesichtspunkten.
[35] Vgl. dazu Triebel/Hodgson/Kellenter/Müller, a.a.O., Rz. 652; Gower/Davies, S. 321 und zu Einzelheiten insbesondere Gore-Browne, § 15.6.
[36] Tolley's Company Law, S5012.

gibt sich daher eine gewisse Annäherung an „shares". Ein weiterer Vorteil von „stock" besteht darin, daß er nicht durchnumeriert werden muß. Seitdem dies bei Vollbezahlung der Anteile auch bei „shares" nicht mehr der Fall ist, ist dieser Vorteil heute unbedeutend.

Des weiteren bestimmt der Companies Act 1985 heute in sec. 744, daß immer dann, wenn der Companies Act von „shares" spricht, auch „stock" gemeint ist.

Bei der Umwandlung von „shares" in „stock" (oder umgekehrt) handelt es sich heute daher um einen seltenen Vorgang, der kaum nennenswerte Vorteile bietet, so daß das Kapital vieler der bedeutendsten englischen „companies", die vor dem Inkrafttreten des Companies Act 1948 gegründet wurden und daher von Anfang an mit „stock" ausgestattet waren, immer noch in „stock" lautet.[37]

c) Herabsetzung des Nominalkapitals bis zur Grenze des ausgegebenen Kapitals

Die „articles" können auch bestimmen, daß die Gesellschaft durch Hauptversammlungsbeschluß beliebig viele ihrer nicht gezeichneten Anteile („unissued shares") für kraftlos erklären kann. Gem. sec. 121 (2)(e) CA 1985 wird durch die Kraftloserklärung („cancellation") das Nominalkapital herabgesetzt und die Spanne zwischen Nominal- und gezeichnetem Kapital verringert oder beseitigt. Ein solcher Vorgang stellt gem. sec. 121 (5) CA 1985 keine Kapitalherabsetzung i.S.d. secs. 135 ff. CA 1985 dar, die eine gerichtliche Zustimmung erforderlich machen würde. Dieser Vorgang findet heute nach Angaben des rechtswissenschaftlichen Schrifttums[38] ebenfalls äußerst selten statt.

---

[37] Gower/Davies, S. 321, 324 f.: im Gegensatz dazu bietet ein „debenture stock" wichtige praktische Vorteile, da ein „debenture stock" originär gebildet werden kann und nicht nur durch Umwandlung. Daher können Schuldverschreibungen bei einem „debenture stock" auf Gesamtbeträge ausgegeben werden, die den Bedürfnissen der Zeichner entsprechen und für die nur eine einzige Schuldverschreibungsurkunde ausgegeben wird. Auch können die Inhaber dann später nur einen Teilbetrag dieser Schuldverschreibung übertragen. Andernfalls müßten die „debentures" in kleine Beträge aufgeteilt sein und es bedürfte einer enormen Zahl von Schuldverschreibungsurkunden.

[38] Tolley's Company Law, S5013.

4. Änderung von Gattungsrechten gem. secs. 125 ff. CA 1985

a) Allgemeines

Die Rechte, die den Anteilseignern aufgrund der Zugehörigkeit zu einer bestimmten Anteilsgattung[39] zustehen, können insbesondere im Verfahren nach secs. 125 ff. CA 1985 abgeändert werden, sofern das „memorandum“ (sec. 125 (3) CA 1985) oder die „articles“ (sec. 125 (2), (3) CA 1985) keine abweichenden Verfahren zur Änderung der Gattungsrechte zur Verfügung stellen. Zwar sind die Rechte der Anteilseigner grundsätzlich in den „articles“ festgelegt, und sec. 9 CA 1985 erlaubt ein Abänderung der „articles“ durch außerordentlichen Anteilseignerbeschluß mit ¾-Stimmenmehrheit, vgl. sec. 378 (2) CA 1985. Jedoch gilt dies gem. sec. 9 (1) CA 1985 nur, sofern der Act keine abweichenden oder darüber hinausgehenden Anforderungen enthält. Solche finden sich heute als besondere Ausprägung des Minderheitenschutzes in den secs. 125 ff. CA 1985, die erst spät, nämlich durch den Companies Act 1980 in das englische Kapitalgesellschaftsrecht eingeführt wurden.[40]

Sec. 125 (2) CA 1985 stellt sicher, daß eine Gattung nicht durch die andere überstimmt werden kann. Vielmehr bedarf eine Änderung der gattungsmäßigen Rechte in der jeweils betroffenen Gattung einer ¾-Mehrheit nach Nennwert des in der jeweiligen Gattung vertretenen Anteilskapitals durch schriftliche Zustimmung oder alternativ einer ¾-Mehrheit nach abgegebenen Stimmen bei einem Sonderbeschluß der betroffenen Gattung („extraordinary resolution“ entsprechend sec. 378 (1) CA 1985). Damit liegt den secs. 125 ff. CA 1985 derselbe Grundgedanke eines differenzierten, gattungsspezifischen Minderheitenschutzes zugrunde wie den secs. 425 ff. CA 1985.[41] Jedoch wird erstens der Begriff der „class“ in den secs. 425 ff. CA 1985 anders interpretiert als bei den secs. 125 ff. CA 1985.[42] Außerdem kommt es gem. sec. 125 (2) CA 1985 nie auf eine numerische Mehrheit nach Köpfen der abstimmenden Gesellschafter an, so daß der Minderheitenschutz anders ausgestaltet ist.

b) Anwendungsbereich

Die secs. 125 ff. finden ausdrücklich nur Anwendung, wenn mehrere Anteilsgattungen vorhanden und mit ihnen verschiedene Rechte verbunden sind, vgl. sec.

---

[39] Siehe zum Gattungsbegriff oben S. 51 ff.

[40] Vgl. Tolley's Company Law, S5014; Gower/Davies, S. 717.

[41] Gower/Davies, S. 718 Fn. 59.

[42] S.o. S. 125 f.

125 (1) CA 1985. Im Fall *Cumbria Newspapers Group Ltd. v. Cumberland & Westmorland Herald Ltd.*[43] entschied Scott J. jedoch, daß die Formulierung „rights attached to any class of shares“ bei teleologischer Auslegung auch Rechte umfassen muß, die zwar nicht einer bestimmten Anteilsgattung anhaften, aber dem Begünstigten in seiner Eigenschaft als Mitglied oder Anteilseigner der „company“ verliehen worden sind.[44] Allerdings sei der Fall nicht erfaßt, daß die Satzung Rechte an Individuen verleiht, die weder Anteilseigner noch Mitglieder sind.[45]

Außerdem greifen die secs. 125 ff. CA 1985 nicht ein, wenn nur eine einzige Gattung von Anteilen vorhanden ist. In einem solchen Fall bleibt es bei der Abänderungsbefugnis durch bloße Satzungsänderung gem. sec. 9 CA 1985 oder durch ein „Scheme of Arrangement“ gem. sec. 425 CA 1985.[46] Daraus folgt, daß Anteilsgattungen durch bloße Satzungsänderung gem. sec. 9 CA 1985 geschaffen werden können.

c) Begriff der Änderung („variation“)

Weiterhin klärungsbedürftig ist der Begriff der Änderung („variation“) der gattungsmäßigen Rechte. Die Rechtsprechung legte ihn zum früheren Art. 4 der Mustersatzung in Table A des CA 1948 sehr eng aus und verstand darunter generell nur eine direkte, nachteilige Rechtsveränderung, so daß nur die Mitglieder einer direkt benachteiligten Gattung zustimmen mußten.[47] Daher reichte eine bloße Interessenbeeinträchtigung bei einschneidenden anderen Maßnahmen grundsätzlich nicht aus, selbst wenn dadurch der Wert der gehaltenen Anteile oder die Durchsetzbarkeit der Mitgliedschaftsrechte massiv gemindert werden konnten.[48] Daher stellte zum Beispiel die Ausgabe neuer Stammanteile, die vorrangig waren vor bestehenden Anteilen,[49] oder die Ausgabe neuer Vorzugsanteile, die gleichrangig waren mit bestehenden Vorzugsanteilen,[50] keine Änderung von Gattungsrechten dar, obwohl dadurch ein Machtverlust und Verwässerungseffekt eintrat. Selbst wenn die Änderung der Rechte einer Gattung die Rechte einer anderen

---

[43] [1987] Ch. 1, 16 f.
[44] Vgl. Gower/Davies, S. 719 f. mit ausführlicher Darstellung.
[45] [1987] Ch. 1, 16A-E.
[46] Tolley's Company Law, S5014.
[47] Gore-Browne, § 14.7.2.
[48] Tolley's Company Law, S5014; vgl. insbesondere die zahlreichen Beispiele bei Gore-Browne, § 14.7.2.
[49] White v. Bristol Aeroplane Co. Ltd. [1953] Ch. 65, C.A.
[50] Re John Smiths Tadcaster Brewery Co. Ltd. [1953] Ch. 308, C.A.

Gattung berührte, stellte dieser Vorgang grundsätzlich[51] keine Änderung der Rechte dieser anderen Gattung dar.[52]

Zum CA 1985 ist bisher noch kein Urteil ergangen, jedoch ist mit einer Fortschreibung dieser mehrheitsfreundlichen und vom Wortlaut her keineswegs zwingenden Interpretation zu rechnen[53], auch wenn die Rechtsprechung ihrer Tendenz auch in früheren Jahren nicht immer treu geblieben ist und in Fällen eines wesentlichen Machtverlustes oder der Gefahr einer wesentlichen Anteilswertminderung ausnahmsweise eine „variation" angenommen hat[54].

Dennoch wird sich in der Praxis bis dahin ein vorsichtiger Standpunkt durchsetzen, um Anfechtungen von Beschlüssen zu vermeiden. Die Gesellschaftssatzungen enthalten beim Vorhandensein mehrerer Anteilsgattungen daher oft Bestimmungen, die den Anwendungsbereich des Gattungsrechtsänderungsverfahrens ausweiten auf alle Änderungen des ausgegebenen oder Nominalkapitals, auf die Änderung der Rechte anderer Gattungen, auf die Ausgabe von „debentures" durch Auflösung von Kapitalrücklagen, auf den Vorschlag eines Beschlusses zur Abwicklung der „company" oder zur Änderung des „memorandum" oder der „articles" oder auf den Verkauf des von der Gesellschaft betriebenen Unternehmens.[55] Eine solche Ausweitung des Anwendungsbereichs der secs. 125 ff. CA 1985 findet sich insbesondere bei solchen „companies", an denen ein außenstehender Investor beteiligt ist, der keinen direkten Einfluß auf die Geschäftsführung der „company" hat, um ihn vor Verwässerungseffekten durch einschneidende Maßnahmen zu schützen.[56]

Des weiteren dehnt sec. 125 (8) CA 1985 den Begriff „variation" auch auf die „abrogation", also die Aufhebung von Gattungsrechten als stärkster Form der nachteiligen Rechtsveränderung aus. Gleichzeitig wurde durch die Rechtsprechung[57] klargestellt, daß eine „cancellation", also eine Kraftloserklärung mehr ist als eine solche Aufhebung von Rechten; denn der ganze Anteil wird anstelle eines

---

[51] Greenhalgh v. Arderne Cinemas Ltd. [1946] 1 All E.R. 512, 516, C.A.; Lord St. David's v. Union Castle Mail Steamship Co. Ltd., The Times v. 24. 11. 1935; Gore-Browne, § 14.7.2 mit dem Beispiel der Verleihung eines Mehrstimmrechts von 10 Stimmen pro Anteil statt einer Stimme für alle Anteile einer bestimmten Gattung, die sich nicht in bezug auf das Stimmrecht von den anderen Gattungen unterschied; in einem solchen Fall betreffe die Änderung alle stimmberechtigten Gattungen.

[52] Greenhalgh v. Arderne Cinemas Ltd. [1946] 1 All E.R. 512, C.A.; Hodge v. James Howell and Co. (1959) 227 L.T. 88, C.A.

[53] Vgl. die eingehende Darstellung und Einschätzung in Gower/Davies, S. 723 ff.

[54] Vgl. Gore-Browne, § 14.7.2 m.w.N. und Beispielen.

[55] Tolley's Company Law, S5014 mit weiteren Details.

[56] Tolley's Company Law, S5014.

[57] Re Saltdean Estate Co. Limited [1968] 1 W.L.R. 1844; House of Fraser plc. v. ACGE Investments Ltd. et al. [1987] 3 B.C.C. 201, H.L.

einzelnen mit ihm verbundenen Rechtes für kraftlos erklärt, so daß er keinerlei Rechte mehr vermittelt.

Endlich ist darauf hinzuweisen, daß selbst bei von den secs. 125 ff. CA 1985 abweichenden Satzungsbestimmungen sec. 125 (2) CA 1985 Anwendung findet, wenn die Änderung der Rechte mit einer Ermächtigung an die Unternehmensleitung zur Zuteilung von Anteilen gem. sec. 80 CA 1985, deren Widerruf, Abänderung oder Erneuerung, oder aber mit einem außerordentlichen Anteilseignerbeschluß zur Kapitalherabsetzung gem. sec. 135 CA 1985 verbunden ist, vgl. sec. 125 (3) CA 1985. Außerdem müssen in einem solchen Fall neben der von sec. 125 (2)(a), (2)(b) CA 1985 geforderten qualifizierten Zustimmung alle über die strengen Anforderungen dieser Bestimmung hinausgehenden Anforderungen der Satzung („memorandum", „articles") eingehalten werden, wenn sie ein Änderungsverfahren beinhalten.

d) Schweigen oder Verbot der Satzung zur Gattungsrechtsänderung

Falls die gattungsmäßigen Anteilseignerrechte durch das „memorandum" verliehen werden und weder dieses, vgl. sec. 17 (2) CA 1985, noch die „articles" seit der Gründung der „company"[58] Bestimmungen zur Änderung enthalten, bedarf die Änderung gem. sec. 125 (5) CA 1985 eines einstimmigen Beschlusses aller Anteilseigner der „company". Insbesondere wird die Umgehungsgefahr dadurch gebannt, daß subsec. (7) festlegt, daß jede nachträgliche Einführung oder Änderung von Änderungsverfahren in die „articles" wie eine Änderung derjenigen Gattungsrechte behandelt wird, die durch die nachträgliche Einführung oder Änderung des Änderungsverfahrens geändert werden könnten. Somit kann das Einstimmigkeitserfordernis nicht durch Einführung eines Verfahrens in die „articles" umgangen werden, das eine Änderung der im „memorandum" enthaltenen Gattungsrechte durch Mehrheitsbeschluß ermöglicht.

Sofern das „memorandum" ausdrücklich jegliche Änderung der Gattungsrechte verbietet, reicht selbst die Einstimmigkeit der Anteilseigner nicht aus, um dieses Verbot zu überwinden.

---

[58] Im Fall Ashbury v. Watson (1885) 30 Ch.D. 376 entschied die Rechtsprechung schon vor Existenz von sec. 125 (7) CA 1985, daß jede nachträgliche Einführung eines Änderungsverfahrens in die „articles" unwirksam ist; vgl. ebenso Angostura Bitters Ltd. v. Kerr [1933] A.C. 550, 554, P.C. und Gore-Browne, § 14.7.3 Fn. 5 mit Verweisen auf die abweichenden schottischen Urteile Oban & Aultmore-Glenlivet Distilleries Ltd. (1903) 5 F. 1140; Marshall Fleming & Co. Ltd. 1938 S.C. 873.

e) Keine Einschränkung bestimmter gerichtlicher Befugnisse

Sec. 126 CA 1985 klärt das Verhältnis von sec. 125 CA 1985 zu bestimmten gerichtlichen Befugnissen dahin, daß sie durch sec. 125 (2)-(5) CA 1985 nicht beschnitten werden. Zu den enumerativ aufgeführten Befugnissen zählt insbesondere auch die Befugnis zur Genehmigung eines „Scheme of Arrangement“ samt flankierender Anordnungen gem. secs. 425, 427 CA 1985

Das führt dazu, daß selbst dann, wenn das „memorandum“ oder die „articles“ keine Verfahren für die Änderung der im „memorandum“ verliehenen Rechte vorsehen, eine solche mittels eines „Scheme of Arrangement“ möglich bleibt, dann jedoch unter gerichtlicher Kontrolle.[59] Vor Einführung der sec. 125 (5) CA 1985 entsprechenden Vorschrift im Jahre 1980, die für den beschriebenen Fall auch die Möglichkeit einer Abänderung durch einstimmigen Beschluß vorsieht, war ein „Scheme of Arrangement“ gem. sec. 425 CA 1985 daher die einzige Möglichkeit für eine solche Änderung des „memorandum“.[60]

Darüber hinaus ist anerkannt, daß „Schemes of Arrangement“ selbst dann eine Änderung von im „memorandum“ verankerten Rechten herbeiführen können, wenn das „memorandum“ ausdrücklich eine Änderung verbietet und daher selbst ein einstimmiger Beschluß der Anteilseigner das „memorandum“ nicht abändern kann.

f) Rechtsschutz gegen Änderungsentscheidung

Sec. 127 CA 1985 erlaubt einer dissentierenden Minderheit von nicht weniger als 15 % der ausgegebenen Anteile einer betroffenen Gattung die Anfechtung der Gattungsrechtsänderung wegen unbilliger Schädigung („unfair prejudice“) innerhalb von 21 Tagen nach der entsprechenden Zustimmung der Gattung. Gem. sec. 127 (2) 2.HS CA 1985 hat ein solcher Widerspruch aufschiebende Wirkung hinsichtlich der Wirksamkeit der „variation“. Die daraufhin ergehende Entscheidung des Gerichts ist sofort rechtskräftig, sec. 127 (4) S. 2 CA 1985. Dadurch wird ein schnelles Verfahren ermöglicht. Die Beweislast für die unbillige Schädigung liegt beim Widerspruchsführer. Eine unbillige Schädigung kann z. B. vorliegen, wenn die zustimmende Mehrheit innerhalb der betroffenen Gattung ebenfalls Anteile einer anderen Gattung hält, die von der Abänderung profitiert, und diese Mehrheit vorwiegend aus einem Interesse als Anteilseigner der begünstigten Gattung statt

---

[59] Ashbury v. Watson (1885) 30 Ch.D. 376, C.A.; City Property Investment Trust Corporation Ltd. 1951 S.C. 571; Gore-Browne, § 14.7.3; Tolley's Company Law, S5015, S5069.

[60] Gore-Browne, § 14.7.3 Fn. 11.

aus einem Interesse als Anteilseigner der benachteiligten Gattung der Änderung zugestimmt hat.[61]

g) Gesellschaftsregistermeldung

Jeder Satzungsänderungsbeschluß muß als „special resolution" gem. sec. 380 (1), (4)(a) CA 1985 dem Gesellschaftsregister innerhalb von 15 Tagen nach Beschlußfassung gemeldet und in Kopie übermittelt werden. Diese Meldepflicht ist bei einem Verstoß strafbewehrt, vgl. sec. 380 (5)-(7) CA 1985.[62] Auch muß der Meldung gem. sec. 18 (2) CA 1985 eine Kopie der aktualisierten Satzung hinzugefügt werden. Wenn die Gattungsrechte in den „articles" oder im „memorandum" verankert waren, dann erfolgt automatisch also auch eine Gesellschaftsregistermeldung.

Die secs. 128 f. CA 1985 regeln, daß außerdem solche Abänderungen von Gattungsrechten dem Gesellschaftsregister mit den erforderlichen Unterlagen eingereicht werden müssen, die nicht durch Änderung des „memorandum" oder der „articles" vollzogen werden. Auf diesem Wege wird die Publizität von Änderungen von Gattungsrechten erreicht, die ihren Ursprung in einem zu einer Anteilsausgabe ermächtigenden Gesellschafterbeschluß oder in den Emissionsbedingungen („terms of issue") haben. Zwar hindert die fehlende Einreichung im Falle der secs. 128 f. CA 1985 nicht die Wirksamkeit der Änderung. Ein solches Versäumnis ist aber strafbewehrt, secs. 128 (5), 129 (4) CA 1985.

5. Kapitalherabsetzung gem. secs. 135 ff. CA 1985

a) Allgemeines

Ähnlich wie im deutschen Recht kann eine Kapitalherabsetzung aus vielerlei Gründen vorgenommen werden. Sie erfolgt vor allem, um eine negative Bilanz

---

61 Tolley's Company Law, S5017; vgl. im Zusammenhang mit einem „Scheme of Arrangement": Re Alabama, New Orleans Railway Co. [1891] 1 Ch. 213, Re Hellenic & General Trust Ltd. [1975] 3 All E.R. 382.

62 Sofern die Gesellschaftssatzung beim Gesellschaftsregister zur Einsicht registriert ist, muß eine Satzungsänderungsbeschlußkopie jeder Satzungskopie als Anhang beigefügt werden, wenn die Satzung nach dem Beschluß herausgegeben wird, sec. 380 (2) CA 1985. Sofern die Satzung beim Gesellschaftsregister nicht registriert ist, muß jedem Gesellschafter auf Anfrage eine Kopie der aktualisierten Satzung gegen ein Entgelt von 5 Pence oder weniger zugesandt werden.

auszugleichen, so daß alsbald wieder Dividenden ausgeschüttet werden können, um überschüssiges Kapital oder auch Sacheinlagen an die Anteilseigner zurückzuführen, um Anteilseigner von ihrer teilweise nicht erfüllten Einlagepflicht zu befreien oder um einen Ausschluß von Anteilseignern herbeizuführen.[63]

Die Kapitalherabsetzung ist im englischen Companies Act 1985 in den secs. 135 ff. geregelt.[64] Im Falle der Herabsetzung des Nominalkapitals gibt das Gesetz in sec. 135 CA 1985 vor, daß diese ebenfalls eines außerordentlichen Anteilseignerbeschlusses mit ¾-Mehrheit der abgegebenen Stimmen („special resolution" i.S.v. sec. 378 (2) CA 1985)[65] bedarf, sofern die „articles of association" eine Kapitalherabsetzung überhaupt erlauben[66].

Hinsichtlich der Art und Weise der Kapitalherabsetzung macht das Gesetz keine Vorgaben, nennt aber beispielhaft in sec. 135 (2) CA 1985 als Formen der Herabsetzung

1. die Verminderung oder Löschung des Nennwertes von Anteilen in Höhe des noch nicht auf die Anteile eingezahlten Kapitals, so daß die Haftung der Anteilseigner für nicht eingezahltes Kapital aufgehoben wird (z.B. die Herabsetzung der Zahl von Anteilen zu 1 Pfund, auf die 50 Pence bezahlt sind, auf die gleiche Zahl von voll bezahlten Anteilen zu 50 Pence);
2. die Kraftloserklärung von eingezahltem Kapital, das verloren oder nicht mehr durch vorhandene Vermögenswerte gedeckt ist (z.B. die Herabsetzung von voll bezahlten Anteilen zu 1 Pfund auf die gleiche Zahl von voll bezahlten Anteilen zu 50 Pence, indem von jedem Anteil 50 Pence als verloren abgeschrieben werden); und
3. die Rückzahlung von auf Anteile eingezahltem Kapital, für das die „company" keinen Bedarf mehr hat (z.B. die Herabsetzung von voll bezahlten Anteilen zu 1 Pfund auf die gleiche Zahl von voll bezahlten Anteilen zu 50 Pence durch die Rückzahlung von 50 Pence auf jeden Anteil).

---

[63] Pearson/Wood, PLC August 2001, 34, 34 f. mit weiteren Motiven.

[64] Ausführlich zur Kapitalherabsetzung Levitt, PLC März 1992, 23 ff. und Pearson/Wood, PLC August 2001, 34 ff.

[65] Wiederum geht es also nicht wie bei sec. 425 (2) CA 1985 um eine Mehrheit nach Köpfen, sondern nach Stimmen, die in ihrer Gewichtung durch Anteile vermittelt werden. Auch können Anteile gar kein Stimmrecht vermitteln.

[66] Gower/Davies, S. 758: im seltenen Fall, daß die „articles" eine Kapitalherabsetzung nicht ausdrücklich zulassen, muß die „company" lediglich durch einen vorherigen außerordentlichen Gesellschafterbeschluß gem. sec. 9 CA 1985, der unmittelbar dem Herabsetzungsbeschluß vorausgehen kann, die notwendige Änderung der „articles" vornehmen, um die von sec. 135 CA 1985 geforderte Satzungsermächtigung herbeizuführen.

Der Kapitalherabsetzungsbeschluß muß anschließend gem. secs. 136 f. CA 1985 auf Antrag der „company" gerichtlich genehmigt werden, um Wirksamkeit zu erlangen.

b) Gläubigerschutz

Das Verfahren nach Beantragung der gerichtlichen Genehmigung variiert je nachdem, ob Gläubiger der „company" vom Kapitalherabsetzungsbeschluß betroffen sind oder nicht. Die Interessen der Gläubiger sind in den Fällen von sec. 135 (2) (a) und (c) CA 1985 affiziert, da die Haftungsmasse im Hinblick auf das noch nicht auf ausgegebene Anteile eingezahlte Kapital verringert oder auf Anteile gezahltes Kapital an Anteilseigner zurückgezahlt wird.[67] In solchen Fällen ist das meist komplizierte und kostspielige[68] Verfahren gem. sec. 136 (3)-(5) CA 1985 einzuhalten, bei dem eine Mitteilung an alle Gläubiger und eine Bekanntmachung in vom Gericht zugelassenen Zeitungen zu erfolgen hat. Wenn nicht alle von der „company" anerkannten Gläubiger oder Personen, die Ansprüche anmelden, der Kapitalherabsetzung zustimmen, sondern zur Wahrung ihrer Interessen Widerspruch erheben, dann müssen sie von der „company" ausbezahlt werden. Solange ihre Forderungen nicht beglichen oder durch Hinterlegung[69] bei Gericht oder Bank- oder Versicherungsbürgschaft hinreichend gesichert sind, wird das Gericht ihrem Widerspruch entsprechen und die Kapitalherabsetzung nicht genehmigen. Andernfalls billigt das Gericht die Herabsetzung und kann Anordnungen zur geeigneten Umsetzung der Kapitalherabsetzung treffen bzw. Auflagen erteilen.[70]

In anderen als den genannten beiden Fällen haben die Gesellschaftsgläubiger grundsätzlich kein Recht, gegen den Antrag auf gerichtliche Genehmigung Widerspruch zu erheben.[71] Dennoch kann das Gericht im Einzelfall anordnen, daß die beschriebenen Schritte zum Schutz der Gläubiger unternommen werden müssen.[72]

---

[67] Pennington, Jura Europae, Bd. IV, § 90.10 Rz. 143; Gower/Davies, S. 758.

[68] Gower/Davies, S. 758.

[69] Die Hinterlegung kommt wegen der schwierigen Identifizierbarkeit von ständig wechselnden Handelspartnern häufig vor; durch die Hinterlegung ausreichender Sicherheiten kann das Gericht auch schon im vorhinein gem. sec. 136 (6) CA 1985 einen Dispens vom Gläubigerschutzverfahren gem. sec. 136 (3)-(5) CA 1985 erteilen, vgl. Gower/Davies, S. 758; Ferran, a.a.O., S. 368.

[70] Gower/Davies, S. 759.

[71] Re Meux's Brewery Co. Ltd. [1919] 1 Ch. 28.

[72] Pennington, Jura Europae, Bd. IV, § 90.10 Rz. 143: Ein solcher Einzelfall ist z.B. gegeben, wenn eine Gesellschaft aufgrund von Verlusten ihr eingezahltes Kapital herabzusetzen sucht und kein ausreichendes Beweismaterial vorlegt, daß der behauptete Verlust genauso groß ist wie die vorgeschlagene Kapitalherabsetzung. Es soll die Bildung eines künstlichen Überschus-

Wurde beim Verfahren ein Gläubiger übersehen oder reicht der hinterlegte Betrag oder die Bürgschaft letztlich nicht zur Befriedigung der Gläubiger aus und beantragt die „company“ die Liquidation wegen Insolvenz, dann kann das Gericht auf Antrag des geschädigten Gläubigers Anteilseigner persönlich bis zu der Höhe haftbar machen, zu der auf ausgegebene Anteile noch nicht eingezahltes Kapital herabgesetzt wurde, sec. 140 CA 1985.

c) Genehmigung des Gerichts und Prüfungsumfang

Das Gericht prüft bei der Erteilung der Genehmigung, ob

1. das gesetzlich vorgegebene Verfahren samt der Gläubigerschutzbestimmungen eingehalten worden ist[73]; und ob
2. alle Anteilseigner bei der Kapitalherabsetzung gerecht und billig („fair and equitable“)[74] behandelt werden.

Wenn verschiedene Gattungen von Anteilseignern existieren, dann muß die Kapitalherabsetzung grundsätzlich in der gleichen Weise durchgeführt werden, wie bei der Liquidation der „company“, damit das durch „case law“ entwickelte Kriterium einer fairen Behandlung bejaht werden kann.[75] Werden von der Kapitalherabsetzung bestimmte Anteilsgattungen entgegen ihren Liquidationserlösrechten behandelt, dann müssen zusätzlich die Bestimmungen der „articles of association“ und der secs. 125 ff. CA 1985 zur Änderung von Anteilsgattungsrechten („class rights“)[76] beachtet werden. Das hat insbesondere zur Folge, daß separate Zustimmungen der entgegen ihren Rechten behandelten Gattungen schriftlich oder durch Sonderbeschlüsse eingeholt werden müssen.[77] Außerdem müssen die Zustimmenden prüfen, ob die Kapitalherabsetzung im Interesse der Gattung als ganzer liegt und demgemäß bona fide in dem ihnen verbleibenden Ermessens-

ses durch eine zu hohe Kapitalherabsetzung verhindert werden. Vermögenswerte in der Höhe eines solchen Überschusses könnten bei Billigung der Kapitalherabsetzung später dazu verwandt werden, Dividenden an die Anteilseigner zu zahlen, obwohl der genannte Überschuß einen Teil des ursprünglichen Kapitals der „company“ und nicht etwa von ihr erwirtschaftete Gewinne darstellt.

73 Gower/Davies, S. 759 f. m.w.N.: Die Überprüfung der verfahrensrechtlichen Voraussetzungen wird von englischen Gerichten mit ausschweifender Rigidität gehandhabt.

74 Ferran, a.a.O., S. 368 f.; Gower/Davies, S. 759 f.

75 Pennington, Jura Europae, Bd. IV, § 90.10 Rz. 143.

76 Insbes. subsec. (3) mit den verschärften Voraussetzungen bei einer Kopplung der secs. 125 und 135 CA 1985.

77 Weinberg/Blank/Rabinowitz, Rz. 2-5011.

spielraum abstimmen.[78] Wenn nämlich von einer überstimmten Minderheit gezeigt werden kann, daß eine Zustimmung nicht mit Rücksicht auf das Gruppeninteresse der Gattung zustande kam, dann kommt es bei der Beantragung der Genehmigung zu einer Beweislastumkehr und die Fairneß der Kapitalherabsetzung muß von der „company" bewiesen werden.[79]

In der Praxis wird eine faire Behandlung jedoch so gut wie nie verneint, wenn die Kapitalherabsetzung die Anteilseignerklassen streng nach ihren bisherigen Rechten gleich behandelt.[80] Auch wenn entweder eine Änderung gattungsmäßig bestimmter Anteilseignerrechte gem. secs. 125 ff. CA 1985 unmittelbar vorausgegangen ist oder diese in Übereinstimmung mit der die Zustimmungsvoraussetzungen verschärfenden sec. 125 (3) CA 1985 gleichzeitig mit der Kapitalherabsetzung stattfindet, wird vom Gericht praktisch nie eine unfaire Schädigung angenommen[81], selbst wenn die Beweislast einer fairen Behandlung ausnahmsweise bei der antragstellenden „company" liegen sollte.

Letztlich wird die Genehmigung aus materiellen Gründen in der Praxis nur versagt, wenn die Kapitalherabsetzung die Anteilseigner klar ungerecht behandelt.[82] Es gibt im 20. Jahrhundert nur einen Fall[83], in dem ein Gericht seinen Willen zum Ausdruck gebracht hat, eine Kapitalherabsetzung gem. secs. 135 ff. CA 1985 wegen Unbilligkeit abzulehnen. Die dort gemachten Bemerkungen erfolgten jedoch wahrscheinlich nur in einem obiter dictum, da das Gericht das Vorhaben schon deswegen ablehnte, weil die verschiedenen Anteilseignerklassen nicht in Übereinstimmung mit ihren Gattungsrechten behandelt worden waren, ohne das Verfahren der secs. 125 ff. CA 1985 zu befolgen.[84] Nach der Ansicht von Gower[85] ist die materielle Überprüfung von Kapitalherabsetzungen daher ein bloßes Lippenbekenntnis der englischen Gerichte.

Im Rahmen von Kapitalherabsetzungen mit gleichzeitiger Änderung der gattungsmäßig bestimmten Rechte ist der Minderheitenschutz daher derart schwach ausgestaltet, daß Plowman J. in der Entscheidung *Re Robert Stephens Holdings*

---

[78] Weinberg/Blank/Rabinowitz, Rz. 2-5011; Ferran, a.a.O., S. 369, weist in diesem Zusammenhang darauf hin, daß es äußerst zweifelhaft ist, ob und inwieweit das Gericht die Motive der Abstimmung berücksichtigen darf, da eine solche Untersuchung nur schwerlich mit dem Grundsatz vereinbar ist, daß das mit der Anteilseignerstellung verbundene Stimmrecht ein Eigentumsrecht darstellt, das der Anteilseigner frei auszuüben berechtigt ist.

[79] Vgl. Carruth v. I.C.I. [1937] A.C. 707, H.L.; Re William Jones Ltd. [1969] 1 W.L.R. 146; Re Holders Investment Trust [1971] 1 W.L.R. 583; Weinberg/Blank/Rabinowitz, Rz. 2-5011.

[80] Gower/Davies, S. 759 f.

[81] Gower/Davies, S. 760.

[82] Weinberg/Blank/Rabinowitz, Rz. 2-5010.

[83] Re Old Silkstone Colliers [1954] Ch. 169, C.A.

[84] So die Einschätzung von Weinberg/Blank/Rabinowitz, Rz. 2-5010.

[85] Vgl. den Nachweis bei Weinberg/Blank/Rabinowitz, Rz. 2-5010.

Ltd[86] äußerte, es wäre in solchen Fällen wünschenswert, wenn mittels eines „Scheme of Arrangement" gem. sec. 425 CA 1985 vorgegangen würde, da die Interessen der Minderheitsanteilseigner dabei besser gewahrt seien. Diese Äußerung darf man wohl als Empfehlung verstehen, damit es in dieser Konstellation zu keiner mißbräuchlichen Umgehung des Vergleichsplanverfahrens kommt. Es ist daher damit zu rechnen, daß in Zukunft die englischen Gerichte eine Kapitalherabsetzung in der vorliegenden Konstellation nicht nur an der Kapitalherabsetzungsrechtsprechung, sondern auch an den Vorgaben von sec. 425 CA 1985 messen werden. Daher dürfte die parallele Durchführung eines Arrangement-Verfahrens im Sinne der secs. 425 ff. CA 1985 erforderlich sein, um nicht das Risiko einer gerichtlichen Genehmigungsverweigerung einzugehen. Es kommt also in der vorliegenden Konstellation zu einer Kumulation beider Verfahren, denn es gilt allgemein, daß das Arrangement-Verfahren gem. sec. 425 CA 1985 ein Kapitalherabsetzungsverfahren nach secs. 135 ff. CA 1985 nicht ersetzen kann.[87] Die Praxis hat sich dementsprechend auf diese Rechtsprechung eingestellt und implementiert bei Kapitalherabsetzungen bei gleichzeitiger Abweichung von Gattungsrechten immer parallel ein „Scheme of Arrangement".

Im übrigen muß das Gericht im Kapitalherabsetzungsverfahren neben der Genehmigung auch noch der an den Gesellschaftsregister zu übermittelnden Erklärung der Direktoren über das nach der Kapitalherabsetzung vorhandene gezeichnete, eingezahlte und Nominalkapital zustimmen, vgl. sec. 138 (1) CA 1985.

Es ist abschließend darauf hinzuweisen, daß der mittlerweile zu den secs. 135 ff. CA 1985 vorgelegte Entwurf eines neuen Companies Act[88] in seinen secs. 51 ff. ein vereinfachtes Verfahren der Kapitalherabsetzung ohne Gerichtsbeteiligung vorsieht. Der Gläubigerschutz soll darin durch eine Solvenzerklärung der Direktoren gewährleistet sein. Um dem Interesse der Gesellschaft nach vollerRechtssicherheit Rechnung zu tragen, räumen die secs. 59-61 CA-Entwurf jedoch wahlweise weiterhin die Möglichkeit ein, nach dem langwierigeren bisherigen Verfahren mit Gerichtsbeteiligung vorzugehen.

d) Wirksamkeit durch Eintragung im Gesellschaftsregister

Die Kapitalherabsetzung wird im Gegensatz zu einem „Scheme of Arrangement" erst wirksam, wenn Ausfertigungen der Kapitalherabsetzungsgenehmigung als auch der Direktorenerklärung zum vorhandenen Kapital beim Gesellschaftsregi-

---

[86] [1968] 1 All E.R. 195; vgl. ebenfalls Re Standard Manufacturing Co. and Baird [1984] 5 D.L.R. 697.
[87] Re Cooper, Cooper & Johnson Ltd. [1902] W.N. 199; Re White Pass and Yukon Railway Company Ltd. [1918] W.N. 323.
[88] Abrufbar im Internet unter www.dti.gov.uk.

ster nicht nur eingereicht („delivery"), sondern auch registriert werden, sec. 138 (1), (2) CA 1985. Die Eintragung wird versagt, wenn das genehmigte Mindestkapital der „public company" von 50.000 Pfund unterschritten wird, sofern das Gericht die Registrierung nicht gesondert anordnet oder die „company" sich nicht als „private company" neu registrieren läßt, sec. 139 CA 1985.

Auch muß eine aktualisierte Fassung der Satzung gem. sec. 18 (2) CA 1985 dem Register übermittelt werden. Außerdem soll eine gerichtlich genehmigte Mitteilung zur Kapitalherabsetzung veröffentlicht werden, sec. 138 (3) CA 1985.

e) Analoge Anwendung der secs. 135 ff. CA 1985

Endlich ist darauf hinzuweisen, daß die secs. 135 ff. CA 1985 gem. sec. 130 (3) CA 1985 entsprechend auf die Herabsetzung des Sonderkontos für Emissionsagio („share premium account")[89] sowie gem. sec. 170 (4) CA 1985 auf die Herabsetzung der Kapitaltilgungsrücklage („capital redemption reserve")[90] angewandt werden müssen.

6. Kaduzierung („forfeiture") von nicht eingezahlten Anteilen

a) Voraussetzungen

Bei „private companies" besteht grundsätzlich keine Pflicht der Anteilseigner zur Einlagenleistung auf die gezeichneten Anteile. „Public companies" besitzen dagegen gem. sec. 11, 101, 118 (1) CA 1985 ein Mindestkapital von 50.000 Pfund, von dem ein Viertel und das volle Agio sofort eingezahlt werden muß. Jedoch können die Satzung einer Gesellschaft oder die Ausgabebedingungen bestimmen, daß und wann die Einlage ganz oder teilweise fällig wird oder auf Abruf der Gesellschaft geleistet werden muß.

Sollte die Einlageleistung fällig sein und zahlt der Anteilseigner nach einem Aufruf zur Leistungserbringung nicht ein, kann es, sofern diese Möglichkeit mit den einzelnen Modalitäten[91] in der Satzung oder, auf diese zurückgehend, in den Ausgabebedingungen vorgesehen ist, zu einer Erklärung der zwangsweisen Ein-

---

[89] Siehe oben S. 49 f.

[90] Siehe oben S. 54 f.

[91] Bei Gore-Browne, § 15.4.1 findet sich eine Darstellung verschiedener Ausgestaltungsmöglichkeiten, so etwa auch die Ermächtigung der Direktoren, einen Aufruf zur Zahlung innerhalb einer bestimmten Frist auszusprechen, nach deren Ablauf der Anteil automatisch kaduziert ist, ohne daß es einer weiteren Erklärung der Direktoren bedarf.

ziehung (Kaduzierung) der nicht (voll) bezahlten Anteile kommen („forfeiture of shares"), oder dazu, daß die Gesellschaft deren freiwillige Rückgabe akzeptieren muß („acceptance of their surrender"). Sollten die Möglichkeiten „forfeiture" und „surrender" nicht ausdrücklich erlaubt sein, bedarf es einer Satzungsänderung, um die Kaduzierung oder Andienung möglich zu machen.[92] Wenn nämlich eine ausdrückliche Ermächtigung fehlt, ist selbst eine Mehrheitsentscheidung der Anteilseigner zur Kaduzierung ungültig.[93]

b) Schicksal kaduzierter Anteile

Für das Schicksal der einmal kaduzierten Anteile gilt folgendes. Die eingezogenen Anteile können an andere Personen neu ausgegeben werden.[94] Bei einem erneuten „call" an den neuen Eigner ist dieser jedoch nicht zur Erbringung der vollen Einlage verpflichtet, sondern nur zu dem von dem früheren Anteilseigner noch nicht eingezahlten Betrag.[95] Bei „public companies" müssen die eingezogenen oder zurückgegebenen Anteile für kraftlos erklärt werden („cancellation") und das Kapital der Gesellschaft entsprechend dem Nominalwert der kaduzierten Anteile herabgesetzt werden, wenn über sie nicht innerhalb eines bestimmten Zeitraums verfügt worden ist, sec. 146 (2) CA 1985. Gem. sec. 147 CA 1985 kann eine solche Ungültigerklärung und Kapitalherabsetzung ohne Anwendung des Verfahrens gem. secs. 135 ff. CA 1985 oder zu einer sonstigen notwendigen Änderung des „memorandum" durch einfachen Beschluß der Direktoren durchgeführt werden. Anschließend müssen diese lediglich innerhalb von 15 Tagen ihren Beschluß und ihre Maßnahmen dem Gesellschaftsregister mitteilen und die sonstigen in den secs. 18, 380 CA 1985 vorgeschriebenen Formalitäten erfüllen.

7. „Scheme of Arrangement" gem. secs. 425 ff. CA 1985

Das „Scheme of Arrangement" kann ausweislich seiner weiten Wortlautfassung in sec. 425 CA 1985 und der Konkurrenzregelung in sec. 126 CA 1985 in allen Fällen der internen Reorganisation der Gesellschafterrechts- und Kapitalstruktur angewandt werden, selbst wenn eine solche Änderung durch die Satzung verboten ist. Sec. 425 (6)(b) CA 1985 definiert den Vorgang der Reorganisation der Kapitalstruktur zwar als Konsolidierung von Anteilen oder von verschiedenen

[92] Dawkins v. Antrobus (1881) 17 Ch.D. 615, C.A.
[93] Spackman v. Evans (1868) L.R. 3 H.L. 171; Houldsworth v. Evans (1868) L.R. 3 H.L. 263; ausführlich insbesondere Gore-Browne, § 15.4.
[94] So reg. 20 der Mustersatzung in Table A zum CA 1985.
[95] Gore-Browne, § 15.4.3.

Anteilsgattungen oder als Teilung von Anteilen oder verschiedenen Anteilsgattungen. Diese Legaldefinition gilt aber nur als beispielhaft und hat rechtshistorische Klarstellungsgründe.[96] Es ist anerkannt, daß auch alle anderen Umstrukturierungen der Kapitalstruktur einer „company" durch ein „Scheme of Arrangement" vorgenommen werden können.[97]

Das Arrangement-Verfahren gem. secs. 425 ff. CA 1985 weist in diesen Reorganisationsfällen keine Besonderheiten auf. Es verdrängt das Verfahren der Satzungsänderung gem. secs. 9, 17 CA 1985 und die Verfahren gem. secs. 121 ff., 125 ff. CA 1985.[98] Das Vergleichsplanverfahren kann jedoch mangels angemessener Gläubigerschutzmechanismen das Verfahren einer Kapitalherabsetzung gem. secs. 135 ff. CA 1985 nicht ersetzen.[99] Vielmehr kommt es dann zu einer Kumulation beider Verfahren, wenn der Vergleichsplan gleichzeitig auch eine Kapitalherabsetzung beinhaltet. In der Praxis wird der positive Ausgang eines der beiden Verfahren zur Wirksamkeitsbedingung des jeweils anderen Verfahrens gemacht. Aus organisatorischen Gründen findet die Anteilseignerversammlung zur Abstimmung über die Kapitalherabsetzung gleich im Anschluß an die (Klassen-)Abstimmung(en) über das „Scheme of Arrangement" statt.

Eine Grenze bei der gesellschaftsinternen Reorganisation der Kapitalstruktur wird sec. 425 CA 1985 im übrigen durch sec. 159 CA 1985 gesetzt, der die Ausgabe von rückkaufbaren Anteilen („redeemable shares")[100] regelt. Abgelehnt hat die Rechtsprechung[101] ein „Scheme of Arrangement", das Vorzugsanteile in rückkaufbare Vorzugsanteile umwandelte, da sec. 159 CA zwar nur die Ausgabe von rückkaufbaren Anteilen umfasse, damit aber implizit die Umwandlung von nicht rückkaufbaren Anteilen in rückkaufbare Anteile untersage. Gleichwohl sei dieses Ergebnis zulässig zu erreichen, wenn die nicht rückkaufbaren Anteile für kraftlos erklärt würden, eine Kapitalherabsetzung erfolgte und der frei gewordene, auf die

---

[96] Die nicht mehr in spätere Companies Acts aufgenommene sec. 45 CA 1908 sah für die beiden in sec. 425 (6)(b) CA 1985 klargestellten Fälle ein gesondertes Verfahren vor. Aufgrund dieser Spezialität ließ die englische Rechtsprechung eine Anwendung des damals durch sec. 120 CA 1908 geregelten „Scheme of Arrangement" in diesen Fallgruppen nicht zu, vgl. Re Palace Hotel Ltd. [1912] 2 Ch. 438; Re Schweppes Ltd. [1914] 1 Ch. 322, C.A., a.A. noch Re Doecham Gloves Ltd. [1913] 1 Ch. 226. Daher hielt man eine gesetzliche Klarstellung des „arrangement"-Begriffs für diese Fallgruppen für angebracht, obwohl Einigkeit über die weitere Tragweite des Begriffs herrschte, Lord Hailsham of St. Marylebone, Companies, Rz. 1455 Fn. 1 m.w.N., siehe ausführlich oben S. 71.

[97] Lord Hailsham of St. Marylebone, Companies, Rz. 1455.

[98] Ferran, a.a.O., S. 370.

[99] Re Cooper, Cooper & Johnson Ltd. [1902] W.N. 199; Re White Pass and Yukon Railway Company Ltd. [1918] W.N. 323; Re Odhams Press [1925] W.N. 10; Re St. James' Court Estate [1944] Ch. 6, 8.

[100] Siehe zu rückkaufbaren Anteilen allgemein oben S. 54 ff.

[101] Re St. James' Court Estate Ltd. [1944] Ch. 6.

kraftlos erklärten Anteile zuvor eingezahlte Betrag bei der Ausgabe rückkaufbarer Anteile aktiviert und auf diese Anteile eingezahlt würde.[102]

In der Praxis lassen sich zahlreiche Varianten einer gesellschaftsinternen Reorganisation der Kapitalstruktur denken. Wurden früher Vergleichspläne noch häufig in dieser Fallgruppe implementiert, wird heute tatsächlich nur noch selten von dieser Möglichkeit Gebrauch gemacht. Der Grund dafür liegt darin, daß meist die dargestellten weniger aufwendigen und schnelleren Verfahren in der Anwendung vorgezogen werden. Erst wenn diese nicht mehr greifen - so bei fehlender Satzungsermächtigung oder bei einer seltenen Satzungsbestimmung zur Unabänderbarkeit der Satzung - werden „Schemes of Arrangement" benutzt. Vergleichspläne werden heute außerdem als Reaktion auf das obiter dictum des Richters Plowman J. in *Re Robert Stephens Holdings Ltd.*[103] bei einer Kapitalherabsetzung kombiniert mit einer Änderung der oder Abweichung von Gattungsrechten aus Gründen der Rechtssicherheit in der Praxis häufig angewandt. Diese Anwendungsnische besteht beispielsweise bei der im Vergleich zum umgekehrten Vorgang des „debt-equity-swap"[104] aufgrund des Anstiegs der Verschuldung[105] weniger häufigen Umwandlung von Eigen- in Fremdkapital.[106]

Außerdem sind „Schemes" zur internen Reorganisation bei umfassenden Umstrukturierungsplänen mit Außenwirkung anzutreffen, bei denen ohnehin aus anderen Gründen ein Vergleichsplan implementiert wird und man daher die interne Reorganisation in den Vergleichsplan integriert, um nicht noch zusätzlich die alternativen Verfahren durchführen zu müssen.

Abgesehen von diesem Nischendasein, kann man zu dem Schluß gelangen, daß das „Scheme of Arrangement" gem. secs. 425 ff. CA 1985 in der Fallgruppe der gesellschaftsinternen Reorganisation der Eigenkapitalstruktur ein Fossil aus den

---

[102] Zweifelnd noch Re St. James' Court Estate Ltd. [1944] Ch. 6; bestätigt durch: Re Forth Wines Ltd., petitioner, 1993 S.L.T. 170 bzw. [1991] B.C.C. 638, C.S. (IH); vgl. Palmer, Rz. 12.013.

[103] [1968] 1 All E.R. 195.

[104] Vgl. dazu ausführlich Kemp/Harris, PLC August 1993, 19 ff.; sowie zum deutschen Recht: Wittig, in K. Schmidt/Uhlenbruck, Die GmbH in Krise, Sanierung und Insolvenz, 2. Aufl. 1999, Rz. 342 ff.

[105] Greenbank/Tidball, PLC Mai 1999, 35, 36, 39.

[106] Vgl. beiden Musterformulare zu Umwandlungen der Vorzugsanteile in Anleihen oder ähnliche Fremdkapitalformen bei Jacob (Hrsg.), Atkin's Encyclopaedia of Court Forms in Civil Proceedings, Bd. 9, Companies: General, 1992; außerdem: Re Holders Investment Trust Ltd. [1971] 1 W.L.R. 583, wo bald fällige rückkaufbare Anteile mit Dividenden- und Liquidationserlösvorzug in ungesicherte Anleihen mit einer langen Laufzeit umgewandelt werden sollten, allerdings mittels einer aufgrund der im Verhältnis zur exorbitant langen Hinauszögerung der Rückzahlung geringen Rendite letztlich nicht genehmigten Kapitalherabsetzung.

Anfängen des Company Law darstellt, das längst durch den Bedürfnissen der Praxis gerechter werdende, jüngere Verfahren verdrängt worden ist.

Diese Schlußfolgerung gilt jedenfalls dann, wenn man an dieser Stelle von einer Betrachtung der Fallgruppe des Zwangsausschlusses von Minderheitsanteilseignern, des sog. „Freeze-“ oder „Squeeze-out“, absieht, der formal einen innergesellschaftlichen Vorgang darstellt, aber funktional nicht selten im Zusammenhang mit einer vorgeschalteten Unternehmensübernahme steht und daher an anderer Stelle[107] behandelt werden wird. Genauso wird hier zunächst auf die Darstellung von praktisch überaus häufigen „cancellation and reduction schemes“ bei einverständlichen Unternehmensübernahmen verzichtet. Auch diese stellen formal eher einen innergesellschaftlichen Vorgang dar. Die Anteile der bisherigen Anteilseigner werden dabei aus Steuergründen für kraftlos erklärt („cancelled“) und an den Bieter neu ausgegeben, statt sie direkt zu übertragen.

Abschließend sei noch erwähnt, daß „Schemes of Arrangements“ theoretisch auch zur Modifizierung satzungsergänzender Nebenverträge (Konsortial-, Pool-, Stimmbindungs-, Kooperations-, Beteiligungsverträge etc.)[108] von Gesellschaftern mit der Gesellschaft, die nicht zu echten Satzungsbestandteilen geworden sind, dienen können. Da Vergleichspläne auch mit Gläubigern möglich sind, spielt es keine Rolle, ob es sich um echte korporationsrechtliche Abreden handelt, die den Gesellschafter in seiner Funktion als „member“ der Gesellschaft gegenübertreten lassen würden, oder ob es sich um schuldrechtliche Vereinbarungen handelt, die den Gesellschafter als Gläubiger betreffen. Sofern solche satzungsergänzenden Nebenverträge mehrere Vertragsparteien umfassen und keine Mehrheitsklauseln zur Abänderung enthalten, würde ein „Scheme of Arrangement“ ein geeignetes Mittel zur Vergemeinschaftung und zur Ermöglichung majorisierender Entscheidungsfindung bilden. Unabdingbare Voraussetzung wäre aber, daß die Gesellschaft Vertragspartnerin des multilateralen satzungsergänzenden Vertrages ist. Damit die anschließende Klasseneinteilung die gewünschte Majorisierung nicht konterkariert, indem jedem Gesellschafter andere Rechte verliehen werden und er folglich je eine separate Klasse bilden würde, ist das „Scheme of Arrangement“ nur dort ein taugliches Mittel, wo gleiche Rechte der Gesellschafter oder zumindest einiger von ihnen und eventuell auch gleichlaufende wirtschaftliche Interessen vorhanden sind. Da die meisten satzungsergänzenden Nebenverträge aber zwischen Gesellschaftern ohne Beteiligung der Gesellschaft als eigenes Rechtssubjekt abgeschlossen werden und selbst da, wo die Gesellschaft einbezogen

[107] S.u. S. 231 ff.

[108] Vgl. zu satzungsergänzenden Nebenverträgen in Deutschland die Untersuchung von Baumann/Reiss, ZGR 1989, 157 ff., die auf das Problem hinweisen, daß ein Vertrag ohne eine abweichende Vereinbarung, etwa eine Mehrheitsklausel, nur einstimmig geändert werden kann (S. 159); außerdem ausführlich: Hoffmann-Becking, ZGR 1994, 442 ff.

wurde, ein Rechts- oder Interessengleichlauf in den seltensten Fällen gegeben sein wird, ist verständlich, daß auch eine Anwendung von „Schemes of Arrangement" in diesem Bereich im englischen Schrifttum keine Erwähnung findet.

III. Vergleich mit dem deutschen Recht

1. Bedürfnis für ein universales Strukturänderungsverfahren

Das „Scheme of Arrangement" im Anwendungsbereich der innergesellschaftlichen Reorganisation der Kapitalstruktur hat kein hinreichendes Pendant im deutschen Kapitalgesellschaftsrecht. Dieses zeichnet sich vielmehr durch allgemeine Bestimmungen zur Satzungsänderung[109] mit Verfeinerungen im Falle der Änderung von Gattungs- oder Sonderrechten[110] und Sondervorschriften für die Kapitalerhöhung und -herabsetzung[111] aus, die das allgemeine Verfahren der Satzungsänderung modifizieren und teilweise verdrängen. Ein Generalinstitut zur Umstrukturierung der Gesellschafterrechte ist dem deutschen Kapitalgesellschaftsrecht daher fremd. Die Satzungsänderung ist nur ein Grundmuster für strukturändernde Beschlüsse[112], das nicht universal angewandt werden kann.

Es stellt sich also zunächst die grundsätzliche Frage, ob ein universales Verfahren zur internen Strukturänderung im deutschen Kapitalgesellschaftsrecht von Vorteil wäre bzw. ob dafür ein Bedürfnis besteht. Der Vorteil eines umfassend anwendbaren Vergleichsplanverfahrens könnte im deutschen Recht darin bestehen, interne Strukturänderungen zu bewirken, die durch die bisherigen Rechtsinstitute aufgrund der jeweiligen inhaltlichen Vorgaben nicht möglich sind. Dennoch scheint bisher im deutschen Recht wenig Bedarf für erweiterte interne Strukturänderungsmöglichkeiten zu bestehen. Dort wo er bestehen sollte, bietet sich eine Erweiterung der bestehenden Rechtsinstitute durch den Gesetzgeber an, bei der besser auf die im Einzelfall bestehenden Probleme eingegangen werden kann. Ein als „Lückenbüßer" fungierendes Generalrechtsinstitut ist daher nicht empfehlenswert. Diese Auffassung wird auch durch die weitgehende praktische Irrelevanz bei internen Umstrukturierungen in England bestätigt. Dem Bedürfnis in Nischen könnte auch im englischen Recht durch eine Fortentwicklung der speziellen Rechtsinstitute Rechnung getragen werden.

---

[109] §§ 179-181 AktG; §§ 53, 54 GmbHG.

[110] §§ 179 Abs. 3, 180, 141 AktG und bei Kapitalerhöhung bzw. -herabsetzung §§ 182 Abs. 2 bzw. § 222 Abs. 2 AktG; § 53 Abs. 3 GmbHG bzw. § 35 BGB analog.

[111] §§ 182-240 AktG; §§ 55-58 f GmbHG.

[112] Vgl. K. Schmidt, Gesellschaftsrecht, 4. Aufl. 2002, S. 919.

Nach Ablehnung der Grundidee eines Generalrechtsinstituts zur internen Gesellschafterrechts- und Eigenkapitalumstrukturierung soll im folgenden auf einen Einzelvergleich der secs. 425 ff. CA 1985 mit den deutschen Verfahren der internen Strukturänderung verzichtet werden. Vielmehr wird auf die jeweilige Ausgestaltung des Anteilseigner-, Minderheiten- und Gläubigerschutzes, der Berichts- und Offenlegungspflichten sowie der gerichtlichen Kontrolle strukturändernder Beschlüsse querschnitthaft eingegangen, um zu untersuchen, ob nicht von den secs. 425 ff. CA 1985 in Einzelaspekten Anstöße für die deutsche Rechtsfortentwicklung ausgehen können. Bei der Bewertung der Einzelaspekte wird folglich nicht das „Scheme of Arrangement" als solches beurteilt werden. Denn bei der Betrachtung von Einzelaspekten bleibt unberücksichtigt, daß ein geringeres Schutzniveau unter einem Aspekt durch ein größeres Schutzniveau unter einem anderen Aspekt ausgeglichen werden kann.

2. Anteilseigner- und Minderheitenschutz

a) Mehrheitserfordernisse

Im deutschen Kapitalgesellschaftsrecht werden interne Strukturänderungen als allgemeine oder besondere Satzungsänderungen mit einer qualifizierten Beschlußmehrheit herbeigeführt. Das Aktienrecht verlangt ausgehend von §§ 179 Abs. 2 S. 1, 133 Abs. 1 AktG regelmäßig eine Mehrheit, die drei Viertel des an der Beschlußfassung durch Bejahung oder Verneinung tatsächlich teilnehmenden Grundkapitals und daneben eine einfache Stimmenmehrheit umfaßt.[113] Das GmbH-Recht verzichtet dagegen auf eine solche Differenzierung und stellt in § 53 Abs. 2 GmbHG lediglich auf eine entsprechende qualifizierte Mehrheit von ¾ der bejahend oder verneinend abgegebenen Stimmen ab.[114] Der Verzicht auf eine Kapitalmehrheit wirkt sich wegen der Stimmkraftregel in § 47 Abs. 2 GmbHG nur bei den im GmbH-Recht seltenen Anteilen ohne Stimmrecht oder bei den dort zulässigen mit Mehr- oder Höchststimmrechten versehenen Anteilen aus. Die Regelung im GmbH-Recht entspricht damit derjenigen für außerordentliche Beschlüsse der Gesellschafterversammlung gem. sec. 378 CA 1985 im englischen Recht.

Bei einer Beschlußfassung über einen Vergleichsplan wird zwar wie im Aktienrecht auf eine ¾-Kapitalmehrheit abgestellt, jedoch tritt daneben kein irgendwelchen Stimmkraftregelungen ausgesetztes Stimmenmehrheitserfordernis. Viel-

[113] Hüffer, AktG, § 179 Rz. 14.
[114] Baumbach/Hueck-Zöllner, GmbHG, § 53 Rz. 31.

mehr verlangt sec. 425 (2) CA 1985 eine Mehrheit nach Köpfen, die jeglicher Stimmkraftregelung entzogen ist. Damit wird von dem Prinzip ausgegangen, daß der Besitz eines Maximums von Anteilen nicht allein zu einem besseren Verständnis beitrage, was im besten Interesse einer Gesellschaftergruppe liege. Ansonsten könne es passieren, daß eine einzige Person alleine entscheidet, obwohl fünfzig andere von der wirtschaftlichen Sinnlosigkeit der Entscheidung überzeugt sind. Diese zusätzliche numerische Kopfmehrheit legitimiere Entscheidungen daher auch viel besser als eine normale qualifizierte Mehrheit. Insoweit ist neben der richterlichen Kontrolle noch ein weiteres Argument für den englischen Glauben an die ökonomische Vernünftigkeit und Angemessenheit einer einmal befürworteten Strukturänderung geliefert.

Andererseits darf nicht vergessen werden, daß Mehrheitsanteilseigner bei einem Vergleichsplan sehr schnell von Anteilseignern erpreßt werden können, die nur einen verschwindend geringen Anteil am ausgegebenen Kapital halten, aber zahlenmäßig in der Mehrheit sind. Auch wächst insbesondere bei Publikumsgesellschaften die Macht der Stimmrechtsvertreter völlig unverhältnismäßig an. Regelmäßig werden einem solchen Vertreter Stimmrechtsvollmachten erteilt, die ihm die Entscheidung bei der Stimmabgabe überlassen. Tatsächlich entscheidet dann nur ein Person, dessen Entscheidung aber wie die einer Vielzahl von Personen zählt.

Letztlich ist daher das Zusatzkriterium einer einfachen Mehrheit nach Köpfen nicht als Vorbild anzuerkennen. Es führt zu einer unverhältnismäßigen Machtverschiebung zugunsten von zahlenmäßig überlegenen Klein- und Kleinstanteilseignern sowie zugunsten von Stimmrechtsvertretern ohne gebundene Marschroute.

b) Durchgehende Anwendung des Mehrheitsprinzips

Im Vergleichsplanverfahren gem. sec. 425 CA 1985 gilt - legitimiert durch die gerichtliche Aufsicht - das Mehrheitsprinzip ohne Einschränkung. Weder statutarische noch gesetzliche Bestimmungen können dazu führen, daß von der vorgeschriebenen Mehrheit abgewichen werden muß oder gar einstimmige Beschlüsse in Vergleichsplanversammlungen gefaßt werden müssen. Obwohl im deutschen Kapitalgesellschaftsrecht interne Strukturänderungen ganz überwiegend durch Beschlüsse mit einer qualifizierten Mehrheit herbeigeführt werden können, gibt es gewisse Fallkonstellationen, in denen das Erreichen einer höheren Mehrheit bis zur Einstimmigkeit oder eine Zustimmung aller Beteiligten, einer speziellen Person oder Personengruppe aus statutarischen oder gesetzlichen Gründen notwendig ist. Eine durch eine gerichtliche Aufsicht legitimierte starre Anwendung des Mehrheitsprinzips würde daher den bisher gesetzlich oder satzungsmäßig gewollten Minderheitenschutz verringern, auch wenn die gerichtliche Aufsicht eine Einzelfallkontrolle nach Treu und Glauben ermöglicht. Ob ein solches Verfahren in den betreffenden Fallgruppen wünschenswert erscheint, soll im folgenden untersucht werden.

aa) Satzungsbestimmungen zur Einstimmigkeit oder Unabänderlichkeit

Im deutschen Recht kann die Satzungsänderungsmehrheit soweit verschärft werden, daß sie nur mit der Einstimmigkeit aller oder aller abstimmenden Gesellschafter möglich ist, vgl. § 179 Abs. 2 S. 2, 3 AktG, § 53 Abs. 2 S. 2 GmbHG.[115] Jedoch sind im Unterschied zum englischen Recht sog. Ewigkeitsklauseln, die Satzungsänderungen allgemein oder für einzelne Bestimmungen ausschließen, nichtig.[116] § 179 AktG und § 53 GmbHG haben insoweit zwingenden Charakter. Denn die Satzung muß auch nach deutschem Gesellschaftsrechtsverständnis stets abänderbar sein.[117] Jedoch ist bei einer die Abänderung verbietenden Klausel eine Umdeutung gem. § 140 BGB möglich, nach der die Zustimmung aller Anteilseigner oder ein einstimmiger Beschluß aller an der Abstimmung teilnehmenden Anteilseigner erforderlich ist.[118]

Die starre Anwendung des Mehrheitsprinzips würde in dieser wenngleich praktisch seltenen Fallgruppe zwar der Doktrin der Abänderbarkeit der Satzung entgegenkommen. Eine starre Geltung des Mehrheitsprinzips würde jedoch Flexibilität gewähren, wo sie von den Gesellschaftern nicht in diesem Maße gewollt ist. Denn das deutsche Recht gibt den Gesellschaftern - wie übrigens auch das englische Recht - durch § 179 Abs. 2 S. 2, 3 AktG, § 53 Abs. 2 S. 2 GmbHG die Möglichkeit der Verschärfung der Mehrheitserfordernisse. Sollte eine solche Regelung abgeschafft oder eine Umgehungsmöglichkeit geschaffen werden, würde der Wille der Gesellschafter mißachtet und deren Satzungsautonomie geschwächt. Diese Bedenken mit dem Hinweis auf die gerichtliche Einzelfallkontrolle einer potentiellen Verfahrensregelung beiseite zu schaffen, geht an der Wirklichkeit vorbei, da nach dem englischen Verständnis dem Mehrheitsent-

[115] Ausführlich dazu Geßler/Hefermehl-Hefermehl/Bungeroth, AktG, § 179 Rz. 86 ff.
[116] Zum AktG: Geßler/Hefermehl-Hefermehl/Bungeroth, AktG, § 179 Rz. 39 f.; GroßKomm-Wiedemann, AktG, § 179 Rz. 1; Hüffer, AktG, § 179 Rz. 3; KK-Zöllner, AktG, § 179 Rz. 2; zum GmbHG: Baumbach/Hueck-Zöllner, GmbHG, § 53 Rz. 1; Hachenburg-Ulmer, GmbHG, § 53 Rz. 84; Rowedder/Schmidt-Leithoff-Zimmermann, GmbHG, § 53 Rz. 1, 46; Scholz-Priester, GmbHG, § 53 Rz. 39, 86; Michalski-Hoffmann, GmbHG, § 53 Rz. 3.
[117] Hüffer, AktG, § 179 Rz. 3; Baumbach/Hueck-Zöllner, GmbHG, § 53 Rz. 1.
[118] Geßler/Hefermehl-Hefermehl/Bungeroth, AktG, § 179 Rz. 42 f.; Hüffer, AktG, § 179 Rz. 1; KK-Zöllner, AktG, § 179 Rz. 169; Baumbach/Hueck-Zöllner, GmbHG, § 53 Rz. 1; Hachenburg-Ulmer, GmbHG, § 53 Rz. 84; Scholz-Priester, GmbHG, § 53 Rz. 39, 86.

scheid eine stark präjudizierende Wirkung im Rahmen der Genehmigungsprüfung zukommt.

Der Effekt der Flexibilisierung von Satzungsänderungen würde sich gegen den erklärten Willen der Gesellschafter richten und zur Bevormundung führen, so daß der liberale Grundgedanke der Möglichkeit einer satzungsautonomen Verschärfung der Anforderungen an Satzungsänderungen gem. § 179 Abs. 2 S. 2, 3 AktG, § 53 Abs. 2 S. 2 GmbHG in das Gegenteil verwandelt würde.

bb) Gesetzliche Zustimmungserfordernisse

In eine zweite Kategorie fallen die gesetzlich geregelten Fälle der zusätzlich zum satzungsändernden Beschluß erforderlichen Zustimmung aller vom Beschlußgegenstand in mehr oder weniger qualifizierter Weise betroffenen Gesellschafter. Im folgenden werden die wichtigsten Fälle aufgeführt.

§ 180 Abs. 1, 2 AktG sowie § 53 Abs. 3 GmbHG verlangen, daß ein Beschluß, der Aktionären bzw. Gesellschaftern Nebenverpflichtungen (neue oder erweiterte Einlage-, Unterlassungs- oder Nebenleistungspflichten) unmittelbar auferlegt oder durch den die Übertragbarkeit der Anteile nachträglich erschwert wird (sog. Vinkulierung), zu seiner Wirksamkeit der Zustimmung aller betroffenen Anteilseigner bedarf.[119]

Ebenso erfordert die nachträgliche Abschaffung oder Schwächung von statutarischen Sonderrechten einzelner Gesellschafter im GmbH-Recht in entsprechender Anwendung von § 35 BGB zur Wirksamkeit die Zustimmung aller betroffenen Sonderrechtsinhaber.[120] Ohne eine solche ist ein Beschluß nach herrschender Auffassung im Schrifttum[121] nur bei Vorliegen eines wichtigen Grundes wirksam.

Sonderrechte sind nur solche Rechte, die einzelnen Gesellschaftern oder einer Gruppe von Gesellschaftern, nicht aber allen Gesellschaftern gleichmäßig zuste-

[119] Im GmbH-Recht bei der Vinkulierung nur h.M., vgl. Baumbach/Hueck-Zöllner, GmbHG, § 53 Rz. 18 m.w.N.

[120] RGZ 80, 389; BGH, WM 1989, 250, 251 f.; BezG Dresden, GmbHR 1994, 124; Baumbach/Hueck-Zöllner, GmbHG, § 53 Rz. 19; Hachenburg-Ulmer, GmbHG, § 53 Rz. 60; Lutter/Hommelhoff, GmbHG, § 14 Rz. 8, § 53 Rz. 20; Michalski-Hoffmann, GmbHG, § 53 Rz. 88, der daneben auf § 53 Abs. 3 GmbHG zurückgreift; Rowedder/Schmidt-Leithoff-Zimmermann, GmbHG, § 53 Rz. 51; Scholz-Priester, GmbHG, § 53 Rz. 48; Scholz-Winter, GmbHG, § 14 Rz. 26 m.w.N. zu vereinzelten differenzierenden und kritischen Äußerungen im Schrifttum.

[121] Baumbach/Hueck-Hueck/Fastrich, GmbHG, § 14 Rz. 18; Hachenburg-Raiser, GmbHG, § 14 Rz. 24; Scholz-Priester, GmbHG, § 53 Rz. 48; Scholz-Winter, GmbHG, § 14 Rz. 27 m.w.N. auch zur Gegenmeinung.

hen.[122] Beispiele für solche Sonderrechte sind etwa das Vorkaufsrecht an Gesellschaftsanteilen, das Recht auf einen erhöhten Gewinnanteil oder das Recht auf Benutzung einer bestimmten gesellschaftlichen Einrichtung.[123]

Im aktienrechtlichen Schrifttum[124] findet der Begriff des Sonderrechts vielfachen Gebrauch. Dabei wird meist zwischen Sonderrechten differenziert, die unmittelbar mit der Mitgliedschaft verbunden sind und daher mit Gattungsrechten im Sinne von § 11 S. 2 AktG übereinstimmen, sowie solchen, die aus der Mitgliedschaft entsprungen sind, sich dann aber als Gläubigerrechte verselbständigt haben und nicht mehr an die Mitgliedschaft gebunden sind, z.B. das Recht auf lebenslange Benutzung einer Einrichtung der Gesellschaft trotz Ausscheidens als Mitglied.[125] Sonderrechte in Form von Gattungsrechten unterliegen bei gewissen Beeinträchtigungen dem dem Mehrheitsprinzip folgenden Sonderbeschlußerfordernis gem. §§ 179 Abs. 3 i.V.m. 138 AktG bzw. im Falle von stimmrechtslosen Vorzugsaktien gem. §§ 141 Abs. 3 i.V.m. 138 AktG. Die sonstigen Sonderrechte werden der analogen Anwendung von § 35 BGB oder zumindest dessen Rechtsfolge unterworfen, wenn die Satzung so auszulegen ist, daß diese Rechte als unentziehbar gelten sollen.[126] Ihre Abschwächung und ihr Entzug ist dann nur mit Zustimmung jedes einzelnen Betroffenen möglich.

Des weiteren ist darauf hinzuweisen, daß die Änderung des Gesellschaftszwecks entsprechend dem in § 33 Abs. 1 S. 2 BGB niedergelegten, allgemein für das Verbandsrecht geltenden Rechtsgedanken der Zustimmung aller Gesellschafter bedarf.[127]

---

[122] RGZ 80, 389; BGH, WM 1989, 250, 251 f.; Baumbach/Hueck-Zöllner, GmbHG, § 53 Rz. 19; Hachenburg-Ulmer, GmbHG, § 53 Rz. 60; Lutter/Hommelhoff, GmbHG, § 53 Rz. 20, 14 Rz. 8; Michalski-Hoffmann, GmbHG, § 53 Rz. 88; Rowedder/Schmidt-Leithoff-Zimmermann, GmbHG, § 53 Rz. 51; Scholz-Priester, GmbHG, § 53 Rz. 48. Das GmbHG beinhaltet den Begriff der Anteilsgattung, wie ihn das AktG in § 11 S. 2 kennt, nicht und enthält auch keine dem § 179 Abs. 3 AktG entsprechende Regelung. Auch wird eine analoge Anwendung von § 179 Abs. 3 AktG im GmbH-Recht abgelehnt. Vielmehr wird durchgehend auf den Rechtsgedanken von § 35 BGB zurückgegriffen.

[123] Scholz-Priester, GmbHG, § 53 Rz. 48.

[124] Vgl. nur MüKo-Heider, AktG, § 11 Rz. 13 Fn. 12 m.w.N., der den Begriff des Sonderrechts im Aktienrecht freilich als unbrauchbar zurückweist.

[125] KK-Kraft, AktG, § 11 Rz. 13 ff. ausführlich und m.w.N.; Semler, in: MünchHdb. AG, § 39 Rz. 62; unklar: Hüffer, AktG, § 179 Rz. 39, § 23 Rz. 3, § 11 Rz. 6; a.A. MüKo-Heider, AktG, § 11 Rz. 13 ff.

[126] GroßKomm-Brändel, AktG, § 11 Rz. 7 a.E.; KK-Kraft, AktG, § 11 Rz. 14 ff.; i.E. ebenso Geßler/Hefermehl-Bungeroth, AktG, § 179 Rz. 163, 170; Hüffer, AktG, § 11 Rz. 6, § 179 Rz. 39; MüKo-Heider, AktG, § 11 Rz. 15.

[127] Hüffer, AktG, § 179 Rz. 33 m.w.N., auch zur spezifisch im Aktienrecht für das Mehrheitsprinzip plädierenden Mindermeinung; Lutter/Hommelhoff, GmbHG, § 53 Rz. 19; Michalski-Hoffmann, GmbHG, § 53 Rz. 91. Von § 33 Abs. 1 S. 2 BGB wird jedoch nur der Gesellschaftszweck im engeren Sinne (Gewinnerzielung, karitativer oder gesellschaftliche oder

Umstrittenere Beispiele für Zustimmungsvorbehalte sind die nachträgliche Zulassung der Amortisation gem. § 34 GmbHG[128] bzw. der Einziehung gem. § 237 ff. AktG[129] sowie die nachträgliche Einführung von Höchststimmrechten[130].

Ein letzter, aber dogmatisch anders zu beurteilender Fall der gesetzlichen Zustimmungspflichtigkeit bei Satzungsänderungen betrifft solche, die vom Gleichbehandlungsgebot gem. § 53 a AktG (analog) abweichen, indem die Gesellschafter im Widerspruch zu ihren satzungsmäßig gebotenen oder gesetzlichen Rechten ohne sachliche Rechtfertigung durch das Gesellschaftsinteresse ungleich behandeln werden.[131] Durch den Gleichbehandlungsgrundsatz werden die Gesellschafter gegen eine für sie nachteilige, andere Gesellschafter im Gegenzug begünstigende Veränderung - beispielsweise des Stimm-, Gewinnbezugs- oder Liquidationserlösrechts - geschützt. Dogmatisch unterscheidet sich der Gleichbehandlungsgrundsatz als Auslöser eines Zustimmungsvorbehalts von den vorgenannten Fällen dadurch, daß er im Rahmen einer materiellen Beschlußkontrolle als bewegliche Schranke begriffen wird, da eine Ungleichbehandlung immer durch sachliche Gründe gerechtfertigt werden kann.[132] Erst wenn eine solche Rechtfertigung nicht gegeben ist, bedarf es einer Zustimmung jedes benachteiligten Anteilseigners. Daher hat ein Verstoß gegen den Gleichbehandlungsgrundsatz nicht die Unwirksamkeit, sondern nur die Anfechtbarkeit des entsprechenden Beschlusses zur Folge.[133]

Im Vergleich zur durchgehenden Anwendbarkeit des Mehrheitsprinzips im Vergleichsplanverfahren zeigt sich aus den genannten Fällen, daß das deutsche Recht einen ausgeprägteren Minderheitenschutz aufweist. Dies gilt insbesondere für das GmbH-Recht, das grundsätzlich von einer geringen Gesellschafteranzahl ausgeht, so daß ein Majorisierungsbedürfnis, das ja auch im englischen Recht die Einführung des Vergleichsplanverfahrens zur Folge hatte, in geringerem Maße besteht als im Recht der Aktiengesellschaft, wo die Tendenz zur Statik durch die Einführung von majorisierenden Sonderbeschlüssen gem. §§ 179 Abs. 3, 141 Abs. 3 i.V.m. 138 AktG entschärft wird. Die Veränderung von Aktiengattungsrechten zulasten einer nicht notwendigerweise identischen Gattung ist durch einen quali-

anderer ideelle Ziele), nicht jedoch der Gesellschafts-/Unternehmensgegenstand (Betrieb einer Fabrik, Großhandel, Verwaltung von Beteiligungen) erfaßt.

128 Vgl. Scholz-Priester, GmbHG, § 53 Rz. 46, 126 m.w.N.

129 Vgl. KK-Lutter, AktG, § 237 Rz. 29 ff. m.w.N.

130 Vgl. Hüffer, AktG, § 134 Rz. 8, Scholz-Priester, GmbHG, § 53 Rz. 158.

131 Hüffer, AktG, § 180 Rz. 1 zum Aktienrecht; Lutter/Hommelhoff, GmbHG, § 53 Rz. 22 zum GmbH-Recht.

132 Vgl. Hachenburg-Ulmer, GmbHG, § 53 Rz. 56 ff.; Hüffer, AktG, § 53 a Rz. 1; KK-Lutter/Zöllner, AktG, § 53 a Rz. 15.

133 Hüffer, AktG, § 53a Rz. 12; Lutter/Hommelhoff, GmbHG, Anh. § 47 Rz. 46, § 53 Rz. 22.

fizierten Hauptversammlungsbeschluß und einen ebenfalls mit qualifizierter Mehrheit zu fassenden Sonderbeschluß innerhalb jeder nachteilig betroffenen Gattung möglich. Wie bei sec. 425 CA 1985 wird zwar auf eine gewisse Unmittelbarkeit der Beeinträchtigung abgestellt, aber gleichzeitig an das Kriterium der Nachteiligkeit keine hohen Anforderungen gestellt, indem eine Verrechnung mit gleichzeitig eintretenden Vorteilen ausbleibt.[134] Diese Ausweitung des Mehrheitsprinzips im Bereich des Aktienrechts trägt dem Flexibilitätsbedürfnis von Aktiengesellschaften mit einer potentiell hohen Aktionärszahl Rechnung. Ein zu großer Minderheitenschutz durch Zuteilung von Vetorechten ist gerade dort nicht wünschenswert. Insoweit nähert sich das Aktienrecht auch dem tendenziell flexibleren englischen Vergleichsplanverfahren an.

Im GmbH-Recht und den verbleibenden Anwendungsbereichen des Aktienrechts dürfte eine Verringerung von Vetorechten einzelner Gesellschafter durch Zusammenfassung in dem Mehrheitsprinzip folgende Klassen oder Gattungen aber weder notwendig noch wünschenswert sein. Das GmbH-Recht geht von einer relativ geringen Gesellschafteranzahl aus. Sonder- oder Gattungsrechte werden dort daher nur so wenigen Personen zuteil, daß für eine Ausweitung des Mehrheitsprinzips innerhalb einer im Hinblick auf die Rechte und eventuell auch wirtschaftlichen Interessen homogenen Gruppe vielfach kein Flexibilisierungsbedarf besteht.

Mit Blick auf die explizit gesetzlich geregelten Fälle von § 180 Abs. 1, 2 AktG, § 53 Abs. 3 GmbHG, § 35 BGB analog sowie § 33 Abs. 1 S. 2 BGB dürfte eine Ausweitung des Mehrheitsprinzips ebenfalls nicht wünschenswert sein. Eine nachträgliche Leistungspflichtvermehrung, wie zum Beispiel die Einführung einer Nachschußpflicht, durch Majorisierung ist abzulehnen. Auch im englischen Recht werden solche „Schemes of Arrangement“ mit Verweis auf das Verbot einer nachträglichen Vergrößerung der Einlagen- und Haftungspflicht ohne Zustimmung des betreffenden Gesellschafters gem. sec. 16 (1) CA 1985 als unzulässig abgelehnt.[135]

Lediglich im Anwendungsbereich des aktienrechtlichen Gleichbehandlungsgrundsatzes gem. § 53 a AktG sind Vorteile einer Ausdehnung des Mehrheitsprinzips zu erblicken. Die bisherige auf § 53 a AktG fußende materielle Beschlußkontrolle bei Ungleichbehandlungen führt zu einer nicht unerheblichen Rechtsunsicherheit, und die Zustimmung aller entgegen dem Gleichbehandlungsgebot benachteiligten Aktionäre ist oft illusorisch oder lädt zu einem erpresserischen Aktionärsverhalten ein. Ein Gesellschaftervergleichsplanverfahren würde für einen Rechtssicherheit versprechenden Mittelweg zwischen den Polen der

---

[134] Ausführlich dazu Geßler/Hefermehl-Hefermehl/Bungeroth, AktG, § 179 Rz. 166 ff.; Hüffer, AktG, § 179 Rz. 43 ff.; KK-Zöllner, AktG, § 179 Rz. 182 f.
[135] S.u. S. 420 f.

Rechtfertigung durch einen sachlichen Grund oder einer Zustimmung durch alle benachteiligten Gesellschafter sorgen. Eine Ausdehnung des Mehrheitsprinzips würde auch dem im Aktienrecht stärker verankerten Prinzip der Vergemeinschaftung und Flexibilisierung folgen. Die Ausweitung von Mehrheitsentscheidungen wäre daher im Anwendungsbereich des aktienrechtlichen Gleichbehandlungsgrundsatzes zu begrüßen.

c) Minderheitenschutz durch Klassen-/Gruppeneinteilung der Anteilseigner

Die universale Geltung des Mehrheitsprinzips bei „Schemes of Arrangement" gem. secs. 425 ff. CA 1985 wird auf der anderen Seite durch einen „class"-Begriff kompensiert, der sich nicht nur an der Homogenität von Rechten orientiert, sondern in einem bisher nicht ganz geklärten Maße auch an den wirtschaftlichen Interessen der Vergleichsplanbeteiligten. Durch diese wirtschaftliche Lagerbetrachtung wird im englischen Recht eine Steigerung des Minderheitenschutzes erreicht, da durch die Einteilung einer Person mit gleichen körperschaftlichen Rechten, aber verschiedenen wirtschaftlichen Interessen in eine gesonderte Klasse dieser Person ein Vetorecht verliehen wird.

Im deutschen Aktienrecht werden Aktiengattungen ebenfalls mit einem solchen Vetorecht ausgestattet, indem das Gesetz in zahlreichen Bestimmungen einen zustimmenden Sonderbeschluß einer Aktiengattung gem. § 138 AktG fordert. Diese Regelung legt in Satz 1 fest, daß der Sonderbeschluß in einer gesonderten Versammlung der betroffenen Aktionäre oder in einer gesonderten Abstimmung zu fassen ist, soweit das Gesetz nichts anderes bestimmt. Letzteres ist nach § 141 Abs. 3 S. 1 AktG der Fall für einen Sonderbeschluß der stimmrechtslosen Vorzugsaktionäre über die Zustimmung zur Aufhebung oder Beschränkung des Vorzugs. In den übrigen Fällen ist es dagegen möglich, einen Sonderbeschluß durch gesonderte Abstimmung in der Hauptversammlung zu treffen.[136]

Neben den bereits angesprochenen allgemeinen Satzungsänderungsvorschriften gem. § 179 Abs. 3 AktG und § 141 Abs. 3 AktG im Hinblick auf Vorzugsaktionäre ohne Stimmrecht lösen Aktiengattungen ein Sonderbeschlußerfordernis bei Beschlüssen über Kapitalveränderungen aus, also bei Kapitalerhöhungen (etwa der Kapitalerhöhung gegen Einlagen, § 182 Abs. 2 AktG, der bedingten Kapitalerhöhung, § 193 Abs. 1 S. 3 AktG, dem genehmigten Kapital, § 202 Abs. 2 S. 4 AktG, und der Ausgabe von Wandel- bzw. Gewinnschuldverschreibungen, § 221

[136] Der Sonderbeschluß muß jedoch gem. § 138 S. 2 i.V.m. § 124 AktG als eigener Tagesordnungspunkt in der Einladung zur Hauptversammlung angekündigt worden sein, die bloße Ankündigung des zustimmungsbedürftigen Hauptversammlungsbeschlusses genügt gerade nicht, vgl. GroßKomm-Bezzenberger, AktG, § 138 Rz. 26 m.w.N.

Abs. 1 S. 4 AktG) sowie bei Kapitalherabsetzungen (der ordentlichen, § 222 Abs. 2 AktG, bzw. der vereinfachten Kapitalherabsetzung, § 229 Abs. 3 AktG, sowie bei der Kapitalherabsetzung durch Einziehung von Aktien, § 237 Abs. 2 S. 1 AktG). Bei den genannten Kapitalmaßnahmen kommt es im Gegensatz zu § 179 Abs. 3 AktG und den in § 141 Abs. 1, 2 AktG genannten Fällen der Aufhebung oder Beschränkung eines Vorzugs ohne Stimmrecht bzw. der Ausgabe vor- oder gleichrangiger Gewinnvorzugsaktien nicht darauf an, ob eine Aktiengattung durch die Kapitalmaßnahme benachteiligt wird oder nicht[137]. Die potentielle Gefahr dazu hat der Gesetzgeber vielmehr schon für ausreichend erachtet.

Der Begriff der Aktiengattung[138] ist in § 11 S. 2 AktG geregelt. Demnach bilden Aktien mit gleichen Rechten eine Gattung. Im Gegenschluß heißt dies, daß Aktien mit verschiedenen Rechten auch verschiedenen Gattungen angehören und die wirtschaftlichen Interessen in Übereinstimmung mit dem englischen Gattungsbegriff, aber im Unterschied zum „class"-Begriff in sec. 425 CA 1985 für den deutschen Gattungsbegriff keine Rolle spielen. Verschiedene Gattungen ergeben sich im Hinblick auf die verschiedene Ausgestaltung von Mitgliedschaftsrechten, insbesondere von Gewinnbezugs- und Liquidationserlösrechten, vgl. § 11 S. 1 AktG. Das Gesetz begreift Aktie in § 11 AktG als Mitgliedschaftsrecht und nicht als Aktienurkunde, so daß die unterschiedliche Ausgestaltung der Aktienurkunde, z.B. als Inhaber- oder Namensaktie, keine verschiedenen Aktiengattungen hervorbringt.[139] Unvollständig ist die in § 11 S. 2 AktG vorgenommene Definition insoweit, als auch der unterschiedlichen Ausgestaltung von Mitgliedschaftspflichten gattungsbegründende Wirkung zukommt.[140]

Das einem Vetorecht gleichkommende Sonderbeschlußerfordernis wird im deutschen Aktienrecht aber nicht nur bei Bestehen von Aktiengattungen ausgelöst. Auch in gewissen Konzernsachverhalten bedarf es eines Beschlusses der außenstehenden Aktionäre, die als solche keine Aktiengattung gem. § 11 AktG bilden. Gem. § 295 Abs. 2 AktG erfordert die Abänderung eines Unternehmensvertrages neben einem Hauptversammlungsbeschluß auch die Zustimmung der außenstehenden Aktionäre durch Sonderbeschluß. Darüber hinaus gibt es im Aktienkonzernrecht[141] diverse Sonderbeschlußerfordernisse, die nicht zu einem

---

[137] Hüffer, AktG, §§ 182 Rz. 18, 222 Rz. 18.

[138] Vgl. zu den Gestaltungsmöglichkeiten durch Aktiengattungen Loges/Distler, ZIP 2002, 467 ff.

[139] GroßKomm-Brändel, AktG, § 11 Rz. 5; MüKo-Heider, AktG, § 11 Rz. 2; Hüffer, AktG, § 11 Rz. 1, 3 f. auch zu den einzelnen Mitgliedschaftsrechten, die sich in Vermögens- und Herrschafts- bzw. Verwaltungsrechte einteilen lassen.

[140] MüKo-Heider, AktG, § 11 Rz. 3 m.w.N.

[141] Auf die äußerst umstrittene Rechtslage im GmbH-Konzernrecht (Sonderbeschluß, Zustimmungserfordernis aller Gesellschafter) wird hier nicht eingegangen. Vgl. dazu Emmerich/Sonnenschein/Habersack, S. 484 f., 493 ff. m.w.N.

Hauptversammlungsbeschluß, sondern zu einer Verwaltungsmaßnahme hinzutreten, vgl. §§ 296 Abs. 2, 297 Abs. 2, 302 Abs. 3 S. 3, 309 Abs. 3 S. 1, 310 Abs. 4, 317 Abs. 4, 318 Abs. 4 AktG. Der Gesetzgeber hat den Begriff des außenstehenden Aktionärs bewußt offengelassen.[142] Er wird heute überwiegend[143] so interpretiert, daß davon alle Aktionäre mit Ausnahme des anderen Vertragsteils eines Unternehmensvertrags und derjenigen Aktionäre erfaßt sind, die aufgrund rechtlich fundierter wirtschaftlicher Verknüpfung mit dem anderen Vertragsteil von Gewinnabführung oder Leitungsmacht unmittelbar oder mittelbar in ähnlicher Weise profitieren. Insoweit kommt es auch im deutschen Recht zu einer Berücksichtigung wirtschaftlicher Interessen oder außerkörperschaftlicher Rechtsverhältnisse, die zur Vergabe von Vetorechten an eine Aktionärsgruppe durch wirtschaftliche Lagerbetrachtung führt. Eine rein rechtliche Sichtweise ergibt sich nur, wenn man den Begriff des außenstehenden Aktionärs mit einer Mindermeinung im Schrifttum[144] so auffaßt, daß darunter alle Aktionäre mit Ausnahme des anderen Vertragsteils fallen. Dann erfolgt die Einteilung nach rein rechtlichen Kriterien, nämlich nach den Vertragspartnern des Unternehmensvertrages, der heute überwiegend[145] als strukturändernder Organisationsvertrag und damit als körperschaftliches Rechtsverhältnis qualifiziert wird.

Im GmbH-Recht bestehen keine speziellen Regelungen zur Behandlung von Anteilsgattungen bei Kapitalerhöhungen oder -herabsetzungen. Vielmehr wird Rückgriff auf die bereits behandelte Regelung des § 35 BGB analog genommen, der die zusätzliche Zustimmung jedes betroffenen Anteilseigners zum Gesellschafterbeschluß bei einer Sonderrechtsbeeinträchtigung oder -entziehung fordert. Der zugrunde liegende Begriff des Sonderrechts geht von einer rein rechtlichen Differenzierung aus. Rein wirtschaftliche Interessenbeeinträchtigungen führen alleine nicht zu einem Zustimmungserfordernis nach § 35 BGB analog, so daß der Klassenbegriff gem. sec. 425 CA 1985 eine größere Differenziertheit aufweist und damit im Vergleich zu § 35 BGB analog einen größeren Minderheitenschutz gewährt.

Eine zuletzt im Zusammenhang mit der Verleihung von Vetorechten an Personen(-gruppen) und Minderheitenschutz zu erwähnende Fallgruppe betrifft den Gleichbehandlungsgrundsatz gem. § 53 a AktG, der im GmbH-Recht entspre-

[142] Kropff, RegBegr. AktG, S. 385.
[143] OLG Nürnberg, AG 1996, 228 f.; LG Essen, AG 1995, 189, 190 f. „RAG Immobilien AG“; Emmerich/Sonnenschein/Habersack, S. 254 f., 308 f.; Geßler/Hefermehl-Geßler, AktG, § 304 Rz. 14; Hüffer, AktG, §§ 295 Rz. 12, 304 Rz. 2; KK-Koppensteiner, AktG, § 295 Rz. 17 ff.; Krieger, in: MünchHdb. AG, § 70 Rz. 41, 64, 159; MüKo-Bilda, AktG, § 304 Rz. 17 ff.; gestützt auch auf Kropff, RegBegr. AktG, S. 385.
[144] Pentz, AG 1996, 97, 99 ff., 104.
[145] BGHZ 103, 1, 4 f.; BGHZ 105, 324, 331; Hüffer, AktG, § 291 Rz. 17 m.w.N.

chend angewandt wird[146]. Er gebietet, Anteilseigner unter gleichen Voraussetzungen gleich zu behandeln, und bewahrt damit bei satzungsändernden Beschlüssen vor einer Ungleichbehandlung innerhalb einer Gattung bzw. Gruppe von Personen mit denselben Sonderrechten sowie vor einer nicht verhältniswahrenden Ungleichbehandlung von Angehörigen mehrerer Gattungen bzw. von Sonderrechtsgruppen.[147] Eine Ungleichbehandlung kann von der Gesellschaft durch sachliche, im Gesellschaftsinteresse liegende Gründe gerechtfertigt werden.[148] Ansonsten ist ein Gesellschafterbeschluß nur rechtmäßig, wenn ihm alle benachteiligten Gesellschafter zustimmen, mithin auf ihren Schutz durch den Gleichbehandlungsgrundsatz verzichten. Dieser Grundsatz schützt jedoch nicht davor, daß alle Anteilseigner schlecht behandelt werden, um einen Nicht-Gesellschafter zu begünstigen.[149]

Insgesamt ist der Maßstab für eine Ungleichbehandlung aber wiederum ein rein rechtlicher und innergesellschaftlich zu beurteilender. Die außerhalb der Gesellschaft liegenden persönlichen Verhältnisse, auch der Gesellschafter untereinander, bleiben grundsätzlich außer Betracht.[150]

Ohne weiter in die Details des deutschen Rechts einzutauchen, zeigt sich, daß der Minderheitenschutz durch eine Gruppeneinteilung vorgenommen wird, die sich ganz überwiegend durch eine rein rechtliche Differenzierung kennzeichnet. Die Homogenität einer mit Vetorechten ausgestatteten Gruppe beurteilt sich mit Ausnahme der außenstehenden Aktionäre nicht nach den wirtschaftlichen Interessen oder außerkorporativen Rechtsbeziehungen der betreffenden Personen.

Die Ausweitung des Minderheitenschutz durch Berücksichtigung wirtschaftlicher Motive und außerkörperschaftlicher rechtlicher Beziehungen führt im englischen Recht bei der Auslegung des „class“-Begriffs in sec. 425 CA 1985 aber zu erheblichen Rechtsunsicherheiten, die als Nachteil des Vergleichsplanverfahrens zu bewerten sind, auch wenn das Problem der Rechtsunsicherheit in England durch Stärkung der richterlichen Befugnisse im Verfahren bis zur Einberufung der Versammlungen jedenfalls für Gläubigervergleiche vermindert wurde, und eine solche Rechtsunsicherheit im deutschen Aktienkonzernrecht im Hinblick auf den

---

[146] Baumbach/Hueck-Hueck/Fastrich, GmbHG, § 13 Rz. 35 m.w.N. zur ohne praktische Auswirkungen bleibenden Herleitung im GmbH-Recht.

[147] Vgl. nur Geßler/Hefermehl-Hefermehl/Bungeroth, AktG, § 53 a Rz. 11 ff.; Hüffer, AktG, § 53 a Rz. 4 f.; Lutter/Hommelhoff, AktG, §§ 14 Rz. 30, 53 Rz. 22.

[148] BGHZ 33, 175, 186; BGHZ 70, 117, 121; BGHZ 116, 359, 373; BGHZ 120, 141, 150 f.; Baumbach/Hueck-Hueck/Fastrich, GmbHG, § 13 Rz. 36; Hüffer, AktG, § 179 Rz. 4.

[149] Hirte, Rz. 448; KK-Lutter/Zöllner, AktG, § 53 a Rz. 19.

[150] Zum AktG: ausführlich Geßler/Hefermehl-Hefermehl/Bungeroth, AktG, § 53 a Rz. 19 ff.; KK-Lutter/Zöllner, AktG, § 53 a Rz. 18 ff.; zum GmbHG: Baumbach/Hueck-Hueck/Fastrich, GmbHG, § 13 Rz. 36; Hachenburg-Raiser, GmbHG, § 14 Rz. 70 a.E.; Scholz-Winter, GmbHG, § 14 Rz. 45 a.

Begriff des „außenstehenden Aktionärs" bewußt hingenommen wurde und erträgliche Folgen gezeitigt hat.

Letztlich besteht im deutschen Recht jedoch kein Bedürfnis für solch eine Stärkung des Minderheitenschutzes, da er durch die diversen, bereits bestehenden Zustimmungserfordernisse bei internen Strukturänderungen schon hinreichend ausgestaltet ist. Ein weiterer Schutzmechanismus gegen die Verfolgung von Sonderinteressen, die im englischen Recht durch eine differenziertere Klasseneinteilung neutralisiert werden sollen, ist im deutschen Recht im übrigen noch durch die Berücksichtigung der mitgliedschaftlichen Treupflicht[151] gewährleistet, die allerdings ein stumpferes Schwert darstellt.

Auch ist darauf hinzuweisen, daß eine Berücksichtigung wirtschaftlicher Interessen oder außerkorporativer Rechtsverhältnisse bisher im englischen Recht meist bei Unternehmensübernahmen relevant wurde und dafür im Bereich der internen Reorganisation ein geringes Bedürfnis zu bestehen scheint. Ein Indiz dafür ist auch die Berücksichtigung solcher Interessen oder Rechtsverhältnisse im deutschen Aktienkonzernrecht, das ebenfalls nicht auf rein interne Sachverhalte abstellt.

Ein weiterer Aspekt betrifft die Auslösung des Sonderbeschlußerfordernisses. Ist das Tatbestandsmerkmal der nachteiligen Verhältnisänderung zwischen mehreren Gattungen in § 179 Abs. 3 AktG ähnlich restriktiv wie die Notwendigkeit einer unmittelbaren Betroffenheit bei sec. 425 CA 1985, weichen die zahlreichen genannten speziellen Sonderbeschlußerfordernisse bei Kapital- und Strukturänderungen von dem im übrigen auch ähnlich im GmbH-Recht gem. § 35 BGB analog geltenden Grundsatz ab, daß die Maßnahme die betreffende Gattung nachteilig berühren muß. Die leichtfertige Vergabe von Vetorechten ohne Betroffenheit ist abzulehnen. Insoweit entfaltet das englische Recht Vorbildwirkung und stützt die Forderung des Baums-Berichts[152] nach einer Streichung der spezifischen Sonderbeschlußregelungen ohne nachgewiesene nachteilige Betroffenheit. Solch eine Abschaffung würde zu einem Rückgriff auf die allgemeine Regel des § 179 Abs. 3 AktG führen, die einen direkten Nachteil für eine Gattung voraussetzt.

d) Haupt- bzw. Gesellschafterversammlungszuständigkeit

Im deutschen Recht fällt jede Satzungsänderung gem. § 179 AktG bzw. § 53 GmbHG zwingend in den Zuständigkeitsbereich der Gesellschafter- bzw. Haupt-

[151] Vgl. dazu nur Baumbach/Hueck-Hueck/Fastrich, GmbHG, § 13 Rz. 19 ff.; Hüffer, AktG, § 53 a Rz. 13 ff.; auch im englischen Recht ist der Gesellschaft in seinem Abstimmungsverhalten innerhalb einer „class" durch die Pflicht zur Abstimmung bona fide im Interesse der Klasse als ganzer an die mitgliedschaftliche Treupflicht gebunden.
[152] Rz. 241.

versammlung.[153] Lediglich im Aktienrecht ist gem. § 179 Abs. 1 S. 2 eine Befugnisübertragung auf den Aufsichtsrat bei bloßen Fassungsänderungen zulässig. Außerdem kann dort der Vorstand unter bestimmten Umständen (vor allem Satzungsermächtigung) über eine Kapitalherabsetzung durch Einziehung von Aktien, § 237 Abs. 6 AktG, oder eine Kapitalerhöhung durch Verwendung genehmigten Kapitals, § 202 Abs. 1 AktG, entscheiden und damit die Satzung ändern, vgl. § 23 Abs. 3 Nr. 3 und 4 AktG. Das hat aber auch zur Folge, daß nicht einzelne Gruppen oder Gattungen von Anteilseignern über eine Satzungsänderung entscheiden können, wenn diese nur sie unmittelbar nachteilig betrifft. Ein in solchen Fällen im deutschen Kapitalgesellschaftsrecht möglicherweise notwendiger Sonderbeschluß gem. § 179 Abs. 3 AktG oder eine Zustimmung gem. § 35 BGB analog sind zusätzlich zu einem bejahenden Hauptversammlungs- bzw. Gesellschafterbeschluß hinzukommende Wirksamkeitserfordernisse.

Im Vergleichsplanverfahren gem. sec. 425 CA 1985 genügt hingegen ein Beschluß der tatsächlich von der Satzungsänderung affizierten Gesellschaftergruppe(n), ohne daß die Haupt- bzw. Gesellschafterversammlung einen Beschluß faßt.

Fraglich ist, ob eine solche Regelung bei entsprechender gerichtlicher Aufsicht nicht auch im deutschen Recht sinnvoll wäre. Das deutsche Kapitalgesellschaftsrecht geht von dem Grundsatz aus, daß die Satzung das Grundgesetz der Gesellschaft[154] darstellt, so daß dessen Änderung zwingend in den Zuständigkeitsbereich der Gesellschafter fällt. Dieses Dogma bedeutet jedoch grundsätzlich nicht, welche Gesellschafter im Einzelfall zuständig sind. Da aber nur der Haupt- oder Gesellschafterversammlung Organqualität zukommt und die Satzung eine korporative Regelung darstellt, geht das deutsche Recht selbstverständlich von einer Kompetenz der Haupt- oder Gesellschafterversammlung und nicht einer Zuständigkeit nur einer Aktionärs- bzw. Gesellschaftergruppe aus, sofern es sich um die Änderung einer echten Satzungsbestimmung handelt. Eine andere Sichtweise ist dem deutschen Kapitalgesellschaftsrecht fremd und wird auch - soweit ersichtlich - nirgendwo ernsthaft erwogen. Auch im englischen Recht stellt das Vorgehen im Vergleichsplanverfahren einen Fremdkörper dar, da Satzungsänderungen ansonsten von der Anteilseignerversammlung beschlossen werden. Diese Sonderstellung ist durch die umfassende gerichtliche Kontrolle und den ursprünglichen Sinn und Zweck des nicht auf Satzungsänderungen oder andere körperschaftliche Rechtsänderungen beschränkten Arrangements begründet, das nur mit den tatsächlich nachteilig betroffenen Gesellschaftern oder Gläubigern getroffen wird, die in einem nicht weiter bestimmten Rechtsverhältnis zur Gesellschaft stehen. Sollte es zu einem unangemessenen Vorgehen im Verfahren kommen, kann dies durch Genehmigungsverweigerung korrigiert werden.

---

[153] Vgl. nur Baumbach/Hueck-Zöllner, GmbHG, § 53 Rz. 26; Hüffer, AktG, § 179 Rz. 10 ff.

[154] Vgl. Scholz-Priester, GmbHG, § 53 Rz. 62; ausführlich KK-Zöllner, AktG, § 179 Rz. 14 ff.

Im deutschen Recht würde sich eine Gattungsrechtsänderung nur durch die nachteilig betroffenen Gesellschafter ebenfalls als Fremdkörper darstellen, obwohl dadurch eine Deregulierung erreicht würde, die bisweilen aufwendige und teure Haupt- bzw. Gesellschafterversammlungen vermeiden könnte, indem nur Klassenversammlungen abgehalten werden müßten, die gegebenenfalls wesentlich kleiner sind. Dieser Deregulierungsgewinn würde aber durch ein eine umfassende Kontrolle gewährleistendes Gerichtsverfahren kompensiert. Außerdem ist es schon schwierig genug abzugrenzen, welche Gruppen von Anteilseignern wirklich von einer Änderung hinreichend nachteilig betroffen sind. Die deutsche Haupt- oder Gesellschafterversammlungskompetenz ermöglicht in gewissem Maße eine Korrektur, da denjenigen Gesellschaftern, denen keine hinreichende Betroffenheit zuerkannt wird, durch ihr Hauptversammlungsstimmrecht eine Möglichkeit zum Votum gegeben wird, auch wenn ihnen mangels Sonderbeschlußbejahung kein Vetorecht eingeräumt wird. Letztlich wird mit diesem letzten Argument auf das Dogma rekurriert, daß jede echte Satzungsänderung alle Gesellschafter angeht und daher in die alleinige Zuständigkeit der Hauptversammlung fallen muß.

e) Berichts- und Offenlegungspflichten

Sec. 426 CA 1985 verpflichtet den Verwaltungsrat einer englischen „company" zu einer den Einladungen zu der oder den Versammlungen hinzuzufügenden oder kostenlos anforderbaren erklärenden Stellungnahme, die über die Wirkungen der angestrebten Strukturänderung sowie über wesentliche Sonderinteressen der Verwaltungsratsmitglieder aufklärt und so eine hinreichend informierte Entscheidung der Anteilseigner ermöglichen soll.

Das deutsche Kapitalgesellschaftsrecht hingegen verpflichtet den Vorstand oder die Geschäftsführung bei der Vorbereitung der über die Satzungs- und Strukturänderung berufenen Gesellschafterversammlung grundsätzlich nicht zu einem Bericht über die Auswirkungen der Strukturänderung oder zu einer Mitteilung etwaiger Sonderinteressen von Vorstandsmitgliedern oder Geschäftsführern. Nur bei gewissen Sonderformen der Strukturänderung oder ähnlich gravierenden Vorgängen besteht eine vergleichbare Berichtspflicht, so etwa im Aktienrecht beim Ausschluß des Bezugsrechts gegen Einlagen gem. § 186 Abs. 4 S. 2 AktG, beim Abschluß gewisser Unternehmensverträge gem. § 293 a AktG sowie allgemein im Kapitalgesellschaftsrecht bei den hier (noch) nicht zu erörternden Sonderfällen gem. §§ 8, 47, 63, 127 und 192, 230 UmwG für die Verschmelzung, Spaltung und den Rechtsformwechsel. Das Informationsbedürfnis der Anteilseigner wird im deutschen Kapitalgesellschaftsrecht vielmehr durch Auskunftsansprüche gegenüber dem Vorstand im Rahmen der Hauptversammlung gem. § 131

AktG oder gegenüber der GmbH-Geschäftsführung in oder außerhalb der Gesellschafterversammlung gem. § 51 a GmbHG befriedigt. Ein Verstoß gegen die so dem Vorstand oder der Geschäftsführung auferlegten Informationspflichten führt grundsätzlich zur Begründetheit von Anfechtungsklagen gegen einen etwaigen Gesellschafterbeschluß.[155]

Eine selbständige Pflicht eines Vorstands oder Geschäftsführers, unaufgefordert über eigene Sonderinteressen aufzuklären, kann sich nur aus dessen organschaftlicher Treupflicht ergeben. Darüber hinaus sind in Deutschland lediglich Aktionäre börsennotierter Aktiengesellschaften über die von Gesellschafterbeschlüssen unabhängigen Vorschriften zu Insidergeschäften gem. §§ 12 ff. WpHG geschützt. Daß aber auch bei Satzungsänderungen, die vom Vorstand oder der Geschäftsführung initiiert werden, nach der bisherigen Rechtslage nicht aufgedeckte Sonderinteressen bestehen können, dürfte wenig zweifelhaft sein.

Das englische „Scheme of Arrangement" hat dem deutschen Recht damit voraus, daß die Anteilseigner aufgeklärt werden, ohne daß sie selbst aktiv von ihrem Recht auf eine angemessene Information durch ein Auskunftsbegehren Gebrauch machen müssen. Das ist insbesondere im Hinblick auf nicht erahnte Sondervorteile von Vorstands- oder Geschäftsführungsmitgliedern positiv zu beurteilen. Eine Verpflichtung zur angemessenen Aufdeckung und Information wie im englischen Recht würde zur Transparenz und zum Anteilseignerschutz in Deutschland beitragen.

Andererseits ist dem deutschen Recht zugute zu halten, daß es gerade in Fallgruppen, wo einer solchen Berichtspflicht besondere Bedeutung zukommt, nämlich insbesondere bei der Verschmelzung oder Spaltung, umfangreichere Berichtspflichten auferlegt als das englische Recht durch sec. 426 CA 1985. Bei den verbleibenden Fallgruppen der innergesellschaftlichen Strukturänderung ist das Informationsbedürfnis regelmäßig nicht so hoch und kann auch durch eine entsprechende Geltendmachung des Auskunftsanspruchs in der Haupt- bzw. Gesellschafterversammlung befriedigt werden. So bestehen auch im englischen Recht bei den Spezialverfahren zur internen Strukturänderung (Satzungänderung, Änderung von Gattungsrechten, Kapitalherabsetzung) keine erweiterten Berichtspflichten. Dies ist ein weiteres Indiz dafür, daß eine umfassende Berichtspflicht in diesen Fällen nicht notwendig ist, im Gegenzug aber hohe Kosten bei der Abfassung und Zusendung eines solchen Berichts im Vorfeld einer Versammlung mit einer hohen Zahl von Anteilseignern verursachen würde.

Die Verankerung einer allgemeinen Berichtspflicht des Vorstandes bzw. Geschäftsführers über die Beweggründe und Auswirkungen einer von der Gesellschafterversammlung zu beschließenden Strukturmaßnahme sowie über eventuell

[155] Zum Aktienrecht: Hüffer, AktG, § 243 Rz. 17 ff.; zum GmbH-Recht: Lutter/Hommelhoff, GmbHG, § 51 a Rz. 7 ff., 43.

dabei bestehende Sonderinteressen ist nichtsdestotrotz als positiv zu beurteilen und kann als Anstoß verstanden werden, über erweiterte Berichts- und Aufdekkungspflichten des Vorstands oder Geschäftsführers bei Satzungsänderungen oder Kapitalmaßnahmen allgemein nachzudenken.

f) Gerichtliche Beschlußkontrolle

Im Vergleichsplanverfahren gem. secs. 425 ff. CA 1985 ist das Gericht von Beginn an am Verfahren beteiligt. Nach der oder den jeweiligen Beschlußfassungen kommt es zu einer umfassenden Kontrolle, die zum einen die Beachtung sämtlicher Verfahrensvorschriften mitumfaßt, andererseits aber auch diverse materielle Aspekte beinhaltet. Im Ergebnis wird dadurch auch eine lockere Gerechtigkeitskontrolle vorgenommen. Gleichzeitig wird durch die Überprüfung der objektiven Vernünftigkeit des Vergleichsplan („sog. „business reality test") sogar in beschränktem Umfang eine bisweilen paternalistisch anmutende Zweckmäßigkeitskontrolle durchgeführt, die jedoch in ihren Ergebnissen in der materiellen Gerechtigkeitskontrolle aufgeht. Vor Genehmigung eines Vergleichsplan kommt es außerdem zur Anhörung von widersprechenden Anteilseignern. Wird ein Vergleichsplan einmal vom zuständigen „judge" genehmigt, dann hindern Klagen gegen den Genehmigungsbeschluß die mit dessen Hinterlegung beim Gesellschaftsregister eintretende Wirksamkeit nicht. Nur in äußerst seltenen Ausnahmefällen wird es zu einer von einem Antrag unabhängigen Anordnung zur zeitweiligen Aussetzung der Wirksamkeit oder Aufschiebung des Wirksamkeitseintritts („stay") kommen. Bei einem späteren Klageerfolg haben sich daher meist die Wirkungen des einmal genehmigten Vergleichsplans so verfestigt, daß das Gericht nur in seltenen Fällen eine Rücknahme des Vergleichsplans ex tunc anordnet, sondern auf die Möglichkeit einer Rücknahme ex nunc oder des Verweises auf Schadensersatz in Geld zurückgreift.

Ein Genehmigungsbeschluß des Gerichts wirkt allgemein nur umfassend zwischen den Vergleichsplanbeteiligten. Unbeteiligten Dritten gegenüber entfaltet der genehmigte Vergleichsplan nur relative Wirkung wie ein Vertrag, so daß diese sich auf den Verkehrs- und Vertrauensschutz des Vertragsrechts berufen können.

Im deutschen Kapitalgesellschaftsrecht sind einerseits das Registergericht und andererseits im Klagefall auch das Prozeßgericht in jeweils verschiedener Weise für die Überprüfung einer allgemeinen oder spezifischen Satzungsänderung zur internen Reorganisation zuständig.

Einerseits führt der Registerrichter des zuständigen Amtsgerichts am Sitz der Gesellschaft eine in seinem Umfang im einzelnen noch stark umstrittene inhaltliche[156] und eine volle formelle Überprüfung der Anmeldung durch, bevor es zur Eintragung ins Handelsregister und damit zur Wirksamkeit der Strukturänderung kommt.[157] Der Registerrichter weist die Anmeldung zurück, wenn der Beschluß nichtig oder endgültig unwirksam ist.[158] Ist der Beschluß schwebend unwirksam oder besteht ein behebbarer Mangel, wird das Gericht mit einer Zwischenverfügung gem. § 26 S. 2 HRV Gelegenheit zur Abhilfe, etwa durch Einholen einer erforderlichen Zustimmung, geben.[159] Bei anfechtbaren Beschlüssen setzt der Registerrichter regelmäßig in Ausübung seines pflichtgemäßen Ermessens gem. § 127 FGG die Eintragung zunächst bis zum Ablauf der Anfechtungsfrist aus.[160] Ist bis dahin keine Anfechtungsklage erhoben worden, muß das Registergericht den Beschluß grundsätzlich eintragen.[161] Nur bei Rechtsverstößen, die öffentliche oder Drittinteressen berühren oder die evident sind, wird eine Eintragungspflicht zum Teil[162] verneint. Bei der GmbH hat die Rechtsprechung[163] eine Überprüfung der Anfechtbarkeit eines Beschlusses durch den Registerrichter dagegen ganz abgelehnt.

Die fehlerhafte Eintragung einer Satzungsänderung kann im nachhinein unter den einschränkenden Voraussetzungen der §§ 142 Abs. 1, 144 Abs. 2 FGG vom Registergericht oder dem ihm gem. § 143 FGG vorstehenden Landgericht nach pflichtgemäßem Ermessen auch unabhängig von einer Anregung durch die Gesellschaft, Anteilseigner oder Dritte gelöscht werden, insbesondere wenn durch den Inhalt der eingetragenen Satzungsänderung zwingende Vorschriften des Gesetzes verletzt worden sind und das öffentliche Interesse die Löschung erfordert. Ein Beschlußverfahrensverstoß (z.B. nicht ordnungsgemäße Einberufung oder Beurkundung der Hauptversammlung, nicht einwandfreie Durchführung der Abstimmung) genügt dafür nicht[164], wohl aber gem. § 142 Abs. 1 FGG ein wesentlicher Verfahrensmangel des Registerverfahrens[165].

---

[156] Dazu jeweils m.w.N. Scholz-Priester, GmbHG, § 54 Rz. 28 ff., 35 ff.; Hüffer, AktG, § 181 Rz. 12 ff.; Keidel/Kuntze/Winkler-Winkler, FGG, § 127 Rz. 13 f.

[157] § 181 AktG, § 54 GmbHG.

[158] Geßler/Hefermehl-Hüffer, AktG, § 241 Rz. 80; Baumbach/Hueck-Zöllner, GmbHG, § 54 Rz. 18; Baums, Eintragung und Löschung von Gesellschafterbeschlüssen, 1981, S. 56 f.

[159] Hüffer, AktG, § 181 Rz. 13, 16; Baumbach/Hueck-Zöllner, GmbHG, § 54 Rz. 18.

[160] GroßKomm-Wiedemann, AktG, § 181 Rz. 25, 28; vgl. Baumbach/Hueck-Zöllner, GmbHG, § 54 Rz. 19.

[161] Keidel/Kuntze/Winkler-Winkler, FGG, § 127 Rz. 13.

[162] Vgl. GroßKomm-Wiedemann, AktG, § 181 Rz. 25; KK-Zöllner, AktG, § 181 Rz. 36; Lutter, NJW 1969, 1873, 1879.

[163] BayObLGZ 1972, 126, 128 f.; KG, JW 1936, 334, 335; OLG Hamburg, OLGZ 1984, 307, 310 f.; OLG Köln, BB 1982, 579.

[164] Keidel/Kuntze/Winkler-Winkler, FGG, § 144 Rz. 27.

[165] Hüffer, AktG, § 181, Rz. 30, 31 m.w.N.

Wird von einem Aktionär bzw. Gesellschafter oder vom Vorstand bzw. Geschäftsführer eine Nichtigkeits- oder Anfechtungsklage gem. §§ 241 ff. AktG (analog[166]) erhoben, überprüft das Prozeßgericht (Landgericht am Gesellschaftssitz) die volle[167] formelle und materielle Rechtmäßigkeit der Beschlußfassung. Die Nichtigkeit eines Beschlusses kann prinzipiell jederzeit und von jedem Betroffenen geltend gemacht werden, sofern keine Heilung eingetreten ist, vgl. § 242 AktG (analog). Zu den in § 241 AktG (analog) enumerativ aufgezählten Nichtigkeitsgründen zählen insbesondere bestimmte schwerwiegende Verfahrensfehler, ein Verstoß gegen die guten Sitten sowie eine Verletzung durch den Beschlußinhalt von Vorschriften, die ausschließlich oder überwiegend dem Gläubigerschutz oder sonst dem öffentlichen Interesse zu dienen bestimmt sind. Die im Aktienrecht innerhalb eines Monats nach Beschlußfassung gegen die Gesellschaft zu erhebende und im GmbH-Recht eventuell länger befristete[168] Anfechtungsklage erfaßt alle übrigen Rechtsverletzungen und kann neben den Aktionären oder Gesellschaftern insbesondere auch vom Vorstand bzw. der Geschäftsführung erhoben werden. Der klagende Anteilseigner muß grundsätzlich in der Haupt- bzw. Gesellschafterversammlung Widerspruch zur Niederschrift erklärt haben, um eine Anfechtungsklage erheben zu können. Das Urteil bei einer Anfechtungs- und Nichtigkeitsklage wirkt für und gegen alle Anteilseigner und Verwaltungsmitglieder, also inter omnes, auch wenn sie nicht Partei des Prozesses waren, §§ 248 Abs. 1, 249 Abs. 1 AktG (analog). Die nicht zur Nichtigkeit führenden Verfahrensfehler begründen nach der Rechtsprechung des BGH[169] grundsätzlich nur dann eine Anfechtungsklage, wenn sie auch kausal für das Abstimmungsergebnis sind. Daher kann eine Gesellschaft der Anfechtungsklage den Boden entziehen, wenn sie gem. § 244 AktG (analog) den angefochtenen Beschluß durch einen erneuten Beschluß bestätigt. Da dies bei stabilen Mehrheiten besonders einfach ist und so der Schutz klagender Minderheiten empfindlich beeinträchtigt werden könnte, wird in solchen Fällen die Entbehrlichkeit des Kausalitätsbeweises bzw. die Unzulässigkeit eines Gegenbeweises mangelnder Kausalität durch die Gesellschaft gefordert.[170]

---

[166] Vgl. zur analogen Anwendung im GmbH-Recht nur Baumbach/Hueck-Zöllner, GmbHG, Anh. § 47 Rz. 19 ff.

[167] Zur Frage der früher stärker umstrittenen Identität des Streitgegenstandes von Anfechtungs- und Nichtigkeitsklage: BGHZ 134, 364, 366; BGH, NJW 1999, 1638; Hüffer, AktG, § 246 Rz. 13; Baumbach/Hueck-Zöllner, GmbHG, Anh. § 47 Rz. 83 m.w.N.

[168] Vgl. BGHZ 101, 113; BGHZ 111, 224; BGHZ 137, 378; BGH, ZIP 1999, 1001; OLG Brandenburg, NJW-RR 1997, 1535; OLG München, NJW-RR 2000, 255; OLG Naumburg, GmbHR 1998, 90; OLG Brandenburg, NJW-RR 1999, 543.

[169] BGHZ 14, 264, 267 f.; BGHZ 36, 121, 139 ff.; BGH, ZIP 1998, 22.

[170] Vgl. Hirte, Rz. 441 m.w.N., auch zur engeren Rechtsprechung des BGH.

Zu besonderen Fällen von Anfechtungsgründen zählt gem. § 243 Abs. 2. S. 2 AktG zum einen die Verfolgung gesellschaftsfremder Sondervorteile durch einzelne Gesellschafter ohne einen angemessenen Ausgleich für die anderen Anteilseigner. Darüber hinaus kann aber auch unabhängig von der Frage eines Ausgleichs eine Verletzung des Gleichbehandlungsgrundsatzes gem. § 53 a AktG (analog) oder der Treuepflicht der Anteilseigner untereinander[171] zum Erfolg der Anfechtungsklage führen; bei gewissen schwerwiegenden Beschlüssen wird auch ein im Gesellschaftsinteresse liegender sachlicher Grund zur Rechtfertigung gefordert (sogenannte „ungeschriebene Schranken der Mehrheitsmacht").[172] Der durch diese weitgreifenden Schranken entstehenden Mißbrauchsgefahr begegnete der BGH[173] damit, daß er mißbräuchlich erhobene Anfechtungsklagen als unbegründet abwies.

Zur Vermeidung divergierender gerichtlicher Entscheidungen steht es im pflichtgemäßen Ermessen des in seiner Entscheidung unabhängigen Registerrichters, das Eintragungsverfahren auszusetzen und die Entscheidung des Prozeßgerichts abzuwarten.[174] Bei einem entsprechenden Ergebnis der Abwägung des Eintragungsinteresses der Gesellschaft und des Aussetzungsinteresses des Klägers sowie unter Berücksichtigung der Klageerfolgsaussichten kann das Ermessen daher auch im Sinne einer sofortigen Eintragung ausgeübt werden. So wird die Aussetzung für den Registerrichter indiziert sein, wenn begründete Zweifel an der Rechtsbeständigkeit des Beschlusses bestehen. In Fällen mißbräuchlicher Nichtigkeits- und Anfechtungsklagen kann hingegen die Eintragung angezeigt sein.[175] Dringt der Kläger dennoch mit seiner Nichtigkeits- oder Anfechtungsklage durch, dann muß das rechtskräftige Urteil zur Eintragung zwangsgeldbewehrt vom Vorstand bzw. der Geschäftsführung mit der vor der Satzungsänderung bestehenden Satzungsfassung eingereicht und in den Handelsregister eingetragen werden, vgl. §§ 248 Abs. 1 und 2, 249 Abs. 1 AktG (analog).

Endlich ist darauf hinzuweisen, daß die Gerichte im deutschen Recht keine Zweckmäßigkeitskontrolle eines strukturändernden Beschlusses vornehmen.[176]

Im Vergleich zum Vergleichsplanverfahren gem. secs. 425 ff. CA 1985 zeigt sich zunächst neben dem Unterschied der reinen Ex-post-Kontrolle im deutschen Recht, daß die englische Kontrolldichte erst dann erreicht wird, wenn es zur Erhebung einer Nichtigkeits- oder Anfechtungsklage kommt. Denn nur dann erfolgt

---

171 Dazu vor allem BGHZ 103, 184 („Linotype").
172 Vgl. Hirte, Rz. 445 ff. m.w.N.
173 BGH, ZIP 1992, 1391; mißbräuchliche Nichtigkeitsklagen sind jedoch unzulässig, vgl. OLG Frankfurt, AG 1991, 208; OLG Stuttgart, AG 2001, 315, 316; Hüffer, AktG, § 249 Rz. 11.
174 Hüffer, AktG, § 181 Rz. 17; Baumbach/Hueck-Zöllner, GmbHG, § 54 Rz. 19.
175 Semler, in: MünchHdb. AG, § 39 Rz. 74.
176 Hüffer, AktG, § 181 Rz. 30; Geßler/Hefermehl-Hefermehl/Bungeroth, AktG, § 181 Rz. 37.

eine volle formelle und materielle Beschlußkontrolle, die die englische lockere Gerechtigkeitskontrolle, die bei einer Mehrheitsentscheidung zunächst die Fairneß des Beschlußinhalts als präjudiziert hinnimmt und daher nur in evidenten Fällen zur Ablehnung der Genehmigung gelangt, sogar zu überschreiten scheint. Andererseits kennt das deutsche Recht keine, durch den „business reality"-Test wenn auch mit äußerster Zurückhaltung ausgeübte Zweckmäßigkeitskontrolle des Beschlußinhalts, da eine solche einer Bevormundung gleichkommen würde. Dennoch werden auch im deutschen Recht krasse Fälle durch die Kategorien des Sittenverstoßes, der Treuepflicht der Mehrheitsgesellschafter oder der sachlichen Rechtfertigung durch das Gesellschaftsinteresse entsprechend korrigiert. Anders gewendet könnte man auch zugunsten des englischen Rechts sagen, daß die eingeschränkte Zweckmäßigkeitskontrolle im Ergebnis eigentlich auch eine dem deutschen Recht ähnliche materielle Gerechtigkeitskontrolle darstellt. Außerdem bestehen bei der Prüfung der fairen Repräsentation in England starke Parallelen zur Prüfung der Einhaltung der Treuepflicht im deutschen Recht, wenn danach gefragt wird, ob die Mehrheit bona fide im Hinblick auf das Interesse einer Klasse als solcher oder im Hinblick auf das Gesellschaftsinteresse abgestimmt hat, ob eine Interessenvermischung oder ein unzulässiger Stimmenkauf vorliegt, der sich im deutschen Aktienrecht im übrigen gem. § 405 Abs. 3 Nr. 6, 7 AktG sowohl für den Käufer als auch für den Verkäufer als Ordnungswidrigkeit darstellt[177].

Bemerkenswert ist des weiteren, daß im englischen Recht ganz ähnliche Probleme im Hinblick auf die Frage der Beachtung für den Beschluß kausaler oder nicht kausaler Verfahrensfehler bestehen. Auch können Verfahrensfehler wie bei der Entkräftung der Kausalität im deutschen Recht durch einen erneuten ordnungsgemäßen Beschluß nachgeholt werden. Wie im Falle einer Zwischenverfügung durch den Registerrichter geben auch englische Gerichte im Vergleichsplanverfahren der Gesellschaft die Möglichkeit, Abhilfe durch Einholen einer fehlenden Klassenzustimmung zu leisten. Im übrigen findet auch im englischen Recht eine Abstufung je nach der Schwere eines Verfahrensfehlers statt, um einen Beschluß zu Fall zu bringen. Jedoch gestaltet sich hier das englische Recht durch ein Minimum an gesetzlicher Regulierung wesentlich flexibler. So kann der Richter in England auch bei schweren Verfahrensfehlern einen Vergleichsplan genehmigen, wenn der Fehler nicht kausal war, eine überwältigende Mehrheit zugestimmt hat oder an der materiellen Fairneß des Plans keinerlei Bedenken bestehen.

[177] Ausführlich dazu Geßler/Hefermehl-Fuhrmann, AktG, § 405 Rz. 45 ff. Der Stimmenkauf an sich hat aber noch keine Auswirkungen auf die Rechtmäßigkeit der Beschlußfassung, hier kommt es auf eine gesonderte Betrachtung nach allgemeinen Regeln (insbesondere Treupflichtverletzung) an.

Die in seiner Reichweite äußerst umstrittene inhaltliche Beschlußkontrolle durch den Registerrichter reicht nur in wenigen Punkten und je nach vertretenem Standpunkt an das englische Niveau beim Vergleichsplanverfahren heran. Andererseits ist zu bedenken, daß der zuständige englische „judge" meist erst dann auf vorher nicht greifbare Anhaltspunkte für eine Rechtswidrigkeit stößt, wenn zuvor ein dissentierender Anteilseigner seine Widerspruchsbereitschaft angekündigt hat und vor der Genehmigung angehört wird. Insoweit hat das in das Vergleichsplanverfahren integrierte Widerspruchsverfahren eine ähnliche Funktion wie die Erhebung der Nichtigkeits- oder Anfechtungsklage im deutschen Kapitalgesellschaftsrecht, wenn man davon ausgeht, daß der Registerrichter nur zur näheren Nachforschung und Prüfung bei greifbaren Anhaltspunkten formeller oder materieller Unrechtmäßigkeit verpflichtet ist[178]

Die integrierte Möglichkeit der Widerspruchserhebung und Anhörung vor der Genehmigung führt im englischen Recht zu einer Verfahrensverdichtung. Diese kann im Vergleich zum deutschen Verfahren möglicherweise zu einer früheren Rechtssicherheit in komplizierteren Verfahren führen, in denen mit Klagen zu rechnen ist. Andererseits bewirkt das aufwendigere englische Verfahren auch eine Verfahrensverzögerung in unproblematischen Verfahren, weshalb es ja auch nur im Ausnahmefall, daß keine anderen Verfahren zur Verfügung stehen, zur internen Reorganisation angewandt wird.

Letztlich ist aber nicht zu verkennen, daß auch in England ein solches integriertes Prüfungs- und Widerspruchsverfahren nicht alle Meinungsunterschiede aus dem Weg räumen kann und lediglich eine gewisse Reduktion weiterer Klagen bewirkt. Noch geringer wäre diese Verminderung weiterer Klagen im deutschen Recht, wo die Präjudizwirkung erstinstanzlicher Entscheidungen als wesentlich geringer einzustufen ist.

Ein weiterer wichtiger Aspekt des Vergleichs betrifft die Möglichkeit des Wirksamkeitsaufschubs bei Erhebung einer Anfechtungs- oder Nichtigkeitsklage vor oder der Vollzugsaussetzung nach Eintragung ins Handelsregister. Der deutsche Registerrichter nimmt diese nicht automatisch vor, sondern entscheidet in freiem Ermessen, auch wenn bei Klageerhebung meist von einer Aussetzung des Eintragungsverfahrens bis zum Vorliegen einer rechtskräftigen Entscheidung des Prozeßgerichts auszugehen ist. Im englischen Recht, wo die Wirksamkeit ja durch bloße Hinterlegung des Genehmigungsbeschlusses und nicht durch Eintragung eintritt, wird dagegen ein „stay" nur bei einer äußerst seltenen besonderen Anordnung des Eingangs- oder des Rechtsmittelgerichts gem. Rule 52.7 CPR 1998 bewirkt, nachdem eine richterliche Vorprüfung ein überwiegendes Aussetzungs-

---

[178] BayObLG, DNotZ 1974, 1085; Scholz-Priester, GmbHG, § 54 Rz. 30; a.A. Baums, a.a.O., S. 88 f.: zwingende Bindung an die notariellen Feststellungen.

interesse des Klägers ergeben hat. Vergleichbar sind die Ergebnisse daher erst im Falle der aufgrund der bereits erfolgten Nichtigkeitsprüfung durch den Registerrichter seltenen Erhebung einer Nichtigkeitsklage nach Eintragung. Im deutschen Recht kann dann im Wege des einstweiligen Rechtsschutzes eine einstweilige Verfügung gem. §§ 935 ff. ZPO erwirkt werden, um den in der Vernichtung des Beschlusses liegenden Prozeßerfolg vorläufig zu sichern. Die zu ergreifenden Maßnahmen liegen im Ermessen des Gerichts, so daß auch auf die Löschung eingetragener Beschlüsse[179] oder auf die Unterbindung der weiteren Durchführung von Beschlüssen, sofern die Wirksamkeit des Beschlusses für sie Voraussetzung ist, etwa bei der Ausgabe von Aktien im Rahmen einer Kapitalerhöhung[180], hingewirkt werden kann. Im übrigen kann vor der Eintragung auf diesem Wege auch die Handelsregisteranmeldung oder die Eintragung des Beschlusses selbst verhindert werden.[181] Eine einstweilige Verfügung ergeht aber im Gegensatz zum englischen Recht nur auf Antrag des Klägers. Außerdem werden rechtssichernde Verfügungen aufgrund der starken Präjudizwirkung einer erstinstanzlichen Entscheidung, die im Vergleichsplanverfahren noch durch die affirmierende Mehrheitsentscheidung verstärkt wird, im englischen Recht wesentlich seltener erlassen als im deutschen.

Insgesamt begünstigt das englische Recht daher die Verfestigung möglicherweise unrechtmäßiger Zustände. Andererseits werden durch die praktisch stärkere Beachtung des Mehrheitswillens Mißbrauchsmöglichkeiten verhindert. Die Möglichkeit der Erhebung von Widersprüchen vor Erlaß der Genehmigungsanordnung sorgt außerdem dafür, daß die Rechtsschutzmöglichkeiten in England nicht allzu sehr beschnitten werden und ein Standard erreicht wird, der durch das registerrechtliche Verfahren und die erstinstanzliche Entscheidung über die Anfechtungs- oder Nichtigkeitsklage im deutschen Recht erreicht wird.

Ein weiterer Aspekt des Vergleichs betrifft die Frage der Wirkung einer Satzungsänderung und die Möglichkeiten der Korrektur einer rechtswidrigen Satzungsänderung. Ein „Scheme" entfaltet seine umfassende Bindungswirkung im Falle der Wirksamkeit nur gegenüber den betroffenen Gesellschaftern und der Gesellschaft selbst. Gegenüber unbeteiligten Dritten besteht jedoch nur eine relative Wirkung, so daß der Vergleichsplan einen vertragsähnlichen Charakter aufweist und sich Dritte auf Verkehrschutzbestimmungen berufen können. Im deutschen Recht bewirkt die Handelsregistereintragung einer internen Reorganisa-

---

179 Vgl. Semler, in: MünchHdb. AG, § 41 Rz. 8.

180 Baumbach/Hueck-Zöllner, Anh. § 47 Rz. 93f.

181 Ausführlich zum einstweiligen Rechtsschutz: Baumbach/Hueck-Zöllner, GmbHG, Anh. § 47 Rz. 93b ff.; Baums, a.a.O., S. 64 ff.; Lutter, NJW 1969, 1873 ff.; MüKo-Hüffer, § 243 Rz. 143 ff.; Scholz-K. Schmidt, GmbHG, § 45 Rz. 183; Semler, in: MünchHdb. AG, § 41 Rz. 8.

tionsentscheidung durch Satzungsänderung ebenfalls eine Bindung der Anteilseigner und der Gesellschaft an die neue Satzungslage. Für Dritte gilt § 15 HGB. Sie müssen die Satzungsänderung ab Eintragung gegen sich gelten lassen, auch wenn sie davon keine Kenntnis haben, § 15 Abs. 2 S. 1 HGB. Bei Unrichtigkeit der Eintragung können sie sich auf die Rechtsscheinsregel zur negativen Publizität gem. § 15 Abs. 3 HGB berufen.

Außerdem wird auch die Frage der Heilungswirkung von Mängeln des Reorganisationsbeschlusses (und des Eintragungsverfahrens) durch Erlaß der Genehmigungsanordnung bzw. durch Handelsregistereintragung in beiden Rechtsordnungen ähnlich mit der Grundtendenz beantwortet, daß eine Heilung bei schwerwiegenden Mängeln erst nach geraumer Zeit eintritt. So werden Beurkundungsmängel gem. § 242 Abs. 1 AktG (analog) sofort, Anfechtungsgründe nach Ablauf der Anfechtungsfrist, aber Einberufungs-, gewisse schwerwiegende Inhaltsmängel und Eintragungsfristversäumnisse gem. § 242 Abs. 2 S. 1, Abs. 3 AktG (analog) erst nach Ablauf von drei Jahren geheilt.[182] Entgegen der teilweisen Reglementierung im deutschen Recht steht die Entscheidung der Annahme der Heilung aber in England im Ermessen des Gerichts, so daß sich die Rechtslage wiederum als flexibler[183] darstellt, auch wenn die Tendenz der Heilung je nach Verstoßschwere und Zeitabstand ähnlich ist.

Ein letzter Aspekt des Vergleichs betrifft die Wirkungen eines Appellations- bzw. Anfechtungs- oder Nichtigkeitsurteils und die richterlichen Gestaltungsmöglichkeiten. Das englische Zivilprozeßrecht überläßt es dem pflichtgemäßen Ermessen des Richters des Rechtsmittelgerichts, wie er im Falle des Klageerfolges die Rechtslage gestaltet, so daß er flexibel nach Abwägung der Schwere des Rechtsverstoßes und der jeweiligen Folgen entweder die Wirkungen des Vergleichsplans ex tunc oder ex nunc aufhebt oder den erfolgreichen Kläger lediglich oder zusätzlich auf einen Schadensersatzanspruch in Geld verweist. Aufgrund der relativen Wirkung können sich Dritte auf Verkehrsschutzvorschriften berufen, wenn der Vergleichsplan ex tunc aufgehoben wird.

Im deutschen Recht sind rechtskräftige Anfechtungs- und Nichtigkeitsurteile grundsätzlich entsprechend dem Zweck und der Entstehungsgeschichte der Norm retroaktiv, obwohl die §§ 248 Abs. 1, 249 AktG (analog) die Rückwirkung nicht zum Ausdruck bringen.[184] Außerdem wirken die Urteile nach heute überwiegen-

---

[182] Vgl. zum deutschen Recht im Überblick Hüffer, AktG, § 181 Rz. 26 ff.; KK-Zöllner, AktG, § 181 Rz. 52 ff.; Baumbach/Hueck-Zöllner, GmbHG, § 54 Rz. 26 ff.

[183] Im deutschen Recht ergibt sich aber bei einer nach den gesetzlichen Vorgaben erfolgten Heilung ein Ausweg über das gem. § 242 Abs. 2 S. 3 auch nach Zeitablauf zulässige Amtslöschungsverfahren gem. § 144 Abs. 2 FGG.

[184] GroßKomm-K. Schmidt, AktG, § 248 Rz. 5; Hüffer, AktG, § 248 Rz. 6; KK-Zöllner, AktG, § 248 Rz. 9; MüKo-Hüffer, AktG, § 248 Rz. 14; Baumbach/Hueck-Zöllner, Anh. § 47

der Ansicht im Schrifttum[185] vorbehaltlich des Verkehrsschutzes Dritter bei Durchführungsgeschäften, insbesondere nach § 15 Abs. 3 HGB, inter omnes.

Die Rechtslage gestaltet sich also im Ergebnis ähnlich, wobei das englische Recht eine größere Flexibilität aufweist und so auch die Möglichkeit einer Aufhebung ex nunc besitzt, die im deutschen Recht im Ergebnis dadurch kompensiert wird, daß bei den Durchführungsgeschäften zwischen einer Unwirksamkeit ex tunc und ex nunc sowie bei Wirksamkeit und Bestand des Durchführungsgeschäfts einem Verweis auf Schadensersatzansprüche unterschieden wird[186]. Das deutsche Recht gelangt dabei entsprechend der Tendenz zur größeren gedanklichen Durchdringung und Kategorisierung zu einer stärker dogmatisch geprägten Begründung; die Ergebnisse im englischen Recht basieren auf reinen Ermessenserwägungen im Einzelfall.

3. Gläubigerschutz

Die Notwendigkeit der Beschlußbeteiligung nur unmittelbar nachteilig betroffener Personen hat im englischen Recht zur Folge, daß bei einer allein durch ein „Scheme of Arrangement" durchgeführten Kapitalherabsetzung oder bei einer sonstigen internen Strukturänderung grundsätzlich keinerlei Gläubigerschutzmechanismen greifen. Nur das Gericht kann im Rahmen seiner Ermessensausübung bei der Gerechtigkeitskontrolle etwaige Auflagen zum Gläubigerschutz erteilen, wenn es zur Überzeugung gelangt, daß sonst eine Gefährdung der Gläubigeransprüche eintreten würde. Von dieser grundsätzlichen Möglichkeit wird aber im Rahmen einer gewöhnlichen Kapitalherabsetzung kein Gebrauch gemacht. Vielmehr hat sich die Rechtsprechung dafür entschieden, daß das Vergleichsplanverfahren das Verfahren der Kapitalherabsetzung nicht ersetzen kann.

Im Hinblick auf den Gläubigerschutz ist das Arrangement-Verfahren damit kein Vorbild, da Gläubigergefährdungen zwangsläufig durch bestimmte Verände-

---

Rz. 33 f., 89 f.; Lutter/Hommelhoff, GmbHG, Anh. § 47 Rz. 36, 76; Scholz-K. Schmidt, GmbHG, § 45 Rz. 171 ff.

185 GroßKomm-K. Schmidt, AktG, § 248 Rz. 5; Hüffer, AktG, § 248 Rz. 7; Keidel/Kuntze/Winkler-Winkler, FGG, § 144 Rz. 30; KK-Zöllner, AktG, § 248 Rz. 17 ff.; MüKo-Hüffer, AktG, § 248 Rz. 16 ff. m.w.N. auch zu älteren und noch aktuellen Gegenmeinungen, die aber das rechtliche Schicksal von Gesellschafterbeschlüssen und Durchführungsgeschäften vermengen.

186 So die Einteilung bei Hüffer, AktG, § 248 Rz. 7; MüKo-Hüffer, AktG, § 248 Rz. 19-24 entsprechend einer konsequenten Anwendung von Rechtsscheinsgrundsätzen (§ 15 Abs. 3 HGB, Grundsätze der fehlerhaften Gesellschaft etc.) und der Differenzierung je nach dem, ob der Anteilseignerbeschluß nach außen erkennbarer Rechtsgrund des Durchführungsgeschäfts oder nur gesellschaftsinterne Zulässigkeitsgrundlage war, die nicht auf die Wirksamkeit durchschlägt.

rungen der Eigenkapitalstruktur eintreten können. Ein Verfahren, das diesem Umstand nicht durch Sonderregelungen Rechnung trägt, ist unzureichend. Zwar wäre mit dem Verweis auf das richterliche Ermessen dem Verfahren der vermeintliche Vorteil der Flexibilität abzugewinnen. Gesetzlich verankerte Gläubigerschutzmechanismen sind dennoch aus Gründen der Rechtssicherheit zu bevorzugen.

IV. Zusammenfassung und Ergebnis

Die interne Reorganisation der Kapitalstruktur wird im englischen Recht regelmäßig durch das allgemeine Satzungsänderungsverfahren[187] oder spezielle Verfahren für die Abänderung von Gattungsrechten[188] oder die Kapitalherabsetzung[189] oder -erhöhung[190] durchgeführt. Diese Verfahren verzichten mit Ausnahme der Kapitalherabsetzung auf eine Beteiligung des Gerichts.

Das „Scheme of Arrangement" kann in allen Fallgruppen der internen Reorganisation eingesetzt werden. Es verdrängt dann die anderen Verfahren. Nur wenn der Vergleichsplan eine Kapitalherabsetzung beinhaltet, bedarf es aus Gläubigerschutzgründen einer parallelen Durchführung des ordentlichen Kapitalherabsetzungsverfahrens.[191]

Wegen der strengen Formalisierung und der kostspieligen und zeitraubenden Gerichtsbeteiligung sind die secs. 425 ff. CA 1985 in dieser Fallgruppe rechtstatsächlich aber heute nur noch ein „Lückenbüßer", wo die Durchführung anderer Verfahren ausnahmsweise nicht möglich ist. Das ist der Fall beim Fehlen einer Ermächtigung für eine Gattungs- bzw. Sonderrechtsänderung oder einem ausdrücklichen Änderungsverbot in der Satzung.[192] Außerdem ist ein Vorgehen nach den secs. 425 ff. CA 1985 ratsam bei einer Kapitalherabsetzung unter gleichzeitiger Abänderung oder Abweichung von Gattungsrechten.[193]

Von diesen Ausnahmen abgesehen ist das Vergleichsplanverfahren heute bei der internen Reorganisation ein Fossil des englischen Kapitalgesellschaftsrechts.

Für die Einführung eines dem „Scheme of Arrangement" gem. secs. 425 CA 1985 ähnelnden Generalrechtsinstituts in das deutsche Kapitalgesellschaftsrecht, das eine umfassende Änderung der internen Gesellschafterrechts- und Eigenkapitalstruktur ermöglicht, gibt es kein Bedürfnis. Die bestehenden Spezialrechtsinstitute in diesem Bereich sind wie im englischen Recht aufgrund der fallgruppen-

---

187 Siehe S. 162 ff.
188 Siehe S. 169 ff.
189 Siehe S. 175 ff.
190 Siehe S. 166 ff.
191 Siehe S. 180, 183.
192 Siehe S. 162 ff., 173 f., 184.
193 Siehe S. 180 f., 184.

spezifischen Abstimmung vorteilhafter; etwaigen Gestaltbarkeitsdefiziten bei internen Strukturänderungen sollte vielmehr durch eine Modifizierung oder Erweiterung bestehender Rechtsinstitute begegnet werden.[194]

Im übrigen können auch nur wenige Einzelaspekte der secs. 425 ff. CA 1985 überzeugen. Die Ergebnisse können folgendermaßen zusammengefaßt werden:

1. Würde man nach dem Vorbild der sec. 425 CA 1985 das neben der qualifizierten Kapitalmehrheit bestehende Kriterium der Stimmenmehrheit durch eine Mehrheit nach Köpfen der persönlich oder durch Stimmrechtsvertreter abstimmenden Personen ersetzen, so würde dies zu einer unangemessenen Stimmkraftverschiebung zugunsten von zahlenmäßig überlegenen Klein- oder Kleinstanteilseignern sowie zugunsten von Stimmrechtsvertretern ohne gebundene Marschroute führen; dies ist daher für das deutsche Recht abzulehnen.[195]
2. Die Ausweitung des Mehrheitsprinzips auf sämtliche, mit Zustimmungsvorbehalt versehenen Gesellschaftergruppen oder -gattungen würde außerdem zu einer Flexibilisierung führen, die im Aktienrecht bereits überwiegend - soweit wünschenswert - verwirklicht worden ist und im GmbH-Recht aufgrund der grundsätzlichen Unterschiede der GmbH zur Rechtsform der Aktiengesellschaft und des daraus resultierenden erhöhten Bestandsschutzes weitgehend abzulehnen ist. Eine Ausweitung des Mehrheitsprinzips ist außerdem dort nicht zu befürworten, wo die Satzung die Einstimmigkeit von Beschlüssen fordert, da sonst die Satzungsautonomie der Gesellschafter konterkariert würde.[196] Lediglich in den seltenen Fällen eines Verstoßes gegen das aktienrechtliche Gleichbehandlungsgebot gem. § 53 a AktG, also bei einer Ungleichbehandlung bei Fehlen von Aktiengat-tungen oder innerhalb einer Aktiengattung, ist eine Flexibilisierung durch eine Anwendung des Mehrheitsprinzips innerhalb einer Gruppe gleichmäßig benachteiligter Personen zu begrüßen; ein Mehrheitsentscheid würde so die materielle Beschlußkontrolle entlasten, die nach dem Vorliegen eines sachlichen Grundes im Gesellschaftsinteresse fragt.[197]
3. Weiterhin negativ zu bewerten ist wegen seiner Unschärfe und unangemessenen Ausweitung des Minderheitenschutzes durch Vergabe von Vetorechten der englische Begriff „class" gem. sec. 425 CA 1985. Durch Berücksichtigung der verschiedenen wirtschaftlichen Interessen der Gesellschafter weist dieser Begriff keine klaren Konturen auf. Eine solche Aufweichung des in § 11 S. 2 AktG verankerten Kriteriums der Homogenität von Rechten für die

[194] Siehe S. 186 f.
[195] Siehe S. 187 f.
[196] Siehe S. 190 ff.
[197] Siehe S. 193 f.

Einteilung in Anteilsgattungen kann nicht als Vorbild gelten.[198] Positiv ist beim „class"-Begriff lediglich, daß die englische Rechtsprechung im Gegenzug eine unmittelbare Betroffenheit für eine Pflicht zur Einbeziehung in den Vergleichsplan fordert, die mit der nachteiligen Betroffenheit bei § 179 Abs. 3 AktG vergleichbar ist. Aus rechtsvergleichender Sicht wird die Forderung des Baums-Berichts[199] nach einer Abschaffung der zu weit greifenden Sonderbeschlußerfordernisse gem. §§ 182 Abs. 2, 193 Abs. 1 S. 3, 202 Abs. 2 S. 4, 221 Abs. 1 S. 4, 222 Abs. 2, 229 Abs. 3, 237 Abs. 2 S. 1 AktG gestützt, die zu einem Rückgriff auf die allgemeine Regelung des § 179 Abs. 3 AktG führen würde.[200]

4. Es ist abzulehnen, die Änderung satzungsmäßig verankerter Gattungs- oder Sonderrechte nach dem Vorbild der sec. 425 CA 1985 durch bloße Zustimmung der nachteilig betroffenen Gattung oder des jeweiligen Sonderrechtsinhabers ohne Abstimmung durch eine Haupt- oder Gesellschafterversammlung zu ermöglichen. Ein solcher Reformschritt würde zwar zu einer Deregulierung und Kostenentlastung der Gesellschaft führen, die Organzuständigkeit der Haupt- oder Gesellschafterversammlung für korporative Entscheidungen aber mißachten; eine im Gegenzug eingeführte gerichtliche Kontrolle der Strukturänderung nach englischem Vorbild würde den Deregulierungsgewinn ohnehin wieder kompensieren.[201]
5. Die bei internen Strukturänderungen im Vergleichsplanverfahren bestehenden obligatorischen Berichts- und Aufklärungspflichten gem. sec. 426 CA 1985 sollten im Sinne eines verbesserten Anteilseigner- und Anlegerschutzes Anlaß zum Nachdenken über eine etwaige Erhöhung der Berichts- und Aufklärungspflichten des Vorstands bzw. der Geschäftsführung im deutschen Kapitalgesellschaftsrecht geben.[202]
6. Die Annahme, eine frühe Verfahrensverdichtung durch eine obligatorische gerichtliche Kontrolle mit integriertem Widerspruchsverfahren würde zu einer Reduzierung von Nichtigkeits- oder Anfechtungsklagen führen, ist ein Trugschluß. Wegen der geringeren Präjudizwirkung erstinstanzlicher Entscheidungen im deutschen Zivilprozeßrecht ist mit keiner signifikanten Änderung der jetzigen Situation zu rechnen. Auch die Kompliziertheit und Länge einer umfassenden gerichtlichen Kontrolle würde die Vorzüge der bestehenden einfacheren, schnelleren und Kosten sparenden Prozeduren im englischen und deutschen Recht (normale Satzungsänderung, eventuell mit Zustimmungs- oder Sonderbeschlußerfordernis, Kapitalherabsetzung und -erhöhung) übersehen.[203]

---

[198] Siehe S. 194 ff., insbes. 197 f.
[199] Rz. 241.
[200] Siehe S. 198.
[201] Siehe S. 199 f.
[202] Siehe S. 200 ff.
[203] Siehe S. 207 f.

7. Die gerichtliche Beschlußkontrolle weist im deutschen Recht ähnliche Ergebnisse auf, die sich nur in manchen Details unterscheiden; fundamental verschieden ist nur die obligatorische gerichtliche Aufsicht im englischen Recht einerseits und die Zweiteilung in ein obligatorisch befaßtes Registergericht und ein nur im Fall einer Anfechtungs- oder Nichtigkeitsklage befaßtes Prozeßgericht.[204] Außerdem sind die englischen Gerichte in geringerem Maße an gesetzliche Vorgaben gebunden, wenngleich sie bei der Ermessensausübung meist zu ähnlichen Ergebnissen gelangen. Aufgrund der Präjudizwirkung erstinstanzlicher Entscheidungen kommt es jedoch wesentlich seltener zu einer einstweiligen Verfügung zur Vollzugsaussetzung oder einem Wirksamkeitsaufschub.[205]
8. Der mangels ausdrücklicher gesetzlicher Reglementierung unzureichend ausgestaltete Gläubigerschutz im Vergleichsplanverfahren kann keine Anstöße für eine Fortentwicklung des deutschen Rechts geben.[206]

---

[204] Siehe S. 206 ff.
[205] Siehe S. 208 f.
[206] Siehe S. 210 f.

§ 13: Anteilsübertragung

I. „Takeover"

1. Begriff

England ist das Pionierland des „takeover": als dieser in den 1950er Jahren in den Vereinigten Staaten von Amerika noch selten anzutreffen war, gehörte er im Vereinigten Königreich bereits zur üblichen Praxis des Wirtschaftslebens.[1]

Unter einem „takeover" im weitesten Sinne versteht man eine oder mehrere im Zusammenhang stehende Transaktionen, durch die eine natürliche oder juristische Person (Bieter) die Kontrolle über das Vermögen einer „company" (Zielgesellschaft) erwirbt, entweder direkt durch Erwerb der Aktiva oder indirekt durch Erwerb der Kontrolle über die Geschäftsführung („management").[2]

Die erste Art der Unternehmensübernahme durch direkten Unternehmens- und Vermögenserwerb wird in der rechtswissenschaftlichen Diskussion in England gewöhnlich nicht als „takeover", sondern als Unternehmenskauf verstanden.[3] Die zweite Art der Kontrollerlangung findet durch Erwerb von Gesellschaftsanteilen statt. Mit einfacher Hauptversammlungsmehrheit können die Anteilseigner nämlich die bisherigen Direktoren abberufen, sec. 303 CA 1985, und neue Direktoren bestellen, sec. 292 CA 1985, sofern die Satzung keine höheren Mehrheiten vorsieht, und so die Geschäftsführung kontrollieren. Handelt es sich bei dem Bieter um eine Gesellschaft, gilt diese auch als Mutter- oder Holdinggesellschaft der Zielgesellschaft. In Anbetracht dieser Gesetzeslage kann bei Erwerb von Anteilen, die mehr als 50 Prozent der Stimmrechte vermitteln, regelmäßig von einer Kontrolle einer „company" ausgegangen werden.[4] Wegen der meist geringen Hauptversammlungspräsenz bei „public companies" geht Rule 9.1 (a) des City Code on Takeovers and Mergers für solche jedoch von einer Kontrollschwelle von 30 Prozent der Stimmrechte aus.[5]

---

[1] Gower/Davies, S. 772; seit langem hat der „takeover" aber auch in den Vereinigten Staaten den dort bis dahin vorherrschenden Weg über einen „proxy fight" verdrängt.

[2] Weinberg/Blank/Rabinowitz, Rz. 1-1001, 1-1002.

[3] Nourse J. in Re Savoy Hotel Ltd. [1981] 3 All E.R. 646, 649; Palmer, Rz. 12.006; Farrar's Company Law, S. 588; Tolley's Company Law, R2016; vgl. Weinberg/Blank/Rabinowitz, Rz. 2-2061 ff.

[4] Gower/Davies, S. 772; ausführlich zum Kontrollbegriff: Weinberg/Blank/Rabinowitz, Rz. 1-2002 ff.; vgl. auch die 50 %-Kontrollschwelle nach Art. 16 des bis zum 31. 12. 2001 geltenden, freiwilligen deutschen Übernahmekodex'.

[5] Vgl. so auch die Kontrollschwelle gemäß § 29 Abs. 2 des zum 1. 1. 2002 in Kraft getretenen Wertpapiererwerbs- und Übernahmegesetzes (WpÜG).

Der Anteilserwerb vollzieht sich bei „companies" mit einer geringen Gesellschafterzahl meist durch eine Vereinbarung zwischen dem Bieter und den bisherigen kontrollierenden Gesellschaftern.[6] Bei Publikumsgesellschaften mit einer höheren Gesellschafteranzahl können die zur Kontrolle erforderlichen Anteile ebenfalls einverständlich von den kontrollierenden Gesellschaftern durch den Bieter erworben werden. Bei börsennotierten Gesellschaften mit hohem Streubesitz („free float") stellt der Kauf von Anteilen über die Börse eine Alternative dar.[7] Das wichtigste Mittel des indirekten Kontrollerwerbs bei Publikumsgesellschaften ist jedoch der sog. „takeover bid".[8]

Unter „takeover bid" versteht man ein öffentliches Angebot an die Anteilseigner der Zielgesellschaft oder zumindest an die Anteilseigner einer oder mehrerer Anteilsgattungen zum Erwerb ihrer Anteile. Als Gegenleistung wird entweder Bargeld, Anteile oder andere Wertpapiere an der Bietergesellschaft oder eine Kombination von beiden angeboten.[9]

Der Begriff „takeover bid" ist weiter als der in sec. 428 (1) CA 1985 legaldefinierte Begriff „takeover offer", der sich lediglich auf die secs. 428 - 430F CA 1985 bezieht, die die Durchführung eines Zwangsausschlusses der verbleibenden freien Anteilseigner oder deren Andienungsrecht nach einem Übernahmeangebot zum Inhalt haben, dem bereits 90 % der freien Anteilseigner zugestimmt haben. Ein Übernahmeangebot im Sinne von sec. 428 (1) CA 1985 erstreckt sich auf den Erwerb aller nicht bereits vom Bieter in zurechenbarer Weise gehaltenen Anteile insgesamt oder Anteile einer oder mehrerer bestimmter Anteilsgattungen. Dabei spielt es keine Rolle, ob der Bieter bereits Mehrheitsanteilseigner war oder erst durch das Übernahmeangebot zu einem solchen geworden ist. Ein „takeover bid" bezweckt jedoch immer den Kontrollerwerb und kann sich anteilsgattungsunabhängig auf bestimmte Anteile oder das Erreichen einer ganz bestimmten Kontrollmehrheit beschränken (sog. „partial offer").[10]

Anteilstauschübernahmeangebote dienen in England vielfach der Unternehmensvereinigung unter gemeinschaftlicher Kontrolle der bisherigen Anteilseigner einer Bietergesellschaft und einer oder mehrerer Zielgesellschaften; eine solche Unter-

[6] Weinberg/Blank/Rabinowitz, Rz. 1-1002, ausführlich dazu 2-2032 bis 2-2044 und 2-3040 ff.
[7] Ausführlich Weinberg/Blank/Rabinowitz, Rz. 2-2045 bis 2-2051.
[8] Weinberg/Blank/Rabinowitz, Rz. 1-1001, ausführlich 2-2005 bis 2-2031 und 2-3004 bis 2-3039.
[9] Vgl. nur Weinberg/Blank/Rabinowitz, Rz. 1-1007; Farrar's Company Law, S. 589.
[10] Weinberg/Blank/Rabinowitz, Rz. 1-1006; Gower/Davies, S. 806; vgl. zur beschränkten Zulässigkeit von Teilangeboten im Geltungsbereich des City Codes insbes. Regel 36 City Code, Gower/Davies, S. 794 ff. und Zinser, RIW 2001, 481, 485.

nehmensvereinigung nennt man Fusion bzw. „merger".[11] Im Gegensatz zu kontinentaleuropäischen Rechtsordnungen werden Fusionen in England viel häufiger durch den Tausch von Anteilen als durch Unternehmens- und Vermögensübertragung erreicht.[12] Die unternehmerischen Ergebnisse sind im wesentlichen dieselben, die Verfahren sind jedoch weniger aufwendig, da seltener eine Zustimmung durch die Anteilseigner der Bietergesellschaft eingeholt werden muß und die Situation der Gläubiger der Zielgesellschaft unberührt bleibt.[13]

Barübernahmeangebote[14] hingegen stellen ein Mittel des Unternehmenserwerbs dar. Daher werden solche Angebote teilweise[15] auch als eigentliche Unternehmensübernahmetechnik verstanden, jedenfallls in Fällen, wo die Zielgesellschaft so groß ist, daß ein Anteilstausch den Anteilseignern der Zielgesellschaft eine zu große Beteiligung an einer Bietergesellschaft ermöglicht hätte. Das Übernahmeangebot („takeover bid") kann somit als eine Technik zur Durchführung sowohl einer Fusion als auch einer Unternehmensübernahme angesehen werden.[16] Insoweit kommt es zu einer partiellen begrifflichen Überschneidung zwischen „takeover" und „merger".

2. Anteilserwerb und Unternehmensübernahme im englischen Recht

a) Übertragung von Anteilen

Die Übertragung von Anteilen richtet sich in England danach, welche Anteilsart vorliegt. Inhaberanteile („bearer shares") sind in England echte Wertpapiere. Die Ausgabe von Inhaberanteilen muß in der Gesellschaftssatzung gesondert vorgesehen sein. Außerdem müssen „bearer shares" wie Inhaberaktien nach § 10 AktG sofort voll einbezahlt werden, sec. 188 (1) CA 1985. Beim Erwerb ist auf einen „share warrant", die einen Inhaberanteil verbriefende Urkunde, der Stempelgebührsatz von 3 % des Marktwertes vom Käufer zu entrichten. Als echtes Wertpapier wird ein „share warrant" durch Einigung und Übergabe („delivery") übertragen, vgl. sec. 188 (2) 2.HS CA 1985.

---

[11] Vgl. Weinberg/Blank/Rabinowitz, Rz. 1-1004 und unten S. 326 ff. zu einer detaillierten Analyse der Begriffe „amalgamation" und „merger".
[12] Pennington, Company Law, S. 975; Gower/Davies, S. 766, 772; Palmer, Rz. 12.006; Triebel /Hodgson/Kellenter/Müller, Englisches Handels- und Wirtschaftsrecht, 2. Aufl. 1995, Rz. 771.
[13] Vgl. Gower/Davies, S. 772.
[14] Dazu Weinberg/Blank/Rabinowitz, Rz. 2-2005 - 2-2060.
[15] Weinberg/Blank/Rabinowitz, Rz. 1-1005.
[16] Weinberg/Blank/Rabinowitz, Rz. 1-1006.

Anteile werden in England jedoch nur sehr selten in Form von Inhaberpapieren ausgegeben.[17] Meist werden sie der Namensaktie ähnelnd als sog. „registered share“ ausgegeben. Dabei werden Name und Anschrift sowie Eintritts- und Austrittsdatum des Gesellschafters, die Nummer des gehaltenen Anteils sowie die betreffende Anteilsgattung im Mitgliederverzeichnis eingetragen, das dem deutschen Aktienregister für Namensaktien gem. § 67 AktG ähnelt. Für solche registrierten Anteile stellt die „company“ ein Anteilszertifikat aus.[18] Erst mit Eintragung im Mitgliederverzeichnis wird der Anteilseigner Eigentümer.[19]

Eine Übertragung von voll eingezahlten, registrierten Anteilen ist in sec. 183 CA 1985 und normalerweise in den „articles of association“ geregelt und vollzieht sich demnach meist durch Einigung in einer von Zedent und Zessionar in Anwesenheit eines Zeugen unterschriebenen Übertragungsurkunde, Übergabe des Anteilszertifikats[20] und Eintragung im Anteilsregister.[21] Insbesondere ist bei der Eintragung das Anteilszertifikat mit der Übertragungsurkunde („proper instrument of transfer“) der Gesellschaft vorzulegen, die die Übertragung im Gesellschafterverzeichnis einträgt und sodann ein neues Anteilszertifikat auf den Namen des neuen Anteilsinhabers ausstellt. Solange die Übertragungsurkunde, die der Stempelgebühr unterliegt, nicht vorliegt, darf aus steuerrechtlichen Gründen keine Eintragung vorgenommen werden.

Der Stock Transfer Act 1963[22] hat die Übertragung voll eingezahlter Anteile erleichtert und ermöglicht alternativ zum normalerweise in den „articles“ vorgesehenen Verfahren die Übertragung durch alleinige Unterschrift des Zedenten auf einem Übertragungsformular ohne Anwesenheit eines Zeugen.[23]

Die Übertragung von amtlich notierten Anteilen wird durch das auf Grundlage von sec. 207 CA 1989 i.V.m. Uncertified Securities Regulations 1995[24] errichtete CREST Computersystem der Londoner Börse durchgeführt. Dieses System ermöglicht eine schnelle, sichere und stücklose liefer- und geldmäßige Abwicklung für die an der Londoner Börse getätigten Anteilsgeschäfte. Es bedarf also keines „written instruments“ mehr. Dennoch steht die geplante Abschaffung der Stem-

---

[17] Gower/Davies, S. 330.

[18] Triebel/Hodgson/Kellenter/Müller, a.a.O., Rz. 670 f.

[19] Gower/Davies, S. 330.

[20] Sind im Anteilszertifikat mehrere Anteile ausgewiesen, soll aber nur ein Teil davon übertragen werden, dann übergibt der Zedent dem Zessionar nicht das Zertifikat, sondern läßt sich von der „company“ ein „certification of transfer“ gem. sec. 184 CA 1985 ausstellen. Nach erfolgter Übertragung dieses Teils vernichtet die „company“ das unrichtig gewordene Anteilszertifikat und gibt neue Anteilszetifikate aus, die die beim Zedenten verbliebenen und auf den Zessionar übergegangenen Anteile gesondert ausweisen.

[21] Vgl. Gower/Davies, S. 348.

[22] Sec. 1 und Sched. 1.

[23] Triebel/Hodgson/Kellenter/Müller, a.a.O., Rz. 672.

[24] S.I. 1995 No. 3272.

pelgebühr für solche Fälle noch aus.[25] CREST wird von der CrestCo. betrieben und ist im Gegensatz zum geplanten, aber im Jahre 1993 wieder aufgegebenen TAURUS System nicht obligatorisch, so daß nicht alle an der Börse gehandelten Anteile „uncertified" sind.[26] Zur Abwicklung über CREST bedarf es einer Einigung zwischen der eine Anteilsgattung ausgegebenden „company", dem Anteilseigner und der Betreibergesellschaft CrestCo.

Da Anteile persönliches Eigentum („personal estate") des Gesellschafters sind, können sie gem. sec. 182 (1) CA 1985 grundsätzlich frei übertragen werden. Jedoch ist eine satzungsmäßige Einschränkung der Übertragbarkeit - etwa eine Vinkulierung wie im deutschen Recht nach § 15 Abs. 5 GmbHG oder § 68 Abs. 2 AktG - bei „private companies" üblich.[27] Nur bei an der Börse notierten Kapitalgesellschaften ist eine solche Einschränkung unzulässig.[28]

Die Klauseln zur Einschränkung der Übertragbarkeit sind sehr verschieden ausgestaltet. Teilweise wird die Übernahme von Anteilen beim Tod eines Gesellschafters zu einem festgelegten Preis vorgesehen, teilweise wird ein Vorkaufsrecht der übrigen Gesellschafter oder ein „right of first refusal" eingeräumt; noch häufiger enthält die Satzung die Bestimmung, daß die Verweigerung der Eintragung im Anteilsregister im an das Unternehmensinteresse gebundenen Ermessen der Direktoren liegt.[29]

b) Wesentlicher Anteilserwerb und Übernahmeangebot

Die Übernahme von Anteilen einer „private company" unterliegt grundsätzlich keinerlei Sonderregelungen, so daß sich eine Übernahme der Anteile unabhängig vom Umfang allein nach den Vorschriften zur Anteilsübertragung richtet. Bei „public companies" und börsennotierten Gesellschaften greift jedoch eine Menge von Sondervorschriften gesetzlicher und regulatorischer Natur, die den Kontrollerwerb selbst, aber auch bereits vorhergehende Anteilserwerbe, die zu einem solchen Kontrollerwerb führen können, regeln und für eine Transparenz des Kapitalmarktes sorgen und letztlich dem Schutz der Anteilseigner dienen.

---

[25] Gower/Davies, S. 337.

[26] Nähere Ausführungnen bei Gower/Davies, S. 337 ff.

[27] Gower/Davies, S. 88, 336, 345 ff.

[28] Listing Rules, para. 3.15; diese Regelung hielt den Staat in der Vergangenheit jedoch nicht davon ab, bei der Privatisierung ehemaliger Staatsgesellschaften sog. „golden shares" zur Verhinderung der Übernahme dieser Gesellschaften ohne staatliche Zustimmung einzuführen, vgl. Gower/Davies, S. 88 Fn. 61.

[29] Gower/Davies, S. 345 ff. mit weiteren Ausführungen.

Der Companies Act 1985 enthält in den secs. 198-212 CA 1985 Bestimmungen zur Meldepflicht bezüglich des Erwerbs oder der Abstoßung eines „notifiable interest" am Anteilskapital einer „public company". Ein der Gesellschaft meldepflichtiger Vorgang ist gegeben, wenn eine Person zurechenbar die Schwelle von 3 % der Anteile übersteigt oder wenn eine nachfolgende Veränderung in einem Anteilsbestand von mindestens 3 % eintritt.

Bei börsennotierten Gesellschaften muß eine entsprechende Änderung des „notifiable interest" gem. sec. 5 Chap. 2, § 16 (a) Listing Rules unverzüglich der Börse gemeldet werden.

Außerdem enthält der Companies Act 1985 in seinen secs. 314-316 CA 1985 Vorschriften, daß Abfindungen für Direktoren für ihre Auswechslung oder ihren freiwilligen Rücktritt im Zuge eines „takeover" den Anteilseignern in der Angebotsunterlage selbst oder ihr beigefügt aufgedeckt oder durch einen einfachen Anteilseignerbeschluß genehmigt werden müssen, um rechtmäßig zu sein.

Außerrechtliche Regelungen für den wesentlichen Anteilserwerb und für Unternehmensübernahmen sind die „Rules Governing Substantial Acquisitions of Shares" (SARs) sowie vor allem der „City Code on Takeovers and Mergers" (City Code), die beide vom Ausschuß für Übernahmen und Fusionen, dem sog. „Panel on Takeovers and Mergers" (Panel), erlassen werden und einen als freiwillige Selbstkontrolle entwickelten Verhaltenskodex der britischen Finanzwirtschaft darstellen.[30]

Indem sich detaillierte und umfassende Bestimmungen vorwiegend in freiwilligen Regelungswerken finden lassen, wird deutlich, daß der Gesetzgeber der Selbstregulierungskraft der Finanzwelt und der Wirtschaft in England großes Vertrauen schenkt.[31] Anders als in Deutschland, wo dem bis zum 31. 12. 2001 gültigen, freiwilligen Übernahmekodex nur eine geringe praktische Bedeutung zukam, war dem City Code ein außerordentlicher Erfolg beschieden. Seit seinem Inkrafttreten am 28. 3. 1968 richteten sich bis 2001 mehr als 7000 Verfahren nach dem City Code.[32]

[30] Beide Regelwerke sind in je aktuellster Fassung unter der Adresse www.thetakeoverpanel.org.uk ins Internet gestellt und können gegen Entgelt bei folgender Adresse angefordert werden: The Panel on Takeovers an Mergers, P.O. Box No. 226, The Stock Exchange Building, London EC2P 2JX.

[31] Zur Selbstregulierung in England u.a. Morse, JBL 1998, 58 ff. sowie ders., JBL 1991, 509 ff.

[32] Zinser, RIW 2001, 481, 481 m.w.N.

aa) Rules Governing Substantial Acquisitions of Shares (SARs)

Die auf börsennotierte Gesellschaften anzuwendenden SARs setzen die Geschwindigkeit fest, mit der eine Person den Besitz von Anteilen und anderen Rechten auf Anteile vermehren darf[33], damit neben institutionellen Anlegern auch private Anleger genügend Zeit haben, um auf Angebote zu einem wesentlichen Erwerb („substantial acquisition“) zu reagieren. Rule 1 SARs verbietet daher grundsätzlich den Erwerb von Anteilen oder Rechten an solchen, die 10 % oder mehr der Stimmrechte an einer Zielgesellschaft ausmachen, in einem Zeitraum von sieben Tagen, wenn eine Person nach diesem Erwerb zurechenbar zwischen 15 und 30 % der Stimmrechte an der Zielgesellschaft hält.[34] Ein solcher Anteilserwerb darf daher grundsätzlich nur unter Einhaltung des City Codes oder mittels eines sog. „Tender Offer“ gem. Rule 4 SARs durchgeführt werden. Ein solches „Tender Offer“ gleicht einer invitatio ad offerendum, indem der Aufkauf zu einem festen oder Höchstpreis angeboten wird.[35]

Zugleich tragen die SARs Sorge für die schnelle Offenlegung eines wesentlichen Anteilserwerbs. Rule 3 SARs bestimmt, daß dann, wenn eine Person infolge der Transaktion zurechenbar 15 % oder mehr der Stimmrechte hält oder sie einen solchen Anteil durch die Transaktion um mindestens 1 % ausbaut, sie diesen Erwerb der Zielgesellschaft und der Börse bis 12.00 Uhr des der Transaktion folgenden Geschäftstages melden muß.

---

[33] Triebel/Hodgson/Kellenter/Müller, a.a.O., Rz. 771; Gower/Davies, S. 779 f.: Die SARs waren eine Reaktion auf einen sog. „dawn raid“, einen räuberischen Anteilsaufkauf, im Jahre 1980, bei dem von Brokern, die für zwei Bergbauunternehmen agierten, innerhalb weniger Minuten elf Prozent der Anteile einer anderen „company“ aufgekauft wurden, indem diese Broker im Parkett der Londoner Börse ausriefen, daß sie die Anteile achtzehn Prozent über dem aktuellen Kurspreis aufkaufen würden. Nur die institutionellen Anleger konnte in so kurzer Zeit darauf reagieren, was als Unfairneß gegenüber den privaten Anlegern scharf verurteilt wurde.

[34] Zu Ausnahmen Rule 2 SARs und Weinberg/Blank/Rabinowitz, Rz. 2-2048.

[35] Näher dazu Gower/Davies, S. 780 Fn. 48.

bb) City Code on Takeovers and Mergers

(1) Anwendungsbereich

Der City Code[36] ist anstelle der SARs immer dann anwendbar, wenn jemand die feste Absicht erklärt hat, ein bedingungsloses Angebot für die Übernahme, also für den Kontrollerwerb an einer Zielgesellschaft zu unterbreiten.[37] Ein Kontrollerwerb liegt vor, wenn der Bieter nach Ablauf des Übernahmeangebots 30 % oder mehr der Stimmrechte hält, Rule 9.1 (a) City Code. Außerdem deckt der City Code nicht nur den Kontrollerwerb, sondern auch den Ausbau einer Kontrollposition ab, also die Vergrößerung eines Anteils, der 30 % oder mehr der Stimmrechte ausmacht.

Personelle Anwendung findet der City Code auf alle „public companies" mit Sitz im Vereinigten Königreich, den Kanalinseln oder der Insel Man, gleich ob sie eine amtliche Börsenzulassung besitzen oder nicht, aber auch auf „private companies", wenn diese während der letzten 10 Jahre eine Börsenzulassung besessen oder ein Börsenprospekt für die Ausgabe von Anteilen ausgegeben haben.[38]

(2) Sinn und Zweck, Aufbau und Sanktionen

Hauptzweck dieses Regelwerks ist es, eine faire Behandlung der Angebotsempfänger sicherzustellen und sie vollständig zu informieren, damit sie selbst eine eigene, aufgeklärte Entscheidung über Wertpapiererwerbsangebote treffen können und nicht der Verwaltungsrat der Zielgesellschaft, den grundsätzlich eine Neutralitätspflicht trifft.[39] Der City Code besteht aus zehn Grundsätzen und einer Vielzahl von Regeln. Verstöße gegen den City Code sind weder strafbar noch stellen sie unerlaubte Handlungen dar, die zivilrechtlichen Folgen nach sich zögen. Die außerrechtlichen Sanktionen sind jedoch sehr nachhaltig, da ein Verstoß

---

[36] Siehe dazu ausführlicher in englischer Sprache etwa Gower/Davies, S. 780-805; in deutscher Sprache etwa Zinser, RIW 2001, 481 ff. sowie ders., Übernahmeangebote (takeover bids) im englischen und deutschen Recht, 2000.

[37] Triebel/Hodgson/Kellenter/Müller, a.a.O., Rz. 772; Gower/Davies, S. 780: unwahrscheinlich ist, daß einem Übernahmeangebot zunächst die Akquisition einer wesentlichen Anteilsmenge vorausgeht, da diese den Marktpreis der Anteile steigert (jedenfalls, solange der Markt von der Möglichkeit eines nachfolgenden Übernahmeangebots ausgeht) und daher die Übernahme verteuern würde. Folglich sind in der Praxis entweder die SARs oder der City Code anwendbar.

[38] Vgl. Gower/Davies, S. 778 mit weiteren Bedingungen; sog. „open investment companies", also Investmentgesellschaften mit variablem Kapital, fallen jedoch nicht unter den Anwendungsbereich des City Codes.

[39] Triebel/Hodgson/Kellenter/Müller, a.a.O., Rz. 772; Gower/Davies, S. 779.

eine Suspendierung der Anteile und Schuldverschreibungen an der Londoner Börse bis zum Ausschluß der zuwiderhandelnden Partei von der weiteren Berufstätigkeit auf dem Gebiet der Unternehmensübernahmen zur Folge haben kann.[40]

Aus den zehn Grundsätzen des City Codes lassen sich die Gleichbehandlung der Anteilseigner bei Übernahmeangeboten[41], die Sicherstellung einer umfassenden und gleichen Information[42] sowie eines Handelns im Interesse der Anteilseigner[43] als auch der Schutz vor einer Irreführung des Kapitalmarktes[44] als Regelungszwecke des City Codes herausfiltern.[45]

(3) Verfahren im Überblick

Im Überblick läuft das Verfahren der Unternehmensübernahme folgendermaßen ab. Normalerweise erfolgt nach Vorgesprächen zwischen Bieter und Zielgesellschaft mit dem Ziel eines Einverständnisses über die Übernahme und einer Phase der absoluten Geheimhaltung[46] die Ankündigung eines Übernahmeangebots. Insbesondere besteht eine Verpflichtung zur Ankündigung, sobald sich der Bieter fest und unbedingt zur Abgabe eines Übernahmeangebots entschlossen hat oder er zurechenbar soviele Anteile erworben hat, daß er gemäß Rule 9 City Code zur Abgabe eines sich auf alle Anteile erstreckenden Pflichtangebots verpflichtet ist.[47]

Rule 9.1 City Code legt fest, daß eine Pflicht zur Abgabe eines Pflichtangebots („mandatory bid") ausgelöst wird, wenn (a) eine Person zurechenbar (mit Personen „acting in concert") Anteile erwirbt, die ihm 30 % oder mehr der Stimmrechte verleihen oder wenn (b) eine Person zurechenbar nicht weniger als 30 % aber auch nicht mehr als 50 % der Stimmreche innehat und zurechenbar in einem Zeitraum von 12 Monaten zusätzliche Anteile erwirbt, die zusammen mehr als 1 % der Stimmrechte gewähren. Das Pflichtangebot erstreckt sich auf alle Anteile

40 Triebel/Hodgson/Kellenter/Müller, a.a.O., Rz. 772.
41 General Principle 1 City Code.
42 General Principles 2 und 4 City Code.
43 General Principles 7 und 9 City Code.
44 General Principles 3 und 5 City Code.
45 Vgl. Zinser, RIW 2001, 481, 482 m.w.N.
46 Rule 1 und 2.1 City Code.
47 Rule 2.2 (a), (b) City Code; zu anderen Gründe, die die Ankündigungspflicht auslösen: siehe Rule 2.2 (c)-(f) City Code und die Darstellung bei Gower/Davies, S. 781; dazu zählen insbesondere solche Fälle, in denen Gerüchte bezüglich der Übernahme aufgekommen sind oder es ungewöhnliche Kursschwankungen bei den Anteilen der Zielgesellschaft gibt. Der Bieter wird aber das Aufkommen solcher Gerüchte tunlichst vermeiden, um nach einer möglichen Einigung mit der Unternehmensleitung der Zielgesellschaft und einer möglichen „lock-out"-Vereinbarung zur Vermeidung eines konkurrierenden Angebots eine vollständigere und ernsthaftere Ankündigung gem. Rule 2.5 City Code machen zu können.

gleich welcher Gattung und auf alle Stimmrechte verleihenden Wertpapiere, es sei denn, daß das Panel von einer solchen Verpflichtung ganz oder teilweise befreit, vgl. Rule 9.3-9.5 City Code. Um die Gleichbehandlung aller Anteilseigner zu gewährleisten, hat das Pflichtangebot in bar oder zumindest wahlweise in bar zu dem höchsten Preis, der während des Angebotszeitraums oder 12 Monate zuvor gezahlt worden ist, zu erfolgen, vgl. Rule 9.5 City Code. Eine Baralternative muß dagegen nicht angeboten werden, wenn in dieser Zeit keine Anteile in bar erworben wurden.

Wenn das „company"-Kapital in mehrere Anteilsgattungen aufgeteilt ist, muß nach dem Gleichbehandlungsgrundsatz jeder Gattung ein vergleichbares Angebot unterbreitet werden, vgl. Rule 14.1 City Code. Hat eine Gesellschaft darüber hinaus in Anteile umwandelbare Wertpapiere ausgegeben oder bestehen noch ausstehende Anteilsoptionen oder Bezugsrechte, dann muß der Bieter ein angemessenes Angebot auch an die Inhaber dieser Wertpapiere oder an die Options- oder Bezugsrechtsinhaber abgeben, Rule 15 (a), (e) City Code.

Bei der Ankündigung des Angebots muß der Bieter seine Identität, seine zumindest zurechenbare Beteiligung an der Zielgesellschaft sowie die Angebotsmodalitäten allen Anteilseignern gleichzeitig mitteilen.[48] Bereits in einem frühen Stadium können diese sich also Gedanken über die Vor- und Nachteile des Angebots machen.

Nach dieser Ankündigung beginnt die Angebotsphase („offer period"), die strengere Vorschriften für den Handel mit Anteilen der betroffenen Parteien beinhaltet.[49] Die Meldeschwelle für den Erwerb von Anteilspaketen sinkt von 3 % auf 1 % ab und alle Wertpapiertransaktionen - auch von Derivaten -, die von den an der Übernahme betroffenen Parteien zurechenbar vorgenommen werden, sind dem Takeover Panel und der Londoner Börse offenzulegen. Außerdem ist die Leitung der Zielgesellschaft gem. Rule 3 City Code verpflichtet, sich unabhängig und kompetent beraten zu lassen und die Ergebnisse den Anteilseignern mitzuteilen.[50] Nur wenn die Berater die Fairneß des Angebots feststellen, darf die Unternehmensleitung das Angebot empfehlen. Auch können die Direktoren verschiedene Standpunkte zum Übernahmeangebot einnehmen, die mitgeteilt werden sollten.[51]

Spätestens 28 Tage nach der Ankündigung der festen Absicht zur Abgabe eines Übernahmeangebots muß eine Angebotsunterlage („offer document") veröffent-

[48] Rule 2.5 (b) City Code.
[49] Gower/Davies, S. 781.
[50] Diese Regel hat insbesondere bei Management Buy-Outs und Übernahmeangeboten durch Großanteilseigner eine wichtige Bedeutung
[51] Gower/Davies, S. 782 f.

licht werden; andernfalls ist das Panel zu benachrichtigen.[52] Die Angebotsunterlage muß detaillierte Angaben zur Information der Anteilseigner bezüglich der Angebotsbedingungen und der wirtschaftlichen und rechtlichen Verhältnisse des Bieters bzw. der Bietergesellschaft und deren wirtschaftlichen und geschäftspolitischen Absichten enthalten.[53] Der Bieter ist berechtigt, Bedingungen an das Angebot zu knüpfen, sofern sie einer subjektiven Einflußnahme durch den Bieter entzogen sind.[54] Typische Bedingungen sind etwa die Zustimmung zur Übernahme durch die Anteilseignerversammlung der Bietergesellschaft, das Erreichen der 90 %-Zustimmungsschwelle oder wesentliche Änderungen der Marktverhältnisse.[55] Pflichtbedingungen sind die Zustimmung durch die Aufsichtsbehörden[56] und das Erreichen einer Akzeptanzquote, die dem Bieter 50 % der Stimmrechte sichert, sofern sich das Angebot auf den Erwerb von Anteilen erstreckt, die das Erreichen von 50 % der Stimmrechte in der Hand des Bieters ermöglichen[57].

Die Anforderungen an die Angebotsunterlage verschärfen sich aus Gründen des Anlegerschutzes, wenn bei einer börsennotierten „company" die Listing Rules[58] einzuhalten sind.

Den Anteilseignern soll eine ausreichend informierte, über die Vor- und Nachteile objektiv aufgeklärte Entscheidung ermöglicht werden.[59]

Mit der Angebotsunterlage wird den Anteilseignern, die regelmäßig im Mitgliederverzeichnis der Zielgesellschaft verzeichnet sind, meist ein Übertragungsformular nach Sched. 1 Stock Transfer Act 1963 beigefügt, das sie zur Annahme des Angebots nur unterschrieben an den Bieter zurücksenden müssen.[60] Die Annahme des Angebots führt so zu einem Vertragsschluß zwischen jedem einzelnen

---

[52] Rule 30.1 City Code.

[53] Rules 23 ff. City Code; ausführlicher Zinser, RIW 2001, 481, 483.

[54] Rule 13 City Code.

[55] Farrar's Company Law, S. 595 f.; weitere Bedingungen bei Zinser, RIW 2001, 481, 483: Nichtausgabe neuer Anteile, keine Dividendenausschüttungen, Nichtaufnahme eines Rechtsstreits.

[56] Rules 9.4, 12.1 (a) und (b) City Code.

[57] Rule 10 City Code; jedes freiwillige Wertpapiererwerbsangebot, das dem Bieter bei voller Akzeptanz ermöglicht, 50 % der Stimmrechte zu erreichen, darf erst verbindlich im Hinblick auf die Akzeptanz werden oder als verbindlich erklärt werden, wenn der Bieter 50 % des Stammkapitals und 50 % des Stammkapitals kombiniert mit dem übrigen Anteilskapital („non-equity share capital") erworben oder zu erwerben vereinbart hat, sei es auf Grund des Angebots oder anderweitig; andernfalls ist das Angebot gescheitert; näher dazu Gower/Davies, S. 793 und die Anm. 1-7 zu Rule 10 und Appendix 4 City Code.

[58] Deren Kapitel 10; so sind bei der Absendung der Angebotsunterlage gleichzeitig auch sog. „listing particulars" einzureichen.

[59] Vgl. Farrar's Company Law, S. 596; Gower/Davies, S. 797.

[60] Zinser, RIW 2001, 481, 486.

Anteilseigner und dem Bieter zu den im Vertrag und in der Angebotsunterlage festgelegten Bedingungen.

Der Tag, an dem die Angebotsunterlage an die Anteilseigner versandt wird[61], ist als sog. „posting day“ der Tag 1 des für die Übernahme relevanten Zeitplans.[62] Die Unternehmensleitung der Zielgesellschaft sollte so schnell wie möglich eine Stellungnahme zum Angebot („offeree board circular“) abgegeben, normalerweise innerhalb von 14 Tagen.[63] Die Stellungnahme spricht sich entweder für oder gegen die Annahme des Angebots aus. Es muß eine Bewertung unabhängiger Berater beigefügt werden.[64] Außerdem müssen detaillierte Angaben über Beteiligungen der Zielgesellschaft und ihrer Töchter sowie über die Transaktionen der letzten zwölf Monate enthalten sein. Die Direktoren müssen angeben, ob sie selbst beabsichtigen, das Angebot anzunehmen oder abzulehnen.[65] Der Stellungnahme sind außerdem die Dienstverträge der Direktoren beizufügen.[66]

Während der Angebotsphase sind die Satzungen der Bieter- und der Zielgesellschaft, die letzten beiden geprüften Jahresabschlüsse, die Anstellungsverträge der Verwaltung und alle außergewöhnlich wichtigen Verträge in der City of London öffentlich zur Einsichtnahme auszulegen.[67]

Während der Laufzeit des Angebots oder bei Vorliegen guter Gründe für ein bevorstehendes Angebot trifft das „board“ der Zielgesellschaft eine strenge Neutralitätspflicht gemäß General Principle 7 und 9 City Code.[68] Es darf ohne Zustimmung der Anteilseignerversammlung keine Maßnahme ergreifen, die objektiv geeignet ist, das Angebot in seiner Zielsetzung zu gefährden.[69] Des weiteren haben sich die „boards“ der Bieter- wie der Zielgesellschaft ausschließlich am jeweiligen Unternehmensinteresse zu orientieren.[70]

---

[61] Regelmäßig wird auch eine Vertragsurkunde mitgeschickt, die unterschrieben von den Anteilseignern zurückgesandt werden kann, vgl. Zinser, RIW 2001, 481, 486.

[62] Farrar's Company Law, S. 599.

[63] Rules 25, 30.2 City Code.

[64] Rule 25.1 City Code.

[65] Rule 25.3 (a)(vi) City Code.

[66] Rule 25.4 City Code.

[67] Rule 26 City Code.

[68] Dazu Zinser, RIW 2001, 481, 485 f. m.w.N.

[69] Dieses Prinzip wird anders als nach dem deutschen WpÜG nicht durch zahlreiche Ausnahmeregelungen aufgeweicht, vgl. dazu Gower/Davies, S. 783 f. Rules 21 und 37.3 City Code führen einzelne verbotene Maßnahmen auf. Die Aufzählung ist jedoch nur beispielhaft und nicht abschließend.

[70] Das Anteilseignergesamtinteresse, die Interessen der Arbeitnehmer und Gläubiger; ausführlich dazu Gower/Davies, S. 784-788.

Die Annahmefrist für das Übernahmeangebot muß mindestens 21 Tage („first closing date") seit Absendung der Angebotsunterlage („posting date") betragen[71], um eine angemessene Überlegungsfrist der Anteilseigner der Zielgesellschaft sicherzustellen[72]. Tag 60 ist das letztmögliche „closing date".[73] Die Annahmefrist beträgt also zwischen 21 und 60 Tagen. Spätestens am Ende von Tag 60 gibt der Bieter also bekannt, ob sein Angebot eine ausreichende Akzeptanz erfahren hat oder ob es gescheitert ist. Zwischen diesen Zeitpunkten kann das Angebot als verbindlich erklärt werden, entweder nur im Hinblick auf die bereits erfolgten Annahmeerklärungen („unconditional as to acceptances"), so daß von diesen nicht mehr zurückgetreten werden kann, oder als generelle Schlußerklärung („fully unconditional")[74], so daß man zwischen einem partiellen und einem generellen „closing" unterscheiden kann. Kommt es nur zu einem partiellen „closing", dann muß spätestens 21 Tage später das Angebot für vollends verbindlich erklärt werden.[75] Es kann also dazu kommen, daß eine solche Erklärung erst an Tag 81 erfolgt. Dann ist spätestens an Tag 95, also 14 Tage nach der vollständigen Verbindlichkeit die Gegenleistung zu erbringen („settlement of consideration").[76]

Nach Tag 39 darf keine weitere angebotsrelevante Äußerung durch die Unternehmensleitung der Zielgesellschaft erfolgen.[77] Bis Tag 42, also dem 21. Tag nach dem „first closing date" können die Anteilseigner, die das Angebot angenommen haben, den Rücktritt von ihrer Annahme erklären, sofern das Angebot bis dahin noch nicht verbindlich erklärt worden ist.[78] Am Tag 46 besteht die letze Möglichkeit zur Abänderung des Angebots durch den Bieter.[79]

Bei einem freiwilligen Angebot kann die Akzeptanzschwelle auch auf 90 % der angebotsrelevanten Anteile angehoben werden, um einen späteren Zwangsausschluß der außenstehenden Anteilseigner gem. secs. 429 ff. CA 1985 zu ermögli-

---

[71] Rule 31.1 City Code.
[72] Farrar's Company Law, S. 599.
[73] Rule 31.6 City Code; von dieser Vorschrift kann nur mit Zustimmung des Panels abgewichen werden, etwa im Falle eines späteren konkurrierenden Angebots.
[74] Vgl. Scott/Lewis, PLC Januar/Februar 1992, 17, 22.
[75] Rule 31.7 City Code.
[76] Rule 31.8 City Code.
[77] Rule 31.9 City Code.
[78] Rule 34 City Code; dem Bieter ist daher eine frühest mögliche (ab Erreichen der 50 %-Anteilsschwelle, vgl. Rule 10 City Code) Verbindlicherklärung des Angebots anzuraten, da er so die Gefahr des Erfolgs eines konkurrierenden Angebots minimieren kann.
[79] Rule 32.1 City Code; denn das Angebot darf maximal 60 Tage laufen und jede Abänderung erfordert eine weitere Frist von 14 Tagen, so daß sich die Grenze von 46 Tagen ergibt. Inhaltliche Abänderungen sind regelmäßig nur zur Verbesserung des Angebots möglich. Eine Verschlechterung ist nämlich dann unzulässig, wenn sie einer Rücknahme gleichkommt.

chen.[80] Sobald eine Akzeptanz durch 90 % erreicht ist, aber frühestens am Tag nach dem „first closing date“, also an Tag 22, kann das Zwangsausschlußverfahren durch Versendung der vorgeschriebenen Unterlage gem. sec. 429 (4) CA 1985 eingeleitet werden.[81] Spätestens kann dies also an Tag 82 erfolgen.[82]

Falls das Angebot zwischen dem ersten und dem letzten „closing date“ die vorgeschriebene Akzeptanzschwelle erreicht hat und dieser Bedingungseintritt vom Bieter veröffentlicht wird, dann muß das Angebot mindestens noch weitere 14 Tage über die zu Beginn des Angebots angegebene Frist hinaus aufrechterhalten werden.[83] Während dieser 14 Tage muß auch die Gegenleistung für die bereits angenommenen Angebote erbracht werden („settlement of consideration“).[84]

Falls das Angebot gescheitert ist, darf der Bieter 12 Monate lang kein weiteres Übernahmeangebot machen noch irgendwelche Anteile an der Zielgesellschaft erwerben, die ihn zu einem Pflichtangebot verpflichten würden[85], so daß auf diesem Wege der Zielgesellschaft eine Atempause verschafft wird.[86] Von dieser Frist kann das Panel etwa dann befreien, wenn die Übernahme von der Unternehmensleitung der Zielgesellschaft empfohlen wird.[87]

cc) Regulatorische Bestimmungen

Neben dem City Code sind bei Übernahmen noch die regulatorischen Vorgaben des Kartellrechts zu beachten, über die je nach Auswirkung der Übernahme entweder die Europäische Kommission oder die mit dem Bundeskartellamt vergleichbare Monopolies and Mergers Commission (MMC) und das Office of Fair Trading (OFT) wachen. Auch das britische Handels- und Industrieministerium „Department of Trade and Industry“ (DTI) kann wegen seiner Zuständigkeit für das finanzielle Dienstleistungswesen und das Gesellschaftsrecht eine Rolle bei Übernahmen spielen.[88] Die Genehmigung der Übernahme durch diese Institutionen ist obligatorische Bedingung eines jeden Übernahmeangebots.[89]

---

[80] Weinberg/Blank/Rabinowitz, Rz. 2-2005.
[81] Scott/Lewis, PLC Januar/Februar 1992, 17, 22 und unten S. 234 ff.
[82] Scott/Lewis, PLC Januar/Februar 1992, 17, 22.
[83] Rule 31.4 City Code; zu dieser „Zaunkönigregelung“ Zinser, RIW 2001, 481, 487.
[84] Rule 31.8 City Code.
[85] Vgl. Rule 35 City Code.
[86] Farrar's Company Law, S. 599.
[87] Farrar's Company Law, S. 599.
[88] Triebel/Hodgson/Kellenter/Müller, a.a.O., Rz. 776.
[89] Rule 12 City Code.

c) Organzuständigkeiten innerhalb einer Erwerber- oder Bietergesellschaft

Die Entscheidung zum Erwerb von Anteilen an einer Zielgesellschaft, einem Kontrollblock oder zur Abgabe eines Übernahmeangebots liegt ohne abweichende Satzungsbestimmungen allein im Zuständigkeitsbereich des Verwaltungsrates der Bietergesellschaft, der bei der Entscheidung nur an seine Treu- und Sorgfaltspflichten gebunden ist.[90] Die Verwaltungsratsmitglieder machen sich schadensersatzpflichtig, wenn sie sehenden Auges einer Unterbewertung der Einlageleistungen zustimmen, die Transaktion aus anderen als unternehmerischen Gründen vornehmen, sich eine Gegenleistung von der übertragenden Gesellschaft oder ihren Gesellschaftern für die Vornahme der Transaktion gewähren lassen oder sonst gegen ihre Sorgfaltspflicht verstoßen.[91] Jedoch haben die Verwaltungsratsmitglieder einen nicht zu unterschätzenden Handlungs- und Einschätzungsspielraum, der es schwer machen wird, ihre Handlungen angreifbar zu machen.[92]

Trotz dieser umfassenden Entscheidungsbefugnis der Direktoren wird oftmals die Satzung einer „company" die ordentliche Zustimmung der Anteilseigner für eine Kreditaufnahme zur Finanzierung der Übernahme erforderlich machen.[93]

Eine solche Zustimmung ist gem. sec. 121 CA 1985 auch für die Erhöhung der Nominalkapitalziffer notwendig, wenn ein Anteilstauschangebot vorliegt und die Differenz zwischen dem gezeichneten Kapital und dem Nominalkapitalbetrag eine ausreichende Ausgabe neuer Anteile an die Anteilseigner der Zielgesellschaft nicht mehr zuläßt.[94] Denn die Ausgabe neuer Anteile ist notwendig, da im englischen Recht zurückerworbene eigene Anteile nicht als Akquistionswährung verwandt werden können.[95]

Sollte eine Nominalkapitalerhöhung gem. sec. 121 CA 1985 nicht durch die „articles" vorgesehen sein, muß noch eine dahingehende Änderung durch einen außerordentlichen Anteilseignerbeschluß gem. secs. 9 (1), 378 (2) CA 1985 vorausgehen.

Der Verwaltungsrat muß des weiteren durch die Satzung zur Ausgabe der entsprechenden Menge von Anteilen ermächtigt sein, sec. 80 (1)(b) CA 1985.[96] Diese Ermächtigung muß die genaue Anzahl an auszugebenden Anteilen und die genaue Dauer der Ermächtigung angeben, die auf maximal 5 Jahre begrenzt ist, aber erneuert werden kann, sec. 80 (4), (5) CA 1985. Ebenso kann eine entsprechende Satzungsänderung für die generelle Ermächtigung des Verwaltungsrats herbeige-

---

90 Weinberg/Blank/Rabinowitz, Rz. 2-2008.
91 Weinberg/Blank/Rabinowitz, Rz. 2-2008.
92 Vgl. Weinberg/Blank/Rabinowitz, Rz. 2-3010 mit weiteren Ausführungen.
93 Weinberg/Blank/Rabinowitz, Rz. 2-2011.
94 Weinberg/Blank/Rabinowitz, Rz. 2-2011.
95 Siehe S. 54 f.
96 Zur Ermächtigung zur Ausgabe von Anteilen oben S. 49 f.

führt werden. Sec. 80 (1)(a) CA 1985 erlaubt im übrigen eine Ermächtigung durch ordentlichen Hauptversammlungsbeschluß für eine bestimmte Transaktion, wenn keine Satzungsermächtigung vorliegt.

Aufgrund der so dargestellten, akquisitionsfreundlichen Rechtslage für die Kapitalerhöhung kann mithin schnell ein Verwässerungseffekt („share watering/dilution") eintreten. Die Altanteilseigner sind vor einer solchen Anteilswert- und Stimmrechtsverwässerung aber dadurch geschützt, daß sie durch einfachen Hauptversammlungsbeschluß ihre Ermächtigung an den Verwaltungsrat zur Ausgabe von Anteilen jederzeit abändern oder zurücknehmen können, sec. 80 (4) CA 1985.

Bei einer Ausgabe von Anteilen, auf die ganz oder zum Teil eine Sacheinlage statt Geld geleistet wird, haben die Altanteilseigner kein Bezugsrecht auf die neuen Anteile, sec. 89 (1), (4) CA 1985, so daß kein Bezugsrechtsausschluß erwirkt werden muß.[97]

Als Besonderheit ergibt sich aus Sicht einer übernehmenden „public company" außerdem folgendes. Jede Einbringung als Sacheinlage für neu auszugebende Anteile erfordert eine Bewertung des Werts der Sacheinlage durch einen unabhängigen Sachverständigen, secs. 103 (1), 108 CA 1985, damit es zu keiner Anteilsverwässerung („share-watering") kommt.[98] Das bedeutet im Fall der Fusion durch Anteilstausch, daß das Umtauschverhältnis durch einen solchen Sachverständigen überprüft werden muß, der einen Bewertungsbericht für die Gesellschaft erstellt, von dem eine Kopie an jeden vorgeschlagenen Zeichner („proposed allottee") weitergeleitet wird.

Bei börsennotierten Gesellschaften können im übrigen die Listing Rules ab bestimmen Transaktionsgrößen[99] („Class 1 transaction") oder bei bestimmten Beteiligungen von Verwaltungsratsmitgliedern an der Transaktion („Class 4 transaction") eine Hauptversammlungszuständigkeit zur Entscheidung über die Ausgabe von Anteilen vorschreiben.[100] Bei kleineren Transaktionen greifen entweder generell („Class 2 transaction") oder nur ausnahmsweise („Class 3 transaction") Meldepflichten ein.[101]

Auch sind weitere kapitalmarktrechtliche Vorgaben zu beachten, wenn eine Börsennotierung der auszugebenden Anteile angestrebt wird.[102] Zu diesen Vorga-

---

[97] Auch bei börsennotierten Gesellschaften besteht gem. sec. 5 Chapter 2, § 37 (a) Listing Rules kein Bezugsrecht der Altanteilseigner; vgl. zum Bezugsrecht allgemein S. 49 f.

[98] Siehe bereits allgemein S. 49 f.

[99] S.o. S. 60 ff.

[100] Chapter 10 und sec. 6 Chapter 1 Listing Rules; ausführlicher dazu Weinberg/Blank/Rabinowitz, Rz. 2-2013 ff.

[101] Siehe S. 60 ff.; vgl. ausführlicher Weinberg/Blank/Rabinowitz, Rz. 2-2015.

[102] Weinberg/Blank/Rabinowitz, Rz. 2-2015.

ben gehört insbesondere die Erstellung von prospektähnlichen sog. „listing particulars“ gem. secs. 79 ff. Financial Services and Markets Act 2000 (FSMA 2000) oder eines Börsenprospekts gem. secs. 84 ff. FSMA 2000 im Falle eines öffentlichen Angebot der Anteile.[103]

d) Zwangsausschluß nach erfolgreichem Übernahmeangebot

Oftmals wird ein Bieter nicht nur den bloßen Kontrollerwerb oder die mehrheitliche Übernahme, sondern den Erwerb von 100 % der Anteile anstreben, um spätere Umstrukturierungen und ein sofortiges Delisting[104] der Zielgesellschaft problemloser durchführen zu können[105] oder um in den Genuß der Vorschriften zum „merger accounting“ gem. Sched. 4A CA 1985[106] zu kommen, die erst ab einer Beteiligung von 90 % greifen.

---

[103] Dazu ausführlicher, aber im Zusammenhang mit „demergers“ Gubbins/Crawford/Brann, PLC Juli 1996, 37, 39.

[104] Scott/Lewis, PLC Januar/Februar 1992, 17, 20 f.: Die Londoner Börse kann bei dem Vorhandensein einer wesentlichen Zahl von Minderheitsanteilseignern die Aufrechterhaltung der Börsennotierung verlangen. Das hat zur Folge, daß die Zielgesellschaft weiterhin an die börsenrechtliche Reglementierung gebunden ist. Insbesondere kann die Zielgesellschaft dann zur Erstellung prospektähnlicher „listing particulars“ bei der Ausgabe von Anteilen, zur Abgabe von Ad-hoc-Meldungen sowie zur Einholung eines Zustimmungsbeschlusses durch die Anteilseignerversammlung bei bestimmten Transaktionen verpflichtet sein.

[105] Weinberg/Blank/Rabinowitz, Rz. 2-3031; Scott/Lewis, PLC Januar/Februar 1992, 17, 21; Palmer/Basuyaux/Thaeter, M&A-Handbook, 2001, S. 63; Mather/Cowan, European Counsel, April 1998, 29, 32: Bei jeder Entscheidung und Maßnahme der „company“ muß das Interesse der Minderheitsanteilseigner in die Erwägungen miteinbezogen werden, um einer gerichtlichen Verfügung gegen diese Maßnahme zu entgehen, die schon von einem einzigen Minderheitsanteilseigner gem. sec. 459 CA 1985 im Falle ungerechter Beeinträchtigung („unfair prejudice“) beantragt werden kann. Auch können Gesellschafter, die 5 % der Anteile halten, einen Antrag an das Gericht zur Kassation eines außerordentlichen Anteilseignerversammlungsbeschlusses zur Umwandlung einer „public“ in eine „privat company“ stellen (ein solcher „Formwechsel“ findet im englischen Recht durch einfache Satzungsänderung und Änderung der Handelsregistereintragung statt, vgl. secs. 53 ff. CA 1985; eine Umwandlung in eine „partnership“ bedarf hingegen der Abwicklung und Auflösung der „company“, vgl. Triebel/Hodgson/Kellenter/Müller, a.a.O., Rz. 766).

[106] Scott/Lewis, PLC Januar/Februar 1992, 17, 21, 31: „Merger accounting“ ist eine Buchungsmethode, bei der die Beteiligung an der erworbenen Zielgesellschaft mit dem Nennwert der als Gegenleistung für den Beteiligungserwerb ausgegebenen Anteile plus dem Verkehrswert des Teils der Gegenleistung, der nicht in Anteilskapital an der Bietergesellschaft bestand („non-equity consideration“, also regelmäßig eine Barzulage), veranschlagt wird. Diese Buchungsmethode ermöglicht eine einfache Zusammenfassung der Bilanzen beider Kapitalgesellschaften, ohne eine Neubewertung der Aktiva durchführen zu müssen und somit stille Reserven aufzudecken. „Merger accounting“ ist gesetzlich in seiner heute gültigen Fassung in den §§ 7

Erwirbt der Bieter mit dem von ihm abgegebenen „takeover bid" zum Erwerb aller nicht von ihm zurechenbar gehaltenen Anteile bereits 90 % dieser Anteile, dann kann er im Verfahren gem. secs. 428-430F CA 1985[107] die restlichen 10 % verbleibender freier Anteile gegen angemessene Abfindung erwerben.

aa) Begriff des Übernahmeangebots gem. sec. 428 (1) CA 1985

Voraussetzung eines Zwangsausschlusses gem. sec. 429 CA 1985 ist ein Übernahmeangebot im Sinne der Legaldefinition in sec. 428 (1) CA 1985. Danach muß ein Angebot vorliegen, das sich zu gleichen Bedingungen[108] auf alle bis zum Zeitpunkt des Angebots zugeteilten Anteile („allotted shares")[109], oder alle zugeteilten Anteile einer oder mehrerer bestimmter Anteilsgattungen erstreckt, es sei denn, daß sie bereits vom Bieter oder einer ihm gem. sec. 430E CA 1985 zurechenbaren Person („associate") gehalten werden oder bereits ein unbedingter vertraglicher Erwerbsanspruch auf diese Anteile besteht. Auch bestimmt sec. 430F CA 1985, daß Angebote umfaßt sind, die sich nicht auf Anteile, sondern auf in Anteile wandelbare Wertpapiere („convertible securities") erstrecken, so z.B. Wandelanleihen („convertible bonds").[110]

Sec. 428 (1) CA 1985 beschränkt den Begriff „takeover offer" damit nicht nur auf Angebote nach dem City Code, also vor allem solche im Hinblick auf „public companies".[111] Auch bei allen „privat companies" ist es möglich, wenngleich in

---

ff. Sched. 4A CA 1985 geregelt. Diese Buchungsmethode darf verwandt werden, wenn die Bietergesellschaft vor der Transaktion weniger als 20 % des Grundkapitals oder der Stimmrechte an der Zielgesellschaft inne hatte, nach der Transaktion 90 % des Grundkapitals *und* der Stimmrechte hält und die nicht aus Anteilskapital bestehende Gegenleistung nicht mehr als 10 % des Nennwertes des als Gegenleistung ausgegebenen Anteilskapitals der Bietergesellschaft ausmacht; vertiefend zum „merger accounting": Harrison-Cripps/Wilkinson, PLC Mai 1991, 33, 36.

[107] Vgl. dazu ausführlich in deutscher Sprache: Than, FS Claussen, S. 407, 409 ff.; Rühland, WM 2000, 1884, 1886 f.; Sieger/Hasselbach, NZG 2001, 926, 926 f.

[108] Palmer/Basuyaux/Thaeter, a.a.O., S. 61: ein Angebot, das unterschiedliche Tausch- oder Kaufkonditionen für verschiedene Anteile innerhalb einer Anteilsgattung enthält, ist grundsätzlich kein Übernahmeangebot i.S.v. sec. 428 (1) CA 1985, so daß in diesem Falle kein Zwangserwerbsverfahren gem. secs. 429 f. CA 1985 erfolgen kann. Ausnahmsweise wird eine Gleichbehandlung gem. sec. 428 (3), (4) CA 1985 fingiert, wenn ausländische Gesetze eine Gleichbehandlung unmöglich oder für den Bieter unzumutbar machen, gleichzeitig aber den ungleich behandelten Anteilseignern eine gleichwertige Gegenleistung angeboten wird.

[109] Gem. sec. 428 (2) CA 1985 darf das Angebot auch auf erst bis zu einem bestimmten Zeitpunkt der Angebotslaufzeit zugeteilte Anteile erweitert werden.

[110] Dazu Weinberg/Blank/Rabinowitz, Rz. 5-2005.

[111] Mather/Cowan, European Counsel, April 1998, 29, 31.

der Praxis unüblich, ein Übernahmeangebot abzugeben, um anschließend von der Bestimmung der sec. 429 CA 1985 zu profitieren.[112]

Da sec. 428 (1) CA 1985 nicht danach differenziert, wieviele Anteile der Bieter bereits vor Abgabe des Übernahmeangebots hält, ist der hier relevante „takeover bid" eines Bieters, der noch nicht mehr als 50 % der stimmberechtigten Anteile an einer Gesellschaft hält, vom Begriff „takeover offer" mitumfaßt.

Nicht umfaßt wird von einem „takeover offer" eine invitatio ad offerendum an die Anteilseigner.[113]

bb) Ermittlung der 90 %-Schwelle

Als zweite Voraussetzung muß das Übernahmeangebot dazu führen, daß 90 % der Anteile, auf die sich das Angebot erstreckt, erworben werden. Die 90 %-Schwelle wird ermittelt durch die nach Abgabe des Übernahmeangebots erworbenen Anteile oder solche, auf die ein unbedingter[114] vertraglicher Erwerbsanspruch besteht, sec. 429 (1) CA 1985. Auch Aufkäufe an der Börse („market purchases") während der Angebotsphase werden zur Ermittlung der 90 %-Schwelle einbezogen, wenn die dafür erbrachte Gegenleistung nicht die im Übernahmeangebot offerierte übersteigt und sofern solche Käufe überhaupt durch den City Code erlaubt sind, vgl. sec. 429 (8) CA 1985.[115] Wird für ein über dem Angebotspreis liegender Preis bezahlt, muß das Angebot aufgestockt werden, um die Möglichkeit auf einen Zwangsausschluß gem. sec. 429 CA 1985 zu erhalten. Im Anwendungsbereich des City Codes schreibt Rule 6.2 eine solche Anpassung ausdrücklich vor.

Zur Festlegung derjenigen Anteile, auf die sich das Angebot bezieht, und damit zur Ermittlung der Akzeptanzschwelle werden diejenigen Anteile hingegen nicht hinzugerechnet, auf die nur ein bedingter vertraglicher Erwerbsanspruch begründet wurde. Dazu besteht jedoch eine wichtige Ausnahme. Gem. sec. 428 (5) CA 1985 erstreckt sich ein Angebot auch auf Anteile, auf deren Erwerb der Bieter einen Anspruch allein durch einen Vertrag erworben hat, der den betreffenden Anteilseigner zur Annahme des Übernahmeangebots ohne Gegenleistung verpflichtet oder in dem die Gegenleistung lediglich in der Abgabe des Übernahmeangebots selbst besteht. Aufgrund dieser Ausnahme einer unwiderruflichen Verpflichtungserklärung („irrevocable undertaking") wird der Bieter normalerweise versuchen, Verträge so zu gestalten, daß sie bedingt, gleichzeitig aber so struktu-

[112] Mather/Cowan, European Counsel, April 1998, 29, 31.
[113] Re Chez Nico (Restaurants) Ltd. [1991] B.C.C. 736, Ch.D.
[114] Die Unbedingtheit des vertraglichen Anspruchs ist nicht in sec. 429 (1) CA 1985 ausdrücklich erwähnt, wird aber allgemein vorausgesetzt, vgl. Palmer/Basuyaux/Thaeter, a.a.O., 61.
[115] Palmer/Basuyaux/Thaeter, a.a.O., 61.

riert sind, daß sie der Ausnahme der sec. 428 (5) CA 1985 unterliegen.[116] Auf diese Weise werden ihm die Anteile bei Abgabe des Übernahmeangebots nicht schon zugerechnet, gleichzeitig kann er aber sicher sein, sie zu erwerben.

Des weiteren werden dem Bieter diejenigen Anteile zugerechnet, die sog. „associates" im Moment des Übernahmeangebots halten oder auf die die „associates" einen unbedingten Erwerbsanspruch besitzen, sec. 430E (1) CA 1985. Auch auf diese Anteile erstreckt sich das Übernahmeangebot nicht und sie können daher auch nicht zur Ermittlung der 90 %-Schwelle dienen. „Associates" sind gem. sec. 430E (4) CA 1985 insbesondere Strohmänner („nominees") sowie Tochter-, Holding- oder durch eine gemeinsame Holdinggesellschaft verbundene Gesellschaften oder solche Gesellschaften, an denen der Bieter maßgeblich beteiligt ist.

cc) Verfahren gem. secs. 429, 430 CA 1985

Im Verfahren gem. secs. 429, 430 CA 1985 muß der Bieter zunächst innerhalb von vier Monaten[117] nach Abgabe[118] des Übernahmeangebots eine Akzeptanz von 90 % der außenstehenden Anteile erreichen, auch wenn ein ursprünglich zeitlich kürzer laufendes Übernahmeangebot verlängert oder ein Angebot in seinen Bedingungen geändert wird[119]. Innerhalb von zwei Monaten[120] nach dem Erreichen der 90 %-Akzeptanzschwelle, muß der Bieter denjenigen freien bzw. außenstehenden Anteilseignern, die das Angebot nicht angenommen haben, eine gesetzlich vorgeschriebene Mitteilung („notice") machen, daß er den Erwerb ihrer Anteile gegen Abfindung beabsichtigt, vgl. sec. 429 (1)-(3) CA 1985, auch wenn diese Mitteilung noch in die viermonatige Frist fällt. Außerdem muß eine Kopie dieser Mitteilung zusammen mit einer gesetzlich vorgeschriebenen Erklärung, die feststellt, daß die Voraussetzungen zur Abgabe der Mitteilung erfüllt sind, an die Zielgesellschaft versandt werden, sec. 429 (4) CA 1985. Falls der Bieter eine „company" ist, muß diese Erklärung durch ein Verwaltungsratsmitglied unterschrieben werden, sec. 429 (5) CA 1985. Die Richtigkeit dieser Erklärung ist gem. sec. 429 (6) CA 1985 strafbewehrt. Sofern der betroffene außenstehende

[116] Palmer/Basuyaux/Thaeter, a.a.O., 61.
[117] Vgl. sec. 429 (3) CA 1985.
[118] Weinberg/Blank/Rabinowitz, Rz. 5-2007: Das Gesetz stellt nicht ganz klar, ob wirklich erst die Abgabe des Angebots bzw. die Versendung der Angebotsunterlage („dispatch of offer document") oder bereits die vorhergehende Ankündigung des Übernahmeangebots als Fristbeginn gilt. Es wird jedoch überwiegend auf die Versendung der Angebotsunterlage abgestellt.
[119] Weinberg/Blank/Rabinowitz, Rz. 5-2008.
[120] Vgl. zu den Folgen einer Fristversäumnis und einer möglichen Fristverlängerung Re Chez Nico (Restaurants) Ltd. [1991] B.C.C. 736; Weinberg/Blank/Rabinowitz, Rz. 5-2011.

Anteilseigner nicht von seinem Widerspruchsrecht gem. sec. 430C CA 1985 Gebrauch macht, ist der Bieter an die in der Mitteilung festgesetzten Erwerbsbedingungen gebunden und zum Aufkauf der Anteile berechtigt und verpflichtet, sec. 430 (1), (2) CA 1985.

Beinhaltete das Übernahmeangebot eine Wahlmöglichkeit, etwa zwischen einer Bargegenleistung und Wertpapieren des Bieters, dann muß auch die Abfindung eine solche Wahlmöglichkeit enthalten. Innerhalb von sechs Wochen nach der Zustellung der Mitteilung muß der freie Anteilseigner dem Bieter die Wahl der Abfindungsvariante schriftlich mitteilen, sec. 430 (3) CA 1985.[121]

Sechs Wochen nach Zustellung der Mitteilung ist der Bieter zur Leistung der Abfindung an die Zielgesellschaft und zur Übermittlung einer Kopie aller Mitteilungen, die der Bieter den noch freien Anteilseignern geschickt hat, verpflichtet, sec. 430 (5) CA 1985. Die Zielgesellschaft verwaltet daraufhin die Abfindung treuhänderisch auf einem Anderkonto, bis die ehemaligen Anteilseigner sie bei ihr geltend machen, sec. 430 (9) CA 1985.[122]

Sofern es sich um Namensanteile („registered shares") handelt, muß außerdem eine von einer vom Bieter zu bennenden und für die freien Anteilseigner handelnden Person ausgefertigte Anteilsübertragungsurkunde („instrument of transfer") hinzugefügt werden, sec. 430 (6) 1. HS CA 1985. Die Zielgesellschaft ist dann verpflichtet, den Bieter als neuen Anteilseigner der Namensanteile im Gesellschafterregister einzutragen, sec. 430 (6) 2. HS CA 1985.

Sofern es sich um Inhaberpapiere handelt, muß die der Zielgesellschaft zugesandte Mitteilungskopie von einer Erklärung, daß es sich um ein Inhaberpapier handelt, begleitet werden; die Zielgesellschaft muß dann neue Wertpapierzertifikate ausstellen, sec. 430 (7) CA 1985. Die alten Wertpapierzertifikate werden unrichtig und unwirksam.

dd) Art und Höhe der Abfindung

Was die Art und Höhe der Abfindung an die herausgedrängten außenstehenden Anteilseigner anbetrifft, muß sie gem. sec. 430 (2) CA 1985 grundsätzlich der Art und Höhe des vorangegangenen Übernahmeangebots entsprechen.

Wenn die offerierte Gegenleistung des Übernahmeangebots nicht in bar lautete, der Bieter nicht mehr in der Lage ist, dieselbe Gegenleistung zu erbringen, und auch ein Dritter, der verpflichtet war, die Gegenleistung zu erbringen, diese nicht

---

[121] Weitere Einzelheiten in sec. 430 (4) CA 1985 und bei Weinberg/Blank/Rabinowitz, Rz. 5-2012 f.

[122] Zum Problem unbekannter oder nicht ermittelbarer Anteilseigner sec. 430 (11)-(15), unten S. 252 sowie Weinberg/Blank/Rabinowitz, Rz. 5-2022.

mehr erbringen kann oder dazu nicht mehr verpflichtet ist, dann muß ein gleichwertiger Betrag in bar erbracht werden, vgl. 430 (4) CA 1985.[123] Das bedeutet gleichzeitig auch, daß dann, wenn das Übernahmeangebot eine Wahlmöglichkeit zwischen einer Bar- und einer Sachgegenleistung offerierte, auch im Zwangserwerbsverfahren eine solche Wahlmöglichkeit gegeben werden muß, vgl. sec. 430 (3) CA 1985.

Wenn das vorangegangene Übernahmeangebot nicht von einer ausreichenden Zahl von außenstehenden Anteilseignern angenommen worden ist und der Bieter sein Angebot nachbessert oder parallel während der Angebotsphase Marktaufkäufe zu einem höheren Preis tätigt, dann muß auch die Abfindung diesem nachgebesserten Angebot oder höheren Marktpreis entsprechen.[124]

Folglich zeigt ein Blick auf die Höhe der Abfindung, daß sie in England als Ergebnis einer paritätischen Verhandlung angesehen wird, da eine 90 %ige Akzeptanz des vorangegangenen Übernahmeangebots nur bei einem angemessenen Angebotspreis erreicht würde.[125] Dementsprechend gehen die englischen Gerichte seit der Entscheidung *Re Hoare & Co. Ltd.*[126] aus dem Jahre 1933 von der Vermutung eines fairen Angebots und einer fairen Abfindung aus.

ee) Widerspruchsmöglichkeit der außenstehenden Anteilseigner

Innerhalb einer sechswöchigen Frist nach der Mitteilung der Bieterabsicht zum Zwangsausschluß kann der unwillige außenstehende Anteilseigner einen Antrag an das Gericht auf Erlaß einer Anordnung stellen, die den Zwangsausschluß verbietet oder die Bedingungen des Zwangserwerbs abändert, sec. 430C (1) CA 1985.

Selten werden die Minderheitsanteilseigner aber mit diesem Antrag Erfolg haben, wenn der Bieter nachweisen kann, daß er die Akzeptanzschwelle von 90 % überschritten hat.[127] Das Gericht sieht eine solch hohe Mehrheitsentscheidung als starkes Indiz für die Fairneß an. Die Beweislast, die Unfairneß des Ausschlusses aufzuzeigen, liegt daher nach nunmehr gesicherter Rechtsprechung beim außenstehenden Anteilseigner.[128]

---

[123] Palmer/Basuyaux/Thaeter, a.a.O., 62.
[124] Mather/Cowan, European Counsel, April 1998, 29, 30.
[125] Rühland, WM 2000, 1884, 1886 m.w.N.
[126] (1933) 150 L.T. 374.
[127] Mather/Cowan, European Counsel, April 1998, 29, 31; Weinberg/Blank/Rabinowitz, Rz. 5-2025 mit umfangreichen Hinweisen zur eine Unfairneß ablehnenden Rechtsprechung.
[128] Re Hoare & Co. Ltd. (1933) 150 L.T. 374; Gething v. Kilner [1972] 1 W.L.R. 337; Re Trafalgar House, unveröffentlicht, Financial Times v. 17. 7. und 23. 7. 1996.

Dennoch ist anzumerken, daß das Gericht dann sein Ermessen zugunsten eines außenstehenden Anteilseigner ausüben wird, wenn dieser nachweisen kann, daß der Bieter eine erhebliche Verletzung des Verfahrens gem. secs. 429 ff. CA 1985 oder des City Codes begangen hat oder daß andere besondere oder außergewöhnliche Umstände vorgelegen haben.[129]

Zu solchen Sonderumständen kann etwa gezählt werden, daß der Bieter und die das Übernahmeangebot annehmenden Anteilseigner wirtschaftlich gleichgerichtete Interessen haben. Im Fall *Re Buggle Press*[130] führte etwa der Nachweis, daß die annehmenden Anteilseigner eine Bietergesellschaft zum Zweck des Erwerbs ihrer Anteile gegründet hatten, zu einer Umkehr der Beweislast. Diese mußten nachweisen, daß die 100 %ige Übernahme im Interesse der Ausgangsgesellschaft liege, etwa weil die noch außenstehenden Anteilseigner sich dauerhaft destruktiv und gesellschaftsschädigend verhalten hätten.[131]

Jedoch wird nur eine lockere wirtschaftliche Interessenverknüpfung zwischen dem Bieter und annehmenden Anteilseignern oder eine stärkere Verknüpfung mit annehmenden Anteilseignern, die aber nur eine geringe Zahl von Anteilen halten, nicht zu einer solchen Beweislastumkehr führen.[132]

Nachdem die Haltung englischer Gerichte zur Bejahung weiterer Sonderumstände seit der Entscheidung *Re Hoare & Co. Ltd.*[133] lange Zeit sehr restriktiv war und teilweise[134] sogar eine Beschränkung auf eine formelle Überprüfung des Verfahrens nach secs. 429 ff. CA 1985 erfolgte, deutet sich seit Ende der 1980er Jahre eine stärkere Beachtung materieller Mängel im Sinne eines ausgeprägteren Minderheitenschutzes an.

In den Entscheidungen *Re Lifecare International plc.*[135] und *Re Chez Nico (Restaurants) Ltd.*[136] wurde der restriktive Ansatz gelockert. In der ersten der beiden genannten Entscheidungen wurde die Indizwirkung des Mehrheitsentscheids für den Fall relativiert, daß die Annahme vom Verwaltungsrat der Zielgesellschaft empfohlen worden war und die Entscheidungsgrundlage der Verwaltungsratsmitglieder in irgendeiner Weise fehlerhaft war.[137] Im zweiten Fall wurde

[129] Re Chez Nico (Restaurants) [1991] B.C.C. 736, Ch.D.; Re Lifecare International plc. (1989) 5 B.C.C. 755, Ch.D.; Mather/Cowan, European Counsel, April 1998, 29, 31; Weinberg/Blank/Rabinowitz, Rz. 5-2027 ff.
[130] [1961] Ch. 270, 286; vgl. auch Re Chez Nico (Restaurants) [1991] B.C.C. 736, Ch.D.
[131] Weinberg/Blank/Rabinowitz, Rz. 2-5025 und oben S. 234.
[132] Marston Valley Brick Co. (1970) 115 Sol.Jo. 10, C.A.; Sammel v. President Brand G.M. Co. 1969 (3) S.A.L.R. 629, 687 ff.; Weinberg/Blank/Rabinowitz, Rz. 5-2025.
[133] (1933) 150 L.T. 374.
[134] Vgl. etwa Re Carlton Holdings Ltd. [1971] 2 All E.R. 1082.
[135] [1989] 5 B.C.C. 755, Ch.D. per Hoffman J.
[136] [1991] B.C.C. 736, Ch.D. per Sir Nicholas Browne-Wilkinson V.-C.
[137] Aus diesem Grunde ordnete der Richter die Offenlegung der die Entscheidungsgrundlage bildenden Dokumente an.

ein wesentlicher Bruch der der Information und Aufklärung der Anteilseigner dienenden Vorschriften des City Codes als schwerwiegender Hinweis auf die Unfairneß des Zwangsausschlusses gewertet. Zwar besitze der City Code keine Gesetzeskraft, aber seine Vorschriften verfolgten denselben Zweck des Anteilseignerschutzes wie sec. 430C CA 1985, so daß die Vorschriften des City Codes auch zur Entscheidung herangezogen werden könnten.

ff) Andienungsrecht der außenstehenden Anteilseigner

Der Vollständigkeit halber muß erwähnt werden, daß die außenstehenden Anteilseigner gem. sec. 430A CA 1985 das Recht haben, ihre Anteile zu den Bedingungen eines Übernahmeangebots, das sich auf alle Anteile insgesamt oder einer bestimmten Anteilsgattung erstreckt, an den Bieter abzutreten, wenn dieser nach Verstreichen der Angebotslaufzeit zusammen mit seinen „associates“ 90 % der Anteile oder einer bestimmten Anteilsgattung an der Zielgesellschaft hält, egal ob diese Anteile im Zusammenhang mit dem Übernahmeangebot erworben worden sind oder nicht.[138] Der Bieter ist verpflichtet, die verbleibenden außenstehenden Anteilseigner innerhalb eines Monats ab Erreichen der 90 %-Beteiligungsschwelle über ihr Andienungsrecht aufzuklären, sec. 430A (3) CA 1985.

Bei diesem Andienungsrecht der außenstehenden Anteilseigner besteht der wichtige Unterschied, daß keine flexible Schwelle besteht, je nachdem wieviele Anteile der Bieter vor dem Übernahmeangebot zurechenbar gehalten hat, sondern sich die Berechnung der 90 %-Schwelle auf alle Anteile oder wahlweise auf alle Anteile einer bestimmten Gattung bezieht.[139]

3. Unternehmensübernahmen durch „Schemes of Arrangement“

Die Unternehmensübernahme stellt den wichtigsten Anwendungsbereich für „Schemes of Arrangement“ gem. secs. 425 ff. CA 1985 dar. Vergleichspläne gehören aufgrund zahlreicher Vorteile gegenüber einem gewöhnlichen Übernahmeangebot seit einigen Jahren zum Standard-repertoire der Übernahmetechniken in England, sofern eine sog. einverständliche Übernahme durch Anteilstausch verwirklicht werden soll. Ein Übernahmevergleichsplan beinhaltet dann die Übertragung einer gewissen Anzahl von Anteilen auf eine Bietergesellschaft gegen Ge-

[138] Ausführlich Weinberg/Blank/Rabinowitz, Rz. 5-2015 bis 5-2020.
[139] Vgl. Weinberg/Blank/Rabinowitz, Rz. 5-2017.

währung von Bieteranteilen an die übertragenden Anteilseigner, so daß der Bieter die Kontrolle über die implementierende Gesellschaft erlangt.

a) Ausschluß von feindlichen Übernahmen

Ausgeschlossen von der Anwendung der secs. 425 ff. CA 1985 sind sog. feindliche Übernahmen („hostile/contested takeovers"), also solche, bei denen ein Kontrollerwerb ohne Einverständnis des Verwaltungsrats oder der Anteilseignerversammlung der Zielgesellschaft erreicht wird.[140] Zwar sind auch die Anteilseigner der Zielgesellschaft - zu denen auch der Bieter zählen kann - berechtigt, einen das Vergleichsplanverfahren einleitenden Antrag bei Gericht zu stellen, jedoch folgt aus der Rechtspersönlichkeit der „company", daß sie bei einem „Scheme of Arrangement" nicht übergangen werden darf.[141] Besteht keine begründete Aussicht darauf, daß das Einverständnis der Zielgesellschaft noch durch eines ihrer Organe erklärt werden wird, dann verweigert das Gericht schon die Einberufung von Versammlungen i.S.v. sec. 425 CA 1985[142], da so der unnötige Aufwand zur Abstimmung über ein nicht genehmigungsfähiges „Scheme" erspart werden kann[143]. Nur eine einverständliche Unternehmensübernahme („recommended/agreed takeover")[144] kann also durch ein „Scheme of Arrangement" effektuiert werden.

b) Verhältnis der secs. 425 ff. CA 1985 zum City Code

Führt man eine Unternehmensübernahme mittels eines „Scheme of Arrangement" durch, finden die Vorschriften des City Code, sofern die betreffende Zielgesellschaft in seinen Anwendungsbereich[145] fällt, und die secs. 425 ff. CA 1985 parallel Anwendung.[146] Nach der Definition von „offer" im Definitionsteil des City Code fallen darunter nämlich auch „court schemes".

Da das Arrangement-Verfahren insbesondere mit den zeitlichen Vorgaben des City Code nicht vollkommen kompatibel ist, kommt es zu einer flexiblen Hand-

---

[140] Re Savoy Hotel Ltd. [1981] 3 All E.R. 646, 656; Palmer, Rz. 12.006, 12.014; Tolley's Company Law, R2013, R2016; Buckley, § 425.69; Pennington, Company Law, S. 586; Scott/ Lewis, PLC Januar/Februar 1992, 17, 19 f., 29.

[141] Vgl. Re Savoy Hotel Ltd. [1981] 1 Ch. 351; Scott/Lewis, PLC Januar/Februar 1992, 17, 29; Tolley's Company Law, R2012; Palmer, Rz. 12.006 siehe bereits S. 93 ff.

[142] Tolley's Company Law, R2013.

[143] Gore-Browne, § 30.13.

[144] Zum Begriff Weinberg/Blank/Rabinowitz, Rz. 1-1012.

[145] Siehe dazu oben S. 222 f.

[146] Gore-Browne, § 29.5; Gower/Davies, S. 767; Weinberg/Blank/Rabinowitz, Rz. 2-3025.

habung. Den Vorgaben des CA 1985 wird dabei Vorrang eingeräumt.[147] Das den Ablauf beaufsichtigende Gericht spielt gegenüber dem Takeover Panel eine dominierende Rolle. Das Verhältnis von Gericht und Takeover Panel wird daher mit dem von Schiedsrichter und Linienrichter beim Fußballspiel verglichen.[148]

Das Takeover Panel achtet hauptsächlich nur auf die Einhaltung der nach dem City Code vorgeschriebenen, dem Anleger- und Kapitalmarktschutz dienenden Informations- und Offenlegungspflichten, nicht aber auf den starren zeitlichen Ablauf.[149] Jedoch muß es den vom Gericht im Vorfeld des Verfahrens entworfenen Gesamtzeitplan billigen.[150]

Die Angebotsunterlage wird im übrigen durch das zur Abstimmung stehende Vergleichsplandokument und die den Anteilseignern im Vorfeld zuzustellenden erklärenden Stellungnahmen gem. sec. 426 (2) ersetzt.[151]

c) Vergleichsplanverfahren bei einem „takeover scheme“

aa) Grundsätzliches Verfahren

Ein Verfahren zur Implementierung eines „takeover scheme“ gem. secs. 425 ff. CA 1985 weist wegen der eventuellen Koordinierung mit den Vorgaben des City Code und einiger anderer Aspekte einige Besonderheiten auf und läuft folgendermaßen ab.

Bevor ein Antrag an das Gericht auf Einberufung der Versammlung(en) zur Abstimmung über den Vergleichsplan ergeht, finden regelmäßig[152] zuerst detaillierte Verhandlungen zwischen dem „board“ der Zielgesellschaft, dem Bieter und

---

[147] Gower/Davies, S. 767.

[148] Vgl. Gower/Davies, S. 767; Gower and Davies, S. 795.

[149] Gower/Davies, S. 767.

[150] Scott/Lewis, PLC Januar/Februar 1992, 17, 22 f. mit einer anschaulichen vergleichenden Übersicht zum zeitlichen Ablauf.

[151] Weinberg/Blank/Rabinowitz, Rz. 2-3025.

[152] Der Fall einer fehlenden anfänglichen Beteiligung des Verwaltungsrates der Zielgesellschaft wird praktisch kaum vorkommen, auch wenn denkbar ist, erst nur mit einem oder mehreren Hauptanteilseignern zu verhandeln, die dann ohne Einschaltung des Verwaltungsrats den Vergleichsplan ausarbeiten und diesen bei Gericht zur Einberufung der Versammlungen einreichen und dann erst den Verwaltungsrat beteiligen. Das Risiko eines Fehlschlags und einer Zurückweisung durch das Gericht mangels Aussicht auf eine einverständliche Lösung ist zu groß. Andererseits kann diese Aussicht dann geschaffen werden, wenn die Hauptanteilseigner, mit denen verhandelt wurde, die Kontrollmehrheit besitzen und daher bei fehlendem Einverständnis durch den Verwaltungsrat die Zustimmung der „company“ durch Erwirken eines ordentlichen Anteilseignerversammlungsbeschlusses in Aussicht stellen können.

ihren Beratern statt.[153] Erst bei einer Einigung wird entschieden, ob die Übernahme mittels eines gewöhnlichen Übernahmeangebots oder eines „Scheme of Arrangement" gem. secs. 425 ff. CA 1985 durchgeführt werden soll.[154] Nach der Entscheidung für ein „Scheme" muß bei Anwendung des City Code eine Pflichtankündigung gemäß dessen Rule 2.2 veröffentlicht werden. Insbesondere ist darauf zu achten, daß eine solche Ankündigungspflicht erst entsteht, wenn genügende Vorbereitungen getroffen worden sind und nicht schon, bevor der Übernahmeplan ausgearbeitet worden ist.[155]

Ein gewöhnlicher Übernahmevergleichsplan beinhaltet lediglich die Verpflichtung aller Gesellschafter zur Übertragung ihrer Anteile auf den Bieter. Außerdem wird er mit der Bedingung versehen, daß der Bieter die angebotene Gegenleistung erbringt

Sollte der Bieter bereits Anteilseigner der Zielgesellschaft sein, dann müssen die von ihm gehaltenen Anteile nicht mehr auf ihn übertragen werden. Er ist daher vom Vergleichsplan nicht betroffen und muß bei der Abstimmung, bei der er wegen der divergierenden wirtschaftlichen Interessen ohnehin eine eigene Klasse bilden würde, nicht berücksichtigt werden.[156] Dagegen könnte man zwar einwenden, daß er insoweit betroffen ist, als daß er nicht zur Annahme der auf ihn zu übertragenden Anteile gezwungen werden dürfe und daher Partei des Vergleichsplans werden müsse. Davon abgesehen, daß eine solche Beteiligung des Bieters reine Förmelei wäre, läßt sich gegen eine Beteiligung aus diesem Grunde anführen, daß der Bieter bei der Annahme der Übertragung auf sich selbst nicht in seiner Funktion als Gesellschafter, sondern in seiner Funktion als Bieter auftritt, so daß weder ein Gesellschafter- noch ein Gläubigervergleich vorliegt und sec. 425 CA 1985 nicht einschlägig ist. Der Bieter ist mithin nie abstimmungsberechtigte Partei des Vergleichsplans.

Im weiteren Verfahrensverlauf weist der Inhalt der erklärenden Stellungnahme gem. sec. 426 (2) CA 1985 Besonderheiten auf. Da eine Unternehmensübernahme gravierendere Auswirkungen hat, als eine interne Strukturänderung, fallen die Begründungen für die Übernahme und die Erläuterungen zu den Auswirkungen breiter aus. Auch bestehen teilweise offenzulegende Sonderinteressen der Verwaltungsratsmitglieder, wenn ihnen Abfindungen im Falle ihrer Ablösung bei einer erfolgreichen Übernahme angeboten werden.

---

[153] Scott/Lewis, PLC Januar/Februar 1992, 17, 20 f.
[154] Scott/Lewis, PLC Januar/Februar 1992, 17, 21.
[155] Scott/Lewis, PLC Januar/Februar 1992, 17, 26.
[156] Vgl. zur Praxis Re Savoy Hotel Ltd. [1981] Ch. 351, 353.

Das mit einer erklärenden Stellungnahme gem. sec. 426 (2) CA 1985 versehene „scheme document" muß außerdem im Falle der Anwendung des City Code den Anforderungen an eine Angebotsunterlage entsprechen.[157] Auch müssen bei einer börsennotierten Bieter- oder Zielgesellschaft die kapitalmarktrechtlichen Vorschriften der Listing Rules beachtet werden.[158] Insbesondere muß das „scheme document" bzw. die erklärende Stellungnahme die für „listing particulars" notwendigen Informationen gem. sec. 6 Chapter 2, § 5.1 Listing Rules enthalten, wenn die von einer Bietergesellschaft als Gegenleistung auszugebenden Anteile einen Prozentsatz von zehn im Verhältnis zum bereits bestehenden, ausgegebenen Anteilskapital übersteigen und eine Börsennotierung für diese Anteile angestrebt wird.[159]

Im weiteren Verfahrensverlauf bestehen zunächst keine Besonderheiten, was die Abstimmung(en) über den Übernahmeplan, den Antrag auf Genehmigung und die Befassung des Gerichts mit Widersprüchen anbetrifft. Jedoch werden der Bieter und die Zielgesellschaft vereinbart haben, daß der Bieter vertreten durch einen Anwalt bei der Anhörung zum Genehmigungsantrag zugegen ist.[160] Bei dieser Anhörung verspricht er dem Gericht gegenüber, an das „Scheme" gebunden zu sein und alles Notwendige zu seiner Erfüllung zu unternehmen.[161]

Ist das Gericht mit der Erfüllung aller Genehmigungsvoraussetzungen zufrieden, erläßt es eine Genehmigungsanordnung. Andernfalls lehnt es die Genehmigung ab oder übt sein Ermessen dahingehend aus, der „company" die Möglichkeit zur Nachbesserung des „Scheme" nach gerichtlichen Vorgaben zu geben[162], etwa wenn ein Minderheitsanteilseigner einen berechtigten Einwand gegen das „Scheme" vorgebracht hat[163]. Es ist daher ratsam und im übrigen auch üblich, das „takeover scheme" so zu gestalten, daß es hinreichend flexibel ist, um geringfügige Änderungen zur Befriedigung des Gerichts vorzunehmen zu können.[164] Andernfalls kann das Gericht darauf bestehen, daß neue Klassenversammlungen zur Abstimmung über das leicht abgeänderte „Scheme" abgehalten werden.[165] Dies kann zu einem empfindlichen Zeitverlust und Kostenaufwand führen.

---

[157] Weinberg/Blank/Rabinowitz, Rz. 2-3025; Scott/Lewis, PLC Januar/Februar 1992, 17, 26.
[158] Scott/Lewis, PLC Januar/Februar 1992, 17, 26.
[159] Weinberg/Blank/Rabinowitz, Rz. 2-3025; Scott/Lewis, PLC Januar/Februar 1992, 17, 26.
[160] Scott/Lewis, PLC Januar/Februar 1992, 17, 29.
[161] Scott/Lewis, PLC Januar/Februar 1992, 17, 29.
[162] Vgl. Re Anglo-Continental Supply Co. [1922] 2 Ch. 723, 736, 737; Weinberg/Blank/Rabinowitz, Rz. 2-3028.
[163] Hat der Minderheitsanteilseigner bona fide, aber ohne Erfolg Widerspruch erhoben, dann wird das Gericht dennoch normalerweise der Gesellschaft die Verfahrenskosten für den Widerspruch aufbürden, vgl. Carruth v. I.C.I. [1937] A.C. 707, 717.
[164] Weinberg/Blank/Rabinowitz, Rz. 2-3028; Scott/Lewis, PLC Januar/Februar 1992, 17, 28.
[165] Scott/Lewis, PLC Januar/Februar 1992, 17, 28.

Der Genehmigungsbeschluß wird im Moment der Hinterlegung („delivery") beim Gesellschaftsregister wirksam. Der Vergleichsplan ersetzt ab diesem Zeitpunkt eine Vielzahl individueller Übertragungsverträge, so daß die Gesellschaft die Streichung der vom Vergleichsplan erfaßten Anteilseigner, die Neueintragung des Bieters im Anteilsregister sowie die Ausgabe neuer Anteilszertifikate an den Bieter vornehmen darf und muß, um den Anteilstransfer zum Abschluß zu bringen; bei Inhaberanteilen sind die Anteilseigner nach Wirksamkeit des Vergleichsplans nur noch zur Übergabe der Anteile an den Bieter verpflichtet.[166] Man könnte den Vergleichsplan daher als kollektiven Anteilsübertragungsvertrag der Anteilseigner mit dem Bieter bezeichnen, der vom Gericht gleichsam wie von einem Notar ins Werk gesetzt wird.

bb) Besonderheiten bei der Fusion mittels Neugründung

Oftmals ist die „takeover"-Variante anzutreffen, daß zwei Gesellschaften eine Fusion derart herbeiführen, daß sie eine neue Holdinggesellschaft (HoldCo.) gründen, alle Anteile der beiden Gesellschaften auf HoldCo. durch zwei gegenseitig bedingte „Schemes of Arrangement" übertragen werden und HoldCo. im Gegenzug Anteile an die Anteilseigner der beiden Ausgangsgesellschaften in einem vorher vereinbarten Verhältnis gewährt.[167] Es kommt so zu einer Fusion unter dem Dach einer neu gegründeten Holdinggesellschaft.

Die Gründung der HoldCo. findet meist mit Hilfe von Strohmännern („nominees") als Gründungsgesellschafter („subscribers") statt.[168] Als solche Strohmänner kommen vor allem auch die die Transaktion begleitenden Banken in Betracht. Wenn sich die Verwaltungsräte der beiden zu übernehmenden Altgesellschaften auf eine solche Gründung einigen, dann handeln die Strohmänner im wirtschaftlichen Interesse beider Gesellschaften. Es kann aber auch vorkommen, daß eine Gesellschaft eine HoldCo. gründet und erst später Gespräche mit dem Verwaltungsrat der anderen Gesellschaft aufnimmt.[169] Statt einer Neugründung kann auch Rückgriff auf eine Mantelgesellschaft („shell company") ohne Geschäftsbetrieb genommen werden.

Eine verfahrensrechtliche Besonderheit besteht dann, wenn ein Anteilseigner an beiden Gesellschaften, die fusionieren wollen, wesentlich beteiligt ist. Das Gericht wird bei seiner Ermessensausübung berücksichtigen, daß die Interessen dieser Person als Anteilseigner der einen Gesellschaft seine Stimmabgabe als An-

---

[166] Vgl. zur einzelvertraglichen Übertragung von Namens- und Inhaberanteilen oben S. 217 ff.
[167] Weinberg/Blank/Rabinowitz, Rz. 2-4007 und 2-4005 f. zum Verfahren bei einem normalen Übernahmeangebot der HoldCo. an die beiden Ausgangsgesellschaften.
[168] Weinberg/Blank/Rabinowitz, Rz. 2-4003.
[169] Weinberg/Blank/Rabinowitz, Rz- 2-4004.

teilseigner der anderen Gesellschaft beeinflußt haben könnten.[170] Jedoch dürfte der bloße Umstand, daß eine Person Anteilseigner in beiden Gesellschaften ist, erst dann zur Verweigerung einer Vergleichsplangenehmigung führen, wenn sein Interesse derart abweichend von den Interessen der Mitglieder einer Klasse von Anteilseignern einer Gesellschaft ist, daß er billigerweise nicht als Mitglied dieser Anteilseignerklasse angesehen werden darf, da er dann nicht imstande sein dürfte, ein unabhängiges und unvoreingenommenes Urteil fällen zu können.[171]

cc) Besonderheiten aus der Sicht einer Kapitalgesellschaft als Bieter

Neben den bereits für normale Übernahmeangebote genannten Aspekten der Ermächtigung zur Anteilsausgabe und des Bezugsrechtsausschlusses bei der Einbringung der Zielgesellschaftsanteile im Rahmen einer Kapitalerhöhung[172] ergeben sich bei einer Übernahme mittels eines „Scheme of Arrangement“ noch einige Besonderheiten, wenn der Bieter eine englische Kapitalgesellschaft ist.

Eine solche Besonderheit bei einem nach den secs. 425 ff. CA 1985 durchgeführten „share-for-share takeover“ ist aus Sicht einer Bietergesellschaft, die eine „public company“ ist und die Zielgesellschaftsanteile im Rahmen einer Erhöhung des gezeichneten Kapitals einbringt, daß gem. sec. 103 (3), (7) CA 1985 ausnahmsweise keine unabhängige Überprüfung des Umtauschverhältnisses bzw. des Wertes der als Sacheinlage eingebrachten Zielgesellschaftsanteile erfolgen muß.[173] Dadurch entsteht das Problem einer Verwässerung der Anteile der Altgesellschafter der Bietergesellschaft.

Aus englischer Sicht ist jedoch grundsätzlich nach einer vorhergehenden qualifizierten Mehrheitsentscheidung und einer nachfolgenden gerichtlichen Überprüfung der Transaktion eine ausreichende Kontrolle der Parität gewährleistet. Des weiteren wird die Verwässerungsgefahr im Anwendungsbereich des City Code oder durch das Kapitalmarktrecht überwiegend kompensiert.[174] Außerdem besteht als Rückausnahme gem. sec. 103 (4) CA 1985 wieder die Pflicht zur Überprüfung durch einen unabhängigen Sachverständigen, wenn sich das Tauschangebot nicht auf 100 % der Anteile oder einer Anteilsgattung der Zielgesellschaft erstreckt. Zwar sind Teilangebote generell sehr selten.[175] Jedoch führt die nicht unübliche

---

[170] Vgl. Carruth v. I.C.I. [1937] A.C. 707, 769.

[171] Re Hellenic & General Trust Ltd. [1976] 1 W.L.R. 123; vgl. Weinberg/Blank/Rabinowitz, Rz. 2-4008.

[172] S.o. S. 229 ff.

[173] Die Erstellung eines unabhängigen Prüfungsberichts ist anscheindend auch auf freiwilliger Basis unüblich, vgl. Lewis, Comp. Lawy. 1995, 245, 246.

[174] Gower/Davies, S. 240 Fn.43.

[175] Zinser, RIW 2001, 481, 485, der von ungefähr zehn Teilangeboten pro Jahr spricht.

Ausnahme ausländischer Anteilseigner vom Angebot bei Übernahmen großer Gesellschaften zu einer solchen Erstreckung auf einen nur begrenzten Teil der Anteile.[176] Ist die Zuteilung von Anteilen der Bietergesellschaft an einen Anteilseigner der Zielgesellschaft durch ausländische Wertpapiergesetze verboten oder wird sie durch überzogene Anforderungen praktisch unmöglich gemacht, dann sehen „Schemes of Arrangement" meist vor, daß die Bietergesellschaft die angebotene Gegenleistung einem Treuhänder übergibt, der sie versilbert und den Nettoverkaufserlös an die betroffenen Anteilseigner der Zielgesellschaft auszahlt.[177] Eine solche (gerechtfertigte) Ungleichbehandlung von ausländischen Anteilseignern bewirkt, daß der im „Scheme of Arrangement" enthaltene Vergleich die Verpflichtung zu einer unabhängigen Bewertung nach secs. 103 (1), (4), 108 CA 1985 nach sich zieht.[178]

d) Vorteile einer Vorgehensweise gem. secs. 425 ff. CA 1985

aa) Stempelsteuerfreiheit durch „cancellation and reduction scheme"

Einer der Hauptgründe für die Strukturierung einer Unternehmensübernahme durch ein „Scheme of Arrangement" ist die Möglichkeit der Einsparung der „stamp duty", der Stempelsteuer, wenngleich auch die Kosten für die Durchführung eines Verfahrens nach den secs. 425 ff. CA 1985 in das Kalkül einbezogen werden müssen.[179]

Die Stempelsteuer („stamp duty") ist in England bei kaufweisen oder kaufähnlichen Übertragungen von Wertpapieren, Land, Goodwill, Verbindlichkeiten oder verbrieftem geistigen Eigentum oder bei Miet- oder Pachtverträgen zu erbringen.[180] Die zugrunde liegenden Dokumente sind sanktionsbewehrt zu stempeln.[181] Die Stempelsteuer unterliegt zwar insoweit der Freiwilligkeit, als die Steuerpflichtigkeit erst eintritt, wenn die Übertragungsurkunde gestempelt wird, und die Parteien frei darin sind zu entscheiden, ob sie die Urkunden tatsächlich stempeln lassen. Die rechtliche Wirksamkeit einer Transaktion wird durch das Fehlen des Stempelns nicht beeinträchtigt.[182] Jedoch ist die praktische Brauchbarkeit einer

---

176 Scott/Lewis, PLC Januar/Februar, 17, 31.
177 Scott/Lewis, PLC Januar/Februar 1992, 17, 31.
178 Scott/Lewis, PLC Januar/Februar 1992, 17, 31.
179 Weinberg/Blank/Rabinowitz, Rz. 2-3032; Davies, Regulation of Take-overs and Mergers, 1976, S. 28 f.
180 Vgl. die Auflistung der gebührenpflichtigen Rechtsgeschäfte in Sched. 13 Finance Act 1999.
181 Vgl. Crawford/Cruise, PLC Dezember 1999, 41, 44.
182 Crawford/Cruise, PLC Dezember 1999, 41, 41.

nicht gestempelten Urkunde sehr gering, da zahlreiche Bestimmungen ihre Benutzung im Rechtsverkehr unmöglich machen.[183] Außerdem fallen nach einer 30-Tages-Frist gerechnet ab dem Tag der Transaktion Zinsen von 7,5 % der Stempelgebühr und Strafgelder unterhalb der Stempelgebühr plus 300 Pfund und nach einem Jahr oberhalb der Stempelgebühr plus 300 Pfund an.[184]

Bei Wertpapierübertragungen beträgt der Gebührensatz bis zu 3,5 % des Marktwertes der übertragenen Wertpapiere und ist von der erwerbenden Kapitalgesellschaft zu erbringen. Bei einem „takeover" beträgt der Stempelgebührensatz nach Sched. 13 Part I Finance Act 1999 0,5 % des Transaktionsvolumens ermittelt nach dem durchschnittlichen Marktwert[185] und ist durch den Bieter zu zahlen.[186] Bei einem „Scheme of Arrangement" zur Übertragung der Anteile werden diese zwar nicht durch separate Verträge mit jedem einzelnen Anteilseigner übertragen, sondern durch den gerichtlichen Genehmigungsbeschluß gem. sec. 425 (2) CA 1985. Diese „court order" muß jedoch, auch wenn sie vor Einreichung beim Gesellschaftsregister noch keine Bindungswirkung entfaltet, ebenfalls gestempelt werden, da sie als kaufweise Übertragung („conveyance on sale") im Sinne von sec. 54, Sched. I Stamp Act 1891 gilt.[187] Eine ungestempelte Genehmigungsanordnung ist als Beweismittel für die Übertragung gem. sec. 14 (4) Stamp Act 1891 evident unzulässig.

Wenn die Gegenleistung des Bieters in bar erfolgt, fällt für die Anteilseigner der Zielgesellschaft ohnehin keine Stempelsteuer an. Die Ausgabe junger Anteile durch die Bietergesellschaft löst ebenfalls keine Stempelsteuer aus, nachdem sie 1988 durch sec. 141 Finance Act 1988 für diesen Vorgang abgeschafft worden ist. Bei der Ausgabe von Schuldverschreibungen besteht schon seit 1973 keine Stempelsteuerpflicht mehr, vgl. sec. 49 (2) Finance Act 1973.[188]

Zur Vermeidung der vom Bieter zu entrichtenden Stempelsteuer gestaltet man in der Praxis den Vergleichsplan so, daß die Zielgesellschaftsanteile nicht direkt auf den Bieter übertragen, sondern für kraftlos erklärt werden („cancellation of sha-

[183] Crawford/Cruise, PLC Dezember 1999, 41, 41 m.w.N.

[184] Crawford/Cruise, PLC Dezember 1999, 41, 45.

[185] Vgl. sec. 6 (1) Stamp Act 1891; zu den Ermittlungsproblemen insbesondere bei nicht an der Börse gehandelten Anteilen: Weinberg/Blank/Dick, Rz. 6-2085 f.; Crawford/Cruise, PLC Dezember 1999, 41, 43; Crane Fruehauf Ltd. v. I.R.C. [1975] S.T.C. 51, 56.

[186] Vgl. Crawford/Cruise, PLC Dezember 1999, 41, 50.

[187] Sun Alliance Insurance v. I.R.C. [1971] 1 W.L.R. 432; Re Savoy Hotel Ltd. [1981] Ch. 351, 357 per Nourse J.; Weinberg/Blank/Rabinowitz, Rz. 2-3028, 6-1050, 6-2063; Palmer, Rz. 12.032.2; Pennington, Company Law, S. 1021; Davies/Holmes, PLC October 2000, 25, 28.

[188] Zu Einzelheiten Weinberg/Blank/Dick, Rz. 6-2091: so bestehen Ausnahmen bei der Ausgabe von Inhaberanteilen („bearer shares").

res").[189] Anschließend wird die durch die Kraftloserklärung entstandene Rücklage („reserve") aktiviert und zur Einzahlung auf junge Anteile verwandt („capitalisation"), die an den Bieter ausgegeben werden.[190]

Hielt der Bieter bereits Anteile an der Zielgesellschaft, kann sich das „Scheme of Arrangement" auch nur darauf beschränken, die nicht von der Bietergesellschaft gehaltenen Anteile für kraftlos zu erklären, ohne junge Anteile an den Bieter auszugeben. Meist wird jedoch angestrebt, die Bietergesellschaft mit dem vorherigen Niveau an gezeichnetem Kapital auszustatten, um die bilanzielle Situation der Gesellschaft nicht zu verändern.[191]

Die Kraftloserklärung der Anteile mit anschließender Aktivierung der durch die Kraftloserklärung entstandenen Rücklage stellt gleichzeitig eine Kapitalherabsetzung i.S.v. sec. 135 CA 1985 dar, so daß neben den Erfordernissen der secs. 425 ff. CA 1985 dann auch noch die der Kapitalherabsetzungsvorschriften gem. secs. 135 ff. CA 1985 beachtet werden müssen.[192] Neben der oder den vom Gericht einberufenen Versammlungen, die über das so vorliegende „cancellation and reduction scheme" beschließen, bedarf es auch noch eines außerordentlichen Anteilseignerversammlungsbeschlusses gem. sec. 378 (2) CA 1985 („special resolution"), der meist direkt im Anschluß an die gerichtlich einberufene(n) Versammlung(en) gem. sec. 425 CA 1985 abstimmt. Ein erfolgreicher Kapitalherabsetzungsbeschluß wird zur Bedingung des „Scheme" gemacht wird.[193]

Werden alle Beschlüsse ordnungsgemäß gefaßt und genehmigt der zuständige „judge" den Vergleichsplan sowie der zuständige „registrar" die Kapitalherabsetzung, dann wird der Vergleichsplan mit Hinterlegung des Genehmigungsbeschlusses gem. 425 (3) CA 1985 wirksam, so daß die Zielgesellschaft regelmäßig zur Ausgabe von Anteilen an den Bieter gegen Gewährung der angebotenen Gegenleistung an die Altanteilseigner verpflichtet ist. Es kann sich dabei das Koordinationsproblem ergeben, daß es zu einer Abweichung der Wirksamkeit des „Scheme" und der Kapitalherabsetzung kommt, da letztere gem. sec. 138 (2) CA 1985 erst mit Eintragung der vom „registrar" ausgesprochenen Genehmigung wirksam wird. Eine solche Wirksamkeitsverschiebung führt zu Rechtsunsicherheiten, die besonders bei börsennotierten Gesellschaften problematisch für die

[189] Vgl. Re National Bank Ltd. [1966] 1 All E.R. 1006, [1966] 1 W.L.R. 819; Weinberg/Blank /Dick, Rz. 6-2081; Tolley's Company Law, R2016, mit Erläuterungen zu weiteren steuerrechtlichen Aspekten; Pearson/Wood, PLC August 2001, 34, 35 f.; Weinberg/Blank/Rabinowitz, Rz. 2-2021, 2-3027 Fn.2; Gower and Davies, S. 794.

[190] Pearson/Wood, PLC August 2001, 34, 35 f.; Weinberg/Blank/Rabinowitz, Rz. 2-2021, 2-3027 Fn.2; allgemein zu einem solchen Vorgehen: Gower and Davies, S. 239 f.

[191] Pearson/Wood, PLC August 2001, 34, 35 f.; Weinberg/Blank/Rabinowitz, Rz. 2-2021, 2-3027 Fn.2.

[192] Scott/Lewis, PLC Januar/Februar 1992, 17, 29.

[193] Vgl. etwa Birkett, PLC April 2001, 19, 21.

Handelbarkeit der beteiligten Anteile sein können. Die Gesellschaft wird sich daher darum bemühen, daß die beiden Genehmigungen am selben Tag vom „judge“ und vom „registrar“ ausgesprochen und gleichzeitig beim Gesellschaftsregister eingereicht werden, damit das Risiko einer Wirksamkeitsdiskrepanz minimiert wird.[194] Die Company Law Review Steering Group hat zur zukünftigen Vermeidung dieses Problems in ihrem Abschlußbericht[195] eine Koordinierung der beiden Vorschriften oder zumindest die optionale Möglichkeit zur Wirksamkeit bei Einreichung bei einem Zusammentreffen mit einem „Scheme of Arrangement“ vorgeschlagen.

Sollte sich die bereits Target-Anteile haltende Bieterin für eine bloße Kraftloserklärung der bisher von außenstehenden Anteilseignern gehaltenen Anteile durch den Vergleichsplan entscheiden, ohne die alte Kapitalausstattung wieder herbeizuführen, handelt es sich beim Target um eine „public company“ und sinkt das zugeteilte Kapital („allotted capital“) nach der Übernahme unter das gesetzlich für „public companies“ vorgesehene Minimum von 50.000 Pfund, dann ist die Zielgesellschaft zu einer Umwandlung in eine „private company“ gem. secs. 53 ff. CA 1985 oder unter gerichtlicher Aufsicht gem. sec. 139 CA 1985 in analoger Anwendung verpflichtet.[196]

Ein weiterer in der Praxis erst seit kurzem beachteter Aspekt bei einem „cancellation and reduction scheme“ betrifft die Pflicht zur Erstellung eines Bewertungsgutachtens durch einen unabhängigen Experten im Hinblick auf die Ausgabe junger Anteile von einer Publikumszielgesellschaft an den Bieter. Die bis in die Mitte der 1990er Jahre auch von Gerichten meist unbeachtet gebliebene[197] sec. 103 (2) CA 1985 bestimmt, daß eine durch Aktivierung von Rücklagen („application of reserves“) finanzierte Ausgabe von Anteilen an Mitglieder ausnahmsweise nicht der Sacheinlagenprüfungspflicht gem. sec. 103 (1), 108 CA 1985 unterfällt. Das bedeutet im Gegenschluß, daß im Falle, daß der Bieter nicht bereits Anteile an der Zielgesellschaft hält, keine Ausgabe an die Gesellschafter erfolgt und ein Prüfungsbericht notwendig wird.[198] Aber auch im Falle, daß der Bieter bereits Target-Anteile hält, ist nach wie vor zweifelhaft, ob sec. 103 (2) CA 1985 nicht so auszulegen ist, daß nur eine Ausgabe an alle (Alt-)Gesellschafter die Prüfungspflichtbefreiung auslöst.[199] Aus Vorsichtsgründen sollte daher in jedem Falle eines „cancellation and reduction scheme“ ein Prüfungsbericht

---

194 Vgl. den Zeitplan bei Scott/Lewis, PLC Januar/Februar 1992, 17, 22.
195 Ch. 13.11 unter iv), URN 01/942.
196 Palmer, Rz. 2.214.
197 Lewis, Comp. Lawy. 1995, 245, 246.
198 Tolley's Company Law, R2016, S 5037, S5041.
199 Lewis, Comp. Lawy. 1995, 245, 246.

gem. secs. 103 (1), 108 CA erstellt und dem Bieter sowie dem Gesellschaftsregister übermittelt werden, um die Sanktionen bei Nichtbeachtung gem. secs. 103 (6), 114 ff. CA 1985 für den Bieter, die Zielgesellschaft und deren Verwaltungsratsmitglieder zu vermeiden.[200]

Bei einem „cancellation and reduction scheme" fällt im übrigen auch die „stamp duty reserve tax" (SDRT), die durch den Finance Act 1986 eingeführt wurde, um Stempelsteuerschlupflöcher zu schließen, nicht an.[201]

Zwar haben die englischen Steuerbehörden und der Gesetzgeber erwogen, auch ein „cancellation and reduction scheme" der Stempelsteuer zu unterwerfen, jedoch wurden bis heute dahingehend keine Schritte unternommen.[202]

Die Rechtsprechung lehnte jedoch in einem unveröffentlichten Fall[203] den Antrag auf Genehmigung einer Kapitalherabsetzung ab, die nur dem Zweck dienen sollte, einen vorbereiteten Verkauf der Gesellschaft durchzuführen, den die Beteiligten problemlos selbst durch Anteilsübertragung hätten implementieren können. Aus dieser Entscheidung wird gefolgert, daß bei einer Unternehmensübernahme mittels eines „Scheme of Arrangement" auch noch andere ausreichende von der Stempelsteuer unabhängige Gründe vorliegen sollten, um gem. secs. 425 ff. CA 1985 vorzugehen.[204] Ansonsten besteht die Gefahr der Zurückweisung des Vergleichsplans aus Gründen des Umgehungsschutzes der stempelsteuerrechtlichen Vorschriften.

In England wird die Stempelsteuerpflicht heftig kritisiert.[205] Schon bei der geplanten und 1993 aufgegebenen Einführung des stücklosen, elektronischen Wertpapiertransaktionssystems TAURUS sollte die Stempelsteuer abgeschafft werden.[206] Heute, wo mit CREST ein entsprechendes System zur Verfügung steht und Staaten wie Italien und Deutschland die Stempelsteuer ganz abgeschafft haben, wächst der Druck der Finanzwirtschaft auf die britische Regierung. Angesichts dauerhaft knapper öffentlicher Haushalte und einer Stempelsteuereinnahme des britischen Staates von 4,5 Milliarden Pfund im Finanzjahr 2000/2001[207] dürfte eine Abschaffung der „Stamp Duty" auf absehbare Zeit nicht zu erwarten sein. Sollte dieser Fall jedoch wider Erwarten eintreten, geht ein wichtiger Vorteil von

200 Lewis, Comp. Lawy. 1995, 245, 246.
201 Weinberg/Blank/Dick, Rz. 6-2081.
202 Tolley's Company Law, R2016; Inland Revenue, Tax Bulletin, November 1992, S. 46.
203 Re Rylands-Whitecross Ltd., Beschl. v. 21. 12. 1973 durch Brightman J., unveröffentlicht, zitiert bei Weinberg/Blank/Dick, Rz. 6-2081; Scott/Lewis, PLC Januar/Februar 1992, 17, 30.
204 Weinberg/Blank/Dick, Rz. 6-2081; Scott/Lewis, PLC Januar/Februar 1992, 17, 20 f.
205 F.A.Z. v. 19. 6. 2002, S. 26: „London: Kritik an der Stempelsteuer".
206 Gower/Davies, S. 337.
207 F.A.Z. v. 19. 6. 2002, S. 26.

„Schemes of Arrangement" in Übernahmesituationen verloren, der deren Bedeutung schmälern könnte.

bb) Direkte Übernahme aller Anteile - Verhältnis zu secs. 429 ff. CA 1985

Wenn die Bietergesellschaft eine 100 %ige Übernahme anstrebt, ist ein Anreiz für eine Vorgehensweise nach secs. 425 ff. CA 1985 dadurch gegeben, daß nur eine numerische Mehrheit der Anteilseigner, die 75 % der Anteile repräsentiert, dem Übernahmeplan zustimmen muß, um 100 % der Anteilseigner zu binden.[208] Im Gegensatz zum normalen „takeover bid" ist also nicht die Annahme durch Anteilseigner notwendig, die 90 % der außenstehenden Anteile halten, um anschließend einen Zwangserwerb der übrigen Anteile im Ausschlußverfahren gem. secs. 429 ff. CA 1985 zu erwirken.[209]

Da weiterhin im Verfahren nach secs. 425 ff. CA 1985 für die Ermittlung der Kopf- und Anteilverhältnisse nur diejenigen Stimmen und Anteile zählen, die bei der Gesellschafterversammlung entweder persönlich oder durch einen Stimmrechtsvertreter tatsächlich abgegeben werden, wirkt die Apathie der Anteilseigner, nicht zu der oder den Versammlungen zu erscheinen und keine Stimmrechtsvollmacht zu erteilen, normalerweise zugunsten des Bieters.[210] Andererseits führt dies aber auch manchmal dazu, daß eine kleine, aber mobilisierte und aktive Minderheit ein „Scheme" einfacher zum Scheitern bringen kann.[211]

Bisweilen wirkt sich außerdem das von sec. 425 (2) CA 1985 aufgestellte Erfordernis einer numerischen Mehrheit nach Köpfen für den Bieter sehr nachteilig aus. So hilft es nicht, eine geringe Zahl von Anteilseignern, die in jeder Anteilseignerklasse mehr als 75 % des Kapitals halten, von den positiven Effekten der Übernahme zu überzeugen, nicht jedoch die große Masse der Kleinanleger.[212] Diese Blockadegefahr ist bei der Entscheidung für ein Vorgehen nach den secs. 425 ff. CA 1985 ebenfalls zu bedenken.

---

[208] Weinberg/Blank/Rabinowitz, Rz. 2-3029; Davies/Holmes, PLC Oktober 2000, 25, 28; Mather/Cowan, European Counsel, April 1998, 29, 32; Scott/Lewis, PLC Januar/Februar 1992, 17, 20 f.; Gower and Davies, S. 794.

[209] Weinberg/Blank/Rabinowitz, Rz. 2-3029; Pennington, Company Law, S. 1021 f.; Palmer, Rz. 12.013.2; Tolley's Company Law, R2016; Grier, UK Company Law, 1998, S. 549; Scott/Lewis, PLC Januar/Februar 1992, 17, 20 f.; Gower and Davies, S. 794; vgl. auch Re Hellenic & General Trust [1976] 1 W.L.R. 123 und Re BTR plc. [1999] 2 B.C.L.C. 675.

[210] Weinberg/Blank/Rabinowitz, Rz. 2-3029; Scott/Lewis, PLC Januar/Februar 1992, 17, 20 f. mit Berechnungen und Diagramm.

[211] Weinberg/Blank/Rabinowitz, Rz. 2-3029; Scott/Lewis, PLC Januar/Februar 1992, 17, 21.

[212] Scott/Lewis, PLC Januar/Februar 1992, 17, 23.

Es bleibt abzuwarten, ob der Gesetzgeber der von der Company Law Review Steering Group in ihrem Abschlußbericht vorgebrachten Empfehlung[213] zur Abschaffung des Kriteriums der einfachen Mehrheit nach Köpfen folgen wird.

Auch ist es bei einer solchen zahlenmäßig großen Kapitalminderheit unzulässig, diese Minderheit zum Verkauf zu zwingen, indem versucht wird, die Anteile dissentierender Anteilseigner per Kapitalherabsetzung für kraftlos zu erklären („cancellation"), was an sich bereits durch einen außerordentlichen Anteilseignerversammlungsbeschluß gem. sec. 135 CA 1985 beschlossen werden könnte, der einzelnen Anteilseignergruppen kein Vetorecht einräumt und für den eine qualifizierte Kapitalmehrheit ausreicht.[214] Eine solche Kapitalherabsetzung würde Anteilseigner derselben Anteilsgattung ungerechtfertigt ungleich behandeln und deswegen vom Gericht nicht genehmigt.[215]

Obwohl es also möglich ist, eine 100 %ige Unternehmensübernahme mittels eines „Scheme of Arrangement" mit seiner relativ zur „takeover bid/squeeze-out"-Kombination geringen Kapitalmehrheit zu erreichen, ergibt sich zwangsläufig ein Spannungsverhältnis zu den secs. 429 ff. CA 1985, die voraussetzen, daß ein vorhergehendes Übernahmeangebot eine Annahmequote von 90 % erzielt, um ein Zwangsausschlußverfahren durchführen zu können. Die Rechtsprechung hat diesem systematischen Konflikt Beachtung geschenkt und sich dazu bei der Prüfung von Übernahmevergleichsplänen unter dem Gesichtspunkt geäußert, ob sie „fair and reasonable" seien.[216]

Templeman J. erwog in einem obiter dictum in *Re Hellenic & General Trust Ltd.*[217], daß ein „Scheme of Arrangement" dann nicht genehmigt werden dürfe, wenn das Ergebnis eines 100 %igen Erwerbs faktisch durch ein Übernahmeangebot mit anschließendem Zwangsausschluß gem. secs. 429 ff. CA 1985 nicht hätte erreicht werden können. Im zugrunde liegenden Fall hielt die Bietergesellschaft über eine 100 %ige Tochtergesellschaft knapp über 53 % der Anteile an der Zielgesellschaft, ein dissentierender Minderheitsgesellschafter besaß fast 14 % der Anteile.

Aus den von Templeman J. angestellten Erwägungen ergaben sich in der Folgezeit Zweifel über das Verhältnis von sec. 425 CA 1985 zu sec. 429 CA 1985.[218] Das Urteil wird heute jedoch nicht dahin ausgelegt, daß eine höhere, als die in

---

[213] Ch.13.10, URN 01/942.
[214] Pennington, Company Law, S. 1022.
[215] Re Robert Stephens Holdings Ltd. [1968] 1 W.L.R. 522, [1968] 1 All E.R. 195n.
[216] Re Hellenic & General Trust Ltd. [1976] 1 W.L.R. 123, [1975] 3 All E.R. 382.
[217] [1976] 1 W.L.R. 123, 127 ff.
[218] Tolley's Company Law, R2016.

sec. 425 (2) CA 1985 vorgeschriebene Kapitalmehrheit bei einem „takeover scheme" erreicht werden muß.[219]

In diesem Sinne hatte bereits Plowman J. in *Re National Bank Ltd.*[220] einige Jahre zuvor bemerkt, daß es gute Gründe dafür gebe, bei Vergleichsplanverfahren gem. secs. 425 ff. CA 1985 eine geringere Kapitalmehrheit zu fordern als die 90 % gem. sec. 429 CA 1985. Denn ein „Scheme" werde vom Gericht nur gebilligt, wenn es fair sei, was vom Antragsteller darzulegen sei, wohingegen bei sec. 429 CA 1985 keine obligatorische gerichtliche Überprüfung des Zwangsausschlusses erfolge, so daß die Beweislast für die Unfairneß daher bei der opponierenden Minderheit liege[221]. Auch habe der Gesetzgeber das Spannungsverhältnis gesehen und eine Begrenzung des Arrangement-Verfahrens durch die secs. 429 ff. CA 1985 absichtlich unterlassen.

Diese Ansicht wurde im schottischen Fall *Singer Manufacturing Co. v. Robinow*[222] bestätigt, in dem die Bietergesellschaft, die schon 92 % der Anteile an der Zielgesellschaft hielt, ein „Scheme of Arrangement" zum Zwangserwerb der restlichen 8 % der Anteile benutzte, statt den Weg über ein Übernahmeangebot mit anschließendem Ausschlußverfahren gem. secs. 429 ff. CA 1985 zu gehen.

Letztlich sind die durch das Urteil *Re Hellenic & General Trust Ltd.*[223] entstandenen Rechtsunsicherheiten heute beseitigt. Das durch den differenzierten „class"-Begriff und das Kriterium einer numerischen Mehrheit nach Köpfen entstehende hohe Minderheitenschutzniveau, die obligatorische gerichtliche Kontrolle sowie die dadurch entstehende Beweislastverteilung verschaffen einem „Scheme of Arrangement" eine höhere Legitimation, die eine geringere Mehrheit als beim Zwangsausschlußverfahren gem. secs. 429 ff. CA 1985 rechtfertigt. So räumte auch Templeman J. ein, daß die Genehmigung eines „Scheme of Arrangement" mit demselben Resultat wie ein Zwangsausschluß gem. sec. 429 CA 1985 nicht notwendigerweise unfair sei: „It is not always so unfair as to preclude the court from exercising its discretion in favour of the scheme."[224] Dies bedeutet heute lediglich, daß die Natur eines Vergleichsplans zur 100 %igen Übernahme bei der Ermessensausübung des Gerichts berücksichtigt wird.[225] Diese Berück-

---

[219] Vgl. nur Tolley's Company Law, R2016; Gore-Browne, § 30.14.1; Palmer, Rz. 12.013.2; Buckley, § 425.16; Weinberg/Blank/Rabinowitz, Rz. 2-3030; Gower and Davies, S. 794.

[220] [1966] 1 W.L.R. 819, 829 f.; [1966] 1 All E.R. 1006, 1013.

[221] Re Grierson, Oldham and Adams Ltd. [1968] Ch. 17; Re Sussex Brick Co. Ltd. [1961] Ch. 289; Re Press Caps Ltd. [1949] Ch. 434; Re Hoare & Co. Ltd. (1933) 150 L.T. 374; Re Lifecare International plc. [1990] B.C.L.C. 222; abweichend aufgrund der jeweils besonderen Umstände des zugrunde liegenden Falles: Re Bugle Press Ltd. [1961] Ch. 270, C.A.; Re Chez Nico (Restaurants) Ltd. [1991] B.C.C. 736.

[222] 1971 S.C. 11.

[223] [1976] 1 W.L.R. 123.

[224] [1976] 1 W.L.R. 123, 127.

[225] Tolley's Company Law, R2016.

sichtigung dürfte aber kaum zu einer Genehmigungsverweigerung wegen Umgehung der secs. 429 ff. CA 1985 führen.[226] So stellte Jonathan Parker J. in *Re BTR plc.*[227] fest, daß die „company" frei wählen darf, ob sie nach sec. 425 CA 1985 oder nach sec. 429 CA 1985 vorgeht. Dieser Ansatz wurde durch den Court of Appeal[228] bestätigt.

cc) Schnellstmögliche Übernahme aller Anteile

Ein weiterer gewichtiger Vorteil eines Vorgehens gem. secs. 425 ff. CA 1985 besteht darin, daß normalerweise dadurch der 100 %ige Erwerb der Zielgesellschaftsanteile beträchtlich schneller herbeiführt wird als bei einem gewöhnlichen Übernahmeangebot mit anschließendem Zwangserwerb gem. secs. 429 ff. CA 1985, welches in der Regel mindestens fünf Monate in Anspruch nimmt.[229] Erst nach dieser Zeitspanne weiß der Bieter, ob der Zwangserwerb der verbleibenden außenstehenden Anteile nicht gem. sec. 430C CA 1985 gerichtlich angegriffen wird.

Ein „Scheme of Arrangement" gem. sec. 425 CA 1985 führt regelmäßig innerhalb von zwei bis drei Monaten gerechnet vom Tag der Ankündigung des Vorhabens an zur vollständigen Übernahme aller Anteile der Zielgesellschaft.[230]

dd) Frühe Gewißheit über das Gelingen der Komplettübernahme

Ein weiterer Vorzug eines Übernahmevergleichsplans liegt darin, daß die Bietergesellschaft zu einem frühen Zeitpunkt feststellen kann, ob der Erwerb einer 100 %igen Beteiligung geglückt ist, nämlich schon nach den Abstimmungen in der oder den einberufenen Anteilseignerversammlungen.[231] Ab diesem Zeitpunkt besteht lediglich noch die Gefahr, daß das Gericht seine Genehmigung verweigert, was jedoch durch ordnungsgemäße Durchführung aller Verfahrensschritte vermieden werden kann. Weiterhin können die Anteilseigner noch bis zur Genehmigung des „Scheme" ein konkurrierendes Angebot annehmen, da sie durch die

---

[226] Vgl. Palmer, Rz. 12.013.2.
[227] [1999] 2 B.C.L.C. 675.
[228] [2000] 1 B.C.L.C. 740.
[229] Weinberg/Blank/Rabinowitz, Rz. 2-3031; Tolley's Company Law, R2016; Davies/Holmes, PLC October 2000, 25, 28; Scott/Lewis, PLC Januar/Februar 1992, 17, 23, der auf S. 28 zwar auch von einer Mindestdauer von zwei bis drei Moanten spricht, dabei aber nicht die sechswöchige Klagefrist miteinbezieht, die als Schwebezeit hinzuzurechnen wäre.
[230] Siehe den detaillierten Zeitplan bei Scott/Lewis, PLC Januar/Februar 1992, 17, 22.
[231] Weinberg/Blank/Rabinowitz, Rz. 2-3031; Scott/Lewis, PLC Januar/Februar 1992, 17, 21.

bloße Abstimmung während des laufenden Verfahrens noch nicht gebunden sind. Aber selbst die Gewißheit eines 100 %igen Erwerbs nach zwei bis drei Monaten bei Erlaß und Hinterlegung des Genehmigungsbeschlusses tritt relativ früh ein im Vergleich zur Kombination aus Übernahmeangebot und Zwangserwerb, die regelmäßig fünf Monate in Anspruch nimmt. Auch kann es dabei passieren, daß der Bieter nach diesem Zeitraum eine beträchtliche Beteiligung erworben hat, aber ein Minderheitsanteilseigner innerhalb der sechswöchigen Klagefrist Klage gegen den Zwangserwerb seines Anteils erhebt, damit Erfolg hat, der Bieter folglich auf dem Großteil der Anteile sitzenbleibt, ohne jedoch eine 100 %-Beteiligung in Händen zu halten, so daß nur ein Teil des Gesamtübernahmeplans gelingt, dieser isolierte Erfolg für den Bieter aber keinen wirklichen wirtschaftlichen Sinn mehr macht.[232] Jedoch ist eine erfolgreiche Klage gegen den Zwangserwerb sehr selten und kann ebenfalls durch eine strikte Befolgung der rechtlichen Vorgaben erfolgreich vermieden werden.[233]

ee) Fusionsvergünstigung gem. sec. 131 CA 1985

Wenn eine „company" Anteile ausgibt, muß der Betrag, mit dem der reale Ausgabepreis den Nennwert übersteigt (Emissionsagio), auf ein Sonderkonto für Emissionsagio gebucht werden, das gem. sec. 130 (2) CA 1985 nur zu sehr begrenzten Zwecken verringert oder aufgelöst werden kann.[234] Diese Begrenzung gilt gem. sec. 131 (1), (2), (7) CA 1985 jedoch nicht, wenn eine Kapitalgesellschaft Anteile als Gegenleistung für den Erwerb von Anteilen einer Zielgesellschaft im Rahmen eines „Scheme of Arrangement" ausgibt, nach dessen Implementierung sie 90 % des Anteilskapitals der Zielgesellschaft hält.[235] Ein „Scheme of Arrangement" bietet damit gegenüber der normalen Unternehmensübernahme für eine Bieter-„company" den Vorteil einer Lockerung der Kapitalerhaltungsvorschriften.

ff) Ausnahme vom Verbot der „financial assistance" gem. sec. 151 CA 1985

Außerdem besteht bei einem durch ein „Scheme of Arrangement" getätigten „takeover" der Vorteil, daß das Verbot finanzieller Unterstützung zum Erwerb

---

232 Weinberg/Blank/Rabinowitz, Rz. 2-3031; Scott/Lewis, PLC Januar/Februar 1992, 17, 21, 23; Davies/Holmes, PLC October 2000, 25, 28.

233 Scott/Lewis, PLC Januar/Februar 1992, 17, 23.

234 Siehe oben S. 49 f., 53 f.

235 Scott/Lewis, PLC Januar/Februar 1992, 17, 21, 31; vertiefend Harrison-Cripps/Wilkinson, PLC Mai 1991, 33, 41.

eigener Aktien gem. sec. 151 (1) CA 1985, das zum Beispiel greifen würde, wenn die Zielgesellschaft Garantien bzw. Bürgschaften für die Finanzierung des Übernahmeangebots gibt, gem. sec. 153 (3)(e) CA 1985 nicht gilt.[236]

Solche Garantien oder Bürgschaften sind insbesondere dann üblich, wenn sich zwei Gesellschaften unter einer neu gegründeten HoldCo. zusammenschließen wollen, die dann das Übernahmeangebot abgibt. Diese HoldCo.-Variante ist typisch für den sog. „Merger of Equals" ungefähr gleich großer Fusionspartner.[237]

Eine andere Variante, wo Sicherheiten für die Finanzierung des Übernahmeangebots durch die Zielgesellschaft gegeben werden, betrifft die Zwischenschaltung einer gläubigerlosen neu gegründeten HoldCo. oder Mantelgesellschaft zwischen die Zielgesellschaft und ihre Anteilseigner.[238]

gg) Vorteile im Umgang mit US-amerikanischen Anteilseignern

Ein „Scheme of Arrangement" bietet Vorteile im Umgang mit US-amerikanischen Anteilseignern.[239] Auf die mit ihnen verbundenen Probleme kann im Rahmen eines „Scheme of Arrangement" wirkungsvoller eingegangen werden.[240]

Im Falle eines normalen Übernahmeangebots ist es wegen der strengen und komplizierten Anforderungen der US-amerikanischen Wertpapiergesetzgebung ungebräuchlich, daß die Bietergesellschaft eigene Anteile an US-amerikanische Anteilseigner der Zielgesellschaft ausgibt.[241]

Bei Durchführung der Unternehmensübernahme mittels eines „Scheme of Arrangement" ist es hingegen normalerweise möglich, daß die US-amerikanischen Anteilseigner der Zielgesellschaft Anteile der Bietergesellschaft erhalten können, ohne daß die komplizierten US-amerikanischen Registrierungsanforderungen erfüllt werden müssen.[242] Sec. 3 (a)(10) Securities Act 1933 der Vereinigten Staaten von Amerika[243] gewährt nämlich eine Befreiung von den strengen Registrierungsanforderungen für ein Wertpapier, das zum Tausch mit einem oder mehreren außenstehenden Wertpapieren bona fide ausgegeben wird, wenn die Emissions- und Tauschbedingungen nach einer Anhörung über deren Fairneß gerichtlich gebilligt wurden, bei der allen Personen, denen die Emission als Tauschge-

[236] Tolley's Company Law, F4006, R2016; Weinberg/Blank/Rabinowitz, Rz. 2-7026.
[237] Siehe unten S. 271 f.
[238] Siehe unten S. 271 ff., 358 ff.
[239] Scott/Lewis, PLC Januar/Februar 1992, 17, 23; Tolley's Company Law, R2016.
[240] Scott/Lewis, PLC Januar/Februar 1992, 17, 23; Tolley's Company Law, R2016.
[241] Scott/Lewis, PLC Januar/Februar 1992, 17, 30.
[242] Scott/Lewis, PLC Januar/Februar 1992, 17, 30.
[243] Der Gesetzestext ist im Internet unter www.law.uc.edu/CCL/33Act/sec3.html#b abrufbar.

genleistung für ihre bisher gehaltenen Wertpapiere angeboten wurde, die Gelegenheit zur Stellungnahme gegeben wurde.

Von der für die Überwachung der Einhaltung des Securities Acts 1933 zuständigen US-amerikanischen Wertpapieraufsichtsbehörde Securities and Exchange Commission (SEC) wurde anerkannt, daß ein „Scheme of Arrangement" die Voraussetzungen der genannten Registrierungsbefreiung erfüllen kann.[244] Die SEC erteilt zu sec. 3 (a)(10) Securities Act 1933 im Einzelfall sog. „no-action letters", also Schreiben, die bestätigen, daß die SEC in ihrer Praxis auf eine enge Auslegung der Vorschrift verzichten wird, sofern folgende Bedingungen erfüllt sind[245]:

1. Das ausländische Gericht hält eine Anhörung hinsichtlich der Fairneß der Emissions- und Tauschbedingungen der betroffenen Wertpapiere ab.
2. Alle Personen, an die das Tauschangebot gerichtet ist, wurden zu dieser Anhörung eingeladen, und es wurde ihnen Gelegenheit zur Stellungnahme gegeben.
3. Das ausländische Gericht erkennt die Fairneß der Emissions- und Tauschbedingungen an.
4. Dem ausländischen Gericht wurde vor der Anhörung mitgeteilt, daß die neu auszugebenden Wertpapiere kraft der gerichtlichen Genehmigung nicht nach dem Securities Act 1933 registriert werden müssen, wenn das Gericht die Emissions- und Tauschbedingungen genehmigt.

hh) Vorteile im Umgang mit unbekannten oder nicht ermittelbaren Anteilseignern

Bei einem „Scheme of Arrangement" kann des weiteren effektiver auf unbekannte oder nicht zu ermittelnde Anteilseigner („lost or untraceable shareholders") eingegangen werden als bei einem gewöhnlichen Übernahmeangebot.[246] Darunter versteht man solche Anteilseigner, die zwar der „company" bekannt sind, aber die nicht mehr unter ihrer gemeldeten Adresse erreichbar sind, die überhaupt keine gemeldete Adresse besitzen oder die Eigner von Inhaberanteilen („bearer shares") sind.[247] Die Gesellschaft kann sich darüber bewußt sein, daß die gemeldete Adresse nicht mehr aktuell ist, wenn an diese Anteilseigner gerichtete Korrespondenz wegen Wegzugs des Empfängers nicht zugestellt zurückkommt

---

[244] Scott/Lewis, PLC Januar/Februar 1992, 17, 30; Godden/Butler, PLC Januar/Februar 2000, 43, 48.

[245] Vgl. Godden/Butler, PLC Januar/Februar 2000, 43, 48 f., zur weiten Auslegung und zur Praxis der Erteilung eines „no-action letter" den Fall des Fusionsvorhabens British Aerospace/General Electric.

[246] Scott/Lewis, PLC Januar/Februar 1992, 17, 32; Tolley's Company Law, R2016.

[247] Scott/Lewis, PLC Januar/Februar 1992, 17, 32.

oder weil Dividendenscheine („dividend warrants") stetig nicht eingelöst werden.[248] Obwohl dieser Fall im Vereinigten Königreich nicht allzu oft auftritt, besteht dieses Problem in anderen Rechtsordnungen des Commonwealth, so vor allem in Hong Kong, häufig.[249]

„Schemes of Arrangement", bei denen die Gegenleistung in bar erbracht werden soll, sehen für solche nicht ermittelbaren Anteilseigner in der Praxis häufig vor, daß alle zur Erbringung der Gegenleistung ausgestellten Schecks, die auch nach sechs Monaten nicht eingelöst werden, für kraftlos erklärt und die Geldbeträge auf ein Anderkonto eines unabhängigen und zugunsten der betroffenen Anteilseigner der Zielgesellschaft eingesetzten Treuhänders transferriert werden.[250] Nach Ablauf eines angemessenen Zeitraums von in der Regel sechs oder zwölf Jahren wird die Treuhandbeziehung beendet und das auf dem Anderkonto befindliche Geld der Bietergesellschaft zurücküberwiesen.[251] Bis zu diesem Zeitpunkt kann jeder Anteilseigner der Zielgesellschaft, der seinen Anspruch auf den treuhänderisch verwalteten Betrag plus Zinsen abzüglich der für die Verwaltung notwendigen Kosten beweisen kann, seine Auszahlung verlangen.[252]

Im Fall *Compania De Electricidad De La Provincia de Buenos Aires Ltd.*[253] wies Slade J. den Parteivortrag zurück, daß die angemessene Ausschlußfrist im Falle eines „Scheme of Arrangement" der Frist bei einer Klage aus einem richterlichen Urteil entspreche müsse. Er entschied vielmehr, daß die Angemessenheit der Zeitspanne sich aus der Verjährungsfrist bei einer Klage aus Vertrag, vgl. sec. 5 Limitation Act 1980, oder der Verjährungsfrist bei einer Klage aus einem gesetzlichen Herausgabeanspruch auf einen Geldbetrag, vgl. sec. 9 Limitation Act 1980, ergibt; in beiden Fällen beträgt die Verjährungsfrist sechs Jahre.

Jedenfalls ist es bei der Abfassung des Vergleichsplans ratsam, daß er ausdrücklich festlegt, daß die Bietergesellschaft nach der beschlossenen angemessenen Zeitspanne aus ihrer Verpflichtung entlassen wird, den angebotenen Barbetrag auf einem Anderkonto eines Treuhänders zu hinterlegen, statt sich auf die Regelungen des Limitation Act 1980 zu stützen.[254] Im letzteren Fall besteht näm-

---

[248] Scott/Lewis, PLC Januar/Februar 1992, 17, 32.

[249] Vgl. Scott/Lewis, PLC Januar/Februar 1992, 17, 32: Es ist bei Hong Kong-„companies", besonders bei solchen, die ursprünglich in Shanghai gegründet oder deren Aktenbestände während der japanischen Besatzungszeit zerstört worden sind, nicht unüblich, den Kontakt zu ihren Anteilseignern in China oder anderswo verloren zu haben. Außerdem trägt ein äußerst dynamischer Immobilienmarkt in Hong Kong dazu bei, daß registrierte Adressen nicht mehr stimmen, da das angegebene Gebäude schon längst der Abrißbirne zum Opfer gefallen ist.

[250] Scott/Lewis, PLC Januar/Februar 1992, 17, 32.

[251] Scott/Lewis, PLC Januar/Februar 1992, 17, 32.

[252] Scott/Lewis, PLC Januar/Februar 1992, 17, 32.

[253] [1978] 3 All E.R. 668.

[254] Scott/Lewis, PLC Januar/Februar 1992, 17, 32.

lich die Gefahr, daß der zunächst nicht zu ermittelnde Anteilseigner später argumentiert, daß dann, wenn die Forderungen der nicht ermittelbaren Anteilseigner gegen die Bietergesellschaft in deren Bilanz auftauchen, solche Offenlegungen einem Schuldanerkenntnis gleichkommen und daher die Verjährungsfrist verlängern oder sogar eine Klagerecht nach Ablauf der Verjährungsfrist neu begründen.[255]

Ähnliche Bestimmungen kann ein „Scheme of Arrangement“ dann enthalten, wenn kein Bar-, sondern ein Wertpapiertauschangebot der Bietergesellschaft vorliegt.[256] Die Wertpapiere der Bietergesellschaft, die den unbekannten oder nicht ermittelbaren Anteilseignern der Zielgesellschaft zum Tausch angeboten werden, können wiederum einem unabhängigen Treuhänder zugewiesen werden, der sie als Treuhandvermögen zugunsten der unbekannten oder nicht ermittelbaren Anteilseigner hält. Nach einem angemessenen Zeitraum sollten die Wertpapiere dann verkauft und der Veräußerungserlös inklusive der angefallenen Dividenden für einen weiteren Zeitraum angelegt werden, nach dessen Ablauf der Gesamtbetrag an die Bietergesellschaft zurücküberwiesen werden sollte.[257]

Wiederum kann ein Anteilseigner, der sein Anteilseigentum beweisen kann, auf die hinterlegten Wertpapiere und/oder Barbeträge innerhalb der Ausschlußfrist Anspruch erheben. Unter diesen Umständen ist es notwendig, daß der Treuhandvertrag die Fristen explizit enthält, innerhalb derer das verwaltete Vermögen Treugut darstellen soll.[258]

In der Praxis verlangt das Gericht meist, daß geeignete und angemessene Versuche unternommen werden, die nicht zu ermittelnden Anteilseigner aufzuspüren, bevor es seine Genehmigung erteilt.[259] Für gewöhnlich besteht das Gericht darauf, daß Zeitungsanzeigen in den relevanten Gegenden in angemessenen Zeitabständen aufgegeben werden.[260]

Des weiteren muß die den Vergleichsplan implementierende Gesellschaft dem Gericht die Zahl der nicht ermittelbaren Anteilseigner und die Höhe der ihnen zugewiesenen Gegenleistung mitteilen, bevor es den Vergleichsplan genehmigt.[261]

Im Falle eines gewöhnlichen Übernahmeangebots ist es wesentlich schwieriger, mit dem Problem nicht ermittelbarer Anteilseigner umzugehen. Wo die Bieterge-

---

[255] Scott/Lewis, PLC Januar/Februar 1992, 17, 32.
[256] Scott/Lewis, PLC Januar/Februar 1992, 17, 32.
[257] Scott/Lewis, PLC Januar/Februar 1992, 17, 32.
[258] Scott/Lewis, PLC Januar/Februar 1992, 17, 32.
[259] Scott/Lewis, PLC Januar/Februar 1992, 17, 32.
[260] Scott/Lewis, PLC Januar/Februar 1992, 17, 32.
[261] Scott/Lewis, PLC Januar/Februar 1992, 17, 32.

sellschaft nicht durch eine 90 %ige Annahmequote in die Lage versetzt wird, einen Zwangsausschluß gem. sec. 429 CA 1985 herbeizuführen, kann sie zwar einen Dispensantrag an das Gericht gem. sec. 430C (5) CA 1985, der zu einer Befreiung vom Erfordernis der 90 %-Quote führt. Dann muß das Gericht jedoch die vergeblichen Bemühungen der Bietergesellschaft, die fraglichen Anteilseigner zu ermitteln, für ausreichend erachten, damit die von den nicht ermittelbaren Anteilseignern gehaltenen Anteile denjenigen Anteilen hinzugerechnet werden können, die die Bietergesellschaft erworben oder auf die sie zumindest einen vertraglichen Anspruch erlangt hat, sec. 430C (5)(a), (5)(b) CA 1985. Mit den so hinzugerechneten Anteilen muß die Bietergesellschaft die 90 %-Hürde überschreiten. Weiterhin ist erforderlich, daß das Gericht die angebotene Gegenleistung für fair und vernünftig („fair and reasonable") hält, sec. 430C (5)(b), (5)(c) CA 1985. Endlich muß das Gericht zu der Überzeugung gelangen, daß die Genehmigung insgesamt gerecht und billig („just and equitable") ist; dabei ist von entscheidender Bedeutung, wie hoch die Annahmequote allein der bekannten oder ermittelbaren Anteilseigner war, sec. 430C (5) a.E. CA 1985.

Sollte der Dispens erteilt werden oder die reguläre 90 %-Annahmequote erreicht worden sein, dann muß die Abfindung für unbekannte oder nicht ermittelbare Anteilseigner gem. sec. 430 (9), (10) CA 1985 auf ein treuhänderisch von der Zielgesellschaft verwaltetes Anderkonto überwiesen werden. Sofern in regelmäßigen Abständen durchgeführte weitere Ermittlungsversuche der Zielgesellschaft fehlgeschlagen sind und die Abfindung zwölf Jahre lang treuhänderisch verwaltet oder die Zielgesellschaft vorzeitig abgewickelt wurde, dann muß die Abfindungsleistung samt Zinsen und sonstigen Früchten abzüglich der Ermittlungskosten an das Gericht überwiesen werden, sec. 430 (11), (13), (15) CA 1985.

ii) Flexible Handhabung von Anteilsbezugsprogrammen

In Anteilsbezugsprogrammen („share option schemes") ist normalerweise geregelt, daß Optionen auf Anteile während eines festgelegten Zeitraumes unter bestimmten (Erfolgs-) Voraussetzungen ausgeübt oder geltend gemacht werden können und diese Ausübung oder Geltendmachung einen Anspruch auf „Verschaffung von Anteilen" begründet. Wird ein Übernahmeangebot vor Ablauf dieses Zeitraums abgegeben, dann können die nach dem Bezugsprogramm erst zu einem späteren Zeitpunkt nach Ausübung des Optionsrechts auszugebenden Anteile noch nicht von der Bietergesellschaft erworben werden. Das Übernahmeangebot hat sich nämlich dann noch nicht auf diese Anteile erstreckt, so daß sie auch nicht von der Squeeze-out-Regelung der secs. 429 ff. CA 1985 erfaßt sind.

Anteilsoptionsprogramme können also grundsätzlich den Erfolg eines Übernahmeangebots empfindlich gefährden.

Für den Fall eines Übernahmeangebots sehen solche Programme daher regelmäßig vor, daß dann, wenn die Bietergesellschaft die Kontrolle über die Zielgesellschaft erlangt und das Übernahmeangebot verbindlich wird, die Optionsinhaber das Recht haben, ihre Option auszuüben und anschließend das Übernahmeangebot anzunehmen.[262] Ein Übernahmeangebot kann nämlich auch auf Anteile an der Zielgesellschaft erstreckt werden, die erst während der Laufzeit des Übernahmeangebots zugeteilt („allotted"), aber nicht mehr emittiert werden, und sogar auch auf während dieses Zeitraums ausgeübte Optionsrechte, ohne daß es noch zu einer Zuteilung kommt.[263] Die so erst während der Laufzeit des Übernahmeangebots zugeteilten oder zuteilbaren Anteile sind dann bei der Berechnung der 90 %-Schwelle gem. sec. 429 CA 1985 miteinzubeziehen.[264]

Um im Gegenzug eine prohibitive Verteuerung der Übernahme zu verhindern, kann sich der Bieter jedoch auch bei der Abfassung der Übernahmeangebotsunterlage anläßlich der Definition von Anteilen der Zielgesellschaft das Recht einräumen, einen Zeitpunkt vor Auslauf der Angebotsfrist bestimmen zu dürfen, zu dem die zu berücksichtigende Anzahl der zugeteilten Anteile an der Zielgesellschaft fixiert wird.[265] Sofern der Bieter von der sich eingeräumten Möglichkeit Gebrauch macht, hat dies zur Folge, daß alle Anteile, die nach diesem Zeitpunkt zugeteilt werden, nicht mehr vom Übernahmeangebot erfaßt werden und daher nicht mehr im Wege des Zwangserwerbs gem. sec. 429 ff. CA 1985 von der Bietergesellschaft erworben werden können bzw. müssen.

Die Komplikationen im Umgang mit Anteilsoptionsprogrammen sind zwar grundsätzlich unabhängig von der Frage, ob die Übernahme durch ein normales „takeover offer" oder ein „Scheme of Arrangement" vollzogen wurde, da sich bei ungeschickter Gestaltung auch ein Vergleichsplan nur auf die bereits oder bis zu einem gewissen Zeitpunkt zugeteilten oder zuteilbaren Anteile erstrecken kann und es andererseits auch bei einem gewöhnlichen Übernahmeangebot mit Einverständnis des Verwaltungsrats der Zielgesellschaft möglich ist, die sich ergebenden Probleme durch Zusammenarbeit beider Verwaltungsräte zu umgehen. Dennoch bietet ein „Scheme of Arrangement" insgesamt flexiblere Möglichkeiten, indem es die Optionsrechtsinhaber in das „Scheme" einbeziehen und dissentierende Optionsrechtsinhaber durch relativ niedrige Mehrheitserfordernisse binden kann.[266] Einem Anteilsoptionsprogramm kann zum Beispiel in einem „Scheme of Arrangement" dadurch Rechnung getragen werden, daß die Zielgesellschaft mit

---

[262] Scott/Lewis, PLC Januar/Februar 1992, 17, 32.
[263] Scott/Lewis, PLC Januar/Februar 1992, 17, 32.
[264] Scott/Lewis, PLC Januar/Februar 1992, 17, 32.
[265] Scott/Lewis, PLC Januar/Februar 1992, 17, 32.
[266] Vgl. Scott/Lewis, PLC Januar/Februar 1992, 17, 32.

den Anteilseignern und Optionsberechtigten eine Weiterführung des Anteilsoptionsprogramms zu geänderten Bedingungen nach der Übernahme vereinbart, indem das Optionsrecht dahin modifiziert wird, daß es bei Ausübung der Option zu einer Kraftloserklärung des zugeteilten Anteils gegen Barabfindung kommt oder der Ausübungszeitpunkt für das Optionsrechts vorgezogen wird.[267]

jj) Flexible Handhabung des „City Code"-Zeitplans

Für die Bietergesellschaft kann es möglicherweise ein Vorteil sein, daß ein „Scheme" nicht unbedingt die strenge Befolgung der im City Code on Takeovers and Mergers vorgesehenen Zeitvorgaben für die Übernahme nach sich zieht.[268] So muß gem. Rule 30.1 City Code eine Angebotsunterlage normalerweise innerhalb von 28 Tagen nach der Ankündigung der geplanten Übernahme an die Beteiligten versandt werden.[269] In der heutigen Praxis von Übernahmevergleichsplänen erlaubt das Panel in Anbetracht des gerichtlichen Verfahrens jedoch regelmäßig eine Fristverlängerung.[270]

Andererseits kann es sich als Nachteil gestalten, daß die übernahmespezifischen Vorschriften wie bei einem normalen „takeover bid" Anwendung finden. So muß aufgrund mangelnder Kollision mit secs. 425 ff. CA 1985 bei der Ankündigung des Übernahmeangebots Rule 2.2 City Code voll beachtet werden, auch wenn der Weg eines „Scheme" eingeschlagen wurde.[271] Ebenso muß besondere Sorgfalt darauf verwandt werden, daß keine der beiden Parteien nach dem City Code dazu verpflichtet ist, zur Ankündigung des geplanten Übernahmeangebots verpflichtet zu sein, wenn noch keine angemessenen Vorbereitungen getroffen worden sind.[272]

e) Nachteile einer Vorgehensweise gem. secs. 425 ff. CA 1985

Ein „Scheme of Arrangement" für Unternehmensübernahmen bringt auf der anderen Seite eine Vielzahl von Nachteilen mit sich, die im jeweiligen Einzelfall sorgfältig gegen die Vorteile abgewogen werden müssen.

---

[267] Scott/Lewis, PLC Januar/Februar 1992, 17, 33; ausführlicher Stretch, PLC Juni 2002, 39 ff.
[268] Scott/Lewis, PLC Januar/Februar 1992, 17, 23.
[269] Vgl. Scott/Lewis, PLC Januar/Februar 1992, 17, 22, 23.
[270] Scott/Lewis, PLC Januar/Februar 1992, 17, 23 und 22, 28 (Schaubilder mit Gegenüberstellung des Zeitplans bei einem „cancellation and reduction scheme" und einem gewöhnlichen Übernahmeangebot mit anschließendem Ausschlußverfahren gem. sec. 429 ff. CA 1985).
[271] Scott/Lewis, PLC Januar/Februar 1992, 17, 26.
[272] Scott/Lewis, PLC Januar/Februar 1992, 17, 26.

aa) Relativ später Erwerb der Kontrollmehrheit

Zwar kann der Bieter über den Weg der sec. 425 CA 1985 relativ zügig 100 % der Anteile erwerben; andererseits erhält er die bloße Kontrollmehrheit nicht schon stückweise vorher, sondern erst nach zwei bis drei Monaten, wenn die gerichtliche Genehmigung beim Gesellschaftsregister eingereicht wird.[273] Ein normales Übernahmeangebot kann den tatsächlichen Erwerb der Kontrolle meist einen Monat früher herbeiführen.[274] Zum Teil[275] wird auch von einer längeren Implementierungsdauer für das „Scheme of Arrangement" ausgegangen, so daß sich eine Differenz von sogar zwei bis drei Monaten ergeben soll.

Die lange Zeitspanne für ein „Scheme" kann für die Bietergesellschaft nicht akzeptierbare Kosten verursachen, indem noch keine finanziellen Vorteile aus der Übernahme gezogen werden können.[276]

bb) Geringe Verteidigungsmöglichkeiten gegen konkurrierende Angebote

Zweitens birgt das Auftreten eines rivalisierenden Bieters während der Laufzeit eines „Scheme of Arrangement" größere Gefahren als bei einem normalen Übernahmeangebot.[277] Zwar kann das Angebot an die Anteilseigner der Zielgesellschaft auch bei einem „Scheme" noch durch eine mit dem Gericht abgestimmte Neufassung des Vergleichsplans aufgestockt werden, bis die Versammlungen abgehalten werden; dennoch ist es umständlicher, ein rivalisierendes Angebot abzuwehren, wenn ein gerichtliches Verfahren und gerichtlich angeordnete Versammlungen impliziert sind.[278] Denn es ist zu bedenken, daß nicht der Bieter selbst, sondern der Verwaltungsrat der Zielgesellschaft den Zeit- und Verfahrensablauf des „Scheme" kontrolliert.[279]

---

[273] Scott/Lewis, PLC Januar/Februar 1992, 17, 21, 23.

[274] Scott/Lewis, PLC Januar/Februar 1992, 17, 23; Tolley's Company Law, R2016.

[275] Weinberg/Blank/Rabinowitz, Rz. 2-3032, in Rz. 2-2021 ist für ein Barangebot von einigen Wochen Differenz die Rede.

[276] Weinberg/Blank/Rabinowitz, Rz. 2-3032.

[277] Tolley's Company Law, R2016; Gower and Davies, S. 795.

[278] Scott/Lewis, PLC Januar/Februar 1992, 17, 23; Weinberg/Blank/Rabinowitz, Rz. 2-3032.

[279] Tolley's Company Law, R2016; Scott/Lewis, PLC Januar/Februar 1992, 17, 23; Weinberg/Blank/Rabinowitz, Rz. 2-3032: Als Paradebeispiel wird auf den mißglückten Übernahmeversuch der Commercial Union Assurance (C.U.) gegenüber der Metropolitan Estate & Property Corp. (M.E.P.C.) Ende 1970 hingewiesen. Um die Kapitalzuwachssteuer, die sich aus Eigentumsübertragungen der M.E.P.C. auf die C.U. im Zusammenhang mit der Übernahme ergeben hätte, zu vermeiden, beschritt C.U. den Weg über ein die Übernahme der Anteile und die Übertragung der betreffenden M.E.P.C.-Aktiva umfassendes „Scheme of Arrangement", obwohl die Übernahme vom Verwaltungsrat der M.E.P.C. heftig abgelehnt wurde. Dennoch

Wenn jedoch nach der Anteilseignerversammlung, aber noch bevor der Antrag auf Billigung des „Scheme“ dem Gericht überreicht worden ist, ein höheres rivalisierendes Angebot abgegeben wird, dann kann sich der Verwaltungsrat der Zielgesellschaft verpflichtet fühlen, das „Scheme“ zurückzuziehen, da andernfalls ihren Anteilseignern die Möglichkeit vorenthalten worden wäre, ein höheres Angebot anzunehmen.[280] Es ist unwahrscheinlich, daß die Unternehmensführung der Zielgesellschaft dem „Scheme“ zur Wirksamkeit verhelfen wird, ohne eine weitere Zustimmung einer Anteilseignerversammlung über das „Scheme“ nach Eingang des höheren Angebots einzuholen.[281] Denn andernfalls setzt die Unternehmensleitung sich Haftungsrisiken wegen eines Treupflichtverstoßes („fiduciary duties“) aus.[282]

Außerdem gewährt der Zeitplan eines „Scheme of Arrangement“ einem rivalisierenden Bieter mehr Zeit zur Intervention, da der Kontrollerwerb langwieriger ist und nicht als unbedingt erklärt werden kann; bei einem Übernahmeangebot nach dem City Code ist die Erklärung der Verbindlichkeit des Angebots sogar schon am 21. Tag nach Abgabe des Angebots („first closing date“)[283] möglich.[284]

cc) Hohe Verfahrens- und Beratungskosten sowie hoher Zeitaufwand

Drittens sind bei Vornahme eines Arrangement-Verfahrens gem. secs. 425 ff. CA 1985 die normalerweise höheren Verfahrens- und Beratungskosten sowie der hohe personelle Zeitaufwand für den Bieter und die Zielgesellschaft sorgfältig gegen die Vorteile eines „Scheme of Arrangement“ abzuwägen.[285] Dabei ist jedoch auch

---

sagte der M.E.P.C.-Verwaltungsrat der C.U. seine formelle Zusammenarbeit zu. Als voraussehbar wurde, daß die C.U. in der Abstimmung durch durch Stimmrechtsvertreter abgegebene Stimmen unterliegen würde, stockte sie ihr Angebot auf für den Fall, daß der Verwaltungsrat der M.E.P.C. ein neues „Scheme“ implementiert, das eine Kraftloserklärung der Anteile der durch Stimmrechtsvertreter abstimmenden Anteilseigner vorsah. Der Verwaltungsrat der M.E.P.C. war zwar darauf vorbereitet, die Vergleichsplanversammlung zu verschieben und das bestehende „Scheme“ abzuändern. Er war dazu aber nicht gewillt, so daß der Übernahmeversuch am Ende scheiterte. Zu diesem Zeitpunkt waren schon fünf Monate seit Beginn des gerichtlichen Verfahrens vergangen.

280 Scott/Lewis, Januar/Februar 1992, 17, 23.

281 Scott/Lewis, Januar/Februar 1992, 17, 23.

282 Scott/Lewis, Januar/Februar 1992, 17, 23.

283 S.o. S. 223 ff.

284 Scott/Lewis, Januar/Februar 1992, 17, 23; Weinberg/Blank/Rabinowitz, Rz. 2-2021; Tolley's Company Law, R2016; Gower and Davies, S. 795.

285 Weinberg/Blank/Rabinowitz, Rz. 2-2021, 2-3032; Tolley's Company Law, R2016; Scott/ Lewis, Januar/Februar 1992, 17, 23, 25.

die Ersparnis der Stempelgebühr bei einem „cancellation and reduction scheme" zu berücksichtigen.[286]

dd) Fehlende Einflußmöglichkeit durch Anteilsaufkäufe an der Börse

Anteilsaufkäufe an der Börse während des Übernahmeversuchs haben bei einem „Scheme of Arrangement" nicht dieselbe Wirkung wie bei einem normalen Übernahmeangebot. Bei letzterem bedeutet nämlich der Erwerb von 50 Prozent gewöhnlich schon den Erfolg des Übernahmeversuchs.[287] Anteilsaufkäufe an der Börse werden bei einem regulären Übernahmeangebot daher manchmal mit großer taktischer Wirkung dazu benutzt, diese 50 %-Marke zu erreichen.[288] Gleichermaßen werden Anteilsaufkäufe an der Börse, die zum Angebotspreis oder darunter getätigt werden, zur 90 %-Marke hinzugerechnet, die einen Zwangsausschluß gem. sec. 429 CA 1985 ermöglicht.[289]

Im Gegensatz dazu können Anteilsaufkäufe an der Börse während der Laufzeit eines „Scheme of Arrangement" die Chance auf einen positiven Ausgang nicht steigern. Bei einem „Scheme" ist die 50 %-Schwelle gehaltener Anteile irrelevant, und ein Erwerb der 100-%igen Kontrolle ist erst bei Wirksamkeit des „Scheme of Arrangement" vollzogen.[290] Vor allem aber helfen dem Bieter die aufgekauften Anteile nicht bei der Abstimmung in den einberufenen Versammlungen, da mit den vom Bieter erworbenen Anteilen nicht mehr für den Vergleichsplan gestimmt werden kann.[291]

ee) Hohe Finanzierungskosten bei Barangebot

Bei einem „Scheme of Arrangement" kann die Gegenleistung genauso wie bei einem normalen Übernahmeangebot sowohl in bar, in Wertpapieren als auch in einer Kombination von beiden angeboten werden. Dennoch sind „Schemes of Arrangement" mit einem Barangebot in der Praxis äußerst selten.[292] Das hat seine Ursache darin, daß die von Konsortialbanken gegebenen Garantien für das Barangebot („underwritten cash alternative") wegen der langen Dauer eines Ver-

---

286 Scott/Lewis, Januar/Februar 1992, 17, 25 f.
287 Scott/Lewis, Januar/Februar 1992, 17, 23.
288 Scott/Lewis, Januar/Februar 1992, 17, 23.
289 S.o. S. 233 f.
290 Scott/Lewis, Januar/Februar 1992, 17, 23.
291 Scott/Lewis, Januar/Februar 1992, 17, 23.
292 Scott/Lewis, Januar/Februar 1992, 17, 26; Weinberg/Blank/Rabinowitz, Rz. 2-2021.

gleichsplanverfahrens in prohibitiver Weise teuer sind verglichen mit der Provision, die zur Übernahme einer Effektenemission zu zahlen wäre.[293]

f) Sonderformen

Neben der normalen Unternehmensübernahme, an der zwei „companies" beteiligt sind und die größere der kleineren ein Übernahmeangebot macht oder beide sich unter einer (neu gegründeten) Holding vereinigen, gibt es auch noch Sonderformen des „takeover", die einer kurzen Erwähnung bedürfen. Sofern sich diese Vorgänge mit dem Einverständnis der Unternehmensführung der jeweiligen Zielgesellschaft vollziehen, können auch diese Sonderformen grundsätzlich mittels eines „Scheme of Arrangement" gem. secs. 425 ff. CA 1985 ausgeführt werden.

aa) „Reverse takeover"

Als Sonderform der Unternehmensübernahme kann man in England zunächst den „reverse takeover" nennen. Hierbei macht im Gegensatz zum Normalfall des „straightforward takeover" die kleinere „company" das Übernahmeangebot an die Anteilseigner der größeren, so daß bei einem Angebotserfolg die ehemaligen Anteilseigner der größeren „company" mehrheitliche Anteilseigner in der kleineren „company" werden.[294] Diese Struktur wird normalerweise bei sog. freundlichen Unternehmensübernahmen benutzt.[295] Daher finden gerade beim „reverse takeover" die secs. 425 ff. CA 1985 besonders häufig Anwendung.

Die Gründe für eine umgekehrte Übernahme sind vielfältig. Wenn die kleinere Gesellschaft eine höchst aktive und akquisitionsfreudige Gesellschaft ist und eine größere Gesellschaft „schlucken" will, findet naturgemäß ein „reverse takeover" statt.[296]

Ein weiterer Grund für einen „reverse takeover" kann darin bestehen, daß eine größere Kapitalgesellschaft, die nicht börsennotiert ist, eine kleinere erwerben will, die börsennotiert ist.[297] Manchmal ist die kleinere, börsennotierte Gesellschaft auch nur eine sog. „shell company", eine Mantelgesellschaft, derer sich die größere bedient, um eine Börsennotierung einfacher zu erreichen.[298] Durch den

---

[293] Scott/Lewis, Januar/Februar 1992, 17, 26; Weinberg/Blank/Rabinowitz, Rz. 2-2021, 2-3028.
[294] Weinberg/Blank/Rabinowitz, Rz. 2-3020; News brief, PLC April 1996, 6, 6.
[295] News brief, PLC April 1996, 6, 6.
[296] Weinberg/Blank/Rabinowitz, Rz. 2-3021; News brief, PLC April 1996, 6, 6.
[297] Weinberg/Blank/Rabinowitz, Rz. 2-3021; News brief, PLC April 1996, 6, 6.
[298] News brief, PLC April 1996, 6, 6.

„reverse takeover" kann die größere Gesellschaft nämlich aus dieser Börsennotierung direkt ihre Vorteile ziehen, wenngleich die Listing Rules bei einem solchen Fall des „reverse takeover" die zeitweilige Aussetzung der Börsennotierung der kleineren „company" und die Erstellung von prospektähnlichen „listing particulars" verlangen, als ob die Gesellschaft ein neuer Bewerber um eine Börsennotierung wäre, vgl. sec. 6 Chapter 1, § 8 Listing Rules.[299] Auch kommt bei einer solchen umgekehrten Übernahme der City Code zur Anwendung, der auf die Zielgesellschaft abstellt.[300]

Ein dritter Grund für einen „reverse takeover" kann darin bestehen, daß Minderheitsanteilseigner der kleineren Gesellschaft Widerstand gegen die Akquisitionspläne hegen oder eine Anteilsminderheit sich in einem so großen Streubesitz befindet, daß es schwierig sein wird, die notwendige Akzeptanzschwelle für die Akquisition zu erreichen.[301] Falls die größere „company" solche Probleme nicht aufweist, kann die Transaktion als „reverse takeover" strukturiert werden.[302]

---

299 Näher dazu Weinberg/Blank/Rabinowitz, Rz. 2-3025.

300 Zu sich daraus ergebenden Besonderheiten Weinberg/Blank/Rabinowitz, Rz. 2-3024.

301 Weinberg/Blank/Rabinowitz, Rz. 2-3022; News brief, PLC April 1996, 6, 6.

302 Weinberg/Blank/Rabinowitz, Rz. 2-3023; News brief, PLC April 1996, 6, 6: Ein noch nicht beschriebenes und eher exotisches Problem mit Minderheitsanteilseignern lag dem „reverse takeover" von British Telecom und Cable and Wireless Mitte der 1990er Jahre zugrunde. Cable and Wireless hielt ein Anteilspaket von 57,5 % an Hong Kong Telecom. Im Falle eines erfolgreichen Übernahmeangebots von British Telecom an Cable and Wireless hätte sie aufgrund der Hong Kong Stock Exchange Rules sämtliche Minderheitsanteile an Hong Kong Telecom aufkaufen müssen. Das wäre mit der Zahlung einer erheblichen Prämie für diese Anteile verknüpft gewesen, die die gewöhnliche Übernahmeprämie bei weitem überstiegen hätte. Also entschied man sich für eine umgekehrte Übernahme der British Telecom durch Cable and Wireless.

News brief, PLC November 1995, 11, 11: Auch andere strukturelle Schwierigkeiten der kleineren „company", die sie zu einem schwierigen Übernahmekandidaten machen, können die Notwendigkeit eines „reverse takeover" auslösen. So erhielt etwa die Lloyds Bank/Trustee Savings Bank Group (TSB)-Übernahme aus dem Jahre 1995 die Form eines „reverse takeover" mit einem von der Lloyds Bank zu implementierenden „cancellation and reduction scheme" gem. secs. 425 ff., 135 ff. CA 1985. Die Gründe dafür waren teilweise ungewöhnlich. Einerseits wollte man der Ungewißheit der Annahme eines Übernahmeangebots aus dem Weg gehen, da TSB 1,15 Mio. Anteilseigner besaß. Ein anderer Hauptgrund für die Ausgestaltung der Transaktion war die Beziehung zwischen der TSB und vier gemeinnützigen Stiftungen, die aus der Gründungszeit der TSB herrührten. Mit jenen bestand eine rechtsverbindliche Abrede, daß sie ein Prozent eines Drittels der Gewinne der TSB erhielten, die die TSB in jedem vorhergegangenen Dreijahreszeitraum erwirtschaftet hatte. Die Stiftungen hielten Anteile, die keinen Dividendenanspruch gewährten und nur begrenzte Stimmrechte vermittelten, aber die sich in nahezu 80 Mio. TSB-Stammanteile umwandelten, wenn TSB zu einem Tochterunternehmen einer anderen größeren Einheit würde. Diese mit den Stiftungen getroffenen Vereinbarungen waren ein Vermächtnis der Privatisierung der Bank im Jahre 1986.

Komplikationen aus Sicht der akquirierenden, kleineren Bietergesellschaft ergeben sich daraus, daß ein sehr hoher Betrag an noch nicht gezeichnetem Nominalkapital zur Verfügung stehen muß, der das bisher gezeichnete Kapital übersteigt. Fast immer muß daher die Nominalkapitalziffer im „memorandum" geändert und die Direktoren zur Ausgabe ermächtigt werden, vgl. sec. 89 (1), (4), 121 (1), (2)(a) CA 1985, sec. 5 Chapter 2 § 38 (a) Listing Rules.[303]

bb) Management Buy-Out (MBO)

Ein selten erwähntes Anwendungsfeld des „Scheme of Arrangement" ist der „Management Buy-Out" (MBO). Das liegt daran, daß der MBO in die Kategorie „takeover" fällt und bis in die 1980er Jahre eine nicht so große Bedeutung in England besaß. In den 1980er Jahren hat die Entwicklung des MBO in England jedoch ein solches Stadium erreicht, daß man seiner rechtlichen Behandlung besondere Beachtung geschenkt hat. Auch wenn die wirtschaftliche Bedeutung von MBOs heute wieder abgeflacht ist, hat sich der MBO als Spezialform der Unternehmensübernahme etabliert.[304]

Nach Aussagen von Praktikern ist es keineswegs ungewöhnlich, daß ein MBO als „Scheme of Arrangement" strukturiert wird.[305] Ein aufsehenerregender MBO mittels eines „Scheme of Arrangement" war derjenige der Virgin Group plc. durch Glowtrack Ltd. im Jahre 1988.[306] Auch der geplatzte MBO der Amstrad plc. durch Amshold Ltd. im November 1992 war als „Scheme of Arrangement" strukturiert.[307]

Der MBO stellt eine Form des „Leveraged Buy-Out" (LBO) dar.[308] Der LBO ist so alt wie die Unternehmensübernahme selbst.[309] Er kennzeichnet sich dadurch, daß die Finanzierung der Unternehmensübernahme weitgehend durch Fremdkapital, zum größten Teil aufgebracht durch Bankkredite, erfolgt.[310] In England liegt

303 Weinberg/Blank/Rabinowitz, Rz. 2-3026, 2-2055 ff.
304 Weinberg/Blank/Rabinowitz, Rz. 1-1013, 2-6003 f., 2-6012 bis 2-6022; Goldenberg, Guide to Company Law, 1997, paras. 1301, 1306; Rule 3 und Rule 20 City Code enthalten spezielle Vorschriften für MBOs; ebenso ist bei MBOs auf Rule 9 (Pflichtangebot bei Kontrollerwerb) zu achten.
305 Summerfield/Hale, PLC Juni 1998, 21, 23.
306 Summerfield/Hale, PLC Juni 1998, 21, 23; Wilkinson/Sutherland, IntILR 1993, 30, 32 Fn. 10; vgl. auch Weinberg/Blank/Rabinowitz, Rz. 2-2021 Fn. 5, 2-6021.
307 Summerfield/Hale, PLC Juni 1998, 21, 23; Weinberg/Blank/Rabinowitz, Rz. 2-6013.
308 Weinberg/Blank/Rabinowitz, Rz. 1-1018.
309 Weinberg/Blank/Rabinowitz, Rz. 1-1013.
310 Weinberg/Blank/Rabinowitz, Rz. 1-1014 f. mit Verweis auf die Finanzierungspraxis in den Vereinigten Staaten: 10 % Eigenkapital - 75 % Bankkredite („senior debt") - 15 % Spezial-

die Eigenkapitalquote jedoch selten unter 25 %.[311] Die gewünschte Hebelwirkung, der sog. Leverage-Effekt entsteht grundsätzlich dann, wenn die Eigenkapitalrendite der akquirierten Gesellschaft die Fremdkapitalkosten, insbesondere die Zinsen, übersteigt.

Häufig wird die Bietergesellschaft erst zum Zweck der Übernahme von einem Konsortium gegründet, das meist von einem auf Buy-Outs spezialisierten Unternehmen angeführt wird.[312] Statt einer Neugründung des Übernahmevehikels („special purpose vehicle") ist auch ein Rückgriff auf eine Mantelgesellschaft übliche Praxis.[313] Anschließend wird diese NewCo. oder Mantelgesellschaft mit den notwendigen finanziellen Mitteln ausgestattet. Die Risikokapitalgeber leisten in der Regel Bareinlagen, um entweder Vorzugsanteile oder ungesicherte Anleihen oder eine Kombination von beiden von NewCo. zu erhalten.[314] Das restliche zur Übernahme benötigte Kapital wird durch Kredite und Darlehen finanziert.[315]

Ziel ist dann die Übernahme einer Unternehmensgruppe bzw. eines Konzerns, um anschließend die Kredite ganz oder teilweise aus dem Verkaufserlös von Unternehmensteilen oder Tochtergesellschaften zu tilgen. Wirtschaftlich sinnvoll wird ein LBO dann, wenn die Zielgesellschaft zu einem Preis erworben werden kann, der unter ihrem realisierbaren Verkaufswert liegt.[316] Der Leverage-Effekt ist in diesem Fall dadurch gegeben, daß der realisierte Verkaufserlös höher ist als die zur Fremdfinanzierung der Übernahme entstandenen Kosten.

Beim MBO besteht - im Gegensatz zum Management Buy-In - die Besonderheit, daß das Management der Zielgesellschaft einen wichtigen Teil des für den Buy-Out gebildeten Konsortiums bildet, das meist von einer auf MBOs spezialisierten Beteiligungsgesellschaft geführt wird.[317] Vom Management der Zielgesellschaft wird in der Regel ein wesentlicher Finanzierungsbeitrag als Beweis seines Engagements erwartet.[318] Das Management bringt daher seine an der Zielgesellschaft gehaltenen Anteile als Sacheinlage für NewCo.-Anteile ein.[319]

Der MBO einer an der Börse gehandelten „public company" vollzieht sich in der Regel in Form eines Barübernahmeangebots.[320] Dabei verfolgt die Bieterge-

---

fonds, andere institutionelle Anleger oder am Kapitalmarkt in Form sog. „junk bonds" („mezzanine finance", da zwischen Fremd-, Eigenkapital liegend).

311 Weinberg/Blank/Rabinowitz, Rz. 1-1015.

312 Weinberg/Blank/Rabinowitz, Rz. 1-1014, 2-6001; Summerfield/Hale, PLC Juni 1998, 21, 21.

313 Weinberg/Blank/Rabinowitz, Rz. 2-6005; Summerfield/Hale, PLC Juni 1998, 21, 21.

314 Summerfield/Hale, PLC Juni 1998, 21, 21.

315 Summerfield/Hale, PLC Juni 1998, 21, 22.

316 Weinberg/Blank/Rabinowitz, Rz. 1-1013.

317 Weinberg/Blank/Rabinowitz, Rz. 1-1018.

318 Weinberg/Blank/Rabinowitz, Rz. 1-1018.

319 Summerfield/Hale, PLC Juni 1998, 21, 22.

320 Weinberg/Blank/Rabinowitz, Rz. 2-6011.

sellschaft normalerweise das Ziel einer 100 %igen Übernahme.[321] Teilweise wird nämlich ein Delisting, also eine Aussetzung der Börsennotierung, angestrebt.[322] Meist beabsichtigt die Investorengruppe außerdem eine gewinnbringende Zerschlagung des Zielunternehmens.[323]

Da die Übernahme beim MBO im Einverständnis mit dem Management, also mit dem Verwaltungsrat der Zielgesellschaft erfolgt, kann der Erwerb aller Anteile mittels eines „Scheme of Arrangement" verwirklicht werden.[324]

Der Weg über ein „Scheme of Arrangement" wird normalerweise dann beschritten, wenn eine Verpflichtung zur Abgabe eines Pflichtangebots gem. Rule 9 City Code entsteht[325], da ein solches sich zwangsläufig auf alle Anteile erstrecken muß. Da die vom Management und vom einmal konstituierten Übernahmevehikel an der Zielgesellschaft gehaltenen Anteile gegenseitig zugerechnet werden, sobald ein Übernahmeangebot fest geplant ist, wird entweder nach weiteren Zukäufen durch das Konsortium die eine Pflichtangebotspflicht gem. Rule 9.1 No. 1 City Code auslösende Kontrollschwelle von gegenseitig zurechenbaren 30 % überschritten.[326] Ergibt die Zurechnung zunächst zu einem Anteil zwischen 30 und 50 %, dann rufen Zukäufe von mehr als einem Prozent innerhalb der nächsten zwölf Monate gem. Rule 9.1 No. 3 City Code eine Pflichtangebotspflicht hervor.

Ein noch bedeutenderer Gesichtspunkt bei der Strukturierung eines MBOs als „Scheme of Arrangement" beruht auf dem zur Kapitalerhaltung bestehenden Verbot gem. sec. 151 CA 1985, aus Gesellschafts- oder Tochtergesellschaftsmitteln eine „financial assistance" zum Erwerb eigener Anteile zu leisten, das ausnahmsweise gem. sec. 153 (3)(e) CA 1985 aufgrund der gerichtlichen Aufsicht bei einem „Scheme of Arrangement" nicht gilt. Wegen der hohen Fremdfinanzierung des MBOs entspricht es nämlich der gängigen Praxis, daß eine unter sec. 151 CA 1985 fallende finanzielle Unterstützung der Zielgesellschaft an das Übernahmevehikel geleistet wird, indem Sicherheiten für dessen Bankkredite am Vermögen der Zielgesellschaft selbst oder am Vermögen einer Tochtergesellschaft bestellt werden.[327]

---

[321] Weinberg/Blank/Rabinowitz, Rz. 2-6005.

[322] Weinberg/Blank/Rabinowitz, Rz. 2-6011; Summerfield/Hale, PLC Juni 1998, 21, 23.

[323] Weinberg/Blank/Rabinowitz, Rz. 2-6020.

[324] Weinberg/Blank/Rabinowitz, Rz. 2-6011, 2-6020.

[325] Weinberg/Blank/Rabinowitz, Rz. 2-6020.

[326] Weinberg/Blank/Rabinowitz, Rz. 2-6019.

[327] Weinberg/Blank/Rabinowitz, Rz. 2-6006; Summerfield/Hale, PLC Juni 1998, 21, 23 ff. mit detaillierter Darstellung der komplizierten, sich im Regelfall in drei Schritten vollziehenden Finanzierungsstruktur: Zunächst erfolgt die Ausgabe von Schuldverschreibungen durch das MBO-Vehikel („first debenture"), die durch seine Vermögenswerte gesichert sind, dann durch die Zielgesellschaft oder ihre Tochtergesellschaften („second debenture"); diese Schuldverschreibungen sind aber zunächst nur bis zu einem Grad gesichert, der nicht gegen sec. 151 CA 1985 verstößt; in einem dritten Schritt nach Durchlaufen des von sec. 151 befreienden

Durch ein „Scheme of Arrangement" kann die aufwendige „whitewash procedure" gem. secs. 155 ff. CA 1985 zur ausnahmsweisen Befreiung vom Verbot der „financial assistance" vermieden werden. Dieses Verfahren ist nur „private companies" zugänglich, erfordert in der Regel einen außerordentlichen Anteilseignerbeschluß zur Billigung der finanziellen Unterstützung und hat nur Erfolg, wenn durch einen Prüfungsbericht („auditor's report") und eine beeidigte Erklärung der Direktoren nachgewiesen werden kann, daß durch die finanzielle Unterstützung das Reinvermögen auf Basis des Buchwerts nicht gemindert wird[328] oder eine Minderung des Reinvermögens durch ausschüttbare Gewinne gedeckt ist sowie daß die Solvenz der Gesellschaft für die kommenden zwölf Monate nach Leistung der vorgeschlagenen finanziellen Unterstützung gesichert ist. Auch muß die Direktorenerklärung detaillierte Angaben zur Art und Weise der finanziellen Unterstützung beinhalten. Außerdem müssen die Direktorenerklärung versehen mit dem Prüfungsbericht sowie ein Protokoll des Anteilseignerbeschlusses innerhalb von fünfzehn Tagen an das Gesellschaftsregister übermittelt werden, sec. 156 (4), (5) CA 1985.

Will eine Publikumsgesellschaft von der aufwendigen „whitewash procedure" profitieren, muß sie sich also zuvor im Verfahren nach secs. 53 ff. CA 1985 in eine „private company" umwandeln.[329]

Insofern bietet ein „Scheme of Arrangement" insbesondere bei Publikumszielgesellschaften eine weniger aufwendige Alternative zum regulären „whitewash"-Verfahren (mit vorheriger Umwandlung in eine „private company").[330] Jedoch ist zu bemerken, daß von der Ausnahme der sec. 153 (3)(e) CA 1985 nicht die finanzielle Unterstützung umfaßt wird, die durch Tochtergesellschaften geleistet wird, so daß diese das mühselige „whitewash"-Verfahren gem. secs. 155 ff. CA 1985 durchlaufen müssen, um den Erfolg des MBOs nicht zu gefährden

„whitewash"-Verfahrens gem. secs. 155 ff. CA 1985 wird die Sicherung auf unter sec. 151 CA 1985 fallende Vermögenswerte erweitert („third debenture").

[328] Eine Sicherheitenbestellung mindert normalerweise noch nicht das Reinvermögen der „company" nach dem Buchwert, vgl. Weinberg/Blank/Rabinowitz, Rz. 2-6007.

[329] Summerfield/Hale, PLC Juni 1998, 21, 25.

[330] Vgl. Summerfield/Hale, PLC Juni 1998, 21, 23.

g) Rechtstatsächliche Anwendung von „Schemes of Arrangement“

aa) Allgemeines

„Takeovers“ wurden in England in den letzten Jahrzehnten nach Aussagen des rechtswissenschaftlichen Schrifttums[331] manchmal auch durch ein „Scheme of Arrangement“ gem. secs. 425 ff. CA 1985 erreicht. Nach anderer Ansicht ist dessen Anwendung in „takeover“-Situationen sogar übliche Praxis[332] oder zumindest ein zunehmend beliebtes Mittel[333].

Die unterschiedlichen Auffassungen über die Beliebtheit des „Scheme of Arrangement“ dürften dadurch begründet sein, daß nicht zwischen sog. freundlichen und sog. feindlichen Unternehmensübernahmen unterschieden wird, also solchen mit Einverständnis oder auf Betreiben und solchen ohne Einverständnis des Verwaltungsrats der Zielgesellschaft. Die Implementierung eines „Scheme of Arrangement“ gem. secs. 425 ff. CA 1985 bei sog. einverständlichen oder freundlichen Unternehmensübernahmen dürfte heute tatsächlich ein übliches Mittel sein.[334]

Fest steht auch, daß „Schemes of Arrangement“ wesentlich häufiger Anwendung finden bei einer Unternehmensübernahme durch Anteilstausch oder Ausgabe anderer Wertpapiere durch die Bietergesellschaft als bei einer Unternehmensübernahme mit einem Barangebot, da während der relativ langen Laufzeit des Arrangement-Verfahrens sehr hohe Kosten für Bankgarantien oder andere Sicherheiten für die Bargegenleistung entstehen.[335] Solche Anteilstauschübernahmen haben meist das Ergebnis der wirtschaftlichen Zusammenführung zweier Unternehmen unter die gemeinsame Kontrolle durch die bisherigen Anteilseigner beider Unternehmensträger. „Schemes of Arrangement“ sind daher ein äußerst beliebtes Mittel zur Durchführung einer Fusion per Anteilstausch.

Das gilt umso mehr für einen sog. „Merger of Equals“ zweier ungefähr gleich großer Unternehmen. Ein gewöhnlicher „takeover“ würde eine Partei als Käufer und damit als Übernehmer dastehen lassen, wohingegen die Implementierung ei-

---

331 Pennington, Company Law, S. 1021; Charlesworth & Morse, S. 601; Grier, a.a.O., S. 543, 549, 551; Davies, a.a.O., S. 29; Lewis, Comp. Lawy. 1995, 245, 245; Scott/Lewis, PLC Januar/Februar 1992, 17, 17.

332 Tolley's Company Law, R2016; Ranking and Spicer's, § 16.3; Farrar's Company Law, S. 603; News brief, PLC November 1995, 11, 11; Cornette de Saint Cyr/Rogers, ICCLR 2002, 343, 346 zu grenzüberschreitenden Fusionen.

333 Pearson/Wood, PLC August 2001, 34, 35.

334 News brief, PLC November 1995, 11, 11; Scott/Lewis, PLC Januar/Februar 1992, 17, 17; Gower and Davies, S. 794 f.; vgl. bereits Davies, a.a.O., S. 29.

335 Weinberg/Blank/Rabinowitz, Rz. 2-2021, 2-3028; Davies, a.a.O., S. 29; siehe bereits dazu S. 264.

nes „Scheme of Arrangement“ durch die Zielgesellschaft den Nimbus der (vermeintlichen) Gleichheit ausstrahlt und damit am ehesten das strategische Konzept eines „Merger of Equals“ unterstützt. Bei ungefähr gleich großen Partnern wird im übrigen regelmäßig die Variante mit einer NewCo. oder Mantelgesellschaft gewählt, auf die die Anteile der beiden Fusionspartner durch Implementierung zweier gegenseitig bedingter „Schemes of Arrangement“ übertragen werden.[336] Auf diesem Wege gelten beide als Zielgesellschaften der neutralen HoldCo.

Die meisten Übernahmevergleichspläne stellen im übrigen aus Stempelsteuergründen „cancellation and reduction schemes“ dar.[337] Auch gibt die Einsparung der Stempelsteuer oft den Ausschlag für die Strukturierung als „Scheme of Arrangement“.

Ganz unspektakulär treten „takeover“-Vergleichspläne aber vielleicht noch häufiger beim sogenannten „Umhängen“ von Beteiligungen an Tochtergesellschaften innerhalb einer Unternehmensgruppe, bei der Zwischenschaltung einer gläubigerlosen Holdinggesellschaft zwischen die Anteilseigner und eine Ausgangsgesellschaft als Zwischenschritt bei einer umfassenderen Umstrukturierung[338] oder bei der Rückführung überschüssigen Kapitals zur Verbesserung des Ergebnisses je Anteil bzw. der Eigenkapitalquote („gearing ratio“)[339] auf. Bei den beiden letztgenannten Fallgruppen bedienen Gesellschaften sich einer neu gegründeten Holding-Kapitalgesellschaft (NewCo.), die zwischen die Anteilseigner und die ursprüngliche Kapitalgesellschaft geschaltet wird, um die bei (Sonder-)Dividendenausschüttungen oder Anteilsrückkaufprogrammen geltende Kapitalbindungen [Begrenzung auf ausschüttbare Gewinne gem. sec. 263 CA 1985 (i.V.m. secs 160, 162, 168, 181 CA 1985)] oder die Gläubigerschutzbestimmungen bei der Kapitalherabsetzung und damit die klassischen drei Methoden der Kapitalrückführung[340] zu umgehen.[341] Überschüssiges Kapital wird durch Zwischenschaltung

---

[336] Hughes/Parden, PLC August 2002, 31, 34 f.

[337] Davies, a.a.O., S. 29.

[338] Dazu noch unten S. 358 ff.

[339] Überschüssiges Kapital entsteht z.B. dann, wenn hohe Gewinne erzielt werden, diese jedoch auf absehbare Zeit nicht für interne Investitionen oder für Akquisitionen verwandt werden können, sondern zurückgestellt werden müssen. Dann zu erwägende Investitionen außerhalb des Kerngeschäfts können Investoren abschrecken. Außerdem kann je nach Finanzmarktlage eine Fremdkapitalfinanzierung günstiger sein als die Finanzierung über Eigenkapital, so daß eine Umschichtung in Fremdkapital ratsam erscheinen kann.

[340] Die klassischen Methoden zur Rückführung überschüssigen Kapitals sind die (Sonder-) Dividendenausschüttung gem. sec. 263 CA 1985, der Rückkauf eigener Anteile gem. secs. 162 ff. CA 1985 sowie die Kapitalherabsetzung gem. secs. 135 ff. CA 1985 bzw. die Herabsetzung des Sonderkontos für Emissionsagio („share premium account“, vgl. sec. 130 (3) CA 1985) oder der Kapitaltilgungsrücklage („capital redemption reserve“, vgl. sec. 170 (4) CA 1985).

einer NewCo. an die Anteilseigner weitergegeben, indem NewCo. als Gegenleistung für die Übernahme aller Anteile an der ursprünglichen Gesellschaft den Anteilseignern ein Übernahmeangebot zu einem Teil in jungen NewCo.-Anteilen und zu einem anderen Teil in anderen Wertpapieren[342] oder in bar[343] unterbreitet. Der Wertpapier- oder Barteil dient dazu, überschüssiges Kapital zurückzuzahlen,

---

Ein weiterer Weg der Kapitalrückführung besteht darin, Stammanteile gem. secs. 121 ff. CA 1985 in Stammanteile und Vorzugsanteile („B preference shares") aufzuspalten und anschließend die Vorzugsanteile zu einem entsprechend der gewollten Höhe der Kapitalrückführung angesetzten Nennwert in einem bestimmten Zeitraum oder zu einem vorher festgelegten Zeitpunkt gem. secs. 159, 162 CA 1985 zurückzukaufen. Ohne Überschreitung des Nennwerts wird so auch das Erfordernis genügender ausschüttbarer Gewinne umgangen. Außerdem spielt bei der Wahl der Konstruktion die steuerliche Situation der verschiedenen Anteilseignergruppen eine entscheidende Rolle. Bis Ende der 1990er Jahre ließ vor allem die nun abgeschaffte „advance corporation tax" (ACT) eine Dividendenausschüttung oder einen Anteilsrückkauf unattraktiv erscheinen. Vgl. ausführlich zu den einzelnen Gestaltungsmöglichkeiten mit Erläuterungen und Berechnungsbeispielen Scott, PLC April 1997, 19, 22 f.; außerdem: Ferran, Company Law and Corporate Finance, 1999, S. 370; Levitt, PLC März 1992, 23, 23; News brief, PLC April 1997, 12, 12; News brief, PLC Januar/Februar 1998, 6, 6; News brief, PLC Mai 1999, 10, 10; Pearson/Wood, PLC August 2001, 34, 34 f.; Pennington, Company Law, S. 197 f.

341 Scott, PLC April 1997, 19, 25; News brief, PLC Mai 1999, 10, 11; Wood, PLC März 2002, 8, 8.

342 News brief, PLC Januar/Februar 1998, 6, 8: 1998 gewährte die Northern Ireland Electricity (NIE) überschüssiges Kapital an ihre Anteilseigner zurück, wobei aber vornehmlich aus steuerlichen Gründen statt eines Barbetrages rückkaufbare Anleihen („redeemable loan notes") angeboten wurden.

Wood, PLC März 2002, 8 ff.: Eine ähnliche Umstrukturierung wie bei NIE fand 2002 bei der Marks & Spencer plc. statt. Auch hier wurden neben den NewCo.-Anteilen kein Barbetrag, sondern rückkaufbare Anteile („redeemable shares", genannt „B shares") mit in 6-Monatsintervallen wahlweise ausübbaren Dividenden- oder Andienungsrechten gewährt. Um genügend ausschüttbare Gewinne i.S.v. sec. 263 CA 1985 zu erhalten und die Dividendenforderungen erfüllen zu können, wurde eine durch die Genehmigung des „Scheme of Arrangement" bedingte Kapitalherabsetzung der NewCo.-Holding gem. sec. 135 CA 1985 mit einem Volumen von 5 Mrd. Pfund dem Gericht zur Genehmigung vorgelegt, die den Nennwert der neu ausgegebenen und eingezahlten Anteile herabsetzte und den freiwerdenden Betrag in eine ausschüttbare Kapitalrücklage einstellte. Auf diesem Wege gewährte Marks & Spencer ihren Anteilseignern eine flexible Wahlmöglichkeit, die für alle Beteiligten maximal steuerschonend war.

343 News brief, PLC Mai 1999, 10, 11; News brief, PLC Januar/Februar 1998, 6, 7 ff.: ausführlich zum Fall der Reuters Holding, die im Jahre 1998 überschüssiges Kapital durch Zwischenschaltung der Reuters Group zurückführte; hier wurde ein Barbetrag neben NewCo.-Anteilen gewährt, da die steuerschonende Variante rückkaufbarer Anleihen („redeemable loan notes") beim Rückkauf die komplizierten Regelungen der amerikanischen Börsenaufsichtsbehörde SEC für Übernahmeangebote („tender offers") hätte berücksichtigen müssen, da viele US-amerikanische Anteilseigner existierten, die ihre Reuters-Anteile über sog. „American Depositary Receipts" (ADRs; Zertifikate für Anteile, die bei amerikanischen Depotbanken hinterlegt werden) hielten.

und wird steuerrechtlich, vorausgesetzt daß eine Freigabeerklärung („clearance“) durch die Steuerbehörden erfolgt[344], nicht als Gewinnausschüttung („distribution“), sondern als Kapitalrückzahlung („capital payment“) behandelt.[345] Die Zwischenschaltung der NewCo. wird in den meisten Fällen mittels eines „Scheme of Arrangement“ vollzogen[346], da sich hierdurch neben der möglichen Stempelsteuerersparnis insbesondere der Vorteil bietet, daß die finanzielle Unterstützung („financial assistance“), die die ursprüngliche Gesellschaft der NewCo. zur Übernahme der Anteile an der ursprünglichen Gesellschaft leistet, gem. sec. 153 (3)(e) CA 1985 ausnahmsweise zulässig ist.[347]

Keine Rolle spielen „Schemes of Arrangement“ - soweit ersichtlich - bei Beteiligungsveräußerungen, die dem Bieter nicht das Übersteigen der Kontrollschwelle ermöglichen. Dort dürfte es auch keines die Minderheit auf den Mehrheitswillen bindenden „Scheme“ bedürfen, da meist nur von einigen ausgesuchten Anteilseignern Beteiligungen erworben werden. Theoretisch denkbar ist ein „Scheme of Arrangement“ in solchen Fällen jedoch zur Überwindung von Vorkaufsrechten und „rights of first refusal“, wenn absehbar ist, daß nicht alle Anteilseigner auf die Ausübung ihres Interventionsrechts verzichten wollen.

Es lassen sich zahlreiche Beispiele von „takeover“-Vergleichsplänen nennen. Ein prominentes Beispiel einer Unternehmensübernahme mittels eines „Scheme of Arrangement“ aus der Vergangenheit ist etwa die BTR/Dunlop-Übernahme[348]. Auch die in Deutschland für Aufsehen sorgende Übernahme von Powergen plc. durch E.on Energie AG aus dem Jahre 2002 wurde als „Scheme of Arrangement“ strukturiert.[349] Im folgenden werden einige andere besonders markante, wirtschaftlich bedeutende oder gerade aus deutscher Sicht interessante „Schemes“ für Fusionen beispielhaft erörtert.

---

344 Scott, PLC April 1997, 19, 25: Für das Erwirken einer Freigabeerklärung müssen neben dem Argument der Steuerersparnis auch noch überzeugende unternehmerische Gründe für die Vorgehensweise vorgebracht werden, damit die Transaktion nicht unter die Mißbrauchsklausel bei Steuerbefreiungen fällt.

345 News brief, PLC Mai 1999, 10, 11; News brief, Januar/Februar 1998, 6, 8.

346 News brief, PLC Mai 1999, 10, 11; News brief, PLC Januar/Februar 1998, 6, 7.

347 Scott, PLC April 1997, 19, 25; News brief, PLC Mai 1999, 10, 11.

348 Wilkinson/Sutherland, IntILR 1993, 30, 32 Fn. 10.

349 F.A.Z. v. 23. 4. 2002, S. 25.

bb) Fallbeispiele aus der Praxis

(1) Geplatzte Fusion London Stock Exchange/Deutsche Börse AG

Bei der geplatzten Fusion der London Stock Exchange (LSE) mit der Deutschen Börse AG wurde die Struktur einer Fusion durch Gründung einer HoldCo., der „iX International Exchanges plc.“, gewählt. Die Deutsche Börse AG sollte zunächst alle ihre Aktiva und Passiva (mit Ausnahme der 50 %-Beteiligung an der Clearstream International S.A.) in eine neu gegründete 100 %ige Tochtergesellschaft einbringen, die als Fusionsvehikel dienen sollte.[350] LSE hätte gleichzeitig ein „Scheme of Arrangement“ gem. secs. 425 ff. CA 1985 implementiert, demzufolge 100 % der LSE-Anteile in HoldCo. gegen Gewährung von 50 % NewCo. -Anteilen eingebracht werden sollten.[351] Gleichzeitig war geplant, daß HoldCo. ein Tauschangebot an die Deutsche Börse AG, den 100 %igen Anteilseigner des eingesetzten Fusionsvehikels abgab, um die 100 %ige Beteiligung gegen 50 % der HoldCo.-Anteile zu tauschen.[352] Die Aktionäre der Deutsche Börse AG hätten am Ende der Transaktion vermittelt über die Deutsche Börse AG indirekt Anteile an der HoldCo. „iX“ gehalten.[353]

Die von LSE und Deutsche Börse geplante Fusionsstruktur, eine Holdinggesellschaft zu errichten, die die Anteile an beiden Fusionspartnern übernimmt, ist neben dem „forward“ und dem „reverse triangular merger“, die insbesondere bei Fusionen mit US-amerikanischen Gesellschaften eine Rolle spielen, eine typische Form der internationalen Fusion.[354]

---

350 Conolly, JIFM 2000, N46, N 46; McCrum, PLC Juni 2000, 9 f.; Bulletin, PLC Juni 2000, 84 und 89.

351 Conolly, JIFM 2000, N46, N46.

352 Conolly, JIFM 2000, N46, N46; McCrum, PLC Juni 2000, 9, 10.

353 Bulletin, PLC June 2000, 89, 89.

354 Ausführlich Kingstone/Land, PLC März 1998, 17 ff., insbes. zur Holdingstruktur 23 ff.; Hughes/Parden, PLC August 2002, 31 ff.; zum „forward“ und „reverse triangular merger“ in deutscher Sprache Baums, FS Zöllner, Bd. I, S. 65 ff.; bei diesen Formen der Fusion über das Dreieck gründet die Erwerbergesellschaft (M) ein Fusionsvehikel (T), in die sie in ausreichender Menge Anteile an sich selbst einbringt. Im Falle des „forward triangular merger“ wird die Zielgesellschaft (Z) auf T verschmolzen. Im Gegenzug werden aber keine T-, sondern M-Anteile gewährt. Beim „reverse triangular merger“ wird T auf Z verschmolzen. Die Z-Anteilseigner erhalten im Austausch gegen ihre Anteile die von T an M gehaltenen Anteile, so daß nach vollzogener Verschmelzung T aufgelöst wird, die Z zu 100 % der M gehört und die bisherigen außenstehenden Z-Anteilseigner nunmehr Anteilseigner der M sind. Theoretisch können auch hier „Schemes of Arrangement“ auf Seiten einer englischen Gesellschaft eine Rolle spielen.

(2) Fusion Halifax/Bank of Scotland

Ebenso wurde der Weg einer Fusion mittels Gründung einer HoldCo. unter Fortbestand der Ausgangsgesellschaften für die Fusion der Bausparkasse Halifax und Bank of Scotland zum fünftgrößten Finanzdienstleister Englands im Jahre 2001 mit einem damaligen Börsenwert von 28 Milliarden Pfund gewählt.[355]

Halifax Group plc. implementierte ein „cancellation and reduction scheme" zur „Übertragung" ihrer Anteile auf die neu gegründete HBOS plc., um der Stempelsteuer zu entgehen.[356] Bank of Scotland war zu einem solchen Vorgehen nicht in der Lage, da es sich bei ihr nicht um eine „registered company" i.S.d. CA 1985 oder eines seiner Vorgänger handelt. Die Rechtsverhältnisse der Bank of Scotland richten sich vielmehr nach den speziell für sie erlassenen Bank of Scotland Acts 1695-1970, die keine gesetzliche Grundlage für eine Kapitalherabsetzung bieten. Auch verweist sec. 718 i.V.m. Sched. 22 CA 1985 im Katalog der für „unregistered companies" anwendbaren Vorschriften des CA 1985 nicht auf die secs. 135 ff. CA 1985. Bank of Scotland war aber zur Implementierung eines Übertragungsvergleichsplans befugt, nach dem die an ihr gehaltenen Anteile auf HBOS plc. übertragen wurden. Beide „Schemes" waren gegenseitig bedingt. Die Unwirksamkeit des einen hätte auch die Unwirksamkeit des anderen zur Folge gehabt. Bedingungen beider „Schemes" waren darüber hinaus die Wirksamkeit der Halifax-Kapitalherabsetzung und der Börsennotierung der HBOS plc.-Anteile. Beide „Schemes" wurden auch tatsächlich genehmigt und erlangten somit volle Wirksamkeit. Heute bestehen die Ausgangsgesellschaften unter ihrer bisherigen Firma als 100 %ige Tochtergesellschaften der HBOS plc. weiter.[357] Obwohl die Fusion als „Merger of Equals" bezeichnet wurde, halten die Halifax-Anteilseigner an der neuen HoldCo. 63 % der Anteile.

Bank of Scotland hätte zur Erlangung der Stempelsteuervergünstigungen, die eine Ersparnis in Höhe von 0,5 % des Transaktionsvolumens zur Folge gehabt hätten, den Weg einer Neuregistrierung („re-registration") gem. secs. 680 ff. CA 1985 als Gesellschaft nach dem CA 1985 beschreiten können. Es wird gemutmaßt[358], daß diese Variante abgelehnt wurde, um keinen Übernahmeinteressenten auf den Plan zu rufen, dem nach einem geglückten rivalisierenden Übernahmeangebot dann auch das Zwangsausschlußverfahren gem. secs. 429 ff. CA 1985 zur Verfügung gestanden hätte, dessen Fehlen eine 100%ige Übernahme ohne Einverständnis des Verwaltungsrats der Zielgesellschaft praktisch unmöglich macht.

---

[355] F.A.Z. v. 25. 7. 2001, S. 27: „Aller guten Dinge sind drei".

[356] Lewis, PLC September 2001, 33, 39.

[357] Siehe zur Fusionsgeschiche die Informationen auf der Website der HBOS plc. mit der Adresse www.hbos.com.

[358] So Lewis, PLC September 2001, 33, 39.

(3) Fusion Glaxo Wellcome/SmithKline Beecham

Bei der geglückten Fusion von Glaxo Wellcome plc. und SmithKline Beecham plc.[359] zur GlaxoSmithKline plc. als größtem Pharmaunternehmen Europas bedienten sich beide Gesellschaften ebenfalls der secs. 425 ff. CA 1985 zur Vereinigung unter dem Dach einer HoldCo.

Beide Fusionspartner implementierten gegenseitig bedingte „cancellation and reduction schemes". Neben den jeweiligen Abstimmungen über das „Scheme of Arrangement" waren noch Anteilseignerbeschlüsse über die Kapitalherabsetzung gem. sec. 135 CA 1985 und die Ermächtigung an die Direktoren gem. sec. 80 CA 1985[360] zur Ausgabe junger, voll eingezahlter Anteile in Höhe und Anzahl des jeweils vorher bestehenden Anteilskapitals an die NewCo. GlaxoSmithKline notwendig.[361] Die Glaxo Wellcome-Anteilseigner erhielten als Gegenleistung 58,75 % des Anteilskapitals der NewCo. und die SmithKline Beecham-Anteilseigner 41,23 %.[362] Das entsprach einem Verhältnis von einem NewCo.-Anteil pro Glaxo Wellcome-Anteil und 0,4552 NewCo.-Anteilen für einen SmithKline Beecham-Anteil.[363] Jeweils wurde - wie üblich - die außerordentliche Anteilseignerversammlung zur Kapitalherabsetzung am selben Tag direkt im Anschluß an die „Scheme"-Versammlungen durchgeführt.

Im übrigen strebte man eine möglichst zügige Börsennotierung der NewCo. sowohl an der LSE als auch an der NYSE an, so daß die börsenrechtlichen Verfahren, die hier nicht näher erläutert werden sollen, beachtet werden mußten.[364]

Die beiden „Schemes of Arrangement" waren zur Sicherung der Transaktion - wie üblich - in mehrfacher Hinsicht bedingt. Die Hauptbedingungen waren die Zustimmung in allen Anteilseignerklassenversammlungen, die gerichtliche Genehmigung der beiden „Schemes" und der Kapitalherabsetzung, die Hinterlegung der gerichtlichen Beschlüsse beim Gesellschaftsregister gem. sec. 425 (3) CA 1985, die Eintragung der gerichtlichen Kapitalherabsetzungsbeschlüsse gem. sec. 138 (2) 1985, die Börsenzulassung der GlaxoSmithKline-Anteile an der LSE und

---

[359] SmithKline Beecham plc. war 1989 durch die Fusion von SmithKline Beckman, einer Kapitalgesellschaft aus Pennsylvania (USA), und der Beecham Group plc. entstanden, vgl. Wilkinson/Sutherland, IntILR 1993, 30, 32 Fn. 10; Birkett, PLC April 2001, 19, 20; dabei bediente man sich der Struktur eines „reverse triangular mergers", dazu ausführlich Kingstone/Land, PLC März 1998, 17, 22.

[360] Die Direktoren waren nämlich nicht bereits durch die Satzung zur Ausgabe junger Anteile ermächtigt.

[361] Birkett, PLC April 2001, 19, 21.

[362] Birkett, PLC April 2001, 19, 19 f.

[363] Birkett, PLC April 2001, 19, 21.

[364] Dazu Birkett, PLC April 2001, 19, 24 f.

die Zulassung der GlaxoSmithKline-ADRs für den Börsenhandel an der NYSE.[365] Darüber hinaus hätten die Verweigerung der wettbewerbsrechtlichen Genehmigung des Zusammenschlusses und wesentliche negative Änderungen der wirtschaftlichen Verhältnisse die Unwirksamkeit der Fusion bewirkt.[366]

Bei der vorliegenden Fusion wurde ein „Scheme of Arrangement" einem gewöhnlichen Anteilstausch durch „takeover bid" vor allem aus mehreren Gründen vorgezogen: Die Stempelsteuerschuld hätte bei einem normalen Anteilstausch mindestens 200 Mio. Pfund betragen. Durch die NewCo.-Struktur wurde das Konzept einer Fusion unter Gleichen unterstützt. Die „Schemes of Arrangement" führten gem. sec. 3 (a)(10) US Securities Act 1933 zu einer Befreiung von den strengen Registrierungsverpflichtungen der US-amerikanischen Wertpapiergesetzgebung bei der SEC, die wegen der Begebung von ADRs[367]sonst hätten befolgt werden müssen.[368]

II. Zwangsausschluß auf Betreiben des Mehrheitsanteilseigners

Oftmals ist es das Ziel des Mehrheitsanteilseigners, der bereits mehr als 50 % der stimmberechtigten Anteile an einer Gesellschaft hält, auch noch alle restlichen Anteile an einer „company" zu erwerben, um so deren Schicksal ohne Beachtung von Minderheitsanteilseignerrechten einfacher lenken zu können.[369] Bedeutung erlangt dies vor allem dann, wenn ein Delisting, also eine Aussetzung der Börsennotierung, oder gruppeninterne Umstrukturierungen durchgeführt werden sollen. Da in solchen Fällen keine Kontrolle oder Anteilsmehrheit erworben, sondern nur gefestigt wird, liegt bei einem Angebot zur Übernahme der restlichen Anteile kein „takeover bid" vor, wohl jedoch ein begrifflich von der Stellung des Bieters unabhängiges „takeover offer" i.S.v. sec. 428 (1) CA 1985.

Für den Mehrheitsanteilseigner ergeben sich keine Probleme, wenn die außenstehenden Anteilseigner ihre Anteile freiwillig an ihn abtreten wollen. Wenn sich jedoch nicht alle freien Anteilseigner zu einer Übertragung ihrer Anteile gegen Abfindung bewegen lassen, stehen dem Mehrheitsanteilseigner im englischen Recht mehrere Möglichkeiten zur Verfügung, um die außenstehenden Anteilseigner aus der „company" herauszudrängen und einen Zwangserwerb ihrer Anteile

---

365 Birkett, PLC April 2001, 19, 22.
366 Birkett, PLC April 2001, 19, 22.
367 American Depository Receipts (=Zertifikate für Anteile oder andere Wertpapiere, die bei amerikanischen Depotbanken hinterlegt und an der New Yorker Börse notiert werden).
368 Birkett, PLC April 2001, 19, 20.
369 Vgl. zu den Vorteilen einer 100 %igen Beteiligung im englischen Recht bereits oben S. 231.

zu erreichen. Dieser Vorgang wird im englischen Schrifttum viel seltener als in Deutschland „freeze-“ oder „squeeze-out“ genannt.[370]

1. Übernahmeangebot und Ausschluß gem. secs. 429 ff. CA 1985

Das klassische Squeeze-out-Verfahren im englischen Recht ist das bereits dargestellte[371] Ausschlußverfahren der secs. 429 - 430F CA 1985, das auf den Companies Act 1929 zurückgeht. Wenn der Mehrheitsanteilseigner ein Übernahmeangebot gem. sec. 428 (1) CA 1985 zum Erwerb aller außenstehenden Anteile (bzw. einer oder mehrerer Gattungen) abgibt und eine Annahmequote von 90 % erreicht wird, dann können die die restlichen 10 % haltenden Anteilseigner gem. sec. 429 CA 1985 zum Verkauf gezwungen werden. Der Bieter hat auch die Möglichkeit, von dem Verfahren der secs. 429 ff. CA 1985 nur im Hinblick auf einzelne von mehreren Anteilsgattungen, auf die sich das Angebot erstreckte, Gebrauch zu machen, sofern in bezug auf jede angebotsrelevante Gattung die 90 %-Akzeptanzschwelle erreicht wurde.[372]

Die Durchführung eines Zwangsausschlusses gem. secs. 429 ff. CA 1985 wird mithin um so schwieriger, je mehr Anteile der Bieter zurechenbar zu Beginn des Übernahmeangebots hält.[373] In jeder börsennotierten englischen „company“ gleich welcher Größe gibt es regelmäßig eine gewisse Anzahl von Anteilseignern, die über das Anteilsregister aus dem einen oder anderen Grund nicht ermittelt werden können oder die keinen urkundlichen Rechtsnachweis erbringen können, insbesondere Erbscheine vor der gerichtlichen Testamentsbestätigung.[374] Wenn diese Anteilseigner 3 % der Anteile ausmachen, dann muß eine Bietergesellschaft, die selbst oder zurechenbar 60 % der Anteile hält, 90 % der verbleibenden 40 %, also insgesamt 36 % der Anteile durch das Übernahmeangebot erhalten, um einen Zwangsaufkauf nach sec. 429 CA 1985 durchführen zu können. Wenn 3 % der Anteile mangels rechtlich oder faktisch nicht möglicher Angebotsannahme nicht

---

[370] Nur in einzelnen rechtsvergleichenden Beiträgen (Mather/Cowan, European Counsel April 1998, 29 ff.; Palmer/Basuyaux/Thaeter, M&A-Handbook, London 2001, S. 60 ff.) wird der Begriff „Squeeze-out“ verwandt, nicht jedoch in den gängigen Kommentaren, Lehrbüchern (mit Ausnahme von Gower and Davies, S. 740 ff. in der völlig überarbeiteten Neuauflage 2003) oder bei Weinberg/Blank-Rabinowitz, Rz. 2-5001 ff., 5-2001 ff.; vgl. zur Terminologie in den Vereinigten Staaten, wo die Begriffe „Freeze-out“ und „Squeeze-out“ uneinheitlich verwandt werden, Geibel/Süßmann-Grzimek, WpÜG, Art. 7 § 327 a Rz. 1; Ph. Baums, Ausschluß von Minderheitsaktionären, 2001, S. 184 ff.

[371] Siehe die umfassende Darstellung oben S. 231 ff.

[372] Weinberg/Blank/Rabinowitz, Rz. 5-2006; Palmer/Basuyaux/Thaeter, a.a.O., S. 60, 61.

[373] Mather/Cowan, European Counsel, April 1998, 29, 29; siehe bereits zum Problem unbekannter oder nicht ermittelbarer Anteilseigner oben S. 256 ff.

[374] Weinberg/Blank/Rabinowitz, Rz. 2-5005.

erworben werden können, können Anteilseigner, die nur wenig mehr als 1 % der zugeteilten Anteile halten, den Zwangsausschluß bereits verhindern. Wenn die Bietergesellschaft inklusive ihrer Tochtergesellschaften 80 % hält und die Annahme durch 3 % faktisch oder rechtlich nicht möglich ist, dann ist ein Verfahren nach sec. 429 CA 1985 nicht mehr durchführbar. Meist ändert daran auch die Möglichkeit einer ausnahmsweisen gerichtlichen Zulassung des Zwangsausschlußverfahrens auf Antrag des Bieters nach angemessenen Nachforschungen zur Ermittlung unbekannter Anteilseigner gem. sec. 430C (5) CA 1985[375] nichts.[376]

Vor Einführung der eine umfassende Zurechnung von Anteilen zum Mehrheitsgesellschafter sichernden sec. 430E CA 1985[377] bestand gem. sec. 209 (1) CA 1948 die Möglichkeit, das Übernahmeangebot mit Hilfe einer Tochter- oder lediglich einer Partnergesellschaft durchzuführen. Wenn der eigentlich dahinter stehende Bieter 90 % der Zielgesellschaftsanteile hielt und die Annahme erklärte, stand einem anschließenden Zwangserwerb der übrigen Anteile mangels Zurechnung der 90 %-Beteiligung zum formellen Bieter nichts entgegen. Diese Vorgehensweise wurde manchmal auch als sogenannter „push-over bid" bezeichnet. Bereits in Re Buggle Press Ltd.[378] im Jahre 1960 äußerte der Court of Appeal seine Bedenken im Hinblick auf die Gefahr der mißbräuchlichen Umgehung des Minderheitenschutzes und schränkte die Möglichkeit eines „push-over bids" dahin ein, daß der Schutzantrag eines Minderheitsanteilseigners gem. sec. 209 (1) CA 1948 nur dann ablehnend beschieden würde, wenn dieser sich dauerhaft destruktiv, unternehmensschädigend und eigensüchtig verhalten habe. In dem zu entscheidenden Fall gründeten zwei Anteilseigner der Buggle Press Ltd., die zusammen über neunzig Prozent des gezeichneten Anteilskapitals kontrollierten, eine NewCo., die ein 100 %iges Übernahmeangebot abgab. Das Gericht verlangte von der bietenden NewCo. darzulegen, daß es gute, allein im Interesse der Buggle Press Ltd. liegende Gründe gebe, eine „Enteignung" der Minderheitsanteilseigner durchzuführen. Der Nachweis gelang NewCo. nicht. Wegen der Offensichtlichkeit der mißbräuchlichen Umgehungsabsichten bezeichnete Harman L.J. das Vorgehen der beiden Anteilseigner daher auch als „hollow sham", als scheinheilige Heuchelei.[379]

---

375 Siehe dazu oben S. 257 f.

376 Weinberg/Blank/Rabinowitz, Rz. 2-5006.

377 S.o. S. 234.

378 [1961] Ch. 270, 287 f.

379 Re Buggle Press Ltd. [1961] Ch. 270, 288.

2. Kapitalherabsetzung

Eine zweite Möglichkeit des Zwangsausschlusses von Minderheitsaktionären liegt in der bereits bei der Fallgruppe der internen Reorganisation der Kapitalstruktur dargestellten[380] Kapitalherabsetzung gem. secs. 135 ff. CA 1985. Die Kapitalgesellschaft zahlt dabei nach Ermächtigung durch einen außerordentlichen Anteilseignerversammlungsbeschluß („special resolution" i.S.v. sec. 378 (2) CA 1985) eingezahltes Anteilskapital, welches über die Bedürfnisse der Gesellschaft hinausgeht, an die Anteilseigner zurück, vgl. sec. 135 (2)(c) CA 1985. Normalerweise ist die Kapitalgesellschaft auch durch ihre Satzung zur Kapitalherabsetzung ermächtigt.[381] Falls dies ausnahmsweise nicht der Fall sein sollte, kann zu diesem Zweck zuvor die Satzung gem. sec. 9 CA 1985 durch einen weiteren außerordentlichen Anteilseignerversammlungsbeschluß („special resolution" i.S.v. sec. 378 (2) CA 1985) geändert werden.

Eine Kapitalherabsetzung hat den Vorteil, daß keine Anteilsübertragung auf den Mehrheitsgesellschafter stattfindet und somit die vom Erwerber zu zahlende und relativ kostspielige Stempelsteuer vermieden wird.[382] Außerdem ist ein vorhergehendes Übernahmeangebot keine Tatbestandsvoraussetzung.

a) Konstellation 1: Keine Anteilsgattungen

Wenn eine „company" nicht in Anteilsgattungen unterteilt ist, dann ergeben sich wenige Probleme. Ein Anteilseigner, der 75 % der stimmberechtigten Anteile hält oder zumindest eine solche Mehrheit bei einer Abstimmung erreicht[383], kann, sofern genügend Kapital zur Rückzahlung vorhanden ist[384] und der Anteilsverkehrswert unter oder auf dem Niveau des Nennwertes liegt, beschließen, die außenstehenden Anteilseigner zum Nennwert dieser Anteile auszubezahlen und sie kraftlos zu erklären.[385] Mangels Einteilung in Gattungen oder Klassen wird dem Minderheitsanteilseigner bei der Abstimmung auch kein Vetorecht eingeräumt. Damit reicht eine relativ geringe Mehrheit zum Zwangsausschluß aus.[386]

---

380 S.o. S. 175 ff.

381 Gower/Davies, S. 758.

382 Weinberg/Blank/Rabinowitz, Rz. 2-5009.

383 Die geringen Anteilseignerversammlungspräsenzen bei börsennotierten „public companies" werden meist eine geringere Anteilsmenge ausreichen lassen, um eine qualifizierte Mehrheit der tatsächlich abstimmenden Anteilseigner zu erreichen.

384 Vgl. Re Robert Stephens Holding Ltd. [1968] 1 All E.R. 195: eine Kreditaufnahme zur Abfindung der Minderheitsanteilseigner wurde für zulässig erachtet.

385 British and American Trustee Corporation v. Couper [1894] A.C. 399.

386 Weinberg/Blank/Rabinowitz, Rz. 2-5012.

Praktisch ist die dabei denkbare Bejahung einer unfairen Schädigung der Minderheit und damit die Versagung der Genehmigung gem. sec. 137 CA 1985 durch ein Gericht im 20. Jahrhundert ohne Beispiel.[387] Da keine verschiedenen Anteilsgattungen vorhanden sind, stellt die Wahl, nur die Minderheitsanteilseigner auszubezahlen, zwar eine Ungleichbehandlung der Anteilseigner dar. Da der Verstoß gegen den Gleichbehandlungsgrundsatz aber nicht in den Anwendungsbereich der secs. 125 ff. CA 1985 fällt und eine Rechtfertigung der Ungleichbehandlung durch das Vorbringen legitimer Gründe zum Wohle der Gesellschaft als ganzer („bona fide intended for the benefit of the company as a whole") leicht fallen dürfte, ist ein Ausschluß der Minderheitsanteilseigner in dieser Konstellation ein probates Mittel. Als Grund kann eine in der Anteilseignerversammlung für die Kapitalherabsetzung stimmende Muttergesellschaft beispielsweise meist darlegen, daß der Fortschritt oder gar das Überleben der betreffenden Tochtergesellschaft von der Einbindung in die Unternehmensgruppe abhängt und die übrigen Mitglieder der Unternehmensgruppe zu dieser Einbindung nur bereit sind, wenn die in Frage stehende Tochtergesellschaft in das 100 %ige Eigentum der Mutter fällt.[388]

Sollte der Verkehrswert der Anteile in Wirklichkeit über deren Nennwert liegen oder eine Abfindung aufgrund der schweren Feststellbarkeit des Verkehrswertes nur zum Nennwert oder zu einem anderen zu niedrigen Wert erfolgen, dann besteht die Gefahr, daß das Gericht eine unfaire Behandlung der Minderheitsanteilseigner annehmen könnte mit dem Argument, daß eine Behandlung vorläge, die nicht den bei der Kapitalherabsetzung ausschlaggebenden Liquidationserlösrechten entspräche.[389] Um Rechtsunsicherheiten zu vermeiden, wird bei einem mittels Kapitalherabsetzung vorgenommenen Zwangsausschluß daher in der Praxis eine ausreichende Prämie zusätzlich zum Nennwert eines Anteils ausgezahlt.[390] So geschah dies auch in der Leitentscheidung Re Rank Radio & Television Ltd.[391], bei dem eine Holdinggesellschaft, die 99 % der Anteile hielt, eine weit über dem Nennwert liegende Abfindung bot.

In der vorliegenden Fallgruppe ist der Minderheitenschutz trotz allem derart gering ausgestaltet, daß in Zukunft die Gerichte der Anregung von Plowman J. im Fall Re Robert Stephens Holdings Ltd.[392] folgen und eine zusätzliche Anwendung eines „Scheme of Arrangement" wegen des höheren Minderheitenschutzniveaus

---

[387] Weinberg/Blank/Rabinowitz, Rz. 2-5010.

[388] Vgl. die Begründungen in Sidebottom v. Kershaw, Leese & Co. [1920] 1 Ch. 154, 165 f., C.A., und Brown v. British Abrasive Wheel Co. [1919] 1 Ch. 290.

[389] Weinberg/Blank/Rabinowitz, Rz. 2-5014.

[390] Vgl. Weinberg/Blank/Rabinowitz, Rz. 2-5014 und auch dort Fn. 1 mit Hinweisen zur steuerrechtlichen Behandlung solcher Kapitalrückzahlungen, die über den Nennwert oder auch den Nennwert plus Emissionsagio hinausgehen.

[391] The Times v. 19. 11. 1963.

[392] [1968] 1 All E.R. 195.

fordern könnten. In einem solchen Falle käme es im Rahmen des „Scheme“, von dessen Wirksamkeit die Kapitalherabsetzung abhängig wäre, nur zu einer Abstimmung der außenstehenden Anteilseigner in einer Klassenversammlung.[393] Gleich, ob sich dieser Ansatz in dieser Fallgruppe durchsetzen kann, bleibt es Anteilseignern unbenommen, einen Anfechtungsantrag bei Gericht gestützt auf die Generalklausel der sec. 459 CA 1985 wegen eines schädigenden Verhaltens der Mehrheit gegenüber der Minderheit zu stellen, deren Erfolgsaussichten jedoch ungewiß sind.[394]

b) Konstellation 2: Keine Abweichung von Gattungsrechten

Wenn mehrere Anteilsgattungen vorhanden sind, dann müssen diese bei einer Kapitalherabsetzung entsprechend ihren Rechten am Liquidationserlös befriedigt werden.[395] Wenn z.B. Vorzugsanteile bei der Abwicklung einer Gesellschaft bezüglich der Erlösrückzahlung Vorrang haben, muß im Fall einer kapitalrückführenden Kapitalherabsetzung das auf Vorzugsanteile bezahlte Kapital voll zurückgezahlt sein, bevor eine Kapitalrückzahlung an die Inhaber von anderen Anteilen erfolgen darf. Dabei handelt es sich jedoch nicht nur um ein Recht der Inhaber solcher Vorzugsanteile, sondern auch um eine Berechtigung der Gesellschaft. Daher können die Inhaber von gewöhnlichen Anteilen die Inhaber solcher Vorzugsanteile zwingen, die Rückzahlung anzunehmen, vorausgesetzt daß die gewöhnlichen Anteilseigner die qualifizierte Mehrheit für einen außerordentlichen Gesellschafterbeschluß erreichen.[396] Da Vorzugsanteilseignern in der Praxis englischer Kapitalgesellschaften meist kein Stimmrecht eingeräumt wird, kommt ihnen dann auch bei der Kapitalherabsetzungsentscheidung keinerlei Stimmgewicht zu.[397] Denn bei einer Behandlung streng nach den gattungsmäßig bestimmten Rechten ist es lediglich Sache einer Anteilseignerversammlung, über die Kapitalherabsetzung zu entscheiden; es bedarf keiner Abstimmung nach Anteilsgattungen.[398] Das gilt selbst dann, wenn den Inhabern der Vorzugsanteile keine Entschädigung dafür angeboten wird, daß sie nicht mehr an zukünftigen Dividenden-

[393] Vgl. Weinberg/Blank/Rabinowitz, Rz. 2-5012.
[394] Weinberg/Blank/Rabinowitz, Rz. 2-5012.
[395] Scottish Insurance Corp. V. Wilsons & Clyde [1937] A.C. 707, H.L.; Re European Home Products plc., Financial Times v. 23. 3. 1988; Re Northern Engineering Industries plc. [1993] B.C.C. 267; Gore-Browne, § 15.3.5; Weinberg/Blank/Rabinowitz, Rz. 2-5010.
[396] Pennington, Jura Europae, Bd. IV, § 90.10 Rz. 143.
[397] Weinberg/Blank/Rabinowitz, Rz. 2-5014.
[398] British and American Trustee Corporation v. Couper [1894] A.C. 399, 406, H.L.; Re Saltdean Estate Co. [1968] 1 W.L.R. 1844; House of Fraser v. ACGE Investments Ltd. [1987] A.C. 387, H.L.; Weinberg/Blank/Rabinowitz, Rz. 2-5010.

ausschüttungen der Gesellschaft beteiligt sind und die Vorzugsdividende höher ist als die übliche Investitionsverzinsung.[399]

c) Konstellation 3: Abweichung von Gattungsrechten

Sofern es mehrere Anteilsgattungen gibt und die Kapitalherabsetzung die Anteilseigner abweichend von ihren gattungsmäßig bestimmten Rechten behandelt, dann muß gleichzeitig das zwingende Verfahren zur Änderung von Gattungsrechten gem. secs. 125 ff. CA 1985[400] eingehalten werden. Die betroffene Gattung muß einer Änderung ihrer Rechte durch einen Sonderbeschluß zustimmen. Dissentierende Gattungsmitglieder müssen die Unbilligkeit der Änderung bzw. Rechtsabweichung nachweisen, um die Kapitalherabsetzung zu Fall zu bringen. Zu einer Umkehr der Beweislast kommt es nur, wenn die widersprechenden Gattungsmitglieder beweisen, daß Mitglieder der zustimmenden Mehrheit nicht nur das Gesamtinteresse der Gattung, sondern (auch) ihr eigenes im Blick hatten.[401] Andererseits dürfte ein solcher Beweis durch die Minderheit nur selten gelingen. Dem Mehrheitsanteilseigner, der die Minderheit hinausdrängen will, wird es leicht fallen darzulegen, daß die Abstimmung ohne Mißbrauchsabsicht, also bona fide erfolgte.[402]

Wegen der geringen Ausgestaltung des Minderheitenschutzes ist wiederum auf das Diktum von Plowman J. in Re Robert Stephens Holdings Ltd.[403] zu verweisen, es wäre in solchen Fällen wünschenswert, mittels eines ein höheres Minderheitenschutzniveau gewährleistenden „Scheme of Arrangement" gem. sec. 425 CA 1985 vorzugehen.

Australische Gerichte[404] sahen sich veranlaßt, es für angemessen zu erachten, daß bei der Genehmigung eines Zwangsausschlusses durch Kapitalherabsetzung die Vorschriften des Vergleichs-planverfahrens, das der Kapitalherabsetzung mangels einer den secs. 429 ff. CA 1985 vergleichbaren Regelung in Australien als reguläres Squeeze-out-Verfahren gegenübersteht, berücksichtigt werden. Weitergehend dürfen die Gerichte in Australien die Genehmigung einer Kapitalherabsetzung verweigern, wenn nachgewiesen werden kann, daß die Kapitalhe-

---

[399] Scottish Corporation Ltd. v. Wilson's and Clyde Coal Co. Ltd. [1949] A.C. 462; Re Saltdean Estate Co. [1968] 1 W.L.R. 1844; vgl. auch House of Fraser v. ACGE Investments Ltd. [1987] A.C. 387, H.L.

[400] Siehe oben S. 170 ff.

[401] Re Holders Investment Trust Ltd. [1971] 1 W.L.R. 583.

[402] Weinberg/Blank/Rabinowitz, Rz. 2-5012.

[403] [1968] 1 All E.R. 195.

[404] Re Nicron Resources Ltd. v. Catto (1992) 8 A.C.S.R. 219, S.C. (N.S.W.); Winpar Holdings Ltd. v. Goldfields Calgoorlie Ltd. (2000) 34 A.C.S.R. 737, S.C. (N.S.W.).

rabsetzung bewußt zur Umgehung der strengeren Vorschriften eines „Scheme of Arrangement" oder der „takeover"-Gesetzgebung eingesetzt wird.[405]

Aufgrund des überzeugenden Arguments des Umgehungsschutzes und der Berücksichtigung strengerer gesetzlicher Vorschriften auch im Rahmen der secs. 425 ff. CA 1985 ist damit zu rechnen, daß in Zukunft die englischen Gerichte eine Kapitalherabsetzung in der vorliegenden Konstellation nicht nur an der Kapitalherabsetzungsrechtsprechung, sondern auch an den Vorgaben der sec. 425 CA 1985 messen werden. Im englischen Schrifttum wird daher selbst bei Umstrukturierungen, die auf keinen Widerspruch stoßen, zu einer Vorgehensweise durch ein „Scheme of Arrangement" geraten.[406] Die zusätzliche Durchführung eines Arrangement-Verfahrens gem. sec. 425 CA 1985 dürfte in Zukunft erforderlich sein, um nicht das Risiko einer gerichtlichen Genehmigungsverweigerung einzugehen.

Ungeklärt ist des weiteren die Konstellation, daß die Kapitalherabsetzung unter Abweichung von Gattungsrechten vorgenommen wird, die Gattungsrechte im „memorandum" verankert sind, dieses oder die „articles" bei Gründung der „company" keine Bestimmung über die Änderung von Gattungsrechten enthielten und keine einstimmige Annahme der Kapitalherabsetzung vorliegt, die gem. sec. 125 (5) CA 1985 als nicht abschließende[407] Möglichkeit zur Änderung von Gattungsrechten bei Schweigen der Satzungsbestimmungen zur Änderung von Gattungsrechten eröffnet wird. In einem solchen Fall dürfte erst recht damit zu rechnen sein, daß die englischen Gerichte - wie auch bei der normalen Änderung von Gattungsrechten - ein „Scheme of Arrangement"-Verfahren gem. sec. 425 CA 1985 begleitend zu den Erfordernissen der Kapitalherabsetzung gem. secs. 135 ff. CA 1985 fordern werden.[408]

3. Bedingte Satzungsermächtigung zum Anteilsaufkauf

Jedenfalls bis zur Einführung des Ausschlußverfahrens gem. secs. 429 ff. CA 1985 im Jahre 1929 wurde es für zulässig erachtet, in der Gesellschaftssatzung die Direktoren, eine bestimmte Gruppe oder eine vorgeschriebene Mehrheit von Anteilseignern zu ermächtigen, von gewissen Anteilseignern unter bestimmten Voraussetzungen den Verkauf ihrer Anteile zu einem bestimmten oder nach einem durch ein in der Satzung festgelegtes Verfahren bestimmbaren Preis verlan-

[405] Re Hunter Resources Ltd. (1992) 7 A.C.S.R. 436, Gen.D. (Fed. C.A.).
[406] Tolley's Company Law, R2021; Weinberg/Blank/Rabinowitz, Rz. 2-5012.
[407] Gore-Browne, § 15.3.5.
[408] So auch Gore-Browne, § 15.3.5.

gen zu dürfen.[409] Diese Vorgehensweise war zu Beginn des 20. Jahrhunderts Gegenstand zahlreicher Gerichtsentscheidungen[410].

In der sog. Sidebottom-Entscheidung[411] entschied der Court of Appeal entgegen dem ein Jahr zuvor ergangenen erstinstanzlichen Urteil Brown v. British Abrasive Wheel Co. Ltd.[412], daß die Satzung, falls sie eine solche Bestimmung nicht schon enthalte, auch im Nachhinein durch außerordentlichen Beschluß gem. sec. 9 (1) CA 1985 abgeändert werden kann, sofern der Beschluß ohne Mißbrauchsabsicht im Gesamtinteresse der Gesellschaft gefaßt wird[413].

Kurz danach erging das Urteil Dafen Tinplate Co. v. Llanelly Steel Co.[414], das die Einführung einer Buy-out-Klausel dann für unzulässig erklärte, wenn sie den Buy-out der Minderheit durch die Mehrheit in das freie Ermessen der Mehrheit stellte. Denn in einem solchen Fall sei die Klausel evident weiter gefaßt als es für

---

[409] Vgl. Philips v. Manufacturers Securities (1917) 116 L.T. 290; Weinberg/Blank/Rabinowitz, Rz. 2-5017; Gower/Davies, S. 710.

[410] Vgl. Sidebottom v. Kershaw, Leese & Co. Ltd. [1920] 1 Ch. 154, C.A.; Brown v. British Abrasive Wheel Co. Ltd. [1919] 1 Ch. 290; Dafen Tinplate Co. v. Llanelly Steel Co. (1907) [1920] 2 Ch. 124.

[411] Sidebottom v. Kershaw, Leese & Co. Ltd. [1920] 1 Ch. 154, C.A.; in dem dieser Entscheidung zugrunde liegenden Sachverhalt wollte die geschäftsführenden Mehrheitsgesellschafter einer „private limited company" eine Satzungsklausel einführen, die Minderheitsgesellschafter, die der Gesellschaft Konkurrenz machten, auf Verlangen der Geschäftsführung verpflichtete, ihre Anteile zu einem angemessenen Preis an einen Treuhänder der Geschäftsführung zu verkaufen. An der Gesellschaft war nämlich ein Minderheitsanteilseigner beteiligt, der ebenfalls Anteile einer konkurrierenden Gesellschaft hielt. Die Einführung der Klausel wurde für zulässig erachtet, da es offensichtlich im Interesse der Gesellschaft liege, einen solchen Anteilseigner auszuschließen.

[412] [1919] 1 Ch. 290.

[413] Shuttleworth v. Cox Bros. & Co. Ltd. [1927] 2 K.B. 9, 24, C.A.; zum Problem der Bindung der Mehrheit an die gesellschaftsrechtliche Treupflicht beim Buy-out der Minderheitsanteilseigner insbesondere Gower/Davies, S. 709 ff. (mit Hinweisen zur Rechtsprechung des australischen High Courts in *Gambotto v. WCP Ltd. (1995) 127 A.L.R. 417*, der das Gesellschaftsgesamtinteresse als geeignetes Kriterium zur Lösung des Konflikts widerstreitender Gesellschafterinteressen ablehnte, sich aber gleichzeitig auch nicht mit einer „super-majority rule" (keine materielle Überprüfung einer qualifizierten Mehrheitsentscheidung) zufrieden geben wollte; vielmehr stellt die australische Rechtsprechung nun auf sog. „proper purposes", also rechtmäßige Zwecke der Mehrheitsgesellschafter ab. Ein rechtmäßiger Zweck ist gegeben, wenn die Gesellschaft vor einem wesentlichen Schaden, einem sog. „significant detriment or harm" zugunsten eines „benefit" bewahrt werden soll. Im australischen Fall erlangte die Gesellschaft durch den Buy-out der Minderheit bedeutende Steuervorteile. Die englische Rechtsprechung wurde insbesondere mit dem Argument kritisiert, sie schenke dem Mitwirkungsrecht („proprietary nature of share") des Mehrheitsgesellschafters im Gegensatz zum Vermögensrecht des Minderheitsgesellschafters im Hinblick auf zukünftige Dividendenansprüche („share as an investment") nicht genug Gewicht.).

[414] [1920] 2 Ch. 124.

das Gesellschaftsinteresse notwendig wäre. Eine Buy-out-Klausel muß also eine explizite Ermessensbeschränkung auf das Gesellschaftsinteresse enthalten, damit sie wirksam ist. Das kann einerseits durch Nennung typischer Tatbestände gesellschaftsschädigenden Verhaltens des Minderheitsanteilseigners - wie konkurrierende Geschäftstätigkeiten - oder durch eine allgemeine Ermessensbindung des Buy-out-Entscheidungsträgers erfolgen.

Die Fähigkeit eines Bieters, der genügend Anteile an der Zielgesellschaft hält, die Minderheitsgesellschafter auf diesem Wege herauszudrängen, hängt insgesamt also wiederum von seiner Fähigkeit ab, gute geschäftliche Gründe zu finden, um die Einführung einer solchen Klausel zu rechtfertigen.[415] Andererseits kann die Geschäftsführung praktisch immer solche sachlichen Gründe im Gesellschaftsinteresse aufzeigen, da auch weit in die Zukunft weisende Gründe ausreichend sein dürften.[416] Wie schon beim Buy-out von Minderheitsanteilseignern mittels einer Kapitalherabsetzung liegt auch hier die Beweislast zu zeigen, daß die Minderheitsanteilseigner ungerecht behandelt werden, bei den der Satzungsänderung widersprechenden Anteilseignern.[417] Sie müssen darlegen, daß die Mehrheitsanteilseigner arglistig handeln oder daß eine unzulässige Benachteiligung der Minderheitsanteilseigner vorliegt, die nicht durch eine vernünftige Aussicht auf einen im Gesellschaftsinteresse liegenden Nutzen gerechtfertigt ist.[418] Genauso muß ein Anteilseigner bei der noch möglichen, auf die Generalklausel von sec. 459 CA 1985 gestützten Anfechtung nachweisen, daß er in unfairer Weise geschädigt wurde.

Wenn übrigens eine an der Börse notierte Kapitalgesellschaft ihre Satzung im oben genannten Sinne ändert, dann wird sofort ihre Börsennotierung ausgesetzt.[419]

Auch wenn die zitierte Sidebottom-Entscheidung[420] vor der Einführung des Ausschlußverfahrens gem. secs. 429 ff. CA 1985 im Jahre 1929 gefällt wurde, dürfte heute kein Zweifel an der generellen Rechtmäßigkeit solcher Satzungsbestimmungen bestehen. Zwar wird teilweise[421] die Legalität mit dem Argument bezweifelt, daß ansonsten kein Grund bestanden hätte, die secs. 428 ff. CA 1985 einzuführen; der Gesetzgeber habe vielmehr durch die Einführung konkludent zum Ausdruck gebracht, daß die in Frage stehenden Satzungsklauseln nicht seinem Willen entsprächen. Gegen diese Ansicht wird aber überwiegend ins Feld

---

415 Weinberg/Blank/Rabinowitz, Rz. 2-5017.
416 Weinberg/Blank/Rabinowitz, Rz. 2-5017.
417 Weinberg/Blank/Rabinowitz, Rz. 2-5018.
418 Gore-Browne, §§ 4.8 ff.
419 Weinberg/Blank/Rabinowitz, Rz. 2-5018.
420 Siehe S. 285 ff.
421 Gower/Davies, S. 711.

geführt, daß in sec. 429 CA 1985 die Motive[422] der Zwangsakquisition keine Rolle spielen, sondern durch das Erfordernis einer äußerst hohen Mehrheit kompensiert würden, so daß keine Friktionen entstünden.[423]

Waren Satzungsklauseln zum Zwangsausschluß zumindest bei „private companies" lange Zeit üblich[424], sind sie in der heutigen Praxis nicht mehr so häufig anzutreffen[425]. Wenn die anderen Wege zum Zwangsausschluß versagt haben, geschieht es jedoch auch heute noch, als ultima ratio Squeeze-out-Klauseln im nachhinein in die Satzung einzufügen und von ihnen Gebrauch zu machen.[426]

4. „Scheme of Arrangement" gem. secs. 425 ff. CA 1985

Letztlich bietet das „Scheme of Arrangement" gem. secs. 425 ff. CA 1985 eine beliebte Möglichkeit, die außenstehenden Anteile einer Kapitalgesellschaft zu erwerben.[427] Insbesondere in Commonwealth-Staaten wie Australien und Südafrika, die den britischen Companies Act übernommen, aber später nicht das Ausschlußverfahren gem. secs. 428 ff. CA 1985 eingeführt haben, ist das „Scheme of Arrangement" das klassische Mittel, einen Zwangsausschluß herbeizuführen.[428]

Ein solcher Vergleichsplan hat meist zum Inhalt, die Anteile der außenstehenden Minderheitsanteilseigner gegen Abfindung (Bietergesellschaftsanteile, sonstige Wertpapiere, Geld) für kraftlos zu erklären und in entsprechender Zahl Anteile an der Zielgesellschaft an den kontrollierenden Bieter auszugeben.[429] Ein solches „cancellation and reduction scheme" hat den genannten gewichtigen Vorteil der Stempelsteuervermeidung.[430]

Zum bereits dargestellten Verfahren[431] eines Erwerbs einer 100 %igen Beteiligung im Fall, daß die Bietergesellschaft anfänglich keine Kontrollmehrheit an der Zielgesellschaft besitzt, ergeben sich keine Unterschiede. Insbesondere bilden die außenstehenden Minderheitsanteilseigner mindestens eine gesonderte Anteilseig-

---

[422] Anders nur Evershed M.R. in Re Buggle Press Ltd [1961] Ch. 270, 287, der das Kriterium des „some good reason in the interest of the company" einführen will.
[423] Weinberg/Blank/Rabinowitz, Rz. 2-5016.
[424] Weinberg/Blank/Rabinowitz, Rz. 2-5017.
[425] Palmer/Basuyaux/Thaeter, a.a.O., S. 60, 63.
[426] Palmer/Basuyaux/Thaeter, a.a.O., S. 60, 63.
[427] Vgl. Weinberg/Blank/Rabinowitz, Rz. 2-2021, 2-5016.
[428] Palmer/Basuyaux/Thaeter, a.a.O., S. 60, 62.
[429] Weinberg/Blank/Rabinowitz, Rz. 2-5016.
[430] Weinberg/Blank/Rabinowitz, Rz. 2-5016; im Fall *Sun Alliance Insurance v. I.R.C.* (1970) 115 Sol.Jo. 32 mußte das Gericht die Stempelsteuerpflichtigkeit bei einem „transfer scheme" bejahen.
[431] Siehe S. 238 ff.

nerklasse.[432] Das hat zur Folge, daß das Arrangement die Zustimmung einer numerischen Mehrheit der abstimmenden Minderheitsanteilseigner benötigt, die gleichzeitig 75 % des in dieser Klasse repräsentierten und abstimmenden Kapitals darstellt. Es kommt also nicht auf die Höhe der Beteiligung des Mehrheitsgesellschafters an. Er kann die Erfolgsaussichten nur steigern, wenn man entgegen der heute ohnehin stark kritisierten Entscheidung Re Hellenic & General Trust Ltd.[433] davon ausgeht, daß die mit ihm in einem wirtschaftlichen Lager stehenden Anteilseigner keine gesonderte Abstimmungsklasse bilden.

Endlich ist zu betonen, daß ein Squeeze-out-Vergleichsplan nicht von einem vorhergehenden Übernahmeangebot abhängig ist, aber durchaus einem solchen nachfolgen kann.

III. Vergleich mit dem deutschen Recht

1. Übertragungsbeschlüsse im deutschen Recht

Das „Scheme of Arrangement" gem. sec. 425 ff. CA 1985 ermöglicht allgemein Anteilsübertragungsbeschlüsse[434] der Gesellschafter, die eine Vielzahl von Individualverträgen ersetzen und durch den Charakter einer majorisierenden, kollektiven Einigung auch widersprechende Anteilseigner binden. Eine vergleichbare Möglichkeit sieht das deutsche GmbH-Recht überhaupt nicht[435] und das Aktienrecht in nur beschränktem Maße vor, nämlich lediglich im Falle der Mehrheitseingliederung gem. §§ 320 ff. AktG und des zum 1. Januar 2002 neu eingeführten Zwangsausschlußverfahrens gem. §§ 327 a ff. AktG, dem sogenannten „Squeeze-out".

---

[432] Re Hellenic & General Trust Ltd. [1976] 1 W.L.R. 123.

[433] [1976] 1 W.L.R. 123.

[434] Aus Gründen der Vereinfachung wird die aus Stempelgebührgründen vorgenommene „cancellation and reduction", die formal keine Übertragung bedeutet, aus funktionalen Gründen ebenfalls als Anteilstransfer begriffen.

[435] Die Ablehnung einer analogen Anwendung der §§ 319 ff., 327 a ff. AktG im GmbH-Recht ist nicht umstritten: Emmerich/Sonnenschein/Habersack, Konzernrecht, 7. Aufl. 2001, S. 447; Lutter/Hommelhoff, GmbHG, Anh. § 13 Rz. 88; Scholz-Emmerich, GmbHG, Anh. KonzernR Rz. 12.

a) Mehrheitseingliederung gem. §§ 320 ff. AktG

Das Rechtsinstitut der Mehrheitseingliederung gem. §§ 320 ff. AktG erlaubt es einer Aktiengesellschaft, deren Aktien zu 95 % bezogen auf das Grundkapital von einer anderen Aktiengesellschaft, der sog. Hauptgesellschaft, gehalten werden, durch Mehrheitsbeschluß der Hauptversammlung[436] die Eingliederung in die Hauptgesellschaft zu beschließen. Zusätzlich ist ein Zustimmungsbeschluß der Hauptgesellschaft erforderlich. Die Eingliederung hat gem. § 320 a S. 1 AktG zur Folge, daß die von den außenstehenden Aktionären gehaltenen Aktien mit Eintragung der Eingliederung auf die Hauptgesellschaft übergehen. Die außenstehenden Aktionäre verlieren ihre Mitgliedschaft und erhalten gem. § 320 b Abs. 1 S. 1 AktG einen Anspruch auf angemessene Abfindung. Dieser ist grundsätzlich in eigenen Aktien der Hauptgesellschaft zu befriedigen. Wenn diese ihrerseits eine abhängige Gesellschaft ist, so ist den ausgeschiedenen Aktionären nach deren Wahl gem. § 320 b Abs. 1 S. 3 AktG entweder eine Abfindung in Aktien der Hauptgesellschaft oder eine Barabfindung zu gewähren. Nach ganz überwiegender Ansicht[437] kommt eine Abfindung in Aktien der die Hauptgesellschaft beherrschenden Gesellschaft nur in Frage, wenn die Hauptgesellschaft bereits selbst eingegliederte Gesellschaft ist.

Die Mehrheitseingliederung bewirkt die nahezu totale Herrschaft der Hauptgesellschaft über die eingegliederte Gesellschaft. Gem. § 323 Abs. 1 AktG erhält der Vorstand der Hauptgesellschaft ein umfassendes Weisungsrecht. Zudem heben die §§ 323 Abs. 2, 324 AktG die Grundsätze über die Kapitalaufbringung und -erhaltung partiell auf.[438] Aus diesem Grunde sprechen die §§ 321, 322 AktG den Altgläubigern einen Anspruch auf Sicherheitsleistung zu und sehen zudem die Haftung der Hauptgesellschaft für die Verbindlichkeiten der eingegliederten Gesellschaft vor. Gem. § 324 Abs. 3 AktG trifft die Hauptgesellschaft außerdem eine Verpflichtung zum Ausgleich der Tochterverluste.

Anders als bei einem echten Zwangsausschluß von Minderheitsaktionären handelt es sich bei der Mehrheitseingliederung um eine Konzernierungsmaßnahme und nicht um eine reine Strukturmaßnahme auf Gesellschafterebene.[439] Die

---

436 Nach überwiegender Ansicht reicht eine einfache Mehrheit aus, vgl. nur Hüffer, AktG, § 320 Rz. 4; MüKo-Grunewald, AktG, § 320 Rz. 7; a.A. KK-Koppensteiner, AktG, § 320 Rz. 6. Die Frage wird relevant, wenn es zu einem Auseinanderfallen von Kapital- und Stimmenmehrheit kommt, etwa beim Vorhandensein von stimmrechtslosen Vorzugsaktien.

437 BGHZ 138, 224, 225 ff. („Veba/Stinnes/Rhenus/Bayer. Lloyd"); OLG Nürnberg, AG 1996, 229, 230; LG Dortmund, AG 1995, 518, 519; Emmerich/Sonnenschein/Habersack, a.a.O., S. 144; Hüffer, AktG, § 320 b Rz. 6; Krieger, in: MünchHdb. AG, § 73 Rz. 38; MüKo-Grunewald, AktG, § 320 b Rz. 6; a.A. KK-Koppensteiner, AktG, § 320 Rz. 20.

438 Ausführlich zu den Wirkungen: Krieger, in MünchHdb. AG, § 73 Rz. 49 ff.

439 Geibel/Süßmann-Grzimek, WpÜG, Art. 7 § 327 a AktG Rz. 13.

außenstehenden Aktionäre können gegen ihren Willen nicht aus dem Konzern insgesamt herausgedrängt werden, indem sie eine Barabfindung statt Aktien der Hauptgesellschaft oder ihrer Muttergesellschaft annehmen müßten. Letztlich werden die Minderheitsaktionäre in der Konzernhierarchie auf ein höheres Niveau gehoben, ohne daß hierdurch eine grundlegende Änderung eintritt.[440]

Wie auch bei anderen Hauptversammlungsbeschlüssen können die Aktionäre bei Gesetzesverstößen eine Nichtigkeits- oder Anfechtungsklage gegen den Eingliederungsbeschluß erheben, die jedoch anders als bei den bereits untersuchten internen Strukturänderungen[441] zu einer automatischen Registersperre führt und die Eintragung des Eingliederungsbeschlusses in das Handelsregister bis zum rechtskräftigen Abschluß der Anfechtungsprozesses oder bis zur Freigabe im sogenannten Unbedenklichkeits- oder Freigabeverfahren gem. § 319 Abs. 6 AktG hindert. Das für die Klage zuständige Landgericht darf die Freigabe gem. § 319 Abs. 6 S. 2 AktG nur aussprechen, wenn die Klage unzulässig oder offensichtlich unbegründet ist oder wenn das alsbaldige Wirksamwerden der Eingliederung unter Berücksichtigung der Schwere der geltend gemachten Rechtsverletzungen zur Abwendung wesentlicher Nachteile für die antragstellende Gesellschaft und ihre Aktionäre vorrangig erscheint. Hat der Kläger trotz zuvor erfolgter Freigabe mit seiner Klage Erfolg, dann wird er gem. § 319 Abs. 6 S. 6 AktG auf einen Schadensersatzanspruch gegen die Gesellschaft verwiesen, der auch - sofern möglich und zumutbar - zur Naturalrestitution, also zum Rückgängigmachen der Eingliederung führen kann.[442]

Für die Überprüfung der Angemessenheit der Abfindung hingegen steht den Minderheitsaktionären gem. § 320 b Abs. 2 S. 2, Abs. 3 i.V.m. § 2 SpruchG das Spruchstellenverfahren offen, das die Wirksamkeit der Eingliederung nicht hindert und nur zu einer Anpassung der Abfindungshöhe führen kann.

b) Zwangsausschluß von Minderheitsaktionären gem. §§ 327 a ff. AktG

Die am 1. Januar 2002 in Kraft getretenen §§ 327 a ff. AktG führen ein lange überfälliges, reguläres Verfahren zum Ausschluß von Minderheitsaktionären in das deutsche Aktienrecht ein, das es einem Hauptaktionär, der 95 %[443] am Grund-

---

[440] Vetter, AG 2002, 176, 179; KK-Hasselbach, WpÜG, § 327 a AktG Rz. 7.

[441] Siehe S. 186 ff.

[442] Hüffer, AktG, § 319 Rz. 21.

[443] Eigene Aktien der Gesellschaft und Aktien, die einem anderen für Rechnung der Gesellschaft gehören, sind - wie bei der Mehrheitseingliederung - vom Nennkapital abzuziehen, §§ 327 a Abs. 2 i.V.m. § 16 Abs. 2 AktG. Von dem verbleibenden Nennkapital müssen dem Hauptaktionär 95 % gehören; vgl. dazu KK-Hasselbach, WpÜG, § 327 a AktG Rz. 35 f.

kapital der Gesellschaft unmittelbar oder mittelbar[444] hält, ermöglicht, durch eine auf sein Verlangen einzuberufende Hauptversammlung die Übertragung der Aktien der übrigen Minderheitsaktionäre auf den Hauptaktionär gegen Gewährung einer angemessenen Barabfindung zu beschließen. Der Übertragungsbeschluß unterliegt keiner materiellen Beschlußkontrolle im Sinne einer sachlichen Rechtfertigung[445] und kann wie die Eingliederung bei einem Auseinanderfallen von Kapital- und Stimmenmehrheit auch mit einfacher Mehrheit gefaßt werden[446]. Die Höhe der Abfindung wird vom Hauptaktionär bestimmt und von einem oder mehreren unabhängigen Prüfern überprüft. Zur Vorbereitung der Beschlußfassung der Hauptversammlung hat der Hauptaktionär einen schriftlichen Bericht vorzulegen, in dem die Voraussetzungen des Ausschlusses und die Angemessenheit der Abfindung erläutert und begründet werden.[447] Darüber hinaus sind den Aktionären gem. § 327 c Abs. 3 AktG zu ihrer Information und zur Vorbereitung auf die Hauptversammlung bestimmte Unterlagen zur Verfügung zu stellen, wie es auch bei Verschmelzungen und dem Abschluß von Unternehmensverträgen erfolgt, so der Entwurf des Übertragungsbeschlusses, die Jahresabschlüsse und Lageberichte der letzten drei Geschäftsjahre sowie der von unabhängigen Prüfern erstattete Prüfungsbericht. Der Übertragungsbeschluß der Hauptversammlung wird gem. § 327 e AktG auf Antrag des Vorstandes in das Handelsregister eingetragen. Mit dieser Eintragung gehen alle Aktien der Minderheitsaktionäre auf den Hauptaktionär über, ohne daß es eines gesonderten Verfügungsgeschäftes bedarf.

Den Aktionären steht wie auch sonst bei Hauptversammlungsbeschlüssen grundsätzlich die Möglichkeit offen, bei Gesetzesverstößen gegen den Zwangsausschlußbeschluß Nichtigkeits- oder Anfechtungsklage zu erheben, was dann wie bei der Mehrheitseingliederung, aber im Gegensatz zu den bereits untersuchten internen Strukturänderungen[448] eine automatische Registersperre auslöst und die Eintragung des Übertragungsbeschlusses in das Handelsregister bis zum rechtskräftigen Abschluß des Anfechtungsprozesses oder bis zur Freigabe im so-

---

[444] Aktien, die einem vom Hauptaktionär abhängigen Unternehmen gehören, sind dem Hauptaktionär zuzurechnen, ebenso Aktien, die einem Dritten für Rechnung des Hauptaktionärs oder eines vom Hauptaktionär abhängigen Unternehmens gehören, §§ 327 a Abs. 2 i.V.m. 16 Abs. 4 AktG. Ein wirtschaftlich unsinniges „Umhängen" dieser Aktien ist demnach - im Gegensatz zur Eingliederung - nicht erforderlich, vgl. RegBegr., S. 183; KK-Hasselbach, WpÜG, § 327 a AktG Rz. 16.

[445] Hüffer, AktG, § 327 a Rz. 11; Krause, NJW 2002, 705, 715 m.w.N.

[446] Geibel/Süßmann-Grzimek, WpÜG, Art. 7 § 327 a AktG Rz. 38; Hüffer, AktG, § 327 a Rz. 11; KK-Hasselbach, WpÜG, § 327 a AktG Rz. 46; Vetter, AG 2002, 176, 186 m.w.N.

[447] Der Vorstand hat dem Hauptaktionär - entgegen dem Grundsatz, daß nur die Gesellschaft Gläubigerin der Vorstandspflichten ist - alle für die Bestimmung der Gegenleistung notwendigen Unterlagen zur Verfügung zu stellen und Auskünfte zu erteilen, § 327 b Abs. 1 S. 2 AktG.

[448] Siehe S. 202 ff.

genannten Unbedenklichkeits- oder Freigabeverfahren[449] hindert, für das nach § 327 e Abs. 2 AktG die Bestimmungen von § 319 Abs. 6 AktG entsprechend gelten. Für die Überprüfung der Angemessenheit der Barabfindung hingegen steht den Minderheitsaktionären gem. § 327 f AktG i.V.m. § 2 SpruchG das Spruchstellenverfahren offen, das die Eintragung des Beschlusses und damit die Wirksamkeit der Übertragung nicht berührt.

c) Vergleich mit den secs. 425 ff. CA 1985

Ein Vergleich des englischen Vergleichsplanverfahrens mit der Mehrheitseingliederung stellt sich bezüglich der materiellrechtlichen Wirkungen als schwierig dar, da Konzern- bzw. Gesellschaftsgruppenbeziehungen anders als im deutschen Kapitalgesellschaftsrecht in England nur in Ansätzen einer rechtlichen Regelung unterliegen. Auch gestaltet sich der Vergleich im Hinblick auf das neue deutsche Zwangsausschlußverfahren schwierig, da das eigentliche Pendant dazu in England das Verfahren gem. secs. 429 ff. CA 1985 ist, das nicht zum eigentlichen Gegenstand dieser Untersuchung zählt.

Rein formell ist jedoch festzustellen, daß die deutschen Verfahren gem. §§ 320 ff. und 327 a ff. AktG eine - wenn auch im Detail unterschiedliche - fixe Kapitalmehrheit von 95 % des Grundkapitals vom Hauptaktionär erfordern. Auch ist dieser beim mit einfacher Mehrheit zu fassenden Hauptversammlungsbeschluß nicht mit einem Stimmrechtsverbot gem. § 136 Abs. 1 AktG belegt[450], so daß ihm sein hoher Aktienanteil nicht schadet und es gar nicht auf das Erreichen einer Mehrheit bei den außenstehenden Aktionären ankommt.

Im englischen Vergleichsplanverfahren bilden die außenstehenden Anteilseigner jedoch eine oder mehrere eigene Klassen. Pro Klasse muß der Bieter oder Mehrheitsanteilseigner eine doppelt qualifizierte Mehrheit erringen. Deren Erreichen ist völlig unabhängig von der Anzahl der bereits von ihm gehaltenen Anteile.

Ein weiterer Unterschied besteht darin, daß im englischen Recht keine klassische Haupt- bzw. Gesellschafterversammlungszuständigkeit besteht. Vielmehr haben der oder die nach sec. 425 CA 1985 zu fassenden Beschlüsse den Charakter von eigenständigen, sich nach den gerichtlichen Anordnungen richtenden Sonderbeschlüssen.

Bei den dargestellten deutschen Verfahren wird außerdem keine Rücksicht auf das Vorhandensein mehrerer Aktiengattungen genommen. Beispielsweise genügt für einen Ausschluß der Eigner stimmrechtsloser Vorzugsaktien, die weniger als

[449] Vgl. Vetter, AG 2002, 176, 180.
[450] Hüffer, AktG, § 327 a Rz. 11.

5 % des Grundkapitals ausmachen, ein Beschluß des Hauptaktionärs, der die verbleibenden Stammaktien hält. Die verbleibenden Vorzugsaktionäre werden mangels Benachteiligung oder Änderung bzw. Abschaffung des Vorzugs auch nicht durch ein Sonderbeschlußerfordernis gem. §§ 141, 179 Abs. 3 AktG geschützt, da ihre gesamte Mitgliedschaft übertragen, nicht jedoch ihr spezifisches Gattungsmerkmal abgeändert werden soll.

Im englischen Vergleichsplanverfahren ist es weiterhin möglich, einen nur partiellen Übertragungsbeschluß für eine oder mehrere Aktiengattungen zu fassen. Eine solche partielle Anwendung der §§ 320 ff., 327 a ff. AktG ist nicht möglich. Das deutsche Recht gibt vielmehr starre, relativ eng gefaßte Vorgaben für die möglichen Inhalte von Übertragungsbeschlüssen und stellt sich daher im Vergleich zu den secs. 425 ff. CA 1985 als weniger flexibel dar.

Im Hinblick auf die gerichtliche Beteiligung ergeben sich im Vergleich zu den zur internen Reorganisation gemachten Ausführungen nur zwei, wenn auch wichtige Unterschiede:

Zum einen entfernt sich das deutsche Recht mit der Verankerung einer automatischen Registersperre beim bloßen Fehlen der Negativerklärung gem. §§ 319 Abs. 5, 327 e Abs. 2 AktG noch stärker von den Ergebnissen im englischen Vergleichsplanverfahren. Stand die Frage der Registereintragung bei internen Strukturänderungen noch im pflichtgemäßen Ermessen des Registerrichters, ist er nun verpflichtet, die Eintragung zu unterlassen. Diese darf er erst wieder vornehmen, wenn die Gesellschaft die Freigabe des Registers im Unbedenklichkeitsverfahren erwirkt. Die Entscheidung in diesem Verfahren trifft das Prozeßgericht mit einem durch tatbestandliche Vorgaben eingeschränkten, aber immer noch weiten[451] Beurteilungsspielraum. Dies führt jedoch zu einer Umkehr der Beweislast. Die einzugliedernde oder den Squeeze-out durchführende Gesellschaft muß die Freigabe gesondert beantragen. Abgesehen von den Fällen der Unzulässigkeit oder der offensichtlichen Unbegründetheit[452] der Nichtigkeits- oder Anfechtungsklage hat die Gesellschaft darzulegen bzw. glaubhaft zu machen, warum mit der Verzögerung der Eintragung wesentliche Nachteile für die Gesellschafter und ihre Aktionäre eintreten werden.[453] Insofern räumt das deutsche Recht dem Minderheitenschutz ein größeres Gewicht ein und weist sich durch größere tatbestandliche Verfahrensstrenge aus.

In Deutschland wurde diese Rechtslage nicht immer ohne Kritik hingenommen. In den Diskussionen zur Reform des Umwandlungsrechts wurde 1993 teilwei-

---

[451] Vgl. MüKo-Grunewald, AktG, § 319 Rz. 39.

[452] Zu den zum anzulegenden Prüfungsmaßstab vertretenen Ansichten in Rechtsprechung und Schrifttum siehe Geibel/Süßmann-Grzimek, WpÜG, Art. 7 § 327 e Rz. 14, 15.

[453] LG Freiburg, AG 1998, 536, 537; Hüffer, AktG, § 319 Rz. 19; MüKo-Grunewald, AktG, § 319 Rz. 37.

se[454] eine Abschaffung der automatischen Registersperre bei fehlender Negativerklärung gefordert; stattdessen wurde empfohlen, eine Eintragungssperre nur auf vom Kläger beantragte Anordnung des als sachkundiger erscheinenden Prozeßgerichts hin zuzulassen, wobei der Kläger die hinreichende Aussicht seiner Klage auf Erfolg auf Grundlage eines unstreitigen Sachverhalts sowie das Fehlen von Mutwilligkeit bei der Klageerhebung nachweisen müsse. Mit diesem Vorschlag, der sich im Gesetzgebungsverfahren zum Umwandlungsgesetz 1994 nicht durchsetzen konnte, hätte sich das deutsche dem englischen Recht angenähert, dabei aber den Minderheitenschutz zugunsten einer effektiveren Mißbrauchssicherung empfindlich abgebaut.

Sollte eine Freigabe und Eintragung erfolgt sein und der Kläger dennoch mit seiner Anfechtungs- oder Nichtigkeitsklage Erfolg haben, dann verweist (§ 327 e Abs. 2 AktG i.V.m.) § 319 Abs. 6 S. 6 AktG den Kläger auf einen Schadensersatzanspruch gegen die Gesellschaft bzw. nach teilweise vertretener Ansicht[455] gegen den Hauptaktionär. Verschuldensunabhängig ist der auf die Eintragung zurückzuführende Schaden zu ersetzen.[456] Die Art und Weise der Ersatzleistung bestimmt sich nach den §§ 249 ff. BGB, so daß grundsätzlich Naturalrestitution als Rechtsfolge eintritt, also das Rückgängigmachen der Folgen der Übertragung bzw. die Beseitigung der Eintragungswirkung. Dem Kläger sind damit seine Mitgliedschaftsrechte zurückzugewähren, auch wenn dabei die Grundsätze der fehlerhaften Gesellschaft Anwendung finden und die Mitgliedschaftsrechte erst ab Aufhebung des Beschlusses zurückgewährt werden müssen.[457]

Im englischen Recht kann das der Klage stattgebende Gericht diejenigen Anordnungen treffen, die es für angemessen hält. Denkbar ist also das Rückgängigmachen der Übertragung beziehungsweise die Verpflichtung des Mehrheitsanteilseigners, die erhaltenen Anteile auf den erfolgreichen Kläger zurückzuübertragen. Sollte dies nicht mehr oder nur noch mit Schwierigkeiten möglich sein, ist mit einem Verweis auf einen Geldanspruch zu rechnen. Weder im englischen

---

454 DAV, WM 1993, Sonderbeil. Nr. 2 S. 11 f., Rz. 63; Hoffmann-Becking, in: IDW (Hrsg.), Reform des Umwandlungsrechts, 1993, S. 67.

455 So aufgrund der Parallele zur Antragsbefugnis gem. § 319 Abs. 6 S. 1 AktG und zu § 945 ZPO: Geibel/Süßmann-Grzimek, WpÜG, Art. 7 § 327 e AktG Rz. 20; Krieger, BB 2002, 53, 60.

456 MüKo-Grunewald, AktG, § 319 Rz. 43; Geibel/Süßmann-Grzimek, WpÜG, Art. 7 § 327 e AktG Rz. 19.

457 Krieger, BB 2002, 53, 60; Krieger, in: MünchHdb. AG, § 73 Rz. 25 m.w.N.; Hüffer, AktG, § 319 Rz. 21; MüKo-Grunewald, AktG, § 319 Rz. 6, 43; a.A. Geibel/Süßmann-Grzimek, WpÜG, Art. 7 § 327 e AktG Rz. 21, der die Naturalrestitution als unmöglich ansieht, da sich der Anspruch gegen die Gesellschaft richtet, diese jedoch die Mitgliedschaftsrechte nicht mehr verschaffen kann, da sie bereits auf den Hauptaktionär übergegangen sind, so daß mit dieser Argumentation Bestandsschutz erreicht wird, wenn man nicht den Hauptaktionär als Anspruchsgegner ansehen würde.

noch im deutschen Recht bestehen jedoch Entscheidungen der Rechtsprechung zu dieser noch nicht ganz geklärten Frage des Rückgängigmachens eines Übertragungsbeschlusses.

Der zweite wichtige Unterschied im Vergleich zur Rechtslage bei internen Reorganisationen besteht in folgendem. Die Höhe der gewährten Abfindung kann bei den §§ 320 ff. und 327 a ff. AktG nur im sog. Spruchverfahren angegriffen werden, das keinerlei Einfluß auf die Eintragung der Eingliederung oder des Zwangsausschlusses der Minderheitsaktionäre hat. Im englischen Recht kann die Höhe der Abfindung oder der angebotenen Gegenleistung kaum erfolgreich im Klagewege angegriffen werden, so daß die Rechtsschutzmöglichkeiten stark begrenzt sind und es praktisch wie im deutschen Recht nie zu einer Sicherungsverfügung zugunsten eines klagenden Anteilseigners oder zur endgültigen Unwirksamkeit der Strukturmaßnahme kommen wird. Weder die Rechtsprechung noch das Schrifttum in England äußern sich nämlich zu der Frage einer Abfindungserhöhung oder einer Erhöhung des Übernahmeangebots bei einem „Scheme of Arrangement" gem. secs. 425 ff. CA 1985. Vielmehr geht man davon aus, daß ein Vergleichsplan, der mit der erforderlichen doppelt qualifizierten Mehrheit je Klasse angenommen wurde, nur in seltenen Ausnahmefällen als unfair oder unangemessen betrachtet werden könne.[458] Solche, eine Nachbesserung des Angebots rechtfertigenden Fälle wurden bisher nicht explizit benannt. In Anlehnung an die Rechtsprechung zu secs. 429 ff. CA 1985[459], dem eigentlichen englischen Squeeze-out-Verfahren, wird man allerdings davon ausgehen können, daß im Falle eines vorangegangenen Übernahmeangebots die Höhe der Abfindung derjenigen des Übernahmeangebots oder etwaiger Marktaufkäufe zu einem höheren Preis entsprechen muß und Verstöße gegen die Informationspflichten nach dem City Code zu einem wesentlichen Informationsmangel bei der das Angebot annehmenden Mehrheit führen können, die das einer Klage stattgebende Gericht zu einer nachträglichen Korrektur der Abfindung wegen Unangemessenheit oder gar zu einer Rücknahme der Genehmigung auch im Zusammenhang mit sec. 425 CA 1985 veranlassen könnten.

Die durch die Kombination von Registersperre und Unbedenklichkeitsverfahren sowie durch das Spruchverfahren eintretende Formalisierung im deutschen Recht ist im Ergebnis zu begrüßen. Die nach englischem Recht bestehende große Flexibilität des Gerichts gibt zwar die Möglichkeit einer größeren Einzelfallabstimmung. Die im deutschen Recht aber durchaus bestehenden Freiräume dürften zu ähnlichen Ergebnissen führen. Gleichzeitig wird aber eine größere Voraussehbarkeit von Entscheidungen gewährleistet.

---

[458] Siehe oben S. 143 ff.

[459] Siehe oben S. 235 ff.

Im englischen Recht wird darüber hinaus der Minderheitenschutz zugunsten des Bestandsschutzes zu stark verdrängt. Zwar bestehen so die in Deutschland durchaus vorhandenen und häufig ausgenutzten[460] Mißbrauchsmöglichkeiten der automatischen Registersperre durch sogenannte „räuberische Aktionäre" nicht. Im deutschen Recht wird dieser Nachteil aber in erträglicher Weise durch das Unbedenklichkeitsverfahren kompensiert, auch wenn der Gesellschaft damit die Beweislast aufgebürdet wird. Im Gegensatz zu internen Strukturänderungen sind einmal vollzogene Eingliederungen oder Squeeze-outs schwieriger rückgängig zu machen[461], so daß es nicht wünschenswert erscheint, bei der für interne Strukturänderungen bestehenden und von der Beweislast mit der Situation in England vergleichbaren Rechtslage zu verbleiben. Das deutsche Recht geht insoweit einen erträglichen, wenngleich immer noch Mißbrauchsmöglichkeiten ausgesetzten Mittelweg.

Ein weiterer Unterschied zwischen Anteilsübertragungen in England und Deutschland besteht darin, daß in Deutschland keine Stempelgebühr bzw. -steuer existiert. Es bedarf also nicht der relativ komplizierten Konstruktion eines „cancellation and reduction scheme" zur Steuervermeidung. Daher wird auf eine Untersuchung einer entsprechenden Vorgehensweise im deutschen Recht verzichtet.

Ein letzter Aspekt betrifft die Berichts- und Offenlegungspflichten. Besteht im deutschen Recht bei internen Strukturänderungen noch ein Defizit, wird dieses bei der Mehrheitseingliederung und beim Squeeze-out durch umfangreiche Berichts- und Informationspflichten kompensiert, die das durch sec. 426 CA 1985 erreichte Niveau weit übersteigen. Neben dem Entwurf des Übertragungsbeschlusses sind gem. §§ 320 Abs. 3, 4 und 327 c Abs. 2-4 AktG die Jahresabschlüsse und die Lageberichte der beteiligten Gesellschaften für die letzten drei Geschäftsjahre, ein Bericht des Vorstands bzw. beim Squeeze-out des Hauptaktionärs, in dem dieser die geplante Strukturmaßnahme umfassend rechtlich und wirtschaftlich erläutert und begründet, sowie vor allem ein von einem oder mehreren unabhängigen Prüfern zu erstellender Prüfungsbericht zur Einsicht auszulegen und auf Verlangen unverzüglich kostenlos zuzuschicken. Kann die Auslage der Jahresabschlüsse sowie der Bericht des Vorstands noch von sec. 426 CA 1985 gedeckt sein, garantiert das deutsche Recht eine unabhängige Sachverständigenkontrolle der Abfindung bzw. der Übertragungsgegenleistung, die wesentlich zum Schutz der Minderheitsaktionäre beiträgt. Im Sinne eines angemessenen Anlegerschutzes ist diese Rechtslage zu begrüßen. Das englische Recht kann hier nicht als Vorbild herangezogen werden.

---

[460] Vgl. Schmid, ZGR 1997, 493 ff.; Geibel/Süßmann-Grzimek, WpÜG, Art. 7 § 327 e AktG Rz. 11.

[461] Man denke etwa bei einem Squeeze-out an das häufig nachfolgende Delisting.

2. Anreize und Bedürfnisse für ein allgemeines Übertragungsbeschlußverfahren

Der Vergleich mit den begrenzten Aktienübertragungsbeschlußmöglichkeiten in Deutschland hat wesentliche systematische Unterschiede, aber auch Gemeinsamkeiten aufgezeigt. Dabei wurden zum Teil auch neue Schwächen des englischen Verfahrens aufgedeckt. Dennoch ist nicht zu vergessen, daß der „takeover“ in England zum wichtigsten Anwendungsfeld von Vergleichsplänen gem. secs. 425 ff. CA 1985 zählt und oftmals in der Praxis einem gewöhnlichen Übernahmeangebot mit individualvertraglicher Anteilsübertragung vorgezogen wird, sofern es sich um eine einverständliche Übernahme handelt. Unabhängig von den grundsätzlichen Schwierigkeiten einer Einführung im deutschen Recht ist daher zu fragen, ob nicht die Grundidee der Möglichkeit von allgemeinen Übertragungsbeschlüssen mit Majorisierungseffekt eine dem Normenumfeld angepaßte Einführung in das deutsche Rechtssystem nahelegt.

Wie die bisherige Darstellung gezeigt hat, sind Möglichkeiten der kollektiven Anteilsübertragung im deutschen Kapitalgesellschaftsrecht selten. Das dürfte darauf zurückzuführen sein, daß die Unternehmensübernahme durch öffentliche Übernahmeangebote zum Anteilskauf und/oder -tausch in Deutschland erst seit kurzem zum Standardrepertoire der Fusions- und Akquisitionstechniken zählt und ein Bedürfnis für kollektive Übertragungsbeschlüsse bisher nicht gespürt wurde. Spätestens seit Inkrafttreten des WpÜG zum 1. Januar 2002 und der Zunahme von (ggf. grenzüberschreitenden) Unternehmensübernahmen oder -zusammenschlüssen im Zeitalter der Globalisierung stellt sich aber die Frage nach dem Bedarf eines allgemeinen Übertragungsbeschlußverfahrens mit größerer Intensität.

Dabei ist die Übertragung der im englischen Recht bestehenden Vorteile einer Unternehmensübernahme durch Vergleichsplan im Verhältnis zum normalen „takeover bid“ auf das deutsche Recht weitgehend möglich, obwohl ein wichtiger Anreiz für ein „Scheme of Arrangement“ bei einer Unternehmensübernahme (glücklicherweise) in Deutschland leerläuft. Mangels Stempelsteuer für Wertpapierübertragungen besteht kein Bedarf zur Suche nach Vermeidungsstrategien, zu denen in England vor allem das „cancellation and reduction scheme“ zählt.

a) Verfahrensvereinfachung und -verdichtung

Da englische Übernahmevergleichspläne soweit ersichtlich nur Vollangebote zum 100 %igen Erwerb verwirklichen und auch bei den meisten Übernahmen in Deutschland - abgesehen von der Verpflichtung nach § 32 WpÜG - zur Erleichterung späterer Umstrukturierungen oder zur Herbeiführung eines Delistings ein

Erwerb einer 100 %igen Beteiligung angestrebt wird, bestünde entsprechend im Hinblick auf die inhaltliche Begrenzung von Übertragungsbeschlüssen auch nur ein Bedürfnis, eine Übertragung aller Anteile zu ermöglichen. Bei börsennotierten Aktiengesellschaften würde dann die Möglichkeit eines mit qualifizierter Mehrheit zu fassenden Übertragungsbeschlusses der vom Bieter verschiedenen Aktionäre dazu führen, daß ein direkter Erwerb von 100 % der Aktien möglich wäre, ohne daß ein Übernahmeangebot nach dem WpÜG und ein anschließender Zwangsausschluß gem. §§ 327 a ff. AktG durchgeführt werden müßten. Aber auch bei nicht börsennotierten Kapitalgesellschaften, bei denen das WpÜG keine Anwendung findet, bestünde so die Möglichkeit einer unkomplizierteren 100 %igen Übernahme. Ist der Bieter eine Aktiengesellschaft, hätte ein allgemeines Übertragungsbeschlußverfahren des weiteren eine Vereinfachung der Konzernierung zur Folge, da die Zielgesellschaft direkt zu einer 100 %igen Tochtergesellschaft würde und die Kombination aus Übernahmeangebot und Mehrheitseingliederung gem. §§ 320 ff. AktG zusammengefaßt werden könnte. Alternativ kann eine Bietergesellschaft nach einem Übernahmeangebot, das ihr eine Mehrheit von 75 % über die Zielgesellschaft eingebracht hat, die Zielgesellschaft auch auf sich selbst verschmelzen oder zur eventuellen Verringerung eines kostenträchtigen Nachbesserungsrisikos selbst auf die Zielgesellschaft verschmolzen werden. Wiederum handelt es sich bei diesen Möglichkeiten um relativ komplizierte, zweistufige Vorgänge.

Ein allgemeines Übertragungsverfahren würde wegen der geringeren Komplexität eine Kombination eines Übernahmeangebots mit den aufgezeigten anderen Verfahren unattraktiv werden lassen.

Gleichzeitig könnten entsprechende Schutzmechanismen für überstimmte Aktionäre, die ein ähnliches Niveau wie bei den §§ 320 ff., 327 a ff. AktG oder bei der Verschmelzung nach UmwG gewährleisten, schon in das Übertragungsverfahren integriert werden. Dies hätte neben der Verfahrensvereinfachung auch eine Verfahrensverdichtung zur Folge. Zugegeben sei, daß wie bei einer alleinigen Verschmelzung das Nachbesserungsrisiko prohibitiv hoch ausfallen würde, wenn man die zu leistende Nachbesserung aus Gründen der Gleichbehandlung bei einem erfolgreichen Spruchverfahren auf alle Aktionäre erstrecken würde, wie das grundsätzlich gem. § 13 SpruchG der Fall wäre. Zur Begrenzung des Nachbesserungsrisikos sollte bei einem Übertragungsbeschlußverfahren de lege ferenda bestimmt werden, daß die Nachbesserungsleistung nur an die dissentierenden Aktionäre gewährt werden müßte. Diese Ungleichbehandlung wäre durch die Parallele zur Kombination aus Übernahmeangebot und Mehrheitseingliederung bzw. Squeeze-out gerechtfertigt. Dort können auch nur die nach Ablauf des Übernahmeangebots verbleibenden Aktionäre von einem gegen die Eingliederungs- oder Ausschlußabfindungshöhe gerichteten Spruchverfahren profitieren.

Die Möglichkeit eines allgemeinen Übertragungsbeschlusses wäre außerdem im Hinblick auf einen „Merger of Equals“ wünschenswert, bei dem eine Zusammenführung der beiden Fusionspartner in einer gemeinsamen NewCo. angestrebt wird[462], die zwei parallele Übernahmeangebote an die Aktionäre der fusionierenden Gesellschaften richtet. Mangels der Möglichkeit einer grenzüberschreitenden Verschmelzung nach UmwG ist diese Variante insbesondere bei internationalen Zusammenschlüssen wie der Daimler-Benz/Chrysler-Fusion anzutreffen, könnte sich aber wie in England auch in nationalen Sachverhalten etablieren.

Eine zu einem solchen Zweck eingesetzte NewCo. hat dieselben Möglichkeiten im Hinblick auf den Erwerb oder die Einbringung aller Aktien einer deutschen AG als Fusionspartner zur Auswahl wie eine normale Bietergesellschaft, nämlich die genannten Kombinationen aus einem Übernahmeangebot gepaart mit einer anschließenden Mehrheitseingliederung gem. §§ 320 ff. AktG, einem Squeeze-out gem. §§ 327 a ff. AktG oder einer Verschmelzung, sofern es sich um eine deutsche NewCo. handelt und die deutsche somit als leitende Rechtsordnung gewählt wurde.[463] Die Zusammenführung unter einer deutschen NewCo. kann zwar auch durch eine direkte Verschmelzung einer deutschen AG auf NewCo. erreicht werden. Diese Variante ist jedoch äußerst unattraktiv, da bei einer direkten Verschmelzung ein erhebliches und gegebenenfalls sehr kostenträchtiges Nachbesserungsrisiko besteht. So wurde auch im Fall Daimler-Benz/Chrysler der Weg eines Übernahmeangebots an die Daimler-Benz-Aktionäre mit einer anschließenden Verschmelzung der Daimler-Benz AG auf die deutsche NewCo. gewählt, wobei die Annahme des Übernahmeangebots mit einem Verzicht auf ein Spruchverfahren bei der anschließenden Verschmelzung auf NewCo. verbunden war.[464]

Insgesamt würde die Einführung eines Übertragungsbeschlußverfahrens einen Beitrag zur Stärkung des Wirtschaftsstandortes Deutschland leisten, indem die Umstrukturierungsmöglichkeiten deutscher Gesellschaften erweitert würden und bei grenzüberschreitenden Unternehmenszusammenschlüssen in einer gemeinsamen NewCo. die deutsche Rechtsordnung als leitende Rechtsordnung[465], in der sich der NewCo.-Sitz befindet, an Attraktivität gewinnen würde, ohne sich auf eine Absenkung des grundrechtlich abgesicherten Anteilseignerschutzniveaus und damit auf ein sogenanntes „race to the bottom“ einlassen zu müssen.

---

[462] Vgl. speziell Decher, FS Lutter, S. 1209, 1214 ff.; allgemein zu den Möglichkeiten zur Errichtung einer Holding: Kraft, in: Lutter (Hrsg.), Holding-Handbuch, 3. Aufl. 1998, Rz. B 65 ff.

[463] Vgl. ausführlich zu den einzelnen Gestaltungsmöglichkeiten Decher, FS Lutter, S. 1209, 1211 ff.

[464] Decher, FS Lutter, S. 1209, 1218.

[465] Vgl. zu weiteren ausschlaggebenden Gründen bei der Wahl der leitenden Rechtsordnung: Decher, FS Lutter, S. 1209, 1210 f.

b) Verfahrensbeschleunigung

Eng mit dem Aspekt der Verfahrensvereinfachung und -verdichtung verbunden ist der Vorteil der Verfahrensbeschleunigung. Für den erfolgreichen Abschluß einer Übernahme nach dem WpÜG werden mindestens ungefähr zwei Monate ab Bekanntgabe der Entscheidung zur Abgabe eines Übernahmeangebots gem. § 10 WpÜG verstreichen.[466] Voraussetzung für ein solch zügiges Vorgehen ist das schnelle Einreichen einer Angebotsunterlage nach dieser Ankündigung, das Setzen der minimalen Annahmefrist von vier Wochen gem. § 16 Abs. 1 S. 1 WpÜG sowie ein schnelles Settlement, das durch die aufgrund der sog. „Zaunkönigregelung" gem. § 16 Abs. 2 WpÜG bestehende zweiwöchige weitere Annahmefrist für die bisher verkaufs- oder tauschunwilligen Aktionäre verlängert wird.

Das anschließende Squeeze-out-Verfahren gem. §§ 327 a ff. AktG (oder alternativ das Mehrheitseingliederungs- oder Verschmelzungsverfahren) nimmt eine nur wenig geringere Mindestzeitspanne bis zur Eintragung des Übertragungsbeschlusses ins Handelsregister in Anspruch. Zunächst ist nämlich die Monatsfrist zwischen Einberufung und Beginn der auf Verlangen des Hauptaktionärs einzuberufenden Hauptversammlung gem. § 123 Abs. 1 AktG zu beachten. Ab Einberufung muß außerdem ein Bericht des Hauptaktionärs und ein unabhängiger Prüfungsbericht zur Einsicht ausgelegt werden. Die Fertigstellung dieser Berichte nimmt ebenfalls Zeit in Anspruch. Gleiches gilt für die Spanne zwischen Handelsregisteranmeldung und tatsächlicher Eintragung durch den Registerrichter nach pflichtgemäßer Prüfung der Eintragungsvoraussetzungen.

Im selten eintretenden Idealfall ist also mit einer Gesamtzeitspanne von knapp unter vier Monaten zu rechnen. Bei etwaigen Komplikationen oder einem aus taktischen Gründen eventuell gebotenen behutsameren Vorgehen vergrößert sich der Zeitraum schnell auf sechs Monate oder mehr.

Die Inkorporation eines allgemeinen Übertragungsbeschlußverfahrens in das Aktiengesetz würde zu einer wesentlich schnelleren Beschlußfassung führen, die der Dauer einer Verschmelzung, Mehrheitseingliederung oder eines Squeeze-out entsprechen könnte.

Sollte es sich bei der Zielgesellschaft um eine börsennotierte Aktiengesellschaft handeln und das WpÜG daher Anwendung finden, dann wäre es geboten, eine Verzahnung der aktiengesetzlichen Vorgaben und des WpÜG herbeizuführen. Dabei könnte eine angemessene Information und Überlegungsfrist der Anleger dadurch gewährleistet werden, daß nach der pflichtgemäßen Bekanntgabe der festen Absicht einer einverständlichen Übernahme keine Veröffentlichung einer Angebotsunterlage durch den Bieter zu erfolgen hätte, sondern der Vorstand der

[466] Vgl. KK-Hasselbach, WpÜG, § 327 a AktG Rz. 63 mit Zeitplan und Verfahrensübersicht.

Zielgesellschaft eine Versammlung der freien Aktionäre einberufen müßte, also derjenigen Personen, die vom Angebot erfaßte Aktien halten. Mit dieser Einladung müßte dann mit Einverständnis des Bieters eine Übertragungsbeschlußvorlage und ein Vorstandsbericht veröffentlicht werden. Beide müßten auch den Bieter binden und insgesamt den Anforderungen an eine Angebotsunterlage gem. § 11 WpÜG entsprechen und vorher an das Bundesaufsichtsamt gem. § 14 WpÜG weitergeleitet worden sein. Als Mindestzeitraum zwischen Einberufung und Versammlungstermin könnte die aktienrechtliche Mindestfrist von einem Monat gem. § 123 AktG gelten, die die vierwöchige Mindestangebotslaufzeit gem. § 16 Abs. 1 WpÜG sogar leicht übersteigt und so eine angemessene Überlegungsfrist aus Gründen des Dispositionsschutzes gewähren würde.

Da auch im deutschen Recht die Möglichkeit eines Übertragungsbeschlusses auf Fälle einverständlicher Übernahmen, also solcher mit Zustimmung des Vorstands der Zielgesellschaft, wie im englischen Recht beschränkt werden sollte, ist es auch nicht notwendig, dem die Übertragungsbeschlußversammlung(en) einberufenden Vorstand die Möglichkeit der Verlängerung der Angebotsfrist auf zehn Wochen durch Einberufung einer Abwehrmaßnahmen beschließenden Hauptversammlung gem. § 16 Abs. 3 WpÜG zu ermöglichen. Eine Einschränkung des Rechts der Minderheitsaktionäre gem. § 122 Abs. 1 AktG auf Einberufung einer Hauptversammlung im Sinne von § 16 Abs. 3 WpÜG ist hinzunehmen, da sie ihren Interessen hinreichend bei der oder den Übertragungsbeschlußversammlungen Geltung verschaffen können. Bei einer so erfolgenden Regelung des zeitlichen Rahmens des WpÜG blieben dessen Vorgaben zur Bekanntgabe der Entscheidung zur Übernahme (§ 10 WpÜG), der Frist bis zum Einreichen einer Angebotsunterlage, die durch die Beschlußvorlage und den mit Zustimmung des Bieters erstellten Vorstandsbericht ersetzt würde, beim Bundesaufsichtsamt (§ 14 Abs. 1 WpÜG) und die Zehntagesfrist bis zur Veröffentlichung (§ 14 Abs. 2 1 WpÜG), die durch die Versammlungseinberufung ersetzt würde, unberührt.

Insgesamt könnte die Mindestdauer eines 100 %igen Erwerbs bei einverständlichen Übernahmen auf ungefähr zwei bis drei Monate verkürzt werden. Da dieser Mindestzeitraum ungefähr demjenigen eines normalen Übernahmeangebots nach WpÜG entspräche, trüge auch der im englischen Recht vorgebrachte Einwand, daß es bei einem „Scheme of Arrangement" zu einem wesentlich langsameren Erwerb einer Kontrollmehrheit von 30 % zugunsten eines schnelleren Erwerbs aller Anteile komme, im deutschen Recht nur bedingt. Durch das relativ schnelle Fassen eines Übertragungsbeschlusses würde außerdem schon nach kurzer Zeit Klarheit darüber bestehen, ob die Übernahme tatsächlich vollständig gelungen oder fehlgeschlagen ist.

Angesichts des auch in Deutschland regelmäßig bestehenden Anstrebens einer 100 %igen Übernahme würde die Möglichkeit eines zeitschonenden Übertragungsbeschlusses den Bedürfnissen der Praxis gerecht. Aus gesamtwirtschaftlicher Sicht würden so die rechtlichen Rahmenbedingungen in Deutschland verbessert, indem Gesellschaften angesichts des steigenden wirtschaftlichen Drucks schneller auf Veränderungen von Markt und Wettbewerb reagieren könnten.

c) Bindung unbekannter oder nicht erreichbarer Aktionäre

Genauso wie im englischen Recht würde der Majorisierungseffekt im deutschen Recht dazu führen, daß Aktionäre, die durch ein öffentliches Übernahmeangebot nicht erreicht werden könnten, dennoch von der Übernahme erfaßt würden. Denn auch in Deutschland existieren Fälle, in denen der Erwerb von Aktien allein deswegen scheitern kann, weil Minderheitsaktionäre nicht bekannt sind oder sogar selbst von ihrer Beteiligung an der Gesellschaft keine Kenntnis haben.[467] Das Vorhandensein von nicht erreichbaren Aktionären war daher auch ein Grund für die Einführung des Zwangsausschlußverfahrens gem. §§ 327 a ff. AktG.[468] Über die §§ 327 a ff. AktG hinaus kann ein allgemeines Übertragungsbeschlußverfahren die Umstrukturierungsflexibilität in Deutschland jedoch noch weiter stärken.

Im englischen Recht besteht zwar ein noch größeres Bedürfnis für die Möglichkeit einer Majorisierung unbekannter oder aus anderen Gründen nicht erreichbarer Anteilseigner, da der Zwangsausschluß gem. sec. 429 CA 1985 unabhängig von der Höhe des Bieterkapitalanteils vor Abgabe des Übernahmeangebots ist und nur an die Annahmequote durch die außenstehenden Anteilseigner gekoppelt ist. Jedoch wäre der Majorisierungseffekt auch in Deutschland hilfreich, da beispielsweise bei einer Grundkapitalquote von 2 %, die von nicht erreichbaren Anteilseignern gehalten wird, bereits eine Weigerung zur Annahme eines Übernahmeangebots durch Anteilseigner, die nur wenig mehr als 3 % des Grundkapitals halten, ein Erreichen eines Grundkapitalanteils von 95 % verhindern würde, der notwendig wäre, um anschließend einen Zwangsausschluß gem. §§ 327 a ff. AktG oder eine Mehrheitseingliederung gem. §§ 320 ff. AktG durchzuführen.

d) Vorteile im Umgang mit US-amerikanischen Aktionären

Aus dem englischen Recht übertragbar sind bei entsprechender Gestaltung eines Übertragungsbeschlußverfahrens auch die Vorteile im Umgang mit US-amerikanischen Aktionären einer deutschen Zielgesellschaft. Zwar bestimmt § 24 WpÜG, daß bei grenzüberschreitenden Angeboten, bei denen der Bieter zugleich die Vorschriften eines anderen Staates außerhalb des Europäischen Wirtschafts-

[467] Geibel/Süßmann-Grzimek, WpÜG, Art. 7 § 327 a AktG Rz. 2.
[468] Geibel/Süßmann-Grzimek, WpÜG, Art. 7 § 327 a AktG Rz. 2.

raums einhalten muß und daher dem Bieter ein Angebot an alle Aktionäre unzumutbar ist, das Bundesaufsichtsamt die in diesem Staat ansässigen Wertpapierinhaber vom Angebot ausnehmen kann. Da in den Vereinigten Staaten grenzüberschreitende Übernahmeangebote unabhängig von der Art der Gegenleistung als dem amerikanischen Kapitalmarktrecht unterfallende öffentliche Angebote angesehen werden, wenn sich das Angebot an in den Vereinigten Staaten ansässige Aktionäre richtet, die insgesamt eine mindestens 10 %ige Beteiligung an der ausländischen Zielgesellschaft halten[469], ist eine Erstreckung eines Übernahmeangebots auf diese Aktionäre auch regelmäßig unzumutbar i.S.v. § 24 WpÜG. Denn das US-amerikanische Kapitalmarktrecht würde ansonsten die Erstellung einer prospektähnlichen Unterlage fordern, die zusätzlich zur deutschen Angebotsunterlage erstellt werden müßte und von dieser in nicht unerheblicher Weise abweichen würde[470]. Sowohl die Angebotsunterlage als auch die nach US-amerikanischem Kapitalmarktrecht erstellte Unterlage würden von der SEC geprüft.

Da der Bieter außerdem meist nicht über die Informationen verfügt, um nachzuweisen, daß die US-amerikanischen Aktionäre weniger als 10 % der Aktien der deutschen Zielgesellschaft ausmachen, wird ihm auch bei einer tatsächlich kleineren Beteiligung keine dann eigentlich mögliche Freistellung von den US-amerikanischen Kapitalmarktvorschriften durch die SEC erteilt werden. Bei Übernahmeangeboten wird also in diesen Fällen in Deutschland regelmäßig eine Befreiung gem. § 24 WpÜG beantragt und erteilt werden. Zwar wirkt sich dann die Ungleichbehandlung US-amerikanischer Aktionäre, die durch die paternalistische amerikanische Gesetzgebung ausgelöst wird, nicht unbedingt zum Vorteil dieser Aktionäre aus.[471] Gerade bei einer hohen Zahl US-amerikanischer Aktionäre kann sich diese Ungleichbehandlung jedoch auch als Nachteil für den Bieter darstellen, wenn die nach einem erfolgreichen Angebot erworbenen und gehaltenen Aktien nicht zu einem Ausschlußverfahren gem. §§ 327 a ff. AktG oder einer Mehrheitseingliederung gem. §§ 320 ff. AktG ausreichen.

Sofern ein Übertragungsbeschlußverfahren in das deutsche Recht eingeführt würde, das wie das englische Vergleichsplanverfahren die Voraussetzungen von sec. 3 (a)(10) Securities Act 1933 der Vereinigten Staaten von Amerika erfüllt, könnten Übernahmeangebote auch ohne Einhaltung der US-amerikanischen Ka-

[469] Vgl. SEC Final Rule v. 26. 10. 1999: Cross-Border Tender and Exchange Offers, Business Combinations and Rights Offerings, http:/www.sec.gov/rules/final/33-7759.htm; dazu näher: Geibel/Süßmann-Süßmann, WpÜG, § 24 Rz. 29; von Hein, AG 2001, 213, 224 f.; Schneider, AG 2001, 269, 276 f. m.w.N.

[470] Geibel/Süßmann-Süßmann, WpÜG, § 24 Rz. 16.

[471] Ausführlich dazu: von Hein, AG 2001, 213, 224 f. m.w.N. Dieser Umstand führte im übrigen zu einer Lockerung der früheren, von der SEC vertretenen Haltung, daß die Geltung US-amerikanischen Kapitalmarktrechts unabhängig von der Beteiligungshöhe US-amerikanischer Anteilseigner sei.

pitalmarktvorschriften abgegeben werden. Das deutsche Verfahren hätte also eine gerichtliche Überprüfung der Emissions- und Tauschbedingungen auf ihre Fairneß hin zu beinhalten. Vor einer Genehmigung müßte das Gericht auf seine Rolle im Hinblick auf sec. 3 (a)(10) Securities Act 1933 aufmerksam gemacht werden. Außerdem wäre gesetzlich zu regeln, daß allen Personen, denen die Emission als Tauschgegenleistung für ihre bisher gehaltenen Wertpapiere angeboten wird, vor der Genehmigung die Gelegenheit zur Stellungnahme durch Einladung zu einem Anhörungstermin gegeben wird.

Gerade im Hinblick auf die US-amerikanische Gesetzeslage wäre eine stärkere Verzahnung eines gerichtlichen und eines kapitalmarktaufsichtsrechtlichen Verfahrens notwendig, die dem Gericht die Letztentscheidungsbefugnis durch eine volle Beschlußkontrolle zugesteht, die auch den Inhalt der Beschlußunterlagen erneut umfassen würde. Nach dem englischen Vorbild würde eine solche Regelung im Anwendungsbereich des WpÜG zu einer Rollenverteilung wie in England entsprechend der Metapher von Schieds- und Linienrichter führen.

Alternativ spricht sec. 3 (a)(10) Securities Act 1933 zwar auch von einer aufsichtsbehördlichen Genehmigung der Übernahmebedingungen. Da das Bundesaufsichtsamt die Aktionäre der Zielgesellschaft jedoch nicht zu einem Anhörungstermin einlädt und ihnen keine Gelegenheit zur Stellungnahme gibt, reicht die tatsächliche oder fiktive Gestattung gem. § 14 WpÜG nicht aus. Daher wäre es sinnvoll, nur die vorgeschlagene nachträgliche gerichtliche Beschlußkontrolle einzuführen, die entgegen dem deutschen zweispurigen System der Aufgabenteilung zwischen Register- und das Prozeßgericht eine obligatorische Kontrolle durch das Landgericht am Sitz der Zielgesellschaft nach sich ziehen könnte. Vor Bekanntgabe der Entscheidung zur Genehmigung der Übernahme könnte ein Anhörungstermin anberaumt werden, bei dem allen vom Angebot erfaßten Aktionären Gelegenheit zur Stellungnahme gegeben wird. Außerdem sollte das Gericht sowohl die Beschlußunterlagen als auch die Beschlußfassung(en) in materieller wie formeller Hinsicht überprüfen. Die Genehmigung der Übernahme wäre dem Registergericht mitzuteilen, das erst danach die Eintragungsvoraussetzungen zu prüfen und die Eintragung vorzunehmen hätte.

Zugestanden sei, daß diese oder eine ähnliche den US-amerikanischen Vorgaben zupaß kommende Konstruktion dem deutschen Recht fremd wäre. Aus „Vereinfachungsgründen" sollte daher grundsätzlich beim üblichen System der Aufgabenteilung zwischen Register- und Prozeßgericht geblieben werden, das entsprechend dem schon beim Squeeze-out verwandten Regelungsmodell mit Registersperre und Freigabeverfahren funktionieren würde. Zusätzlich sollte aber für börsennotierte Gesellschaften die Alternative eines Verfahrens unter gerichtlicher Aufsicht eröffnet werden, das die Anforderungen des US-amerikanischen Befreiungstatbestandes gem. sec. 3 (a)(10) Securities Act 1933 erfüllen würde.

e) Flexiblere Handhabung von Aktienbezugsrechten

Der Vorteil einer flexibleren Handhabung von Anteilsbezugsprogrammen im Vergleich zum „takeover bid“ ergibt sich aufgrund der Unterschiede des deutschen zum regulären englischen Squeeze-out-Verfahren im deutschen Recht in abgeschwächter Form, da das deutsche Verfahren von einer Erfolgsquote in bezug auf diejenigen Anteile, auf die sich das Angebot erstreckt hat, unabhängig ist. Dennoch kann die Ausübung von Aktienbezugsrechten (Optionen, Wandelschuldverschreibungen) nach Abschluß der Übernahme auch in Deutschland deren Erfolg derart verwässern, daß anschließend eine Durchführung des Ausschlußverfahrens gem. §§ 327 a ff. AktG gar nicht mehr möglich ist.[472] Zwar wird ganz überwiegend[473] angenommen, daß zum Zeitpunkt des Verlangens des Hauptaktionärs gem. § 327 b Abs. 1 S. 2 AktG noch nicht ausgeübte Bezugsrechte bei der Berechnung der Beteiligungsschwelle von 95 % des Grundkapitals nicht zu berücksichtigen sind, so daß das Vorhandensein einer hohen Anzahl von Bezugsrechten einen Antrag gem. § 327 b Abs. 1 S. 2 AktG nicht grundsätzlich ausschließt. Wesentlich umstrittener ist hingegen die Frage, welche rechtlichen Auswirkungen der Squeeze-out auf zu diesem Zeitpunkt vorhandene Aktienbezugsrechte hat. Es wird dabei im deutschen Schrifttum zum Teil[474] in Anlehnung an die zur Mehrheitseingliederung ergangene „Siemens/Nixdorf“-Entscheidung des BGH[475] vorgeschlagen, die §§ 327 a ff. AktG entsprechend auch auf Aktienbezugsrechte anzuwenden und daher einen Zwangsausschluß der Bezugsrechtsinhaber gegen Gewährung eines Abfindungsanspruchs gegen die Gesellschaft anzunehmen, jedenfalls wenn die Aktienbezugsrechte sich auf nicht mehr als 5 % des

[472] Vgl. Ph. Baums, WM 2001, 1843, 1848.

[473] Wilsing/Kruse, ZIP 2002, 1465, 1466; Grunewald, ZIP 2002, 18, 18; Krieger, BB 2002, 53, 61; Ehricke/Roth, DStR 2001, 1120, 1122; Ph. Baums, Ausschluß von Minderheitsaktionären, 2001, S. 152 ff.; Gesmann-Nuissl, WM 2002, 1205, 1206 f.; Geibel/Süßmann-Grzimek, WpÜG, Art. 7 § 327 e AktG Rz. 32; DAV-Handelsrechtsausschuß, Stellungnahme zum RefE des WpÜG, NZG 2001, 420, 431; wohl auch Steinmeyer/Häger, WpÜG, § 327 a AktG Rz. 24; a.A. aus Minderheitenschutzgründen KK-Hasselbach, WpÜG, § 327 a AktG Rz. 34, § 327 e AktG Rz. 21 ff.; Sieger/Hasselbach, ZGR 2002, 120, 137, 158.

[474] Geibel/Süßmann-Grzimek, WpÜG, Art. 7 § 327 e AktG Rz. 31 f.; Krieger, BB 2002, 53, 61; Wilsing/Kruse, ZIP 2002, 1465, 1467 ff.; DAV-Handelsrechtsausschuß, Stellungnahme zum RefE des WpÜG, NZG 2001, 420, 431; Ehricke/Roth, DStR 2001, 1120, 1122 und Halm, NZG 2000, 1162, 1165 ohne Differenzierung nach der Menge der ausgegebenen Bezugsrechte; ausdrücklich für eine analoge Anwendung auch bei Überschreiten der 5 %-Grenze; Vossius, ZIP 2002, 511, 513.

[475] BGH, ZIP 1998, 560 f.

Grundkapitals bezögen. Die Gegenmeinung[476] weist auf die regelmäßig größeren Rückabwicklungsschwierigkeiten und -kosten bei einer Mehrheitseingliederung im Vergleich zum Squeeze-out hin, die bei der Mehrheitseingliederung die Erstreckung des Ausschlusses auf Optionsrechte und Wandelschuldverschreibungen rechtfertigen würden, nicht jedoch beim Squeeze-out. Vielmehr könne der Mehrheitsaktionär nach Ausübung und Bedienung der Bezugsrechte erneut vom Verfahren gem. §§ 327 a ff. AktG zum Ausschluß der „neuen" Minderheitsaktionäre Gebrauch machen. Diese zweite Lösung läuft jedoch dann leer, wenn die Bezugsrechte mehr als 5 % am Grundkapital ausmachen und zeitnah ausgeübt werden. In einem solchen Fall hilft dem Mehrheitsaktionär nämlich nicht einmal die mehrfache Anwendung des Ausschlußverfahrens gem. §§ 327 a ff. AktG.

Gleich wie sich im deutschen Recht der Streit um die Anwendung der §§ 327 a ff. AktG auf Aktienbezugsrechte entwickeln und von der Rechtsprechung entschieden wird, könnte ein allgemeines Übertragungsbeschlußverfahren flexible Lösungen mit Bezugsrechtsinhabern ermöglichen. Zwar gewährt deren bedingtes Bezugsrecht noch kein aktienrechtliches Mitgliedschaftsrecht. Vielmehr stehen diese Personen der Gesellschaft wie Gläubiger gegenüber. Ein fiktives deutsches Übertragungsbeschlußverfahren könnte aber ohne Ausdehnung auf alle Gläubiger eine Erstreckung auf Inhaber bedingter Aktienbezugsrechte zulassen oder zumindest Minderheiten bindende Vergleiche mit ihnen zur Abänderung des Aktienoptionsprogramms oder der Wandelschuldverschreibungsbedingungen ermöglichen. Bisher ist eine Vereinbarung mit den Inhabern derartiger Rechte zu einer Abänderung oder Aufhebung der zugrunde liegenden Vereinbarungen notwendig, die einstimmig bzw. mit individueller Zustimmung erfolgen muß[477], wenn das Aktienoptionsprogramm oder die Wandelschuldverschreibungsbedingungen keine Mehrheitsklauseln zur Abänderung oder Aufhebung enthalten. Genauso wie bei normalen Aktionären sollte zum Schutz der überstimmten Minderheit eine Verpflichtung zu einer angemessenen Abfindung oder Gegenleistung für die Abänderung oder Aufhebung gesetzlich verankert werden. Zwar ermöglicht § 2 Abs. 2 Nr. 2 WpÜG ähnlich wie der City Code[478] bereits die Erstreckung eines Übernahmeangebots auch auf Wertpapiere, die den Erwerb von Aktien, mit diesen

---

[476] Ph. Baums, Ausschluß von Minderheitsaktionären, S. 156 ff.; ders., WM 2001, 1843, 1848 f.; Steinmeyer/Häger, WpÜG, § 327 a AktG Rz. 33; i.E. auch Schüppen, Wpg. 2001, 958, 975 f.; nach Verhältnisgröße zum Grundkapital differenzierend: Grunewald, ZIP 2002, 18, 18.

[477] Vgl. Wilsing/Kruse, ZIP 2002, 1465, 1465.

[478] Anders als nach Rule 15 City Code muß ein Übernahme- oder Pflichtangebot nicht auf Bezugs- und Wandlungsrechte erstreckt werden; die Verpflichtung zur Abgabe eines Vollangebots erstreckt sich gem. (§ 39 i.V.m.) § 32 WpÜG nur auf bereits existente Aktien i.S.v. § 2 Abs. 2 Nr. 1 WpÜG, vgl. Haarmann/Riehmer/Schüppen-Schüppen, WpÜG, § 2 Rz. 24; KK-Versteegen, WpÜG, § 2 Rz. 90.

vergleichbaren Wertpapieren oder Zertifikaten, die Aktien vertreten, zum Gegenstand haben. Es ist damit in beiden Rechtsordnungen durchaus möglich, Wandelschuldverschreibungen, Optionsscheine etc.[479] mittels eines angemessenen Bar- oder Tauschangebots zu erwerben. Ein Minderheiten bindender Erwerb oder eine majorisierende Änderung der diesen Wertpapieren zugrunde liegenden Bedingungen ist jedoch in Deutschland nicht möglich.

f) Anwendungsbereich

Es stellt sich bei einem allgemeinen Übertragungsbeschlußverfahren die grundsätzliche Frage, bei welchen Gesellschaften oder Gesellschaftsformen tatsächlich ein Bedürfnis für ein solches Verfahren besteht. Da Übernahmeangebote in Deutschland bisher ganz überwiegend auf börsennotierte Aktiengesellschaften beschränkt blieben und ein wichtiger Aspekt der Einführung eines Übertragungsbeschlußverfahrens die Vereinfachung einer einverständlichen Übernahme gegenüber dem üblichen Verfahren eines Übernahmeangebots mit anschließendem Squeeze-out ist, würde sich anbieten, den Anwendungsbereich auf börsennotierte Aktiengesellschaften und Kommanditgesellschaften auf Aktien zu beschränken und die Regelungen des Übertragungsbeschlußverfahrens in das WpÜG zu inkorporieren, was auch regelungstechnisch einfacher zu bewerkstelligen wäre.

Andererseits hat der Gesetzgeber sich bei der Einführung der Zwangsausschlußmöglichkeit für eine Erstreckung auf alle Aktiengesellschaften, also auch personalistisch organisierte mit einem geschlossenen Aktionärskreis, entschieden. Genauso findet das englische Vergleichsplanverfahren gem. secs. 425 ff. CA 1985 auf sämtliche „company"-Formen Anwendung. Im übrigen ist auch der englische Begriff des einem Squeeze-out vorhergehenden Übernahmeangebots gem. sec. 428 (1) CA 1985 unabhängig vom Begriff des Übernahmeangebots nach dem City Code, was als Indiz dafür verstanden werden kann, daß Übernahmeangebote nicht nur bei börsennotierten Gesellschaften eine Rolle spielen können.

Auch wenn in der Praxis der Hauptanwendungsbereich eines Übertragungsbeschlußverfahrens bei börsennotierten Gesellschaften liegen dürfte, sollte ein solches Rechtsinstitut sich auch auf alle anderen Aktiengesellschaften erstrecken, da sich auch bei ihnen dieselben Umstände ergeben können wie bei einer börsennotierten Gesellschaft - man denke insbesondere an Gesellschaften, deren Aktien im Freiverkehr gehandelt werden. Die im anglo-amerikanischen Rechtskreis vorherrschende Umstrukturierung durch Anteilsübertragung („share deal") zeigt, daß sich diese auch in Deutschland neben der bisher bedeutenderen Umstrukturierung

[479] Vgl. Haarmann/Riehmer/Schüppen-Schüppen, WpÜG, § 2 Rz. 20 ff.; Geibel/Süßmann Angerer, WpÜG, § 1 Rz. 32 f.; diff. KK-Versteegen, WpÜG, § 2 Rz. 91 f.

durch Vermögensübertragung („asset deal“) unabhängig vom kapitalmarktrechtlichen Bereich etablieren könnte.[480] Eine Erstreckung eines allgemeinen Übertragungsbeschlußverfahrens auf alle Aktiengesellschaften ist daher zu befürworten und würde zu einer weiteren Bereicherung der Umstrukturierungsmöglichkeiten beitragen.

Einer der Erstreckung auf „private companies“ in England entsprechenden Ausdehnung auf die GmbH steht jedoch entgegen, daß das Grundmodell des GmbH-Rechts der rein personalistisch organisierte Verband ist. Die im GmbHG verankerte Grundwertung eines gesteigerten Bestandsschutzes ist zu respektieren. Die Frage einer analogen Anwendung der Regelungen eines Übertragungsbeschlußverfahrens auf die GmbH sollte der zukünftigen Rechtsfortbildung überlassen werden.[481]

3. Schwierigkeiten eines allgemeinen Übertragungsbeschlußverfahrens

a) Höherer Verfahrens-, Beratungs-, Personal- und Kostenaufwand?

Dem weiterhin in England bestehenden Nachteil des höheren Verfahrens-, Beratungs-, Personal- und Kostenaufwands eines „Scheme of Arrangement“ könnte beim Entwurf eines Übertragungsbeschlußverfahrens aus dem Weg gegangen werden, indem man grundsätzlich beim im deutschen Kapitalgesellschaftsrecht üblichen Modell der Kontrolle durch Register- und Prozeßgericht bliebe. Aber auch eine nach den US-kapitalmarktrechtlichen Anforderungen von sec. 3 (a)(10) Securities Act 1933 gestaltete Verfahrensalternative für börsennotierte Gesellschaften müßte zwar eine obligatorische gerichtliche Beschlußkontrolle anstelle der nur bei Klageerhebung erfolgenden Kontrolle durch das Prozeßgericht beinhalten. Der dadurch bestehende Mehraufwand wäre aber begrenzt, wenn es nur zu einer nachträglichen Gerichtsbeteiligung kommen würde und nicht wie im englischen Recht zu einer umfassenden gerichtlichen Aufsicht.

Außerdem müßten bei einem Übertragungsbeschlußverfahren die aufgrund der Majorisierung zwingend zu verankernden Schutzmechanismen dem Niveau des Squeeze-out-Verfahrens oder anderer Umstrukturierungsvorgänge in etwa gleichkommen. Da dieses Niveau jedoch nicht verfassungsrechtlich zwingend überschritten werden müßte, ist auch mit keinem die Übernahmeangebots-Squeeze-out-Kombination übersteigendem Aufwand zu rechnen.

---

[480] Im Gegenzug bleibt äußerst zweifelhaft, ob im anglo-amerikanischen Rechtskreis die Umstrukturierung durch Vermögensübertragung an Bedeutung gewinnen wird.

[481] Vgl. zur parallelen Problematik zu den §§ 327 a ff. AktG: Angerer, BKR 2002, 260, 267; Grunewald, ZIP 2002, 18, 22; Krieger, BB 2002, 53, 62.

Kostspieliger dürfte nur das Abhalten der zur Übertragungsbeschlußfassung notwendigen Versammlung(en) ausfallen, da bei der im Zusammenhang mit einem Squeeze-out gem. §§ 327 a ff. AktG einzuberufenden Hauptversammlung zahlenmäßig nur noch wenige freie Aktionäre im Vergleich zur Situation bei den hier vorgeschlagenen Übertragungsbeschlußversammlungen vorhanden wären. Dieser Kostennachteil dürfte aber durch den Zeitgewinn und die prozedurale Verdichtung und Vereinfachung kompensiert werden.

b) Verringerte Verteidigungsmöglichkeiten bei einem konkurrierenden Angebot

Hinzunehmen sind bei einem Übertragungsbeschlußverfahren de lege ferenda die Bedenken im Hinblick auf die verringerten Verteidigungsmöglichkeiten gegen konkurrierende Angebote nach Einberufung der Übertragungsbeschlußversammlung(en). Es wäre ebenso in Deutschland Sache des Vorstands der Zielgesellschaft sowie des Bieters zu beurteilen, ob es vernünftig und lohnenswert ist, den Weg eines Übertragungsbeschlußverfahrens statt eines normalen Übernahmeangebots bei einer einverständlichen Übernahme zu gehen. Gleichzeitig wäre es sinnvoll, wenn der Vorstand der Zielgesellschaft im Einverständnis mit dem Bieter in die Lage versetzt werden würde, entsprechend den Möglichkeiten des Bieters gem. § 21 Abs. 1 WpÜG zur Aufstockung des Angebots die Übertragungsbeschlußvorlage zugunsten des Wertpapierinhabers abzuändern. Die Anwendung des in § 21 Abs. 5 WpÜG enthaltenen Rechtsgedankens hätte dann zur Folge, daß auch die Beschlußtermine um zwei Wochen verlegt werden müßten. Ohne dahingehende gesetzliche Regelung wäre bei der Verschiebung die Monatsfrist gem. § 123 AktG analog einzuhalten.[482]

Bei einem konkurrierenden Angebot könnte der Vorstand der Zielgesellschaft aufgrund seiner organschaftlichen Treuepflicht verpflichtet sein, die Übertragungsbeschlußversammlungen abzusagen, wenn die in dem konkurrierenden Angebot enthaltene Gegenleistung diejenige des bereits vorliegenden Angebots übersteigen sollte und der Bieter zu keiner Aufstockung bereit wäre.

c) Probleme mit den §§ 71 a, 71 d AktG bei NewCo.-Übernahmevarianten

Der im englischen Recht angeführte Vorteil einer Ausnahme des „Scheme of Arrangement“ vom Verbot der finanziellen Unterstützung gem. sec. 151 CA 1985 besteht im deutschen Recht mangels eines bisher existierenden Übertragungsbe-

[482] Vgl. BGHZ 100, 264, 266 zur Verschiebung einer GmbH-Gesellschafterversammlung; Hüffer, AktG, § 121 Rz. 18; KK-Zöllner, AktG, § 121 Rz. 40.

schlußverfahrens nicht. Genauso wie grundsätzlich auch im englischen Recht würden daher in Deutschland Hilfen der Zielgesellschaft zur Finanzierung des Übernahmeangebots durch eine NewCo. als Bietergesellschaft zu einem Verstoß gegen § 71 a AktG führen, der entsprechend dem englischen Vorbild[483] zur Nichtigkeit des die Hilfeleistung darstellenden Rechtsgeschäfts führen würde. Darüber hinaus stellt ein Erwerb von Aktien der Mutter durch eine NewCo.-Tochtergesellschaft oder einen für Rechnung der Gesellschaft handelnden Dritten, der eine NewCo. gründet oder eine Mantelgesellschaft bereitstellt und das von dieser abgegebene Übernahmeangebot unterstützt, grundsätzlich einen Verstoß gegen § 71 d S. 1, 2 AktG dar.[484]

Im Hinblick auf das durch die englische und internationale Fusionspraxis gestützte Bedürfnis einer flexiblen Fusionsmöglichkeit mittels Zusammenführung in einer gemeinsamen NewCo., die ein Übernahmeangebot an die Aktionäre beider Fusionspartner abgibt, sollte im Zusammenhang mit der Einführung eines deutschen Übertragungsbeschlußverfahrens eine sec. 153 (3)(e) CA 1985 entsprechende Ausnahme vom Verbot der finanziellen Unterstützung auch im deutschen Recht eingeführt werden, wenn es sich um voll einbezahlte Aktien handelt. So bescheinigen Stimmen im Schrifttum[485] dem deutschen Recht im Zusammenhang mit internationalen Fusionen einen deutlichen Flexibilisierungsbedarf, gerade auch im Hinblick auf § 71 d AktG.

4. Verfassungsrechtliche Bedenken

a) Art. 14 GG

Die gesellschaftsrechtliche Mitgliedschaft stellt eine grundgesetzlich durch Art. 14 Abs. 1 GG geschützte Rechtsposition dar. Daher muß jede gesetzliche Bestimmung, die den privatrechtlichen Entzug der Mitgliedschaft aufgrund einer Majorisierung erlaubt, als Inhalts- und Schrankenbestimmung i.S.v. Art. 14 Abs.

---

483 Vgl. zu den europarechtlichen Ursprüngen dieser Regelung und dem maßgeblichen britischen Einfluß auf die europäische Richtliniengebung Singhof, NZG 2002, 745, 745 f.; KK-Lutter, AktG, § 71 a Rz. 1 m.w.N.; ausführlich Schroeder, Finanzielle Unterstützung des Aktienerwerbs, 1995.

484 Vgl. Baums, FS Zöllner, Bd. I, S. 65, 71 zur Unzulässigkeit des US-amerikanischen sogenannten „Forward Triangular Merger“ im deutschen Recht, bei dem die Tochter der Erwerbergesellschaft mit Aktien an ihrer Mutter ausgestattet wird, um sie der aufzunehmenden Gesellschaft oder deren Aktionären im Austausch gegen deren Aktien anzubieten.

485 Baums, FS Zöllner, Bd. I, S. 65, 72; vgl. auch Decher, FS Lutter, S. 1209, 1214 ff. zu verschiedenen Varianten der Zusammenführung in einer deutschen NewCo. bei einem grenzüberschreitenden „Merger of Equals“.

1, 2 GG[486] in Anerkennung des gesetzgeberischen Gestaltungsspielraums durch gewichtige Gründe des Gemeinwohls begründet sein, die rechtfertigen, die Interessen der Minderheitsanteilseigner an der Erhaltung der Vermögenssubstanz hinter die Interessen an einer freien Entfaltung der unternehmerischen Initiative zurücktreten zu lassen.[487]

Verfassungsrechtliche Bedenken gegen die Mehrheitseingliederung gem. §§ 320 ff. AktG werden heute nicht mehr erhoben.[488] Ebenso wird von der ganz überwiegenden Meinung im Schrifttum[489] und auch bereits von der Rechtsprechung[490] die Verfassungsmäßigkeit der §§ 327 a ff. AktG bejaht. Das unternehmerische Interesse an Konzernierungs- und Strukturmaßnahmen und das damit zusammenhängende Bedürfnis nach einer Beschränkung der Mißbrauchsmöglichkeiten durch Minderheitsaktionäre stelle einen ausreichenden Gemeinwohlbelang dar, der das Eigentumsinteresse der Minderheitsaktionäre zurücktreten lasse, sofern eine angemessene Abfindung sichergestellt sei. Denn bei den Minderheitsaktionären trete der mitgliedschaftliche Charakter des Anteilseigentums in den Hintergrund; die Anteile seien vielmehr im wesentlichen als Kapitalanlage zu begreifen.

Die weitgehend anerkannte Verfassungsmäßigkeit der Mehrheitseingliederung und des Squeeze-outs zieht jedoch noch nicht automatisch die Konformität eines allgemeinen Übertragungsbeschlußverfahrens nach den bisher vorgezeichneten Grundzügen mit Art. 14 GG nach sich. Vielmehr bedarf es aufgrund der zur

[486] Bei den in Frage stehenden Regelungen und bei einem fiktiven Übertragungsbeschlußverfahren handelt es sich um keine Enteignung gem. Art. 14 Abs. 3 GG, da der Entzug der Mitgliedschaft weder vom Staat noch von einem mit staatlichen Zwangsrechten beliehenen Unternehmer ausgeht und ebensowenig der Erfüllung öffentlicher Aufgaben dient, so daß ausschließlicher Prüfungsmaßstab Art. 14 Abs. 1, 2 GG ist, vgl. Wirth/Arnold, AG 2002, 503, 504 m.w.N.

[487] Vgl. BVerfGE 14, 263, 273 ff., 281 („Feldmühle") zu § 15 UmwG 1956; BVerfGE 100, 289, 301 („DAT/Altana") zur Eingliederung; BVerfG, NJW 2001, 279 („Moto Meter") zur übertragenden Auflösung gem. §§ 179 a, 262 AktG.

[488] Vgl. nur BVerfGE 14, 263, 273 ff.; BGH, AG 1974, 320, 323 f.; Hüffer, AktG, § 320 Rz. 1; KK-Koppensteiner, AktG, Vorb. § 319 Rz. 7; MüKo-Grunewald, AktG, § 320 Rz. 2 m.w.N.

[489] Vgl. nur Geibel/Süßmann-Grzimek, WpÜG, Art. 7 § 327 a AktG Rz. 29; KK-Hasselbach, WpÜG, § 327 a AktG Rz. 11, 180 ff.; Steinmeyer/Häger, WpÜG, § 327 a AktG Rz. 8 f.; Ph. Baums, Ausschluß von Minderheitsaktionären, S. 171 ff.; Hüffer, AktG, § 327 a Rz. 4 m.w.N.; Wirth/Arnold, AG 2002, 503, 504; Krieger, BB 2002, 53, 54; Sellmann, WM 2003, 1545, 1546 f. m.w.N. auch zur Gegenmeinung.

[490] LG Hamburg, ZIP 2003, 947 ff. („Metropol/Volksfürsorge"), bestätigt durch OLG Hamburg, NZG 2003, 978; LG Osnabrück, AG 2002, 527 („KM Europa Metall AG"), bestätigt durch OLG Oldenburg, AG 2002, 682.

Mehrheitseingliederung und zum Squeeze-out bestehenden Unterschiede einer erneuten Prüfung.

Zunächst müßte unter Beachtung des gesetzgeberischen Gestaltungsspielraums ein gewichtiger Gemeinwohlbelang vorliegen, der die Interessen der dissentierenden Anteilseigner an der Erhaltung der Vermögenssubstanz hinter die Interessen an einer freien Entfaltung der unternehmerischen Initiative zurücktreten läßt und so den Mitgliedschaftsrechtsentzug rechtfertigt. Als wichtiger Gemeinwohlbelang für ein allgemeines Übertragungsbeschlußverfahren ist ebenfalls das Bedürfnis nach unternehmerischen Strukturmaßnahmen zu nennen. Im Wege der einverständlichen Übernahme, die zu einer 100%igen Beteiligung des Bieters führt, können Investoren- und Managementwechsel, Konzernierungsmaßnahmen sowie Fusionen, die aus betriebswirtschaftlicher Sicht den Ergebnissen einer Verschmelzung im Sinne von § 2 UmwG gleichkommen können, ermöglicht, vereinfacht oder beschleunigt werden. Bei der Abwägung zwischen der freien Entfaltung der unternehmerischen Initiative und den Interessen der dissentierenden Anteilseigner sind die bereits aufgezeigten Vorteile im Vergleich zur Kombination aus Übernahmeangebot und Zwangsausschluß gem. §§ 327 a ff. AktG oder Mehrheitseingliederung gem. §§ 320 ff. AktG zu berücksichtigen. Ein Zurücktreten des Interesses der dissentierenden Aktionäre dürfte letztlich angesichts des gesetzgeberischen Beurteilungsspielraums im Grundsatz gerechtfertigt sein.

Seit der „Feldmühle"-Entscheidung aus dem Jahre 1962 hat das Bundesverfassungsgericht[491] jedoch betont, daß der Eigentumsschutz der Aktionäre trotz der prinzipiellen Rechtfertigung des Mitgliedschaftsrechtsentzugs nur unter den beiden Voraussetzungen zurücktreten kann, daß den Aktionären wirksame Rechtsbehelfe gegen einen Mißbrauch wirtschaftlicher Macht zur Verfügung stehen und sie eine vollständige Entschädigung für den Verlust der Rechtsposition erhalten.

Die in einem Übertragungsbeschlußverfahren de lege ferenda zu fordernde qualifizierte Mehrheit der freien Aktionäre müßte also zunächst eine ausreichende Sicherung vor einer angesichts der Bedeutung der Strukturentscheidung unangemessenen Unterwerfung unter den Mehrheitswillen darstellen. Im extremsten Fall einer fehlenden unmittelbaren oder mittelbaren Beteiligung des Bieters an der Zielgesellschaft hat diese Beschlußmehrheit zur Folge, daß eine Kapitalmehrheit von 75 % die übrigen 25 % binden kann.

Das Bundesverfassungsgericht hat in der „Feldmühle"-Entscheidung[492] implizit anerkannt, daß in einer Aktiengesellschaft bei einer Grundkapitalbeteiligung von 25 % oder weniger das Element der Kapitalanlage, nämlich der Auswahlent-

---

[491] E 14, 263, 283; E 100, 289, 303; ZIP 2000, 1670, 1672.
[492] E 14, 263, 283.

scheidung des Aktieneigentümers, die unternehmerische Leitungs- und Herrschaftskomponente in den Hintergrund treten lasse. Entsprechend bestätigte das Bundesverfassungsgericht auch in der „Moto Meter"-Entscheidung[493] implizit diesen Standpunkt, indem es unter bestimmten Voraussetzungen die Verfassungsmäßigkeit einer sog. übertragenden Auflösung unter gleichzeitigem Ausschluß der Minderheitsaktionäre anerkannte, bei der mittels eines gem. § 179 a AktG erforderlichen qualifizierten Hauptversammlungsbeschlusses das gesamte Vermögen einer AG auf eine im Alleinbesitz des Mehrheitsaktionärs stehende GmbH übertragen wurde, an der dem Minderheitsaktionär keine Beteiligung eingeräumt wurde. Zugleich beschloß die Hauptversammlung die Auflösung der Gesellschaft gem. § 262 Abs. 1 S. 2 AktG.[494]

Auch das Schrifttum nimmt heute teilweise[495] die genannte Grenzziehung vor und sieht die Funktion der einem solchen Minderheitsaktionär verliehenen Teilnahme- und Kontrollrechte regelmäßig allein in der Sicherung der Vermögensinteressen. Diese aktienrechtliche Grundwertung werde nicht dadurch erschüttert, daß im Einzelfall einer Zersplitterung des Aktienbesitzes eine einheitlich gehaltene Beteiligung von 25 % bedeutenden unternehmerischen Einfluß bedeute oder daß in personalistisch zugeschnittenen Gesellschaften - also insbesondere Familienunternehmen - bei einer Beteiligung von 25 % trotz entgegenstehender qualifizierter Mehrheit ein über die Vermögensinteressen hinausgehendes echtes mitgliedschaftliches Interesse bestehe. Solchen Fällen eines verbandsrechtlichen Interesses der Minderheit im Einzelfall soll durch gesteigerte Treuepflichten der Mehrheit bei der Beschlußfassung Rechnung getragen werden.[496]

Die Gegenmeinung im Schrifttum[497] geht dagegen davon aus, daß nur eine Beteiligung von weniger als 5 % eine rein vermögensmäßige Qualifizierung rechtfertige. Dafür kann auch ins Feld geführt werden, daß die Kontrollschwelle gem. § 29 Abs. 2 WpÜG schon knapp über 25, nämlich bei 30 % angesiedelt wird und es unverständlich wäre, daß eine Differenz von nur 5 % die Einstufung als Kontrollanteil oder als reine Finanzanlage ausmachen soll.

Gegen einen Schwellenwert von 5 % spricht aber letztlich, daß im Aktiengesellschaftsrecht bei den meisten Strukturentscheidungen eine qualifizierte Mehr-

---

[493] ZIP 2000, 1670, 1671 f.

[494] Da der Hauptaktionär jedoch ohne eine Bewertung der vorangegangenen Transaktion durch einen unabhängigen Dritten den Liquidationserlös selbst bestimmte, war dem Minderheitsaktionär unzulässigerweise die Möglichkeit zur gerichtlichen Überprüfung der Angemessenheit der für die Vermögensübertragung erhaltenen Gegenleistung genommen.

[495] Mülbert, Aktiengesellschaft, Unternehmensgruppe und Kapitalmarkt, 2. Aufl. 1996, S. 260 ff., 270 ff., 299 ff., 312 ff.; Wolf, ZIP 2002, 153, 156 f.

[496] Wolf, ZIP 2002, 153, 157.

[497] Lutter/Drygala, FS Kropff, 1997, S. 200 f., 210 ff.; Leinekugel, Die Ausstrahlungswirkung des Umwandlungsgesetzes, 2000, S. 30.

heit von drei Viertel des bei der Beschlußfassung vertretenen Grundkapitals ausreicht und zwar auch, wenn es dabei wie bei der vom Bundesverfassungsgericht[498] unter gewissen Voraussetzungen anerkannten „Moto-Meter-Methode" zu einem Verlust der Mitgliedschaft gegen Abfindung kommt. An dieser Grundwertung hat auch das durch Einführung der §§ 327 a ff. AktG geänderte Normenumfeld nichts geändert, da fundamentale Unterschiede zwischen beiden Ausschlußmethoden bestehen und die übertragende Auflösung die geringeren Mehrheitsanforderungen durch ein komplizierteres und langwierigeres (§ 272 AktG) Verfahren kompensiert.[499] Es geht nämlich bei der Verankerung der 25 %-Schwelle im Aktienrecht um eine allgemeine Lösung des Mehrheits-Minderheits-Konflikts. Wenn diese Schwelle im Ausnahmefall des Squeeze-outs und der Mehrheitseingliederung nicht gilt, sondern auf die 5 %-Schwelle zurückgegriffen wird, muß dieser Sachverhalt jenseits des Dualismus von Verwaltungs- und bloßen Vermögensinteressen mit den bei §§ 320 ff., 327 a ff. AktG geltenden vereinfachten Verfahrensanforderungen bei einem schweren Rechtseingriff begründet werden. Da ein Übertragungsbeschlußverfahren de lege ferenda ebenfalls den unfreiwilligen Entzug des Mitgliedschaftsrechts zur Folge haben kann, muß es im Gegenschluß angesichts der Eingriffsschwere und eines Zwangsausschlußpotentials von 25 % höhere Verfahrenshürden im Vergleich zum regulären Squeeze-out-Verfahren beinhalten.

Eine höhere prozedurale Sicherung könnte dadurch erreicht werden, daß ein Übertragungsbeschlußverfahren de lege ferenda keine Hauptversammlungszuständigkeit auslöst, sondern einen oder mehrere separate Sonderbeschlüsse der freien, vom Bieter verschiedenen Aktionäre.[500] Das hätte zur Folge, daß der Ausschluß zwar aufgrund einer Unterwerfung unter den Mehrheitswillen erfolgen würde, jedoch nicht wie beim Zwangsausschlußverfahren gem. §§ 327 a ff. AktG oder der Mehrheitseingliederung gem. §§ 320 ff. AktG durch die Bindung an die Entscheidung des Mehrheitsaktionärs. Es geht vielmehr um die Bindung an den qualifizierten Mehrheitswillen von in gleicher Weise negativ betroffenen Personen. Die Situation ähnelt der bei einem Sonderbeschluß gem. § 179 Abs. 3 AktG.

---

498 ZIP 2000, 1670 ff.

499 Geibel/Süßmann-Grzimek, WpÜG, Art. 7 § 327 a AktG Rz. 9; Wolf, ZIP 2002, 153, 157.

500 Dasselbe Ergebnis könnte im übrigen auch dadurch erreicht werden, daß zwar ein Hauptversammlungsbeschluß gefaßt würde, bei der Beschlußfassung der Bieter aber mit einem Stimmverbot belegt würde. Sollte sich der Übertragungsbeschlußvorschlag auch auf dem Bieter nur mittelbar zurechenbare Aktien erstrecken, könnte ein Sonderbeschluß der nicht im wirtschaftlichen Lager des Bieters stehenden Aktionäre zusätzlich zum Hauptversammlungsbeschluß gefordert werden. Die Lösung über einen oder mehrere Sonderbeschlüsse ohne einen Hauptversammlungsbeschluß wäre jedoch verfahrensökonomischer, zumal es bei einer Aktienübertragung nicht um einen klassischen verbandsrechtlichen Vorgang geht, der eine Hauptversammlungszuständigkeit unumgänglich machen würde, sondern eher um eine Maßnahme auf Gesellschafterebene.

Der Bieter kann also durch den vorherigen Aufkauf von Aktien der Zielgesellschaft keinen direkten Einfluß auf das Erlangen der notwendigen qualifizierten Mehrheit nehmen.

Damit eine solche Einflußnahme auch durch wirtschaftlich im Lager des Bieters stehende Dritte vermieden wird, sollten entsprechend der englischen Rechtsprechung im „Hellenic“-Fall[501] separate Sonderbeschlüsse der im Lager des Bieters stehenden und der sonstigen freien Aktionäre erfolgen, um einen durch außerkorporative Rechtsverhältnisse geprägten Interessenkonflikt der dem Bieterlager zuzurechnenden Aktionäre effektiv zu vermeiden. Die Abgrenzungsprobleme bei der Lagerbetrachtung könnten durch einen Rückgriff entweder auf die in § 30 WpÜG oder auf die in § 16 Abs. 4 AktG enthaltenen Zurechnungskriterien gemildert werden.

Ein Übertragungsbeschlußverfahren sollte weiterhin zur Einhaltung der Kriterien des Bundesverfassungsgerichts entsprechende Schutzmechanismen enthalten, die eine angemessene Entschädigung für den Mitgliedschaftsverlust sicherstellen. Das englische Recht sieht tendenziell in seinem liberalen Glauben an die Parität von Bieter und freien Aktionären keine besonderen Schutzmechanismen zur Gewährleistung der Angemessenheit der angebotenen Gegenleistung vor. Bei einem „Scheme of Arrangement“ oder bei einem Zwangsausschluß gem. secs. 429 ff. CA 1985 kommt es abgesehen von einer theoretisch möglichen, aber praktisch kaum vorkommenden Nachprüfung durch gerichtliche Einzelfallentscheidung zu keiner Angemessenheitskontrolle.[502] Mit dem paternalistischer ausgerichteten deutschen Grundrechtsverständnis ist dieser Ansatz nicht vereinbar, wenn es zu einer Majorisierung kommen soll. Denn dann liegt im Gegensatz zu einem üblichen Übernahmeverfahren keine individuelle Entscheidung für die Annahme des Übernahmeangebots vor. De lege ferenda sollte ein Übertragungsbeschlußverfahren daher den für sonstige Strukturmaßnahmen üblichen Aktionärsschutz beinhalten.

Zur Ermöglichung einer aufgeklärten Entscheidung der Aktionäre müßte ein schriftlicher Vorstandsbericht erstellt werden, in dem die Voraussetzungen für die Übertragung, die Angemessenheit der angebotenen Gegenleistung sowie die voraussichtlichen Folgen und Ziele einer erfolgreichen Übernahme dargelegt, erläutert und begründet werden. Weiterhin sollte entgegen dem englischen Paritätsglauben eine unabhängige Überprüfung der Angemessenheit der Gegenleistung bzw. des Umtauschverhältnisses durch einen oder mehrere unabhängige Sachver-

---

[501] Re Hellenic & General Trust Ltd. [1976] 1 W.L.R. 123.

[502] Siehe oben S. 143 ff., 235 ff.

ständige[503] erfolgen, die einen Prüfungsbericht erstellen, der ebenso wie der Vorstandsbericht ab Einberufung der Versammlung(en) zur Einsicht auszulegen und auf Anforderung unverzüglich kostenlos zuzuschicken ist. Gleiches gilt für den Übertragungsbeschlußentwurf und die Jahresabschlüsse und Lageberichte der letzten drei Geschäftsjahre. Außerdem sollte der Vorstandsbericht Sonderinteressen von Vorstands- und Aufsichtsratsmitgliedern aufdecken.

Im Anwendungsbereich des WpÜG würde die Stellungnahmepflicht des Vorstands gem. § 27 WpÜG durch die einzuführende aktienrechtliche Vorschrift verdrängt werden. Die Stellungnahmepflicht des Aufsichtsrats und die Stellungnahmemöglichkeit des Betriebsrats bzw. der Arbeitnehmer, die entsprechend erst nach einer Einberufung der Versammlungen entstehen würden, könnten im Anwendungsbereich des WpÜG bestehen bleiben.

Die Beurteilung der Angemessenheit der Gegenleistung hätte bei einer börsennotierten Zielgesellschaft in entsprechender Anwendung der in § 31 WpÜG i.V.m. §§ 3 ff. WpÜG-AngebotsVO festgelegten Kriterien zu erfolgen. Auch müßte der Vorstandsbericht die sonst für die Angebotsunterlage des Bieters geforderten Angaben gem. § 11 WpÜG i.V.m. § 2 WpÜG-VO analog enthalten. Dabei ist darauf hinzuweisen, daß auch § 11 Abs. 2 S. 2 Nr. 3 WpÜG die Aufdeckung von Geld- oder geldwerten Leistungen an Vorstands- oder Aufsichtsratsmitglieder verlangt, so daß eine Offenlegung von Sonderinteressen auch nach jetziger Rechtslage partiell bereits ausdrücklich gewährleistet ist.

Des weiteren ist de lege ferenda zu fordern, daß die Finanzierung einer Bargegenleistung durch eine Finanzierungsbestätigung eines unabhängigen Wertpapierdienstleistungsunternehmens sichergestellt sein muß. Bei einer sonstigen Gegenleistung sollte der Bieter die zur Sicherstellung der Gegenleistung notwendigen Maßnahmen vorher treffen müssen. Sollte es sich bei der Zielgesellschaft um eine börsennotierte AG handeln, ergibt sich diese Forderung ohnehin bereits aus § 13 Abs. 1 WpÜG.

Ein dritter Schutzmechanismus zur Interessenwahrung ergibt sich aus der Anwendung der §§ 241 ff. AktG mit der Möglichkeit zur Erhebung einer Anfechtungs- oder Nichtigkeitsklage gegen den oder die Übertragungsbeschlüsse. Die Klageerhebung sollte wegen der sich sonst ergebenden systematischen Brüche zu einer Registersperre führen, die im Unbedenklichkeits- oder Freigabeverfahren überwunden werden könnte.

[503] Dabei wäre noch zu entscheiden, ob der Sachverständige wie bei § 327 c Abs. 2 S. 2 AktG vom Gericht benannt und bestellt oder ähnlich wie bei § 10 Abs. 1 S. 1 UmwG vom Vorstand der Zielgesellschaft oder auf dessen Vorschlag hin vom Gericht bestellt wird.

Sollten dissentierende Aktionäre der Auffassung sein, daß die zwischen Bieter und Zielgesellschaftsvorstand ausgehandelte Gegenleistung nicht angemessen sei, dann sollten sie die Überprüfung der Angemessenheit im Spruchverfahren überprüfen lassen können. Da das Übertragungsbeschlußverfahren aber seinen Ursprung in der Überlegung hat, daß bei einer einverständlichen Übernahme kein Bedarf für ein progressives Vorgehen durch eine Kombination von einem Übernahmeangebot mit einem Squeeze-out oder einer Mehrheitseingliederung besteht, sondern auch ein integriertes Verfahren zu demselben Ergebnis führen kann, sollte auch eine eventuelle Nachbesserungspflicht nur gegenüber dissentierenden Aktionären bestehen. Denn auch nur diese hätten Nachbesserung bei einem auf ein Übernahmeangebot folgenden Squeeze-out oder einer Mehrheitseingliederung verlangen können. Die Angemessenheit eines Übernahmeangebots kann nämlich nicht durch ein Spruchverfahren nachgeprüft werden. Bei einer ordnungsgemäß erstellten Angebotsunterlage und der Befolgung der sonstigen Vorschriften des WpÜG geht man nämlich auch im deutschen Recht von der Parität von Bieter und Anteilseigner aus.

Insgesamt würden die überstimmten Minderheitsaktionäre durch die vorgeschlagenen fünf Schutzmechanismen in einer den Anforderungen des Grundgesetzes entsprechenden Weise geschützt werden, so daß ein Verstoß gegen das Grundrecht auf Eigentum gem. Art. 14 GG nicht vorliegen würde.

Zusätzlich zu den Schutzmechanismen von Nichtigkeits- und Anfechtungsklage sowie zum Spruchverfahren käme bei börsennotierten Gesellschaften zur Erleichterung im Umgang mit US-amerikanischen Aktionären eine dem deutschen Kapitalgesellschaftsrecht bisher fremde Regelung in Frage, die wahlweise eine umfassende und obligatorische gerichtliche Beschlußkontrolle mit der Möglichkeit der Anhörung widersprechender Aktionäre vorsehen würde. Erst nach der Überprüfung und Billigung der Übernahme könnte dann die Eintragung durch den Registerrichter erfolgen. Klagen bzw. Beschwerden würden sich also erst gegen die gerichtliche Entscheidung und nicht gegen den Beschluß an sich richten.

b) Art. 3 Abs. 1 GG

Die Einführung eines allgemeinen Übertragungsbeschlußverfahrens im Aktiengesetz würde zwangsläufig zu den bereits im Zusammenhang mit Art. 14 GG angedeuteten Friktionen mit dem Zwangsausschlußverfahren gem. §§ 327 a ff. AktG[504]

---

[504] Dieselbe potentielle Ungleichbehandlung ließe sich genauso im Verhältnis zur Mehrheitseingliederung gem. §§ 320 ff. AktG feststellen. Auf diesen Vergleich wird aber zur Vereinfachung

führen. Beide Verfahren würden Übertragungsbeschlüsse nach dem Mehrheitsprinzip ermöglichen, gleichzeitig aber unterschiedliche Mehrheitserfordernisse aufstellen. Aufgrund einer daraus folgenden potentiellen Ungleichbehandlung der Minderheitsaktionäre durch den Gesetzgeber erscheint ein Verstoß gegen Art. 3 Abs. 1 GG zumindest möglich. Denn Art. 3 Abs. 1 GG verbietet, wesentlich Gleiches ohne eine sachliche Rechtfertigung ungleich zu behandeln.

Ähnlich wie im Verhältnis der secs. 425 ff. CA 1985 zu den secs. 429 ff. CA 1985 ergeben sich jedoch bei einer entsprechenden Gestaltung nach dem bisher vorgeschlagenen Modell grundsätzliche Unterschiede bei beiden Verfahren, die die bestehenden Reibungen auf ein Minimum reduzieren und die Ungleichbehandlung der Minderheitsaktionäre rechtfertigen und so die Bedenken auch im Hinblick auf Art. 3 Abs. 1 GG ausräumen können.

Der Gesetzgeber könnte zum einen ein Übertragungsbeschlußverfahren auf Übernahme- und Pflichtangebote bzw. außerhalb des Anwendungsbereichs des WpÜG allgemein auf Angebote mit dem Zweck der Mehrheitserlangung beschränken, so daß ein Aktionär, der bereits zurechenbar 50 % oder mehr des Grundkapitals der Zielgesellschaft hält, keinen Gebrauch vom Übertragungsbeschlußverfahren machen könnte. Eine solche Beschränkung würde gewährleisten, daß niemals die Situation des Squeeze-out von einem allgemeinen Übertragungsbeschlußverfahren erfaßt würde. Der Anwendungsbereich und Zweck beider Verfahren wäre derart ungleich, daß es schon zu keiner Ungleichbehandlung im wesentlichen gleicher Sachverhalte käme. Dem Herausdrängen auf Verlangen eines Mehrheitsaktionärs zum Zwecke der Senkung der steigenden Grenzkosten mit Zwerganteilen, der Verminderung der Mißbrauchsmöglichkeiten und der Steigerung der Wettbewerbsfähigkeit[505] würde das Herausdrängen einer dissentierenden Minderheit gegen angemessene Abfindung innerhalb der Gruppe der einem Übernahmeangebot mit dem Zweck des Mehrheitserwerbs ansonsten zustimmenden freien Aktionäre gegenüberstehen.

Aber auch ohne diese Beschränkung des Beschlußverfahrens auf Übernahmesituationen würde eine potentielle Ungleichbehandlung schon angesichts der Beschlußausgestaltung scheitern, die entweder bereits an der Vergleichbarkeit der Sachverhalte zweifeln läßt oder zumindest gegen eine willkürliche Ungleichbehandlung durch den Gesetzgeber spricht. Bei einem Übertragungsbeschlußverfah-

---

der Darstellung verzichtet. In der folgenden Untersuchung zu Art. 3 Abs. 1 GG könnte das Zwangsausschlußverfahren gem. §§ 327 a ff. AktG auch durch die Mehrheitseingliederung ersetzt werden, ohne daß sich an dem Vergleich etwas ändern würde, denn die Mehrheitseingliederung ist mit dem Aktientausch vergleichbar, der Squeeze-out mit dem Aktienkauf.

[505] Vgl. nur Geibel/Süßmann-Grzimek, WpÜG, Art. 7 § 327 a AktG Rz. 2 ff.; Angerer, BKR 2002, 260, 261.

ren de lege ferenda wird ein Ausschluß nur dann bewirkt, wenn eine qualifizierte Mehrheit der sich gleichsam selbst ausschließenden freien Aktionäre dem Angebot zustimmt. Beim Zwangsausschluß gem. §§ 327 a ff. AktG nimmt hingegen der Mehrheitsaktionär selbst an der Abstimmung teil. Nur durch diesen Unterschied ist angesichts einer durch den Mitgliedschaftsverlust identischen Eingriffsschwere die von den meisten Mehrheitsanforderungen im Aktienrecht verschärfend abweichende, zur Antragstellung notwendige Grundkapitalmehrheit von 95 % zu begründen. Beide Beschlußverfahren beruhen also auf unterschiedlichen Prinzipien, die im Ergebnis einen ähnlichen Minderheitenschutz bei gleicher Eingriffsschwere gewährleisten und angesichts des weiten gesetzgeberischen Einschätzungs- und Gestaltungsspielraums keinen Verstoß gegen Art. 3 Abs. 1 GG wegen einer willkürlichen Ungleichbehandlung einer jeweils gegen ihren Willen ausgeschlossenen Minderheit darstellen. Der Interessenausgleich zwischen Mehrheit und Minderheit ist nicht gestört, da in einem Fall der Mehrheitsaktionär den restlichen Minderheitsaktionären und im anderen Fall eine qualifizierte Mehrheit übertragungswilliger einer Minderheit nicht übertragungswilliger Aktionäre gegenübersteht.

Die einen Verstoß gegen Art. 3 Abs. 1 GG ausschließenden Unterschiede sprechen auch dagegen, daß die Rechtsprechung zu der Ansicht gelangen könnte, daß ein Übertragungsbeschlußverfahren in Fällen einer Übertragung auf einen bestehenden Mehrheitsaktionär wegen einer Umgehung des Zwangsausschlußverfahrens gem. §§ 327 a ff. AktG unzulässig wäre und die das Übertragungsbeschlußverfahren regelnden Paragraphen verfassungskonform enger ausgelegt werden müßten.

IV. Zusammenfassung und Ergebnis

Die praktisch häufige Verwendung von „Schemes of Arrangement" bei einverständlichen[506] Übernahmen und Unternehmenszusammenschlüssen in einer gemeinsamen NewCo. in England hat seinen Grund in verschiedenen Vorteilen, die auf das deutsche Recht weitestgehend übertragen werden können.

„Schemes of Arrangement" führen neben dem in England bedeutenden Vorteil der Stempelsteuervermeidung[507] dazu, ohne vorheriges Übernahmeangebot mittels eines majorisierenden, kollektiven Beschlusses aller freien Anteilseigner die Übertragung aller ihrer Anteile auf den Bieter herbeizuführen, sofern die freien

---

[506] Zum Ausschluß feindlicher Übernahmen siehe S. 239.
[507] Siehe S. 245 ff.

Anteilseigner mit qualifizierter Mehrheit zustimmen und das Gericht die Übernahme genehmigt[508]. Dieser konzentrierte Vorgang einer kollektiven Übertragung aller Anteile bewirkt eine schnellstmögliche und unkomplizierte 100 %ige Übernahme der Zielgesellschaft unter gleichzeitiger Wahrung der Anteilseignerrechte durch eine gerichtliche Verfahrens- und Beschlußkontrolle.[509] Ein anschließender Zwangsausschluß gem. sec. 429 CA 1985 ist hinfällig.[510] Auch besteht so bereits nach der Beschlußfassung der freien Anteilseigner Gewißheit über eine ausreichende Annahmequote oder über das Scheitern der 100 %igen Übernahme.[511] Der Majorisierungseffekt der secs. 425 ff. CA 1985 führt zu einer Bindung unbekannter oder nicht ermittelbarer Anteilseigner, die sonst erst im Zwangsausschlußverfahren ausgeschlossen werden könnten.[512] Weiterhin ermöglicht eine Übernahme gem. sec. 425 CA 1985 eine flexiblere Handhabung der zeitlichen Vorgaben des City Code; das Gericht bestimmt gleichsam wie ein „Schiedsrichter" den Zeitplan, das Takeover Panel spielt nur die Rolle eines „Linienrichters".[513] Weiterhin eröffnet die Flexibilität von sec. 425 CA 1985 die Möglichkeit, Bezugsrechtsinhaber in den der Majorisierung unterliegenden Vergleichsplan als eigene Personenklasse einzubeziehen, so daß die Abänderung und Weiterführung von Anteilsoptionsplänen oder die Abfindung von Bezugsrechtsinhabern auf flexible Weise erreicht werden kann.[514] Eine Ausnahme vom Verbot der finanziellen Unterstützung zum Erwerb eigener Anteile gem. sec. 151 CA 1985 ermöglicht es der das „takeover scheme" implementierenden Gesellschaft, Bürgschaften oder ähnliche finanzielle Hilfen für eine neue HoldCo. bereitzustellen, damit diese wirtschaftlich in die Lage versetzt wird, ein Übernahmeangebot an die Anteilseigner des Sicherheiten bereitstellenden „company" abgeben zu können.[515] Diese Ausnahme ist insbesondere bei Fusionen sowie bei Management Buy-Outs mitausschlaggebend für die Strukturierung als „Scheme of Arrangement.[516] Des weiteren profitiert eine Bietergesellschaft gem. sec. 131 CA 1985 bei einer Übernahme gem. sec. 425 CA 1985 von gewissen Lockerungen der Kapitalerhaltungsvorschriften („merger relief").[517] Bei einem hohen Anteil US-amerikanischer freier Anteilseigner ermöglicht die US-amerikanische Wertpapiergesetzgebung gem. sec. 3 (a)(10) Securities Act 1933, den Bieter im Falle der Strukturierung der

---

508 Siehe zum Verfahren S. 240 ff.
509 Siehe S. 253 f.
510 Siehe S. 250 ff.
511 Siehe S. 253 f.
512 Siehe S. 256 ff.
513 Siehe S. 261.
514 Siehe S. 259 ff.
515 Siehe S. 254 f.
516 Siehe S. 267 ff.
517 Siehe S. 254.

Übernahme als „Scheme of Arrangement“ davon zu befreien, die strengen US-amerikanischen Registrierungsanforderungen für zum Tausch angebotene Anteile zusätzlich erfüllen zu müssen.[518]

Die gerichtliche Überwachung und Genehmigung der Übernahme im Vergleichsplanverfahren gem. sec. 425 CA 1985 führt andererseits dazu, daß der Kontrollerwerb zu einem späteren Zeitpunkt eintritt als bei einem normalen Übernahmeangebot mit individualvertraglicher Übertragung jedes einzelnen Anteils, nämlich erst nach Wirksamkeit des kollektiven Übertragungsbeschlusses.[519] Aufgrund der sich daraus ergebenden längeren Angebotslaufzeit erhöhen sich die Finanzierungskosten für ein Barangebot, weshalb „Schemes of Arrangement“ insbesondere bei Tauschangeboten und Unternehmenszusammenschlüssen in einer gemeinsamen HoldCo. bzw. NewCo. implementiert werden, selten jedoch bei Barangeboten.[520] Ein weiterer bei der Wahl einer Vorgehensweise gem. sec. 425 CA 1985 zu bedenkender Nachteil besteht darin, daß wegen der Einschaltung eines streng formalisierten und gerichtlich kontrollierten Verfahrens die Verteidigungsmöglichkeiten gegen konkurrierende Angebote verringert sind.[521] Letztlich führt der Verfahrensaufwand auch zu höheren Verfahrens- und Beratungskosten.[522] Weiterhin fehlt bei einem „Scheme of Arrangement“ für den Bieter die Möglichkeit, durch Anteilsaufkäufe an der Börse während der Angebotsphase die Erfolgschancen der Übernahme zu erhöhen.[523]

Diese Nachteile treten aber im Fall einverständlicher Übernahmen durch Anteilstausch und Zusammenschlüsse in einer gemeinsamen HoldCo. bzw. NewCo. häufig hinter den Vorteilen einer Vorgehensweise gem. secs. 425 ff. CA 1985 zurück.[524] Davon zeugen bedeutende Übernahmen und Fusionen wie die Powergen-Übernahme durch die E.on Energie AG[525], die Fusion von Halifax mit der Bank of Scotland[526] oder die Fusion von Glaxo Wellcome mit SmithKline Beecham[527]. In weniger auffälliger Weise treten „Schemes of Arrangement“ auch bei der Zwischenschaltung einer gläubigerlosen Holdinggesellschaft als Zwi-

[518] Siehe S. 255 f.
[519] Siehe S. 262.
[520] Siehe S. 265, 271 f.
[521] Siehe S. 262 f.
[522] Siehe S. 263.
[523] Siehe S. 264.
[524] Siehe S. 271 ff.
[525] Siehe S. 275.
[526] Siehe S. 276.
[527] Siehe S. 277 f.

schenschritt bei einer umfassenderen Umstrukturierung oder bei der Rückführung überschüssigen Kapitals auf.[528]

Außerdem setzt sec. 425 CA 1985 keine Übernahmesituation voraus. Das bedeutet, daß auch ein Mehrheitsanteilseigner von einem Vergleichsplan zum Erwerb der Minderheitsanteile profitieren kann. Die secs. 425 ff. CA 1985 dienen mithin ebenso dem Zwangsausschluß dissentierender Minderheitsanteilseigner.[529]

Das deutsche Kapitalgesellschaftsrecht besitzt lediglich wenige und in ihrem Anwendungsbereich sehr begrenzte Möglichkeiten, Anteile durch einen majorisierenden Mehrheitsbeschluß zu übertragen, nämlich die Mehrheitseingliederung gem. §§ 320 ff. AktG und das erst junge Zwangsausschlußverfahren gem. §§ 327 a ff. AktG. Der Vergleich dieser beiden Verfahren mit den secs. 425 ff. CA 1985 stellt sich als problematisch dar. Denn im englischen Recht unterliegen Konzern- bzw. Gesellschaftsgruppenbeziehungen nur in Ansätzen einer rechtlichen Regelung, und das englische Gegenstück zu den §§ 327 a ff. AktG ist das eigentliche Zwangsausschlußverfahren gem. secs. 429 ff. CA 1985.[530]

Rein formal ist jedoch festzustellen, daß die deutschen Verfahren fixe Kapitalmehrheiten von 95 % des Grundkapitals und einen Hauptversammlungsbeschluß ohne Berücksichtigung von Aktiengattungen voraussetzen, wohingegen sec. 425 CA 1985 lediglich nach Anteilseignerklassen differenzierte Sonderbeschlüsse der freien Anteilseigner voraussetzt.[531] Der Bieter nimmt nicht an der Abstimmung teil. Die notwendige Mehrheit ergibt sich mithin aus der Zustimmung der von ihm verschiedenen Anteilseigner mit qualifizierter Mehrheit.

Im Hinblick auf die gerichtliche Beteiligung ist auf die automatische Registersperre mit nachfolgendem Freigabeverfahren im deutschen Recht im Falle der Erhebung einer Anfechtungs- oder Nichtigkeitsklage hinzuweisen; das englische Gericht kann hingegen im Falle einer Klageerhebung in freiem Ermessen diejenigen Maßnahmen treffen, die es für angemessen hält.[532] Zweitens erfolgt in Deutschland eine Überprüfung der Abfindungshöhe im Spruchverfahren, das eine Nachbesserung zur Folge haben kann; im englischen Recht ist eine Nachbesserung des Übernahmeangebots nur in seltenen Ausnahmefällen möglich.[533]

Die §§ 320 ff., 327 a ff. AktG statuieren umfangreichere Berichts- und Informationspflichten als sec. 426 CA 1985. Vor allem muß ein unabhängiger Sachverständiger einen Prüfungsbericht zur Höhe der Abfindung erstellen.[534]

---

[528] Siehe S. 271 ff.
[529] Siehe S. 288 f.
[530] Siehe S. 293-298.
[531] Siehe S. 293 f.
[532] Siehe S. 294 ff.
[533] Siehe S. 296 f.
[534] Siehe S. 297 f.

Über die speziellen Übertragungsbeschlußverfahren gem. §§ 320 ff., 327 a ff. AktG hinaus besteht in Deutschland - angesichts der Etablierung von Übernahmeangeboten im Repertoire der Fusions- und Akquisitionstechniken - ein Bedürfnis zur Einführung eines allgemeinen Übertragungsbeschlußverfahrens im Bereich einverständlicher Übernahmen von Aktiengesellschaften nach dem Vorbild des „Scheme of Arrangement".[535] Wegen des Einverständnisses des Zielgesellschaftsvorstandes ist das komplizierte, gestreckte und zeitraubende Vorgehen durch ein Übernahmeangebot gepaart mit einem Squeeze-out oder einer Mehrheitseingliederung zum Erreichen einer 100 %-Beteiligung nicht angemessen, so daß eine Flexibilisierung im Bereich einverständlicher Übernahmen notwendig erscheint.[536] Ein den Eigenheiten des deutschen Rechts angepaßtes allgemeines Übertragungsbeschlußverfahren würde zur Verfahrensvereinfachung, -verdichtung und -beschleunigung bei 100 %igen einverständlichen Übernahmen führen, ohne gleichzeitig eine Verringerung des Anteilseignerschutzes nach sich zu ziehen.[537] Ein solches Verfahren würde einen Beitrag zur Stärkung des Wirtschaftsstandorts Deutschland leisten. Dies gilt in besonderer Weise auch für grenzüberschreitende Unternehmenszusammenschlüsse in einer deutschen NewCo. als gemeinsamer Holding, da zur Verwirklichung solcher Zusammenschlüsse eine umwandlungsrechtliche Verschmelzung der Fusionspartner außerhalb des Anwendungsbereichs der Art. 43, 48 EGV (noch) nicht in Frage kommt; durch ein Übertragungsbeschlußverfahren wäre ein Vorteil für Deutschland bei der Sitzwahl gegeben.[538] Weiterhin würde ein solches Verfahren die sofortige Bindung unbekannter oder nicht erreichbarer Anteilseigner[539] sowie bei entsprechender gesetzlicher Ausgestaltung den flexiblen Umgang mit Aktienbezugsrechten[540] ermöglichen.

Ein allgemeines Übertragungsbeschlußverfahren nach englischem Vorbild sollte die Übertragung aller Aktien auf einen Bieter durch einen qualifizierten Mehrheitsbeschluß der vom Bieter verschiedenen Aktionäre, der einen Sonderbeschluß gem. § 138 AktG darstellen könnte, ermöglichen.[541] Sollten Aktionäre wirtschaftlich dem Lager des Bieters zuzurechnen sein, hätten diese einen separaten Sonderbeschluß zu treffen, um eine mißbräuchliche Einflußnahme des Bieters auf die Beschlußfassung zu verhindern. Da es sich bei dem Übertragungsbeschluß weniger um einen klassischen verbandsrechtlichen Vorgang als um eine Entscheidung

---

535 Siehe S. 298 f.
536 Siehe S. 298 f.
537 Siehe S. 298-303.
538 Siehe S. 301 f.
539 Siehe S. 303.
540 Siehe S. 306 ff.
541 Siehe S. 315.

auf Gesellschafterebene handelt, wäre eine Hauptversammlungszuständigkeit nicht zwingend.

Anders als das englische Recht erfordert das deutsche, stärker paternalistisch geprägte Grundrechtsrechtsverständnis einen prozedural stärker abgesicherten Eigentumsschutz für dissentierende Aktionäre, die ihre Mitgliedschaft gegen ihren Willen verlieren.[542] De lege ferenda sollte ein allgemeines Übertragungsbeschlußverfahren daher eine aufgeklärte Entscheidung durch angemessene Information gewährleisten. Die grundrechtlich jedenfalls zu einem gewissen Grad gebotenen und rechtspolitisch wünschenswerten Schutzmechanismen sollten einen ausführlichen Vorstandsbericht zur einverständlichen Übernahme, eine Prüfung der Angemessenheit des Übernahmeangebots durch unabhängige Sachverständige, die Sicherstellung der Finanzierung der Gegenleistung, die Möglichkeit der Überprüfung der Gegenleistung in einem Spruchverfahren, die Anwendung der §§ 241 ff. AktG auf den oder die Übertragungsbeschlüsse, die typische Rollenverteilung zwischen Register- und Prozeßgericht sowie die Kombination aus Registersperre und Freigabeverfahren bei Klageerhebung beinhalten.[543] Wegen der Parallele zur Kombination aus Übernahmeangebot und Squeeze-out bzw. Mehrheitseingliederung sowie zur Verringerung des Nachbesserungsrisikos sollten nur die dissentierenden Anteilseigner vom Ergebnis eines Spruchverfahrens profitieren können.[544] Bei Einführung eines Übertragungsbeschlußverfahrens besteht auch ein Bedarf zur Flexibilisierung der §§ 71 a, 71 d AktG, um die Unternehmenszusammenführung in einer gemeinsamen NewCo. zu vereinfachen.[545]

Im Anwendungsbereich des WpÜG wäre eine Harmonisierung und eine Ergänzung der dort bestehenden Vorschriften vorzunehmen, um das allgemeine Übertragungsbeschlußverfahren mit den strengeren, bisher aber nur auf die normale Übernahmesituation zugeschnittenen, kapitalmarktrechtlichen Vorgaben zu verzahnen.[546] Zusätzlich wäre börsennotierten Gesellschaften die Wahlmöglichkeit einzuräumen, ein Übertragungsbeschlußverfahren mit einer obligatorischen vollen Beschlußkontrolle und integrierter Anhörung dissentierender Anteilseigner durchzuführen, das den US-kapitalmarktrechtlichen Befreiungstatbestand gem. sec. 3 (a)(10) Securities Act 1933 erfüllen würde.[547]

---

542 Siehe S. 311 ff.
543 Siehe S. 315 ff.
544 Siehe S. 317 f.
545 Siehe S. 310 f.
546 Siehe S. 301 ff.
547 Siehe S. 303 ff.

§ 14: Vermögensübertragung

I. „Amalgamation“ und „Merger“

1. Begriffe

Ein weiteres Anwendungsfeld für das Vergleichsplanverfahren gem. secs. 425 - 427A CA 1985 ist die Verschmelzung, die sog. „amalgamation“[1], für die sich in der englischen Geschäftssprache und nun auch in sec. 427A CA 1985 der Begriff „merger“ findet, der den früher gebrauchten Begriff „amalgamation“ weitgehend verdrängt hat, wenngleich sec. 427 CA 1985 nach wie vor den älteren Begriff verwendet[2]. „Amalgamation“ und „merger“ stellen demnach Spezialformen des „compromise“ oder „arrangement“ dar.

a) „Amalgamation“

Der Begriff „amalgamation“ wird gesetzlich nicht definiert. Er stellt vielmehr einen Ausdruck der Wirtschaftssprache dar, der keine genaue juristische Bedeutung hat.[3] Mit gewissen Ungenauigkeiten ist dennoch eine Beschreibung dessen, was mit „amalgamation“ gemeint ist, möglich. Buckley J. lieferte im Jahre 1904 in der Leitentscheidung *Re African Supply and Cold Storage Company*[4] die klassische Definition einer „amalgamation“:

> „Now what is an amalgamation ? An amalgamation involves, I think, a different idea. There you must have the rolling, somehow or other, of two concerns into one. You must weld two things together and arrive at an amalgam - a blending of two undertakings. It does not

---

[1] Pearson/Wood, PLC August 2001, 34, 35; Pennington, Company Law, S. 986.

[2] Pennington, Company Law, S. 975.

[3] Palmer, Rz. 12.001; Lord Hailsham of St. Marylebone, Companies, Rz. 1461; Gower/Davies, S. 757, der in diesem Zusammenhang die „[...] looseness of English legal terminology[...].“ beklagt; New Zealand Gold Extraction Company (Newbery Vautin Process) v. Peacock [1894] 1 Q.B. 622, 627; Wall v. London and Northern Assets Corporation [1898] 2 Ch. 469, 478, 481 f.; Re South African Supply and Cold Storage Co. Wild v. same co. [1904] 2 Ch. 268, 281 f., 286; Re Walker's settlement [1935] 1 Ch. 567, 575; Corporation of the Royal Exchange Assurance v. Walker [1935] 1 Ch. 576, 580; Crane v. Fruehauf v. I.R.C. [1975] 1 All E.R. 429, 437.

[4] [1904] 2 Ch. 268, 287; vgl. auch Re Walker's Settlement [1935] 1 Ch. 567, 575; Henry Head & Co. v. Ropner Holdings Ltd. [1952] Ch. 124; Crane Fruehauf Ltd. v. I.R.C. [1975] 1 All E.R. 429, 433, C.A.; Swithland Investments Ltd. et al. v. I.R.C. [1990] S.T.C. 448, 460 ff.; Pennington, Company Law, S. 975 und Weinberg/Blank/Dick, Rz. 6-1048.

necessarily follow that the whole of the two undertakings should pass - substantially they must pass - nor need all the corporators be parties, although substantially all must be parties. [...] An amalgamation may take place, it seems to me, either by the transfer of undertakings A. and B. to a new corporation, C., or by the continuance of A. and B. by B. upon terms that the shareholders of A. shall become shareholders in B. It is not necessary that you should have a new company. You may have a continuance of one of the two companies upon terms that the undertakings of both corporations shall substantially be merged in one corporation only."

Das Wesen der „amalgamation" besteht mithin in der Zusammenführung zweier oder mehrerer Unternehmen („concerns"), so daß sie beide oder alle in einer neuen Einheit aufgehen. Eine Gesellschaft muß ein von ihr betriebenes Unternehmen zumindest zu einem wesentlichen Teil auf einen Träger eines anderen Unternehmens übertragen[5], oder alle beteiligten Gesellschaften übertragen ihr Unternehmen zumindest zu einem wesentlichen Teil auf eine Zweckgesellschaft (NewCo., Mantelgesellschaft). Grundsätzlich werden im Gegenzug zumindest einem wesentlichen Teil der Anteilseigner (und Obligationäre) der übertragenden Gesellschaft oder Gesellschaften Anteile (und Schuldverschreibungen) der aufnehmenden oder neu gegründeten Gesellschaft in einem vorher festgelegten Verhältnis gewährt.[6]

Bemerkenswert sind an dieser Definition aus dem Blickwinkel des deutschen oder kontinental-europäischen Verschmelzungsrechts mehrere Umstände:

Zum einen scheint der Rechtsprechung - und im übrigen auch dem rechtswissenschaftlichen Schrifttum in England - die Verschmelzung von Gesellschaften nicht sehr eingängig zu sein; vielmehr wird auf die Verschmelzung von Unternehmen („undertaking") oder Geschäftsbetrieben („business") abgestellt.[7] Zwischenzeitlich fanden sich zwar Stimmen[8] ein, die für eine begriffliche Unterscheidung von Verschmelzungen von Unternehmen einerseits und von Gesellschaften als Unternehmensträger andererseits plädierten. Eine „amalgamation" wird jedoch nach wie vor vom Großteil der Gerichtsentscheidungen und Äußerungen im Schrifttum als wirtschaftliche Vereinigung von wesentlichen Unternehmensteilen oder ganzen Unternehmen verstanden, so daß sie auch durch Zusammenführung bzw. wirtschaftliche Vereinigung zweier bislang selbständiger Unternehmen unter

---

[5] In der Entscheidung New Zealand Gold Extraction Company (Newbery Vautin process) v. Peacock [1894] 1 Q.B. 622, 632 blieb noch unklar, ob eine „amalgamation" durch Aufnahme möglich ist oder es immer einer Neugründung bedarf.

[6] Pennington, Company Law, S. 975; vgl. Palmer, Rz. 12.006.

[7] Gillessen, Europäische und transnationale Sitzverlegung und Fusion im Vereinigten Königreich und in Irland, 2000, S. 352.

[8] Corporation of the Royal Exchange Assurance v. Walker [1935] 1 Ch. 576, 581, 582, 586; undeutlicher wieder Crane Fruehauf Ltd. v. I.R.C. [1975] 1 All E.R. 429, 433, 435, 437.

nunmehr einheitlicher Leitung durch dieselbe Gesellschaft möglich ist, ohne daß der Vorgang somit Auswirkungen auf den Rechtsträger in seinem Bestand haben muß.[9] Insoweit ist der englische Begriff „amalgamation" mithin wesentlich weitergehend als der Begriff der Verschmelzung oder Fusion nach kontinentaleuropäischem Rechtsverständnis, nach dem einer Fusion immer zwei Gesellschaften als Rechtsträger zugrunde liegen, auf deren Bestand die Fusion Auswirkungen hat.

Zweitens genügt für eine „amalgamation" der Übergang des wesentlichen Teils eines Unternehmens oder Geschäftsbetriebes. Sofern es also nicht zu einer Vollübertragung kommt oder die übertragende „company" auch noch andere Unternehmen betreibt, bleibt sie als Trägerin des unwesentlichen Unternehmensteils oder eines weiteren Unternehmens bestehen. Es kommt also nicht zwingend zur Auflösung der übertragenden „company".[10] Denn nur die Übertragung aller Aktiva und Passiva zöge notwendig auch die Auflösung der übertragenden Gesellschaft nach sich.

Weiterhin begnügt man sich im rechtswissenschaftlichen Schrifttum und in der Rechtsprechung[11] in England bisher ganz überwiegend damit, sich nicht mit der Frage zu beschäftigen, ab wann ein wesentlicher Teil des Unternehmens oder ein

---

[9] Wall v. London and Northern Assets Corporation [1898] 2 Ch. 469, 482; Swithland Investments Ltd. et al. v. I.R.C. [1990] S.T.C. 448; I.R.C. v. Kent Process Controll Ltd. [1989] S.T.C. 245; Corporation of the Royal Exchange Assurance v. Walker [1935] 1 Ch. 576; Crane Fruehauf Ltd. v. I.R.C. [1975] 1 All E.R. 429.

[10] Die Steuerbehörden nahmen jedoch im Fall Crane Fruehauf Ltd. v. I.R.C. [1974] S.T.C. 110, 119 in der ersten Instanz ebenso wie die Krone im Fall Swithland Investments Ltd. et al. v. I.R.C. [1990] S.T.C. 448, 460 die Haltung ein, daß eine „amalgamation" immer auch die Auflösung der übertragenden „company" zur Folge haben müsse, damit es zu einem echten Zusammengehen der Unternehmen kommen könne. Der Court of Appeal, [1975] S.T.C. 51, 54 per Russel L.J. et Scarman L.J., entschied diese Frage im Fall Crane Fruehauf Ltd. v. I.R.C. nicht. Gegen den profiskalischen Standpunkt der Steuerbehörden und der Krone spricht jedoch, daß es auch ohne Auflösung der übertragenden „company" zu einem wirtschaftlichen Amalgam oder „coalescence" der beiden Unternehmen kommen kann (so zu Recht Scarman L.J. [1975] S.T.C. 51, 59); i.d.S. Weinberg/Blank/Dick, Rz. 6-1048; Bramwell/Hardwick/Oratore, Taxation of Companies and Company Reconstructions, 1. Ergänzungsband zur 5. Aufl., 1992, Rz. 27-14 in Fn. 18; Gillessen, a.a.O., S. 355; die Verneinung des Auflösungserfordernisses ergibt sich als Konsequenz des Verständnisses der „amalgamation" als wirtschafltiche Vereinigung der Unternehmen und nicht der Unternehmensträger selbst.

[11] Im steuerrechtlichen Fall Brooklands Selangor Holdings Ltd. v. I.R.C. [1970] 2 All E.R. 76 definierte das Gericht nur negativ, daß die Wesentlichkeit nicht gegeben sei, wenn zwar zahlenmäßig mehr als die Hälfte der Anteilseigner der aufnehmenden Gesellschaft auch Anteilseigner der übertragenden seien, aber diese weniger als die Hälfte des Anteilskapitals der aufnehmenden Gesellschaft repräsentieren würden.

wesentlicher Teil der Anteilseigner vorliegt. Nur teilweise[12] wurde im Zusammenhang mit der die Stempelgebührbefreiung bei einer „amalgamation“ regelnden, heute aufgehobenen sec. 55 Finance Act 1927 darauf abgestellt, daß mindestens 90 % der Vermögensgegenstände der übertragenden Gesellschaft(en) auf die übernehmende Gesellschaft übergehen bzw. 90 % der Anteilseigner (und Obligationäre) der übertragenden Gesellschaft Anteilseigner der übernehmenden Gesellschaft werden. Jedoch enthielt schon sec. 55 (1)(b) Finance Act 1927 in ihrem Wortlaut die 90 %-Hürde neben dem Begriff der „amalgamation“, so daß man bei systematischer Auslegung eher von einer weiteren Voraussetzung sprechen muß, die neben dem Vorliegen einer „amalgamation“ gegeben sein muß.[13] Zwar hätte die Nennung der kritischen Grenze von 90 % im Wortlaut auch nur deklaratorischer Natur gewesen sein können, um dem steuerlichen Tatbestand Schärfe zu verleihen. Selbst wenn dies der Fall gewesen wäre, ist jedoch damit nicht unbedingt auch eine Übertragung der stempelsteuerrechlichen Begriffsinterpretation auf das Kapitalgesellschaftsrecht zwingend, zumal die entsprechende Vorschrift nicht mehr in Kraft ist.[14] Insgesamt spricht jedoch gegen eine Hereinnahme der 90 %-Hürde oder einer anderen gesetzlich genannten Hürde in die allgemeine Definition die Tendenz der neueren Rechtsprechung[15], bei der Auslegung steuerlicher Vorschriften genau zwischen den Voraussetzungen einer „amalgamation“ und den weiteren Voraussetzungen der steuerrechtlichen Regelung, die die besondere steuerliche Rechtsfolge auslösen, zu unterscheiden. Es bleibt also nach wie vor abzuwarten, ob und wie dem Wesentlichkeitskriterium Konturen verliehen werden, auf welche Schwellenwerte abgestellt und welche Bezugsgröße bei der Berechnung des Schwellenwertes zugrunde gelegt werden wird. Insbesondere ist wohl mit einer einheitlichen Entwicklung des steuerrechtlichen Begriffs „amalgamation“ und des kapitalgesellschaftsrechtlichen in secs. 427, 427A CA 1985 zu rechnen.

Trotz teilweise in England geäußerter Zweifel[16] wird unter Berufung auf die steuerrechtliche Rechtsprechung[17] außerdem auch eine Fusion per Anteilstausch

---

[12] Tomsett/Noble, Company Reorganisations - Tax and Tax Planning, 2. Aufl. 1990, S. 24 f., 54 f.; bei anderen führenden Autoren im Steuer- und Kapitalgesellschaftsrecht findet sich eine solche Einschränkung des „amalgamation“-Begriffs durch sec. 55 FA 1927 nicht, vgl. nur Weinberg/Blank/Dick, Rz. 6-1048; Bramwell/Hardwick/Oratore, a.a.O., Rz. 27-14.

[13] Vgl. Scarman J. in Crane Fruehauf Ltd. v. I.R.C. [1975] 1 All E.R. 429, 436 f.

[14] So tendenziell aber Gillessen, a.a.O., S. 243, 351 f.

[15] Templeman J. in der erstinstanzlichen Entscheidung Crane Fruehauf Ltd. v. I.R.C. [1974] All E.R. 811, 820; bestätigt durch den Court of Appeal [1975] 1 All E.R. 429, 433, 437; Ferris J. in Swithland Investments Ltd. et al. v. I.R.C. [1990] S.T.C. 448, 461; anders etwa noch die obiter dicta: May J. in I.R.C. v. Ufitec Group Ltd. [1977] 3 All E.R. 924, 940; Corporation of the Royal Exchange Assurance v. Walker [1935] Ch. 576, 587.

[16] Vgl. Re Walker's Settlement [1935] Ch. 567, 585, C.A.; Lord Hailsham of St. Marylebone, Companies, Rz. 1461.

(„share-exchange amalgamation") als „amalgamation" verstanden, sofern dabei gleichzeitig auch zwei oder mehr Unternehmen bzw. wesentliche Unternehmensteile zusammengeführt werden.[18] Statt eines direkten Tauschs wird dasselbe Ergebnis zur Vermeidung der Stempelsteuer häufig dadurch erreicht, daß die bestehenden Anteile für kraftlos erklärt werden („cancellation") und eine Neuausgabe von Anteilen der übernehmenden Gesellschaft an die Anteilseigner der übernehmenden Gesellschaft erfolgt, ohne daß dadurch eine „amalgamation" verneint wird.[19] Jedoch stellt eine Unternehmensübernahme per bloßem Anteilskauf keinesfalls eine „amalgamation" dar.[20]

Die Einbeziehung des Anteilstauschs in den „amalgamation"-Begriff ergibt sich aus der Überlegung, daß entsprechend der Definition von *Buckley J.* Unternehmen(-steile) auch durch Anteilstausch unter dem Dach („umbrella") einer 100%igen Mutter oder einer gemeinsamen NewCo. so zusammengeführt werden können, daß die Unternehmen(-steile) bei einer Gesamtbetrachtung zu einem einzigen zusammengeführt werden und aus betriebswirtschaftlicher Sicht von einer Fusion gesprochen werden kann.

In den „amalgamation"-Begriff wird auch der „asset deal" mit einbezogen, bei dem die Gegenleistung für die Übertragung des Geschäftsbetriebes bzw. Unternehmens einer übertragenden „company" in Anteilen an der übernehmenden Gesellschaft und nicht in bar besteht und diese Gegenleistung nicht an die Anteilseigner der übertragenden „company" geleistet wird, sondern bei der übertragenden „company" verbleibt.[21] Die Anteilseigner der übertragenden „company" werden somit nur indirekt an der übernehmenden „company" beteiligt. Dennoch hindert dieser Umstand die Annahme nicht, daß zwei Unternehmen zusammengeführt und vereinigt werden.

Meist sind die Direktoren sogar vertretungsberechtigt, einen solchen „asset deal" ohne Zustimmung der Anteilseignerversammlung zu tätigen, selbst wenn dabei das gesamte Unternehmen übertragen wird, so daß die Verkäufergesellschaft dann bei Vollübertragung ohne Unternehmen bzw. Geschäftsbetrieb als reine Holding fortbesteht. Jedoch sind die Direktoren nicht dazu befugt, ohne Zustim-

[17] Z.B. I.R.C. v. Ufitec Group Ltd. [1977] 3 All. E.R. 924; Lever Bros. Ltd. v. I.R.C. [1938] 2 All E.R. 808, 809, C.A.

[18] Tolley's Company Law, R2006 m.w.N.; zum Steuerrecht: Weinberg/Blank/Dick, Rz. 6-1048 ff.

[19] Inland Revenue, Tax Bulletin November 1992, S. 46; Weinberg/Blank/Dick, Rz. 6-1049.

[20] Re Walker's Settlement [1935] Ch. 567, 585, C.A.; Crane Fruehauf Ltd. v. I.R.C. [1974] S.T.C. 110, 119; I.R.C. v. Ufitec Group Ltd. [1977] 3 All E.R. 924; Swithland Investments Ltd. et al. v. I.R.C. [1990] S.T.C. 448, 460; Tolley's Company Law, R2006; Weinberg/Blank/Dick, Rz. 6-1048, 6-1097.

[21] Wall v. London and Northern Assets Corporation [1898] 2 Ch. 469, 482; Crane Fruehauf Ltd. v. I.R.C. [1975] 1 All E.R. 429, 435.

mung der Anteilseigner (und ggf. Anleihegläubiger) den „asset deal“ derart abzuschließen, daß die für die Unternehmensübertragung gewährte Gegenleistung direkt an die Anteilseigner (und ggf. Anleihegläubiger) fließt. Ist eine solche Strukturierung als „amalgamation“ geplant, muß der Weg über ein „Scheme of Arrangement“ gem. secs. 425 ff. CA 1985 oder über eine übertragende Auflösung per Liquidationsplan gem. secs. 110, 111 IA 1986 eingeschlagen werden, bei der die von der Erwerbergesellschaft an den Liquidator gewährten Anteile als Liquidationserlös an die Anteilseigner der übertragenden Gesellschaft ausgekehrt werden.[22]

Der oben beschriebene „asset deal“ wird in der Praxis nicht als „Scheme of Arrangement“ strukturiert. Daher hat die steuerrechtlich bedeutsame Einbeziehung in den „amalgamation“-Begriff auch keine Auswirkungen auf sec. 427 CA 1985

b) „Merger“

Der Begriff „merger“ befindet sich im Companies Act 1985 zum einen in der Überschrift der die Absenkung und Auflösung des Sonderkontos für Emissionsagio erleichternden sec. 131 CA 1985 zum sog. „merger relief“. Durch Umsetzung der EG-Fusionsrichtlinie[23] ist der Begriff „merger“ in den Gesetzestext von Part XIII des Companies Acts 1985 betreffend „Arrangements and Reconstructions“ gelangt. Die so ausschließlich für „public companies“ entstandene sec. 427A CA 1985, die neben der EG-Fusionsrichtlinie gleichzeitig auch noch die EG-Spaltungsrichtlinie[24] umsetzte, verwendet seitdem den Begriff „merger“, allerdings nur in ihrer Überschrift. Der „merger“ wird gesetzlich nicht definiert. Ebenso wie die „amalgamation“ hat er keine genaue juristische Bedeutung.[25] Entsprechend den zur „amalgamation“ gemachten Ausführungen ist „merger“ gleichbedeutend mit der „amalgamation“.[26] Er stellt genauso den Oberbegriff für Fusionen dar. Sec. 427A CA 1985 erfaßt entsprechend dem einschränkenden Tatbestand aber nur solche „mergers“, die durch Übertragung sämtlicher Aktiva und Passiva einer „public company“ auf eine andere „public company“ oder von zwei oder mehr „public companies“ auf eine NewCo. erfolgen, so daß sich der An-

---

[22] Weinberg/Blank/Rabinowitz, Rz. 2-3044, 2-3046.

[23] Dritte EG-Richtlinie auf dem Gebiet des Gesellschaftsrechts (78/855/EWG) v. 20.10.1978, Abl. EG Nr. L 295, S. 36.

[24] Sechste EG-Richtlinie auf dem Gebiet des Gesellschaftsrechts (82/891/EWG) v. 17.12.1982, Abl. EG Nr. L 378, S. 47.

[25] Palmer, Rz. 12.001; Gower/Davies, S. 757, der in diesem Zusammenhang die „looseness of English legal terminology“ beklagt.

[26] Vgl. nur Weinberg/Blank/Rabinowitz, Rz. 1-1004.

wendungsbereich der sec. 427A CA 1985 auf „mergers" im Sinne der kontinentaleuropäischen Verschmelzung[27] verengt, ohne dabei den englischen „merger"-Begriff allgemein zu verengen. Das beweist insbesondere sec. 131 (1) CA 1985, die nach wie vor auch die Fusion per Anteilstausch als „merger" erfaßt.

c) Verhältnis zum „Takeover"

Der Begriff „amalgamation" bzw. „merger" umfaßt die Unternehmensübernahme als Kontrollerwerb durch Erwerb von Anteilen, den „takeover", wenn dieser durch Anteilstausch (eventuell mit Barzulage) stattfindet und es zu einer Vereinigung von Unternehmen bzw. wesentlichen Unternehmensteilen kommt.[28] „Takeover" und „amalgamation" überschneiden sich somit zum Teil.

Teilweise[29] wird darüber hinaus die wirtschaftliche Dominanz eines Fusionsteilnehmers zum Unterscheidungskriterium zwischen „takeover" und „merger" gemacht, so daß nur der „merger of equals", also die Fusion zweier in etwa gleich großer Unternehmen als eigentlicher „merger" bezeichnet wird. Diese ökonomische Differenzierung hat aber bei der Auslegung der secs. 427, 427A CA 1985 bisher keine Rolle gespielt. Eine solche Einschränkung der Anwendung der secs. 427, 427A CA 1985 auf den „merger of equals" ist auch nicht zu erwarten, da sec. 427 CA 1985 nach wie vor von „amalgamation" spricht und sich sec. 427A CA 1985 in europarechtskonformer Auslegung auf Verschmelzungen unabhängig von den wirtschaftlichen Größenverhältnissen der beteiligten Gesellschaften erstreckt. Es erscheint außerdem schwierig festzustellen, wann von einem solchen „merger of equals" die Rede sein dürfte und wo die Abgrenzungskriterien liegen. Auch besteht kein Bedürfnis für eine solche Einschränkung. Eine solche Auslegung würde sich als vom Gesetzgeber nicht intendierte Verschmelzungsbremse auswirken, da die „amalgamations" erleichternden Vorschriften im englischen Recht dann wesentlich enger ausgelegt würden.

---

[27] Vgl. nur § 2 UmwG, Art. 371 ff. des französischen Gesetzes über Handelsgesellschaften vom 24. Juli 1966 sowie Art. 2500 ff. des italienischen Codice Civile, die allesamt unter einer Verschmelzung die Vereinigung von mindestens zwei Gesellschaften unter Zusammenführung des gesamten Aktiv- und Passivvermögens in der Weise verstehen, daß eine übertragende Gesellschaft nach diesem Vorgang ohne förmliche Liquidation erlischt und die Anteilseigner der übertragenden Gesellschaft Anteilseigner der übernehmenden Gesellschaft werden.

[28] Weinberg/Blank/Rabinowitz, Rz. 1-1001; Tolley's Company Law, R2006; a.A. anscheinend Palmer, Rz. 12.006, der auf die steuerrechtliche Begriffsinterpretation nicht eingeht und von einem Gegensatz zwischen „amalgamation" und „takeover" ausgeht.

[29] Weinberg/Blank/Rabinowitz, Rz. 1-005.

2. Möglichkeiten der Durchführung einer „Amalgamation“

a) Vorbemerkungen

aa) „Takeover bid“

Entsprechend der oben erläuterten Reichweite des „amalgamation“-Begriffs gibt es eine relativ große Bandbreite von Gestaltungsmöglichkeiten, um eine „amalgamation“ zu erreichen. Sofern eine „amalgamation“ durch Anteilstausch erfolgen soll und sich somit mit der Unternehmensübernahme, dem „takeover“, überschneidet, wurde auf die Gestaltungsmöglichkeiten bereits bei den Erläuterung zum „takeover“ eingegangen, auf die vollends verwiesen wird.[30]

Es ist jedoch mit Nachdruck darauf hinzuweisen, daß die allermeisten Fusionen in England traditionell statt durch Unternehmens- und Vermögensübertragung durch Anteilstausch vollzogen werden und daher der „amalgamation“ durch „takeover“ in der Praxis eine ungleich größere Bedeutung zukommt.[31] Eine Verschmelzung nach kontinentaleuropäischem Verständnis ist in England geradezu unüblich. Da mit einem Anteilstausch ähnliche unternehmerische Ergebnisse erzielt werden können und die englische Gesetzgebung auch nicht durch entsprechende Vorteile zur Unternehmens- und Vermögensübertragung einlädt[32], wird sich auch in Zukunft an dieser Praxis wenig ändern.

bb) Unternehmensübertragung ohne Anteilseignerbeteiligung

Was die „amalgamation“ durch einen bloßen „asset deal“ gegen Gewährung von Anteilen an die übertragende Gesellschaft anbetrifft, wird auf eine ausführliche Erörterung[33] verzichtet. Diese Form der englischen Fusion wird mangels direkten Eingriffs in die Rechte der Anteilseigner nie als „Scheme of Arrangement“, son-

---

[30] Siehe oben S. 215 ff.

[31] Gower/Davies, S. 766, 772; Tolley's Company Law, R2006, R2018 a.E.; Wooldridge, Comp. Lawy. 1980, 75, 79; Welch, Comp. Lawy. 1986, 69, 69 f.; Burnside, Comp. Lawy. 1992, 19, 20; Müller-Driver, Grenzüberschreitende Restrukturierungen von Kapitalgesellschaften zwischen Deutschland und England, 2002, S. 50 f.; Gillessen, a.a.O., S. 349 m.w.N.

[32] Vgl. Gower/Davies, S. 772; Wooldridge, Company Law in the United Kingdom and the European Community: Its Harmonization and Unification, 1991, S. 38; Welch, Comp. Lawy. 1986, 69, 69 f.; Gillessen, a.a.O., S. 349, 355 f.

[33] Überblick bei Weinberg/Blank/Rabinowitz, Rz. 2-2062 ff., 2-3042 ff., 2-4009; ausführlich etwa: Practical Law for Companies, Practice Manuel: Asset Purchases, 2001.

dern durch einen bloßen Unternehmenskaufvertrag („business sale agreement“) direkt zwischen der übertragenden und der übernehmenden Gesellschaft vertreten durch die jeweiligen Verwaltungsräte strukturiert.

„Amalgamations“ durch bloßen „asset deal“ sind in der Unternehmenspraxis eher unwahrscheinlich, wenn eine Gesellschaft ein oder mehrere Unternehmen besitzt und eine Vollübertragung stattfinden soll.[34] Dagegen kann eine „asset deal“-Fusion dann sinnvoll sein, wenn eine Gesellschaft mehrere Unternehmen besitzt und nur eines oder auch nur einen wesentlichen Teil davon gegen Ausgabe von Anteilen durch die übernehmende Gesellschaft übertragen will.[35] Dieser Fall entspricht dann strukturell der deutschen Ausgliederung gem. § 123 Abs. 3 UmwG. Insbesondere die Variante einer solchen englischen „Ausgliederung“ zur Neugründung ist in den letzten Jahren in England äußerst beliebt geworden, wenn zwei übertragende Gesellschaften ungefähr gleich wertvolle Unternehmen auf eine NewCo. übertragen, an der sie dann beide 50 % halten (Joint Venture-Gesellschaft).[36]

Erwähnt sei, daß eine solche Transaktion nur unter der Voraussetzung durchgeführt werden darf, daß die Gesellschaftssatzung eine Unternehmens- und Vermögensübertragung in ihrer Gegenstandsklausel erlaubt, die aber andernfalls gem. sec. 4 (1) CA 1985 durch außerordentlichen Beschluß der Anteilseignerversammlung erweitert werden kann.[37] Weiterhin muß der Verwaltungsrat die Zustimmung der Anteilseignerversammlung der übertragenden Gesellschaft zur Transaktion nur bei ausdrücklicher Bestimmung in der Satzung oder aufgrund entsprechender kapitalmarktrechtlicher Bestimmungen, insbesondere der von der Financial Services Authority auf Grundlage der secs. 72 (1), 74 (4) Financial Services and Markets Act 2000 erlassenen Listing Rules[38], oder gem. secs. 320, 347 CA 1985 im Ausnahmefall der Beteiligung der Direktoren als Anteilseigner der Erwerbergesellschaft einholen.

Je nach der Menge der zur Akquisition gewährten Anteile kann eine „asset deal“-Fusion auch dazu führen, daß die übertragende Gesellschaft 30 % oder mehr an der Übernehmerin hält und gem. Rule 9 City Code ein öffentliches Pflichtangebot zur Übernahme an alle Anteilseigner der übernehmenden Gesellschaft machen muß.[39]

---

[34] Weinberg/Blank/Rabinowitz, Rz. 2-4009.

[35] Weinberg/Blank/Rabinowitz, Rz. 2-4009.

[36] Weinberg/Blank/Rabinowitz, Rz. 2-4009.

[37] Gore-Browne, § 30.3.

[38] Demnach ist eine Befragung der Anteilseigner ab bestimmten Transaktionsgrößen („Class 1 transaction“) oder bei bestimmten Beteiligungen von Verwaltungsratsmitgliedern notwendig, vgl. Listing Rules, Chapter 10 sowie Chapter 1, sec. 6, und oben S. 60 ff.

[39] Weinberg/Blank/Rabinowitz, Rz. 2-3043, 2-3045; eine Befreiung von der Pflichtangebotspflicht kann erreicht werden, wenn die anderen Anteilseigner der übernehmenden „company“

Im Zusammenhang mit „amalgamations" ist weiterhin wichtig, daß „asset deals" basierend auf der Leitentscheidung *Bisgood v. Henderson's Transvaal Estates*[40] nicht zur Umgehung eines Liquidationsplanverfahrens gem. secs. 110, 111 IA 1985 eingesetzt werden dürfen, da sonst der durch dieses Verfahren gewährte Minderheitenschutz umgangen würde. Wenn folglich der Verkauf eines Unternehmens geplant ist und die Gegenleistung auf Erwerbergesellschaftsanteile lautet, die bei einer bereits beabsichtigten, nachfolgenden Abwicklung als Liquidationserlös[41] verteilt werden sollen, dann darf dieser Vorgang nur in einem integrierten Liquidationsplanverfahren, das sogleich vorgestellt wird, oder zumindest unter Beachtung der Schutzbestimmungen für dissentierende Gesellschafter gem. secs. 110, 111 IA 1986 durchgeführt werden.[42] Auch darf ein Unternehmen nicht veräußert werden mit der Vereinbarung, die als Gegenleistung zu gewährenden Erwerbergesellschaftsanteile direkt an die Anteilseigner der übertragenden Gesellschaft zu leisten, wenn diesen kein Recht auf Ablehnung der Anteile gegen angemessene Abfindung entsprechend sec. 111 IA 1986 eingeräumt wird.[43]

cc) Einstimmige Vertragsgestaltungen

Nur kurz erwähnt sei, daß ein Weg zum Erreichen einer „amalgamation" durch direkte Unternehmensübertragung auch in einem einstimmig von allen Beteiligten abgeschlossenen Vertrag bestehen kann. An der Übereinkunft teilhaben müssen die Verwaltungsräte der übertragenden und der übernehmenden Gesellschaft(en) sowie die Anteilseigner und Gläubiger der übertragenden, nicht jedoch der über-

---

der Ausgabe der Anteile, die der übertragenden „company" zu einem Anteil von 30 % verhelfen, unabhängig zustimmen, vgl. Rule 9 City Code, Notes on dispensation, Appendix 1.

[40] [1908] 1 Ch. 743, 757 ff., 762, C.A. Die dogmatische Begründung wurde in der Ultra-vires-Lehre gesucht, die die zugrunde liegenden Satzungsbestimmungen für nichtig erklärte, die eine Sachausschüttung des Liquidationserlöses in Anteilen nach Verkauf des Unternehmens gegen Anteile ohne weitere Schutzbestimmungen für die Anteilseigner erlaubten. Vgl. auch Etheridge v. Central Uruguay Co. [1913] 1 Ch. 425; Griffith v. Paget (1877) 5 Ch.D. 894; Weinberg/Blank/Rabinowitz, Rz. 2-3044; Gore-Browne, § 30.3 m.w.N.; ablehnend: Pennington, Company Law, S. 977.

[41] Eine solche Ausschüttung des Liquidationserlöses in Anteilen, also eine Sach- statt einer Barausschüttung, muß ausdrücklich durch die Gesellschaftssatzung erlaubt sein, vgl. Gore-Browne, § 30.3 und unten S. 435 ff.

[42] Weinberg/Blank/Rabinowitz, Rz. 2-3044; Gore-Browne, §§ 30.2, 30.3; auch zur Rechtsprechung bis zu Beginn des 20. Jahrhunderts, die einen solchen Verkauf mit anschließender Ausschüttung des Erlöses immer dann erlaubte, wenn der Unternehmenskaufvertrag vor dem Liquidationsantrag geschlossen wurde, was eine Umgehung des damaligen Liquidationsplanverfahren leicht machte; vgl. ebenso Palmer, Rz. 12.115.

[43] Manners v. St. David's Gold Mines [1904] 2 Ch. 593, C.A.; Gore-Browne, § 30.3.

nehmenden „company".[44] Eine solche Vorgehensweise dürfte nur möglich sein, wenn die Zahl der zu beteiligenden Personen gering ist oder man gewillt ist, die der „amalgamation" ablehnend gegenüberstehende Gesellschafter oder Gläubiger abzufinden bzw. zu befriedigen. Letzteres könnte ebenfalls bei einer hohen Personenanzahl sehr kostentreibend sein.

b) Liquidationsplan gem. secs. 110, 111 Insolvency Act 1986

Eine der Hauptmöglichkeiten zur Durchführung einer Fusion durch Unternehmensübertragung gewähren die secs. 110, 111 IA 1986[45]. Die übertragende Gesellschaft muß zu diesem Zweck ein Abwicklungsverfahren („winding up") durchlaufen, in dessen Rahmen dann das Vermögen nach einem meist vorher entworfenen und durch außerordentlichen Anteilseignerbeschluß autorisierten Liquidationsplan auf eine übernehmende Gesellschaft gegen Ausgabe von Anteilen oder anderen Wertpapieren dieser Gesellschaft übertragen wird. Anschließend schüttet der Liquidator diese Anteile oder anderen Wertpapiere an die Anteilseigner der übertragenden Gesellschaft aus, so daß diese dann Anteile oder andere Wertpapiere an der übernehmenden Gesellschaft halten.

Auf diese Weise kann eine Verschmelzung sowohl durch Aufnahme als auch durch Neugründung erreicht werden. Im letzteren Fall müssen beide Fusionspartner ein Liquidationsplanverfahren zur Übertragung ihrer Unternehmen auf eine Zweckgesellschaft (NewCo.) als Übernehmerin durchführen.

---

[44] Ausführlicher Pennington, Company Law, S. 977 f. Einzige weitere Voraussetzung ist dann, daß die Gegenstandsklausel im „memorandum of association" der übertragenden Gesellschaft eine solche „amalgamation" gestattet. Ein solches Manko kann jedoch leicht durch satzungsändernden außerordentlichen Beschluß gem. sec. 4 (1) CA 1985 beseitigt werden, wenn ohnehin die Zustimmung aller Gesellschafter vorliegt. Auch müssen die Gläubiger der „transferor company" der Übertragung zustimmen, sofern sie nicht alle zuvor befriedigt werden oder genügend Vermögen zu ihrer Befriedigung bei der übertragenden Gesellschaft verbleibt, da sonst entweder ein zustimmungspflichtiger Schuldnerwechsel oder ein Gläubigerbetrug vorliegt; die Gesellschaftssatzung darf keinen der genannten Beteiligten vom „agreement" ausschließen, vgl. Cardiff Preserved Coal and Coke Co. v. Norton (1867) 2 Ch.App. 405; Re City and County Investment Co. (1879) 13 Ch.D. 475.

[45] Vor Geltung des Insolvency Acts 1986 befanden sich Vorgängerregelungen u.a. in sec. 161 CA 1929, sec. 287 CA 1948 und zuletzt in sec. 582 CA 1985. Das Liquidationsplanverfahren läßt sich bis zu den secs. 136 f., 159 ff. CA 1862 zurückverfolgen, die zugleich auch als erste Vorläufer der secs. 425 ff. CA 1985 gelten (s.o. S. 65 ff.), aber eine noch größere Ähnlichkeit mit dem Liquidationsplanverfahren besitzen.

aa) Anwendungsbereich

(1) Freiwilliges Liquidationsverfahren

Das Liquidationsplanverfahren gem. secs. 110, 111 IA 1986 findet grundsätzlich nur Anwendung im Rahmen eines schon stattfindenden oder bereits konkret geplanten[46] freiwilligen Liquidationsverfahren gem. secs. 84 ff. IA 1986, das durch außerordentlichen Beschluß der Anteilseignerversammlung („special resolution" i.S.v. sec. 378 (2) CA 1985) eingeleitet wird. Ausnahmsweise reicht ein ordentlicher Beschluß, wenn die Dauer der Gesellschaft in der Satzung zeitlich begrenzt oder vom Eintritt eines Ereignisses abhängig gemacht worden und dieser Zeitpunkt oder dieses Ereignis eingetreten ist, sec. 84 (1)(a) IA 1986.[47]

Durch Eröffnung eines Abwicklungsverfahrens verliert die „company" ihren Charakter als werbende Gesellschaft („going concern"). Dienst- und Arbeitsverträge sowie Bestimmungen in einem Miet- oder Pachtvertrag werden ab diesem Zeitpunkt automatisch unwirksam, wenn diese Verträge keine gegenteilige Klausel enthalten.[48]

Bei einer solventen „company" handelt es sich um ein „members' voluntary winding-up", das die Auswahl des Liquidators, der besondere, vom Gericht anerkannte Fachkenntnisse und Erfahrungen besitzen muß[49], einem ordentlichen Beschluß der Anteilseignerversammlung überläßt, secs. 89 ff. IA 1986. Können die Direktoren der Gesellschaft keine Solvenzerklärung für die nächsten 12 Monate beibringen, dann gilt die Abwicklung als „creditors' voluntary winding-up", in dem die Gläubiger den Liquidator bestimmen und ihnen auch sonst eine stärkere Position zur Interessenwahrung eingeräumt wird, secs. 89 f., 100 f. IA 1986. Auch schlägt ein „members' voluntary winding-up" in ein solches der Gläubiger um, wenn sich die Solvenzerklärung der Direktoren nicht bewahrheitet und die Gesellschaft nach Ansicht des Liquidators insolvent wird, secs. 95 f. IA 1986.

Nach Ernennung des Liquidators gehen alle Geschäftsführungsbefugnisse der Direktoren auf ihn über, secs. 91 (2), 103 IA 1986. Die Direktoren verlieren ihr Amt. Wenn ihnen im Zusammenhang mit der geplanten Transaktion ein Sondervorteil oder eine Entschädigung für den vorzeitigen Amtsverlust gewährt wird,

---

[46] Vor Ausführung der Transaktion muß dann aber die werbende Gesellschaft in das Abwicklungsstadium versetzt werden, damit die Transaktion vollzogen werden darf, vgl. Palmer, Rz. 12.102.

[47] Im Gegensatz zum deutschen Rechtsverständnis geht in England die Abwicklung der Auflösung der „company" („dissolution") vorher, auch wenn die Einleitung der Abwicklung sich strukturell ähnlich wie die deutsche Auflösung gestaltet.

[48] Palmer, Rz. 12.102, 15.101 ff.

[49] Dazu Gower/Davies, S. 840.

muß dieser Vorgang nicht nur vollständig aufgedeckt und veröffentlicht werden, sondern auch eine Billigung von der Anteilseignerversammlung gem. secs. 312 ff. CA 1985 genehmigt werden, sofern die Gewährung von Sondervorteilen nicht schon in zulässiger Weise im Direktorenanstellungsvertrag für den Fusionsfall vorgesehen war.[50]

Beim „creditors' voluntary winding-up" können die Gläubiger eine Prüfungskommission („liquidation committee"[51]) bestellen, die aus drei bis fünf Mitgliedern besteht, aber durch Beschluß der Anteilseignerversammlung um bis zu fünf Anteilseignervertreter erweitert werden kann; bei Widerspruch durch die Gläubiger entscheidet das Gericht über die Ernennung der Anteilseignervertreter. Der Liquidator muß diese Kommission jährlich einberufen, ihr Bücher und Unterlagen vorlegen und über den Fortgang des Abwicklungsverfahrens berichten.

(2) Liquidationsplan zur Übertragung und zum Verkauf von Aktiva

Eine weitere Voraussetzung zur Anwendung der secs. 110, 111 IA 1986 ist, daß ein Liquidationsplan zur Übertragung oder zum Verkauf des gesamten Unternehmens oder Eigentums oder Teilen des Unternehmens oder Eigentums auf eine übernehmende Gesellschaft („transferee company") entworfen und vorgeschlagen worden ist. Das Gesetz geht in sec. 110 (1), (2) IA 1986 lediglich von der Übertragung des Unternehmens oder Eigentums, also der Aktiva, nicht jedoch von einem Plan zur Übertragung der Verbindlichkeiten aus. Das bedeutet nicht, daß die Übertragung der Passiva nicht auch geplant sein darf. Da die Gegenleistung jedoch zunächst an die Gesellschaft geleistet wird, der Liquidator die Verbindlichkeiten begleicht und erst danach den verbleibenden Liquidationserlös an die Anteilseigner verteilt, ist die Übertragung der Verbindlichkeiten keine Voraussetzung für die Anwendung der secs. 110, 111 IA 1986.

Da der Liquidationsplan im vorliegenden Kapitel eine „amalgamation" zum Ergebnis haben soll, muß des weiteren ein wesentlicher Teil des Unternehmens oder Eigentums übertragen werden. Die „company" darf also bis zur Wesentlichkeitsgrenze Eigentum oder Unternehmens-teile zurückhalten und unter die Anteilseigner verteilen[52], ohne daß daran das Erfordernis des Liquidationsplans scheitert noch eine „amalgamation" verneint werden muß.

---

[50] Vgl. dazu ausführlich Palmer, Rz. 12.112; Gore-Browne, § 27.16; Tolley's Company Law, R2008.

[51] Ausführliche Regelung der technischen Abläufe und der internen Organisation in den Insolvency Rules 1986; früher hatte diese Kommission den treffenden Namen „committee of inspection".

[52] Palmer, Rz. 12.101.

(3) Implementierungsbefugnis

Zur Implementierung eines Liquidationsplans sind nur „companies“ nach dem Companies Act 1985 befugt, vgl. sec. 110 (1) IA 1986. Das sind gem. sec. 735 (1) CA 1985 solche, die nach dem Companies Act 1985 oder einem seiner Vorgänger gegründet oder registriert worden sind. Als übertragende „company“ kommen keine der seltenen Kapitalgesellschaften in Betracht, die ihre Rechtsfähigkeit durch königliche Gründungsurkunde („Royal Charter“) oder durch oder aufgrund eines speziellen Parlamentsgesetzes erhalten haben und sich noch nicht[53] nach einem Companies Act haben registrieren lassen. Außerdem sind ausländische Kapitalgesellschaften als „transferor company“ ausgeschlossen, selbst wenn sie eine Zweigstelle nach den Vorschriften der secs. 690A CA 1985 registrieren lassen würden, da „registered“ in sec. 735 (1) CA 1985 nur die Umregistrierung der secs. 680 ff. CA 1985 oder einer Vorgängerregelung meint.[54]

Die im Jahre 2001 eingeführte Gesellschaftsform der Limited Liability Partnership (LLP)[55] kann nicht als übertragende Gesellschaft agieren. Sched. 3 der LLP Regulations 2001[56] enthält aber für LLP eine modifizierte Form des Verfahrens nach secs. 110, 111 IA 1986.

(4) Rechtliche Qualität der übernehmenden Gesellschaft

Für „transferee companies“, also übernehmende Kapitalgesellschaften, bestehen die im Zusammenhang mit der „transferor company“ gemachten Einschränkungen gem. sec. 110 (1) a.E. IA 1986 nicht. Als übernehmende Gesellschaft kommt zunächst jede Kapitalgesellschaft in Betracht, die eine eigene Rechtspersönlichkeit hat, also auch die als „transferor“ ausgeschlossenen „chartered companies“, die durch oder aufgrund eines Parlamentsgesetzes gegründeten Kapitalgesellschaften[57] sowie auch ausländische Kapitalgesellschaften[58]. Darüber hinaus ist noch unklar, ob nach dem natürlichen Wortsinn von „company“ in sec. 110 (1) a.E. IA 1986 auch „partnerships“ und sonstige Zusammenschlüsse mehrerer Personen,

---

[53] Einmal nach einem CA registrierte „companies“ können einen Liquidationsplan implementieren, vgl. Southall v. British Mutual Life Assurance Society (1870) 11 L.R. Eq. 65 und in zweiter Instanz (1871) 6 Ch.App. 614.

[54] Tolley’s Company Law, R2008.

[55] Zu dieser Gesellschaftsform bereits S. 9 f.

[56] S.I. 2001 No. 1090.

[57] Commissioners of the Caledonian Canal v. Councils of Inverness and Argyll (1894) 2 S.L.T. 162.

[58] Vgl. Re Irrigation Co. of France, ex parte Fox (1871) 6 L.R. Ch.App. 176; Tolley’s Company Law, R2008, R2012.

die keine eigene Rechtspersönlichkeit besitzen, als „transferee company“ gelten.[59] Die Rechtsprechung hat sich mit dieser Frage bisher noch nicht beschäftigen müssen.

Ausdrücklich wurde sec. 110 IA 1986 durch Sched. 5 para. 15 der Limited Liabilites Regulations 2001[60] nur auf die neue Form der LLP als „transferee“ erweitert. Damit kann das Liquidationsverfahren auch zu einer formwechselnden Umwandlung einer „company“ in eine LLP benutzt werden.[61]

Eine Übertragung gem. secs. 110, 111 IA 1986 auf eine natürliche Person ist jedoch ausgeschlossen[62], es sei denn, daß diese völlig uneigennützig als Treuhänderin für eine „company“ agiert.[63] Im Fall eines solchen, nach secs. 110, 111 IA 1986 nicht durchführbaren Verkaufs muß entweder auf ein „Scheme of Arrangement“ gem. sec. 425 CA 1985 oder auf die generelle Befugnis des Liquidators zurückgegriffen werden, über Vermögensbestandteile gegen bar zu einem fairen Marktpreis zu verfügen.[64]

(5) Analoge Anwendung bei einer zwangsweisen Abwicklung

Neben der freiwilligen Abwicklung gibt es auch die zwangsweise, gerichtlich angeordete Abwicklung, das „compulsory winding-up“ oder „winding-up by the court“. Zu einer Anordnung der Zwangsabwicklung durch das Gericht kommt es gem. sec. 122 IA 1986 unter anderem dann, wenn diese von der Anteilseignerversammlung durch außerordentlichen Beschluß beschlossen wurde[65], eine Gesellschaft ein Jahr nach Gründung ihre Geschäfte nicht aufgenommen hat, die Geschäfte einer bestehenden „company“ schon so lange ruhen oder das Gericht eine Abwicklung für recht und billig hält. Hauptgrund für eine gerichtliche Anordnung zur Zwangsabwicklung ist aber, daß eine „company“ zahlungsunfähig i.S.v. sec. 123 IA 1986[66] ist, secs. 122 (1)(f) i.V.m. 123 IA 1986.[67]

---

[59] Dafür Palmer, Rz.12.103.1, insbesondere für ausländische „partnerships“ bzw. Personengesellschaften, die nach ihrer Rechtsordnung eine eigene Rechtspersönlichkeit besitzen; ansonsten finden sich - soweit ersichtlich - noch keine Stellungnahmen der englischen Literatur zu diesem Problem.

[60] S.I. 2001 No. 1090.

[61] Palmer, Rz. 12.101.

[62] Bird v. Bird's Patent Deodorising and Utilising Sewage Co. (1874) 9 L.R. Ch.App. 358; Gore-Browne, § 30.6; Tolley's Company Law, R2008.

[63] Re Hester & Co. (1875) 44 L.J. Ch. 757, C.A.; Tolley's Company Law, R2008.

[64] Tolley's Company Law R2008; Gore-Browne, § 30.6.

[65] Dieser Fall dürfte äußerst selten sein, da die Zwangsabwicklung das teuerste Verfahren darstellt, vgl. Gower/Davies, S. 835.

[66] Eine „company“ gilt gem. sec. 123 (1)(e) IA 1986 vor allem dann als zahlungsunfähig, wenn sie ihre Schulden nicht mehr begleichen kann. Gem. sec. 123 (2) IA 1986 wird Zahlungsunfä-

Ist die Zwangsabwicklung einmal vom Gericht angeordnet, kann es gegen die „company" anhängige Verfahren zum Ruhen bringen, also ein Moratorium verhängen, so daß von diesem Zeitpunkt an jede Verfügung und jede Zwangsvollstreckungsmaßnahme in das Gesellschaftsvermögen unwirksam ist, vgl. secs. 126 ff. IA 1986. Auch kann ein Gerichtsverfahren gegen die „company" nicht ohne gerichtliche Zustimmung eingeleitet werden, sec. 130 (2) IA 1986. Arbeitnehmer der „company" gelten von Gesetzes wegen als entlassen.[68]

Vom Zeitpunkt der Antragstellung bis zur Anordnung der Zwangsabwicklung kann das Gericht bereits einen vorläufigen Liquidator, den es für geeignet hält, bestellen, sec. 135 (2) IA 1986. Hat das Gericht keinen vorläufigen Liquidator bestellt, dann wird nach Eröffnung der Zwangsabwicklung ein sog. „official receiver" automatisch kraft Amtes zum vorläufigen Liquidator der „company", sec. 136 (2) IA 1986. Der „official receiver" ist ein Beamter des „Insolvency Service", einer Abteilung des Handels- und Industrieministeriums „Department of Trade and Industry" (DTI), der einem bestimmten Insolvenzgericht zugeteilt ist. Meist ist der „official receiver" auch schon der vorläufige Liquidator vor Erlaß der „winding-up order".[69] Er bleibt solange Liquidator, bis ein endgültiger Liquidator durch von ihm selbst einberufene, getrennte Versammlungen der Anteilseigner und Gläubiger berufen worden ist. Schlägt diese Berufung fehl, kann auf Antrag das Secretary of State einen endgültigen Liquidator benennen.[70] In der Praxis wird der „official receiver" sehr häufig auch zum endgültigen Liquidator der „company".[71] Auch wenn der „official receiver" nicht endgültig zum Abwickler berufen wird, behält er weitreichende Untersuchungs- und Kontrollbefugnisse und -pflichten, um den geordneten und gesetzmäßigen Ablauf der Abwicklung zu gewährleisten.[72]

Wenn einmal ein Liquidator bestimmt ist, unterscheidet sich das weitere Verfahren wenig von dem der freiwilligen Abwicklung, da das Ziel und die Funktion identisch ist, nämlich sicherzustellen, daß das Vermögen der „company" verwertet und die Gesellschaftsgläubiger entsprechend ihrer Rangordnung befriedigt werden und ein eventueller Überschuß an die Anteilseigner verteilt wird, sec. 143 (1) IA 1986. Bei der Zwangsabwicklung ergibt sich lediglich die Besonderheit, daß der Liquidator häufiger die Genehmigung zur Verwertung von Vermögensge-

---

higkeit auch dann vermutet, wenn die Verbindlichkeiten das Vermögen der „company" übersteigen.

67 Vgl. zu weiteren Gründen den Wortlaut von sec. 122 IA 1986.

68 Chapman's Case (1866) L.R. 1 Eq. 346.

69 Gower/Davies, S. 836.

70 Dazu ausführlich Gower/Davies, S. 836 f.

71 Gower/Davies, S. 836.

72 Gower/Davies, S. 837.

genständen einholen wird und der Kontrolle durch den „official receiver“ unterliegt.[73]

So ist ein Liquidator nach sec. 167 i.V.m. §§ 6, 13 Sched. 4 IA 1986 befugt, das Vermögen einer „company“ zu verkaufen, alle damit im Zusammenhang stehenden Maßnahmen vorzunehmen und den Erlös auszuschütten.[74]

Entsprechend hat die Rechtsprechung[75] auch anerkannt, daß die secs. 110, 111 IA 1986 zwar keine direkte Anwendung auf solche Transaktionen finden, jedoch die in diesen Bestimmungen enthaltenen Grundsätze analoge Anwendung auf einen Liquidationsplan finden, der unter Ausübung der durch sec. 167 IA 1986 verliehenen Befugnisse implementiert wird. Die Rechte der Anteilseigner sind dementsprechend wie bei Anwendung der secs. 110, 111 IA 1986 zu gewährleisten.[76]

Zum Teil[77] gibt man sich aber auch mit einer nur lockeren oder partiellen analogen Anwendung zufrieden, die entweder gar keine Zustimmung durch einen Beschluß der Anteilseignerversammlung oder nur einen solchen mit einfacher Mehrheit verlangt und sogar das durch sec. 111 IA 1986 verliehene Recht auf Abfindung dissentierender Anteilseigner ablehnt.

Insgesamt ist die Rechtslage in diesem Bereich noch unklar. Da in der Praxis nahezu alle Fusionen und sonstigen Umstrukturierungen mit Vermögensübertragungen im Stadium eines „compulsory winding-up“ mittels eines „Scheme of Arrangement“ gem. secs. 425 ff. CA 1985 durchgeführt werden[78], wird die Rechtsprechung wohl zu einer Klärung dieser Fragen in absehbarer Zukunft nicht beitragen.

---

[73] Gower/Davies, S. 838.

[74] Sollte die Ausschüttung in Abweichung von den Liquidationserlösrechten der Gesellschafter oder Gläubiger erfolgen, dann muß ein Vergleichsplan gem. secs. 425 ff. CA 1985 implementiert werden, Re Trix Ltd. [1970] 1 W.L.R. 1421; Re BCCI SA (No. 3) [1993] B.C.L.C. 1490, 1507, 1509; Kempe v. Ambassador Insurance Co. [1998] 1 B.C.L.C. 234, P.C. In Re Anglo American Insurance Ltd. [2001] 1 B.C.L.C. 755 wurde diese Rechtsprechung auch auf die Phase zwischen Antragstellung zur Liquidation und Beginn des Liquidationsverfahrens ausgeweitet; vgl. Palmer, Rz. 12.013.1.

[75] Re Agra Masterman's Bank (1866) 12 L.R. Eq. 509; Re General Motor Cab Co. [1913] 1 Ch. 377; Re Cambrian Mining Co. (1882) 48 L.T. 114; Re Imperial Mercantile Credit Association (1871) 12 L.R. Eq. 504; Re London and Exchange Bank (1867) 16 L.T. 340; Palmer, Rz. 12.101.1

[76] Palmer, Rz. 12.101.1.

[77] Pennington, Company Law, S. 983, insbesondere auch in Fn. 19.

[78] Pennington, Company Law, S. 983.

bb) Übernahmevereinbarung

(1) Ermächtigung des Liquidators

Der Liquidator bedarf zur Vornahme eines Liquidationsplans der vorherigen Ermächtigung durch einen außerordentlichen Beschluß der Anteilseignerversammlung im Falle eines „members' voluntary winding-up" und der Ermächtigung durch das „liquidation committee", einem gem. secs. 98, 101 IA 1986 optionalen fünfköpfigen Gläubigerausschuß, oder durch das Gericht im Falle eines „creditors' voluntary winding-up", sec. 110 (2), (3) IA 1986.

Beim „creditors' voluntary winding-up" wird der Liquidator die Zustimmung jedoch nur erhalten, wenn vorher alle Gläubiger voll befriedigt worden sind.[79] Auch wird zum Teil[80] geäußert, daß hier zusätzlich noch eine Zustimmung der Anteilseigner durch außerordentlichen Beschluß erforderlich ist. Obwohl diese Zustimmung in sec. 110 (3)(b) IA 1986 nicht vorgeschrieben ist, ist nämlich anerkannt, daß die Gesellschafter nicht gezwungen werden dürfen, Anteile einer neuen „company" anzunehmen.[81] Außerdem legt sec. 111 IA 1986 die Notwendigkeit eines solchen Beschlusses auch im „creditors' voluntary winding-up" nahe, da ss. (2) den Dissens gegen einen außerordentlichen Anteilseignerbeschluß impliziert und stillschweigend von der Anwendbarkeit der sec. 111 IA 1986 auch bei der freiwilligen Gläubigerabwicklung ausgeht.

Die Ermächtigung des Liquidators kann genereller Natur sein, das Unternehmen und Eigentum oder jeweilige Teile davon gegen Ausgabe von Anteilen an der übernehmden „company" zur Ausschüttung an die Anteilseigner der übertragenden „company" übertragen zu dürfen; normalerweise liegt dem Ermächtigungsbeschluß aber schon eine vorher von den Direktoren mit dem Verwaltungsrat der übernehmenden Gesellschaft ausgehandelte und ausgearbeitete konkrete Übertragungsvereinbarung („agreement of transfer") zugrunde.[82] Die fehlende Handlungsbefugnis der Direktoren kann durch einen nachträglichen Anteilseignerversammlungsbeschluß geheilt werden.[83] Auch ist es ratsam, einen konkreten Entwurf einer Übertragungsvereinbarung vorzulegen und über diesen vor oder gleichzeitig mit der Entscheidung über die Einleitung des „voluntary winding up"

---

[79] Gower/Davies, S. 761 Fn. 24.

[80] Pennington, Company Law, S. 979; vgl. auch Re Agra Masterman's Bank (1866) L.R. 12 Eq. 509n.

[81] Re Etheridge v. Central Uruguayan Northern Extension Ry. [1913] 1 Ch. 425; Re Cambrian Mining Co. (1882) 48 L.T. 114.

[82] Tolley's Company Law, R2008; Palmer, Rz. 12.104.

[83] Re Etheridge v. Central Uruguayan Northern Extension Ry. [1913] 1 Ch. 425; Re Cambrian Mining Co. (1882) 48 L.T. 114.

abstimmen zu lassen.[84] Ansonsten kann es passieren, daß sich eine „company" einmal in Liquidation befindet, aber keine Ermächtigung zur Unternehmensübertragung erwirkt werden kann.[85] Daher erlaubt sec. 110 (6) 1. HS IA 1986 heute[86] auch, daß ein Ermächtigungsbeschluß der Anteilseigner im „members' voluntary winding-up" sowohl vor, gemeinsam mit oder nach dem Beschluß zur freiwilligen Abwicklung gefaßt werden darf, auch wenn die Anteilseigner bei einer gleichzeitigen Abstimmung darauf aufmerksam gemacht werden müssen, daß rechtlich zwei Abstimmungen vorliegen.[87] Sollte - wie es in der Praxis zur Ermittlung der Zahl widersprechender Gesellschafter und damit zur Fusionskostenkalkulation häufig vorkommt - über den Fusionsplan schon vorher abgestimmt worden sein, dann muß die Einleitung des „voluntary winding-up" möglichst zeitnah, jedenfalls aber vor Vornahme der Übertragung vorgenommen werden.[88]

Sec. 110 (4) IA 1986 sieht alternativ oder auch kumulativ zur generellen Ermächtigung zum Verkauf oder zur Übertragung des Unternehmens bzw. Vermögens gegen Gewährung von Anteilen oder ähnlichen Wertpapieren auch die Möglichkeit der noch weitreichenderen Ermächtigung des Liquidators vor, Vereinbarungen mit der Übernehmerin zu treffen, die den Anteilseignern der übertragenden Gesellschaft einen Gewinnbeteiligungs- oder sonstigen Anspruch gegen die Übernehmerin gewähren.

Die Wirksamkeit eines gem. sec. 110 IA 1986 gefaßten Ermächtigungsbeschlusses wird nicht dadurch beeinträchtigt, daß die Gesellschaftssatzung keine Befugnis zur Unternehmensübertragung enthält, denn die gesetzliche Befugnis gem. sec. 110 IA 1986 ersetzt die fehlende Satzungsermächtigung.[89]

Des weiteren trägt der weite Wortlaut von sec. 110 (2) IA 1986 auch die Implementierung eines Liquidationsfusionsplans durch eine Versicherungsgesellschaft, da diese Regelung nicht nur von Anteilen oder ähnlichen Wertpapieren, sondern ausdrücklich auch von Versicherungspolicen („policies") spricht.[90]

---

[84] Tolley's Company Law, R2010.

[85] Gore-Browne, § 30.4; Tolley's Company Law, R2010.

[86] Früher bereits anerkannt durch Cleve Financial Corporation (1874) 16 Eq. 363; Clinch Financial Corporation (1869) 4 Ch.App. 117; Thompson v. Henderson's Transvaal Estates [1908] 1 Ch. 765, C.A.

[87] Imperial Bank of China v. Bank of Hindustan (1868) 6 Eq. 91.

[88] Tolley's Company Law, R2010.

[89] Southall v. British Mutual Life Assurance Society (1870) L.R. 11 Eq. 65 und in zweiter Instanz (1871) 6 Ch.App. 614; Clinch v. Financial Corporation (1868) L.R. 5 Eq. 450, 472 und in zweiter Instanz (1868) 4 Ch.App. 117.

[90] Vgl. Palmer, Rz. 12.104.1.

(2) Vornahme der Übertragung

Nachdem der Liquidator die „requisite sanction" im Sinne von sec. 110 (2), (3) IA 1986 erhalten hat und die Gesellschaft in das Liquidationsstadium übergegangen ist, kann er die vorgeschlagene Übertragungsvereinbarung durchführen oder, wenn diese noch nicht vorlag, eine solche ausarbeiten und verhandeln, bevor er sie dann durchführt und das Unternehmen und Eigentum auf die Übernehmerin gegen Gewährung der ausgehandelten Gegenleistung überträgt.

cc) Wirkung der Übertragung

(1) Wirkung auf die Stellung der Gläubiger

Die Gläubiger einer Gesellschaft bleiben auch nach der Unternehmensübertragung Gläubiger der „transferor company"; ihre Rechte gegen sie bleiben unverändert.[91] Regelmäßig wird jedoch in der Übernahmevereinbarung gesondert eine Schuldübernahme oder ein Schuldbeitritt der Übernehmerin vereinbart oder dafür Sorge getragen, daß die übertragende Gesellschaft genügend Vermögensbestandteile zurückhält, um die Gläubiger befriedigen zu können.[92] Bei einer Schuldübernahme, die die übertragende „company" aus ihrer Schuld entläßt und die übernehmende „company" zur neuen Schuldnerin macht, bedarf es jedoch einer ausdrücklichen Zustimmung des jeweiligen Gläubigers[93]; die bloße Entgegennahme von Leistungen reicht dafür nicht aus.[94] Sind Großgläubiger, vor allem also Banken, mit dem Umstrukturierungskonzept nicht einverstanden und ist deren Befriedigung zu kostspielig, dann ist eine Fusion gem. secs. 110, 111 IA 1986 kein gangbarer Weg.[95]

Die Praxis, die Befriedigung aller Gläubiger sicherzustellen, basiert kaum auf der Uneigennützigkeit der Parteien oder ihrer ausgeprägten Rechtstreue. Sec. 110 (6) 2. HS IA 1986 gibt den Gläubigern nämlich ein mächtiges Schutzinstrument an die Hand. Falls innerhalb von zwölf Monaten nach dem außerordentlichen Ermächtigungsbeschluß durch die Anteilseignerversammlung eine gerichtliche Anordnung zu einer zwangsweisen Abwicklung („compulsory winding-up by the

[91] Palmer, Rz. 12.106.
[92] Palmer, Rz. 12.106; Pennington, Company Law, S. 979; Gore-Browne, § 30.8.
[93] Eine Schuldübernahme kann auch durch ein „Scheme of Arrangement" gem. secs. 425 ff. CA 1985 mit allen Gläubigern durch den Liquidator der übertragenden Gesellschaft implementiert werden, vgl. Craig's Claim [1895] 1 Ch. 267, C.A.; Gore-Browne, § 30.9.
[94] Pennington, Company Law, S. 979.
[95] Gubbins/Crawford/Brann, PLC Juli 1996, 37, 39.

court") ergeht, dann wird der Ermächtigungsbeschluß und damit auch die Übertragung des Vermögens ex tunc unwirksam, es sei denn, daß das Gericht den Ermächtigungsbeschluß ausdrücklich genehmigt.[96] Diese Genehmigung kann nur im Laufe des Zwangsabwicklungsverfahrens erfolgen[97], sofern das Gericht zu der Überzeugung gelangt, daß keine unangemessene Gläubigerbenachteiligung vorliegt[98]. Erteilt das Gericht seine Genehmigung nicht, dann werden die Gesellschafter der übertragenden Gesellschaft auch nicht zu Gesellschaftern der Übernehmerin.[99]

Die Zwangsabwicklung kann gem. secs. 122 (1)(f), 123, 124 (1) IA 1986 im Falle der Zahlungsunfähigkeit einer „company" von jedem ihrer Gläubiger bei Gericht beantragt werden.

Die beteiligten Gesellschaften haben folglich zur Vermeidung eines einjährigen Schwebezustands, der den rechtlichen Erfolg der Transaktion im Unklaren läßt, ein großes Interesse daran, genügend Geld oder Sicherheiten zur jederzeitigen Befriedigung aller Gläubiger bereitzuhalten, damit diese keinen Antrag auf Zwangsabwicklung stellen können. Auch ist der Liquidator dazu verpflichtet, die allgemeinen gesetzlichen Abwicklungsvorschriften einzuhalten und die Gläubiger diesen entsprechend zu befriedigen; will er dabei auf die Übernehmerin verweisen, dann muß er die Befriedigung durch diese sicherstellen.[100] Tut er dies nicht, dann macht er sich persönlich haftbar, wenn er von den geltend gemachten Ansprüchen wußte oder aufgrund einer Mitteilung des Gläubigers hätte wissen müssen.[101]

Dennoch stellt die Möglichkeit der 12-monatigen Angreifbarkeit eine unbefriedigende Rechtslage für die beteiligten Gesellschaften und damit einen großen Nachteil des Verfahrens gem. secs. 110, 111 IA 1986 dar[102], die jedoch im Inter-

---

[96] Vgl. auch Re City and County Investment Co. (1879) 13 Ch.D. 475; Palmer, Rz. 12.106, 12.111 f.; Pennington, Company Law, S. 979.

[97] Re Calao Bis Mining Co. (1889) 42 Ch.D. 169, C.A.

[98] Re Consolidated South Rand Mines [1909] 1 Ch. 491; Clinch v. Financial Corporation (1868) L.R. 5 Eq. 450, bestätigt durch (1868) 4 Ch.App. 117; New Zealand Gold Extraction Co. (Newberry Vautin Process) v. Peacock [1894] 1 Q.B. 622; Re Bank of South Australia (No. 2) [1895] Ch. 578; Postlethwaite v. Port Phillip and Colonial Gold Mining Co. (1889) 43 Ch.D. 452; Re Tunis Rys. (1878) 10 Ch.D. 270; Re Marine Investment Co., ex parte Poole's Executors (1873) 8 Ch.App. 702; Re Cambrian Mining Co. (1881) 48 L.T. 114.

[99] Re Oriental Commercial Bank, Alabaster's Case (1868) 7 L.R. Eq. 273; Palmer, Rz. 12.111.1.

[100] Pulsford v. Devenish [1903] 2 Ch. 625; Argyll's v. Coxeter (1913) 29 T.L.R. 355; Re Aidall [1933] 1 Ch. 323; Re New Zealand Joint Stock Corporation (1907) 23 T.L.R. 238; Palmer, Rz. 12.113 Fn. 5; Gower/Davies, S. 761.

[101] Pulsford v. Devenish [1903] 2 Ch. 625; Re Aidall [1933] 1 Ch. 323; Re New Zealand Joint Stock Corporation (1907) 23 T.L.R. 238; Gore-Browne, § 30.9 Fn. 8.

[102] Vgl. Re Calao Bis Mining Co. (1889) 42 Ch.D. 169, C.A.

esse eines effektiven Gläubigerschutzes notwendig ist.[103] Denn manchmal stellt sich erst nach Vollzug der Übernahme heraus, daß auch die Übernehmerin nicht in der Lage ist, die Forderungen der Gläubiger zu erfüllen.[104] Den Gläubigern muß daher die Möglichkeit der zumindest indirekten Anfechtung der Fusion eingeräumt werden.

Wenn jedoch das Gericht im Laufe der Zwangsabwicklung einmal einen Ermächtigungsbeschluß zur Übertragung des Unternehmens genehmigt hat, dann ist die Unternehmensübertragung und damit die Fusion wirksam. Nur das Appellationsgericht kann eine solche gerichtliche Entscheidung noch rückgängig machen.[105] Daher kann vom Liquidator versucht werden, den Gläubigern zuvor zu kommen und selbst oder durch einen Gesellschafter einen Antrag auf Zwangsabwicklung zustellen.[106] Gesellschafter und Liquidatoren sind gem. sec. 124 (1) IA 1986 ebenfalls antragsbefugt. Damit sie Erfolg mit ihrem Antrag haben, muß das Gericht die Zwangsabwicklung gem. sec. 122 (1)(g) IA 1986 für gerecht und billig halten. Auf diesem Wege kann dann eine frühe Abstimmung mit dem Gericht herbeigeführt werden, wenn es gewillt ist, das Verfahren an sich zu reißen.[107] In der Praxis ist dies jedoch nur selten der Fall.[108]

Gleichzeitig wird aber durch den Übergang des Verfahrens in eine Zwangsabwicklung unter gerichtlicher Kontrolle, egal ob der Übergang durch den Liquidator, Gesellschafter oder Gläubiger herbeigeführt wurde, ein wesentlicher Vorteil des Verfahrens der secs. 110, 111 IA 1986 eingebüßt, indem es zeit- und kostenaufwendiger wird.[109]

(2) Wirkung auf die Stellung der Anteilseigner

(a) Allgemeine Bindungswirkung

Grundsätzlich sind alle Anteilseigner einschließlich der überstimmten an den Ermächtigungsbeschluß zur Unternehmensübertragung gebunden, sec. 110 (5) IA 1986. Das gilt unabhängig davon, ob sie gegen die Ermächtigung gestimmt, sich enthalten oder gar nicht abgestimmt haben.[110] Folglich kann eine qualifizierte

[103] Palmer, Rz. 12.111.
[104] Vgl. Vach, Aspekte der Insolvenzrechtsreform von 1986 in England, 1991, S. 125.
[105] Nicholl v. Eberhardt Co. (1889) 59 L.J.Ch. 103; Palmer, Rz. 12.111.
[106] Vgl. so etwa in Re New Flagstaff Mining Co. [1889] W.N. 123.
[107] Vgl. Pennington, Company Law, S. 979.
[108] Vgl. Re Callao Bis Co. (1889) 42 Ch.D. 169, C.A.; Gore-Browne, § 30.4.2.
[109] Vgl. Gower/Davies, S. 761.
[110] Vgl. Palmer, Rz. 12.108.

Mehrheit die restlichen Anteilseigner bzw. Gesellschafter auf den Mehrheitswillen zur Ausführung einer Fusion binden.[111] Jedoch sind die Rechte dissentierender Minderheitsgesellschafter so stark ausgestaltet, daß sich diese Aussage wieder stark relativiert, wie im folgenden gezeigt werden wird.

(b) Widerspruchsrecht überstimmter Anteilseigner

Den einmal vom Ermächtigungsbeschluß gebundenen Anteilseignern gewährt sec. 111 CA 1985 ein Widerspruchsrecht, das deren Bindung wieder stark relativiert. Jedoch sind nur diejenigen Anteilseigner zum anschließenden Widerspruch berechtigt, die entweder gegen die Ermächtigung gestimmt, sich enthalten oder gar nicht abgestimmt haben. Die den Majorisierungseffekt herbeiführende Mehrheit ist vom Widerspruchsrecht ausgeschlossen. Anteilseigner, die dieser Mehrheit angehören können nur die Annahme von Anteilen an der Übernehmerin ausschlagen, gehen dann aber leer aus.[112]

Die auf den Mehrheitswillen gebundenen Minderheitsanteilseigner können innerhalb von sieben Tagen nach dem außerordentlichen Ermächtigungsbeschluß schriftlich am „registered office" der übertragenden Gesellschaft, einer eingetragenen Korrespondenzadresse, einen an den Liquidator gerichteten Widerspruch einlegen mit dem Pflichtinhalt, daß dieser entweder von der Fusion Abstand nehmen und von der Ermächtigung keinen Gebrauch machen oder den Widerspruchsführer abfinden solle, sec. 111 (2) IA 1986.[113] Dieses Widerspruchsrecht ist weder vertraglich noch durch Gesellschaftssatzung ausschließbar.[114] Auch ist der Liquidator an seine Entscheidung gebunden, wenn er einmal auf das Erfordernis der Einreichung des Widerspruchs am „registered office" verzichtet.[115]

(c) Rechtsfolgen eines Widerspruchs

Der Liquidator hat entsprechend der Aufforderung des Widerspruchsführers ein Wahlrecht, ob er von der Fusion Abstand nimmt oder den widersprechenden Anteilseigner abfindet.

[111] Tolley's Company Law, R2010.
[112] Palmer, Rz. 12.108 ff.
[113] Vgl. auch Re Union Bank of Kingston-upon-Hull (1880) 13 Ch.D. 808; Re Demarara Rubber Co. Ltd. [1913] 1 Ch. 331; Lig. of Melville Coal Co. v. Clark (1904) 6 F. 913.
[114] Payne v. Cork Co. [1900] 1 Ch. 308; Bisgood v. Henderson's Transvaal Estates [1908] 1 Ch. 743, 758, C.A.; Baring-Gould v. Sharpington Combined Pick and Shovel Syndicate [1899] 2 Ch. 80, C.A.; Pennington, Company Law, S. 980; Gower/Davies, S. 762.
[115] Brailey v. Rhodesia Consolidated [1910] 2 Ch. 95, 100, 101; Gore-Browne, § 30.4.1 Fn. 1.

Die Abstandnahme von einem weiteren Vorantreiben der Fusion dürfte dem Liquidator jedoch regelmäßig große Schwierigkeiten bereiten, wenn dem Ermächtigungsbeschluß bereits - wie es die Regel ist - ein fertiger Fusionsvertrag zugrunde gelegen hat, der nur noch durch die Zustimmung der Anteilseigner im Ermächtigungsbeschluß bedingt war. Eine Abstandnahme ist dann nur noch ohne größeres Schadensersatzrisiko möglich, wenn die Übernehmerin nicht mehr in der Lage sein sollte, ihrerseits den Fusionsvertrag zu erfüllen, oder wenn die Wirksamkeit dieses Vertrages noch anderweitig bedingt ist und diese Bedingungen noch nicht eingetreten sind.[116] Unproblematischer ist die Abstandnahme, wenn die Ermächtigung generell gefaßt war, wenngleich der Liquidator sich dann in Widerspruch zum Mehrheitswillen setzt und daraus auch Komplikationen erwachsen können.

In der Praxis wird ein Liquidator daher meist den Weg der Abfindung wählen oder wählen müssen. Er ist dann verpflichtet, den dissentierenden Anteilseignern ihre Anteile bzw. andere Wertpapiere und Ansprüche abzukaufen, die ihnen mitgliedschaftliche Rechte vermitteln oder aufgrund einer Mitgliedschaft zustehen; Ansprüche aufgrund einer Gläubigerstellung oder als Gläubiger müssen nicht abgefunden werden.[117] Entsprechende, die Abfindung deckende liquide Mittel muß der Liquidator daher im Vermögensbestand der übertragenden Gesellschaft zurückhalten.[118] Das Recht widersprechender Anteilseigner zur Abfindung („appraisal right“) birgt daher das große Risiko, daß eine Verschmelzung nach den secs. 110, 111 IA 1986 in prohibitiver Weise kostspielig wird, wenn eine hohe Anzahl von Anteilseignern von ihrem Widerspruchsrecht Gebrauch macht.[119] Es besteht jedoch keine Möglichkeit, das „appraisal right“ dissentierender Anteilseigner zu umgehen.[120]

Der Preis der Abfindung richtet sich entweder nach einer Vereinbarung zwischen dem Liquidator und dem widersprechenden Anteilseigner oder wird in einem schiedsgerichtlichen Spruchverfahren ermittelt. Grundsätzlich hat die Alternative, eine Vereinbarung über die Abfindungsleistung zu treffen, in der Praxis Vorrang, bevor ein Schiedsverfahren angestrengt wird.[121] Ein Abfindungspreis kann auch schon vor Erhebung des Widerspruchs ausgehandelt werden.[122] Gem. sec. 111 (3) IA 1986 muß die Abfindung vom Liquidator vor Auflösung der Gesellschaft ge-

---

[116] Palmer, Rz. 12.108.
[117] Palmer, Rz. 12.108.
[118] Palmer, Rz. 12.108; ansonsten macht er sich unter Umständen wegen Gläubigerbetrugs strafbar und/oder schadensersatzpflichtig.
[119] Gower/Davies, S. 762; Gore-Browne, § 30.5.
[120] Gore-Browne, § 30.5.
[121] Pennington, Company Law, S. 980.
[122] Baring-Gould v. Sherpington Combined Pick and Shovel Syndicate [1889] 2 Ch. 80.

leistet werden; die Art und Weise der Aufbringung des notwendigen Betrages kann durch außerordentlichen Anteilseignerversammlungsbeschluß bestimmt werden. Ein solcher Beschluß wird meist schon im voraus mit dem Beschluß zur Ermächtigung zur Implementierung des Liquidationsfusionsplans gefaßt.[123]

Gelingt dem Liquidator keine Einigung mit einem Anteilseigner, dann richtet sich das schiedsgerichtliche Spruchverfahren nach dem Companies Clauses Consolidation Act 1845, sec. 111 (4) IA 1986, wenn die Parteien kein anderes Schiedsverfahren vereinbaren[124]. Nach dem Companies Clauses Consolidation Act 1845 bestimmt jede Partei zunächst je einen Schlichter („arbitrator"). Kommt mit deren Hilfe keine Einigung zustande, berufen die Parteien einen Schiedsrichter („umpire"). Können sie sich auch auf keinen Schiedsrichter einigen, dann bestellt das Gericht gem. sec. 10 Arbitration Act 1950 einen solchen. Es ist anerkannt, daß bei der Abfindungsermittlung eine Orientierung am Anteilspreis vor der Transaktion erfolgen soll; jede Preissteigerung, die infolge der Transaktion auftritt, hat außer acht zu bleiben.[125] Eine Orientierung am Anteilspreis vor der Transaktion ist natürlich dann mit außerordentlichen praktischen Schwierigkeiten verbunden, wenn vorher kein Marktpreis für die Anteile bestand, so daß herausgefunden werden muß, wieviel der einzelne Anteilseigner im Liquidationsfall ohne Vornahme der Transaktion erhalten hätte.[126] Die Ermittlung eines solchen sog. „break-up prices" setzt eine Bewertung des Vermögens der „company" voraus.

Der entscheidende Vorteil des schiedsgerichtlichen Spruchverfahrens besteht darin, daß der widersprechende Anteilseigner den Liquidator dazu zwingen kann, vor dem Schiedsgericht die Bücher der „company" vorzulegen, zu denen der Anteilseigner vorher kein Zugangsrecht[127] hat und so Schwierigkeiten besitzt, die vorgeschlagene Bewertung durch den Liquidator zu überprüfen.[128] Auch wird das Schiedsgericht dann, wenn der Liquidator ein Angebot des Anteilseigners ausgeschlagen hat und dieser Anteilseigner sich besonnen verhält, die Kosten des Schiedsgerichtsverfahrens der „company" aufbürden.[129]

Dennoch steht das als antiquiert empfundene Schiedsverfahren nach dem Companies Clauses Consolidation Act 1845 unter heftiger Kritik. Seine Verein-

---

[123] Gubbins/Crawford/Brann, PLC Juli 1996, 37, 39.

[124] Palmer, Rz. 12.108.

[125] Re Mysore West Gold Mining Company (1889) 42 Ch.D. 535; Tolley's Company Law, R2010; Palmer, Rz. 12.108.1; Gower/Davies, S. 762 Fn. 31, der eine solche Preisermittlung wegen der praktischen Schwierigkeiten für sehr unbefriedigend hält.

[126] Tolley's Company Law, R2010.

[127] Re Glamorganshire Banking Co., Morgan's Case (1884) 28 Ch.D. 620; Re British Building Stone Co. [1908] 2 Ch. 450; vgl. auch Re Mysore Gold Mining Co. (1889) 42 Ch.D. 535.

[128] Pennington, Company Law, S. 980; Tolley's Company Law, R2010.

[129] Vgl. Palmer, Rz. 12.110; Re Imperial Mercantile Credit Association (1871) L.R. 12 Eq. 504; Re Mysore West Gold Mining Co. (1889) 42 Ch.D. 535.

barkeit mit dem Human Rights Act 1998 wird aufgrund des Zwangscharakters des Schlichtungsspruches ohne weiteren Rechtsbehelf angezweifelt. Die Company Law Review Steering Group hat daher in ihrem Abschlußbericht empfohlen[130], daß die Abfindungsermittlung durch einen vom Gericht zu bestellenden unabhängigen Sachverständigen zu erfolgen habe; auch soll gesetzlich geregelt werden, daß sich der Abfindungspreis am Übernahmepreis des Unternehmens orientieren solle.

(d) Recht der Anteilseigner zur Zurückweisung der Gegenleistung

Ein weiterer passiver oder negativer Schutzmechanismus im Verfahren gem. secs. 110, 111 IA 1986 besteht darin, daß Personen, die von ihrem Widerspruchsrecht keinen oder keinen ordnungsgemäßen Gebrauch gemacht haben, aber auch nicht die Gegenleistung der übernehmenden Gesellschaft annehmen wollen, nicht dazu gezwungen werden dürfen, diese Gegenleistung gegen ihren Willen anzunehmen.[131] Die dogmatische Begründung dafür liegt darin, daß der Unternehmensübertragungsvertrag nur zwischen dem Liquidator und der Übernehmerin geschlossen wird und daher keine vertragliche Beziehung zwischen den Gesellschaftern der übertragenden Gesellschaft und der Übernehmerin besteht.[132] Lehnt ein Anteilseigner die Annahme der nach dem Liquidationsplan vorgesehenen Gegenleistung ab, dann erhält er mangels irgendeiner Rechtsbeziehung zur Übernehmerin aber auch keine andere Kompensation.[133]

Eine solche Ablehnung erscheint daher auf den ersten Blick für einen ökonomisch denkenden Menschen praxisfern; jedoch kann es passieren, daß mit einem als Gegenleistung angebotenen Gesellschaftsanteil gegenwärtige oder zukünftige Verpflichtungen verbunden sind, etwa im Falle der Fusion von Versicherungsgesellschaften bei später fällig werdenden Prämienzahlungen. Genauso können auf neue Anteile wegen einer nur teilweisen Einzahlung noch Zahlungen fällig werden, so daß diese Anteile Haftungsrisiken in sich bergen.

Allgemein fallen einmal als Gegenleistung abgelehnte Anteile zunächst der „transferor company“ zu und können an deren sonstige Anteilseigner weiterge-

---

[130] Ch. 13.12 f., URN 01/942.

[131] Re Bank of Hindustan, China & Japan, Higgs Case (1865) 2 Hem. & M. 657, insbes. 665 per V.-C. Wood; Cleve v. Financial Corporation (1873) L.R. 16 Eq. 363.

[132] Re Metropolitan Fire Insurance Co., Wallace's Case [1900] 2 Ch. 671; Re New Eberhardt Co., ex parte Menzies (1889) 43 Ch.D. 118; Pennington, Company Law, S. 981 Fn. 4.

[133] Re Bank of Hindustan China and Japan, ex parte Martin (1865) 2 Hem. & M. 669.

reicht werden; lehnen auch die übrigen Anteilseigner die bereits abgelehnten Anteile ab, dann fallen sie endgültig an die „transferee company".[134]

Die Übernahmevereinbarung kann abweichend bestimmen, daß nicht angenommene Anteile vom Liquidator oder von der Übernehmerin, wenn sie diese Anteile bei Ablehnung zurückerhält, verkauft werden müssen und der Verkaufserlös den die Annahme verweigernden Gesellschaftern zusteht.[135] Auch wenn keine explizite Bestimmung über die Verteilung des Verkaufserlöses besteht, dann haben die ablehnenden Gesellschafter einen Anspruch darauf.[136]

Ein weiteres Problem ergibt sich daraus, ob das Schweigen auf ein Angebot von Anteilen oder Wertpapieren nach Setzen einer Frist zur Annahme als Ablehnung gewertet werden kann, wenn der Anteilseigner der „transferor company" nach Fristablauf tätig wird und seine Anteile beansprucht. Die englische Rechtsprechung hat einen Anspruch eines solchen Anteilseigners verneint.[137] Daraus kann geschlossen werden, daß die Untätigkeit und das Schweigen eines Anteilseigners rechtliche Wirkungen auslöst. Will ein Anteilseigner seinen Anspruch auf die Gegenleistung behalten, muß er sich vor Ende der Nachfrist zu seinen Annahmeabsichten äußern.

(e) Möglichkeit der Erwirkung einer Zwangsabwicklung

Einmal gem. sec. 110 (5) IA 1986 gebundene dissentierende Anteilseigner können eine Fusion genauso wie auch die Gläubiger dadurch zu Fall bringen, daß sie in ihrer Eigenschaft als „contributory" bei Gericht einen Antrag gem. sec. 124 (1) CA 1985 auf Erlaß einer „winding-up order" stellen, so daß die freiwillige Abwicklung in eine zwangsweise umschlagt, sec. 110 (6) 2.HS IA 1986 eingreift und die Fusion, sofern sie noch nicht ein Jahr zurückliegt, der gerichtlichen Genehmigung unterliegt.[138]

Das Gericht kommt einem Antrag einzelner Gesellschafter auf Abwicklung gem. sec. 122 (1)(g) IA 1986 insbesondere dann nach, wenn es eine solche Anordnung für gerecht und billig („just and equitable") hält. Eine Ungerechtigkeit ist

---

134 Wood J. in Clinch v. Financial Corporation (1868) L.R. 5 Eq. 450, 472; vgl. auch Palmer, Rz. 12.109.

135 Postlethwaite v. Port Philip and Colonial Gold Mining Co. (1889) 43 Ch.D. 452; Fuller v. White Feather Reward Ltd. [1906] 1 Ch. 823; Buckley L.J. in Bisgood v. Henderson's Transvaal Estates [1908] 1 Ch. 743, 760; Tolley's Company Law, R2009.

136 Lake View Extended Gold Mine (Western Australia) [1900] W.N. 445.

137 Zuccani v. Nacupai Gold Mining Co. (1889) 61 L.T. 176, C.A.; vgl. auch Palmer, Rz. 12.110.

138 Pennington, Company Law, S. 979, 981; Palmer, Rz. 12.111.

dann gegeben, wenn der Liquidationsfusionsplan unausgewogen und unfair ist und die gerichtliche Kontrolle dieses Fusionsplans daher notwendig ist.[139]

So reißt das Gericht die Entscheidungsbefugnis an sich und genehmigt einen Fusionsplan nicht, wenn auf die als Gegenleistung ausgegebenen Anteile der Übernehmerin noch Emissionsagiozahlungen geleistet werden müssen, selbst wenn nur der Transaktion zustimmende Anteilseigner mit einer solchen Pflicht belastet werden.[140]

Ein Fusionsplan wird aber nicht allein deshalb vom Gericht als unfair zurückgewiesen, weil die Gesellschafter statt ihrer alten voll eingezahlten Anteile nur teilweise eingezahlte Anteile an der Übernehmerin erhalten sollen, da jeder Anteilseigner von seinem Widerspruchsrecht mit Abfindungsmöglichkeit Gebrauch machen und sich so einer Nachschußpflicht entziehen kann.[141] Aufgrund der Gewährung eines Wahlrechts werden ebenso Fusionspläne genehmigt, die den Altanteilseignern neben einem voll eingezahlten Anteil eine Option auf weitere Anteile verleihen, auch wenn bei Ausübung der Option eine Nachzahlung auf im Gegenzug zugeteilte Anteile geleistet werden muß.[142]

Der Unterschied der beiden letztgenannten Fälle zum Fall der Emissionsagiozahlungspflicht besteht darin, daß die Auferlegung einer solchen eine rein persönliche Verpflichtung des Zeichners („allottee“) begründet, die nicht unmittelbar mit dem Anteil als solchem zusammenhängt. Im Fall der Emissionsagiozahlungspflicht erbringt die übertragende Gesellschaft als Gegenleistung für die von der übernehmenden Gesellschaft neu auszugebenden Anteile nämlich nicht nur die Übertragung ihres Unternehmens und ihrer Aktiva, sondern geht gleichzeitig eine Verpflichtung zur Emissionsagiozahlung anstelle ihrer Anteilseigner ein, zu der sie gesetzlich nicht befugt ist.[143]

dd) Verteilung der Gegenleistung

Nach Auszahlung aller widersprechenden Gesellschafter und Befriedigung der Gläubiger muß der Liquidator die in Ausführung der Fusion erhaltene Gegenlei-

---

[139] Re Consolidated South Rand Mines Deep Ltd. [1909] 1 Ch. 491; Pennington, Company Law, S. 979, 981; Gore-Browne, §§ 30.4.1, 30.4.2; Tolley's Company Law, R2009.

[140] Vgl. Imperial Bank of China, India and Japan v. Bank of Hindustan, China and Japan (1868) L.R. 6 Eq. 91; Palmer, Rz. 12.111.1.

[141] Mason v. Motor Traction Co. [1905] 1 Ch. 419; vgl. auch Gower/Davies, S. 761 Fn. 29, eine solche Nachschußpflicht macht die Fusion aber nicht sehr attraktiv, so daß den Akteuren zu einem solchen Vorgehen nicht geraten werden kann.

[142] Postlethwaite v. Port Phillip and Colonial Gold Mining Co. (1889) 43 Ch.D. 452; vgl. zu weiterer Kasuistik Palmer, Rz. 12.111.2.

[143] Pennington, Company Law, S. 982.

stung verteilen.[144] Es kann aber auch wirksam eine Vereinbarung getroffen werden, daß die „transferee company" ihre Gegenleistung nicht an den Liquidator zur Verteilung an die Gesellschafter der „transferor company" erbringt, sondern direkt an die Gesellschafter leistet.[145]

Die Verteilung erfolgt streng im Einklang mit den Rechten der Gesellschafter am Liquidationserlös.[146] Insbesondere darf der Ermächtigungsbeschluß der Anteilseignerversammlung gem. sec. 110 (2), (3) IA 1986 keine Abweichung von den Liquidationserlösrechten vorsehen.[147] Auch bei einer solchen Beschlußfassung ist der Liquidator an diesen nicht gebunden; in jedem Fall muß er die Anteilseigner streng nach ihren Rechten am Liquidationserlös befriedigen.[148] Eine Anteilseignerversammlung kann nur die Art und Weise der Gegenleistung im Ermächtigungsbeschluß festlegen, nicht jedoch Einfluß auf deren Verteilungsschlüssel nehmen.[149] Das wäre nur durch vorherige Satzungsänderung zur Veränderung der Rechte am Liquidationserlös möglich.

Ein Fusionsplan, der die Anteilseigner nicht exakt nach ihren Rechten am Liquidationserlös behandelt, darf nicht im Verfahren gem. secs. 110, 111 IA 1986, sondern nur als „Scheme of Arrangement" gem. secs. 425 ff. CA 1985 implementiert werden.[150] Denn die secs. 110, 111 IA 1986 ermächtigen nur dazu, statt der Versilberung der Vermögensgegenstände in Geld eine Übertragung von Vermögensgegenständen gegen andere Gegenleistungen als Geld vorzunehmen und im Rahmen der Abwicklung eine Sach- statt einer Barausschüttung vorzunehmen. Das von den sec. 110 (4) IA 1986 angesprochene „arrangement" meint nur die Abweichung vom üblichen Procedere der Versilberung, nicht jedoch einen Vergleich in bezug auf die Rechte am Liquidationserlös.

Jedoch können Anteilseigner der übertragenden „company" auf ihr Recht am Liquidationserlös auch teilweise verzichten, ohne daß die anderen Anteilseigner,

---

[144] Gore-Browne, § 30.8. Sollten die bei der übertragenden Gesellschaft verbleibenden Mittel zur Befriedigung der Gläubiger nicht ausreichen, dann muß der Liquidator die als Gegenleistung erhaltenen Anteile verkaufen oder verpfänden, um Bargeld zur Gläubigerbefriedigung aufzubringen.

[145] Re City and County Investment Co. (1879) 13 Ch.D. 475; Bisgood v. Henderson's Transvaal Estates [1908] 1 Ch. 743, 760, C.A.; Tolley's Company Law, R2008; Palmer, Rz. 12.111.1; Gore-Browne, § 30.5.

[146] Pennington, Company Law, S. 982; Gore-Browne, § 30.6.2.

[147] Gore-Browne, § 30.6.2.

[148] Palmer, Rz. 12.113.

[149] Griffith v. Paget (1877) 5 Ch.D. 894.

[150] Re Sandwell Park Colliery Co. [1914] 1 Ch. 589; Re Needhams [1923] W.N. 289; Palmer, Rz. 12.113: Ein solches „Scheme of Arrangement" sollte aber - trotz einiger Rechtsunsicherheit - ein den Anforderungen der secs. 110, 111 IA 1986 entsprechendes Minderheitenschutzniveau erreichen, um eine Genehmigungsverweigerung wegen Mißbrauchs zu vermeiden, vgl. sogleich S. 387 ff.

die einen entsprechend höheren Betrag erhalten, wegen eines falschen Verteilungsschlüssels Klage erheben könnten.[151]

Neben der langen einjährigen schwebenden Unwirksamkeit gem. secs. 110 (6) 2. HS IA 1986 stellt die strenge Verteilung nach den Liquidationserlösrechten bei nur schwierig zu ermittelnden Verteilungsschlüsseln eine weitere Schwachstelle des Liquidationsplanverfahrens dar, das die Attraktivität der secs. 110, 111 IA 1986 empfindlich beeinträchtigt. Die Quote ist nämlich nur dann unproblematisch zu ermitteln, wenn es eine einzige Anteilsgattung in der „transferor company" gibt. Dann entfällt auf jeden Anteil derselbe Anspruch. Gibt es jedoch mehrere Anteilsgattungen mit verschiedenen Rechten am Liquidationserlös und besteht auch die Gegenleistung aus Anteilen, Wertpapieren oder sonstigen Ansprüchen, dann stellt sich die korrekte Ausschüttung der Gegenleistung als äußerst problematisch dar.[152] In diesem Bereich besteht eine erhebliche Rechtsunsicherheit.[153] Die Praxis greift daher im Falle mehrerer Anteilsgattungen regelmäßig auf ein „Scheme of Arrangement" gem. secs. 425 ff. CA 1985 zurück, da dadurch eine flexiblere Gestaltung möglich ist, die mehr Rechtssicherheit verspricht.[154]

Eine von den Gerichten anerkannte Möglichkeit der Risikoverminderung besteht darin, genaue und angemessene oder nur als „angemessen" umschriebene Annahmefristen für die Anteilseigner der übertragenden „company" zu setzen, damit sich schnell entscheidet, ob eine Fusion jedenfalls von Anteilseignerseite nicht mehr angegriffen werden kann.[155] Denn ab Annahme des Anteils können Liquidationsfusionspläne gem. secs. 110, 111 IA 1986 nicht mehr vom jeweiligen Anteilseigner rechtlich angegriffen werden.[156] Dasselbe gilt, wenn der Anteilseigner die ihm gesetzte Annahmefrist verstreichen läßt oder die Annahme bewußt ablehnt.[157]

Es wurden außerdem viele Versuche unternommen, das Ergebnis eines Liquidationsplanverfahrens durch ein in der Gesellschaftssatzung („memorandum of as-

[151] Griffith v. Paget (1877) 5 Ch.D. 894.
[152] Vgl. dazu Palmer, Rz. 12.113; Pennington, Company Law, S. 982; Gore-Browne, § 30.6.2; Simpson v. Palace Theatre [1893] W.N. 91 und in zweiter Instanz, 9 T.L.R. 470.
[153] Gore-Browne, § 30.6.2.
[154] Gore-Browne, § 30.7; dabei stellt sich dann das Problem des Verhältnisses zwischen den secs. 110, 111 IA 1986 und den secs. 425 ff. CA 1985, vgl. dazu sogleich S. 387 ff.
[155] Palmer, Rz. 12.116; Tolley's Company Law, R2009; vgl. Zuccani v. Napupai Gold Mining Co. (1889) 61 L.T. 176; Postlethwaite v. Port Phillip and Colonial Gold Mining Co. (1889) 43 Ch.D. 452; Buckley J. in Bisgood v. Henderson's Transvaal Estates [1908] 1 Ch. 743, 760.
[156] Re Bank of Hindustan China and Japan, Alison's Case (1873) 9 Ch.App. 1.
[157] Imperial Bank of China India and Japan v. Bank of Hindustan China and Japan (1868) L.R. 6 Eq. 91.

sociation" oder „articles") festgelegtes Verfahren zu erreichen, das nicht alle Anforderungen und Verfahrensschritte des Liquidationsplanverfahrens beinhaltete. Solche satzungsautonomen Verfahren sind auch zulässig, müssen aber das Widerspruchsrecht dissentierender Minderheiten, das Verbot des Zwangs zur Annahme von Anteilen an einer Übernehmerin oder zur Abfindungspflicht respektieren.[158]

ee) Auflösung der übertragenden Gesellschaft

Sobald alle von der übertragenden Gesellschaft erhaltenen Anteile oder sonstigen Gegenleistungen an ihre Gesellschafter verteilt, die Verbindlichkeiten der Gesellschaft beglichen und eventuell verbleibende Vermögensbestandteile versilbert und der Barliquidationserlös ebenfalls ausgeschüttet worden sind, dann löst der Liquidator die „transferor company" im Rahmen des „voluntary winding-up" auf, indem er eine Liquidationsschlußbilanz aufstellt, ein „final meeting" gem. sec. 94 IA 1986 zur Bilanzfeststellung und Entlastung einberuft und das Ergebnis der abgehaltenen Hauptversammlung beim Gesellschaftsregister zur Eintragung anmeldet und eine Kopie der Liquidationsschlußbilanz hinterlegt. Drei Monate nach Eintragung dieser Meldung gilt die Gesellschaft als aufgelöst, sec. 201 (2) IA 1986, auch wenn das Gericht das Abwicklungsverfahren wieder aufleben lassen kann, vgl. sec. 110 (6) IA 1986.[159]

ff) Verfahrensschritte aus Sicht der übernehmenden Gesellschaft

Aus Sicht der übernehmenden Gesellschaft („transferee company") ergeben sich bei einer „amalgamation" grundsätzlich wenige Besonderheiten. Da eigene Anteile in England als Akquistionswährung gem. (sec. 162 (2) i.V.m.) sec. 161 (4), (5) CA 1985 nicht zur Verfügung stehen[160], ist eine Ausgabe neuer Anteile erforderlich, für die die allgemeinen Regeln[161] und die bereits beim „takeover" darge-

[158] Vgl. Payne v. The Cork Co. Ltd. [1900] 1 Ch. 308; Re Irrigation Co. of France, ex parte Fox (1871) 6 L.R. Ch.App. 176; Baring-Gould v. Sharpington Syndicate [1889] 2 Ch. 80; Re Empire Assurance Corporation, ex parte Bagshawe (1867) 4 L.R. Eq. 341; Bisgood v. Henderson's Transvaal Estates Ltd. [1908] 1 Ch. 743; Bisgood v. Nile Valley Co. [1906] 1 Ch. 747; Manners v. St. David's Gold and Copper Mines [1904] 2 Ch. 593; Palmer, Rz. 12.115.

[159] Vgl. secs. 106 und 202 IA 1986 für das „creditors' voluntary winding-up" und das „compulsory winding-up".

[160] Siehe S. 54 ff.

[161] Siehe S. 49 f.

stellten Besonderheiten[162] gelten, da es keinen Unterschied macht, ob Anteile oder Vermögen als Sacheinlage für die zu gewährenden Anteile bei der übernehmenden Gesellschaft eingebracht werden.

Ein Sonderproblem bei Vermögensübertragungen besteht jedoch in folgendem. Statt der für Anteilstauschvergleichspläne eingreifenden Ausnahme von der für „public companies" bestehenden Verpflichtung zur Prüfung der Sacheinlage durch einen unabhängigen Sachverständigen gem. sec. 103 (3), (7)(a) CA 1985 greift bei Fusionen unter Übertragung *aller* Aktiva und Passiva grundsätzlich die Ausnahme gem. sec. 103 (5) CA 1985. Sie setzt aber voraus, daß die neu auszugebenden Anteile an die Anteilseigner der übertragenden Gesellschaft geleistet werden müssen und somit nicht an die übertragende Gesellschaft selbst. Es ist daher äußerst zweifelhaft, ob bei einem Vorgehen gem. secs. 110, 111 IA 1986 die Ausnahme nach sec. 103 (5) CA 1985 überhaupt greifen kann, selbst wenn es zu einer Übertragung aller Aktiva und Passiva kommt und zwischen dem Liquidator und der übernehmenden Gesellschaft vereinbart wird, die Anteile statt an den Liquidator treuhänderisch zur Verteilung direkt an die Anteilseigner auszugeben.

Sollten nicht alle Aktiva und Passiva übertragen werden, besteht jedoch die Möglichkeit, die Prüfungspflicht zu umgehen, indem im Zusammenhang mit dem im Liquidationsplan enthaltenen „arrangement" gleichzeitig auch Anteile von der Zielgesellschaft auf die übernehmende Gesellschaft übertragen oder an sie neu ausgegeben werden.[163] In einem solchen Fall fällt die Transaktion nämlich unter den Wortlaut der für den Anteilstausch bestehenden Ausnahme von der Prüfungspflicht gem. sec. 103 (3) CA 1985[164], die von der Gewährung von Anteilen im Zusammenhang mit einem „arrangement" spricht, das als Gegenleistung ganz oder zum Teil die Übertragung aller oder *einiger* Anteile der Zielgesellschaft beinhaltet. Als „arrangement" gilt gem. sec. 103 (7)(a) CA 1985 nämlich auch ein solches gem. sec. 110 IA 1986. Es ist jedoch fraglich, ob eine solche Gestaltung von der Rechtsprechung nicht als mißbräuchliche Umgehung eingestuft würde.[165]

In der Praxis wird nicht nur wegen der Rechtsunsicherheiten bei den aufgezeigten beiden Umgehungsmöglichkeiten auf eine unabhängige Bewertung selten verzichtet werden. Denn meist haben beide Fusionspartner ein Interesse an einem angemessenen Tauschverhältnis.

---

[162] Siehe S. 229 ff.

[163] Weinberg/Blank/Rabinowitz, Rz. 2-3042.

[164] Vgl. bereits bei der Übernahme durch ein „Scheme of Arrangement" S. 240 ff.

[165] Zweifelnd Weinberg/Blank/Rabinowitz, Rz. 2-3042.

Davon abgesehen, daß Fusionen in England traditionell durch Anteilstausch statt durch Unternehmens- und Vermögensübertragung gegen Anteile vonstatten gehen[166], stellt das Liquidationsplanverfahren ein nur sehr bedingt beliebtes Mittel zur Durchführung einer Fusion dar.

Zwar birgt das Verfahren gem. secs. 110, 111 IA 1986 den Vorteil in sich, grundsätzlich sehr unkompliziert zu sein und ohne eine gerichtliche Beteiligung auszukommen.[167] Jedoch hat dies auch zur Folge, daß alle Vermögensgegenstände ohne gerichtliche Hilfe einzelvertraglich übertragen werden müssen und die Gesellschaft ohne vorzeitige Auflösung durch gerichtliche Anordnung das übliche Abwicklungs- und Auflösungsverfahren durchlaufen muß.[168]

Bei „companies" mit vielen Gesellschaftern wirken sich außerdem das sog. „appraisal right" eines widersprechenden Gesellschafters zur Abfindung gem. sec. 111 IA 1986 und der einjährige Schwebezustand gem. sec. 110 (6) 2. HS IA 1986 als abschreckend aus.[169]

Wenn eine Vielzahl von Gesellschaftern aufgrund einer Widerspruchserhebung gem. sec. 111 (2) IA 1986 zur Fortführung des Fusionsvorhabens abgefunden werden muß und die Fusion sich damit in prohibitiver Weise verteuert, besteht die Gefahr, daß die Fusionspartner Abstand von der Transaktion nehmen müssen.[170] Zur üblichen Praxis bei Liquidationsfusionen zählt es daher, einen fertigen Fusionsplan zur Abstimmung und Ermächtigung vorzulegen und erst zeitlich nachfolgend die Einleitung des Abwicklungsverfahrens zu beschließen.[171] Eine vorherige Abstimmung über den Fusionsplan zeigt spätestens nach Ablauf der 7-Tages-Widerspruchsfrist gem. sec. 111 (2) IA 1986 auf, wie groß die Anzahl der Gesellschafter ist, die eine Abfindung verlangen, und wie hoch der Preis der Fusion tatsächlich ausfällt.[172] Selbst wenn der Ermächtigungsbeschluß gefaßt ist, kann bei einem zu hohen Preis für Abfindungen von der Fusion entsprechend der Aufforderung gem. sec. 111 (2) IA 1986 Abstand genommen werden, ohne daß sich die Gesellschaft bereits in der prekären Situation der Liquidation befindet.

Bei kleineren „companies" wird zudem versucht, die Gesellschafter schon im Vorfeld ausführlich über eine geplante Fusion zu unterrichten und mit den Infor-

---

[166] Gower/Davies, S. 761 Fn. 26, 766; Tolley's Company Law, R2018 a.E.; Wooldridge, Comp. Lawy. 1980, 75, 79; Welch, Comp. Lawy. 1986, 69, 69 f.; Burnside, Comp. Lawy. 1992, 19, 20; Müller-Driver, a.a.O., S. 50 f.; Gillessen, a.a.O., S. 349 m.w.N.
[167] Weinberg/Blank/Rabinowitz, Rz. 2-4010.
[168] Weinberg/Blank/Rabinowitz, Rz. 2-4011.
[169] Vgl. Tolley's Company Law, R2011; Weinberg/Blank/Rabinowitz, Rz. 2-4011.
[170] Tolley's Company Law, R2008; Gower/Davies, S. 762.
[171] Tolley's Company Law, R2008.
[172] Tolley's Company Law, R2010; Gubbins/Crawford/Brann, PLC Juli 1996, 37, 41.

mationsschreiben die Gesellschafter zur Abgabe unwiderruflicher Stimmrechtsvollmachten an die Direktoren aufzufordern.[173] Mit Erhalt der Stimmrechtsvollmachten können die Direktoren die Höhe des Abfindungspreises in etwa einschätzen und dann entscheiden, ob sie das Fusionsvorhaben letztendlich vorantreiben. Bei einer genügenden Zahl von Stimmrechtsvollmachten kann dann gleichzeitig ein Beschluß der Anteilseignerversammlung zur Ermächtigung der Direktoren zur Durchführung des Fusionsplans sowie zum Übergang in das Liquidationsverfahren gefaßt werden.

Nur wenn mit wenigen dissentierenden Gesellschaftern und damit mit geringeren Abfindungszahlungen gerechnet werden kann und die Gläubiger zuvor ausbezahlt worden sind oder in die Fusion miteinbezogen werden können, bieten die secs. 110, 111 IA 1986 wegen der fehlenden Gerichtsbeteiligung ein im Vergleich zum „Scheme of Arrangement" gem. secs. 425 ff. CA 1985 kostengünstiges Mittel zur Zusammenführung zweier Unternehmen an. Daher sind Liquidationsfusionen insbesondere bei kleinen und mittleren „private companies", vor allem also Familienunternehmen, sowie bei Kapitalanlagegesellschaften („investment trust companies") ein beliebtes und bewährtes Mittel.[174]

Da Liquidationsfusionen zwangsläufig die vielfach kostenträchtige und zeitaufwendige Abwicklung und Auflösung der übertragenden Gesellschaft mit sich bringen, bedient die Praxis sich zur Abmilderung dieses Ergebnisses der Zwischenschaltung einer gläubigerlosen Zweckgesellschaft (NewCo. oder Mantelgesellschaft) als Holding (HoldCo.) der eigentlich übertragenden Gesellschaft.[175] Anschließend wird dann bei dieser HoldCo. das Verfahren gem. secs. 110, 111 IA 1986 durchgeführt, die ihre an der Ausgangsgesellschaft erworbenen Anteile und damit nur indirekt deren Unternehmen und Vermögen überträgt. Eine solche HoldCo.-Lösung birgt den großen Vorteil in sich, daß die Holding keine Gläubi-

---

[173] Tolley's Company Law, R2010.

[174] Tolley's Company Law, R2008, R2010; Gower and Davies, S. 803; Bericht „Completing the structure" der Company Law Review Steering Group, Ch. 11.13, URN 00/1335.

[175] Tolley's Company Law, R2008, R2011; Gubbins/Crawford/Brann, PLC Juli 1996, 37, 38; vgl. oben bereits S. 271 f. Die geplante HoldCo. muß zur Zwischenschaltung 100 % der Anteile an der Ausgangsgesellschaft übernehmen. Dies kann HoldCo. zum einen erreichen, indem sie ein Übernahmeangebot an die Anteilseigner der Ausgangsgesellschaft abgibt und anschließend bei einer Zustimmung durch 90 % der Anteilseigner ein Zwangsausschlußverfahren gem. secs. 429 ff. CA 1985 („Squeeze-out") zum Erwerb der restlichen außenstehenden Anteile durchführt. Vorteilhafter ist in solchen Fällen aber die Implementierung eines „Scheme of Arrangement" gem. secs. 425 ff. CA 1985 durch die Ausgangsgesellschaft. Häufig kommt es daher zu einer Kombination zwischen einem „Scheme of Arrangement" und einem anschließenden Liquidationsplan, wenn wirklich nach den secs. 110, 111 IA 1986 vorgegangen werden soll.

ger besitzt und damit das Risiko einer Unwirksamkeit der Fusion innerhalb der Einjahresschwebe gem. sec. 110 (6) 2.HS IA 1986 minimiert wird.[176] Bei Gesellschaften mit einer Vielzahl von teilweise auch unbekannten Gläubigern ist daher die Zwischenschaltung einer Holdinggesellschaft regelmäßig anzutreffen.[177]

Ein weiterer Grund für die generelle Unbeliebtheit der secs. 110, 111 IA 1986 zur Durchführung von Fusionen ist die mit der Gegenleistungsverteilung verbundene Rechtsunsicherheit, wenn mehrere Anteilsgattungen bestehen, die den Anteilseignern verschiedene Rechte am Liquidationserlös verleihen. In solchen Fällen wird regelmäßig auf die secs. 425 ff. CA 1985 zurückgegriffen, die einen Gesellschaftervergleich über die Verteilung der Gegenleistung ermöglichen.

Hemmend kann sich auf die Wahl des Liquidationsplans ebenfalls auswirken, daß die Verwaltungsratsmitglieder innerhalb von fünf Wochen nach dem Beschluß über die freiwillige Abwicklung der Gesellschaft eine gemeinsame Solvenzerklärung gem. sec. 89 IA 1986 abgeben müssen, da nach deren ss. (4) schon fahrlässige Falschangaben zu Geld- oder Gefängnisstrafen führen können.[178]

Wenn auf die secs. 110, 111 IA 1986 zurückgegriffen wird, dann beinhaltet der Fusionsplan zur Vereinfachung des Verfahrens im übrigen meist die Vereinbarung zwischen den Beteiligten, daß die zur Gegenleistung für die Unternehmensübertragung geleisteten Anteile nicht zuerst an den Liquidator treuhänderisch zur Ausschüttung, sondern direkt von der übernehmenden Gesellschaft an die Gesellschafter der Übertrāgerin geleistet werden.[179]

Letztendlich ist bei der Formwahl auch noch zu bedenken, daß das Liquidationsplanverfahren einen Imageverlust mit sich bringen kann, da es letztlich ein im In-

---

[176] Tolley's Company Law, R2011; Gubbins/Crawford/Brann, PLC Juli 1996, 37, 38.

[177] Vgl. Gubbins/Crawford/Brann, PLC Juli 1996, 37, 38. Ein interessantes Beispiel findet sich in der Fallstudie von Godden/Butler, PLC Januar/Februar 2000, 43 ff. zu der in vier Schritten geplanten Fusion von British Aerospace mit der Verteidiungselektroniksparte Marconi Electronic Systems der General Electric Company: Als erster Schritt wurde ein „cancellation and reduction scheme" zur Zwischenschaltung einer neuen HoldCo. implementiert, die gegen Übernahme der Ausgangsgesellschaftsanteile eigene Anteile an weitere Zwischen-HoldCos. ausgab, die erst dann den Anteilseignern der Ausgangsgesellschaft eigene Anteile gewährten. Durch diese doppelte Zwischenschaltung wird der Nachteil des Gläubigerwiderspruchs und der Abfindung widersprechender Anteilseigner ausgeschaltet, da die später zu liquidierende HoldCo. keine Gläubiger hat und die Zustimmung durch ihre Anteilseigner, nämlich die Zwischen-HoldCos. gesichert ist.

[178] Vgl. Gubbins/Crawford/Brann, PLC Juli 1996, 37, 38.

[179] Tolley's Company Law, R2008.

solvenzrecht verankertes Verfahren darstellt und die Transaktion durch einen Liquidator vorgenommen wird.[180]

c) „Scheme of Arrangement" gem. secs. 425 ff. CA 1985

Das „Scheme of Arrangement" ist mangels eines speziellen gesetzlichen Fusionsverfahrens („statutory merger procedure") das eigentliche englische Verfahren zur Durchführung einer Fusion durch Vermögensübertragung. Dies zeigt sich auch an der Umsetzung der EG-Verschmelzungsrichtlinie durch Einfügung von sec. 427A CA 1985 und Schedule 15B zum CA 1985.

aa) Verfahren

Das Verfahren im Falle einer „amalgamation" durch Vermögensübertragung weist grundsätzlich wenige Besonderheiten auf, und richtet sich demnach nach dem im Allgemeinen Teil en détail beschriebenen Verfahren, das hier nur kurz geschildert wird.

Erst wenn eine Antragstellung zum Erlaß flankierender Anordnungen gem. sec. 427 CA 1985 zur Erleichterung des Vorhabens erfolgt oder wenn im Falle von „public companies" der Anwendungsbereich der sec. 427A und von Sched. 15B CA 1985 eröffnet ist, ergeben sich größere Erweiterungen des ursprünglichen Verfahren.

(1) Grundfall: „private company" als übertragende Gesellschaft

(a) Übertragende Gesellschaft

Ausgegangen werden soll vom Grundfall einer Verschmelzung mit einer oder auch mehreren übertragenden „private companies".

Zunächst finden im Vorfeld des eigentlichen Verfahrens Verhandlungen zwischen den Direktoren der übertragenden Gesellschaft(en) und der übernehmenden Gesellschaft zur Ausarbeitung eines Fusionsplans statt, der insbesondere auch das Umtauschverhältnis regelt. Die Unternehmensleitung der übertragenden Gesellschaft strengt anschließend das Arrangement-Verfahren gem. secs. 425 ff. CA 1985 durch Antrag bei Gericht auf Einberufung einer entsprechenden Versamm-

[180] Page, JIBL 2002, 17 (9), 263, 264.

lung der Anteilseigner der übertragenden Gesellschaft oder entsprechender Versammlungen der Anteilseignerklassen an. Nach einer Anhörung zum Antrag, Erlaß einer Anordnung zur Einberufung durch das Gericht und entsprechenden Einberufungen und Bekanntmachungen erfolgen die jeweiligen Abstimmungen über den Fusionsplan. Bei den Einberufungen und Bekanntmachungen ist eine erklärende Stellungnahme gem. sec. 426 CA 1985 beizufügen. Für den Inhalt der Stellungnahme gelten keine Sonderregelungen oder eine fallgruppenspezifische Rechtsprechung. Es kann sinnvoll und sogar notwendig sein, die geplanten Anträge für flankierende Anordnungen gem. sec. 427 CA 1985 im Vorfeld bekanntzugeben und auch sie damit zur Grundlage der Entscheidung in den späteren Versammlungen zu machen, da vom Erlaß der Hilfsanordnungen der Charakter der Fusion und der Übergang der Rechtsbeziehungen geprägt wird. Das Abstimmungsverhalten der Gläubiger und Anteilseigner kann entscheidend durch diese Offenlegung beeinflußt werden.[181]

Nach Einberufung und Bekanntmachung der Versammlungen werden diese zum angegebenen Zeitpunkt abgehalten. Bei positivem Ausgang der Abstimmungen berichtet der Versammlungsleiter dem Gericht über die Ergebnisse und legt ihm den angenommenen Fusionsplan zur Genehmigung gem. sec. 425 (2) CA 1985 vor. Dabei sollten gleichzeitig auch schon die flankierenden Anordnungen gem. sec. 427 CA 1985 beantragt werden[182], obwohl es üblicher ist, diesen Antrag erst im Rahmen der nachfolgenden Erörterung des Fusionsplans unter Ausschluß der Öffentlichkeit („hearing in chambers") zu stellen und sich diese Möglichkeit vorher nur vorzubehalten.[183] Behält sich der Antragsteller diese Möglichkeit nicht vor, kommt es bei einer unangekündigten Antragstellung beim Erörterungstermin zu einer Vertagung der Sitzung, die zu einem unnötigen Zeitverlust führt.[184]

Anschließend überprüft das Gericht den Fusionsplan in formeller und materieller Hinsicht.[185] Sofern es den Fusionsplan genehmigt, wird er bei Hinterlegung der Genehmigung beim Gesellschaftsregister gem. sec. 425 (3) CA 1985 für alle Beteiligten bindend. Die Hinterlegung des Genehmigungsbeschlusses führt aber noch nicht automatisch zur Übertragung der Aktiva und Passiva der übertragenden Gesellschaft oder zur Ausgabe von Anteilen, Schuldverschreibungen und anderen Wertpapieren durch die übernehmende Gesellschaft an die Anteilseigner der übertragenden Gesellschaft. Diese Übertragungsakte müssen vielmehr zur

---

[181] Gillessen, a.a.O., S. 366.
[182] Jacob, Supreme Court Practice 1997, Rz. 102/4/30.
[183] Tolley's Company Law, R2019; Gore-Browne, § 30.11.1; Lord Hailsham of St. Marylebone, Companies, Rz. 1462.
[184] Tolley's Company Law, R2019.
[185] Siehe dazu S. 137 ff.

Umsetzung des Fusionsplans noch gesondert vorgenommen werden und sind ohne Einschaltung des Gerichts durch Beantragung flankierender Anordnungen gem. sec. 427 CA 1985 zumindest bei nicht unbedeutenden Transaktionsvolumina kompliziert und kostspielig.[186] Regelmäßig kommt es daher zur Antragstellung. Neben den genannten Zeitpunkten eines Antrags, die meist zur gleichzeitigen Anordnung mit der Genehmigung führen, eröffnet eine ohne Hilfsanordnungen beschlossene Genehmigung regelmäßig die Möglichkeit zu einer nachträglichen Antragstellung, falls eine solche dem Gericht sinnvoll oder wahrscheinlich erscheint.[187]

Unabhängig vom genauen Zeitpunkt der Antragstellung gem. sec. 427 (1) CA 1985 muß der Antragsteller ein ausgefülltes „Part 8"-Antragsformular[188] einreichen und Abschriften (zusammen mit einer Kopie des unterstützenden Beweismaterials) an jede Person weiterleiten, deren Interessen durch die beantragten Erleichterungen durch flankierende Anordnungen beeinträchtigt werden.[189] Falls zum Beispiel die beantragte Anordnung Vorschriften für widersprechende Anteilseigner enthalten soll, vgl. sec. 427 (3)(c), (3)(e) CA 1985, muß diesen der Antrag in Abschrift zugestellt werden.[190] Der Empfang ist schriftlich zu bestätigen.[191]

Weiterhin muß ein Antrag bei Gericht auf Erteilung von Weisungen für das weitere Vorgehen („summons/applications for directions") durch Einreichung einer Antragsmitteilung („application notice") gestellt werden.[192] Sachverhalte, die das Gericht regelmäßig durch Weisungen regelt, sind insbesondere die Veröffentlichung von Mitteilungen und das Anstellen von Untersuchungen, vor allem zur Ermittlung von Gläubigern, wenn die „company" infolge des Fusionsplans aufgelöst wird.[193] Um die letztgenannte Weisung zu vermeiden, trifft der Vergleichsplan selbst regelmäßig schon Vorkehrungen für Gläubiger, indem er zu deren Befriedigung eine Garantie, eine Abfindung oder die Bildung einer besonderen Kapitalrücklage vorsieht.[194]

---

[186] Tolley's Company Law, R2015.
[187] Lord Hailsham of St. Marylebone, Companies, Rz.1462; Palmer, Rz. 12.033.1.
[188] Damit ist ein Antragsformular („claim form") gemäß Teil 8 der Civil Procedure Rules 1998 gemeint. Rule 8.2 legt den Inhalt eines solchen Antragsformulars fest. Im übrigen regelt Teil 8 CPR 1998 auch das restliche Verfahren dieser Antragstellung.
[189] Weiterleitung an die anderen Personen: Rule 8.5 (4) CPR 1998; Beifügung des unterstützenden Beweismaterials: Rule 8.5 (1); Tolley's Company Law, R2019.
[190] Tolley's Company Law, R2019.
[191] Tolley's Company Law, R2019.
[192] Tolley's Company Law, R2019.
[193] Tolley's Company Law, R2019.
[194] Tolley's Company Law, R2019.

In aller Regel wird der für die Genehmigung zuständige „judge" den Erlaß der Hilfsanordnungen an den „registrar" übertragen.[195] Bei der darauffolgenden Anhörung zum Antrag auf Erlaß der Anordnungen gem. sec. 427 CA 1985 soll auch die übernehmende Gesellschaft vertreten sein und eventuell angehört werden.[196]

Gem. sec. 427 (2) CA 1985 kann das Gericht Anordnungen der in subsec. (3) aufgezählten Arten treffen, wenn das Verfahren eine „amalgamation" zum Gegenstand hat, die mindestens zwei Gesellschaften betrifft und bei der zugleich das gesamte Unternehmen oder zumindest ein Teil davon oder Eigentum oder eigentumsähnliche Rechte der übertragenden auf die übernehmende Gesellschaft übergehen sollen.

Zum Erlaß einer flankierenden Anordnung, insbesondere bei einem gerichtlichen Übereignungsbeschluß („vesting order") gem. sec. 427 (3)(a), (4) CA 1985 zur Übertragung von Aktiva oder Anteilen, muß der Antragsteller dem Gericht gegenüber eine Verpflichtungserklärung abgeben, daß die Anordnung zur Entscheidung über Stempelsteuerfragen („stamp duty purposes") vorgelegt und die eventuell veranlagte Steuer gezahlt wird.[197]

Eine amtliche Ausfertigung jeder flankierenden Anordnung gem. sec. 427 CA 1985 ist innerhalb von sieben Tagen nach Erlaß der Anordung von jeder von der Anordnung betroffenen „company" beim Gesellschaftsregister zur Eintragung einzureichen, sec. 427 (5) 1. HS CA 1985. Sollte eine „company" die fristgerechte Einreichung versäumen, unterliegt diese „company" und jeder ihrer verantwortlichen Direktoren der Verhängung einer Geldstrafe und bei fortdauerndem Verstoß der erneuten Verhängung eines täglichen Strafgelds, sec. 427 (5) 2. HS CA 1985 i.V.m. sec. 730 (4).[198]

Wenn bei einer „amalgamation" flankierende Anordnungen vor Beschluß der Genehmigung beantragt werden, spricht der Richter die Genehmigung regelmäßig erst nach Erlaß der Anordnungen gem. sec. 427 CA 1985 aus.[199] Die Hinterlegung gem. sec. 425 (3) CA 1985 stellt aus Sicht des Gerichts den endgültigen Schlußpunkt dar, der zur Wirksamkeit des Fusionsplans führt.[200] Diese Reihenfolge führt insbesondere dazu, daß das Gericht vor der endgültigen Wirksamkeit seiner Ent-

---

195 Practice Note [1939] W.N. 121; Lord Hailsham of St. Marylebone, Companies, Rz. 1462.

196 Practice Note [1939] W.N. 121; Gore-Browne, § 30.11.1.

197 Tolley's Company Law, R2019.

198 Gem. sec. 730 i.V.m. Sched. 24 CA 1985 erfolgt eine Verurteilung im summarischen Verfahren vor einem Einzelrichter, der eine Geldstrafe verhängen darf, die ein Fünftel des gesetzlichen Maximums (z.Zt. 5000 Pfund) nicht überschreiten darf; bei dauerhaftem Verstoß darf der Einzelrichter in einem weiteren summarischen Verfahren ein tägliches Strafgeld in Höhe von maximal einem Fünfzigstel des gesetzlichen Maximums verhängen.

199 Tolley's Company Law, R2019.

200 Vgl. R Oriental Bank [1887] W.N. 109, 112; Barclays Bank plc. et al. v. British & Commonwealth Holdings plc. [1996] 1 B.C.L.C. 1; Gore-Browne, § 30.12; Palmer, Rz. 12.032 m.w.N. insbes. zur australischen Rechtsprechung.

scheidung noch ausreichend Zeit hat, Verfahrensunregelmäßigkeiten aufzudecken und die Belange von Gläubigern und dissentierenden Personen durch Hilfsanordnungen gem. sec. 427 (3) CA 1985 zu berücksichtigen und so ein etwaiges materielles Ungleichgewicht auszugleichen.

Auch wenn noch einige Rechtsunsicherheit hinsichtlich der Reichweite der Bindungswirkung durch die im Allgemeinen Teil bereits zitierte[201] Entscheidung *Sovereign Life Assurance Co. v. Dodd*[202] besteht, ist mit der Hinterlegung beim Gesellschaftsregister von der umfassenden Verbindlichkeit des Fusionsplans auszugehen.

Versuche, zuvor verschmolzene Gesellschaften wieder zu entflechten, lassen erahnen, welche praktischen Schwierigkeiten eröffnet würden, wenn die Rechtsprechung ihr Ermessen so ausüben würde, die Fusionsentscheidung im nachhinein durch Rücknahme der Genehmigung gem. sec 425 (2) CA 1985 zu korrigieren. Um zum Beispiel einem Gläubiger die Wahrnehmung seiner Rechte gegen den damaligen Schuldner zu ermöglichen, müßte gegebenenfalls die Fusion rückgängig gemacht werden, um ihn wieder seinem alten Schuldner gegenüberzustellen. Selbst wenn die Verletzung eines Straftatbestandes kausal für die Fusion war, wird das Gericht eine Interessenabwägung durchführen, welche Folgen sich bei einer Rückgängigmachung der Fusion ergeben und ob nicht vielmehr eine Rückgängigmachung ex nunc, eine Verweisung auf einen Schadensersatzanspruch in Geld oder andere Rechtsschutzmöglichkeiten den Interessen der Beteiligten gerechter werden.[203]

Insgesamt ist daher nur in extremen Ausnahmefällen von der Rückabwicklung einer Fusion auszugehen. Das gilt umso mehr, je länger sich das Verfahren hingezogen hat. Ein Appellationsgericht könnte aber von seiner Befugnis zur bloß partiellen Korrektur des Vergleichsplans Gebrauch machen.

Des weiteren wird die Bindungswirkung eines genehmigten Fusionsplans durch Klagen von Personen gegen den Genehmigungsbeschluß gem. sec. 425 (2) CA 1985 vor dem Court of Appeal oder in dritter Instanz vor dem House of Lords in aller Regel nicht verhindert oder ausgesetzt. Nach allgemeinem englischen Zivilprozeßrecht, nämlich Rule 52.7 CPR 1998, führt die Berufung gegen eine gerichtliche Entscheidung nur dann zur aufschiebenden Wirkung, wenn dies von der Eingangsinstanz oder vom Appellationsgericht selbst gesondert angeordnet wird. Es kommt zu keinem „automatic stay". Theoretisch möglich wäre etwa die Anordnung, die Genehmigung nicht beim Gesellschaftsregister einzureichen, bis das

---

201 Siehe S. 149 f.

202 [1892] 2 Q.B. 573, 580, 584.

203 Vgl. dazu auch die Ausführungen von Neuberger J. in Fletcher v. Royal Automobile Club Ltd. [2000] 1 B.C.L.C. 331, 343 ff.

Appellationsverfahren beendet ist, oder nach Hinterlegung der Genehmigung die Verwirklichung der Fusion nicht voranzutreiben oder keine nachträglichen flankierenden Anordnungen gem. sec. 427 (3) CA 1985 zu erlassen, bis das Appellationsverfahren beendet ist.

Aufgrund der besonderen Bedeutung einer durch einen vorhergehenden Mehrheitsentscheid noch stärker legitimierten, präjudizierenden Gerichtsentscheidung wird das Interesse der Gesellschaft an der wirksamen Implementierung des Fusionsvorhabens das Interesse des Klägers an der Erhaltung des status quo in aller Regel überwiegen. Das gilt um so mehr, je weiter die Fusion fortgeschritten ist. Der Kläger wird in solchen Fällen darauf verwiesen werden, den Ausgang des Hauptsacheverfahrens abzuwarten, ohne das Verschmelzungsvorhaben aufhalten oder stoppen zu können. Dafür spricht auch, daß die Zeitspanne zwischen Genehmigungsbeschlußfassung und der Hinterlegung beim Gesellschaftsregister sehr kurz ist und daß meist schon frühzeitig Hilfsanordnungen gem. sec. 427 (3) CA 1985 erlassen worden sind, die die sofortige Vermögensvermischung der beteiligten Rechtsträger bewirken, so daß eine Rückgängigmachung zumindest ex tunc äußerst problematisch würde. Auch wird der Genehmigungsentscheidung des Gerichts nach erstmaliger Befassung mit den Widersprüchen der dissentierenden Anteilseigner ein wesentlich größeres Gewicht beigemessen als in Deutschland bei erstinstanzlichen Entscheidungen.

(b) Übernehmende Gesellschaft

Aus Sicht der übernehmenden Gesellschaft („transferee company") ergeben sich bei einer „amalgamation" durch ein „Scheme of Arrangement" kaum Besonderheiten. Es kann fast gänzlich auf die Erläuterungen zur Fusion gem. secs. 110, 111 IA 1986[204] und zur Unternehmensübernahme[205] verwiesen werden. Für den Fall einer Fusion, bei der es zu einer Übertragung *aller* Aktiva und Passiva einer Gesellschaft auf eine andere gegen Ausgabe von Anteilen kommt, gleich ob eine Barzuzahlung erfolgt oder nicht, entfällt jedoch aufgrund der direkten Anteilsgewährung an die Gesellschafter der übertragenden Gesellschaft gem. sec. 103 (5) CA 1985 die für „public companies" bestehende Pflicht zur Bewertung der Sacheinlage gem. sec. 103 (1), 108 CA 1985 und damit zur Überprüfung des Umtauschverhältnisses durch einen unabhängigen Sachverständigen. Sollten nicht alle Aktiva und Passiva übertragen werden, besteht die Möglichkeit, die Prüfungspflicht zu umgehen, indem im Zusammenhang mit dem „Scheme of Arrangement" Anteile der Zielgesellschaft mitübertragen oder neu von dieser an die

---

[204] Siehe S. 356 f.

[205] Siehe S. 229 f.

übernehmende Gesellschaft ausgegeben werden.[206] In einem solchen Fall fällt die Transaktion nämlich unter den Wortlaut der für Anteilstauschvergleichspläne bestehenden Ausnahme von der Prüfungspflicht gem. sec. 103 (3) CA 1985, die von der Gewährung von Anteilen im Zusammenhang mit einem Arrangement spricht, das als Gegenleistung ganz oder zum Teil die Übertragung aller oder *einiger* Anteile der Zielgesellschaft beinhaltet. Als Arrangement gilt gem. sec. 103 (7) CA 1985 nämlich auch ein solches nach secs. 425 ff. CA 1985. Andererseits besteht bei einer derartigen Gestaltung das Risiko, daß die Rechtsprechung sie als mißbräuchliche Umgehung einstuft und für unzulässig erklärt.[207] In der Praxis wird ohnehin auf eine solche Überprüfung selten verzichtet werden, da beide Fusionspartner ein Interesse an einem angemessenen Tauschverhältnis haben werden.

(2) Beteiligung einer börsennotierten plc. als Fusionspartner

Im Falle der Beteiligung einer börsennotierten „public limited company" als Fusionspartner ergeben sich aus den kapitalmarktrechtlichen Vorgaben prozedurale Besonderheiten. Wenn sich die „amalgamation" aus Sicht der übernehmenden Gesellschaft wegen der Ausgabe einer hohen Zahl junger Anteile gem. Kapitel 10 Listing Rules als sog. „Class 1 transaction" darstellt oder wenn Verwaltungsratsmitglieder an der Transaktion beteiligt sind und damit eine sog. „Class 4 transaction" gem. Kapitel 1, sec. 6 Listing Rules vorliegt, dann fällt die Entscheidung über die Anteilsausgabe und damit über die Transaktion in die Zuständigkeit der Anteilseignerversammlung.[208]

Ist die übertragende Gesellschaft eine börsennotierte „public limited company", dann löst eine „amalgamation" wegen der Übertragung zumindest eines wesentlichen Unternehmens- und Vermögensteils ganz regelmäßig ein Zustimmungserfordernis der Anteilseignerversammlung wegen einer Einordnung als sog. „Class 1 transaction" gem. Kapitel 10 Listing Rules aus.[209]

Sofern im Schrifttum[210] zu dieser Konstellation Stellung bezogen wird, geht man davon aus, daß das Abhalten der Versammlung oder - bei mehreren Anteils-

---

[206] Weinberg/Blank/Rabinowitz, Rz. 2-3042.

[207] Zweifelnd Weinberg/Blank/Rabinowitz, Rz. 2-3042.

[208] Vgl. zur Anteilseignerversammlungszuständigkeit durch die Listing Rules oben S. 62 f.; siehe auch secs. 320, 347 CA 1985.

[209] Anders kann es nur sein, wenn eine Gesellschaft mehrere Unternehmen betreibt, sie nur eines davon überträgt und diese Transaktion den Schwellenwert von - vereinfacht - 25 % der Aktiva nicht erreicht. Dann kommt aber noch eine Anteilseignerversammlungszuständigkeit wegen der Beteiligung eines Verwaltungsratsmitglieds nach Kapitel 1, sec. 6 Listing Rules in Betracht.

[210] Soweit ersichtlich nur Weinberg/Blank/Rabinowitz, Rz. 2-3052.

eignerklassen - der Versammlungen gem. sec. 425 (1), (2) CA 1985 eine gesonderte Abstimmung nach den kapitalmarkt-rechtlichen Erfordernissen normalerweise ersetzt oder mitumfaßt, wenngleich es bei einer solchen Kongruenz ratsam ist, auf die gleichzeitige kapitalmarktrechtliche Dimension bei der Abstimmung hinzuweisen.

Dieses Ergebnis könnte man jedenfalls in dem Fall für richtig halten, daß alle Anteilseigner gleichermaßen von der Transaktion unmittelbar betroffen sind, nur eine Anteilseignerklasse besteht und es daher nur zu einem einzigen Beschluß aller Anteilseigner kommt, auch wenn sich die Beschlußfassung nach den Vorgaben des Gerichts richtet und nicht nach den für Anteilseignerversammlungsbeschlüsse bestehenden gesetzlichen Vorgaben der secs. 366 ff. CA 1985. Sollte es aber zu mehreren Abstimmungen in Klassen kommen, bestehen größere Zweifel an der Kongruenz der Beschlüsse. Andererseits könnte man argumentieren, daß dann, wenn in allen Versammlungen eine qualifizierte Kapitalmehrheit und eine Stimmenmehrheit erreicht worden ist, eine solche auch und erst recht bei einem fiktiven Anteilseignerversammlungsbeschluß erreicht worden wäre, so daß man vom Erfordernis eines Anteilseignerversammlungsbeschlusses absehen könnte.

Letztlich spricht aber für das Abhalten einer zusätzlichen Anteilseignerversammlung, daß es dort zu einer Verschiebung der Mehrheitsverhältnisse kommen kann, da es nicht mehr auf eine numerische Mehrheit nach Köpfen ankommt, sondern auf eine Mehrheit nach Stimmen, die sich nach Stimmkraftregeln richtet. Außerdem kann es vorkommen, daß die Personen bei der Anteilseignerversammlung noch anders abstimmen als in der oder den Versammlungen gem. sec. 425 CA 1985.

(3) Beteiligungspflichtige Gruppen bzw. Klassen

Zur Klärung der Frage, welche Parteien in einen Fusionsplan einzubeziehen sind und ob und ggf. in welche Klassen diese dann eingeteilt werden müssen, ist auf die allgemeinen Regeln zu verweisen.[211] Dennoch ergeben sich bei einer Fusion durch Vermögensübertragung einige Besonderheiten, die im folgenden dargestellt werden.

[211] Siehe oben S. 121 ff., 125 ff.

(a) Anteilseigner

(aa) Übertragende Gesellschaft

Normalerweise würde man aus der Sicht des deutschen und allgemein auch des kontinentaleuropäischen Rechts denken, daß über eine Verschmelzung eine Entscheidung aller Anteilseigner eingeholt werden müßte.

Grundsätzlich ist dieser Überlegung auch im Rahmen der englischen Rechtsprechung zu sec. 425 (2) CA 1985 zuzustimmen. Die Anteilseigner der übertragenden Gesellschaft oder Gesellschaften werden bei einer Fusion unter Übertragung aller Aktiva und Passiva stets als abstimmungsberechtigte Gruppe anzusehen sein, da sie bei einer Auflösung ihrer Gesellschaft die bisherigen Anteile verlieren und im Gegenzug Anteile an der übernehmenden Gesellschaft erhalten. In ihre Rechte wird unmittelbar eingegriffen. Ihre Interessen sind im Kern berührt. Sie werden durch das „Scheme of Arrangement" hinreichend affiziert.

Jedoch ist jedenfalls theoretisch eine Beteiligung derjenigen Anteilseigner mangels Betroffenheit entbehrlich, die ihre Anteile an der übertragenden Gesellschaft nicht verlieren, wenn nur eine Übertragung wesentlicher Aktiva, aber keine Vollübertragung stattfindet und gleichzeitig nur ein Teil der Gesellschafter Anteile der übernehmenden Gesellschaft erhält. Dieses Ergebnis ist vor dem Hintergrund von § 179 a AktG oder der Beteiligung aller Anteilseigner bei einer Abspaltung nach § 123 UmwG aus deutscher Sicht erstaunlich, aber konsequente Folge der restriktiven Auffassung der englischen Rechtsprechung zur notwendigen Beteiligung gem. sec. 425 (2) CA 1985. Rechtsprechung zu einem solchen Fall liegt bisher nicht vor. Jedoch ist davon auszugehen, daß eine solche eklatante Ungleichbehandlung im Rahmen der Fairneßkontrolle auf Bedenken des Gerichts stoßen wird, wenn keine sachliche Rechtfertigung des Vorgehens aus unternehmerischen Gründen oder ein angemessener Interessenausgleich für die nicht beteiligten, in der übertragenden Gesellschaft zurückbleibenden Anteilseigner vorliegt. Jeder einen Fusionsplan entwerfende Verwaltungsrat wird daher zur Vermeidung von Rechtsunsicherheiten alle Anteilseigner in einen solchen, nach deutschem Verständnis einer ganz überwiegend[212] für zulässig erachteten Abspaltung „zu Null" i.S.v. §§ 123 Abs. 2, 126 Abs. 1 Nr. 10, 128 UmwG gleichkommenden Konstellation alle Anteilseigner in den Vergleichsplan einbeziehen.

[212] Schmitt/Hörtnagl/Stratz-Hörtnagl, UmwG/UmwStG, § 128 UmwG Rz. 11 ff., insbes. 16; Lutter-Krieger, UmwG, § 128 Rz. 11 f.; Kallmeyer-Kallmeyer, UmwG, § 123 Rz. 4, § 128 Rz. 4; teilw. a.A. Widmann/Mayer-Mayer, UmwR, § 126 UmwG Rz. 274 ff., § 128 UmwG Rz. 29.

Ein Fall, in dem eine Beteiligung aller Anteilseigner in von der Rechtsprechung anerkannter Weise nicht erforderlich ist, liegt vor, wenn es Anteilseigner gibt, die aufgrund zahlreicher bevorrechtigter Vorzugsanteilsgattungen oder ähnlicher Umstände keinerlei Anspruch oder Aussicht auf den Liquidationserlös der „company" haben.[213] Diese Anteilseigner sind dann zwar vom Fusionsplan hinreichend betroffen, müssen aber ausnahmsweise nicht beteiligt werden.

Sofern auf eine Beteiligung verzichtet werden kann, bedeutet dies wiederum nicht, daß eine „company" aus Sicherheitsgründen nicht auch alle Anteilseigner in den Fusionsplan einbeziehen darf. Anzuraten ist ihr dies trotz fehlender Äußerungen im Schrifttum oder in der Rechtsprechung in England insbesondere dann, wenn die nach englischer Rechtsprechung nicht notwendige Beteiligung von Anteilseignern im Falle der Verschmelzung zweier „public limited companies" in Widerspruch zu Art. 7 (1) EG-Verschmelzungsrichtlinie gerät, der eine Beteiligung aller Anteilseigner der übertragenden plc. fordert, auch wenn die unmittelbare Anwendbarkeit von Art. 7 EG-Verschmelzungsrichtlinie nicht sicher ist, aber naheliegen dürfte.[214] Handelt es sich beispielsweise um eine Sanierungsfusion einer finanziell angeschlagenen plc. und einer ebenfalls als plc. organisierten Auffanggesellschaft, dann wird nicht immer für alle Anteilseigner der übertragenden plc. eine Aussicht auf eine Beteiligung am Liquidationserlös bestehen, würde man diese Gesellschaft liquidieren. Die daraus folgende, nach englischen Rechtsprechungsgrundsätzen nicht notwendige Beteiligung aller Anteilseigner der übertragenden Gesellschaft steht im Widerspruch zu Art. 7 (1) EG-Verschmelzungsrichtlinie.

(bb) Übernehmende Gesellschaft

Nach kontinentaleuropäischem Verständnis bedarf es bei einer Verschmelzung auch einer Zustimmung durch die Anteilseigner der übernehmenden Gesellschaft. Nach englischem Rechtsverständnis hat sich die Einsicht noch nicht durchgesetzt, daß auch die Belange der Gesellschafter der übernehmenden Gesellschaft per se durch die Fusion betroffen sein können. Außerhalb des Anwendungsbereichs der EG-Verschmelzungsrichtlinie, also bei Fusionen von oder unter Beteiligung von „private companies" bedarf es daher grundsätzlich keiner Zustimmung durch eine

[213] Sorsbie v. Tea Corporation Ltd. [1904] 1 Ch. 12, C.A.; Mortgage Insurance Corporation [1896] W.N. 4; Re Brownfield's Guild Pottery Society [1898] W.N. 80; Clydesdale Bank Ltd. et al., petitioners (1950) S.C. 30, 37, 38; Re Oceanic Steam Navigation Co. Ltd. [1939] Ch. 41, 47; vgl. auch den australischen Fall Re AGL Sydney Ltd. (1994) 13 A.C.S.R. 597, S.C. (N.S.W.) und Gore-Browne, § 30.10 Fn. 2 m.w.N. zur Rechtsprechung in anderen Commonwealth-Staaten.

[214] So auch Gillessen, a.a.O., S. 359.

Anteilseignerversammlung der übernehmenden Gesellschaft.[215] Deren Gesellschafter haben nur entsprechenden Kapitalmaßnahmen oder Direktorenermächtigungen zur Gewährung von Anteilen zuzustimmen. Nur bei einer börsennotierten plc. als Übernehmerin gelten kapitalmarktrechtliche Sonderbestimmungen. Im übrigen ist im Anwendungsbereich der EG-Verschmelzungsrichtlinie gem. sec. 427A i.V.m. § 1 Sched. 15B CA 1985 eine Zustimmung der Anteilseigner der übernehmenden Gesellschaft nach den Grundsätzen von sec. 425 CA 1985 notwendig.

(b) Gläubiger

(aa) Übertragende Gesellschaft

Die Gläubigerinteressen sind im Verschmelzungsfall zum einen durch die allgemeinen Regeln der Gesetze und des Common Law zum Gläubigerbetrug, zur Kapitalerhaltung und zur Insolvenzverschleppung geschützt, wenn die „amalgamation" nicht durch Übertragung aller Aktiva und Passiva, sondern nur eines wesentlichen Teils vonstatten geht.

Weder die secs. 425 ff. CA 1985 noch der CA 1985 insgesamt enthalten eine reine Gläubigerschutzvorschrift spezifisch für den Verschmelzungs- oder Spaltungsfall, die etwa - wie § 22 UmwG im deutschen Recht - zur Sicherheitsleistung verpflichtet oder die Interessen der Gläubiger anderweitig schützt. Erwägen kann man aber, daß die Gläubigerinteressen bereits durch sec. 425 CA 1985 geschützt sind. Dann müßte bei einer „amalgamation" auch ein Arrangement zwischen der „company" und den Gläubigern gem. sec. 425 (2) CA 1985 vorliegen. Wenn ein solches bei einer „amalgamation" allgemein gegeben wäre, wäre der Gläubigerschutz insoweit gewährleistet, als die Gläubiger als homogene Personengruppe oder in jeweiligen Klassen ein Vetorecht erhalten würden, wenn sie nicht mit qualifizierter Mehrheit dem Arrangement zustimmen würden. In der Entscheidung *Clydesdale Bank Ltd. et al., petitioners*[216] entschied die englische Rechtsprechung jedoch, daß bei einer „amalgamation" nicht unmittelbar in die Rechte der Gläubiger eingegriffen wird. Deren Rechte sind nicht hinreichend und unmittelbar affiziert. Erst wenn die Gläubiger ausdrücklich vom Antragsteller in den Fusionsplan miteinbezogen werden, ist ein Arrangement i.S.v. sec. 425 (2) CA 1985 zu bejahen. Denn das Arrangement besteht nur zwischen der übertragenden Gesellschaft und ihren Anteilseignern, Anteile der übernehmenden Ge-

[215] Vgl. Wooldrige, Comp. Lawy. 1980, 75, 76 f.
[216] (1950) S.C. 30, 37 f.

sellschaft zu akzeptieren. Ohne ausdrückliche Einbeziehung der Gläubiger dergestalt, die übernehmende Gesellschaft als neuen Schuldner zu akzeptieren, liegt kein implizites Arrangement vor, sondern nur eine im Zusammenhang mit sec. 425 CA 1985 grundsätzlich irrelevante Interessenbeeinträchtigung.[217] Eine Verringerung der Haftungsmasse durch eine wesentliche Vermögensübertragung oder ein Schuldnerwechsel reichen nicht dafür aus, daß die Gläubiger als mit Vetorecht ausgestattete, in den Fusionsplan einbezogene Gläubiger i.S.d. sec. 425 (2) CA 1985 gelten.[218]

Der eigentliche Schutz der Gläubiger wird nach dem Willen der englischen Rechtsprechung[219] erst im Rahmen von sec. 427 CA 1985 gewährt. Das Gericht kann gem. sec. 427 (3)(e) CA 1985 auf Antrag oder auch im Rahmen seiner allgemeinen Weisungsbefugnis angemessene Schutzmaßnahmen für die Gläubiger ergreifen. Es macht eine Hilfsanordnung gem. sec. 427 (3)(a), (4) CA 1985 zur Übertragung der Aktiva und Passiva daher regelmäßig davon abhängig, daß die Gläubiger vor dem relevanten Zeitpunkt des Übergangs der Verbindlichkeiten befriedigt werden oder deren Übergang mit qualifizierter Mehrheit zustimmen.[220] Nur wenn das Gericht davon überzeugt ist, daß den Gläubigern durch die Fusion keinerlei Nachteil droht, kann auf eine Einberufung von Versammlungen und auf die Zustimmung der Gläubiger verzichtet werden.[221] Das Gericht kann insbesondere durch Sicherheitsleistung der Gesellschaft (z.B. Hinterlegung eines angemessenen Betrages, Bankbürgschaft) von der Nachteilslosigkeit der Fusion für die Gläubiger überzeugt werden. Im Fall *Clydesdale Bank Ltd. et al., petitioners*[222] wurde ein anderer Weg erfolgreich beschritten. Das Gericht ließ es dort dabei bewenden, eine Ausschlußfrist von sieben Tagen festzusetzen, in der Gläubiger einer Fusion widersprechen konnten, um erst im Falle des Widerspruchs eine Sicherheitsleistung zu verlangen.

Diese Rechtslage steht im Anwendungsbereich der EG-Verschmelzungsrichtlinie im Konflikt mit deren Art. 13 (2), der vorsieht, daß die Gläubiger Anspruch auf angemessene Garantien haben, wenn die finanzielle Lage des Fusionspartners dies erfordert. Mangels gesetzlicher Umsetzung wurde in England nicht genügend

---

[217] Clydesdale Bank Ltd. et al., petitioners (1950) S.C. 30, 37 f.; vgl. bereits die obiter dicta in Re Star Tea Co. Ltd. [1930] W.N. 4, 5 und Re Sandwell Park Colliery Co. Ltd. [1914] 1 Ch. 589, 594 f.

[218] Clydesdale Bank Ltd. et al., petitioners (1950) S.C. 30, 37; in Ansätzen bereits in Re Star Tea Corporation Ltd. [1930] W.N. 4, 5.

[219] Clydesdale Bank Ltd. et al., petitioners (1950) S.C. 30, 37.

[220] Clydesdale Bank Ltd. et al., petitioners (1950) S.C. 30, 37 f.; vgl. auch bereits Astbury J. in Re Sandwell Park Colliery Co. Ltd. [1914] 1 Ch. 589, 594 f.

[221] Clydesdale Bank Ltd. et al., petitioners (1950) S.C. 30, 38; so auch die Praxis in Irland, vgl. Gillessen, a.a.O., S. 433.

[222] (1950) S.C. 30, 37 f.

Rechtsklarheit und -sicherheit geschaffen, die zu einer ordnungsgemäßen Verleihung eines europarechtlich begründeten Anspruchs notwendig wäre. Dieses Defizit könnte zu Staatshaftungsansprüchen der Gläubiger gegen Großbritannien wegen mangelhafter Richtlinienumsetzung führen.

Insgesamt hat die aufgezeigte Rechtslage sowohl Vor- als auch Nachteile für die Gläubiger und die Gesellschaft, führt aber im Ergebnis zu einem umfassenden Gläubigerschutz. In der Praxis werden die Gläubiger von gewöhnlichen Schuldverhältnissen nämlich regelmäßig vor Durchführung der Fusion befriedigt.[223] Anleihe- oder andere Schuldverschreibungsgläubiger werden in das „Scheme of Arrangement" einbezogen, indem ihnen gleichwertige Anleihen oder andere Schuldverschreibungen der übernehmenden Gesellschaft angeboten werden; die verbleibenden Großgläubiger, also regelmäßig die kreditgebenden Banken, werden ebenso in den Fusionsplan mit einbezogen.[224] Auf diesem Wege wird den Schuldverschreibungsgläubigern und kreditgebenden Banken zwar die Möglichkeit eingeräumt, die Fusion zu blockieren. Andererseits besteht so der Vorteil einer frühzeitigen Klärung des Gelingens der Fusion, ohne nach Durchführung des Arrangement-Verfahrens die gerichtliche Unterstützung gem. sec. 427 (3)(a), (4) CA 1985 mangels Zustimmung einer qualifizierten Gläubigermehrheit versagt zu bekommen oder kostspielige Sicherheiten leisten zu müssen.

(bb) Übernehmende Gesellschaft

Die Gläubiger der übernehmenden Gesellschaft werden außerhalb des Anwendungsbereichs der EG-Verschmelzungsrichtlinie nicht explizit geschützt. Es herrscht stillschweigend in England die Ansicht, Gläubiger einer Gesellschaft, die eine andere übernehme, bedürften keines Schutzes.[225] Dementsprechend müssen sie auch nicht in ein „Scheme of Arrangement" einbezogen werden.[226]

Diese Ansicht steht wiederum im Gegensatz zum kontinentaleuropäischen Rechtsdenken und dürfte den Umstand verdrängen oder übersehen, daß die Übernahme aller Aktiva und Passiva einer anderen Gesellschaft zu einer beachtlichen Zunahme der Verbindlichkeiten führen kann, ohne daß diese Zunahme durch entsprechende Vermögensgegenstände gedeckt ist. Eine solche „amalgamation" kann dann die Liquidation der übernehmenden Gesellschaft notwendig machen,

[223] Wooldridge, Comp. Lawy. 1980, 75, 78.
[224] Tolley's Company Law, R2019.
[225] Wooldridge, Comp. Lawy. 1980, 75, 78.
[226] Clydesdale Bank Ltd. et al., petitioners (1950) S.C. 30; Gore-Browne, § 30.11.1 Fn. 4; bestätigt in Australien: Re AGL Sydney Ltd. (1994) 13 A.C.S.R. 597, S.C. (N.S.W.).

bei der die Insolvenzquote der bisherigen Gläubiger vermindert sein kann im Vergleich zu einer fiktiven Insolvenzquote ohne Vornahme der „amalgamation“.

Auf dieser Überlegung basiert auch Art. 13 EG-Verschmelzungsrichtlinie, der vorsieht, daß bei einer Fusion auch in angemessener Weise den Interessen der Gläubiger der übernehmenden Gesellschaft Rechnung getragen werden muß. Sec. 427A (3) CA 1985 schreibt daher für die Verschmelzung zweier plcs. zur Aufnahme oder zur Neugründung mittels einer NewCo. die Möglichkeit der Einberufung einer Gläubigerversammlung der übernehmenden Gesellschaft auf Antrag vor. Es finden sich jedoch bisher in der englischen Literatur und Rechtsprechung keinerlei Stimmen, wie das Gericht das ihm eingeräumte Ermessen zur Einberufung auf Antrag ausübt und inwiefern eine abschlägige Entscheidung der Gläubiger die Fusion verhindert, wenn ihnen im nachhinein ausreichende Sicherheiten oder Garantien gestellt werden. Es ist wohl damit zu rechnen, daß die englischen Gerichte nicht auf einer Gläubigerzustimmung bestehen werden. Denn auch Art. 13 (2) EG-Verschmelzungsrichtlinie sieht nur einen Anspruch auf angemessene Garantien vor, nicht jedoch eine Zustimmung durch die Gläubiger. Mangels ausdrücklicher gesetzlicher Regelung eines solchen Anspruchs besteht hier jedoch ein Konfliktfall zwischem nationalem und europäischem Recht, der zu Staatshaftungsansprüchen der Gläubiger gegen Großbritannien wegen mangelhafter Umsetzung der EG-Verschmelzungsrichtlinie führen könnte.[227]

(4) Sonderfall der „amalgamation“ zur Neugründung

Bei einer „amalgamation“ zur Neugründung läuft das Verfahren ganz ähnlich ab wie gerade beschrieben, nur daß beide „companies“ in Anteilseigner(klassen)versammlungen einem Vergleichsplan zustimmen und ihre Aktiva (und eventuell Passiva) auf NewCo., eine Zweckgesellschaft (Neugründung, Mantelgesellschaft ohne eigenen Geschäftsbetrieb) übertragen. NewCo. gibt anschließend Anteile oder andere Wertpapiere an die Gesellschafter der beiden übertragenden Gesellschaften in einer vorher vereinbarten Relation aus. Es handelt sich um die Implementierung zweier aufeinander abgestimmter „Schemes of Arrangement“. Beide Vergleichspläne sind je mit der Bedingung versehen, daß der jeweils andere Vergleichsplan in der Partner-„company“ erfolgreich implementiert wird.

Eine Schwierigkeit ergibt sich daraus, daß die NewCo. bei Implementierung meist noch nicht besteht und Anordnungen gem. sec. 427 (3) CA 1985 gegen sie dann noch nicht möglich sind.[228] Der „judge“ wird in einem solchen Fall eine Anordnung gegenüber den antragstellenden übertragenden Gesellschaften oder ihren

[227] So auch die Einschätzung von Gillessen, a.a.O., S. 362.
[228] Vgl. Gore-Browne, § 30.11.1.

Anteilseignern und Gesellschaftern treffen. Sofern die jeweilige Anordnung erst nach Gründung der aufnehmenden NewCo. ergeht oder ergehen soll, trifft später der „registrar" diese Anordnung kraft übertragener Aufgabe.[229]

bb) Flankierende Anordnungen gem. sec. 427 (3) CA 1985

(1) Anwendungsbereich

Flankierende Anordnungen gem. sec. 427 (3) CA 1985 zur Fusionserleichterung können beantragt werden, wenn der Antragsteller darlegt, daß ein Verfahren zur Genehmigung eines „Scheme of Arrangement" gem. sec. 425 CA 1985 vorliegt, daß das Arrangement das Erreichen einer „amalgamation" zwischen zwei oder mehr „companies" zum Zweck hat und gemäß dem Fusionsplan ein Unternehmen als ganzes oder Teile davon oder Eigentum von einer der beteiligten „companies" auf eine andere übertragen werden sollen, sec. 427 (1), (2) CA 1985.

Besondere Probleme ergeben sich daraus, daß sec. 427 CA 1985 ein anderer, engerer „company"-Begriff zugrunde liegt als sec. 425 CA 1985. Sec. 427 (6) CA 1985 bestimmt, daß nur „companies" i.S.v. sec. 735 (1) CA 1985 erfaßt sind. Dadurch wird der Anwendungsbereich auf Kapitalgesellschaften verengt, die nach dem Companies Act 1985 oder einem seiner Vorgänger gegründet oder registriert worden sind.

Diese Festlegung hat insbesondere Auswirkungen auf die Anwendung von sec. 427 CA 1985 auf „Schemes of Arrangement" unter Beteiligung ausländischer Kapitalgesellschaften oder heute seltener „companies", die ihre Rechtsfähigkeit durch eine königliche Gründungsurkunde („Royal Charter") oder Parlamentsgesetz („Act of Parliament") erhalten haben und sich nicht nach einem Companies Act registrieren haben lassen[230].

---

[229] Vgl. Part 49 CPR 1998 und Practice Direction (Applications under the Companies Act 1985 and Insurance Companies Act 1982) [1999] B.C.C. 741; Gore-Browne, § 30.11.1.

[230] Zu diesen Arten der Gesellschaftsgründung siehe oben S. 16 ff. sowie Gower/Davies, S. 5, 98 f. Durch Parlamentsgesetz oder königliche Gründungsurkunde gegründete „companies" haben jedoch häufig von der Möglichkeit der „re-registration" gem. secs. 680-690 CA 1985 Gebrauch gemacht, um ganz von den Bestimmungen des CA 1985 profitieren zu können. Sog. „unregistered companies" können nämlich nur von den in sec. 718 i.V.m. Sched. 22 CA 1985 bezeichneten Bestimmungen des CA 1985 Gebrauch machen. Insbesondere für Umstrukturierungen bedeutende Vorschriften wie die secs. 80, 89-95, 103, 131, 135-141, 159-170, 428-430F sowie vor allem 425-427A CA 1985 stehen ihnen aber auf diesem Wege nicht offen.

Das bedeutet unter anderem, daß ausländische Kapitalgesellschaften nicht von der Regelung der sec. 427 CA 1985 profitieren können, so daß ein gerichtlicher Überweisungsbeschluß („vesting order") zur Übertragung der Aktiva und Passiva auf eine ausländische Gesellschaft bei einer „amalgamation" nicht ergehen kann.[231] Zwar ist in sec. 427 (1) CA 1985 nur von der implementierenden „company" die Rede, so daß nur diese eine solche nach dem Companies Act sein muß. Jedoch spricht sec. 427 (2)(a), (2)(b) CA 1985 ausdrücklich von einer Fusion zwischen zwei „companies" bzw. der Übertragung von Aktiva von einer „company" auf eine andere.

Auch im umgekehrten Fall einer Verschmelzung einer ausländischen Kapitalgesellschaft auf eine englische kann zwar die ausländische Gesellschaft theoretisch ein „Scheme of Arrangement" beantragen. Vorausgesetzt, daß das englische Gericht den Antrag auf Einberufung der Einleitung des Arrangement-Verfahrens nicht wegen Unzuständigkeit zurückweist, kann es das „Scheme" zwar genehmigen, aber aufgrund des eindeutigen Wortlauts von sec. 427 CA 1985 keine flankierende Anordnung, insbesondere zur Übertragung der Aktiva und Passiva erlassen.[232] Die Genehmigung wird aber auch davon abhängen, ob die fremde Rechtsordnung, dem das Statut der ausländischen Kapitalgesellschaft unterliegt, eine Verschmelzung über die Grenze erlaubt und ob diese fremde Rechtsordnung oder die jeweiligen ausländischen Gerichte die Bindung durch den englischen Genehmigungsbeschluß gem. sec. 425 (2) CA 1985 anerkennen[233], was von Staat zu Staat anders und insbesondere bei Commonwealth-Staaten zu erwarten sein wird.

Des weiteren ist bei der Konstellation der Verschmelzung einer ausländischen Gesellschaft auf eine englische „company" die Frage zu stellen, ob es nicht zu einer Koordination der Verschmelzungsverfahren der jeweiligen Staaten kommen muß, also ob neben der Anwendung des Verschmelzungsverfahrens im ausländischen Staat, nach dessen Rechtsordnung sich das Personalstatut der ausländischen Gesellschaft richtet, eine übernehmende englische „company" ein Arrangement-Verfahren gem. secs. 425 ff. CA 1985 durchführen muß. Die von Beitz-

---

231 Schmitthoff, JBL 1972, 1, 3; Buckley, § 427.2; Gillessen, a.a.O., S. 393; Müller-Driver, a.a.O., S. 199 f., unter Ablehnung einer analogen Anwendung mangels bewußter Regelungslücke; Page, JIBL 2002, 17 (9), 263, 264; Re Wilton Royal Carpets Ltd. and Yougal Carpets (Holdings) Ltd. (1969), unveröffentlicht. Bei dieser im vorliegenden Zusammenhang meist zitierten Entscheidung ging es allerdings um eine „amalgamation" per Anteilstausch („cancellation and reduction scheme") zwischen einer englischen und einer übernehmenden irischen „company". Die Frage einer Anwendung von sec. 427 CA 1985 auf ausländische „companies" blieb daher letztlich offen.

232 Schmitthoff, JBL 1972, 1, 2 f.

233 Schmitthoff, JBL 1972, 1, 3.

ke[234] begründete Vereinigungstheorie vertritt je in verschiedenen Ausprägungen[235] eine solche koordinierte Anwendung.[236] Im englischen Schrifttum[237] und der Rechtsprechung wird diese Frage bisher allenfalls andeutungsweise diskutiert. Eine Reaktion bleibt abzuwarten.

Als Ergebnis kann festgehalten werden, daß die englische Rechtsordnung eine Verschmelzung über die Grenze grundsätzlich erlaubt.[238] Andererseits stellt das englische Recht mangels Zulässigkeit eines universalen gerichtlichen Übertragungsbeschlusses gem. sec. 427 (3)(a), (4) CA 1985 oder mangels Gesamtrechtsnachfolge verschmelzungswilligen Gesellschaften nur unzureichende Hilfsmittel zur Verwirklichung des transnationalen Verschmelzungsvorhabens zur Verfügung, so daß endlich wohl auch in England transnationale Verschmelzungen durch Vermögens- bzw. Unternehmensübertragung kaum vorkommen dürften, egal ob es sich um eine „Herein"- oder „Heraus"-Verschmelzung einer englischen „company" handelt.[239]

---

[234] FS Hallstein, S. 14, 20 ff.

[235] Vgl. dazu Staudinger-Großfeld, IntGesR, Rz. 628 ff. und MüKo-Kindler, IntGesR, Rz. 658 ff. m.w.N. Nach allgemeiner Auffassung muß für jede beteiligte Gesellschaft geprüft werden, ob auf Voraussetzungen, Verfahren und Wirkungen einer Verschmelzung eine der beiden Rechtsordnungen exklusiv anwendbar ist oder eine Koordination beider Rechtsordnungen notwendig erscheint. Im Falle einer sich so ergebenden gemeinsamen Anwendbarkeit von nationalen Regelungen auf einen Verfahrensabschnitt der Fusion sollen die Anforderungen beider Rechtsordnungen jedoch nicht koordiniert werden, sondern die strengere sich durchsetzen.

[236] Gillessen, a.a.O., S. 419 ff., bejaht die Möglichkeit einer Verschmelzung einer ausländischen Gesellschaft auf eine englische „company" und fordert infolge der Vereinigungstheorie eine koordinierte Anwendung der Verschmelzungsverfahren. Er differenziert je nach Schwere des Eingriffs für eine Einberufung von Versammlungen zur Abstimmung der Anteilseigner der englischen übernehmenden Gesellschaft. Die Versammlungen könnten mangels Eingriffsschwere im Falle der Verschmelzung der ausländischen Tochtergesellschaft auf ihre englische Mutter entfallen. Bei der Verschmelzung zweier ausländischer Gesellschaften auf eine englische NewCo. sei eine Beteiligung der Anteilseigner und Gläubiger der englischen NewCo. nicht notwendig, da diese sich aus den Altanteilseignern und -gläubigern der ausländischen Gesellschaften zusammensetzen, da deren Interessenschutz vor der Verschmelzung nur der Rechtsordnung der übertragenden Gesellschaft unterliegt und ein Vorgriff auf die Situation nach der Verschmelzung weder notwendig noch gerechtfertigt sei. Des weiteren erörtert Gillessen jeden einzelnen Verfahrensschritt, insbesondere die Anordnungsvarianten gem. sec. 427 (3) CA 1985 auf die Notwendigkeit und Möglichkeit ihrer Anwendung.

[237] Aus dem englischen Schrifttum nur andeutungsweise Farrar's Company Law, S. 736, 754.

[238] Schmitthoff, JBL 1972, 1, 3.

[239] Auch hindert meist das Verbot einer Verschmelzung über die Grenze ohne vorherige Abwicklung und Auflösung in vielen anderen Rechtsordnungen eine transnationale Verschmelzung. Im internationalen englischen Gesellschaftsrecht, vgl. nur Schmitthoff, JBL 1972, 1, 3, wie auch in den kontinentaleuropäischen Staaten, Gillessen, a.a.O., S. 384 m.w.N., herrscht

Die fehlende Regelung einer transnationalen Verschmelzung dürfte dadurch begründet sein, daß zu Zeiten des britischen Empires kein Bedarf für eine Regelung oder Angleichung mit ausländischen Rechtsordnungen bestand, da von britischer Seite aus die Freizügigkeit von „companies" garantiert wurde und traditionell britisches Gesellschaftsrecht auch durch Unternehmen mit wirtschaftlichem Schwerpunkt im Ausland verwandt wurde.[240] Auch berührt eine „amalgamation" durch Übertragung von Aktiva und Passiva gem. sec. 427 CA 1985 die Verfassung einer „company" viel intensiver, als dies bei einem Vergleichsplan gem. sec. 425 CA 1985 sonst der Fall sein muß, der ja auf interne Umstrukturierungsmaßnahmen beschränkt sein kann.[241] Bei Beteiligung einer Kapitalgesellschaft, deren Satzung und Personalstatut sich aber nach ausländischem Recht richtet, auch wenn die Gesellschaft in England tätig ist, stellt eine Verschmelzung einen derart intensiven Eingriff dar, daß der englische Gesetzgeber eine Regelung dieser Materie wohl scheut, die eine Einbeziehung eines ausländischen Personalstatus erfordern würde.[242] Die Seltenheit von Verschmelzungen mittels Unternehmensübertragung allein schon zwischen englischen Gesellschaften dürfte im übrigen keinen Anpassungsdruck aufkommen lassen. Des weiteren hat die britische Regierung auch nicht immer Ehrgeiz an den Tag gelegt, einen europäischen Binnenmarkt zu verwirklichen, zu dem auch die Ermöglichung transnationaler Verschmelzungen gehört.[243] Selbst wenn kein erklärter Wille zur Verhinderung transnationaler Verschmelzungen besteht, dürfte in der Vergangenheit vor allem Gleichgültigkeit zur Regelung dieser Materie vorgeherrscht haben.

Eine Änderung der Rechtslage wird daher erst mit Verabschiedung der Zehnten EG-Richtlinie[244] auf dem Gebiet des Gesellschaftsrechts eintreten, die - falls sie tatsächlich in Kraft tritt - im Rahmen ihrer Umsetzung eine Modifikation von sec. 427 CA 1985 oder ein gesetzliches Verschmelzungsverfahren erzwingen wird, das die transnationale Verschmelzung in Europa ermöglicht. Auch wird die Zehnte EG-Richtlinie nach dem Kommissionsvorschlag vom 18.11.2003 „private companies" erfassen, die bisher vom aus dem Jahre 1985 stammenden Kommissionsvorschlag[245] nicht erfaßt wurden.

---

nämlich die Auffassung vor, daß beide Rechtsordnungen eine Fusion über die Grenze zulassen müssen.

240 Gillessen, a.a.O., S. 393.

241 Gillessen, a.a.O., S. 394.

242 Gillessen, a.a.O., S. 394.

243 Gillessen, a.a.O., S. 394.

244 Vgl. den Vorschlag der Kommission v. 18.11.2003, abrufbar im Internet unter www. europa.eu.int/comm/internal_market/dc/company/company/mergers/mergers_de.htm .

245 Vgl. den Vorschlag der Kommission v. 14. 1. 1985, Abl. EG 25. 1. 1985 C 23/11.

Was transnationale Verschmelzungen im Raum der Europäischen Union anbetrifft, drängt sich die Frage auf, ob in der englischen Gesetzgebung zur Verschmelzung kein binnenmarktfeindliches Hindernis vorliegt, das die Verwirklichung der Niederlassungsfreiheit in Europa vereitelt. Teilweise[246] wird im Schrifttum die Auffassung vertreten, die Niederlassungsfreiheit der Gesellschaften innerhalb der EU gewährleiste bereits nicht das Recht auf grenzüberschreitende Verschmelzung. Nach anderer Auffassung[247] liegt eine Verletzung der Art. 43, 48 EGV vor, die zu einer gemeinschaftsrechtskonformen Reduktion von sec. 427 (6) CA 1985 zur Erweiterung des Anwendungsbereichs von sec. 427 (3) CA 1985 zwinge. Die transnationale Fusion sei vom Anwendungsbereich der Niederlassungsfreiheit erfaßt, der Vorgang weise keinen rein innerstaatlichen Bezug auf, die Beschränkung der Anwendung von sec. 427 CA 1985 auf nach dem Companies Act gegründete oder registrierte „companies" stelle eine Diskriminierung dar, die nicht allgemein durch höherwertige Interessen gerechtfertigt sei, da sec. 425 (2) CA 1985 einen hinreichenden Minderheitenschutz gewährleiste und das Gericht im Einzelfall bestehende höherwertige Interessen, insbesondere des Gläubigerschutzes, durch entsprechende flankierende Anordnungen oder gar eine Ablehnung der Fusionsgenehmigung berücksichtigen könne. Es bleibt abzuwarten, ob es eines Tages zu einer Entscheidung des EuGH zu dieser Frage kommen wird. Jedoch verdient die eine Verletzung der Art. 43, 48 EGV bejahende Auffassung Zustimmung.

Endlich ist auf einen weiteren Aspekt zur Implementierungsbefugnis gem. sec. 427 CA 1985 hinzuweisen. Durch Reg. 4 und Sched. 2 der Limited Liability Partnership Regulations 2001[248] wurde der Anwendungsbereich der secs. 425 ff. CA 1985 auch auf die durch den Limited Liability Partnerships Act 2000 neu eingeführte Gesellschaftsform der Limited Liability Partnership (LLP) ausgedehnt.[249] Das Wort „company" in sec. 427 (6) CA 1985 muß so gelesen werden, als umfasse es auch LLPs. Eine LLP kann also durch Erweiterung von sec. 427 (6) CA 1985 Nutznießer der Verschmelzungen erleichternden Bestimmung der sec. 427 CA 1985 werden. Nach der neuen Gesetzeslage kann das Gericht bei einer nun

[246] Müller-Driver, a.a.O., S. 183, 200.
[247] Gillessen, a.a.O., S. 139 ff., 401 ff. mit ausführlicher Behandlung der Problematik, die für den vorliegenden Untersuchungsgegenstand periphere Bedeutung hat und daher nicht vertieft wird.
[248] S.I. 2001 No. 1090; beruhend auf secs. 14-17 Limited Liability Partnerships Act 2000; beide abgedruckt in Walmsley (Hrsg.), Butterworths Company Law Handbook, 15. Aufl. 2001, S. 1420 ff. und 2302 ff.
[249] Dazu bereits S. 38 f.

möglichen Verschmelzung einer „company“ mit einer LLP oder von LLPs miteinander alle flankierenden Anordnungen gem. sec. 427 (3) CA 1985 treffen.[250]

(2) Vermögensübertragung gem. sec. 427 (3)(a) CA 1985

Die wichtigste durch sec. 427 (3) CA 1985 verliehene Befugnis des Gerichts und damit zugleich das Kernstück der Vorschrift ist die durch ss. (3)(a) verliehene Möglichkeit, den Übergang der Aktiva und Passiva der übertragenden „company“ auf die übernehmende „company“ zu bewirken.

(a) Übergangszeitpunkt

Mit Anordnung des Übergangs bestehen die in der Anordnung bezeichneten Rechte für und gegen die übernehmende „company“ fort, sec. 427 (3)(a), (4) CA 1985. Abweichend kann das Gericht aber auch einen bestimmten Stichtag, einen gestaffelten Übergang oder einen Zeitraum festsetzen, in dem die einzelnen Übertragungen vorgenommen werden sollen. Die Fusion stellt sich also nach englischem Recht nicht unbedingt als einheitlicher Vorgang, sondern gegebenenfalls als gestaffelter Prozeß dar.

(b) Übergangsumfang

Grundsätzlich richtet sich der Umfang des Übergangs nach der gerichtlichen Anordnung, die ihrerseits durch die Anträge der Beteiligten und den Fusionsplan beschränkt ist. Sollte der Fusionsplan zum Beispiel einen unbelasteten Übergang der Rechte auf die übernehmende Gesellschaft vorsehen, so können das Eigentum und die damit verbundenen Rechte befreit von irgendwelchen Belastungen übergehen. Kraft derselben Übertragungsanordnung des Gerichts gehen diese Belastungen unter, wenn der Fusionsplan dies vorsieht, sec. 427 (4) 2. HS CA 1985. Andererseits geht bei der Übertragung einer Verbindlichkeit nicht ohne weiteres eine dafür gegebene Garantie unter.[251]

---

[250] Palmer, Rz. 12.005.1.

[251] Gore-Browne, § 30.11.1 Fn. 2 unter Berufung auf die australische und neuseeländische Rechtsprechung: Hill v. Anderson Meat Industries Ltd. [1972] 2 N.S.W.L.R. 704, C.A. (N.S.W.); Housing Guarantee Fund Ltd. v. Yusef (1990) A.C.S.R. 770, F.C. (Vic.); Re Southern World Airlines Ltd. [1993] 1 N.Z.L.R. 579, H.C. (N.Z.); Buttle v. Allan [1994] 1 N.Z.L.R. 396, C.A. (N.Z.).

Bei einer Übertragungsanordnung („vesting order“) des Gerichts besteht weiterhin keine juristische Notwendigkeit, alle Vermögensgegenstände der übertragenden „company“ genau zu spezifizieren.[252] Vielmehr genügt eine gattungsweise oder sonst einschließende allgemeine Nennung („general inclusive words“).[253]

Der Wortlaut von sec. 427 (3)(a) und (4) CA 1985 beschränkt den Umfang der möglichen übergehenden Rechte und Verpflichtungen nicht, so daß der Schluß nahe liegt, daß alle Rechte und Verbindlichkeiten übergehen können.

Die Rechtsprechung setzt diesem Verständnis aber Grenzen, indem sie sich an der Übertragbarkeit im Rahmen einer rechtsgeschäftlichen Abtretung orientiert. Das ist auch nur folgerichtig, da die Möglichkeit der Anordnung gem. sec. 427 (3)(a) CA 1985 auch nur eine Hilfestellung anbieten soll, aber keine Übertragungen möglich machen soll, die durch die sonst erforderliche Übertragung nach allgemeinen Regeln nicht möglich sind.

Zu den Rechten, die durch gerichtliche Anordnung übergehen können, gehören daher sämtliche dinglichen und schuldrechtlichen Verbindlichkeiten mit Ausnahme bestimmter steuerrechtlicher Positionen[254] sowie von Rechten, deren Abtretung nach Common Law oder von Gesetzes wegen ausgeschlossen ist. Die beschränkte Übertragbarkeit bedeutet, daß eine Gesamtrechtsnachfolge, wie sie das deutsche Recht kennt, nicht möglich ist.[255]

Zu den Rechten, deren Übergang im Rahmen einer Abtretung und daher auch einer „amalgamation“ ausgeschlossen ist, gehören neben Rechten mit vertraglich vereinbartem[256] oder gesetzlichem[257] Abtretungsverbot und Übereinkommen, die die sittenwidrige Übertragung eines streitbefangenen Prozeßgegenstandes oder von Unterhaltspflichten naheliegend erscheinen lassen[258], vor allem Rechte aus

---

[252] Re „L“ Hotel Co. & Langham Hotel Co. [1946] 1 All E.R. 319; Weinberg/Blank/Rabinowitz, Rz. 2-3049; Palmer, Rz. 12.033.1.

[253] Re „L“ Hotel Co. & Langham Hotel Co. [1946] 1 All E.R. 319; Weinberg/Blank/Rabinowitz, Rz. 2-3049.

[254] Dazu United Steel Companies Ltd. v. Cullington [1940] A.C. 812, 821 ff., 826, 829 f.; Tolley's Company Law, R2015; Gore-Browne, § 30.11.1 Fn. 1: Der Vortrag von einkommenssteuerlichen Abschreibungsmöglichkeiten („tear and wear allowances“, „tax losses“, etc.) ist nicht übertragbar; vgl. aber auch sec. 343 Taxes Act 1988.

[255] Lediglich das schottische Recht kennt begrenzt auf natürliche Personen die Möglichkeit der Universalsukzession, vgl. National Bank of Greece and Athens S.A. v. Metliss [1958] A.C. 509, 524, 530.

[256] United Dominion Trust (Commercial) Ltd. v. Parkway Motors [1955] 1 W.L.R. 719, 724; vgl. ansonsten Chitty on Contracts, Rz. 19-025 m.w.N. zur teilweise einschränkenden Rechtsprechung.

[257] Bei öffentlichen Gehältern: Re Mirams [1891] 1 Q.B. 594, 596 f.; Re Huggins, ex parte Huggins (1882) 21 Ch.D. 85, 91; Palmer v. Bate 2 B. & B. 673; bei einem Widerspruch zur „public policy“, z.B. bei einem Unterhaltsanspruch des Ehepartners: Re Robinson (1884) 27 Ch.D. 160; Watkins v. Watkins [1896] P. 222, 228; Paquine v. Snary [1909] 1 K.B. 688, 690.

[258] Chitty on Contracts, Rz. 19-026 ff. m.w.N.

Verträgen „persönlicher Natur"[259], die insbesondere Dienst- und Arbeitsverträge umfassen, aber auch solche Verträge, bei denen eine besondere Fähigkeit oder ein besonderes persönliches Vertrauen für den Vertragsabschluß ausschlaggebend war. In *Re Skinner (deceased)*[260] wurde der Übergang gem. sec. 427 (3)(a) CA 1985 von Rechten, Pflichten und Befugnissen eines Testamentsvollstreckers verneint.

Die Übertragbarkeit ist des weiteren nur dann zu bejahen, wenn es für den Schuldner keinen Unterschied macht, an welche Person er zur Befreiung von seiner Verbindlichkeit leistet.[261] Dazu gehören insbesondere Ansprüche, welche die Zahlung von Geld und die Nutzung von Grund und Boden beinhalten.[262] Bei juristischen Personen hat der Umstand, daß deren Mitglieder wechseln können, keinen Einfluß auf die „persönliche Natur" mit ihnen geschlossener Verträge.[263]

Im Zusammenhang mit sec. 427 CA 1985 sind zwei Arten von Rechtsverhältnissen bisher besonders problematisiert worden: Dienst- und Arbeitsverhältnisse sowie Rechte und Pflichten ausländischen Rechts.

(aa) Übergang von Arbeitsverhältnissen

In der Grundsatzentscheidung *Nokes v. Doncaster Amalgamated Collieries*[264] hob das House of Lords die vorinstanzlich einstimmig ergangenen Entscheidungen auf und entschied, daß der Übergang von Dienst- und Arbeitsverträgen („contracts of service") durch eine Übertragungsanordnung gem. sec. 427 (3)(a), (4) CA 1985 ausgeschlossen ist. Argumentiert wurde folgendermaßen: Zwar erlaube sec. 427 (3)(a) CA 1985 die Übertragung von Eigentum, und ausweislich der Legaldefinition in sec. 427 (6) CA 1985 umfasse der Begriff „Eigentum" nicht nur herkömmliches Eigentum, sondern auch Rechte und Befugnisse jegli-

---

259 Chitty on Contracts, Rz. 19-029 f. m.w.N. zur teilweise uneinheitlichen Rechtsprechung: Verträge des Wirtschaftsleben sollen grundsätzlich abtretbar sein, solange kein Kredit mit ihnen verbunden ist. Jedoch kann die Hervorhebung persönlicher Verpflichtungen der Übertragbarkeit des Anspruchs entgegenstehen.

260 [1958] 1 W.L.R. 1043; dazu: Gore-Browne, § 30.11.1; Palmer, Rz. 12.033; vgl. auch Sched. 15B, para. 9.

261 Tolhurst v. Associated Portland Cement Manufacturers Ltd. [1902] 2 K.B. 660, 668; Fitzroy v. Cave [1905] 2 K.B. 364.

262 J. Miller Ltd. v. Laurence & Bardsley [1966] 1 Lloyd's Rep. 90; British Union and National Insurance Co. v. Rawson [1916] 2 Ch. 476.

263 Griffith v. Tower Publishing Co. Ltd. and Moncrieff [1897] 1 Ch. 21; Griffiths v. Secretary of State for Social Services [1974] Q.B. 468, 485.

264 [1940] A.C. 1014, insbes. 1018 f., 1026, 1029, 1033; nachfolgend zur Unübertragbarkeit von Arbeitsverhältnissen: Denham v. Midland Employers Mutual Assurance [1955] 2 Q.B. 437, 443; O'Brien v. Benson's Hosiery (Holdings) Ltd. [1979] Ch. 152, 163 ff.

cher Art („powers of every description“). Für *Lord Atkin*[265] hätte die Hereinnahme von Dienst- und Arbeitsverträgen aber den Makel von Zwang, Unterdrückung und Entrechtung bedeutet. An anderer Stelle[266] spricht er das eigentliche Leitmotiv der Entscheidung aus, nämlich daß die Annahme der Übertragbarkeit von Arbeitsverhältnissen das Prinzip umgekehrt hätte „[...] that a man is not to be compelled to serve a master against his will ... [which][267] is deep-seated in the common law of this country [...].“ Hätte der Gesetzgeber eine Erweiterung der Übertragungsmöglichkeiten nach Common Law gewollt, hätte er dies klar zum Ausdruck bringen müssen.[268]

Diese Entscheidung stellte ein schweres Hemmnis für Fusionen durch Unternehmens- bzw. Vermögensübertragung dar. Eine Novation der Arbeitsverhältnisse mit jedem neuen Arbeitnehmer statt eines unkomplizierten Übergangs uno actu per gerichtlicher Anordnung wäre nötig gewesen. Auch gab es im House of Lords bei der Abfassung der Entscheidung abweichende Minderheitsvoten. So spreche die Einführung von sec. 154 CA 1929, dem Vorgänger der heutigen sec. 427 CA 1985, eher für eine Erweiterung der Übertragungsmöglichkeiten nach Common Law und Equity als dagegen.[269] Auch sei die Übertragbarkeit bzw. die Möglichkeit der Fortführung von Prozeßhandlungen gem. sec. 427 (3)(c) CA 1985 ein Indiz für die Übertragbarkeit der Rechte und Pflichten aus Arbeitsverhältnissen.[270]

Des weiteren wird an der Entscheidung kritisiert, daß eine Umgehung des Arbeitnehmerschutzes ohne weiteres möglich sei, indem nicht das Unternehmen, sondern alle Anteile übertragen würden, so daß die Arbeitnehmer faktisch einem neuen Herrn „dienen“ müßten, ohne gefragt zu werden.[271] Das Beharren auf der Unübertragbarkeit sei daher unsinnig und die Arbeitnehmerinteressen seien viel besser gewahrt, wenn man die Arbeitsverhältnisse mit dem Unternehmen übergehen ließe, den Arbeitnehmern dann aber Abfindungszahlungen und den vollen Kündigungsschutz bei einem anschließenden Arbeitsplatzverlust zugestünde.[272]

---

[265] [1940] A.C. 1014, 1030.

[266] [1940] A.C. 1014, 1033.

[267] Vom Verfasser eingefügt.

[268] Lord Porter in Nokes v. Doncaster Amalgamated Collieries Ltd. [1940] A.C. 1014, 1024, 1048.

[269] Viscount Simon L.C. in Nokes v. Doncaster Amalgamated Collieries Ltd. [1940] A.C. 1014, 1020. Lord Romer in Nokes v. Doncaster Amalgamated Collieries Ltd. [1940] A.C. 1014, 1038 ff.

[270] Lord Romer in Nokes v. Doncaster Amalgamated Collieries Ltd. [1940] A.C. 1014, 1038 ff.; er vertrat jedoch in Denham v. Midland Employers Mutual Assurance Ltd. [1955] 2 Q.B. 437, 455 ff. die entgegengesetzte Auffassung.

[271] Gower/Davies, S. 165, 765.

[272] Gower/Davies, S. 165, 765.

Unter dem Einfluß und Druck der europäischen Rechtsangleichung, nämlich durch Umsetzung der Richlinie des Rates betreffend die Wahrung von Ansprüchen der Arbeitnehmer beim Übergang von Unternehmen, Betrieben oder Betriebsteilen[273] durch die Transfer of Undertakings (Protection of Employment) Regulations 1981[274], wurde die *Nokes v. Doncaster Amalgamated Collieries*-Rechtsprechung obsolet. Nach Reg. 5 (1) gehen bei der Übertragung von Unternehmen, Betrieben oder Betriebsteilen grundsätzlich alle zugehörigen Arbeitsverhältnisse auf den übernehmenden Rechtsträger über. Reg. 5 (4A), (1) billigt dem Arbeitnehmer jedoch ein Widerspruchsrecht zu, das den Übergang verhindert, aber gem. Reg. 5 (4B) auch sein Arbeitsverhältnis mit der übertragenden Gesellschaft beendet, ohne daß der Arbeitnehmer als durch die Gesellschaft entlassen gilt.

(bb) Übergang von Rechten und Pflichten ausländischen Rechts

Ob auch Rechte und Pflichten einer übertragenden Gesellschaft, die nach ausländischem Recht begründet wurden, aufgrund einer Anordnung eines englischen Gerichts gem. sec. 427 (3)(a) CA 1985 auf eine übernehmende Gesellschaft übergehen können, wurde in einigen Gerichtsentscheidungen in obiter dicta[275] bezweifelt. Angeführt wurde, daß sich die Rechtsprechungsgewalt eines Gerichts nicht auf Rechtsverhältnisse erstrecken könne, die einer fremden Rechtsordnung unterlägen.[276] Der Ansatz dürfte jedoch falsch gewählt sein. Die Frage nach dem Statut eines Rechtsverhältnisses ist vielmehr zu trennen von der Veränderung des Statuts des Schuldners oder Gläubigers.[277]

Für die Verschmelzung englischer Gesellschaften mit ausländischen Rechtsverhältnissen liegt zwar bisher noch keine Rechtsprechung vor. Jedoch wurde bereits der Übergang ausländischer Rechtsverhältnisse bei der Verschmelzung

---

[273] Richtlinie des Rates 77/187/EWG v. 14. 2. 1977; abgedruckt bei Lutter, Europäisches Unternehmensrecht, 515 ff.; dazu auch: Schofield, JBL 1983 ff.; Haworth EBLR 1994, 236, 237: Die Umsetzung dieser Richtlinie erfolgte jedoch wenig enthusiastisch, nämlich nachdem ein Vertragsverletzungsverfahren drohte; zur Vermeidung eines weiteren Vertragsverletzungsverfahrens war außerdem im Jahre 1993 eine Korrektur und Erweiterung der englischen Regulations zur Umsetzung dieser Richtlinie in mehreren Punkten notwendig; vgl. im deutschen Recht § 613 a BGB.

[274] S.I. 1981 No. 1794.

[275] New Zealand Loan and Mercantile Agency Co. v. Morrison [1898] A.C. 349, 357 f.; National Bank of Greece v. Metliss [1958] A.C. 509; Gore-Browne, § 30.14.2.

[276] New Zealand Loan and Mercantile Agency Co. v. Morrison [1898] A.C. 349, 357 f.; National Bank of Greece v. Metliss [1958] A.C. 509, 529 f.; Adams et al. v. National Bank of Greece S.A. [1961] A.C. 255, 279 f.

[277] Überzeugend Gillessen, a.a.O., S. 378.

ausländischer Gesellschaften angeordnet[278], so daß im Gegenschluß wohl auch ein Übergang bei englischen Gesellschaften angeordnet werden wird.[279] Inwieweit dieser dann tatsächlich zum Übergang des im Ausland befindlichen Vermögens oder von Rechtsverhältnissen einer englischen Gesellschaft führt, hängt davon ab, inwieweit die betreffende ausländische Rechtsordnung eine Anordnung nach sec. 427 (3)(a) CA 1985 tatsächlich anerkennt und ob keine bestimmte Ortsform (lex rei sitae) zur Übertragung des Vermögensbestandteils oder Rechtsverhältnisses zu beachten ist. Eine rechtsordnungsdifferenzierte Betrachtung ist folglich angebracht. Gegebenenfalls ist eine einzelvertragliche, dem örtlichen Recht entsprechende Übertragung vor Untergang der übertragenden englischen Gesellschaft notwendig.

(3) Wertpapiergewährung gem. sec. 427 (3)(b) CA 1985

Bei einem Fusionsplan werden die Anteilseigner, Obligationäre und Inhaber anderer Wertpapiere in Anteilen, Schuldverschreibungen oder anderen Wertpapieren der übernehmenden Gesellschaft entschädigt. Zur Vereinfachung des Verfahrens kann das Gericht gem. sec. 427 (3)(b) CA 1985 die Ausgabe und Zuteilung von Wertpapieren verfügen, die Rechte an der übernehmenden Gesellschaft gewähren, soweit dies nach dem Fusionsplan vorgesehen ist. Die Zuteilung von Anteilen oder sonstigen Wertpapieren der übernehmenden Gesellschaft durch gerichtliche Anordnung hat insbesondere den Vorteil, daß dadurch den Mühen und Kosten[280] der sonst notwendigen formalen Übertragungsakte („formal transfers and conveyances“) aus dem Weg gegangen wird.[281]

Neben dem wirtschaftlichen Aspekt der Arbeits- und Kostenersparnis führt eine gerichtliche Anordnung zur Übertragung oder Zuteilung von Anteilen oder sonstigen Wertpapieren aber auch zu einer Bindung der übernehmenden Gesellschaft, so daß auf diesem Wege eine größere Sicherheit für die Anteilseigner und sonstigen Wertpapierinhaber der übertragenden Gesellschaft gegeben ist, ihre Gegenleistung zu erhalten.

Bemerkenswert an sec. 427 (3)(b) CA 1985 ist des weiteren, daß ausdrücklich von Versicherungspolicen als zuteilbarer Gegenleistung die Rede ist, so daß klargestellt wird, daß auch Versicherungsgesellschaften in der Rechtsform der „com-

---

[278] National Bank of Greece and Athens v. Metliss [1958] A.C. 509, 529; Adams et al. v. National Bank of Greece S.A. [1961] A.C. 255, 281 ff.; ausführlich Müller-Driver, a.a.O., S. 120 ff.

[279] Überzeugend Gillessen, a.a.O., S. 378.

[280] Vgl. zu Stempelsteuerfragen („stamp duty“) bei Übertragungen nach sec. 427 (3)(b): Sun Alliance Insurance Ltd. v. I.R.C. [1972] Ch. 133.

[281] Gower/Davies, S. 766 Fn. 66.

pany" von sec. 427 (3)(b) CA 1985 profitieren können.[282] Außerdem läßt sec. 427 (3)(b) CA 1985 wegen ihres weiten Wortlauts, der von einer Gegenleistung in „shares, debentures, policies or other like interests" spricht, auch eine bare Zuzahlung auf jeden Anteil zu, der nicht auf 10 % des Nennbetrags der ausgegebenen Anteile beschränkt ist, wie es die Dritte EG-Richtlinie in Art. 3 (1) für die Verschmelzung von plcs. vorsieht.[283] Außerdem müssen Anteilseignern nicht zwingend gleichwertige Anteile der übernehmenden Gesellschaft gewährt werden. Eine Befriedigung in Schuldverschreibungen ist genauso möglich. Insofern gewähren die secs. 427 ff. CA 1985 eine maximale Gegenleistungsflexibilität.

(4) Fortgeltung gerichtlicher Verfahren gem. sec. 427 (3)(c) CA 1985

Sec. 427 (3)(c) CA 1985 eröffnet ausdrücklich die Möglichkeit, neben dem Übergang des Eigentums und der Rechte und Pflichten gem. sec. 427 (3)(a) CA 1985 auch für eine prozessuale Kontinuität zu sorgen. Aufgrund von ss. (3)(c) kann das Gericht den Fortgang von Prozeßhandlungen und gerichtlichen Verfahren anordnen, die von der übertragenden Gesellschaft oder gegen sie betrieben werden. Diese wirken per Anordnung unmittelbar für und gegen die übernehmende Gesellschaft fort. Bei der Vollübertragung aller Aktiva und Passiva unter Auflösung der übertragenden Gesellschaft wird es praktisch wohl immer zu einer solchen Anordnung des Übergangs von prozessualen Vorgängen kommen, wenngleich Zweifel dahingehend geäußert werden, ob dies auch für ausländische Prozeßhandlungen gelten darf[284].

(5) Auflösung ohne Abwicklung gem. sec. 427 (3)(d) CA 1985

Im Falle der Übertragung aller Aktiva und Passiva einer „company" bei einer „amalgamation" würde das Beharren auf der Notwendigkeit eines förmlichen Abwicklungs- und Auflösungsverfahrens eine unnötige Formalität bedeuten, wobei betont werden muß, daß im Gegensatz zum deutschen Recht die Abwicklung der Auflösung nicht nachfolgt, sondern vielmehr ihr vorausgeht. Denn das Ergebnis der Abwicklung wird in dieser Konstellation bereits durch die Übertragungs- und sonstigen Anordnungen des Gerichts gem. sec. 427 (3) CA 1985 erreicht.

Eine gerichtliche Auflösungsanordnung gem. sec. 427 (3)(d) CA 1985 führt daher zu nicht zu unterschätzenden direkten Kosten- und Zeitvorteilen. Neben

[282] Palmer, Rz. 12.033.
[283] Vgl. Gillessen, a.a.O., S. 379.
[284] Dazu Gillessen, a.a.O., S. 380.

diesen direkten Vorteilen wird anders als im förmlichen Abwicklungsverfahren auch eine steuerlich nachteilige Aufdeckung der stillen Reserven, d.h. des Kapitalwertzuwachses, der sich bei den einzelnen Wirtschaftsgütern im Laufe der Zeit angesammelt hat, vermieden.[285]

(6) Anteilseigner- und Gläubigerschutz gem. sec. 427 (3)(e) CA 1985

(a) Allgemeines

Sec. 427 (3)(e) CA 1985 ermächtigt das Gericht, Anordnungen zu treffen, in welcher Art und Weise mit widersprechenden Anteilseignern oder Gläubigern verfahren werden soll. Die allgemeine Fassung der Vorschrift erlaubt es dem Gericht, alle Maßnahmen zu ergreifen, die notwendig sind, um die Interessen dissentierender Minderheiten und damit insbesondere auch der Gläubiger bei einer Fusion wahrzunehmen, ohne diesen Interessen über eine Zurückweisung des Fusionsplans wegen Unfairneß in unangemessener Weise Geltung zu verschaffen. Da das reine Verfahren nach sec. 425 CA 1985 stark formalisiert ist, prägt das Gericht das Fusionsverfahren in nicht zu unterschätzender Weise, indem es von diesem Verfahren nicht berücksichtigte Gläubigerbelange oder eine interessengerechte Einzelfallabstimmung für dissentierende Personen ohne Zurückweisung des Fusionsvorhabens ermöglicht.

Vom Schutzzweck der Vorschrift werden daher nicht nur diejenigen Personen erfaßt, die am Fusionsplan durch Aufruf zur Abstimmung direkt beteiligt wurden und dem Plan widersprochen haben, sondern auch diejenigen Personen und Gläubiger, die durch den Fusionsplan übergangen wurden, aber schützenswerte Interessen besitzen. Das Gericht hat einen weiten Ermessensspielraum, ob und wie es Schutzanordnungen trifft. Die Rechtsprechung hat dabei in der Vergangenheit Flexibilität und Phantasie gezeigt. So hat es zum Beispiel im Fall *Clydesdale Bank Ltd. et al.*[286] den Schutz der Gläubiger dadurch gewährleistet, statt einer Forderung nach Sicherheitsleistung, nach Bankgarantien oder nach Einbeziehung der Gläubiger in den Fusionsplan eine Widerspruchsfrist für die Gläubiger zu setzen und bei eventuellen Widersprüchen weitere Maßnahmen zu treffen.

Zum Gelingen eines Fusionsvorhabens durch Vermögenstransfer tun daher die übertragende und auch die übernehmende Gesellschaft gut daran, vorher mit ihren Gläubigern in Verhandlung zu treten und einen Vergleich zu erarbeiten, dem diese und das Gericht zustimmen können. Aus Gläubigersicht ist eine Übertragung

[285] Vgl. Gillessen, a.a.O., S. 380.
[286] [1950] S.C. 30, 37 f.; ähnlich in Re Star Tea Co. [1930] W.N. 4.

deswegen nämlich besonders problematisch und risikoreich, weil nach Vollzug der Übertragung die Gläubiger der übertragenden mit denen der übernehmenden Gesellschaft konkurrieren und ein neuer oder wesentlich veränderter Rechtsträger Schuldner geworden ist.[287]

Die Notwendigkeit, in nicht unerheblichem Maße Rücksicht auf die Interessen der Gläubiger und anderer Dritter nehmen zu müssen, stellt einen wichtigen Grund dar, warum dem Anteilstransfer meist der Vorzug gegenüber dem Vermögenstransfer gegeben wird.[288]

(b) Berücksichtigung des Schutzniveaus der secs. 110, 111 IA 1986

Ein weiterer Aspekt zur Berücksichtigung von Gläubiger- und Minderheiteninteressen besteht in der Durchsetzung des Schutzes vor einer Umgehung der secs. 110, 111 IA 1985.[289] Wenn der Fusionsplan mit demselben Ergebnis auch durch einen Liquidationsplan hätte durchgeführt werden können, dann besteht Rechtsunsicherheit, ob das Gericht das „Scheme of Arrangement" überhaupt genehmigen darf, ohne weitere Maßnahmen zu ergreifen, die gewährleisten, daß das „Scheme of Arrangement" dasselbe Schutzniveau erreicht wie ein Verfahren gem. secs. 110, 111 IA 1986.[290] Insbesondere beinhaltet sec. 111 (2) IA 1986 ein Widerspruchsrecht der Anteilseigner, das die Gesellschaft zu deren Abfindung oder zur Abstandnahme von der Fusion zwingt. Auch können die Gläubiger, wenn sie nicht befriedigt werden, gerichtliche Hilfe beantragen, die zur Rückgängigmachung der Fusion führen kann.

Wenn das „Scheme" selbst nicht schon entsprechende Schutzmaßnahmen vorsieht, besteht daher eine hohe Wahrscheinlichkeit, daß das Gericht solche Schutzmaßnahmen im Rahmen von Anordnungen gem. sec. 427 (3)(e) CA 1985 ergreift, um eine Umgehung zu verhindern,[291] obwohl es dazu nicht verpflichtet ist[292].

---

287 Gower and Davies, S. 799.

288 Vgl. Gower and Davies, S. 799.

289 Ausführliche Analyse der älteren Rechtsprechung zum Verhältnis von secs. 425 ff. CA 1985 und secs. 110, 111 IA 1986 bei Rice, M.L.R. 1958 (Vol. 21), 623, 626 ff.; vgl. ebenso Lord Hailsham of St. Marylebone, Companies, Rz. 1456.

290 Vgl. Weinberg/Blank/Rabinowitz, Rz. 2-3051 sowie die obiter dicta von Younger J. in Re Guardian Assurance Co. [1917] 1 Ch. 431, 441; Astbury J. in Re Anglo-Continental Supply Co. [1922] 2 Ch. 723, 731 ff. der Entscheidung Re General Motor Cab Co. [1913] 1 Ch. 377, C.A., folgend; Mortgage Insurance Corporation (1896) W.N. 4.; Gore-Browne, § 30.7 a.E., weist darauf hin, daß vor Geltung der ersten Vorgängerregelung zu sec. 427 CA 1985 die Genehmigungsfähigkeit eines „Scheme of Arrangement" generell noch fraglicher war.

291 Vgl. Gore-Browne, § 30.7; Lord Hailsham of St. Marylebone, Companies, Rz. 1456.

292 Vgl. Sorsbie v. Tea Corporation [1904] 1 Ch. 12, C.A.; Buckley, § 425.10; Rice, M.L.R. 1958 (Vol. 21), 623, 626 ff. mit einer ausführlichen Analyse der ergangenen Rechtsprechung.

Eine Umgehung ist bei einer „amalgamation" dann gegeben, wenn es zu einer Unternehmensübertragung kommt und die Anteilseigner genauso in Sachleistungen, also Anteilen oder sonstigen Wertpapieren der übernehmenden Gesellschaft, entschädigt werden, wie es ihrem Anspruch auf den Liquidationserlös entspricht. In einem solchen Falle kann das Gericht die Möglichkeit des Ausscheidens gegen angemessene Abfindung für widersprechende Anteilseigner entsprechend sec. 111 (2) IA 1986 auch noch im nachhinein anordnen, ohne die Genehmigung gem. sec. 425 (2) CA 1985 gänzlich wegen Umgehung des Minderheitenschutzes der secs. 110, 111 IA 1986 versagen zu müssen.

Jedoch haben die Gerichte von dieser Möglichkeit in den letzten Jahrzehnten wenig Gebrauch gemacht[293], vielleicht weil stattdessen ein Verfahren gem. secs. 110, 111 IA 1986 durchgeführt wird oder weil eine Vermeidung einer Behandlung entsprechend den Rechten am Liquidationserlös durch Vereinbarung leichter Abweichungen im Fusionsplan sehr leicht möglich ist.[294] Dennoch kann das Gericht auch bei solch einer Umgehungsgestaltung im Rahmen seines Ermessens entsprechende Schutzmaßnahmen ergreifen.[295] Letztlich sind aber in den letzten Jahrzehnten keine Entscheidungen mehr veröffentlicht worden, die sich mit der Problematik entscheidungserheblich oder auch nur in einem obiter dictum befassen.

Insgesamt hat das Gericht also äußerst weite Befugnisse, Anordnungen zur Berücksichtigung oder Durchsetzung dissentierender Personen zu treffen, so daß es in besonderer Weise das Verfahren des „Scheme of Arrangement" gem. secs. 425 ff. CA 1985 gestalten kann.

(7) Zusatz- und Folgemaßnahmen gem. sec. 427 (3)(f) CA 1985

Sec. 427 (3)(f) CA 1985 gibt dem Gericht abschließend die Befugnis, auch alle weiteren Maßnahmen zu ergreifen, die sicherstellen, daß die Fusion vollständig und wirksam zum Abschluß gebracht wird. Diese Bestimmung wirkt wie ein nicht genau definierter Auffangtatbestand, der sicherstellt, daß Maßnahmen, die nicht unter die vorhergehenden Befugnisse subsumiert werden können, nicht mangels gerichtlicher Ermächtigung ausbleiben müssen. Der Anwendungsbereich von sec. 427 (3)(f) CA 1985 ist jedoch bis heute äußerst unklar geblieben. Die Praxis hat sich - soweit aus dem englischen Schrifttum und der Rechtsprechung ersichtlich -

[293] Gower/Davies, S. 766 Fn. 67.
[294] Weinberg/Blank/Rabinowitz, Rz. 2-3051.
[295] Weinberg/Blank/Rabinowitz, Rz. 2-3051; Gore-Browne, § 30.6; Buckley, § 425.10; vgl. auch Astbury J. in Re Anglo-Continental Supply Co. [1922] 2 Ch. 723.

noch nie auf diese Bestimmung berufen. Es scheint so, als würde subsec. (3)(a) - (e) schon alle praktisch relevanten Fälle abdecken, so daß mit Recht von einer parlamentarischen „Angstklausel" gesprochen werden kann.[296]

cc) Verschmelzung zweier plcs. gem. sec. 427A CA 1985

(1) Allgemeines

Durch Einfügung von sec. 427A CA 1985 und Sched. 15B[297] in den Companies Act 1985 durch die Companies (Mergers and Divisions) Regulations 1987[298], die am 1. Januar 1988 in Kraft getreten sind, wurden im Rahmen der europäischen Rechtsangleichung die Dritte und Sechste EG-Richtlinie auf dem Gebiet des Gesellschaftsrechts, die sog. Verschmelzungs- und Spaltungsrichtlinie, umgesetzt.[299] Beide Richtlinien haben neben der Rechtsangleichung in Europa durch Festschreibung umfassender Informationspflichten eine Stärkung des Anleger- und Minderheitenschutzes zum Ziel.

Die Umsetzung der Richtlinien ist in England nicht ganz unumstritten, da sie „public limited liability companies" zum Gegenstand haben. Die Companies (Mergers and Divisions) Regulations 1987 haben aber auch den Fall einer Übertragung aller Aktiva und Passiva zweier „public companies" auf eine „private company" als NewCo. geregelt. Da die Regulations insoweit über die Richtlinien hinausgehen und sec. 2 (2) European Communities Act 1972, der die Umsetzung von EG-Richtlinien in England regelt und daher als Ermächtigungsgrundlage für die Regulations dient, nur Änderungen und Ergänzungen des englischen Rechts erlaubt, die zur Umsetzung einer EG-Richlinie notwendig sind, werden im englischen Schrifttum[300] Zweifel an der Wirksamkeit von sec. 427A und Sched. 15B CA 1985 geäußert. Die Rechtsprechung hat sich zu dieser Frage bisher noch nicht äußern müssen.

Sec. 427A und Sched. 15B CA 1985 enthalten detaillierte Bestimmungen, die dem Schutz der Anleger und des Kapitalmarktes dienen. Unter dem Einfluß des

---

[296] Gillessen, a.a.O., S. 382.

[297] Die vormalige Sched. 15A wurde durch sec. 114 (2) CA 1989 in Sched. 15B umnumeriert und durch sec. 23, Sch. 10, Part I, para. 22 mit Wirkung zum 1. 4. 1990 geringfügig abgeändert, vgl. Gower/Davies, S. 767 Fn. 73; Gore-Browne, §§ 30.11A, 30.41.

[298] S.I. 1987/1991, reg. 2 (c), Sched., Part II.

[299] Siehe oben S. 75 f.; zu den beiden Richtlinien aus englischer Sicht Palmer, Rz. 16.104 ff.

[300] Palmer, Rz. 12.010 Fn. 4.

Europarechts wurden die Transparenz und die Mitbestimmungsmöglichkeiten bei „mergers“ und „divisions“ durch verschärfte Offenlegungspflichten, unabhängige Sachverständigenprüfungen und Zustimmungspflichten sowohl in der übertragenden als auch in der übernehmenden Gesellschaft erhöht.[301]

Die sich aus diesen zusätzlichen Verfahrens- und Mitwirkungsanforderungen ergebenden Komplikationen lassen daher einen „merger“ zwischen „public companies“ derart unattraktiv werden, daß in der Praxis in England meist Umgehungsgestaltungen gesucht und gefunden werden.[302] Die Abneigung gegen das kontinentaleuropäisch geprägte Verfahren geht so weit, daß englische „public companies“ es nicht scheuen, die Prozedur einer Umwandlung in eine „private company“ gem. secs. 53 - 55 CA 1985 zu durchlaufen, nur um einer Anwendung des als kompliziert und schwerfällig empfundenen Verfahrens gem. sec. 427A i.V.m. Sched. 15B CA 1985 zu entgehen.[303] Die Vorschriften zum Schutz dissentierender Anteilseigner gem. sec. 54 CA 1985 sind wesentlich unkomplizierter und unaufwendiger als die Beachtung der seitenlangen Vorschriften der Sched. 15B CA 1985.[304]

Sec. 427A und Sched. 15B CA 1985 finden daher in der Praxis so gut wie nie Anwendung. Es ist kein einziger Fall der Rechtsprechung veröffentlicht, der sich mit diesen Vorschriften befaßt. Auch im Schrifttum finden sich keine Hinweise auf eine Anwendung dieser Regelungen. Eine Änderung dieser Situation könnte sich vollziehen, sollte die Verschmelzungsrichtlinie in ihrem Anwendungsbereich auf „private companies“ ausgeweitet werden, wie von der Europäischen Kommission erwogen wird.[305]

Die Regelungstechnik der im Rahmen der Richtlinienumsetzung neu eingeführten Vorschriften stellt sich folgendermaßen dar. Sec. 427A (1), (2) CA 1985 legt drei Fälle genau fest, die eine Anwendung von Sched. 15B Companies Act 1985 auslösen. Sched. 15B CA 1985 wiederum enthält detaillierte Zusatzanforderungen, die erfüllt sein müssen, damit das Gericht den Fusions- oder Spaltungsplan gem. sec. 425 (2) CA 1985 genehmigen kann.

Nur die ersten beiden in sec. 427A (2) CA 1985 festgelegten Fälle beziehen sich auf „mergers“, so daß an dieser Stelle nur ihnen die Aufmerksamkeit der Darstellung gilt.

---

[301] Weinberg/Blank/Rabinowitz, Rz. 2-3048.

[302] Tolley's Company Law, R2018; Gore-Browne, § 30.11B; Gower and Davies, S. 800; Page, JIBL 2002, 17 (9), 263, 264; zu den Umgehungsmöglichkeiten sogleich bei der Darstellung der von sec. 427A (2) CA 1985 erfaßten Fälle.

[303] Gore-Browne, §§ 30.11B, 7.11; vgl. Page, JIBL 2002, 17 (9), 263, 264.

[304] Vgl. den Gesetzestext und so auch die Einschätzung von Gore-Browne, § 30.11B.

[305] Vgl. Palmer, Rz. 16.104.1, 16.105.

(2) Erfaßte Fälle

Sec. 427A (1) macht die Anwendung von sec. 427A (3) sowie Sched. 15B CA 1985 davon abhängig, daß einerseits ein „compromise“ oder „arrangement“ zwischen einer „public company“ und ihren Gesellschaftern und/oder Gläubigern zum Zwecke oder im Zusammenhang mit einem „scheme of reconstruction“ einer oder mehrerer „companies“ oder mit einem „scheme of amalgamation“ zweier oder mehrerer „companies“ vorliegt, einer der in sec. 427A (2) CA 1985 genau umrissenen Fälle gegeben ist und die Gegenleistung für einen Transfer von Aktiva und Passiva auf Gewährung junger Anteile der übernehmenden „company“ oder einer der übernehmenden „companies“ an die Anteilseigner der übertragenden „company“ oder „companies“ lautet, unabhängig davon, ob zusätzlich eine Barzulage geleistet wird oder nicht.

Zudem schließt sec. 427A (4) CA 1985 eine Anwendung der verschärfenden Anforderungen von sec. 427A und Sched. 15B CA 1985 aus, wenn der Vergleichsplan vorgeschlagen wird, während die implementierende „company“ sich im Stadium der Abwicklung befindet. Eine analoge Anwendung auf eine Fusion zwischen plcs. durch Benutzung des Liquidationsplanverfahrens gem. secs. 110, 111 IA 1986 wurde dadurch ausdrücklich ausgeschlossen.[306] Der englische Gesetzgeber hat im Rahmen der minimalistischen Umsetzung der EG-Verschmelzungsrichtlinie von der in Art. 3 Abs. 2, 4 Abs. 2 eingeräumten Option der Erstreckung auf übertragende plcs. im Liquidationsstadium keinen Gebrauch gemacht.

Zusätzlich zu den in sec. 427A (1) CA 1985 genannten Voraussetzungen muß einer der folgenden drei in sec. 427A (2) CA 1985 genau umrissenen Fälle vorliegen:

1. Der erste Fall betrifft die Übertragung des Unternehmens, Eigentums und der Verbindlichkeiten einer das „Scheme“ implementierenden „public company“ auf eine andere „public company“, die nicht erst im Zusammenhang mit dem „Scheme“ oder zu dessen Verwirklichung gegründet worden ist.
2. Der zweite Fall erfaßt die jeweilige Übertragung des Unternehmens, Eigentums und der Verbindlichkeiten von zwei oder auch mehreren „public companies“, von denen eine eine das „Scheme“ implementierende „company“ sein muß, auf eine „company“, die sowohl eine „public“ als auch eine „private company“ sein kann und die erst im Zusammenhang mit dem „Scheme“ oder zu dessen Verwirklichung gegründet worden ist.

[306] Palmer, Rz. 12.101.1.

3. Der dritte Fall betrifft die Aufspaltung einer „public company" und soll erst bei der Darstellung der „division" genau erläutert werden.[307]

Letztlich kommen die auf europarechtlichen Druck hin eingeführten Zusatzanforderungen bei Fusionen von zwei oder mehr „public companies" zur Aufnahme oder Neugründung zur Anwendung, wobei im Neugründungsfall die NewCo. auch eine „private company" sein darf.

Die scharf umrissenen Tatbestände der sec. 427A (1), (2) CA 1985 lassen sich - wie bereits angedeutet - außer durch vorherige Umwandlung in eine „private company" auch durch zahlreiche andere Strukturierungen einer Transaktion umgehen.

Insbesondere fällt die Fusion dann aus dem Anwendungsbereich von subsec. (2) Case 1, wenn die Aktiva und Passiva der übertragenden „public company" nicht auf eine andere „public company", sondern auf eine im Zusammenhang oder zum Zweck der Verwirklichung des „Scheme" gegründete „public" oder „private company" übertragen werden, die eine 100 %ige Tochtergesellschaft der eigentlich übernehmenden „public company" ist. Da es nur eine übertragende „public company" gibt, greift auch subsec. (2) Case 2 nicht. Genauso kann sich die eigentlich übernehmende „public company" einer bereits bestehenden „private company" als Tochtergesellschaft bedienen, um subsec. (2) Case 1 aus dem Weg zu gehen.

Eine weitere Umgehung ist möglich, wenn zwei verschmelzungswillige plcs. ihre Aktiva und Passiva nicht auf eine NewCo. übertragen, sondern sich einer längst bestehenden „public" oder „private company" bedienen, die auch eine Mantel-„company" sein kann.[308] Diese dürfte dann keine zum Zwecke der Verwirklichung oder im Zusammenhang mit dem Fusionsplan gegründete „company" i.S.v. sec. 427A (2) Case 2 CA 1985 sein. Zweitens dürfte selbst eine so verwandte, bereits bestehende „*public* company" keine Subsumtion unter sec. 427A (2) Case 1 CA 1985 ermöglichen, da dieser Case 1 von nur einer übertragenden „public company" spricht und nicht von zweien, wie Case 2, der von einer Übertragung „of each of two or more public companies" spricht.[309]

Eine letzte erwähnte Umgehungsmöglichkeit betrifft die Gegenleistung, die von der aufnehmenden Gesellschaft gem. sec. 427A (1) CA 1985 in Anteilen - sei es mit oder ohne Barzulage - an die Altanteilseigner der übertragenden „company" erbracht werden muß. Es wird ins Spiel gebracht, diese Voraussetzung durch Ausgabe von Anleihen oder anderen Schuldverschreibungen zu umgehen, die

[307] Siehe S. 453 ff.
[308] Gore-Browne, § 30.11C.
[309] Gore-Browne, § 30.11C.

aber für die Altanteilseigner dadurch attraktiv gemacht werden, daß sie mit anteilsgleichen Rechten ausgestattet werden; dazu gehört die Vereinbarung einer gewinnabhängigen, statt einer festen Rendite, das Recht auf Mitbestimmung bei der Entlastung und Bestellung von Direktoren sowie das Recht auf Einblick in die Konten und andere Informationsansprüche.[310]

Die ins Spiel gebrachten Umgehungsmöglichkeiten mögen begriffsjuristisch anmuten und daher risikoreich sein. Ob die englische Rechtsprechung bei solchen Gestaltungen aus Gründen des Umgehungsschutzes zu einer analogen Anwendung von subsec. (2) Case 1 oder 2 gelangt oder auf die Aktivierung einer Mantelgesellschaft statt auf die Neugründung einer NewCo. abstellt, ist schwer vorhersagbar und bleibt abzuwarten. Die Praxis wird sich aber solange, sofern überhaupt eine Verschmelzung durch Übertragung aller Aktiva und Passiva gewählt wird, einer der aufgezeigten Umgehungskonstellationen bedienen, um den schwerfällig und zeitraubend anmutenden, kontinentaleuropäisch geprägten Verfahrensanforderungen aus dem Weg zu gehen.

(3) Zusätzliche Verfahrensanforderungen

Sollten tatsächlich die Bedingungen der sec. 427A (1), (2) Case 1 oder Case 2 CA 1985 erfüllt sein, dann ergeben sich zusätzliche Verfahrensschritte, die bei einer Verschmelzung eingehalten werden müssen, damit der Verschmelzungsplan vom Gericht gem. sec. 425 (2) CA 1985 genehmigt werden darf. Sched. 15B CA 1985, die diese Verfahrensschritte in ihren §§ 1-9 vorgibt, enthält davon aber auch in §§ 10-14 verschiedene Ausnahmetatbestände, deren Erfüllen zu einer Befreiung von allen oder einigen zusätzlichen Verfahrensschritten führt. Soweit zur Grobstruktur von Sched. 15B CA 1985.

Die zusätzlichen Verfahrensanforderungen dienen dem Schutz der Anteilseigner der beteiligten Gesellschaften und damit auch dem Schutz des Kapitalmarktes. Im Hinblick auf die Interessen der Gläubiger wird allerdings kein besonderer Schutz gewährt. Der Gesetzgeber beschränkte sich in England auf die Umsetzung der Richtlinie, die den Gläubigerschutz ausdrücklich nicht anglich.[311]

---

310 Gore-Browne, § 30.11C.

311 Jedoch gewährt Art. 13 (2) EG-Verschmelzungsrichtlinie einen gewissen Mindestschutz, indem den Gläubigern ein Anspruch auf angemessene Garantien verliehen wird, wenn die finanzielle Lage einer der Fusionspartner einen solchen Schutz erfordert. Der Gesetzgeber hat diesen Anspruch bei Umsetzung der Verschmelzungsrichtlinie nicht ausdrücklich geregelt. Durch dieses Umsetzungsdefizit sind die Gläubiger also nach wie vor auf einen Antrag bei Gericht zur Genehmigungsverweigerung oder zur Erteilung einer Garantieauflage gem. sec. 427

(a) Zustimmung durch Anteilseigner der übernehmenden „company"

Als ersten zusätzlichen Verfahrensschritt fordern sec. 427A (3) und § 1 Sched. 15B CA 1985 die Zustimmung zum Verschmelzungsplan durch Versammlungen aller Anteilseigner(-klassen) einer übernehmenden Gesellschaft, die nicht zum Zweck der Verwirklichung oder im Zusammenhang mit der Fusion gegründet worden ist. Erfaßt wird von diesem zusätzlichen Verfahrensschritt daher nur sec. 427A (2) Case 1 CA 1985, also der Grundfall einer Verschmelzung durch Aufnahme zwischen zwei plcs.

Für die Mehrheitsverhältnisse, Klasseneinteilungen und sonstigen Abstimmungsanforderungen gelten dieselben Anforderungen wie bei der übertragenden Gesellschaft, die den Fusionsplan gem. secs. 425 ff. CA 1985 implementiert. Auch der Begriff „class" wird abweichend vom gewöhnlichen Anteilsgattungsbegriff wie bei sec. 425 CA 1985 ausgelegt.[312]

Dem Gericht kommt die Befugnis zu, die entsprechenden Anteilseignerklassenversammlungen durch Erlaß einer gerichtlichen Anordnungen auf Antrag der übernehmenden Gesellschaft, eines ihrer Anteilseigner oder Gläubiger oder - im „administration"-Verfahren - ihres „administrator" einzuberufen und für deren ordnungsgemäße Durchführung zu sorgen, sec. 427A (3) CA 1985, falls die übernehmende Gesellschaft nicht schon selbst dafür Sorge trägt[313]. Auch soll das Gericht keine Genehmigung gem. sec. 425 (2) CA 1985 ohne Zustimmung durch diese Versammlungen erteilen. Ohne Abhalten der Versammlungen darf das Gericht eine Genehmigung nur im Ausnahmefall aussprechen.

(b) Verschmelzungsplanpflichtangaben („draft terms")

Der Verschmelzungsplan muß mit beträchtlichen Minimalangaben von den beteiligten Verwaltungsräten aller übertragenden und schon vorher bestehenden übernehmenden plcs. ausgearbeitet werden, § 2 (1)(a) Sched. 15B CA 1985. Dieser Fusionsplan wird anschließend in Kopie von den Direktoren jeder beteiligten Gesellschaft an den Gesellschaftsregister übersandt. Dieser wiederum muß eine Anzeige über den Erhalt der Kopie dieses Fusionsplans im Amtlichen Anzeiger („Official Gazette") veröffentlichen, die mindestens einen Monat vor der zeitlich ersten Versammlung zur Abstimmung erscheinen muß, § 2 (1)(b), (1)(c) Sched. 15B, sec. 711 (1)(s) CA 1985.

---

(3)(e) CA 1985 angewiesen. An dieser Stelle ist dann ein Konflikt mit dem Europarecht wegen möglicherweise mangelhafter Richtlinienumsetzung vorprogrammiert.

[312] Palmer, Rz. 12.022; Weinberg/Blank/Rabinowitz, Rz. 2-3048.

[313] Palmer, Rz. 12.022.

Der Fusionsplan hat gem. § 2 (2) Sched 15B CA 1985 als Pflichtangaben („draft terms")

1. die Firma, den Sitz („registered office") und die Erscheinungsform jeder beteiligten „company" („limited by shares" oder „by guarantee" mit oder ohne zusätzlichem Anteilskapital),
2. das Umtauschverhältnis der Anteile und sowie die Höhe einer möglichen Barzulage,
3. die Ausgabebedingungen hinsichtlich der von der übernehmenden Gesellschaft auszugebenden Anteile sowie deren Anzahl,
4. den Zeitpunkt, von dem an die jungen Anteile der übernehmenden Gesellschaft eine Anspruch auf einen Anteil am Bilanzgewinn gewähren, sowie alle Besonderheiten in bezug auf diesen Anspruch,
5. den Zeitpunkt, von dem an die Handlungen der übertragenden Gesellschaft(en) als für Rechnung der übernehmenden Gesellschaft vorgenommen gelten (Verschmelzungsstichtag),
6. die Rechte, die die übernehmende Gesellschaft einzelnen Anteilseignern sowie Inhabern besonderer Rechte, die mit Anteilen oder anderen Wertpapieren verbunden sind, gewährt oder die für diese Personen vorgesehenen Maßnahmen,
7. jeden besonderen Vorteil, der einem Mitglied des Verwaltungsrats einer übertragenden oder bereits bestehenden übernehmenden Gesellschaft oder einem Sachverständigen, die einen Verschmelzungs- oder einen Verschmelzungsprüfungsbericht erstellt haben, gewährt worden ist oder werden soll,

zu enthalten.

(d) Verschmelzungsbericht („directors' report")

Die Informations- und Offenlegungspflichten für die erklärende Stellungnahme gem. sec. 426 CA 1985 werden durch § 4 Sched. 15B CA 1985 beträchtlich erweitert. Die Direktoren jeder übertragenden oder bereits existenten übernehmenden Gesellschaft müssen einen Verschmelzungsbericht („directors' report") entwerfen und ihm zustimmen, der neben der erklärenden Stellungnahme gem. sec. 426 CA 1985 ausführliche rechtliche und wirtschaftliche Erläuterungen und Begründungen zur Verschmelzung, zum Verschmelzungsplan und insbesondere zum Umtauschverhältnis und zur Höhe einer anzubietenden Barabfindung enthält. Auch muß er besondere Schwierigkeiten bei der Bewertung der Rechtsträger darlegen.

(d) Verschmelzungsprüfungsbericht („experts' report")

Zum Fusionsplan muß für jede übertragende oder bereits existierende übernehmende Gesellschaft ein separater Sachverständigenbericht als Verschmelzungsprüfungsbericht („experts' report") verfaßt werden. Gem. § 5 (1) Sched. 15B CA 1985 muß jede einzelne beteiligte Gesellschaft einen jeweils anderen unabhängigen Sachverständigen zum Verschmelzungsprüfer berufen, dessen Prüfungsbericht anschließend von der jeweiligen „company" an ihre Gesellschafter verschickt wird.

Der britische Gesetzgeber hat des weiteren von der in Art. 10 (1) EG-Verschmelzungsrichtlinie vorgesehenen Möglichkeit Gebrauch gemacht: gemäß § 5 (2) Sched. 15B CA 1985 kann das Gericht auf gemeinsamen Antrag aller am Fusionsplan beteiligten Gesellschaften hin der Bestellung eines einzigen gemeinsamen Verschmelzungsprüfers zustimmen, auf den sich die Gesellschaften geeinigt haben und der einen einzigen Verschmelzungsprüfungsbericht für alle Gesellschaften verfaßt.

Die Unabhängigkeit des Verschmelzungsprüfers wird dadurch definiert, daß es sich bei ihm um eine Person handeln muß, die zum Zeitpunkt des Verschmelzungsprüfungsberichts auch zum Rechnungsprüfer („auditor") bestellt werden oder als solcher weiter handeln könnte, § 5 (3) Sched. 15B CA 1985.

Es steht im Ermessen eines Verschmelzungsprüfers, eine Bewertung („valuation") durchzuführen oder zu akzeptieren, wenn es ihm vernünftigerweise erforderlich erscheint. Er kann die Durchführung der Bewertung an eine ausreichend befähigte Person delegieren, die weder ein Mitglied eines Verwaltungsrates einer an der Fusion beteiligten „company" noch ein Bediensteter einer solchen „company" oder der Gesellschaftsgruppe dieser „company" sein darf. Im Falle der Durchführung einer Bewertung muß der Verschmelzungsprüfungsbericht Einzelheiten über die Bewertung, die Bewertungsmethode und den Bewerter beinhalten.

Der Verschmelzungsprüfungsbericht ist gem. § 5 (7) Sched. 15B CA 1985 mit folgenden Angaben zu versehen:

1. die Methoden, die zur Ermittlung des vorgeschlagenen Umtauschverhältnisses benutzt wurden,
2. eine Darlegung der Angemessenheit des oder der angewandten Methoden, eine Angabe des oder der durch diese Methoden ermittelten Umtauschverhältnisse oder Gegenwerte und eine Stellungnahme zur relativen Bedeutung, die den angewandten Methoden beigemessen worden ist,
3. eine Darlegung der besonderen Schwierigkeiten, die bei der Bewertung aufgetreten sind,

4. eine abschließende Stellungnahme über die Angemessenheit des vorgeschlagenen Umtauschverhältnisses, und
5. - falls notwendig - eine Stellungnahme zur Angemessenheit der Delegierung bei Durchführung einer Bewertung.

Jeder Verschmelzungsprüfer hat ein Recht auf Zugang zu allen Dokumenten der beteiligten Gesellschaften und kann von jedem Verwaltungsratsmitglied (oder jedem Rechnungsprüfer) die notwendigen Informationen oder Dokumente anfordern, § 5 (8) Sched. 15B CA 1985.

Zum Schluß ist darauf hinzuweisen, daß der britische Gesetzgeber Art. 20, 21 EG-Verschmelzungsrichtlinie zur Haftung der Direktoren oder Sachverständigen für schuldhaftes Verhalten nicht umgesetzt hat. Dieses Manko könnte in Zukunft Anlaß zu Rechtsstreitigkeiten und einem Staatshaftungsanspruch wegen unzulänglicher Umsetzung der EG-Verschmelzungsrichtlinie geben.[314]

(e) Dokumenteneinsicht

Mindestens einen Monat vor dem Tag der zeitlich frühesten Versammlung der Anteilseigner der sich verschmelzenden Gesellschaften zur Abstimmung über den Fusionsplan müssen eine Vielzahl von Dokumenten von den Anteilseignern am Sitz (i.S.d. „registered office“) der jeweiligen Gesellschaft eingesehen werden können. Auch müssen die Gesellschafter in die Lage versetzt werden, in dieser Zeitspanne gebührenfrei Kopien dieser Dokumente komplett oder in Auszügen anfordern zu können.

Zu den Dokumenten, die zur Einsicht ausgelegt werden müssen, gehören der Verschmelzungsplan, der Verschmelzungsbericht und der Verschmelzungsprüfungsbericht sowie die Jahresabschlüsse und Lageberichte der an der Verschmelzung beteiligten Gesellschaften für die letzten drei Geschäftsjahre, §§ 3, 6 Sched. 15B CA 1985. Sollte sich der letzte Jahresabschluß einer Gesellschaft auf ein Geschäftsjahr beziehen, das im Zeitpunkt der ersten Versammlung seit mehr als sieben Monaten abgelaufen ist, so muß außerdem eine Zwischenbilanz erstellt werden, deren Stichtag nicht mehr als drei Monate der Annahme des Verschmelzungsplan durch die Verwaltungsratsmitglieder vorausgeht, § 6 (2)(a) Sched. 15B CA 1985.

---

[314] So Gillessen, a.a.O., S. 365; zur genauen Beantwortung dieser Frage bedürfte es jedoch einer hier den Rahmen sprengenden Untersuchung der Haftungsbestimmungen des englischen Kapitalgesellschaftsrecht.

(f) Zustimmung zur Satzung einer übernehmenden NewCo.

Sollte es sich um eine Verschmelzung von zwei oder mehr plcs. durch Neugründung handeln, dann müssen die NewCo.-Satzungsbestandteile „memorandum“ und „articles of association“ durch einen ordentlichen Beschluß der Anteilseignerversammlung jeder beteiligten übertragenden Gesellschaft gebilligt werden, § 3 (f) Sched. 15B CA 1985.

(g) Ausnahmetatbestände

(aa) Absehen von Zustimmung der Übernehmeranteilseigner

§ 10 Sched. 15B CA 1985 enthält einen wichtigen Ausnahmetatbestand für ein Fall 1-„Scheme“, also die Aufnahme einer plc. durch eine übernehmende plc. Die grundsätzlich gem. § 1 Sched. 15B CA 1985 erforderliche Zustimmung durch Versammlungen der Anteilseigner(-klassen) der übernehmenden Gesellschaft zum Fusionsplan muß dann nicht eingeholt werden, wenn der Erhalt der Kopie des Verschmelzungsplans durch das Gesellschaftsregister mindestens einen Monat vor dem Abhalten der Anteilseigner(-klassen-)versammlungen der übertragenden Gesellschaft im Amtlichen Anzeiger veröffentlicht worden ist, die Gesellschafter der übernehmenden Gesellschaft von diesem Zeitpunkt an Zugang zum Verschmelzungsplan und den sonstigen Dokumenten zur Einsicht sowie die Möglichkeit zum Anfordern von Gratiskopien gehabt haben, und drittens, wenn ein oder mehrere Gesellschafter, die zusammen mehr als fünf Prozent des eingezahlten und stimmberechtigten Anteilskapitals halten und daher die Einberufung von Klassenversammlungen zur Diskussion über den Fusionsplan hätten beantragen können, dies nicht getan haben.

Sollte die Zustimmung durch die Anteilseigner der übernehmenden Gesellschaft nicht erforderlich sein, dann kann das Gericht infolgedessen auch von dem Erfordernis der Zugänglichmachung der Dokumente zur Einsicht sowie von der Pflicht zur Einhaltung der Einmonatsfrist zwischen der Veröffentlichung des Erhalts des Verschmelzungsplans durch das Gesellschaftsregister im Amtlichen Anzeiger und dem Abhalten der Anteilseignerversammlung(en) befreien.[315]

[315] Palmer, Rz. 12.024.

(bb) Verschmelzung auf 100 %ige Muttergesellschaft

Für unternehmensgruppeninterne Umstrukturierungen von plcs. enthält § 12 Sched. 15B CA 1985 erhebliche Erleichterungen. Im Fall einer Verschmelzung einer oder mehrerer Tochtergesellschaften auf ihre Mutter, die an jener oder jenen alle Anteile und sonstigen stimmberechtigten Wertpapiere entweder direkt oder indirekt hält, muß der Verschmelzungsplan nicht die gewöhnlich verlangten detaillierten Angaben über das Tauschverhältnis, die Ausgabebedingungen oder die Dividendenrechte enthalten, § 12 (1), (2) Sched. 15B CA 1985. Weiterhin kann das Gericht von der Pflicht befreien, einen Verschmelzungs- und einen Verschmelzungsprüfungsberichts erstellen zu müssen, § 12 (3) Sched. 15B CA 1985. Sec. 426 CA 1985 findet dann ebenfalls keine Anwendung. Entsprechend reduziert sich die Pflicht zur Auslage von Dokumenten zur Einsicht.

Das Gericht ist darüber hinaus gem. § 12 (4) Sched. 15B CA 1985 befugt, durch gerichtliche Anordnung von der Pflicht zu befreien, eine Zustimmmung der Anteilseignerversammlung der übertragenden Tochtergesellschaft gem. sec. 425 (2) CA 1985 oder der übernehmenden Mutter gem. § 1 Sched. 15B CA 1985 einholen zu müssen. Des weiteren kann auch von der Pflicht abgesehen werden, Dokumente zur Einsicht zugänglich machen zu müssen. Das Gericht darf die so beschriebenen Dispense nur erteilen, wenn entsprechende Bedingungen erfüllt sind wie beim Ausnahmetatbestand nach § 10 Sched. 15B CA 1985.

(cc) Verschmelzung 90 %iger Tochtergesellschaft auf ihre Mutter

Wenn die übernehmende plc. direkt oder indirekt an der übertragenden plc. 90 % oder mehr, aber nicht alle Anteile und anderen stimmberechtigten Wertpapiere hält, dann kann das Gericht bei Genehmigung des Fusionsplans gem. sec. 425 (2) CA 1985 von der Pflicht zur Zustimmung durch Anteilseignerklassenversammlungen der übernehmenden Gesellschaft gem. § 1 Sched. 15B CA 1985, von der Pflicht zur Zugänglichmachung von Dokumenten zur Einsicht sowie von der Veröffentlichung des Erhalts des Verschmelzungsberichts durch das Gesellschaftsregister im Amtlichen Anzeiger befreien, § 14 Sched. 15B CA 1985. Dafür muß das Gericht jedoch zu der Überzeugung gelangen, daß dieselben Bedingungen erfüllt sind wie beim Ausnahmetatbestand gem. § 10 (2) Sched. 15B CA 1985, außer daß der Verschmelzungsprüfungsbericht oder die Jahresabschlüsse der vergangenen drei Jahre nicht zur Einsicht zugänglich gemacht worden sein müssen.

(4) Sonderfälle mit Genehmigungsverbot

Ein Fusionsplan, der in den Anwendungsbereich von sec. 427A und Sched. 15B CA 1985 fällt, darf gem. § 7 Sched. 15B CA 1985 vom Gericht nicht genehmigt werden, wenn er die Ausgabe von Anteilen durch die übernehmende Gesellschaft als Gegenleistung für Anteile an einer übertragenden Gesellschaft beinhaltet, die von der übertragenden Gesellschaft selbst oder einem Strohmann („nominee") gehalten werden. Es darf also keine Kompensation für von der übertragenden Gesellschaft erworbene eigene Anteile geben.

Ein weiterer Sonderfall wird durch § 8 Sched. 15B CA 1985 geregelt. Inhaber von Wertpapieren der übertragenden Gesellschaft, die mit besonderen Rechten versehen sind, aber weder eine Stellung als Gesellschafter noch als Gläubiger vermitteln, müssen ebenbürtige Rechte an der übernehmenden Gesellschaft erhalten, damit das Gericht seine Genehmigung gem. sec. 425 (2) CA 1985 aussprechen darf. Ausnahmen von diesem Genehmigungsverbot sind nur dann zulässig, wenn die betroffenen Personen einer abweichenden Regelung individuell zugestimmt haben oder nach Einschätzung des Gerichts entweder sofort oder nach dem Fusionsplan angemessen entschädigt werden.

(5) Pflicht zur Anordnung der Einheitlichkeit des Übergangs

§ 9 (1), (2) Sched. 15B CA 1985 verpflichtet das Gericht, mit dem Genehmigungsbeschluß oder Erlaß einer nachfolgenden Anordnung gem. sec. 427 CA 1985 zur Vermeidung eines rechtlichen Bruchs[316] ein genaues Datum, einen Verschmelzungsstichtag, festzulegen, an dem der Übergang der Aktiva und Passiva der übertragenden Gesellschaft(en) stattfinden soll. Genauso muß eine Anordnung zur Auflösung der übertragenden Gesellschaft(en) gem. sec. 427 (3)(d) CA 1985 dann dasselbe Datum für die Beendigung der übertragenden Gesellschaft(en) beinhalten.

(6) Pflicht zur Veröffentlichung der „court order" im Amtlichen Anzeiger

Falls eine Verschmelzung oder Spaltung von zwei Publikumsgesellschaften vorliegt und sec. 427A mit seinen verschärften Publizitätsanforderungen eingreift, dann muß weiterhin eine Kopie der „court order" gem. 425 (2), 427 CA 1985

[316] Die Gefahr eines solchen rechtlichen Bruchs ergibt sich aber dann, wenn die Fusion als gestaffelter und gestreckter Prozeß durchgeführt wird, vgl. dazu bereits oben S. 380.

vom Gesellschaftsregister im Amtlichen Anzeiger („Gazette“) gem. sec. 711 (1)(t) CA 1985 veröffentlicht werden.

d) Vor- und Nachteile sowie Hinweise zur rechtstatsächlichen Anwendung

Davon abgesehen, daß man in England das Ergebnis einer Unternehmenszusammenführung traditionell in den meisten Fällen auf dem Wege des Anteilstausches erreicht und die „amalgamation“ durch Unternehmens- und Vermögensübertragung entsprechend selten ist[317], werden „amalgamations“ in den meisten Fällen mit Hilfe eines „Scheme of arrangement“ gem. secs. 425 ff. CA 1985 und nicht mittels eines Liquidationplanverfahrens gem. secs. 110, 111 IA 1986 durchgeführt[318].

Gegenüber den secs. 110, 111 IA 1986 bietet das „Scheme of Arrangement“ eine höhere Rechtssicherheit und Flexibilität der Durchführung, insbesondere wenn mehrere Anteilsgattungen bestehen, die sich auf die Erlösrechte im Liquidationsfall auswirken. Auch läßt das Vergleichsplanverfahren generell eine Abweichung vom Liquidationserlösverteilungsschlüssel zu. Dennoch kann das Problem der ordnungsgemäßen Einteilung in Gesellschafterklassen und die Unbestimmtheit des „class“-Begriffs bei sec. 425 CA 1985 den Vorteil der größeren Rechtssicherheit im Einzelfall wieder aufheben.

Nach Einführung der Möglichkeit flankierender Anordnungen durch den Companies Act 1929 bietet das „Scheme of Arrangement“ in jedem Fall den großen Vorteil, daß die Aktiva und Passiva einer „company“ per gerichtlichem Überweisungsbeschluß („vesting order“) gem. sec. 427 (3)(a), (4) CA 1985 schnell, unproblematisch und kostensparend übertragen werden können.[319] Eine einzelvertragliche Übertragung ist im Gegensatz zum Verfahren gem. secs. 110, 111 IA 1986 dann nicht mehr notwendig. Auch vermeidet die Möglichkeit einer Auflösung einer übertragenden „company“ per gerichtlicher Anordnung gem. sec. 427 (3)(d) bei einer Übertragung aller Aktiva und Passiva das Durchlaufen eines Liquidationsverfahrens.[320]

Da widersprechende Gesellschafter auf den Mehrheitswillen gebunden werden können, ohne ein Abfindungsrecht („appraisal right“) zu haben, reicht für eine „amalgamation“ gem. sec. 425 CA 1985 faktisch meist eine geringere Zustim-

317 Gower/Davies, S. 766; Tolley's Company Law, R2018 a.E.; Wooldridge, Comp. Lawy. 1980, 75, 79; Welch, Comp. Lawy. 1986, 69, 69 f.; Burnside, Comp. Lawy. 1992, 19, 20; Gillessen, a.a.O., S. 349 m.w.N.

318 Pennington, Company Law, S. 986; Grier, UK Company Law, 1998, S. 548.

319 Weinberg/Blank/Rabinowitz, Rz. 2-3047, 2-4013.

320 Weinberg/Blank/Rabinowitz, Rz. 2-3047, 2-4013.

mungsquote als bei sec. 110 IA 1986.[321] Wenn bei dieser 25 % des Kapitals der Fusion widersprechen und abgefunden werden müssen, stellt dies eine beträchtliche Belastung dar, die bei sec. 425 CA 1985 nicht besteht.

Das „Scheme of Arrangement" hat im übrigen den Vorzug, daß in vergleichsweise schneller und auch bestimmter Zeit Gewißheit über das Gelingen oder Scheitern der Fusion besteht.[322] Das gilt im Vergleich zum Liquidationsplanverfahren sowohl aufgrund der einjährigen Schwebezeit gem. sec. 110 (6) 2.HS IA 1986 als auch aufgrund der Notwendigkeit eines förmlichen Abwicklungsverfahrens der übertragenden Gesellschaft(en). Außerdem kann die Schnelligkeit und Gewißheit der Unternehmenszusammenführung zu einem Vorzug gegenüber einem Übernahmeangebot mit anschließendem Squeeze-out führen, sofern das Einverständnis des Verwaltungsrats der Zielgesellschaft vorliegt. Im letzteren Fall wird jedoch die Implementierung eines „Scheme of Arrangement" zum Anteilstausch statt zur Unternehmensübertragung noch vorteilhafter sein.

Durch Implementierung einer Fusion gem. secs. 425 ff. CA 1985 ist es außerdem unter Umständen möglich, die Minderheitenrechte, die bei einer nach secs. 110, 111 IA 1986 durchgeführten „amalgamation" eingreifen, auszuschalten.[323] Beachtet das „Scheme of Arrangement" diesen Minderheitenschutz nicht hinreichend, bedeutet das noch nicht zwingend die Zurückweisung des Fusionsplans. Das Gericht kann vielmehr in flexibler Weise in Ausübung des richterlichen Ermessens Auflagen gem. sec. 427 (3)(e) CA 1985 anordnen, ist dazu aber nicht verpflichtet.

Im Vergleich zur Durchführung einer gewöhnlichen Unternehmensakquisition, bei der als Gegenleistung Anteile direkt an die übertragende Zielgesellschaft ausgegeben werden, stellt sich bei der beschriebenen „amalgamation" durch ein „Scheme of Arrangement" wegen der Aufteilung auf alle Zielgesellschaftsanteilseigner nicht das sich manchmal ergebende Problem, daß die Zielgesellschaft einen konzentrierten Block von Bieteranteilen erlangt, der ihr eine Kontrollmehrheit von 30 % zuspielt und sie nach Regel 9 City Code zur Abgabe eines öffentlichen Pflichtangebots zur Übernahme aller Bietergesellschaftsanteile verpflichtet.[324]

„Amalgamations" durch Unternehmensübertragung sind insbesondere bei aufsehenerregenden Fusionen von Großunternehmen bisher nicht anzutreffen. Da es sich dort meist um zwei plcs. handelt, wirkt sich insbesondere die kontinentaleuropäisch geprägte und als zu sperrig und umständlich empfundene sec. 427A

321 Weinberg/Blank/Rabinowitz, Rz. 2-3047, 2-4013.
322 Weinberg/Blank/Rabinowitz, Rz. 2-3047, 2-4013.
323 Dazu noch unten S. 387 ff.
324 Vgl. Weinberg/Blank/Rabinowitz, Rz. 2-3047, 2-4013.

i.V.m. Sched. 15B CA 1985 abschreckend aus.[325] Fusionen durch Unternehmensübertragung finden eher bei kleineren Gesellschaften statt, wenn Synergieeffekte besser durch eine zentralisierte Organisationsstruktur in einer einzigen „company" als durch eine Zusammenfassung zweier „companies" unter einem Holding-Dach erreicht werden können.[326]

3. „Private Bill"-Verfahren

a) Allgemeines

Ein Verfahren zur Verschmelzung zweier „companies", das bisher im rechtswissenschaftlichen Schrifttum in England äußerst wenig Beachtung gefunden hat, ist das „Private Bill"-Verfahren. Beliebt war die Möglichkeit einer solchen Einzelfallgesetzfusion durch Übertragung aller Aktiva und Passiva in der Vergangenheit insbesondere bei Verschmelzungen von Banken und Finanzinstituten, historisch gesehen war es in diesem Bereich sogar das übliche Fusionsverfahren.[327] Die meisten der englischen Traditionsbanken haben ihre Gründung und Rechtsfähigkeit nämlich als „statutory companies"[328] ebenfalls einem Parlamentsgesetz zu verdanken, das keine Fusion vorsieht. Wenn sie sich nicht gem. secs. 680 ff. CA 1985 als „company" nach dem Companies Act 1985 oder einem seiner Vorgänger haben umregistrieren lassen, dann kamen sie nicht in den Genuß der secs. 110, 111 IA 1986 oder der secs. 425 ff. CA 1985. Gem. sec. 718 i.V.m. Sched. 22 CA 1985 finden nämlich nur eine begrenzte Anzahl von Vorschriften des CA 1985, zu denen die secs. 425 ff. CA 1985 nicht gehören, auch Anwendung auf „unregistered companies".

Das „Private Bill"-Verfahren ist kein speziell gesellschaftsrechtliches Verfahren. Es handelt sich bei ihm vielmehr um eine verfassungsrechtlich eröffnete Möglichkeit, ein Vorhaben durch ein von einer natürlichen oder juristischen Person beantragtes Einzelfallgesetz durchzuführen. Normalerweise werden solche Gesetze

[325] Gower/Davies, S. 766: „However, under the British practice, amalgamations and reconstructions are rarely carried out by means of transfers of undertakings even if section 425 is employed (rather than the more usual takeover bid) and, if the scheme can be carried out by means of transfers of shares rather than undertakings, that solution is likely to be adopted, especially if section 427A would otherwise apply."; Page, JIBL 2002, 17 (9), 263, 264; Hannigan, Companies Act, S. 834; Palmer, Rz. 16.434.
[326] Vgl. Tolley's Company Law, R2006.
[327] Lewis, PLC September 2001, 33, 37.
[328] Dazu oben S. 44 f.

nur dann beantragt, wenn das gewünschte Ergebnis nach der jeweiligen Gesetzeslage nicht oder nur mit großen Problemen erreichbar ist.[329]

„Private Bills“ stehen in Gegensatz zu „Public Bills“, die von der Regierung („Government Bills“) oder von Mitgliedern des House of Commons oder des House of Lords („Private Members' Bills“) in das Gesetzgebungsverfahren eingebracht werden können.[330]

Aus historischer Sicht befaßten sich die meisten „Private Bills“ mit Angelegenheiten von Privatpersonen oder mit dem Bau von großen Straßen, Kanälen, Eisenbahnen und ähnlichen Infrastrukturprojekten.[331] Heute werden die meisten Einzelfallgesetze auf Betreiben örtlicher Behörden, gemeinnütziger Organisationen oder „companies“, aber manchmal auch von Individuen eingebracht.[332]

b) Verfahren

Zur Vorbereitung einer Parlamentsvorlage durch eine „company“ bedarf es einer Zustimmung zu der geplanten Vorlage durch einen außerordentlichen Beschluß der Anteilseignerversammlung („special resolution“ gem. sec. 378 (2) CA 1985).[333] Dieser Beschluß sieht neben der Zustimmung zur Vorlage normalerweise vor, daß später im parlamentarischen Verfahren erfolgte Zusätze und Änderungen, die das Parlament für notwendig hält, nur mit Zustimmung des Verwaltungsrats der „company“ erfolgen dürfen, nicht jedoch einer erneuten Hauptversammlungszustimmung bedürfen.[334]

Das Verfahren beginnt mit der Einreichung einer Petition durch die Antragsteller zur parlamentarischen Behandlung der „Private Bill“ beim „Private Bill Office“ bis einschließlich zum 27. November eines jeden Jahres (oder einen Monat früher, falls es sich um eine „Bill“ handelt, die Vermögenswerte in Schottland umfaßt oder einen anderen Bezug zu Schottland besitzt), so daß das Verfahren während des im November beginnenden parlamentarischen Jahres behandelt werden kann.[335] Eine Kopie muß bei der parlamentarischen Geschäftsstelle („Parliament Office“) des House of Lords hinterlegt werden.

Anschließend erfolgt eine Anhörung zur Petition sowie eine Prüfung, ob die Vorgaben der Geschäftsordnung des „Private Bill Office“ eingehalten worden

---

329 Lewis, PLC September 2001, 33, 42.

330 Lewis, PLC September 2001, 33, 42; v. Bernstorff, Einführung in das englische Recht, 2. Aufl. 2000, S. 12.

331 Lewis, PLC September 2001, 33, 33.

332 Lewis, PLC September 2001, 33, 33.

333 Lewis, PLC September 2001, 33, 34.

334 Lewis, PLC September 2001, 33, 34.

335 Lewis, PLC September 2001, 33, 34.

sind.[336] Diese Geschäftsordnung schreibt unter anderem auch die Veröffentlichung einer Anzeige vor, die normalerweise Ende November in der Presse erscheint und die Öffentlichkeit auf die Antragstellung, deren Inhalt in zusammengefaßter Form, der im Volltext bei den zuständigen Stellen des Parlaments eingesehen und in Kopie abgeholt oder angefordert werden kann, und die Möglichkeit hinweist, durch Petitionen bei der Geschäftsstelle des House of Commons oder des House of Lords Widerspruch gegen die „Private Bill" einzulegen.[337] Normalerweise wird vor Weihnachten darüber entschieden, ob die Vorlage im House of Commons oder im House of Lords eingebracht werden soll. „Private Bills" werden in der Regel gleichmäßig auf beide Häuser verteilt.[338]

Dann folgt das eigentliche Gesetzgebungsverfahren im jeweiligen Haus. Bei der Geschäftsstelle des befaßten Hauses wird die Vorlage um den 21. Januar zur Einsicht hinterlegt.[339] Nach dieser Hinterlegung zur Einsichtnahme wird die erste Lesung im Parlament regelmäßig nur fingiert.[340] Anschließend erfolgt eine formelle zweite Lesung, bei der eine inhaltliche Debatte der Vorlage aber unwahrscheinlich ist.[341] Wenn die Vorlage ohne Einspruch die zweite Lesung passiert, wird sie an einen Ausschuß zur detaillierten Prüfung weitergeleitet.[342] Gelegentlich erfolgt eine Debatte während der anschließenden dritten Lesung. Im Normalfall wird die Vorlage jedoch nur vorgelesen, verabschiedet und schließlich in das andere Haus weiterverwiesen, in der das gleiche Verfahren abermals durchgeführt wird.[343] Nach Zustimmung auch durch das andere Haus wird die Gesetzesvorlage der Königin oder dem König zur Erteilung des „Royal Assent" zugeleitet, welcher der „Bill" sofort oder zu einem vorgesehen Datum Gesetzeskraft verleiht.[344] Nach Erhalt des „Royal Assent" wird die bisherige „Bill" als „Act"

[336] Lewis, PLC September 2001, 33, 34.
[337] Lewis, PLC September 2001, 33, 34 f.
[338] Lewis, PLC September 2001, 33, 35.
[339] Lewis, PLC September 2001, 33, 35.
[340] Lewis, PLC September 2001, 33, 35; v. Bernstorff, a.a.O., S. 12: Nur der Titel des noch nicht vervielfältigten Entwurfs wird vorgelesen, damit bekannt wird, daß dieser Entwurf vorliegt, bevor er gedruckt und zur zweiten Lesung verteilt wird.
[341] Lewis, PLC September 2001, 33, 35: Wenn ein Parlamentarier ausnahmsweise Einspruch erhebt, kommt es zu einer Vertagung der zweiten Lesung; kann der Einspruch nicht beseitigt werden, dann hat eine ausführliche Debatte zur Gesetzesvorlage zu erfolgen.
[342] v. Bernstorff, a.a.O., S. 12.
[343] Lewis, PLC September 2001, 33, 35; v. Bernstorff, a.a.O., S. 12: Im Gegensatz zu „Public Bills" hat das House of Lords bei „Private Bills" die Möglichkeit, das Gesetzesvorhaben nicht nur zu verzögern, sondern auch ganz zu verhindern.
[344] Vgl. v. Bernstorff, a.a.O., S. 12 mit weiteren Einzelheiten.

oder „Statute“ bezeichnet. Eine gerichtliche Überprüfung ist dann nicht mehr möglich.[345]

„Private Bills“ zur Vornahme einer Fusion enthalten regelmäßig einen Verschmelzungsstichtag, an dem die Übertragung vorgenommen wird und die Handlungen der übertragenden „company“ als für die Rechnung der übernehmenden vorgenommen gelten, so daß die Wirkung des Einzelfallgesetzes erst ab diesem festgelegten Zeitpunkt eintritt.

Sofern im „Private Bill“-Verfahren kein Einspruch und keine sonstigen prozeduralen Schwierigkeiten auftauchen, erlangt die Vorlage im folgenden Juli Gesetzeskraft, bevor die Parlamentsferien beginnen. Ansonsten kann das Parlament bei der Rückkehr der Parlamentarier im Oktober die Vorlage als Gesetz verabschieden, bevor das parlamentarische Jahr endet. Andernfalls verfällt der Antrag und muß im November wieder neu gestellt werden.[346]

Sofern keine Komplikationen auftreten, beträgt die Dauer des Verfahrens also acht bis neun Monate bis zur Wirksamkeit des Einzelfallgesetzes und damit der Fusion.[347]

c) Vor- und Nachteile und Hinweise zur rechtstatsächlichen Anwendung

Die Durchführung eines „Private Bill“-Verfahrens hat für fusionswillige Gesellschaften den Vorteil, daß es keiner Einschaltung des Gerichts wie bei den secs. 425 ff. CA 1985 bedarf und auf Gesellschaftsebene ein außerordentlicher Beschluß der Anteilseignerversammlung ausreicht.[348] Insbesondere verleiht die Gesetzeskraft der jeweiligen Fusion ein Höchstmaß an Rechtssicherheit.[349] Auch erfolgt die Übertragung der Aktiva und Passiva per Gesetz, so daß die Formalitäten und Kosten einer einzelvertraglichen Übertragung vermieden werden können.[350] Ein solches Gesetz erstreckt sich auch auf die Zweigniederlassungen und das sonstige Vermögen einer Gesellschaft in Schottland und Nordirland, ist also nicht nur auf England und Wales beschränkt.[351]

Zu den Nachteilen dieses Gesetzgebungsverfahrens auf privates Betreiben zählt der hohe Zeitaufwand von mindestens acht Monaten, denen die Zeit zur Vorbereitung der über die Gesetzesvorlage abstimmenden außerordentlichen

[345] Ausdrücklich so: British Railways Board v. Pickin [1974] 1 All E.R. 609; R. v. Immigration Appeal Tribunal [1972] 3 All E.R. 213.
[346] Lewis, PLC September 2001, 33, 35; v. Bernstorff, a.a.O., S. 12.
[347] Lewis, PLC September 2001, 33, 33.
[348] Lewis, PLC September 2001, 33, 37.
[349] Lewis, PLC September 2001, 33, 37; vgl. Page, JIBL 2002, 17 (9), 263, 264.
[350] Lewis, PLC September 2001, 33, 37.
[351] Lewis, PLC September 2001, 33, 37.

Anteilseignerversammlung hinzuzurechnen ist.[352] Auch ist das Verfahren termingebunden, da Vorlagen bis Ende November eingebracht werden müssen, um im parlamentarischen Jahr behandelt werden zu können; eine verspätet eingereichte Vorlage wird erst im darauffolgenden Jahr behandelt.

Auch unterliegt das Gesetzgebungsverfahren den Risiken einer parlamentarischen Abstimmung und den damit verbundenen Einspruchs- und Ablehnungsmöglichkeiten aus politischen oder anderen Gründen.[353] Etwa erfolgende Einsprüche können dazu führen, daß das Vorhaben um ein Jahr hinausgezögert oder ganz verhindert wird. In der Praxis ist es jedoch in der Vergangenheit bei „Merger Bills" meist nicht zu Einsprüchen oder sogar zu einer Ablehnung im Gesetzgebungsverfahren gekommen, so daß man auch tatsächlich von einer regelmäßigen Dauer von acht bis neun Monaten ausgehen kann.[354] Dennoch hat etwa die Fusion der TSB Bank und der Hill Samuel Bank zur Lloyds Bank durch den Lloyds TSB Act 1998 fast zwei Jahre in Anspruch genommen, als nach einer Einbringung im Herbst 1996 Komplikationen erst zu einer Gesetzesausfertigung im Juli 1998 führten.[355] Hinterbänkler nahmen sich im Wahlkampf der Forderungen von Bürgern ihrer Wahlkreise an, die die Auszahlung von Pensionen sowie den Überschuß des TSB Pension-Fonds betrafen. Solche einjährigen Verzögerungen sind jedoch insgesamt sehr selten.[356]

Regelmäßig wird die auch ohne Verzögerungen lange Verfahrensdauer dazu führen, daß „company"-Fusionen nicht durch ein „Private Bill"-Verfahren verwirklicht werden, sondern durch ein „Scheme of Arrangement" gem. secs. 425 ff. CA 1985 oder eine Unternehmensübernahme per Anteilstausch.

Bei grenzüberschreitenden Transaktionen kann jedoch der beschränkte Anwendungsbereich von sec. 427 CA 1985 dazu führen, daß ein „Private Act" dem Vergleichsplanverfahren vorgezogen wird. Da sec. 427 CA 1985 nur Anwendung findet, wenn zwei nach dem Companies Act oder einem seiner Vorgänger gegründete oder registrierte Gesellschaften sich als Fusionspartner gegenüberstehen, können „Private Acts" in Koordination mit einem entsprechenden „Private Act" oder einem einfacheren Verfahren in einem ausländischen Staat die Übertragung der Aktiva und Passiva bei einer transnationalen Fusion stark erleichtern. Die Möglichkeit eines Einzelfallgesetzgebungsverfahren auf privates Betreiben hin findet sich insbesondere in den Rechtsordnungen der anderen Commonwealth-Staaten; in Deutschland sind Einzelfallgesetze hingegen gem. Art. 19 Abs. 1 S. 1

---

352 Page, JIBL 2002, 17 (9), 263, 264.
353 Lewis, PLC September 2001, 33, 37.
354 Lewis, PLC September 2001, 33, 37.
355 Lewis, PLC September 2001, 33, 37; Page, JIBL 2002, 17 (9), 263, 264.
356 Lewis, PLC September 2001, 33, 37.

GG grundsätzlich[357] verboten. Zwei Beispiele für eine Fusion mittels zweier koordinierter Einzelfallgesetze waren die Verschmelzung von Lloyds Bank International auf die Lloyds Bank im Jahre 1985 und von Royal Bank of Scotland und Williams & Glyn's Bank im selben Jahr, bei denen neben dem jeweiligen Gesetz in Großbritannien auch noch ein Gesetz in Hong Kong erwirkt wurde, um die dortigen Zweigniederlassungen zu übertragen.[358]

Gerade im Banken- und Finanzdienstleistungsbereich werden „Private Acts" nach wie vor häufig als Mittel zur Durchführung einer „amalgamation" angewandt.

Wie bereits angesprochen, ist das Verfahren der secs. 425 ff. CA 1985[359] Bankgesellschaften aufgrund ihrer Eigenschaft als „statutory company" nicht immer zugänglich, wenngleich ein Ausweg darin bestehen kann, mittels eines gewöhnlichen öffentlichen Übernahmeangebots vorzugehen[360].

Auch bevorzugen Banken mit Privatkundengeschäft und einer dementsprechend hohen Gläubigeranzahl das Erwirken eines Einzelfallgesetzes, da so die Einbeziehung der Gläubiger in den Fusionsplan, etwaige vom Gericht nachträglich angeordnete Gläubigerversammlungen, Bankgarantien oder andere Sicherheiten oder Schutzmaßnahmen für die Gläubiger gem. sec. 427 (3)(e) CA 1985 vermieden werden können, die hohe Kosten und Schwierigkeiten bewirken würden.[361]

Ein weiterer Grund für die bevorzugte Anwendung von „Private Acts" im Banken- und Finanzsektor besteht in der Rechtsunsicherheit, ob die allgemein gehaltene sec. 427 (3)(a) CA 1985 ein Gericht auch zur Übertragung aller bei einem Bank- oder Finanzgewerbe relevanten Aktiva und Passiva ermächtigt.[362] Das betrifft etwa die Übertragung von Treuhandeigentum oder Arbeitnehmerrentenprogrammen.[363] Eine solche Unsicherheit der Reichweite gerichtlicher Übertragungsanordnungsmöglichkeiten kann durch ein Einzelfallgesetz durch klare Darstellung des Übergangs und der Position aller betroffenen Gläubiger und sonstiger Dritter vermieden werden.

---

[357] Eine Ausnahme gilt für Enteignungsgesetze gem. Art. 14 Abs. 3 S. 2 Alt. 1 GG, vgl. Jarass/Pieroth-Jarass, GG, Art. 14 Rz. 68 f.

[358] Lewis, PLC September 2001, 33, 37.

[359] Und im übrigen auch das nachteiligere Liquidationsplanverfahren gem. secs. 110, 111 IA 1986.

[360] So im Fall der Zusammenführung von Halifax und Bank of Scotland unter dem gemeinsamen Dach der HBOS plc., da die Rechtsverhältnisse der Bank of Scotland sich nach den Bank of Scotland Acts 1695-1970 richteten.

[361] Lewis, PLC September 2001, 33, 36; Page, JIBL 2002, 17 (9), 263, 264; vgl. zur Einbeziehung der Gläubiger in Fusionsvergleichspläne oben S. 371 ff.

[362] Lewis, PLC September 2001, 33, 36; vgl. auch Sykes/Connolly, PLC August 2001, 21, 33.

[363] Vgl. daher auch die Klarstellungen durch sec. 112 (2) FSMA 2000, dazu unten S. 412; siehe allgemein auch zu den Zweifelsfragen der Anordnungsmöglichkeiten oben S. 380 ff.

Einzelfallgesetze, die eine Fusion von Banken oder Finanzinstitutionen zum Gegenstand haben, beinhalten daher üblicherweise in der Praxis Regelungen[364]

1. zur Änderung des Banknamens bzw. der Firmenbezeichnung,
2. zur Übertragung aller Aktiva und Passiva einschließlich
   a) des Treuhandgeschäfts,
   b) aller bestehenden Verträge, Kundenkonten und -aufträge,
   c) aller für Forderungen und Schulden gewährten Sicherheiten zu denselben Bedingungen (Rechte und Prioritäten),
   d) aller Arbeits- und Dienstleistungsverträge und
   e) der Arbeitnehmerrentenprogramme („pension schemes for employees"),
3. zur Auflösung der übertragenden Bankgesellschaft am Verschmelzungsstichtag,
4. zur Beibehaltung ausschüttbarer Gewinne und Rücklagen der übertragenden Bank, damit auch die übernehmende Bankgesellschaft diese Beträge legal ausschütten und verwenden darf, sowie
5. zur Vermeidung einer unzulässigen Kapitalherabsetzung beim Vorhandensein von Überkreuzbeteiligungen der Fusionspartner.

Die traditionelle Bedeutung des „Private Bill"-Verfahrens im Banken- und Finanzsektor hat sich zwar abgeschwächt, ist aber noch immer sehr groß. So führte der Lloyds TSB Act 1998 die TSB Bank und die Hill Samuel Bank zu Lloyds TSB zusammen.[365] Darüber hinaus wurden allein in den 1990er Jahren sechs weitere Bankenfusionen per Einzelfallgesetz vollzogen.[366]

4. Spezialgesetzliche Verfahren

Im englischen Recht gibt es neben dem Companies Act 1985 und seinen Vorgängern eine Reihe von anderen gesellschaftsrechtlichen Spezialgesetzen („Special Public Acts of Parliament"), die auch teilweise eigene oder ergänzende Regelungen zu Fusionen enthalten. Das hängt zum einen damit zusammen, daß es in England immer noch eine Reihe von alten „statutory" oder „chartered companies" gibt, deren Rechtsverhältnisse sich nach den Bestimmungen eines ihnen Rechtsfähigkeit verleihenden konkret-individuellen Spezialgesetzes oder eines abstrakt-generellen Spezialgesetzes, das die Gründung einer speziellen Gesell-

---

364 Lewis, PLC September 2001, 33, 37.
365 Lewis, PLC September 2001, 33, 37.
366 Vgl. die Übersicht bei Lewis, PLC September 2001, 33, 36, der zahlreiche Fälle von Bankfusionseinzelfallgesetzen seit den 1960er Jahren aufführt.

schaftsform erlaubt, richten. Außerdem wurden im Zuge der Verstaatlichung ganzer Industriezweige nach dem Zweiten Weltkrieg für diese Gesellschaften Spezialgesetze erlassen. Die meisten dieser durch Verstaatlichung entstandenen Gesellschaften haben sich jedoch gem. secs. 680 ff. Companies Act 1980 umregistrieren lassen.[367]

Ein Beispiel für ein abstrakt-generelles Spezialgesetz ist etwa der Building Societies Act 1986[368], der die Gründung spezieller Baugesellschaften, sog. „building societies", erlaubt und in den secs. 93 ff. Vorschriften für „amalgamations" enthält.

Am 1. Dezember 2001 ist des weiteren der Financial Services and Markets Act 2000 in Kraft getreten, der vor allem den Financial Services Act 1986 ablöst und im Rahmen der Regelungen für den Finanzmarkt und Finanzdienstleistungen in Teil VII, secs. 104-117, auch Vorschriften für bestimmte Übertragungen von Bank- und Versicherungsunternehmen enthält. Diese speziellen Vorschriften für Bank- und Versicherungsfusionen ersetzen zum einen sec. 49 i.V.m. Sched. 2C Insurance Companies Act 1982[369] für die Übertragung von Unternehmen mit langfristigen Versicherungen („long-term insurance business"), insbesondere also von Lebensversicherungsunternehmen mit gerichtlicher Zustimmung und zum anderen das Erfordernis einer Zustimmung der Financial Services Authority (FSA), der englischen Finanzmarktaufsichtsbehörde, für die Übertragung anderer Versicherungsunternehmen („general insurance business").

Sec. 104 bestimmt, daß Versicherungs- oder Bankunternehmen gem. sec. 111 (1), 107 (4) FSMA 2000 lediglich mit Genehmigung des High Court in London oder des Court of Session in Schottland übertragen werden können, wenn die Transaktion von den secs. 105, 106 FSMA 2000 als einschlägiges „business transfer scheme" erfaßt wird. Die dort aufgeführten Fälle betreffen vor allem Übertragungen von Bankunternehmen oder Teilen davon von einer im Vereinigten Königreich gegründeten Gesellschaft unabhängig davon, wo sie ihr Unternehmen betreibt, auf eine andere Gesellschaft oder von einer ausländischen Gesellschaft, die ihr Unternehmen im Vereinigten Königreich betreibt, auf eine andere Gesellschaft, die das Unternehmen weiterhin im Vereinigten Königreich betreiben wird, sec. 106 (2) FSMA 2000.[370] Im Hinblick auf Versicherungsgesellschaften sind die

---

[367] Lewis, PLC September 2001, 33, 39.

[368] Abgedruckt in Halsbury's Statutes of England and Wales, Band 5, 4. Aufl., Neuausgabe 1998.

[369] Vgl. zu einem solchen „Scheme of Arrangement" auch Re Friends Provident Life Office [2000] 2 B.C.L.C. 2 und allgemein Buckley, § 425.6.

[370] Ausführlich zur Übertragung von Bankunternehmen nach secs. 104 ff. FSMA 2000: Page, JIBL 2002, 17 (9), 263, 264 ff.

erfaßten Fallgruppen ähnlich ausgestaltet; jedoch findet man für Rückversicherungsunternehmen und Gesellschaften aus anderen EWG-Staaten eine differenziertere Reglementierung vor, vgl. sec. 105 (2), (3) FSMA 2000.

Eine gerichtliche Genehmigung gem. sec. 111 (1) FSMA 2000 darf nur ergehen, wenn bestimmte Bescheinigungen der FSA eingeholt worden sind, die in Part I und II Sched. 12 FSMA 2000 aufgeführt sind. Dazu gehört grundsätzlich eine Bescheinigung, daß in Anbetracht der vorgeschlagenen Transaktion angemessene finanzielle Ressourcen der übernehmenden Bank oder Versicherung vorhanden sind, sec. 111 (2) i.V.m. Part I und Part II Sched. 12 FSMA 2000.[371] Außerdem hat die FSA und jede vom Übertragungsplan beeinträchtigte Person ein Recht auf Anhörung, sec. 110 FSMA 2000.

Nach den Financial Services and Markets Act 2000 (Control of Business Transfers) (Requirements on Applicants) Regulations 2001 müssen bei einer relevanten Übertragung eines Bankunternehmens der Verschmelzungsplan kostenlos auf Anforderung einer interessierten Person zugeschickt und Anzeigen der Transaktion im Amtlichen Anzeiger und in zwei von der FSA anerkannten überregionalen Zeitungen veröffentlicht werden. Im Falle der Übertragung von Versicherungsunternehmen muß darüber hinaus noch ein Bericht eines unabhängigen und von der FSA berufenen oder anerkannten Sachverständigen, ein Verschmelzungsprüfungsbericht („scheme report"), in einer von der FSA anerkannten Form erstellt und ebenfalls auf Anfordern kostenlos zugeschickt werden. Dieser „scheme report" muß außerdem dem Antrag auf Genehmigung der Fusion an das Gericht beigefügt werden, sec. 109 FSMA 2000. Der englische Gesetzgeber hat wegen der hohen Kostenbelastung davon abgesehen, Versicherungen und Banken dazu zu verpflichten, den Verschmelzungsplan an alle Anteilseigner, Versicherungsnehmer, Bankkunden oder Kontoinhaber verschicken zu müssen, da ansonsten unter Umständen Millionen von Kunden hätten angeschrieben werden müssen.[372]

Sollte eine Übertragung eines Versicherungs- oder Bankunternehmens mittels eines „Scheme of Arrangement" gem. secs. 425 ff. CA 1985 vorgenommen werden, das bereits von sich aus eine gerichtliche Genehmigung beinhaltet, dann kommt es zu einer kumulativen Anwendung der secs. 111 ff. FSMA 2000 und der secs. 425 ff. CA 1985, wobei den spezialgesetzlichen Vorschriften aber im

---

[371] In Fällen der Übertragung von Versicherungs- und Bankunternehmen unter Beteiligung ausländischer Gesellschaften, vgl. secs. 105 (2), 106 (2) FSMA 2000, kann stattdessen die Genehmigung durch ausländische Behörden - wie die BAFin für deutsche Finanzdienstleistungsgesellschaften - notwendig werden, vgl. §§ 2 (6)(a), 8 (2)(b) Sched. 12 FSMA 2000; vgl. außerdem zur dann problematischen gerichtlichen Zuständigkeit sec. 107 (3) FSMA 2000.

[372] Lewis, PLC September 2001, 33, 38.

Zweifel Vorrang zukommt, vgl. sec. 105 (7) FSMA 2000. Jedoch werden die secs. 104 ff. CA 1985 dann verdrängt, wenn ein „Scheme of Arrangement“ zur Übertragung eines Bankunternehmens („banking business transfer scheme“) vorliegt und dieses „Scheme of Arrangement“ gleichzeitig in den Anwendungsbereich von sec. 427A CA 1985 fällt, sec. 106 (1)(c), (3)(b) FSMA 2000. Anders ist es jedoch bei einem „Scheme of Arrangement“ zur Übertragung eines Versicherungsgewerbes („insurance business transfer scheme“), das gleichzeitig auch von sec. 427A 1985 erfaßt wird. Hier bleibt es ausweislich der sec. 105 (5)-(7) FSMA 2000 bei einer kumulativen Anwendung.

Sec. 112 FSMA 2000 gibt dem Gericht die Möglichkeit, flankierende Anordnungen zur Verwirklichung der genehmigten Transaktion zu erlassen und entspricht in subsec. (1) fast wortlautgetreu sec. 427 (3) CA 1985. Sec. 112 (2) FSMA 2000 enthält jedoch klarstellende Bestimmungen der Übertragungsmöglichkeit zu bank- und versicherungsspezifischen Problemkonstellationen, da Zweifel darüber bestehen, ob sec. 427 (3)(a) CA 1985 eine Übertragung aller Bank- und Versicherungsaktiva und -passiva trägt.[373] Die Zweifelsfälle betreffen unter anderem die Übertragbarkeit von Treuhandeigentum oder Arbeitnehmerpensionsprogrammen, vgl. sec. 112 (2)(b), (2)(d) FSMA 2000. Bisher wurde unter anderem wegen dieser Unsicherheit häufig der Erlaß eines Einzelfallgesetzes auf private Gesetzesvorlage hin beantragt.[374] Ob die neuen Möglichkeiten gem. secs. 104 ff. FSMA 2000 zu einer Reduzierung von Bank- und Finanzdienstleistungsfusionen durch Einzelfallgesetze führen, bleibt abzuwarten.[375]

5. Reformbestrebungen

Die Company Law Review Steering Group hat im Juli 2001 in Kapitel 13 ihres Abschlußberichts „Modern Company Law for a competitive economy“[376] die Einführung eines gesetzlichen Verschmelzungsverfahrens ohne Gerichtsbeteiligung empfohlen, mit dem eine „company“ in die Lage versetzt werden soll, eine 100 %ige Tochtergesellschaft zu gründen, um über diese die Aktiva und Passiva einer anderen „company“ erwerben zu können; die Anteilseigner der übertragenden „company“ sollen dann die Gegenleistung direkt von Muttergesellschaft er-

---

[373] Vgl. Lewis, PLC September 2001, 33, 36 und oben S. 380 ff.
[374] Vgl. oben S. 412.
[375] Vgl. auch Lewis, PLC September 2001, 33, 38 ohne Prognose.
[376] URN 01/942 und URN 01/943, abrufbar auf der Website des Department of Trade and Industrie www.dti.gov.uk; vgl. dazu auch Lewis, September 2001, 33, 38; Bulletin, PLC Januar/Februar 2001, 60 zum vorhergehenden endgültiges Beratungspapier „Completing the structure“, URN 00/1335, vom November 2000.

halten.[377] Auf diesem Wege würde die Fusion auch nicht in den Anwendungsbereich von sec. 427A i.V.m. Sched. 15B CA 1985 bzw. die EG-Verschmelzungsrichtlinie fallen, deren detaillierte Bestimmungen in England als wenig förderlich für Fusionen durch Vermögensübertragung angesehen werden.[378]

Die Einführung eines solchen Verfahrens ist jedoch unsicher, da man einerseits Zweifel an dessen Notwendigkeit hegt, da dasselbe wirtschaftliche Resultat auch durch ein Übernahmeangebot an die Anteilseigner der Zielgesellschaft mit anschließendem Squeeze-out der außenstehenden Anteilseigner oder durch Implementierung eines „Scheme of Arrangement“ durch die Zielgesellschaft zur Übertragung all ihrer Anteile auf die Bietergesellschaft erreicht werden kann.[379] Außerdem wird bezweifelt, ob in solch einem Verfahren auch alle Verbindlichkeiten und sonstigen Vertragsverhältnisse mit besonderer persönlicher Prägung ohne gerichtliche Kontrolle in korrekter Weise übertragen werden könnten und somit der Schutz von Gläubigern und bestimmten Drittpersonen noch hinreichend gewährleistet wäre.[380]

Des weiteren soll das empfohlene gesetzliche Verschmelzungsverfahren die steuerneutrale konzerninterne Verschmelzung einer 100 %igen Tochtergesellschaft auf die Mutter (sog. „upstream merger“) oder auf andere Tochtergesellschaften (sog. „side-step merger“) umfassen.[381] Viele Gesellschaftsgruppen besitzen in England nämlich eine Vielzahl von durch Übernahmen und sonstige Akquisitionen entstandenen Tochtergesellschaften, die sie allein deswegen am Leben erhalten, da ihre Auflösung zu kostspielig und problematisch wäre.[382] Man erkennt hieran die Kehrseite der englischen Übernahme- und Anteilstauschkultur.

In den letztgenannten Verfahrensvarianten, deren Einführung auch in Australien erwogen wird und die in Neuseeland durch die secs. 222-226 CA 1993 bereits bestehen, soll eine Verschmelzung ohne gerichtliche Beteiligung durch bloße Entscheidung der beteiligten Verwaltungsräte, Abgabe einer beeideten Solvenzerklärung durch diese, Meldung an die Gläubiger, Veröffentlichung des Verschmelzungsvorhabens und Einführung eines gerichtlichen Gläubigerrechtsbehelf zur Verhinderung oder Modifikation der Verschmelzung möglich sein.[383]

Außerdem erwog die Company Law Review Steering Group in ihrem Abschlußbericht die gesetzliche Regelung eines angemessenen Gläubigerschutzes für alle

377 Ch. 13.14, URN 01/942; vgl. ebenso Ch. 11.47, URN 00/1335.
378 Vgl. Ch. 13.14, URN 01/942; Ch.11.45, URN 00/1335.
379 Ch. 13.15, URN 01/942; Ch. 11.48, URN 00/1335.
380 Ch. 11.49, URN 00/1335.
381 Ch. 13.14, URN 01/942.
382 Ch. 11.50, URN 00/1335.
383 Ch. 11.51 f., URN 00/1335.

„merger"-Formen, um Rechtsunsicherheiten beim Abhalten von Gläubigerversammlungen und gerichtliche Anordnungen gem. sec. 427 (3)(e) CA 1985 zur Verwirklichung des Gläubigerschutzes zu vermeiden. Eine Ausdehnung des für Verschmelzungen unter oder mit 100 %igen Tochtergesellschaften vorgeschlagenen Verfahrens oder des in Part VII FSMA 2000 verankerten Modells scheinen mögliche Lösungen, wenngleich auch eine rechtsvergleichende Betrachtung andere Ideen liefern könnte.[384]

II. „Reconstruction"

Ein weiteres Anwendungsfeld für das Verfahren nach secs. 425 ff. CA 1985 ist die sog. „reconstruction", von der in sec. 427 CA 1985 die Rede ist und die teilweise im deutschen Schrifttum mit dem Begriff „formwahrende Umwandlung"[385] oder „Umstrukturierung einer Gesellschaft"[386] übersetzt wird. Sie stellt eine Spezialform des „compromise" oder „arrangement" dar.

1. Begriff

a) Allgemeines

Der englische Begriff „reconstruction" ist wie „amalgamation" ein wirtschaftlicher und kein streng juristischer[387], obwohl er sich in sec. 427 CA 1985 und in verschiedenen steuerrechtlichen Bestimmungen[388], so vor allem in den secs. 136 ff. Taxation of Chargeable Gains Act 1992 (TCGA 1992) findet, die umfassende Befreiungen von der Körperschafts- und Kapitalzuwachssteuer („capital gains

[384] Ch. 13.17, URN 01/942.

[385] Triebel/Hodgson/Kellenter/Müller, Rz. 767.

[386] Gillessen, Europäische transnationale Sitzverlegung und Fusion im Vereinigten Königreich und in Irland, 2000, S. 242.

[387] Gower/Davies, S. 757; Palmer, Rz. 12.001; Tolley's Company Law, R2002; Buckley, Einl. Sec. 427 CA 1985; Gore-Browne, §§ 30.1, 30.11; Farrar's Company Law, S. 603; Grier, UK Company Law, 1998, S. 547.

[388] Vgl. zur steuerrechtlichen Behandlung von „reconstructions" die Darstellung bei: Rawnsley/Simpson/Hutton, PLC Januar/Februar 1996, 35, 37 ff.; die allerdings nicht mehr in jeder Hinsicht aktuelle Monographie von Bramwell/Hardwick/James/Oratore, Taxation of companies and company reconstructions, 5. Aufl. 1991, mit dem Ergänzungsband 1992 von Bramwell/Hardwick/Oratore; Crawford/Cruise, PLC Dezember 1999, 41 ff.; Greenbank/Newsham, PLC August 2000, 27 ff. (zu den teilweisen, aber nicht grundsätzlichen Änderungen durch den Finance Act 2000); Kurzüberblick bei Gubbins/Crawford/Brann, PLC Juni 1996, 17, 22.

tax") für die beteiligten Gesellschaften und die Anteilseigner und Schuldverschreibungsinhaber ermöglichen. Es gibt keine Legaldefinition der „reconstruction". Im allgemeinen umfaßt der Begriff keinen einheitlichen juristischen Vorgang, ihm liegt vielmehr die betriebswirtschaftlich zu verstehende Konsolidierung eines Unternehmens unter Veränderung des Rechtsträgers zugrunde: Eine Kapitalgesellschaft überträgt ihr Unternehmen oder einen Teil davon und ihr Vermögen oder einen Teil davon auf eine von der Ausgangskapitalgesellschaft neu gegründete oder bereits bestehende - aber dann zur Unternehmensgruppe gehörende - Kapitalgesellschaft (Auffanggesellschaft).[389] Im Gegenzug erfolgt die Ausgabe von Anteilen der übernehmenden Gesellschaft an die Anteilseigner der übertragenden Gesellschaft. Wenn die Ansprüche der Schuldverschreibungsinhaber vor der Übertragung nicht durch Geldzahlung befriedigt werden, erfolgt ebenso die Ausgabe von Anteilen oder Schuldverschreibungen der aufnehmenden Gesellschaft an die Schuldverschreibungsinhaber der übertragenden Gesellschaft in Befriedigung ihrer Ansprüche.[390] Vermögen, Anteilseigner und häufig auch Inhaber der Schuldverschreibungen bleiben im wesentlichen identisch.[391]

b) Abgrenzung

aa) Test der wesentlichen Identität

Zur Feststellung, ob eine „reconstruction" in Grenzfällen vorliegt, formulierte Buckley J. in *Re South African Supply and Cold Storage Company*[392] den Test der wesentlichen Identität („substantially identity test")[393] in seiner klassischen Definition der „reconstruction":

> „What does ‚reconstruction' mean ? To my mind it means this. An undertaking of some definite kind is being carried on, and the conclusion is arrived at that it is not desirable to kill that undertaking, but that it is desirable to preserve it in some form, and to do so, not by selling it to an outsider who shall carry it on - that would be a mere sale - but in some altered form to continue to carry it on. It involves, I think, that substantially the same busi-

[389] Vgl. Pennington, Company Law, S. 975; Weinberg/Blank/Dick, Rz. 6-2069; Ranking and Spicer's, para. 16.1; Goldenberg, Guide to Company Law, 1997, para. 1301; Bramwell/Hardwick/James/Oratore, a.a.O., para. 25-03.

[390] Pennington, Company Law, S. 975.

[391] Tolley's Company Law, R2003; Pennington, Company Law, S. 975.

[392] [1904] 2 Ch. 268, 286; Lever Brothers Ltd. v. I.R.C. [1938] 2 K.B. 518, 524; Brooklands Selangor Holdings v. I.R.C. [1970] 1 W.L.R. 429, 444 f.; Baytrust Holdings Ltd. v. I.R.C. [1971] 1 W.L.R. 1333, 1353; Swithland Investments v. I.R.C. [1990] S.T.C. 448.

[393] Tolley's Company Law, R2003; Gore-Browne, § 30.31; Weinberg/Blank/Dick, Rz. 6-2069.

nesses shall be carried on and substantially the same persons shall carry it on. But it does not involve that all the assets shall pass to the new company or resuscitated company, or that all the shareholders of the old company shall be shareholders in the new company or resuscitated company. Substantially the business and the persons interested must be the same."

Es kommt also darauf an, daß eine wesentliche Identität des Unternehmens bzw. Geschäftsbetriebs („business") und der Anteilseigner vor und nach der Transaktion besteht.

(1) Wesentliche Identität des Unternehmens

Zur Bestimmung der wesentlichen Identität des Unternehmens bzw. Geschäftsbetriebs wird der Test nach dem gewöhnlichen Sprachgebrauch („ordinary use of language test"), der im Fall *Baytrust Holdings Ltd. v. I.R.C.*[394] formuliert wurde, angewandt.[395] Für eine „reconstruction" ist demnach nicht ausreichend, daß nur Vermögenswerte („assets") übertragen werden. Vom Wortlaut ist vielmehr nur die gleichzeitige Übertragung des Unternehmens oder zumindest wesentlicher Unternehmensteile gedeckt. Andererseits gehört zur Übertragung eines Unternehmens nicht, daß die übernehmende Gesellschaft auch die Verbindlichkeiten der übertragenden Gesellschaft übernimmt.[396]

Der Unternehmensbegriff umfaßt grundsätzlich den Geschäftsbetrieb einer Kapitalgesellschaft, deren Anlagegeschäft und das Halten von Beteiligungen an Tochtergesellschaften, die ihrerseits einen Geschäftsbetrieb betreiben.[397] Jedoch stellen Beteiligungen einer Holdinggesellschaft, die im Rahmen einer Umstrukturierung übertragen werden, dann keinen Geschäftsbetrieb („business" bzw. „undertaking"[398]) dar, wenn sie lediglich Minderheitsbeteiligungen im Portfolio der Holding sind oder die Holding nur kurzfristig in einem Umstrukturierungsprozeß als Dachgesellschaft eingesetzt wird, das Halten der Anteile also auf eine kurze Zeitspanne begrenzt ist.[399]

Einen weiteren kritischen Punkt stellt die Problematik der Abgrenzung von bloßen Vermögensgegenständen zu einem Unternehmens- bzw. Geschäftsbe-

[394] [1971] 1 W.L.R. 1333, 1353.
[395] Tolley's Company Law, R2003; Weinberg/Blank/Dick, Rz. 6-1096.
[396] Re South African Supply and Cold Storage Company [1904] 2 Ch. 268, 286; Tolley's Company Law, R2003.
[397] Bramwell/Hardwick/James/Oratore, a.a.O., para. 25-04.
[398] Die beiden Begriffe werden synonym verwandt, vgl. Baytrust Holdings Ltd. v. I.R.C. [1971] 1 W.L.R. 1333.
[399] Gubbins/Crawford/Brann, PLC Juni 1996, 17, 22; Bramwell/Hardwick/Oratore, a.a.O., para. 27-09.

triebsteil („part of business") dar, die Plowman J. in *Baytrust Ltd. v. I.R.C.*[400] besonders anschaulich zum Ausdruck gebracht hat:

> „A greengrocer's business is no doubt to sell fruit, but the pound of apples which you buy can hardly be described as a purchase of part of the greengrocer's business."

Unter einem Unternehmens- bzw. Geschäftsbetriebsteil versteht man daher eine Summe von Vermögensbestandteilen einer Gesellschaft („aggregate of assets"), die als eigener Geschäftsbetrieb organisiert werden können.[401] Man kann zum Beispiel im Falle einer Kapitalanlagegesellschaft mit einem gesteigerten Organisationsgrad die verschiedenen Vermögensverwaltungseinheiten als ausreichende Entitäten ansehen.[402] Schwieriger wird es, wenn ein geringerer Organisationsgrad besteht. Dann wird aber auch in den für Holdinggesellschaften aufgezeigten Grenzen jedes Halten einer Beteiligung als selbständiger Teil eines Handelsgewerbes angesehen.[403]

Letztlich läßt der „ordinary use of language test" Klarheit vermissen. Zwar wird mit viel Not noch erklärt, wann ein Unternehmen und ein Unternehmensteil vorliegt. Nicht jedoch ist in irgendeiner Weise geklärt, wann ein Unternehmensteil gerade noch wesentlich ist und wann nicht mehr. Insoweit kann ganz auf die Ausführungen zur „amalgamation"[404] verwiesen werden.

An der Unternehmensidentität kann man im übrigen die Abgrenzung der „reconstruction" von der „amalgamation" festmachen, die sich formell sonst nicht sonderlich unterscheiden[405]. Buckley J. hat den Unterschied beider Umstrukturierungsformen in *Re African Supply and Cold Storage Company*[406] folgendermaßen formuliert:

> „The difference between reconstruction and amalgamation is that in the latter is involved the blending of two concerns one with the other, but not merely the continuance of one concern."

Der Unterschied zur „reconstruction" besteht also lediglich darin, daß nicht nur ein Unternehmen („concern") fortgeführt werden soll, sondern alle an der „amalgamation" beteiligten Unternehmen in einem neuen Amalgam vereinigt

---

[400] [1971] 1 W.L.R. 1333, 1354; ausführliche Erläuterungen dazu bei Bramwell/Hardwick/Oratore, a.a.O., para. 27-10.

[401] Bramwell/Hardwick/Oratore, a.a.O., para. 27-10.

[402] Bramwell/Hardwick/Oratore, a.a.O., para. 27-10.

[403] Bramwell/Hardwick/Oratore, a.a.O., para. 27-10.

[404] Siehe S. 326 f.

[405] Pennington, Company Law, S. 975.

[406] [1904] 2 Ch. 268, 287; ähnlich auch in Swithland Investments Ltd. et al. v. I.R.C. [1990] S.T.C. 448, 460 ff.

werden. Bei der „reconstruction“ wird nur ein einziges Unternehmen zumindest zu einem wesentlichen Teil durch im wesentlichen dieselben Anteilseigner fortgeführt; es findet keine Vereinigung verschiedener Unternehmen statt.

(2) Wesentliche Identität der Eigentümer

Der Test der wesentlichen Identität der Eigentümer dient zur Abgrenzung der „reconstruction“ von einem bloßen Unternehmensverkauf und einer „partition“, also einer Aufspaltung einer Gesellschaft in mehrere Gesellschaften, deren Anteile von je getrennten Altanteilseignergruppen fortgeführt werden.[407] Bei all diesen Transaktionen besteht keine wesentliche Identität der Eigentümer, da die Anteilseigner der übernehmenden Gesellschaft nicht mit einem wesentlichen Teil der Anteilseigner der übertragenden Gesellschaft übereinstimmen.

Insgesamt bestehen bei der Bestimmung der Wesentlichkeitsgrenze dieselben Probleme wie bei der „amalgamation“. Auf die dortigen Ausführungen[408] kann vollständig verwiesen werden.

Anzumerken ist zum Schluß, daß der steuerrechtliche Begriff der „reconstruction“ insoweit weiter ist als der kapitalgesellschaftsrechtliche, als daß die nicht verhältniswahrende Aufspaltung „partition“, die gesellschaftsrechtlich keine „reconstruction“ ist, in der Praxis der englischen Steuerbehörden gemäß Statement of Practice 5/85[409] als solche behandelt wird, so daß ihr die Steuervergünstigungen einer „reconstruction“ zugute kommen.[410]

bb) Zeitliche und wirtschaftliche Gesamtbetrachtung

Zur Ermittlung, ob eine „reconstruction“ vorliegt, ist im übrigen eine Gesamtbetrachtung mehrerer in zeitlichem und wirtschaftlichem Zusammenhang stehender Transaktionen geboten.[411] Durch das Kriterium des Gesamteindrucks soll die mißbräuchliche Erwirkung von Umstrukturierungsvergünstigungen verhindert werden, indem die nur kurzzeitig bestehende wesentliche Identität des Unternehmens oder der Anteilseigner nicht zur Annahme einer „reconstruction“ führt.

---

407 Vgl. Tolley's Company Law, R2003, 2004; Bramwell/Hardwick/James/Oratore, a.a.O., para. 25-05.

408 Siehe S. 326 f.

409 Abgedruckt in: Bramwell/Hardwick/Oratore, a.a.O., paras. 27-16 ff.

410 Vgl. Tolley's Company Law, R2004; Bramwell/Hardwick/Oratore, a.a.O., paras. 27-15 ff.

411 Swithland Investments Ltd. v. I.R.C. [1990] S.T.C. 448; Tolley's Company Law, R2003.

2. Möglichkeiten zur Durchführung einer „reconstruction"

Die formalen Möglichkeiten zur Durchführung einer „reconstruction" sind dieselben wie bei der „amalgamation". Eine „reconstruction" kann sowohl mittels eines Liquidationsplans gem. secs. 110, 111 IA 1986, eines „Scheme of Arrangement" gem. secs. 425 ff. CA 1985, eines „Private Bill"-Verfahrens als auch mittels diverser spezialgesetzlicher Verfahren verwirklicht werden. Die secs. 110, 111 IA 1986 unterscheiden nicht danach, ob es sich um eine „amalgamation" oder „reconstruction" handelt. Sec. 427 CA 1985 spricht zwar von beiden Fällen, allerdings um sie mit denselben Rechtsfolgen zu erfassen und auszustatten. Das „Private Bill"-Verfahren kennt als verfassungsrechtliches Verfahren keine formelle Unterscheidung für „amalgamations" und „reconstructions". Der einzige rechtstechnische Unterschied besteht darin, daß die auf Verschmelzungen zugeschnittene sec. 427A i.V.m. Sched. 15B CA 1985 auf „reconstructions" keine Anwendung findet.

Entsprechend der fehlenden Unterschiede im Hinblick auf die Implementierungsmöglichkeiten bestehen dieselben Vor- und Nachteile zwischen den einzelnen Verfahren. Die Häufigkeit der rechtstatsächlichen Anwendung der einzelnen Verfahren ist daher grundsätzlich dieselbe. Daher kommt es meist zur Anwendung der secs. 425 ff. CA 1985.

Trotz des weitgehenden formellen Gleichlaufs bestehen jedoch starke funktionelle Unterschiede zwischen „amalgamations" und „reconstructions", da es bei letzteren nicht um die Zusammenführung zweier Unternehmen geht.[412] Eine genaue Erläuterung der praktischen Funktionsweisen erfordert eine gesonderte Darstellung der rechtstatsächlichen Anwendungsbereiche von „reconstructions".

3. Rechtstatsächliche Anwendung

a) Bedeutung bis in die 1930er Jahre: Satzungsändernde „Umgründung"

„Reconstructions" waren bis in die 1930er Jahre beliebter als bis in die 1980er Jahre.[413] Bis zur wirtschaftlichen Depression der 1930er Jahre kamen „reconstructions" häufig vor und hatten den Zweck, die satzungsändernde

---

[412] Pennington, Company Law, S. 975: „The words reconstruction and merger [...] are commercial terms denoting two operations which are similar in form but different in purpose."

[413] Vgl. Pennington, Company Law, S. 975; Beispiele aus der Rechtsprechung dieser Zeit: Re General Motors Cab Co. [1913] 1 Ch. 377; Re Sandwell Park Colliery Co. [1914] 1 Ch. 589; Re Anglo-Continental Supply Co. [1922] 2 Ch. 723.

„Umgründung"[414] einer Gesellschaft vorzunehmen. Das Unternehmen und Vermögen einer Gesellschaft wurden auf eine NewCo. (oder Mantelgesellschaft) übertragen, die den Wünschen der übertragenden Gesellschaft entsprach, die sie selbst mangels der rechtlichen Zulässigkeit einer gesellschaftsinternen Reorganisation der Gesellschaftsverfassung und/oder Kapitalstruktur nicht selbst herbeiführen konnte.[415] Konkret wurden „reconstructions" ausgeführt zur Ausweitung oder Änderung der Gegenstandsklausel im „memorandum of association", zur Änderung der Rechte, die mit den verschiedenen Gattungen von Anteilen oder Schuldverschreibungen verbunden waren oder zur Aufbringung frischen Kapitals, indem die Anteilseigner gezwungen wurden, nach Einbringung der ursprünglichen Gesellschaft in eine neue deren Anteile anzunehmen, bei der ein höherer Betrag an Eigenkapital nicht eingezahlt war als bei der ursprünglichen Gesellschaft, so daß den Anteilseignern eine Nachschußpflicht nachträglich auferlegt wurde, so daß sie bis zur Zahlung einer erhöhten Haftungspflicht unterlagen.[416]

Zur Verwirklichung der beiden erstgenannten Zwecke stehen heute andere Verfahren zur Verfügung, so daß eine aufwendige „reconstruction" nicht mehr notwendig ist. Die Gegenstandsklausel im „memorandum" kann heute wesentlich unkomplizierter durch einen außerordentlichen Beschluß der Gesellschafterversammlung gem. secs. 4-6 CA 1985 geändert werden. Eine Änderung der Anteilseignerrechte erfolgt heute im 1980 eingeführten Verfahren der secs. 125 ff. CA 1985, nach speziellen satzungsmäßig verankerten Verfahren oder nach den secs. 425 ff. CA 1985, ohne auf die Möglichkeit einer „reconstruction" zurückgreifen zu müssen. Zur Änderung der Rechte von Schuldverschreibungsinhabern bestehen zwar nur geringe gesetzliche Möglichkeiten.[417] Die Rechte der Obligationäre sind vielmehr vertraglich festgelegt.[418] Die heutige Kautelarjurisprudenz verankert dabei aber heute meist auch Verfahren zur Änderung der Rechte der Schuldverschreibungsgläubiger.[419] Sollte dies ausnahmsweise nicht der Fall sein, dann kommt es zur Anwendung eines einfachen „Scheme of Arrangment" ohne Durchführung einer „reconstruction".

Die Verwirklichung des drittgenannten Zweckes wird seit langem von der Rechtsprechung[420] als unzulässige Zwangsausübung schärfstens mißbilligt. Heute

---

[414] Vgl. zur Verwendung dieses Begriffs K. Schmidt, Gesellschaftsrecht, 4. Aufl. 2002, S. 29 m.w.N.

[415] Pennington, Company Law, S. 975.

[416] Pennington, Company Law, S. 975.

[417] Dazu Gower/Davies, S. 732 ff.; Pennington, Company Law, S. 583.

[418] Gower/Davies, S. 732.

[419] Kemp/Harris, PLC August 1993, 19, 24.

[420] Hole v. Garnsey [1930] A.C. 472; vgl. auch Bisgood v. Henderson's Transvaal Estates Ltd. [1908] 1 Ch. 743 im Rahmen einer Liquidation einer „company": die „reconstruction" wurde

ergibt sich diese Wertung aus sec. 16 (1) CA 1985, die Anteilseigner im Rahmen einer Satzungsänderung davor schützt, zur Zeichnung weiteren Kapitals und zu einer Nachschußpflicht gezwungen zu werden.[421] Eine „reconstruction“ kann heute zwar noch zur Verwirklichung des drittgenannten Zweckes ausgeführt werden, aber nur, wenn dissentierende Anteilseigner gegen eine angemesene Abfindung aus der Gesellschaft ausscheiden können. Ein solches Recht wird ihnen im Verfahren nach secs. 110, 111 IA 1986 von Gesetzes wegen gewährt. Ein „Scheme of Arrangement“ wird eine solche Austrittsmöglichkeit beinhalten müssen, um genehmigungsfähig zu sein.[422] Ein solches Austrittsrecht führt aber dazu, daß die beschriebene „reconstruction“-Variante zur Aufbringung frischen Kapitals heute praktisch nicht mehr vorkommt, da sie durch die Leistung von Abfindungen nicht mehr wirtschaftlich plausibel ist.[423]

Die gesellschaftsinterne „reorganisation of capital structure“ hat somit seit langem die „reconstruction“ als Umgründung einer Gesellschaft abgelöst. Die Gründe dafür liegen in der Fortentwicklung der Kautelarjurisprudenz und in der Aufweichung der englischen Doktrin von der Unveränderbarkeit der Gesellschaftssatzung durch Einführung weitgehender gesetzlicher Änderungsmöglichkeiten.

b) Gruppeninterne Umstrukturierungen

In den letzten Jahrzehnten treten „reconstructions“ wieder verstärkt auf. Sie dienen meist zur Umstrukturierung innerhalb einer Unternehmensgruppe in Form von Unternehmensübertragungen von einer Tochter- auf die Muttergesellschaft („upstream merger“), auf eine Holding-Gesellschaft, auf eine Schwestergesellschaft („side-step merger“) oder von einer Mutter- auf die Tochtergesellschaft („downstream merger“).[424] Andere Formen sind das sog. „Umhängen“ von Beteiligungen oder die Übertragung eines anderen wesentlichen Unternehmensteils oder Unternehmens, wenn eine Gesellschaft der Unternehmensgruppe mehrere Unternehmen betreibt. Ein solcher „demerger“-Vorgang[425] gleicht dann der deutschen Abspaltung.

Alle diese Formen des „intra-group transfers“ sind damit keine „reconstructions“ mehr im ursprünglichen Sinne, daß eine „company“ eigens zu dem Zweck neu gegründet wird, daß das Unternehmen und Vermögen einer bestehenden

---

aufgrund der Ultra-vires-Doktrin als unzulässig, da außerhalb der satzungsmäßigen Befugnisse der Gesellschaft liegend, abgelehnt; ebenso Tolley's Company Law, R2007, R2013.

421 Vgl. Pennington, Company Law, S. 975.

422 Tolley's Company Law, R2007, R2013.

423 Vgl. Pennington, Company Law, S. 975.

424 Pennington, Company Law, S. 975.

425 Siehe unten S. 433 ff.

„company“ auf sie übertragen wird, um jene in einem anderen Gewande wieder aufzubauen, also zu rekonstruieren oder umzugründen.[426] Der „intra-group transfer“ wird dennoch heute fast einhellig[427] als „reconstruction“ verstanden, wenn die wesentliche Identität der Eigentümer und des Unternehmens als Voraussetzungen gegeben ist. Es kommt nicht darauf an, ob die aufnehmende Gesellschaft schon vorher bestand oder neu gegründet wird.

Bei solchen „intra-group transfers“ spielt die Abgrenzung von der „amalgamation“ eine Rolle. Es ist jeweils danach zu fragen, ob zwei Unternehmen vereinigt werden oder getrennt weiter existieren sollen, wenngleich unter Verminderung der Unternehmensträgerzahl.

Letztlich wird diese Abgrenzung aber keine große praktische Bedeutung haben und von Gerichten nicht mit Schärfe entschieden werden müssen, da sowohl sec. 427 CA 1985 als auch die steuerrechtlichen Vorschriften der secs. 136, 139 TCGA 1992 in gleicher Weise auf „amalgamations“ wie auf „reconstructions“ Anwendung finden.

Aufgrund der großen Bedeutung von gruppeninternen Umstrukturierungen, die der englische Gesetzgeber durch eine umstrukturierungsfreundliche Steuergesetzgebung fördert, spricht vieles dafür, daß insbesondere der steuerrechtliche Begriff der Unternehmensgruppe nachhaltigen Einfluß auf die Bestimmung des Wesentlichkeitskriteriums bei „reconstructions“ haben wird.

Man kann im englischen Recht zwischen mehreren steuerrechtlichen und einem kapitalgesellschaftsrechtlichen Gruppenbegriff unterscheiden. Der kapitalgesellschaftsrechtliche Gruppenbegriff ergibt sich aus dem in sec. 258 CA 1985 geregelten „parent and subsidiary undertaking“-Verhältnis im Zusammenhang mit der Rechnungslegung und dem in sec. 736 CA 1985 allgemein festgelegten Verhältnis zwischen „holding company and subsidiary“. Unter dem Einfluß des Europarechts wird dort nicht auf feste Schwellenwerte von Beteiligungen, sondern in Anbetracht von Mehrfachstimmrechten und stimmrechtslosen Anteilen auf die Kontrollverhältnisse abgestellt.[428] Im Steuerrecht gibt es eine große Spannbreite von Unternehmensgruppenbegriffen[429]. Nachhaltig auf die Festlegung der Wesentlichkeitsschwelle könnte sich jedoch insbesondere der körperschaftssteuerrechtliche Gruppenbegriff gem. sec. 838 Income and Corporation Taxes Act 1988 (ICTA 1988) auswirken, nach dem eine Unternehmensgruppe vorliegt, wenn eine Holding-Kapitalgesellschaft an anderen Kapitalgesellschaften (Tochtergesell-

---

[426] Vgl. Pennington, Company Law, S. 975.

[427] Pennington, Company Law, S. 975, der diesen Fall auch nicht in seine Definition der „reconstruction“ aufnimmt und den „intra-group transfer“ zwar als neues Anwendungsfeld erwähnt, ihn aber in einem Atemzug nur als unechte „reconstruction“ bewertet.

[428] Gower/Davies, S. 162.

[429] Vgl. dazu den Artikel Greenbank/Newsham, PLC August 2000, 27 ff. zur Besteuerung von Unternehmensgruppen, der alle steuerrechtlichen Gruppenbegriffe darstellt.

schaften) mit mindestens 75 % auf Bemessungsgrundlage des Nennwerts direkt oder indirekt[430] an deren Stammkapital („ordinary share capital“) beteiligt ist und die Holding mehr als 50 % wirtschaftliches Eigentum („economic ownership“) besitzt, also nicht überwiegend auf das bloße Halten von Beteiligungen beschränkt ist. Der Begriff „ordinary share capital“ wird im Steuerrecht weit ausgelegt.[431] Er umfaßt die gesamten ausgegebenen Anteile mit Ausnahme von Vorzugsanteilen mit Festbetragsdividende.[432] Darüber hinaus legen sec. 413 (7) und Sched. 18 ICTA 1988 fest, daß eine Kapitalgesellschaft nur dann als 75 %ige Tochtergesellschaft behandelt wird, wenn die Muttergesellschaft einen Dividenden- und Liquidationserlösanspruch von nicht weniger als 75 % besitzt.[433]

Es bleibt abzuwarten, ob sich die Rechtsprechung in England an einem dieser Gruppenbegriffe zur Bestimmung der Wesentlichkeitsgrenze für „reconstructions“ tatsächlich orientieren wird.

c) Internationale Sitzverlegung

aa) Allgemeines

Ein weiteres wichtiges Anwendungsfeld für „reconstructions“ ist die abwandernde oder zuwandernde Verlegung des „corporate domicile“ zwischen England und Wales, Schottland oder dem Ausland. Bei einer solchen Sitzverlegung kommt es zu einer Einbringung des Unternehmens und Vermögens einer „company“ in eine NewCo., die Anteile an die Anteilseigner der Ausgangsgesellschaft ausgibt, so daß die Bedingungen einer „reconstruction“ erfüllt sind.

---

430 Wenn eine Gesellschaft A 90 % an B hält und B wiederum 90 % an C hält, dann besteht eine indirekte Beteiligung der A an C von 81 % (90 % von 90 %). Die Schwelle von 75 % ist überschritten. Anders liegt der Fall wenn A nur 75 % an B hält und B wiederum nur 75 % an C. Dann hält A nur 56,25 % an C. Dies wäre jedoch zum Überschreiten der Gruppenschwelle von 50 % bei anderen Steuerarten ausreichend.

431 Greenbank/Newsham, PLC August 2000, 27, 27.

432 Greenbank/Newsham, PLC August 2000, 27, 27; Rawnsley/Simpson/Hutton, PLC Januar/ Februar 1996, 35, 40.

433 Greenbank/Newsham, PLC August 2000, 27, 28 f. m.w.N.: Für multinationale Unternehmensgruppen ist zu bemerken, daß deren Gruppenbeziehung bis vor kurzem hinsichtlich der Körperschaftssteuer nicht durch „companies“ mit Sitz außerhalb des Vereinigten Königreichs vermittelt werden konnte, so daß die Zwischenschaltung einer Holdinggesellschaft im Vereinigten Königreich notwendig war. Der Finance Act 2000 gab das Erfordernis der alleinigen Vermittlung durch Gesellschaften mit Sitz im Vereinigten Königreich unter dem Einfluß der Rechtsprechung des Europäischen Gerichtshofs auf und ging über dessen Forderungen durch eine weltweite Gruppenvermittlung hinaus.

Bisher wurde diese Art der „reconstruction" im rechtswissenschaftlichen Schrifttum[434] nicht so häufig als Anwendungsfeld des „Scheme of Arrangement" gem. secs. 425 ff. CA 1985 erwähnt. Oft erfolgte die Verlegung nämlich per „Private Act of Parliament".

Schon lange vor Beginn der wirtschaftlichen Globalisierungswelle hat in England der Zerfall des British Empire Anlaß zu solchen Migrationsbewegungen von Kapitalgesellschaften gegeben. Zum einen befand sich der Großteil des Vermögens vieler in England gegründeter „companies" aus historischen Gründen im Ausland, vornehmlich in einem Commonwealth-Staat.[435] Daher war es für diese Gesellschaften häufig günstiger, ihren Gesellschaftssitz in das Land zu verlagern, in dem der Großteil ihrer Geschäfte getätigt wurde, als unter englischem Personalstatut fortzubestehen. Aus diesem Grunde verlegte etwa die Australia and New Zealand Banking Group Ltd. ihr Domizil im Jahre 1977 von England nach Australien.[436] Manchmal schafften auch die Regierungen ehemaliger Kolonien entsprechende Anreize zur Verlegung des „corporate domicile". Von solchen Anreizen geködert, wanderten Mitte der 1970er Jahre die Kulim Group (Kautschukplantagen) nach Malaysia und die Assam Frontier (Teeplantagen) nach Indien ab, indem sie ihre Gesellschaften durch ein „reconstruction scheme" gem. secs. 425 ff. CA 1985 in diese Länder verlegten.[437]

Ein zweiter typischer Beweggrund lag in drohenden Enteignungen englischer Gesellschaften in ehemaligen Kolonien.[438] Zum Beispiel errichtete Jardine Matheson im Jahre 1984 eine neue Holding-Gesellschaft in Bermuda in der Absicht, das chinesische Vermögen des Unternehmens (mit Ausnahme desjenigen in Hong Kong) auf die neue Holding zu übertragen; dies zog eine Welle von Umsiedlungen der meisten börsennotierten Hong Kong-„companies" nach sich, die einem ausländischen Personalstatut unterlagen.[439]

Die heutige Globalisierungswelle und der internationale Wettbewerb von Staaten, günstige Bedingungen auf dem Gebiet des Gesellschafts- und Steuerrechts zur Ansiedlung von Gesellschaften zu schaffen, läßt die internationale Sitzverlegung unabhängig von englischen Spezifika an Bedeutung gewinnen.

---

[434] News brief, PLC Dezember 1998, 11 zur fehlgeschlagenen Sitzverlegung der LucasVarity plc. aus dem Vereinigten Königreich in die Vereinigten Staaten; Scott/Lewis, PLC Januar/Februar 1992, 17, 18, die die Sitzverlegung der HongkongBank und der ANZ Group als Beispiele nennen; Newman, PLC September 1991, 3 ff. zur Sitzverlegung der Manpower plc.

[435] Lewis, PLC September 2001, 33, 40.

[436] Lewis, PLC September 2001, 33, 40.

[437] Lewis, PLC September 2001, 33, 40.

[438] Lewis, PLC September 2001, 33, 40.

[439] Lewis, PLC September 2001, 33, 40.

bb) Gesellschaftssitzbegriffe und Verlegung

Nicht jede Art von internationaler Sitzverlegung stellt in England eine „reconstruction" dar. Vielmehr hängt dies von der Art des in Frage stehenden Gesellschaftssitzes ab. Im englischen Recht unterscheidet man zwischen drei Formen des Gesellschaftssitzes, dem „domicile", dem „registered office" und der „residence".

(1) „Domicile"

Gemäß sec. 2 (1) (b), (2) CA 1985 muß das „memorandum" angeben, in welchem Land (England und Wales, Schottland) der Firmensitz zu registrieren ist. Mit dieser Angabe legen die Gründungsgesellschafter fest, welchem Recht die Gesellschaft unterstellt werden soll. Das im „memorandum" angegebene Domizil kann nicht verlegt werden.[440] Es bestehen keine gem. sec. 2 (7) CA 1985 notwendigen Vorschriften im Companies Act zur Änderung dieser Angabe im „memorandum".

Die dauerhafte Anknüpfung an den Gründungssitz ist Ausdruck für die im englischen Common Law vorherrschende, bei internationalen Sachverhalten relevante Gründungstheorie - im Gegensatz zur in Deutschland im internationalen Gesellschaftsrecht bis zur „Überseering"-Entscheidung des EuGH[441] noch geltenden Sitztheorie, die auf den tatsächlichen Sitz der Hauptverwaltung abstellt.[442] Anders als eine natürliche Person kann eine Kapitalgesellschaft ihr „domicile" nach englischem Common Law nicht nach freier Wahl identitätswahrend ändern.[443] Sie muß vielmehr abgewickelt und aufgelöst und in einer anderen Rechtsordnung neu gegründet werden. Durch den Identitätsverlust der „company" und die damit einhergehende Störung der Finanzstruktur und der bestehenden Verträ-

---

[440] Gasque v. I.R.C. [1940] 2 K.B. 80, 84; Kuenigl v. Donnersmarck [1955] 1 Q.B. 515, 535; Carl Zeiss Stiftung v. Rayner & Keeler and others (No. 3) [1970] 1 Ch. 506, 544; Carse v. Coppen (1951) S.C. 233, 243 f.; Palmer, Rz. 2.512; Dicey & Morris, Rz. 30-002 a.E.; Anton/Beaumont, Private International Law, 2. Aufl. 1990, S. 703; Lewis, PLC September 2001, 33, 39; Triebel/Hodgson/Kellenter/Müller, Rz. 606, 614, 1184; weitere Nachweise, detaillierte Analyse des Fallrechts und Grundsatzkritik bei Gillessen, a.a.O., S. 199 ff., 290 ff.

[441] Urt. v. 5.11.2002, Rs C-208/00, ZIP 2002, 2037 ff.

[442] Triebel/Hodgson/Kellenter/Müller, Rz. 615; Gillessen, a.a.O., S. 179; ausführlich zur Gründungs- und Sitztheorie Müller-Driver, a.a.O., S. 67 ff. m.w.N.

[443] Palmer, Rz. 2.512; Lewis, PLC September 2001, 33, 39; Gower and Davies, S. 117 f.; Müller-Driver, a.a.O., S. 62 f., 134 ff.

ge ist die Sitzverlegung normalerweise mit beträchtlichen Kosten und nachteiligen steuerlichen Folgen verbunden.[444]

„Reconstructions" zur Verlegung des „corporate domicile" können mittels aller schon bei der „amalgamation" genannten Verfahren durchgeführt werden. Genausowenig wie es ein spezielles Verschmelzungsverfahren gibt, existiert auch ein spezielles Verfahren zur Verlegung des „corporate domicile". Es kommen daher ein Liquidationsplanverfahren gem. secs. 110, 111 IA 1986, ein „Scheme of Arrangement" gem. secs. 425 ff. CA 1985 und ein „Private Bill"-Verfahren in Betracht.[445] Die Vor- und Nachteile und die Ausführungen zur Möglichkeit der Anwendung dieser Verfahren in international-rechtlichen Sachverhalten und zur Notwendigkeit der Koordinierung und Anerkennung durch und mit ausländischen Gerichten und Staaten[446] gelten entsprechend für die internationale Sitzverlegung.

Wie bei der Verschmelzungskonstellation ist ein Vorgehen durch einen Liquidationsplan schon mangels der Möglichkeit von Übertragungsanordnungen gem. sec. 427 (3)(a), (4) CA 1985 nicht sehr vorteilhaft und wohl kaum praktiziert.[447] „Schemes of Arrangement" kommen vor allem aus Zeitgründen in Betracht.[448] Auch können protektionistische Widerstände der gesetzgebenden Organe in England eine Abwanderung durch Einzelfallgesetz risikoreicher erscheinen lassen als bei einer Fusion, so daß ein „Scheme of Arrangement" den Vorteil einer privatautonomen Entscheidung der Anteilseigner über den Wegzug beinhaltet.[449]

Eine Vielzahl von Verlegungen des „corporate domicile" wurden in der Vergangenheit dennoch mittels des „Private Bill"-Verfahrens durchgeführt, auch wenn es sich meist um Abwanderungen handelte.[450]

Eine typische „Private Bill" zur Sitzverlegung ins Ausland erlaubt die Verlegung der registrierten Anschrift der Gesellschaft von England und Wales in eine ausländische Rechtsordnung und ermächtigt das englische Gesellschaftsregister zur Streichung des Eintrages der „company", sobald die Eintragung im Ausland erfolgt ist.[451] Außerdem sieht eine „Private Bill" regelmäßig vor, daß ab diesem Zeitpunkt der englische Companies Act keine Anwendung mehr auf die

---

[444] Lewis, PLC September 2001, 33, 42; Gower and Davies, S. 117 f.

[445] Lewis, PLC September 2001, 33, 42; Newman, PLC September 1991, 3, 6; News brief, PLC Dezember 1998, 11.

[446] Siehe S. 83 ff., 375 ff., 404, 407 ff.

[447] Vgl. Lewis, PLC September 2001, 33, 42.

[448] Lewis, PLC September 2001, 33, 42.

[449] Vgl. Lewis, PLC September 2001, 33, 42.

[450] Lewis, PLC September 2001, 33, 40, 42: dort erfolgt auch eine Aufzählung von 26 Unternehmensgruppen, die zwischen 1953 und 1996 aus dem Vereinigten Königreich meist in das Commonwealth-Ausland mit Hilfe einer „Private Bill" ausgewandert sind.

[451] Lewis, PLC September 2001, 33, 42.

„company" findet.[452] Allerdings werden einige „companies" als ausländische Gesellschaften sogleich wieder mit Zweigniederlassungen im englischen Gesellschaftsregister gem. secs. 690A ff. CA 1985 eingetragen. Viertens regelt eine „Private Bill" meist, daß die „company" für eine solche gehalten werden soll, die nach ausländischem Recht gegründet wurde, und daß sie ihre rechtliche Identität behalten soll.[453]

In vielen, insbesondere Commonwealth-Rechtsordnungen bestehen Gesetze, die eine solche Sitzverlegung im „Private Bill"-Verfahren aus dem Vereinigten Königreich heraus in die jeweilige aufnehmende eigene Rechtsordnung erlauben.[454] Auch gibt es zahlreiche Beispiele einer Koordination des britischen Gesetzgebungsverfahrens mit einem solchen Einzelfallgesetzgebungsverfahren der aufnehmenden Rechtsordnung, um die Sitzverlegung zu ermöglichen oder zu vereinfachen, so etwa in Hong Kong bei der Verlegung der Hong Kong and China Gas Company Ltd. im Jahre 1982 aus dem Vereinigten Königreich heraus nach Hong Kong.[455]

Das Vereinigte Königreich besitzt als aufnehmende Rechtsordnung eine solche Spezialgesetzgebung nicht.[456] Dennoch bestehen auch hier Beispiele aus der Vergangenheit, in denen Einzelfallverordnungen die direkte Zuwanderung einer Gesellschaft aus dem Ausland ermöglichten. Zum Beispiel wurde per Notstandsverordnung des für die ehemaligen Kolonien zuständigen Privy-Councils[457] im Dezember 1941 der Gesellschaftssitz von HSBC in Hong Kong mit Wirkung von der japanischen Besetzung an nach London verlegt.[458]

Die „Company Law Review Steering Group" hat in Kapitel 14 ihres Abschlußberichts[459] die Einführung eines gesetzlich geregelten Verfahrens zur internationalen Sitzverlegung in das Vereinigte Königreich oder aus ihm heraus oder zwischen England und Wales sowie Schottland vorgeschlagen. Dieser Vorschlag ist an die Verordnung zur Europäischen Aktiengesellschaft (Societas Europaea/SE) angelehnt, die bei Einhaltung gewisser Anteilseigner- und Gläubigerschutzbestimmungen in der Lage ist, von einem Mitgliedsstaat der EU in einen anderen zu wandern, ohne vorher aufgelöst, abgewickelt und in einem anderen Staat wieder neu gegründet werden zu müssen. Der britische Reformvorschlag geht aber über die

[452] Lewis, PLC September 2001, 33, 42.
[453] Lewis, PLC September 2001, 33, 42.
[454] Vgl. Übersicht bei Lewis, PLC September 2001, 33, 41.
[455] Lewis, PLC September 2001, 33, 42.
[456] Lewis, PLC September 2001, 33, 42.
[457] Vgl. dazu v. Bernstorff, Einführung in das englische Recht, 2. Aufl. 2000, S. 13.
[458] Lewis, PLC September 2001, 33, 42.
[459] URN 01/942, 01/943; vgl. auch bereits Ch. 11.54 ff. des Beratungspapiers „Completing the structure", URN 00/1335.

europarechtlichen Vorgaben hinaus, indem er erleichterte Migrationsmöglichkeiten nicht auf EU-Staaten begrenzen, sondern die Einwanderung aus allen ausländischen Staaten und die Auswanderung in vom Secretary of State anerkannte Staaten erlauben will.[460]

Die britische Regierung hat jedoch dem Reformeifer in ihrem im Juli 2002 erschienenen „White Paper"[461] zur Reform des Kapitalgesellschaftsrechts eine Absage erteilt und plant daher zur Zeit keine Einführung von Vorschriften zur identitätswahrenden internationalen Sitzverlegung.

Die Regelung einer identitätswahrenden internationalen Sitzverlegung ist daher erst mit der Verabschiedung der 14. EG-Richtlinie auf dem Gebiet des Gesellschaftsrechts, der sog. Sitzverlegungsrichtlinie, zu erwarten. Ob der Gesetzgeber dabei über die rein EG-internen Vorgaben der Richtlinie im Sinne der Vorschläge der „Company Law Review Steering Group" hinausgehen wird, bleibt abzuwarten.

(2) „Registered Office"

Von dem im „memorandum" festgelegten „domicile" ist das „registered office" gem. sec. 287 CA 1985 zu unterscheiden. Beim „registered office" handelt es sich um eine Briefadresse, an die offizielle Mitteilungen und Zustellungen erfolgen, sec. 725 (1) CA 1985, so daß sie sich häufig beim Büro des Rechtsanwalts oder Buchprüfers der Gesellschaft befindet[462]. Außerdem werden am „registered office" zahlreiche Dokumente und Verzeichnisse[463] geführt, in die Gesellschafter, Gläubiger und Dritte Einsicht nehmen können. Gem. sec. 351 CA 1985 muß die „company" diese Adresse daher auf sämtlichen Geschäftsbriefen und Bestellformularen angegeben.

Das „registered office" braucht nicht im „memorandum" angegeben werden, sondern wird in einer eigenen Erklärung dem „registrar" zugesandt. Das „memorandum" muß gem. sec. 2 (1)(b) CA 1985 nur Auskunft darüber geben, ob sich das „registered office" in England und Wales oder in Schottland befindet.

Eine Verlegung des „registered offices" ist daher ohne weitere Umstände möglich ist. Eine Änderung muß dem zuständigen „registrar" gem. sec. 287 (3)-(5) CA 1985 nur mitgeteilt werden.[464] Jedoch muß sich das „registered office" einer Kapitalgesellschaft im Land der Gründung (England und Wales oder

[460] Dazu auch Gower and Davies, S. 118 f.

[461] Cmd. 5553, Vol. I, Part II - Modernising Company Law: The Government's Policy, Ch. 6.21 f.

[462] Triebel/Hodgson/Kellenter/Müller, Rz. 616; Gower and Davies, S. 120.

[463] Siehe z.B. secs. 211, 222, 318, 325, 353, 383, 422 CA 1985.

[464] Vgl. Palmer, Rz. 2.504, 2.508.

Schottland) befinden.[465] Eine Änderung kommt also nur innerhalb von England und Wales oder innerhalb von Schottland in Frage. Auch kann die „company“ nachträglich präzisieren, daß sich ihr „registered office“ nicht in England und Wales, sondern in Wales befindet. Ein Verlegung (zurück) nach England ist dann nicht mehr möglich.[466] Ein internationaler Wechsel ist nur möglich, wenn die „company“ aufgelöst und außerhalb von England und Wales oder Schottland neu gegründet wird. Für diesen Fall gelten die Ausführungen zur Verlegung des „corporate domicile“ entsprechend.

(3) „Residence of Corporation“

Wieder anders ist das steuerliche Konzept der „residence of corporation“.[467] Seit 1988 gilt gem. sec. 66 i.V.m. Sched. 7 Finance Act 1988 der Grundsatz, daß eine ab dem 15. März 1988 im Vereinigten Königreich gegründete Gesellschaft grundsätzlich auch dort steuerlich veranlagt wird. Solange sich das tatsächliche Zentrum von Geschäftsführung und Kontrolle („central management and control“, „seat of corporate governance“, „head office“[468]) einer englischen oder ausländischen „company“ im Vereinigten Königreich befindet, ist sie früher nach Common Law[469] und heute nach sec. 767 (1) ICTA 1988 auch im Vereinigten Königreich steuerlich „resident“. Das gilt selbst dann, wenn sie nach ihrer Satzung von einem anderen Ort aus geleitet werden soll.[470] Falls die Geschäftsleitung von mehreren Orten aus ausgeübt wird, dann besitzt die „company“ mehrere „residences“.[471] Im Falle der Ausübung einer außerhalb des Vereinigten Königreiches vorgenommenen zentralen Geschäftsführung und Kontrolle ist die „company“ jedoch nicht mehr in Großbritannien „resident“ und nur noch beschränkt steuerpflichtig.[472] So kann es passieren, daß eine „company“, die ihr Domizil und

[465] Lewis, PLC September 2001, 33, 39 f.; Gower and Davies, S. 117.
[466] Gower and Davies, S. 117.
[467] Vgl. Triebel/Hodgson/Kellenter/Müller, Rz. 617; Müller-Driver, a.a.O., S. 64 ff.
[468] Gower and Davies, S. 119 f.
[469] De Beers Consolidated Mines Ltd. v. Howe [1906] A.C. 455; Mitchell v. Egyptian Hotels Ltd. [1915] A.C. 1022; American Thread Co. v. Joyce (1913) 29 T.L.R. 266; New Zealand Shipping Co. Ltd. v. Thew (1922) 8 Tax Cas. 208; Union Corporation Ltd. v. I.R.C. [1953] A.C. 482; Koitaki Para Rubber Estates Ltd. v. Federal Commissioner of Taxes (1940) 64 C.L.R. 15, 19; Unit Construction Co. Ltd. v. Bullock [1960] A.C. 351; Gore-Browne, § 24.003; Palmer, Rz. 2.514; Müller-Driver, a.a.O., S. 65; ausführlich Gillessen, a.a.O., S. 73-102.
[470] Unit Construction Co. Ltd. v. Bullock [1960] A.C. 351; Palmer, Rz. 2.514.
[471] Swedish Central ry. v. Thompson [1925] A.C. 495; Goerz & Co. v. Bell [1904] 2 K.B. 136; Palmer, Rz. 2.514.
[472] Vgl. zu den Besteuerungsdetails Gillessen, a.a.O., S. 69 ff.

ihr „registered office“ in England hat, nicht in England im steuerrechtlichen Sinne residiert, obwohl sie in England gegründet wurde. Bestätigt wurde diese Auffassung durch die Entscheidung *Egyptian Delta Land and Investment Co. Ltd. v. Todd*[473], in der eine englische „company“ gänzlich von Kairo aus kontrolliert und geleitet wurde.

Letztlich kann trotz tatsächlicher Ausübung der Geschäftsführung und Kontrolle aus dem Ausland eine volle Besteuerung in England jedoch dann in Betracht kommen, wenn eine sog. „tie breaker“-Klausel in einem Doppelbesteuerungsabkommen zwischen den beteiligten Staaten die steuerliche Ansässigkeit der Gesellschaft einem der beiden Aufenthaltsorte zuweist.[474]

Die Verlegung von „central management and control“ kann durch Zwischenschaltung einer Holdinggesellschaft (HoldCo.) im Zielland durchgeführt werden. HoldCo. übernimmt zu diesem Zweck die Anteile der Ausgangsgesellschaft. Ein Vorteil dieser Vorgehensweise liegt darin, daß die Rechte der Gläubiger nicht berührt werden.[475]

Die Zwischenschaltung kann einerseits durch ein (evtl. öffentliches) Tauschangebot durch HoldCo. an die Anteilseigner der Ausgangsgesellschaft mit anschließendem Squeeze-out verbleibender außenstehender Anteilseigner gem. secs. 429 ff. CA 1985 geschehen, so daß die Ausgangsgesellschaft eine 100 %ige Tochter der neuen HoldCo. wird. Ein solcher „takeover“ fand zum Beispiel bei der Sitzverlegung der Manpower plc. vom Vereinigten Königreich in die Vereinigten Staaten statt.[476] Die Annahme des Übernahmeangebots war bei dieser Sitzverlegung äußerst wahrscheinlich gewesen, da 80 % der Manpower-Anteilseigner ihren Wohnsitz in den Vereinigten Staaten hatten.[477]

Alternativ kann die Zwischenschaltung einer 100 %igen HoldCo. auch durch Implementierung eines „Scheme of Arrangement“ gem. secs. 425 ff. CA 1985 zur Übertragung der an der Ausgangsgesellschaft gehaltenen Anteile gegen Ausgabe junger HoldCo.-Anteile an die Anteilseigner der Ausgangsgesellschaft erreicht werden. Statt einer Übertragung der Ausgangsgesellschaftsanteile wird zur Vermeidung der Stempelsteuer meist ein „cancellation and reduction scheme“ gewählt.[478] Ein Vorgehen gem. secs. 425 ff. CA 1985 hat den großen Vorteil, daß es einer numerischen Stimmenmehrheit und einer 75 %igen Kapitalmehrheit bedarf, um 100 % der Anteile zu übertragen. Ein Squeeze-out nach einem Übernahmeangebot ist jedoch nur möglich, wenn HoldCo. nach dem Übernahmeange-

---

473 [1929] A.C. 1.

474 Lewis, PLC September 2001, 33, 40; Gillessen, a.a.O., S. 100 ff.; zum deutsch-britischen DBA vom 26.11.1964: Müller-Driver, a.a.O., S. 65 f.

475 Lewis, PLC September 2001, 33, 42.

476 Dazu Newman, PLC September 1991, 3 ff.

477 Newman, PLC September 1991, 3, 5; News brief, PLC Dezember 1998, 11.

478 Newman, PLC September 1991, 3, 6.

bot 90 % der Anteile hält. Neben diesen Haupterwägungen spielen auch alle anderen bereits aufgeführten Erwägungen zum Verhältnis eines Übernahmeangbeots zu einem Vorgehen nach den secs. 425 ff. CA 1985[479] eine Rolle. Speziell bei internationalen Sitzverlegungen spricht jedoch die weitgehende Unbekanntheit und Kompliziertheit eines Verfahrens gem. secs. 425 ff. CA 1985 in vielen Ländern für ein Vorgehen durch ein einfaches Übernahmeangebot mit anschließendem Squeeze-out.[480]

Nachdem einmal eine HoldCo. zwischengeschaltet worden ist, ist die neue Gruppenstruktur wegen der Anknüpfung des englischen Steuerrechts an die Kontrolltheorie anders zu beurteilen. Damit die Kriterien der Kontrolltheorie jedoch auch tatsächlich erfüllt sind und nicht statt einer Verwaltung im Ausland nun zwei, nämlich eine in England und eine andere im Ausland, bestehen, ist es im Anschluß an die Errichtung der Holding notwendig, das nicht regionale Geschäft und Vermögen der neuen Tochter auf die Holding zu übertragen.[481] Zur Legalität dieser Übertragungen auf die ausländische Holding ist insbesondere darauf zu achten, daß mögliche Vermögensübertragungen durch Sachdividendenausschüttung durch entsprechende ausschüttbare Gewinne gedeckt sind, kein Verstoß gegen das Verbot der finanziellen Unterstützung zum Erwerb eigener Anteile in einer der beiden anwendbaren Rechtsordnungen vorliegt, die Vermögensgegenstände nicht unter Wert übertragen werden und die Übertragungen nicht als unzulässige Kapitalherabsetzung angesehen werden können.[482]

Nach Durchführung auch dieser Transaktionen wird die zentrale Geschäftsführung und Kontrolle ausschließlich im Ausland ausgeübt. Der „seat of corporate governance“ bzw. die „residence of corporation“ befindet sich bei einer so erfolgenden faktischen Steuerung einer 100 %igen Tochtergesellschaft durch die ausländische Mutter nicht mehr im Vereinigten Königreich.

Die bloße Verlegung der „residence of corporation“ statt einer Verlegung des „domicile“ ist in der Praxis insgesamt jedoch eher ungewöhnlich,[483] obwohl insbesondere im Falle der Verlegung von Hong Kong-Gesellschaften zum Ende der dortigen Kolonialzeit der Weg der Bildung einer ausländischen HoldCo. gewählt wurde[484].

---

479 Siehe S. 245 ff.

480 News brief, PLC Dezember 1998, 11; Newman, PLC September 1991, 3, 5: diese Erwägung stellte auch ein Hauptargument im Fall Manpower plc. dar.

481 Vgl. Lewis, PLC September 2001, 33, 42.

482 Lewis, PLC September 2001, 33, 42.

483 Newman, PLC September 1991, 3, 6.

484 Lewis, PLC September 2001, 33, 42.

III. „Demerger“ und „Division“

1. Begriffe

Bedeutsam ist das Verfahren gem. secs. 425 ff. CA 1985 auch für die Spaltung von Kapitalgesellschaften, die in der englischen Wirtschaftssprache als „division“ oder „demerger“[485] bezeichnet wird, wobei der letztere Begriff wesentlich weiter verbreitet ist.

Der Begriff „division“ wurde durch Umsetzung der 6. EG-Richtlinie auf dem Gebiet des Gesellschaftsrechts vom 17. Dezember 1982 (82/891/EWG)[486], der Spaltungsrichtlinie, im Jahre 1988 ins Gesetz, nämlich in sec. 427A (2) Case 3 CA 1985, eingeführt. Der Begriff „demerger“ befindet sich nur in den steuerrechtlichen Regelungen der secs. 213-218 Income and Corporation Taxes Act 1988.[487] Die secs. 213 ff. ICTA 1988 erlauben gewisse Steuer- und Stempelsteuerbefreiungen, wenn handelsgewerbliche Tätigkeiten („trading activities“) abgespalten oder unter eine unabhängige Geschäftsführung gestellt werden.

Das Gesetz definiert keinen der beiden Begriffe. Sie beschreiben wiederum Vorgänge des Wirtschaftslebens und haben keine genaue juristische Bedeutung.[488] Mit gewissen Ungenauigkeiten ist dennoch eine Beschreibung dessen, was mit „demerger“ gemeint ist, möglich, zumal die steuerrechtliche Rechtsprechung sich um Klärung des „demerger“-Begriffs zumindest bemüht hat.

Die gesetzliche Einführung des „division“-Begriffs hat ähnlich wie diejenige des „merger“-Begriffs durch sec. 427A CA 1985 keine Begrenzung auf die in subsec. (2) Case 3 genannte Konstellation der kontinentaleuropäischen Aufspaltung zur Folge. Vielmehr wird eine von vielen möglichen „division“-Konstellationen herausgegriffen.[489] Man kann von einer an der Wirtschaftssprache angelehnten Gleichstellung zum „demerger“ ausgehen. Jedoch bestanden bisher weder ein Anlaß noch Ambitionen in Rechtsprechung und Schrifttum, diesen Be-

---

[485] Pennington, Company Law, S. 976, kritisiert diesen Begriff als unelegant und irreführend.

[486] Abl. EG Nr. L 378 v. 31. 12. 1982, S. 47 ff.; abgedruckt bei Lutter, Europäisches Unternehmensrecht, 4. Aufl. 1996, S.199 ff.

[487] Die secs. 213 ff. ICTA 1988 erlauben Stempel- und andere Steuerbefreiungen, wenn gewerbliche Tätigkeiten („trading activities“) abgespalten oder unter eine unabhängige Geschäftsleitung gestellt werden.

[488] Palmer, Rz. 12.001; Tolley's Company Law, R2005, R2018; Charlesworth & Morse, S. 590; Gower/Davies, S. 757, der in diesem Zusammenhang die „[...] looseness of English legal terminology[...].“ beklagt.

[489] Vgl. Pennington, Company Law, S. 976 f. mit einem weiten „division“-Verständnis vor Geltung von sec. 427A CA 1985.

griff und sein Verhältnis zum „demerger"-Begriff zu klären. Daher wird im folgenden auch weiter nur der „statutory demerger"-Begriff behandelt.

Man versteht unter einem solchen „statutory demerger" in England allgemein die Übertragung eines Unternehmensteils oder von Unternehmensteilen auf eine oder mehrere neu gegründete oder schon vorher existierende Kapitalgesellschaften, deren Anteile ganz oder zu einem bestimmten Teil allen oder bestimmten Anteilseignern der übertragenden Gesellschaft zugeteilt werden.[490] Insgesamt kann man unter diese weite Definition eine Vielzahl gesellschaftsrechtlicher Vorgänge fassen.

Als „demerger" im strengsten Sinne des Wortes wird zum Teil[491] die Aufspaltung einer Gesellschaft in verschiedene Gesellschaften begriffen, deren Anteile am Ende von den Anteilseignern der übertragenden Gesellschaft je in demselben Verhältnis gehalten werden, wie vorher von ihnen Anteile an der übertragenden Gesellschaft gehalten worden sind.

Neben diesem „demerger" im strengsten Sinne deckt das steuerrechtliche Verständnis aber auch die Aufspaltung einer Gesellschaft, bei der es zu einer Aufteilung der Anteilseigner kommt. Eine Anteilseignergruppe A erhält nur Anteile an der Übernehmerin A und eine andere Anteilseignergruppe B erhält nur Anteile an der Übernehmerin B. Diese „demerger"-Form wird auch als „partition" bezeichnet.[492] Eine solche „partition" kommt insbesondere dann vor, wenn ein Familienunternehmen auf mehrere Familienstämme aufgeteilt werden soll. Jeder Familienstamm erhält dann die Kontrolle über eine NewCo., auf die derjenige Unternehmensteil, der ihm gehören soll, übertragen wird.

Des weiteren ist es bei einem „demerger" im weiteren Sinne nicht notwendig, daß die Anteilseigner verhältniswahrend in bezug auf ihre bisher gehaltenen Anteile oder Rechte am Liquidationserlös behandelt werden.[493]

Entsprechend umfaßt ein „demerger" auch Abspaltungskonstellationen, in denen Vermögens- oder Unternehmensteile gegen verhältniswahrende oder nicht verhältniswahrende Ausgabe von Anteilen an der übernehmenden Gesellschaft an Anteilseigner der übertragenden transferiert werden, gleichzeitig aber noch andere Vermögens- oder Unternehmensteile bei der übertragenden Gesellschaft verbleiben, die nicht aufgelöst wird. Entsprechend kann es zu Abgrenzungsschwierigkeiten zur „amalgamation" oder „reconstruction" kommen. Hier kommt es dann darauf an, ob wesentliche Unternehmensteile übertragen werden und ob ein

490 Vgl. Bramwell/Hardwick/James/Oratore, Taxation of companies and company reconstructions, 5. Aufl. 1991, para. 25-07; Pennington, Company Law, S. 976.

491 Dow/Millerchip, PLC Juni 1990, 7, 7; News brief, PLC September 1992, 4, 4; Gubbins/Crawford/Brann, PLC Juni 1996, 17, 17; Ufland, PLC Dezember 1992, 9, 9.

492 Bramwell/Hardwick/James/Oratore, a.a.O., para. 25-05; Tolley's Company Law, R2004.

493 Bramwell/Hardwick/James/Oratore, a.a.O., para. 25-07.

wesentlicher Teil der Anteilseigner der übertragenden „company“ Anteile an der übernehmenden „company“ erhält.

2. „Demerger“-Methoden

Es bestehen entsprechend der Weite des Begriffs vielfältige Methoden, um das wirtschaftliche Ergebnis eines „demerger“ zu erreichen. Die genaue Strukturierung der Transaktion ist stark von steuerlichen Erwägungen geprägt. Eine ausführliche Erörterung der steuerlichen Probleme[494] würde jedoch den Rahmen dieser Arbeit sprengen. Daher werden nur die wichtigsten steuerlichen Aspekte in Grundzügen dargestellt.

Es gibt in der Praxis grundsätzlich vier Methoden, die zur Verwirklichung eines „demerger“ eingesetzt werden können.[495] Das „Scheme of Arrangement“ kann zur Verwirklichung aller vier Strukturvarianten eingesetzt werden und wird daher zuletzt dargestellt.

a) Sachdividendenausschüttung

aa) Verfahren

Die einfachste Methode, eine Tochtergesellschaft auf die Anteilseigner der Muttergesellschaft zu übertragen, ist die direkte Ausschüttung einer Sachdividende.[496] Die Muttergesellschaft schüttet eine Sach- bzw. Naturaldividende („dividend/distribution *in specie/in kind*“)[497] in Form von Stammanteilen („ordinary shares“) an der Tochtergesellschaft an ihre Anteilseigner *pro rata* ihrer vorher bestehenden Anteile an der Muttergesellschaft aus.[498] Es können statt Stammanteilen an einer Tochtergesellschaft genauso gut auch andere Anteilsgattungen oder sonstige

---

[494] Ausführlich zu den steuerlichen Aspekten: Gubbins/Crawford/Brann, PLC Juni 1996, 17 ff.

[495] Gubbins/Crawford/Brann, PLC Juni 1996, 17, 17.

[496] Vgl. Gubbins/Crawford/Brann, PLC Juni 1996, 17, 21; Tolley's Company Law, R2007.

[497] Zur Sachdividende im deutschen Recht: Lutter/Leinekugel/Rödder, ZGR 2002, 204 ff., auf Seite 223 auch zum englischen Recht, sowie ausführlich Leinekugel, Die Sachdividende im deutschen und europäischen Aktienrecht, 2001. Die Sachdividendenausschüttung ist nun ausdrücklich mit Einfügung des § 58 Abs. 5 AktG durch das Transparenz- und Publizitätsgesetz in das deutsche Recht eingeführt worden.

[498] Gubbins/Crawford/Brann, PLC Juni 1996, 17, 21; Tolley's Company Law, R2007; je nach Ausgestaltung der Anteilseignerrechte können sich auch abweichende Dividendenansprüche ergeben, so daß es demzufolge zu einer Abweichung vom Pro-rata-Ausschüttungsgrundsatz kommt.

Wertpapiere der Tochter sowie sonstige Unternehmensteile der ausschüttenden Gesellschaft selbst im Wege der Sachdividende übertragen werden. Diese Vorgehensweise ist aber aus steuerlichen Gründen ungewöhnlich.[499]

Das Gesetz sieht in sec. 263 (2) CA 1985 die Sachdividende ausdrücklich vor. Als Ausschüttung („distribution") wird dort die Übertragung von Gesellschaftsvermögen an Gesellschafter in bar oder *auf andere Weise* definiert. Es ist jedoch weitgehend anerkannt, daß Dividenden grundsätzlich in bar zu zahlen sind und dem Gesellschafter somit die Abgeltung seines Gewinnanspruchs nicht mit etwas anderem als in Geld aufgezwungen werden darf, sofern nicht durch die Gesellschaftssatzung oder einen außerordentlichen Beschluß der Anteilseignerversammlung anderweitiges bestimmt wird.[500]

Nach Artikel 105 der Mustersatzung des Table A zum Companies Act 1985, den die Satzungen der meisten „companies" in England enthalten, kann die Anteilseignerversammlung, die über die Gewinnverwendung beschließt, auf Empfehlung des Verwaltungsrats hin festlegen, daß die Dividendenausschüttung in bestimmten Vermögensbestandteilen der Gesellschaft zu erfolgen hat.[501] Die Dividende durch Anteilsausschüttung wird dann in einem Geldbetrag beziffert, der durch die Zuteilung von Anteilen befriedigt wird.[502]

Mithin ist in der Regel eine Zustimmung der Anteilseignerversammlung zur Ausschüttung einer Sachdividende notwendig.[503] Um die Anteilseignerversammlungskompetenz zu umgehen, wird jedoch in der Praxis häufig versucht, statt der regelmäßigen Jahresdividende eine Interimsdividende auszuschütten; dabei muß allerdings vorher die Gesellschaftssatzung daraufhin überprüft werden, ob eine Interimsnaturaldividende tatsächlich allein von der Unternehmensleitung beschlossen werden darf.[504]

Bei der Prüfung der Zustimmungserfordernisse ist bei Beteiligung börsennotierter Gesellschaften weiterhin darauf zu achten, ob die Sachdividendenausschüttung für die ausschüttende Gesellschaft selbst oder für eine die Ausschüttung empfangende Gesellschaft als zustimmungspflichtige „Class 1 transaction" nach Kapitel 10 Listing Rules einzustufen ist.[505]

---

499 Sec. 213 (3)(a), (6)(a) ICTA 1988 gewährt die „exempt distribution"-Steuererleichterungen nur für Ausschüttungen von Stammanteilen an einer mindestens 75 %igen Tochtergesellschaft direkt an die Anteilseigner der Mutter, nicht jedoch Ausschüttungen von in Tochtergesellschaften gehaltenen anderen Anteilen oder Wertpapieren oder Ausschüttungen sonstiger Aktiva.

500 Wood v. Odessa Waterworks Co. (1889) 42 Ch.D. 636; Gubbins/Crawford/Brann, PLC Juni 1996, 17, 21; Tolley's Company Law, R2007.

501 Vgl. Gubbins/Crawford/Brann, PLC Juni 1996, 17, 21; Tolley's Company Law, R2007.

502 Tolley's Company Law, R2007.

503 Gubbins/Crawford/Brann, PLC Juni 1996, 17, 21.

504 Gubbins/Crawford/Brann, PLC Juni 1996, 17, 21.

505 Siehe dazu oben S. 62 f.

Auch wenn eine Dividendenausschüttung durch die Übertragung von Sachvermögen bewirkt werden kann, bleiben die allgemeinen Regeln zur Dividendenzahlung anwendbar.[506] Die Gesellschaft benötigt gem. sec. 263 (1) CA 1985 ausreichende ausschüttbare Kapitalrücklagen aus Gewinnen, um die Naturaldividende wirksam zu leisten.[507] Ein Problem entsteht dann, wenn nur der Buchwert der Naturaldividende durch die entsprechende Kapitalrücklage gedeckt ist, nicht aber der Verkehrswert. Die Rechtsprechung[508] hat diesen Frage dahin entschieden, daß es für die Rechtmäßigkeit einer Naturaldividende nur auf den Buchwert der ausgeschütteten Sachvermögensbestandteile ankommt.

Falls die Gesellschaft die notwendigen Rücklagen aus Gewinnen nicht besitzt, gibt es Auswege, sich die notwendige Liquidität zu beschaffen, etwa durch Dividendenzahlungen von Töchtern an die ausschüttbares Kapital benötigende Mutter.[509] Alternativ ist es möglich, die ausschüttbaren Rücklagen der Mutter dadurch zu erhöhen, daß diese einen Vermögensbestandteil an eine Tochter verkauft und der Verkaufserlös die Rücklage erhöht.[510] Drittens kann die ausschüttende Gesellschaft sich auch durch Auflösung des Sonderkontos für Emissionsagio („cancellation of share premium account“) und Übertragung des daraus resultierenden Betrages auf eine generell ausschüttbare Rücklage die nötige Liquidität verschaffen.[511] Eine vierte Möglichkeit wurde durch den Companies Act 1981 zur Erleichterung von „reconstructions“ eingeführt.[512] Sie befindet sich heute in sec. 276 CA 1985. In dem Maße wie der Buchwert eines ausgeschütteten Sachvermögensbestandteils nicht durch aktivierte Gewinne („realised profits“) gedeckt ist, wird dieser ungedeckte Teil für die Frage der Rechtmäßigkeit der Naturaldividende so behandelt, als wenn er durch aktivierte Gewinne gedeckt wäre.[513]

---

506 Tolley's Company Law, R2007; dazu oben S. 27 f. und Gower/Davies, S. 281-295 sowie Carey/Friel/Compagnoni, PLC August 1996, 25 ff., v.a. zum „demerger“ durch Sachdividendenausschüttung 30 f.

507 Zu den problematischen Folgen einer unrechtmäßigen Leistung und einer eventuellen Haftung der Verwaltungsratsmitglieder wegen Treupflichtverletzung Carey/Friel/Compagnoni, PLC August 1996, 25, 31 f.

508 Ex parte Westburn Sugar Refineries Ltd. [1951] A.C. 625.

509 Gubbins/Crawford/Brann, PLC Juni 1996, 17, 21; Tolley's Company Law, R2007.

510 Tolley's Company Law, R2007; Gubbins/Crawford/Brann, PLC Juni 1996, 17, 21.

511 Tolley's Company Law, R2007.

512 Tolley's Company Law, R2007; vgl. Gower/Davies, S. 290, mit dem Hinweis darauf, daß bei einer „distribution“ im Rahmen eines „demerger“ in gewissem Sinne eine Realisierung der Gewinne vorliegt, so daß diese Regelung Sinn ergibt und nicht nur Mittel zum Zweck ist; aus sec. 276 CA 1985 kann aber auch unabhängig von einem „demerger“ bei jeder Naturalausschüttung Vorteil gezogen werden.

513 Vgl. dazu Tolley's Company Law, R2007; Gower/Davies, S. 289 f. sowie mit weiteren Erläuterungen und Beispiel Carey/Friley/Compagnoni, PLC August 1996, 25, 30 f.

Es ist endlich darauf hinzuweisen, daß eine „distribution *in specie*" von Anteilen einer 100 %igen Tochter, die zur Liquidation der ausschüttenden Muttergesellschaft führt, weil das ganze Unternehmen der Mutter zuvor auf diese neu gegründete Tochtergesellschaft gegen Ausgabe von Anteilen an dieser übertragen wurde, nur in Form eines Verfahrens gem. secs. 110, 111 IA 1986 oder durch ein ein ähnliches Schutzniveau gewährleistendes „Scheme of Arrangement" gem. secs. 425 ff. CA 1985 zulässig ist, da sonst die Minderheitsschutzbestimmungen der secs. 110, 111 IA 1986 umgangen würden.[514]

bb) Vor- und Nachteile sowie Hinweise zur rechtstatsächlichen Anwendung

Der bedeutende Vorteil einer direkten Dividendenausschüttung in Form von Anteilen an einer Tochtergesellschaft ist die Unkompliziertheit im Vergleich zu anderen Verfahren.[515]

Seit der Abschaffung der Advance Corporation Tax (ACT) im Jahre 1999 sind bei der Ausschüttung von Anteilen, die an einer mindestens 75 %igen Tochter gehalten werden, wegen der Einordnung als „demerger" und „exempt distribution" gem. secs. 213 ff. ICTA 1988 und der daraus resultierenden Steuererleichterungen wieder größere steuerliche Anreize zur Verwirklichung eines solchen „demerger" vorhanden.[516]

Zu beachten ist jedoch, daß die secs. 213 ff. ICTA 1988 nicht eingreifen, wenn statt Stammanteilen andere Vermögensgegenstände - etwa stimmrechtslose Anteile oder sonstige Wertpapiere - ausgeschüttet werden.[517] Auch wird eine „exempt distribution" verneint, wenn Stammanteile an Nicht-Stammanteilseigner ausgeschüttet werden. Dadurch entsteht ein Erpressungspotential seitens stimm-

[514] Vgl. Bisgood v. Henderson's Transvaal Estates Limited [1908] 1 Ch. 743; Tolley's Company Law, R2007.

[515] Gubbins/Crawford/Brann, PLC Juni 1996, 17, 23.

[516] Tolley's Company Law, R2007. Weitere Voraussetzungen für die Einordnung als „exempt distribution" sind, daß die beteiligten Gesellschaften ihren Sitz („residence") im Vereinigten Königreich haben, daß es sich um Handelsgesellschaften oder um Mitglieder von Handelsunternehmensgruppen handelt und daß der „demerger" zum Nutzen der abzuspaltenden Gesellschaft erfolgt. Übertragen werden müssen im übrigen alle oder im wesentlichen alle an der 75 %igen Tochter gehaltenen Stammanteile („ordinary shares") und sonstigen ein Stimmrecht gewährenden Anteile. Zur Klärung, ob die geplante Transaktion wirklich die erforderlichen Bedingungen erfüllt, wird in der Regel im Vorfeld bei den zuständigen Steuerbehörden eine Freigabeerklärung („clearance") beantragt, vgl. sec. 215 ICTA 1988. Ausführlich zu den secs. 213 ff. ICTA 1988 und den sich ergebenden Steuererleichterungen: Gubbins/Crawford/Brann, PLC Juni 1996, 17, 19, 21-24.

[517] Sec. 213 (3)(a), (6)(a) ICTA 1988.

berechtigter Vorzugsanteilseigner der ausschüttungswilligen Gesellschaft.[518] Diese werden in die Dividendenpläne nicht miteinbezogen, profitieren daher nicht von ihnen, besitzen gleichzeitig aber entscheidende Stimmrechte. Sie können daher versuchen, sich ihre Zustimmung zur Ausschüttung teuer bezahlen zu lassen.

Weiterhin ziehen die Steuervorteile der „exempt distribution“ eine gewisse Kapitalbindung nach sich. Wenn irgendeine der beteiligten Gesellschaften innerhalb von fünf Jahren nach dem „demerger“ Anteile zurückkauft oder selbst verkauft wird, dann wird der „demerger“ im nachhinein gem. sec. 214 ICTA 1988 als mißbräuchlich eingestuft und wandelt sich ex tunc zum „chargeable payment“ um, so daß die mit einer „exempt distribution“ verbundenen Steuervorteile nachträglich entfallen.

Die Hauptnachteile der „distribution in specie“-Methode bestehen zum einen in der Notwendigkeit einer ausreichenden Rücklage ausschüttbarer Gewinne, die dem Buchwert der abzuspaltenden Tochtergesellschaft entsprechen müssen.[519] Zum anderen ist nicht immer auszuschließen, daß die ausschüttende Kapitalgesellschaft der Kapitalzuwachssteuer („corporation tax on chargeable gains“) unterfällt, da sie so behandelt wird, als würde sie die durch Anteilsdividende abzuspaltende Tochtergesellschaft zum Marktwert veräußert.[520] Dieser steuerpflichtige Kapitalzuwachs kann nämlich nur dadurch kompensiert werden, daß die ausschüttende Gesellschaft genügend laufende Kapitalverluste oder getätigte Investitionen zur Abschreibung eventueller Gewinne besitzt.[521]

Die für die Praxis regelmäßig ausschlaggebenden Aspekte, die zur Wahl der „direct dividend“-Methode führen, sind daher, daß die Rücklage ausschüttbarer Gewinne ausreichend groß ist, daß die Gesellschaft gewillt ist, diese Rücklage für den „demerger“ zu verwenden, daß die Ausschüttung nur zu minimalen Kapitalzuwächsen führt oder daß genügend Investitionen oder Verluste zur Abschreibung eventuell höherer Kapitalzuwächse zur Verfügung stehen.[522] Insgesamt kommt es jedoch aufgrund noch größerer Steueranreize bei anderen Spaltungsmethoden nicht oft zu einer direkten Sachdividendenausschüttung. Ein seltenes Beispiel eines „direct dividend demerger“ stellt die Abspaltung Vodafones (ehemals: Racal Telecom) von Racal Electronics aus dem Jahre 1991 dar, bei der die

[518] Gubbins/Crawford/Brann, PLC Juni 1996, 17, 23; Dow/Millerchip, PLC Juni 1990, 7, 8.
[519] Gubbins/Crwaford/Brann, PLC Juni 1996, 17, 23; Dow/Millerchip, PLC Juni 1990, 7, 8 f.; Ufland, PLC Dezember 1992, 9, 10; Barron/Scott, PLC März 2002, 29, 30.
[520] Gubbins/Crawford/Brann, PLC Juni 1996, 17, 23; Ufland, PLC Dezember 1992, 9, 10.
[520] Gubbins/Crawford/Brann, PLC Juni 1996, 17, 23.
[521] Gubbins/Crawford/Brann, PLC Juni 1996, 17, 23.
[522] Dow/Millerchip, PLC Juni 1990, 7, 8; Ufland, PLC Dezember 1992, 9, 10; Godden/Clay, PLC November 1999, 23, 24.

besondere Situation einer nur 80 %igen Beteiligung an Vodafone und der hohen Zahl US-amerikanischer Anteilseigner im 20 %igen Streubesitz den Ausschlag gegeben haben, keine andere „demerger"-Methode zu wählen; der Versuch eines vorherigen Erwerbs der Anteile im Streubesitz erschien zu kostspielig und nicht unbedingt erfolgversprechend.[523]

b) Kapitalherabsetzung

Ein weiterer, erst seit Ende der 1990er Jahre häufiger erwähnter Weg[524], einen „demerger" zu verwirklichen, besteht in einer Kapitalherabsetzung gem. secs. 135 ff. CA 1985[525]. Gem. sec. 135 (2)(c) CA 1985 wird das Anteilskapital herabgesetzt und eingezahlte Beträge an die Anteilseigner entsprechend ihren Rechten am Liquidationserlös in Sachleistungen, die in Anteilen oder Unternehmensteilen bestehen können, zurückgewährt.[526] Sollte die Kapitalrückgewährung nicht entsprechend den Rechten am Liquidationserlös erfolgen, besteht die Möglichkeit einer Kombination mit dem Verfahren nach secs. 125 ff. CA 1985 zur vorhergehenden Änderung der Liquidationserlösrechte; mehr Rechtssicherheit bietet aber ein mit der Kapitalherabsetzung kombiniertes „Scheme of Arrangement" gem. secs. 425 ff. CA 1985.[527]

Ein „demerger" durch Kapitalherabsetzung hat den Vorteil, daß dem zur Kapitalerhaltung notwendigen Erfordernis einer ausreichenden Rücklage ausschüttbarer Gewinne gem. sec. 263 (2) CA 1985 entgangen wird.[528]

Eine Kapitalherabsetzung muß gem. sec. 135 (1) CA 1985 durch die „articles" erlaubt sein, was jedoch meist der Fall ist. Außerdem muß das nach dem Nennwert bemessene zugeteilte Anteilskapital und das Sonderkonto für Emissionsagio ausreichend sein, um die Kapitalrückgewährung in der Höhe der abzuspaltenden Beteiligung oder sonstiger Aktiva bemessen nach dem Marktwert vornehmen zu können.[529]

Stark nachteilig wirkt sich auf die Formwahl die Notwendigkeit eines außerordentlichen Anteilseignerversammlungsbeschlusses gem. sec. 135 (1) CA 1985,

---

[523] Fallbeispiel bei Dow/Millerchip, PLC Dezember 1992, 9, 9 ff.

[524] Vgl. nur Godden/Clay, PLC November 1999, 23, 24 f.; Barron/Scott, PLC März 2002, 29, 30; früher bereits: Pennington, Company Law, S. 977.

[525] Zum Verfahren s.o. S. 175 ff.

[526] Godden/Clay, PLC November 1999, 23, 24 f.; die direkte Übertragung eines Unternehmensteils ist in der Praxis jedoch kaum anzutreffen.

[527] S.o. S. 178 ff. und vgl. Plowman J. in Re Robert Stephens Holdings Ltd. [1968] 1 All E.R. 195.

[528] Godden/Clay, PLC November 1999, 23, 24.

[529] Barron/Scott, PLC März 2002, 29, 30.

die umständliche Einschaltung des Gerichts sowie die Gläubigerschutzbestimmungen gem. secs. 136 f. CA 1985 aus, die zur Zustimmung durch die Gläubiger, zu deren Auszahlung oder zumindest zu einer Sicherheitenbestellung zwingen.[530] Ein „demerger" im Wege der Kapitalherabsetzung ist daher nur dann ein praktisch gangbarer Weg, wenn eine reine Holding-Gesellschaft ohne oder nur mit wenigen Gläubigern - etwa kreditgebenden Banken, die ein Interesse an der Sanierung des Unternehmens haben - die Abspaltung verwirklichen will.[531] Bei anderen Gesellschaften mit eigenem Handelsgewerbe und einer hohen Anzahl an Gläubigern ist ein „demerger" per Kapitalherabsetzung oft nicht praktikabel.

Zur Überwindung eines ausreichend hohen ausgegebenen Nominalkapitals und Sonderkontos für Emissionsagio und einer hohen Gläubigerzahl bei der abspaltungswilligen Gesellschaft bedient die Praxis sich der Zwischenschaltung einer neuen Holdinggesellschaft (HoldCo.) zwischen die abspaltungswillige Gesellschaft und ihre Anteilseigner mittels eines stempelsteuersparenden „cancellation and reduction schemes" gem. sec. 425 CA 1985. Bei HoldCo. wird das ausgegebene Anteilskapital entsprechend höher angesetzt, um den Marktwert der abzuspaltenden Aktiva der Ausgangsgesellschaft zu decken.[532] Aus steuerlichen Gründen sollte das bei der HoldCo. ausgegebene Nominalkapital dem Marktwert der Ausgangsgesellschaft entsprechen.[533] Die neue HoldCo. kauft dann die abzuspaltenden Aktiva der Ausgangsgesellschaft. Der gezahlte Kaufpreis wird auf einem Sonderkonto der Ausgangsgesellschaft verbucht. Anschließend wird die Kapitalherabsetzung durch Weitergabe der gerade von der Ausgangsgesellschaft gekauften Aktiva an die Anteilseigner der neuen HoldCo. durchgeführt.[534]

c) Abspaltung über das Dreieck

aa) Verfahren

Der „three cornered" oder „triangular demerger", der vereinzelt[535] auch als „tripartite demerger" bezeichnet wird, stellt eine Variante der „direct dividend"-

---

530 Godden/Clay, PLC November 1999, 23, 25.
531 Godden/Clay, PLC November 1999, 23, 25.
532 Barron/Scott, PLC März 2002, 29, 31 f.
533 Ausführlich zu den steuerlichen Aspekten dieser Variante: Barron/Scott, PLC März 2002, 29, 32.
534 Godden/Clay, PLC November 1999, 23, 27 mit ausführlicher Darstellung der Problematik der Koordination der Zwischenschaltung und der Kapitalherabsetzung, des Gläubigerschutzes, der Behandlung von Anteilsoptionsplänen sowie diverser anderer gesellschafts-, kapitalmarkt- und steuerrechtlicher Aspekte.
535 Vgl. Ufland, PLC Dezember 1992, 9, 10.

oder Kapitalherabsetzungsmethode dar.[536] Er kann mit Abspaltung über das Dreieck oder Dreiecksabspaltung übersetzt werden.

Die Muttergesellschaft beschließt im Falle der Dividendenvariante eine Ausschüttung an ihre Anteilseigner in Anteilen. Diese soll jedoch nicht durch direkte Ausschüttung von Anteilen, die die Muttergesellschaft an einer Tochter hält, erfolgen, sondern über die Ausgabe von Anteilen durch eine Zweckgesellschaft (NewCo.). Als Sacheinlage werden in NewCo. das Unternehmen einer Tochtergesellschaft, das abgespalten werden soll, die an ihr gehaltenen Anteile oder ein Unternehmensteil bzw. Geschäftsbereich der Mutter eingebracht.[537] Gleichzeitig besteht zwischen der Muttergesellschaft und NewCo. eine Anteilsausgabevereinbarung, aufgrund derer dann im Gegenzug Anteile an die Anteilsinhaber der Muttergesellschaft in einem Verhältnis ausgegeben werden, das den Dividendenrechten an der Muttergesellschaft entspricht, so daß ihr Dividendenanspruch über die Drittgesellschaft befriedigt wird.[538]

Wenn nicht genügend ungebundene Kapitalrücklagen, die gem. sec. 263 (2) CA 1985 erforderlich sind, aufgebracht werden können, um den durch einen „demerger“ einer Tochtergesellschaft oder eines Geschäftsbereichs entstehenden Kapitalabfluß bemessen nach dem Buchwert zu decken, kommt eine Spaltung über das Dreieck mittels einer Kapitalherabsetzung kombiniert mit einem „Scheme of Arrangement“ in Betracht.[539] Sollte der Marktwert der abzuspaltenden Aktiva das nach dem Nennwert berechnete ausgegebene Anteilskapital plus Wert des Sonderkontos für Emissionsagio der abspaltungswilligen Gesellschaft übersteigen, dann ist vor der Durchführung der Abspaltung durch Kapitalherabsetzung über das Dreieck zuvor eine Zwischenschaltung einer gläubigerlosen neuen HoldCo. zwischen die abspaltungswillige Gesellschaft und deren Anteilseigner notwendig, die ein dem Marktwert der abspaltungswilligen Gesellschaft entsprechendes, jedenfalls aber den Marktwert der abzuspaltenden Aktiva übersteigendes ausgegebenes Anteilskapital bemessen nach dem Nennwert besitzt, möglich.[540] An diese neue HoldCo. werden dann die abzuspaltenden Aktiva zunächst verkauft, bevor eine Abspaltung per Kapitalherabsetzung über das Dreieck stattfindet.

---

536 Gubbins/Crawford/Brann, PLC Juni 1996, 17, 23; Dow/Millerchip, PLC Juni 1990, 7, 8; Godden/Clay, PLC November 1999, 23, 24.

537 Gubbins/Crawford/Brann, PLC Juni 1996, 17, 23; Ufland, PLC Dezember 1992, 9, 10; .

538 Gubbins/Crawford/Brann, PLC Juni 1996, 17, 23.

539 Gubbins/Crawford/Brann, PLC Juni 1996, 17, 24; Godden/Clay, PLC November 1999, 23, 24 f.; Barron/Scott, PLC März 2002, 29, 32.

540 Vgl. so in den „demerger“-Fallstudien bezüglich Allied Domecq und Tarmac von Godden/Clay, PLC November 1999, 23 ff.

Eine letzte Möglichkeit zur Verwirklichung der Abspaltung bei fehlenden ausschüttbaren Rücklagen bei der abspaltungswilligen Gesellschaft besteht darin, sich der komplizierten Konstruktion eines sog. „reverse demerger“ zu bedienen, der in noch komplizierterer Form bei der Abspaltung des „Wireless“-Geschäftsbereichs von British Telecommunications in den Jahren 2001/2002 benutzt worden ist[541]:

Zunächst wird eine HoldCo. zwischen die Ausgangsgesellschaft und ihre Anteilseigner mittels eines „Scheme of Arrangement“ gem. sec. 425 CA 1985 geschaltet, wobei die HoldCo.-Anteile mit einem äußerst geringen Nennwert versehen werden. Danach zahlt die Ausgangsgesellschaft eine Dividende an HoldCo., um sie mit ausreichenden ausschüttbaren Rücklagen zu versorgen. Außerdem wird der eigentlich abzuspaltende Teil der Ausgangsgesellschaft im Rahmen einer gruppeninternen Reorganisation auf HoldCo. übertragen. Anschließend nimmt HoldCo. mit der von der Ausgangsgesellschaft erhaltenen Rücklage eine Ausschüttung vor, durch die die an der Ausgangsgesellschaft gehaltenen Anteile direkt auf die Anteilseigner von HoldCo. oder im Falle einer Abspaltung über das Dreieck auf eine aufnehmende NewCo. übertragen werden, die in Erfüllung einer Ausgabevereinbarung mit HoldCo. Anteile an deren Anteilseigner ausgibt.

Die Besonderheit bei einem „reverse demerger“ besteht darin, daß durch Zwischenschaltung einer letztendlich ausschüttenden HoldCo. auf deren ausschüttbare Rücklagen abgestellt wird. Diese müssen dem Buchwert der abzuspaltenden Tochtergesellschaft, i.e. der Ausgangsgesellschaft, in den Büchern der HoldCo. entsprechen. Da der Nennwert der als Gegenleistung für die Ausgangsgesellschaftsanteile ausgegebenen HoldCo.-Anteile sehr niedrig angesetzt wird, ist auch der bei HoldCo. veranschlagte Buchwert der Ausgangsgesellschaft sehr niedrig[542], so daß HoldCo. nur geringe ausschüttbare Reserven benötigt, um die Ausgangsgesellschaft (ohne den eigentlich abzuspaltenden Geschäftsbereich) abzuspalten.[543]

Bei wirtschaftlicher Betrachtung liegt eine Abspaltung des bei HoldCo. verbleibenden Geschäftsbereichs vor. Formal wird hingegen die Ausgangsgesellschaft ohne den eigentlich abzuspaltenden Geschäftsbereich abgespalten.

Bei einer dem Normalfall entsprechenden Ausgestaltung der Dividendenansprüche kommt es bei einer Abspaltung über das Dreieck zu einer Anteilseigneridentität zwischen NewCo. und Muttergesellschaft; dann stellt sich die Transaktion

---

[541] Barron/Scott, PLC März 2002, 29, 32 ff.: Zusätzlich zur Dreiecksvariante war aus bilanz- und kapitalmarkt-rechtlichen Gründen noch die Zwischenschaltung einer SubHoldCo. zwischen HoldCo. und die Ausgangsgesellschaft notwendig.

[542] Barron/Scott, PLC März 2002, 29, 32: Bei einer Akquisition per „share deal“ wird der Wert des Targets mit dem Nennwert der als Gegenleistung ausgegebenen Anteile bewertet.

[543] Barron/Scott, PLC März 2002, 29, 32.

regelmäßig[544] als „reconstruction“[545] dar, so daß die Kombination mit einem „Scheme of Arrangement“ den Vorteil der Geltung von sec. 427 CA 1985 mit der Möglichkeit einer die einzelvertragliche Übertragung ersetzenden „vesting order“ gem. subsec. (3)(a), (4) bringt.[546]

bb) Vor- und Nachteile sowie Hinweise zur rechtstatsächlichen Anwendung

Der entscheidende Vorteil gegenüber der „direct dividend“-Methode besteht in den möglichen zusätzlichen Steuervorteilen für die Muttergesellschaft und ihre Anteilseigner, die zur Erleichterung von konzerninternen Umstrukturierungen für „reconstructions“ und „amalgamations“ gem. secs. 136 ff. Taxation of Chargeable Gains Act 1992 (TCGA 1992) existieren.[547] Die Anteilseignerstruktur der Drittgesellschaft (NewCo. oder Mantelgesellschaft) entspricht nach Durchführung des „three cornered demerger“ bei normaler Ausgestaltung der Dividendenansprüche gegenüber der Mutter im wesentlichen der Anteilseignerstruktur der Mutter, so daß regelmäßig eine „reconstruction“ bejaht werden kann, was bei der direkten Anteilsdividenausschüttung gem. sec. 263 CA 1985 nicht der Fall ist.[548]

Obwohl der „three cornered demerger“ komplizierter ist als ein „direct dividend demerger“, ist seine Struktur noch relativ überschaubar.[549] Darüber hinaus kann die Dreiecksspaltungsstruktur dazu benutzt werden, statt der an einer 75 %igen Tochtergesellschaft gehaltenen Anteile einen Unternehmensteil („trade“) durch Übertragung auf NewCo. abzuspalten, ohne Steuervergünstigungen einbüßen zu müssen.[550]

Als ein möglicher Nachteil eines „three cornered demerger“ ist wie bei der direkten Dividendenausschüttung die Notwendigkeit ausreichender Kapitalrückla-

---

[544] Etwas anderes würde etwa gelten, wenn eine Aufteilung eines Unternehmens auf verschiedene Familienstämme, eine sog. „partition“, erreicht werden sollte. Dann liegt keine „reconstruction“ vor. Die „partition“ wird nämlich nur steuerrechtlich wie eine „reconstruction“ behandelt, vgl. Inland Revenue, Statement of Practice, SP 5/85; neben der wesentlichen Anteilseigneridentität muß außerdem in jedem Einzelfall geprüft werden, ob tatsächlich ein wesentlicher Unternehmensteil abgespalten wird.

[545] Dazu bereits oben S. 415 ff. sowie unten S. 449 ff.

[546] Vgl. Gubbins/Crawford/Brann, PLC Juni 1996, 17, 24.

[547] Gubbins/Crawford/Brann, PLC Juni 1996, 17, 24, zu den Steuervorteilen ausführlich 22; Ufland, PLC Dezember 1992, 9, 10; Godden/Clay, PLC November 1999, 23, 24; zu den steuerrechtlichen Aspekten bei „amalgamations“ und „reconstructions“ gem. secs. 136 ff. TCGA 1992 ausführlich Weinberg/Blank/Dick, Rz. 6-1093 ff.

[548] Gubbins/Crawford/Brann, PLC Juni 1996, 17, 22.

[549] Gubbins/Crawford/Brann, PLC Juni 1996, 17, 24.

[550] Vgl. Sec. 213 (3)(b)(i), (8)(a) ICTA 1988.

gen zu nennen, um den abfließenden Buchwert der Tochtergesellschaft bzw. des abzuspaltenden Geschäftsbereichs zu decken.[551] Dieser Nachteil kann jedoch auch bei einer Abspaltung über das Dreieck durch eine Kapitalherabsetzung umgangen werden.[552]

Wie bei der direkten Dividendenausschüttung ist nachteilig, daß gem. sec. 214 ICTA 1988 das nachträgliche Entfallen von Steuerbefreiungen bei einem Verkauf einer der in den „demerger“ verwickelten Kapitalgesellschaften oder beim Rückkauf von Anteilen solcher Gesellschaften innerhalb der nächsten fünf Jahre eintritt und somit eine gewisse Kapitalbindung innerhalb dieser Gesellschaften existiert.[553] Außerdem bestehen auch bei der Abspaltung über das Dreieck dieselben Probleme wie bei einer direkten Dividendenausschüttung hinsichtlich der Beteiligung von stimmberechtigten Anteilseignern ohne Dividendenansprüche, die sich ihr Stimmrecht „abkaufen“ lassen und so die Gesellschaft erpressen.[554]

In der Praxis sind Dreiecksstrukturen bei Spaltungsvorgängen häufig.[555] Beispiele für eine solche Vorgehensweise sind der „demerger“ der Argos plc. von B.A.T. Industries plc. aus den Jahren 1989/1990[556], der Bioscience-Sparte von I.C.I. plc. aus den Jahren 1992/1993[557], der Chubb Security plc. (ehemals: Racal Security Ltd.) von Racal Electronics plc. aus dem Jahre 1992[558] und der Betacom plc. von Amstrad aus dem Jahre 1997[559]. Zwei Beispiele eines „three cornered demerger“ mit einer Kapitalherabsetzung finden sich in den Fällen der Abspaltung des Baugeschäftsbereichs von Tarmac zur Neugründung der Carillion plc. und der Abspaltung des Einzelhandelsgeschäftsbereichs von Allied Domecq zur Aufnahme durch die Whitbread plc. aus den Jahren 1998/1999[560]. In diesen beiden Fällen wurden die Probleme mit den kostspieligen Gläubigerschutzbestimmungen bei einer Kapitalherabsetzung dadurch ausgehebelt, daß zwischen die gläubigerträchtige Muttergesellschaft und deren Anteilseigner eine neue HoldCo. ohne Gläubiger zwischengeschaltet wurde.

---

551 Gubbins/Crawford/Brann, PLC Juni 1996, 17, 24; Ufland, PLC Dezember 1992, 9, 10.

552 Godden/Clay, PLC November 1999, 23, 25.

553 Gubbins/Crawford/Brann, PLC Juni 1996, 17, 24.

554 Gubbins/Crawford/Brann, PLC Juni 1996, 17, 24; Godden/Clay, PLC November 1999, 23, 24.

555 News Brief, PLC September 1992, 4, 4; Barron/Scott, PLC März 2002, 29, 30.

556 Ausführliche Fallstudie: Dow/Millerchip, PLC Juni 1990, 7 ff. mit Nennung weiterer Beispiele aus den 1980er Jahren.

557 Fallstudie: News Brief, PLC September 1992, 4.

558 Ausführliche Fallstudie: Ufland, Dezember 1992, 9, 11 ff.

559 Fallstudie: News brief, PLC Juli 1997, 7 f.

560 Ausführliche Fallstudien: Godden/Clay, PLC November 1999, 23 ff.

Bei der Umwandlung der Granada Group plc. in ein reines Medienunternehmen im Jahre 2000[561] waren umfassende Umstrukturierungen notwendig, bei denen ebenfalls eine Dreiecksabspaltung eine Rolle spielte.

d) Liquidationsplan gem. secs. 110, 111 IA 1986

aa) Verfahren

Ein Liquidationsplan gem. secs. 110, 111 IA 1986 ist ein weiteres Mittel zur Durchführung eines „demerger".[562] Es ergeben sich kaum Unterschiede zur „amalgamation" gem. secs. 110, 111 IA 1986. Statt eines wesentlichen Unternehmensteils oder des ganzen Unternehmens werden nur ein oder mehrere Unternehmens- oder Vermögensbestandteile unterhalb der Wesentlichkeitsgrenze auf eine oder verschiedene andere neu zu gründende oder bereits bestehende Gesellschaften gegen Ausgabe von Anteilen oder anderen Wertpapieren übertragen, die im Rahmen der Abwicklung entsprechend den Rechten der Anteilseigner am Liquidationserlös an sie ausgeschüttet werden. Hinsichtlich der Zustimmungserfordernisse, Gläubigerschutzvorschriften und Bestimmungen für dissentierende Anteilseigner kann gänzlich auf das „amalgamation"-Verfahren verwiesen werden.[563] Auch muß ein Liquidationsplan die Anteilseigner exakt entsprechend ihren Rechten am Liquidationserlös behandeln.

Verbleiben nach der Befriedigung der Gläubiger und der Abfindung dissentierender Anteilseigner Unternehmensteile bei der aufzulösenden Gesellschaft, also im Abspaltungsfall, dann müssen diese verbleibenden Unternehmensteile im Rahmen der normalen Abwicklung versilbert werden, um den Erlös in bar auszuschütten. Regelmäßig beinhaltet ein „demerger"-Liquidationsplan aber die Aufspaltung einer Gesellschaft in zwei oder mehrere neu zu gründende Kapitalgesellschaften (NewCo. 1, 2, ...), so daß kein Unternehmensteil zurückbleibt.[564]

---

561 Siehe dazu die detaillierten Analysen: Davies/Holmes, PLC Oktober 2000, 25 ff. sowie Grys/Nineham/Polito, PLC März 2000, 41 ff.

562 Palmer, Rz. 12.005; Gubbins/Crawford/Brann, PLC Juli 1996, 37, 37; Dow/Millerchip, PLC Juni 1990, 7, 8; News brief, PLC März 1996, 7, 7, 8; Ufland, Dezember 1992, 9, 10; Godden/Clay, PLC November 1999, 23, 25.

563 Siehe oben S. 336 ff.

564 Gubbins/Crawford/Brann, PLC Juli 1996, 37, 37; Dow/Millerchip, PLC Juni 1990, 7, 8; News brief, PLC März 1996, 7, 7, 8; Ufland, Dezember 1992, 9, 10; Godden/Clay, PLC November 1999, 23, 25.

bb) Vor- und Nachteile sowie Hinweise zur rechtstatsächlichen Anwendung

Die Nachteile eines Liquidationsplans zur Durchführung eines „demerger“ sind grundsätzlich dieselben wie bei einer „amalgamation“.[565] Daher birgt ein Vorgehen gem. secs. 110, 111 IA 1986 keine signifikanten Vorteile, sondern ist vielmehr ein Lückenbüßer, der in der Regel nur dann empfehlenswert ist, wenn alle anderen „demerger“-Verfahren nachteiliger sind.

Die vorgestellte Liquidationsplanspaltung wird nur in Erwägung gezogen, wenn die bereits vorgestellten Methoden einer direkten oder indirekten Dividendenausschüttung den praktischen Bedürfnissen nicht entsprechen oder die Steuervorteile nach secs. 213 ff. ICTA 1988 nicht eingreifen.[566] Das kann insbesondere[567] der Fall sein, wenn der „demerger“ der Stillegung oder dem Verkauf der abzuspaltenden Sparte[568] oder dem Verkauf der übertragenden Gesellschaft oder einer anderen Gesellschaft der Unternehmensgruppe[569] vorhergehen soll, wenn die übertragende Gesellschaft gem. sec. 213 (3)(a), (3)(b)(ii) ICTA 1988 weniger als 75 % der Anteile an einer durch Anteilsübertragung abzuspaltenden Tochtergesellschaft hält, abzuspaltende Tochtergesellschaften oder Unternehmensteile keine Handelsgewerbe („trade“) gem. sec. 213 (3)(b)(i) ICTA 1988 sind oder wenn eine der beteiligten Gesellschaften ihren Sitz („residence“) gem. sec. 213 (4) ICTA 1988 nicht im Vereinigten Königreich hat.

Außerdem kann der Weg einer Dividendenausschüttung mangels ausreichender ausschüttbarer Rücklagen versperrt sein, so daß ein Vorgehen gem. secs. 110, 111 IA 1986 in Frage kommt, sofern die Rücklagen zumindest zur Abfindung der zu erwartenden opponierenden Personen ausreicht. Zwar besteht die Möglichkeit, eine Kapitalherabsetzung gem. sec. 135 CA 1985 herbeizuführen.[570] Die dafür not-wendige gerichtliche Genehmigung und der dadurch entstehende Zeit- und Kostenaufwand machen diese Option aber nicht immer zu einer attraktiven Alternati-ve.[571]

Eine weitere spezifische Besonderheit eines „demerger“ gem. secs. 110, 111 IA 1986 besteht in folgendem Sachverhalt. Zur Umgehung des Problems eines die Wirksamkeit der Transaktion gem. sec. 110 (6) 2.HS IA 1986 bedrohenden

---

565 S.o. S. 358 ff.; zu kapitalmarktrechtlichen Problemen im übrigen Gubbins/Crawford/Brann, PLC Juli 1996, 37, 39.
566 Gubbins/Crawford/Brann, PLC Juli 1996, 37, 37.
567 Siehe zu anderen Gründen die secs. 213 ff. ICTA 1988.
568 Sec. 213 (11)(d) ICTA 1988.
569 Sec. 213 (11)(c) ICTA 1988.
570 Gubbins/Crawford/Brann, PLC Juli 1996, 37, 37.
571 Gubbins/Crawford/Brann, PLC Juli 1996, 37, 37.

Gläubigereinspruchs durch Beantragung der Zwangsabwicklung bedient man sich häufig der Zwischenschaltung einer Zweck-Holdinggesellschaft (HoldCo.), die keine Gläubiger hat.[572] HoldCo. übernimmt zu diesem Zwecke alle Anteile an der Ausgangsgesellschaft.[573] Diese Vorgehensweise wurde bereits bei der „amalgama-tion" gem. secs. 110, 111 IA 1986 dargestellt.[574] Bei einem „demerger" ergibt sich jedoch die Besonderheit, daß bei der Liquidation der HoldCo. deren Vermögen, das nach der Zwischenschaltung nur aus den Anteilen der Ausgangsgesellschaft besteht, übertragen wird und ein spaltender Liquidationsplan für HoldCo. lediglich eine Aufteilung dieser Anteile bewirken würde. Aus diesem Grunde wird nur ein von der Ausgangsgesellschaft abzuspaltender Unternehmensteil auf HoldCo. übertragen.[575] Dieser Transfer kann insbesondere durch Implementierung eines „Scheme of Arrangement" gem. secs. 425 ff. CA 1985 zur Übertragung des Unternehmensteils gegen Ausgabe von HoldCo.-Anteilen erfolgen[576], aber auch durch Ausschüttung einer Sachdividende[577]. Im Ergebnis bleibt die Ausgangsgesellschaft nur mit einem Teil des ursprünglichen Unternehmens erhalten, wobei sie weiterhin verpflichtet ist, ihre Gläubiger zu befriedigen.[578] Der HoldCo.-Liquidationsplan beinhaltet dann die Übertragung der Anteile an der Ausgangsgesellschaft auf eine übernehmende Gesellschaft und die Übertragung des von der Ausgangsgesellschaft erhaltenen Unternehmensteils auf eine andere übernehmende Gesellschaft.[579] Diese Variante kann durch Übertragung mehrerer Unternehmensteile und mehrere übernehmende Gesellschaften noch komplizierter ausfallen.

Die Gangbarkeit dieser Strukturvariante hängt von vielen Faktoren ab, vor allem von der Kapitalstruktur und Unternehmensorganisation der Ausgangsgesellschaft sowie von der Anzahl und Stärke der Gläubiger.[580]

Was die Anwendung von Liquidationsplänen gem. secs. 110, 111 IA 1986 im Aufspaltungsfall anbetrifft, ist zu betonen, daß die Praxis in England das Verbot, die Anteilseigner exakt entsprechend ihren Rechten am Liquidationserlös zu be-

---

572 Vgl. bereits oben S. 358 ff. und Gubbins/Crawford/Brann, PLC Juli 1996, 37, 38.
573 Gubbins/Crawford/Brann, PLC Juli 1996, 37, 38.
574 Siehe S. 358 ff.
575 Gubbins/Crawford/Brann, PLC Juli 1996, 37, 38.
576 Dieses „Scheme of Arrangement" kann dann gleichzeitig auch die Übertragung aller Anteile der Ausgangsgesellschaft gegen entsprechende Ausgabe von HoldCo.-Anteilen vorsehen und somit mit der Zwischenschaltung der HoldCo. kombiniert werden.
577 News brief, PLC März 1996, 8, 8 zur Praxis bei der Aufspaltung der Ex-Lands plc.
578 Gubbins/Crawford/Brann, PLC Juli 1996, 37, 38.
579 Gubbins/Crawford/Brann, PLC Juli 1996, 37, 38 und 41 mit einer Darstellung der im Detail noch komplizierteren Aufpaltung der Ex-Lands plc. aus dem Jahre 1995; dazu auch News brief, PLC März 1996, 8, 8.
580 Gubbins/Crawford/Brann, PLC Juli 1996, 37, 38.

handeln, meist nicht befolgt. So werden die meisten nicht verhältniswahrenden Aufspaltungen, bei denen eine Gesellschaft auf NewCos. übertragen wird, deren Anteile dann jeweils von einem anderen Teil der Anteilseigner gehalten werden (Konstellation der „partition“ zur Aufteilung eines Unternehmens auf einzelne Familienstämme bei meist mittelständischen Familienunternehmen), durch einen Liquidationsplan gem. secs. 110, 111 IA 1986 verwirklicht.[581] Scheinbar mangels Widerspruchs und gerichtlicher Kontrolle wurde diese Praxis in England bisher nicht korrigiert; die Kritik daran blieb bisher rein akademisch.[582]

e) „Scheme of Arrangement“ gem. secs. 425 ff. CA 1985

aa) Verfahren

(1) Fallgruppen

Das Verfahren eines „Scheme of Arrangement“ gem. secs. 425 ff. Companies Act 1985 kann wegen seiner großen Flexibilität zur Verwirklichung aller vorgenannten „demerger“-Formen verwendet werden.[583] Ausweislich des Wortlauts von sec. 425 (1) CA 1985 wird nämlich „any compromise or arrangement“ mit Gesellschaftern (und Gläubigern) abgedeckt. Es existieren daher im wesentlichen folgende Kategorien von Spaltungsvergleichsplänen:

1. Eine Muttergesellschaft überträgt die an einer Tochtergesellschaft gehaltenen Anteile (oder unter Einbuße von Steuervorteilen einen eigenen Unternehmensteil) direkt auf ihre Anteilseigner.[584] Ein „Scheme of Arrangement“ kann in einem solchen Fall auch von den Dividendenansprüchen oder Liquidationserlösrechten der Anteilseigner abweichen.
2. Eine Gesellschaft überträgt von ihr gehaltene Anteile an einer Tochtergesellschaft oder einen eigenen Unternehmensteil nur auf einen oder eine gewisse

[581] Tolley's Company Law, R2004.
[582] So die Einschätzung von Tolley's Company Law, R2011 a.E.
[583] Palmer, Rz. 12.005; Gubbins/Crawford/Brann, PLC Juli 1996, 37, 42 f.; Dow/Millerchip, PLC Juni 1990, 7, 8; Ufland, PLC Dezember 1992, 9, 10; allerdings sollte ein „Scheme of Arrangement“ anstelle eines Liquidationsplans die Beachtung des durch secs. 110, 111 IA 1986 gewährten Minderheitenschutzes gewährleisten, um nicht Gefahr zu laufen, vom Gericht abgelehnt zu werden.
[584] Gubbins/Crawford/Brann, PLC Juli 1996, 37, 43.

Gruppe von Anteilseignern, der oder die dann aus der Muttergesellschaft ausscheiden („scheme of partition").[585]

3. Eine Gesellschaft überträgt einen Teil ihres Vermögens oder Unternehmens nicht direkt auf ihre Anteilseigner, sondern auf eine bereits bestehende oder neu zu gründende Gesellschaft, die Anteile an die Anteilseigner der übertragenden Gesellschaft ausgibt.
4. Ein „Scheme of Arrangement" kann in Verbindung mit einem Liquidationsplan benutzt werden, um die Zwischenschaltung einer Liquidations-NewCo. zu erleichtern, wo es wegen des kostentreibenden Widerspruchs von Gläubigern prohibitiv teuer wäre, die eigentlich abspaltungswillige Gesellschaft abzuwickeln.[586]
5. Als weitere Form des „demerger" kommt eine Aufspaltung einer „company" in Frage, bei der alle Aktiva und Passiva der „company" auf mehrere bereits bestehende oder neu zu gründende Gesellschaften gegen Gewährung von Anteilen an die Anteilseigner der übertragenden Gesellschaft übertragen werden.

(2) Verfahrensbesonderheiten

Das Verfahren gem. secs. 425 ff. CA 1985 läuft bei einem „demerger" normalerweise ohne große Besonderheiten ab, wenn es zu keiner Aufspaltung im Bereich der EG-Spaltungsrichtlinie kommt. Neben der eventuell notwendigen parallelen Durchführung eines Kapitalherabsetzungsverfahrens gem. secs. 135 ff. CA 1985 ist nur noch auf einige Besonderheiten hinzuweisen.

(a) Anwendung von sec. 427 CA 1985

Wenn es bei den vorgenannten „demerger"-Konstellationen der Übertragung von Vermögensbestandteilen auf eine andere Gesellschaft zu einer wesentlichen Identität der Anteilseigner in der übernehmenden Gesellschaft kommt und daher eine „reconstruction" gegeben ist, dann findet sec. 427 CA 1985 Anwendung. In einem solchen Falle kann das Gericht auf Antrag die Übertragung von Aktiva und Passiva per „vesting order" anordnen. Gleiches gilt für die Auflösung ohne Abwicklung der übertragenden Gesellschaft, wenn es zu einer Vollübertragung auf mehrere Gesellschaften kommt.

In den meisten Fällen eines „demerger" wird es jedoch zu keiner wesentlichen Anteilseigneridentität kommen, so daß dann die Anwendung von sec. 427 CA

[585] Gubbins/Crawford/Brann, PLC Juli 1996, 37, 43.
[586] Gubbins/Crawford/Brann, PLC Juli 1996, 37, 43.

1985 nicht in Frage kommt. Daher muß in solchen Fällen die Übertragung der Aktiva und eventuell auch der Passiva sowie die Zuteilung der dafür als Gegenleistung auszugebenden oder zu übertragenden Anteile von den beteiligten Gesellschaften einzelvertraglich vorgenommen werden. Ebenso muß die weitere Abwicklung und Auflösung der übertragenden Gesellschaft, sofern gewollt, selbst betrieben werden.

Wenn es zu keiner Anwendung von sec. 427 CA 1985, aber zu einer wesentlichen oder Vollübertragung der Aktiva (und Passiva) durch Aufspaltung der Gesellschaft kommt, dann besteht eine erhebliche Gefährdung der Gläubiger, wenn sie nicht vorher befriedigt oder ihnen keine Sicherheiten für die Befriedigung noch nicht fälliger Ansprüche bestellt werden. Die Ablehnung der Notwendigkeit, die Gläubiger in den Spaltungsplan gem. sec. 425 (1) CA 1985 einzubeziehen, und der Verweis auf flankierende gerichtliche Schutzanordnungen gem. sec. 427 (3)(e) CA 1985 durch die Rechtsprechung im Fall *Clydesdale Bank Ltd., Petitioners*[587] laufen im Aufspaltungsfall damit in der Regel leer. Ob das Gericht in einem Fall, in dem durch die gerichtliche Genehmigung und Ausführung des Spaltungsplans eine Schädigung der Gläubiger möglich ist, die Genehmigung verweigert oder es ausnahmsweise zu einer analogen Anwendung von sec. 427 (3)(e) CA 1985 kommt, wird in der englischen Literatur und Rechtsprechung nicht behandelt.

Jedoch wird eine Gesellschaft, die die Genehmigung eines „Scheme of Arrangement" zur Aufspaltung beantragt, gut daran tun, nachzuweisen, daß sie alle Gläubiger befriedigt hat, keine weiteren Gläubiger mehr besitzt und ausreichende Sicherheiten zur Befriedigung noch nicht fälliger oder auch unbekannter oder möglicher zukünftiger Ansprüche bestellt oder sonstige ausreichende Garantien beigebracht hat. Alternativ kommt eine Einbeziehung der Gläubiger in den Vergleichsplan in Betracht, wenn ihnen ein Nachteil aus der Aufspaltung droht oder drohen könnte. Nur durch solche Maßnahmen umgeht die spaltungswillige Gesellschaft die Gefahr der Zurückweisung des Spaltungsplans durch das Gericht.

In eine solche Richtung deutet auch die zum Verhältnis der secs. 425 ff. CA 1985 zu den secs. 110, 111 IA 1986 ergangene Rechtsprechung, die im folgenden für die Aufspaltung dargestellt wird und die die Beachtung eines solchen Gläubigerschutzes in jedem Fall einer wesentlichen Übertragung von Vermögensgegenständen nahelegt. Auch machen sich die Verwaltungsratsmitglieder möglicherweise wegen Gläubigerbetruges strafbar und schadensersatzpflichtig, wenn sie durch eine Übertragung die Befriedigung von Gläubigeransprüchen vereiteln.

---

587 (1950) S.C. 30, 37 f.

(b) Verhältnis zu den secs. 110, 111 IA 1986

Von der Anwendung der sec. 427 CA 1985 hängt auch die Gestaltung eines Spaltungsvergleichsplans ab, der genauso auch gem. sec. 110 IA 1986 hätte verwirklicht werden können. Das ist insbesondere der Fall bei der unter 5. dargestellten Aufspaltungskonstellation.

Kann die Umstrukturierung nicht als „reconstruction" angesehen werden, weil die Gesellschaft nicht auf NewCos. aufgespalten wird oder weil das „Scheme of Arrangement" keine im wesentlichen ähnliche Anteilseignerstruktur der übernehmenden NewCo. vorsieht, dann steht zur Verwirklichung eines den secs. 110, 111 IA 1986 gleichkommenden Minderheitsgesellschafter- und Gläubigerschutzes nicht die Option gerichtlicher Anordnungen gem. sec. 427 (3)(e) CA 1985 zur Verfügung. Astbury J. hatte vor Einführung der sec. 427 CA 1985 entsprechenden Vorschrift sec. 154 CA 1929 in *Re Anglo-Continental Supply Company*[588] ausgeführt, daß ein „Scheme of Arrangement" nicht genehmigt werden dürfe, wenn es genau so auch gem. secs. 110, 111 IA 1986 hätte durchgeführt werden können. Nach Einführung von sec. 154 CA 1929 wurde dieser Standpunkt aufgrund der erweiterten Möglichkeit nachträglicher Anordnungen des Gerichts zur Durchsetzung des Minderheiten- und Gläubigerschutzes relativiert.[589] Fraglich ist aber, ob diese Relativierung haltbar ist, wenn im Einzelfall keine „reconstruction" oder „amalgamation" vorliegt und sec. 427 CA 1985 daher nicht eingreift. So fragt sich, ob in diesem Einzelfall ein Aufspaltungsvergleichsplan, der selbst die notwendigen, den secs. 110, 111 IA 1986 entsprechenden Schutzbestimmungen enthält, genehmigt werden darf. Für die Zulässigkeit der Anwendung eines „Scheme of Arrangement" spricht aber heute auch, daß sec. 427A Case 3 CA 1985 ohne Einschränkung jede Art von Aufspaltung als durch ein „Scheme of Arrangement" zulässigerweise gestaltbar ansieht. Die durch die Äußerungen des Richters *Astbury J.* entstandene Rechtsunsicherheit dürfte damit als überholt gelten. Das „Scheme of Arrangement" selbst muß aber das durch die secs. 110, 111 IA 1986 gewährleistete Schutzniveau erreichen. Auch ist dazu zu raten, wenn bei der geplanten Zuteilung von Anteilen an einer übernehmenden Gesellschaft von den Liquidationserlösrechten der Anteilseigner der übertragenden Gesellschaft abgewichen wird, damit ein „Scheme of Arrangement" nicht vom Gericht abgelehnt wird, auch wenn das Gericht in seinem Ermessen nicht durch eine eindeutige Rechtsprechung gebunden ist.[590]

---

588 [1922] 2 Ch. 723.

589 Vgl. Gore-Browne, § 30.7.

590 Vgl. oben S. 387 f.

bb) Aufspaltung von plcs. gem. sec. 427A CA 1985

(1) Erfaßter Fall

Durch die Companies (Mergers and Divisions) Regulations 1987[591], die am 1. Januar 1988 in Kraft traten, wurde im Rahmen der europäischen Rechtsangleichung neben der Dritten auch die Sechste EG-Richtlinie auf dem Gebiet des Gesellschaftsrechts vom 17. Dezember 1982, die sog. Spaltungsrichtlinie[592], umgesetzt, indem sec. 427A und Sched. 15B in den Companies Act 1985 eingefügt wurden.[593]

Von der Spaltungsrichtlinie betroffen ist allein der in sec. 427A (2) Case 3 CA 1985 dargestellte Fall der Aufspaltung einer „public company" durch ein „Scheme of Arrangement" gem. sec. 425 CA 1985 zur Aufnahme durch weitere bereits bestehende „public companies" oder NewCos., bei denen es egal ist, ob sie „public" oder „private companies" sind, und die zum Zwecke oder im Zusammenhang mit dem Aufspaltungsvergleichsplan gegründet worden sind. Auch eine Aufnahme durch eine bereits bestehende plc. und eine NewCo. erfüllt die Voraussetzungen von sec. 427A (2) Case 3 CA 1985.

Wie bei den bereits im Zusammenhang mit der Verschmelzung dargestellten Fällen gem. sec. 427A (2) CA 1985 ist auch für die Aufspaltungskonstellationen eine Umgehung leicht möglich, um den als umständlich empfundenen, zusätzlichen Verfahrensanforderungen, die sich aus Sched. 15B CA 1985 ergeben, aus dem Weg zu gehen. Neben der vorhergehenden Umwandlung der übertragenden „public company" in eine „private company" ist genauso als Umgehungsmöglichkeit auch die Verwendung einer aufnehmenden Mantelgesellschaft in Form einer „private company" statt einer neu oder im Zusammenhang mit dem Spaltungsplan gegründeten NewCo. oder die Aufnahme durch eine „private company" als Tochter der eigentlich aufnehmenden „public company" denkbar. Bisher existiert keinerlei Rechtsprechung, die sich zu einer eventuellen Unzulässigkeit einer solchen Umgehung oder zu einer analogen Anwendung von Sched. 15B CA 1985 auf als mißbräuchlich eingestufte Konstellationen geäußert hat.

---

[591] S.I. 1987/1991, reg. 2 (c), Sched., Part II.

[592] (82/891/EWG), Abl. EG Nr. L 378 v. 31. 12. 1982, S. 47 ff.; abgedruckt auch bei Lutter, Europäisches Unternehmensrecht, 4. Aufl. 1996, S. 196 ff.

[593] Dazu bereits oben S. 390 ff.

(2) Zusätzliche Verfahrensanforderungen

(a) Weitgehende Parallelen zur Verschmelzung

Im Vergleich zur „amalgamation" ergeben sich wenige Verfahrensbesonderheiten. Vielmehr müssen zunächst entsprechend die schon für „amalgamations" dargestellten zusätzlichen Verfahrensanforderungen[594] erfüllt werden. Sowohl die übertragende als auch bereits bestehende übernehmende plcs. müssen dem Aufspaltungsplan gem. sec. 425 (2) CA 1985 mit doppelt qualifizierter Mehrheit in jeder Klassenversammlung zustimmen, sec. 427A (3) i.V.m. § 1 Sched. 15B CA 1985. Es müssen ein Aufspaltungsplan, ein Aufspaltungsbericht und ein Prüfungsbericht eines unabhängigen Sachverständigen erstellt und mit den Jahresabschlüssen der letzten drei Jahre zur Einsichtnahme ausgelegt werden, §§ 2-6 Sched. 15B CA 1985. Im Falle der Aufspaltung zur Neugründung muß die aufzuspaltende Gesellschaft durch ordentlichen Beschluß ihrer Anteilseignerversammlung dem „memorandum" und den „articles of association" jeder NewCo. zustimmen, § 3 (f) Sched. 15B CA 1985.

(b) Besonderheiten

Als Besonderheiten ergeben sich aus § 2 (3) Sched. 15B CA 1985 zunächst noch weitere Pflichtangaben für den Spaltungsplan. Dieser muß genaue Bezeichnung und Aufteilung der Gegenstände des zu übertragenden Aktiv- und Passivvermögens, die an jede der übernehmenden Gesellschaften übertragen werden, sowie der übergehenden Betriebe und Betriebsteile unter Zuordnung zu den übernehmenden Gesellschaften enthalten. Außerdem muß er Vorkehrungen für die Aufteilung nachträglich von der übertragenden Gesellschaft erworbener Aktiva oder Passiva auf die übernehmenden Gesellschaften treffen. Im Gegenzug muß die Aufteilung („allocation") der Anteile der übernehmenden Gesellschaften auf die Anteilseigner der übertragenden Gesellschaft sowie die Kriterien für diese Aufteilung genau erläutert werden.

Auch der Spaltungsbericht muß gem. § 4 (1)(b)(i), (2) Sched. 15B CA 1985 die Kriterien für die Aufteilung der Anteile der übernehmenden Gesellschaften auf die Anteilseigner der übertragenden Gesellschaft angeben, ob ein unabhängiger Sacheinlagenprüfungsbericht gem. sec. 103 CA 1985 erstellt und ob dieser Bericht beim Gesellschaftsregister hinterlegt worden ist.

---

[594] Siehe S. 394 ff. und Sched. 15B.

Weiterhin müssen die Direktoren der aufzuspaltenden Gesellschaft jeder einzelnen Klassenversammlung gem. sec. 425 (2) CA 1985, die über den Spaltungsplan abstimmt, sowie den Direktoren der übernehmenden Gesellschaften über alle wesentlichen Änderungen der Gegenstände des Aktiv- und Passivvermögens der übertragenden Gesellschaft im Zeitraum zwischen der Erstellung des Spaltungsplans und der jeweiligen Klassenversammlung berichten, § 3 (b) Sched. 15B CA 1985. Einen Bericht über die mitgeteilten Änderungen müssen die Direktoren der übernehmenden Gesellschaften an alle an den Versammlungen zur Abstimmung über das „Scheme" gem. § 1 Sched. 15B CA 1985 teilnahmeberechtigten Personen weiterleiten. Alternativ können die Direktoren der übernehmenden Gesellschaften persönlich auf diesen Versammlungen über die angezeigten Änderungen Bericht erstatten.

(c) Ausnahmetatbestände

Die in den §§ 10-14 Sched. 15B CA 1985 geregelten Ausnahmen enthalten eine ausgeprägte Differenzierung danach, welche der drei in sec. 427 (2) CA 1985 genannten Fälle vorliegt, so daß sich hier größere Unterschiede zur Darstellung der „amalgamation" ergeben als bei den grundsätzlichen Verfahrensanforderungen, bei denen für die Aufspaltung nur noch weitere beachtet werden müssen. Insoweit kann hier keine Verweisung auf die Verschmelzung erfolgen.

§ 10 Sched. 15B CA 1985 enthält einen wichtigen Ausnahmetatbestand für die Aufspaltung zur Aufnahme durch zumindest eine bereits existierende plc. Die grundsätzlich gem. § 1 Sched. 15B CA 1985 erforderliche Zustimmung durch Anteilseignerklassenversammlungen einer übernehmenden plc. zum Spaltungsplan muß dann nicht beigebracht werden, wenn der Empfang einer Kopie des Spaltungsplans mindestens einen Monat vor dem Abhalten der Anteilseignerklassenversammlungen der übertragenden Gesellschaft im Amtlichen Anzeiger veröffentlicht worden ist, die Gesellschafter einer übernehmenden plc. von diesem Zeitpunkt an Gelegenheit zur Einsicht in den Spaltungsplan und die sonstigen ausliegenden Dokumente hatten und Gratiskopien anfordern konnten, und drittens, wenn ein oder mehrere Gesellschafter, die zusammen mehr als fünf Prozent des eingezahlten und stimmberechtigten Anteilskapitals hielten und die Einberufung von Klassenversammlungen zur Diskussion über den Spaltungsplan hätten beantragen können, dies nicht getan haben.

Sollte die Zustimmung durch die Anteilseigner einer übernehmenden plc. nicht erforderlich sein, dann kann das Gericht infolgedessen auch von dem Erfordernis der Zugänglichmachung zur Dokumenteneinsicht sowie von der Pflicht zur Einhaltung der Einmonatsfrist zwischen der Veröffentlichung des Empfangs des Spaltungsplans im Amtlichen Anzeiger befreien.[595]

Sollten alle stimmberechtigten Anteilseigner oder sonstigen Wertpapierinhaber der übertragenden und bereits existierenden plc(s). darauf verzichten, dann kann das Gericht gem. § 11 (2) Sched. 15B auch von der Pflicht zur Erstellung eines Spaltungsberichts, eines Spaltungsprüfungsberichts und einer eventuell sonst notwendigen Erstellung einer Zwischenbilanz („accounting statement") sowie von der Pflicht zur Auslage dieser Dokumente zur Einsicht absehen. Auch umfaßt diese Dispensmöglichkeit bei allseitigem Verzicht die bei der Aufspaltung notwendige Berichtspflicht der Direktoren im Hinblick auf wesentliche Veränderungen der Gegenstände des Aktiv- und Passivvermögens der übertragenden Gesellschaft im Zeitraum zwischen der Erstellung des Spaltungsplans und den jeweiligen Klassenversammlungen gem. sec. 425 (2) CA 1985.

Weiterhin kann das Gericht im Aufspaltungsfall gem. § 11 (3) Sched. 15B CA 1985 durch Erlaß einer gerichtlichen Anordnung unter bestimmten Bedingungen von der Pflicht zur Zustimmung durch Klassenversammlungen bereits bestehender übernehmender Gesellschaften gem. § 1 Sched. 15B CA 1985, von der Pflicht zur Übermittlung einer Kopie des Aufspaltungsplanentwurfs an das Gesellschaftsregister zur Veröffentlichung im Amtlichen Anzeiger, von der Einmonatsfrist zwischen der Veröffentlichung im Amtlichen Anzeiger und der ersten Versammlung zur Abstimmung über den Spaltungsplan oder von der Pflicht zur Auslegung der Dokumente zur Einsichtnahme befreien.

Die für die Erteilung eines solchen Dispenses notwendigen Voraussetzungen sind in § 11 (4) Sched. 15B CA 1985 geregelt und müssen kumulativ vorliegen: Die Gesellschafter der betroffenen Gesellschaft müssen Kopien der sonst zur Einsichtnahme auszulegenden Dokumente rechtzeitig vor der ersten Versammlung zur Abstimmung über den Spaltungsplan kostenlos erhalten haben oder diese zumindest rechtzeitig zur Prüfung erhalten können; sollte gem. § 10 Sched. 15B CA 1985 keine Klassenversammlung einer bereits bestehenden übernehmenden Gesellschaft einberufen worden sein, dann müssen mindestens fünf Prozent der Gesellschafter die genannten Dokumente oder die Möglichkeit zur Anforderung der Kopien dieser Dokumente rechtzeitig zur Prüfung erhalten haben, damit sie eine Einberufung der Versammlungen hätten beantragen können. Außerdem müssen den Gläubigern die gleichen Rechte zur Einsichtnahme oder kostenlosen Anforderung von Dokumenten oder zur Beantragung von Versammlungen gewährt werden. Insgesamt darf durch die Erteilung des Dispenses keinem Gesellschafter oder Gläubiger Schaden zugefügt werden.

---

[595] Palmer, Rz. 12.024.

Eine letzte Verfahrensausnahme ist in § 13 Sched. 15B CA 1985 geregelt. Wenn alle Anteile und anderen ein Stimmrecht gewährenden Wertpapiere der übertragenden Gesellschaft von oder für eine oder mehrere übernehmende Gesellschaften gehalten werden, dann kann das Gericht ein „Scheme of Arrangement“ gem. sec. 425 CA 1985 unter bestimmten Voraussetzungen auch ohne Abhalten von Klassenversammlungen der übertragenden Gesellschaft genehmigen. Entsprechend kann es dann auch von der Einmonatsfrist zwischen der Bekanntmachung der geplanten Aufspaltung im Amtlichen Anzeiger und der ersten Versammlung zur Abstimmung über den Spaltungsplan, von der Auslage der Dokumente zur Einsichtnahme innerhalb der Einmonatsmindestfrist und von der Meldung wesentlicher Veränderungen der Gegenstände des Aktiv- und Passivvermögens der übertragenden Gesellschaft absehen.

Die Bedingungen für eine gelockerte Genehmigungsmöglichkeit sind folgende: Eine Mitteilung der geplanten Spaltung muß mindestens einen Monat vor der Genehmigung im Amtlichen Anzeiger veröffentlicht worden sein. Mindestens fünf Prozent des stimmberechtigten eingezahlten Kapitals müssen die Möglichkeit zur Beantragung der Einberufung von Klassenversammlungen während dieses Zeitraums besessen, aber ungenutzt gelassen haben. Die üblichen Dokumente oder kostenlose Kopien davon müssen den Gesellschaftern der beteiligten Gesellschaften ordnungsgemäß zugänglich gemacht worden sein. Endlich müssen die Direktoren der übertragenden Gesellschaft alle wesentlichen Änderungen der Gegenstände des Aktiv- und Passivvermögens vom Zeitpunkt der Fertigstellung des Spaltungsplans bis zur Genehmigung, zwischen denen mindestens ein Monat liegen muß, den Gesellschaftern, denen die Versammlung nach sec. 425 CA 1985 hätte angezeigt werden müssen, und den Direktoren der übernehmenden Gesellschaften durch einen Bericht mitteilen.

(3) Sonderfälle mit Genehmigungsverbot

Die Sonderfälle gem. §§ 7, 8 Sched. 15B CA 1985, in denen dem Gericht eine Genehmigung des Vergleichsplans gem. sec. 425 (2) CA 1985 untersagt ist, sind allgemeiner Natur, so daß insoweit wiederum auf die Darstellung der Verschmelzung[596] verwiesen werden kann.

(4) Anordnung der Einheitlichkeit des Übergangs

Das Gericht muß einen Aufspaltungsstichtag festlegen, an dem das Vermögen und die Verbindlichkeiten der übertragenden Gesellschaft auf die übernehmenden

[596] Siehe S. 401.

Gesellschaften übergehen sollen und die übertragende Gesellschaft aufgelöst wird, § 9 Sched. 15B CA 1985.

(5) Veröffentlichung der „court order" im Amtlichen Anzeiger

Wie in den erfaßten Verschmelzungskonstellationen unterliegt auch der Erlaß der gerichtlichen Genehmigungsanordnung gem. sec. 425 (2) CA 1985 erhöhten Publizitätsanforderungen. Gem. sec. 711 (1)(t) CA 1985 muß diese (und jede gem. sec. 427 CA 1985 erlassene flankierende Hilfsanordnung) im Amtlichen Anzeiger veröffentlicht werden.

(6) Gesamtschuldnerische Ausfallhaftung übernehmender Gesellschaften

In Umsetzung von Art. 12 (3) EG-Spaltungsrichtlinie schreibt § 15 (1) Sched. 15B CA 1985 vor, daß dann, wenn ein Gläubiger von einer die ihn betreffende Verbindlichkeit übernehmenden Gesellschaft keine Befriedigung erlangen kann, die anderen übernehmenden Gesellschaften grundsätzlich als Gesamtschuldner haften. Diese Haftung ist aber für jede Gesellschaft auf das jeweils zugeteilte Nettoaktivvermögen begrenzt. Auch besteht gem. § 15 (2) Sched. 15B CA 1985 die Möglichkeit, daß die Gläubiger oder auch eine einzelne Klasse von Gläubigern in einer nach sec. 425 (1) CA 1985 einberufenen und gerichtlich kontrollierten Versammlung auf die ihnen eingeräumte Möglichkeit der Geltendmachung der gesamtschuldnerischen Haftung gem. § 15 (1) Sched. 15B CA 1985 mit einer einfachen numerischen Mehrheit und einer gleichzeitigen ¾-Mehrheit der Forderungswerte verzichten können.

(7) Umsetzungsdefizite

Es kommen bei der Umsetzung der EG-Spaltungsrichtlinie ähnliche Defizite zum Vorschein wie bei der Umsetzung der EG-Verschmelzungsrichtlinie[597]. Diese Defizite könnten möglicherweise zu einem Staatshaftungsanspruch gegen Großbritannien wegen fehlerhafter Umsetzung auch der Spaltungsrichtlinie führen.

Zunächst ist zu bemängeln, daß die Beteiligung der Gesellschafter der übertragenden und der übernehmenden Gesellschaften nicht hinreichend geklärt ist. Zunächst bestimmt Art. 5 (1) EG-Spaltungsrichtlinie, daß alle Anteilseigner der übertragenden Gesellschaft mit Ausnahme der von der Richtlinie vorgesehenen

[597] Siehe insbesondere S. 368-374.

Ausnahmefälle dem Spaltungsplan zustimmen müssen. Nach der zu „Schemes of Arrangement" ergangenen Rechtsprechung[598] müssen solche Anteilseigner nicht beteiligt werden, die im Abwicklungsfalle keinen rechtlichen oder faktisch erfüllbaren Anspruch auf den Liquidationserlös haben. Vom englischen Gesetzgeber hätte eine Klarstellung erfolgen sollen, daß im Anwendungsbereich der EG-Spaltungsrichtlinie auf deren Beteiligung an der Abstimmung über den Spaltungsplan nicht verzichtet werden kann, auch wenn man sich mit einer europarechtskonformen Auslegung begnügen könnte. Jedenfalls ist ein Spannungsfall mit Art. 5 (1) EG-Spaltungsrichtlinie gegeben.

Dieselben Ausführungen gelten für die Beteiligung der Anteilseigner der übernehmenden Gesellschaften grundsätzlich entsprechend, da sich ihre Beteiligung gem. sec. 427A (3), § 1 Sched. 15B CA 1985 ebenfalls nach den zu sec. 425 (2) CA 1985 entwickelten Rechtsprechungsgrundsätzen richtet. Jedoch wird es in der Praxis seltener vorkommen, daß eine übernehmende Gesellschaft bei einer Aufspaltung in solchen finanziellen Schwierigkeiten ist oder in solche gelangt, daß ihre Anteilseigner keine faktische Aussicht auf eine Beteiligung am Liquidationserlös im Abwicklungsfall hätten. Etwas anderes gilt nur für den ebenfalls seltenen Fall, daß Anteilseigner auch kein satzungsmäßiges Recht auf eine Teilhabe am Liquidationserlös besitzen.

Weiterhin besteht ein Konflikt mit den Gläubigerschutzanforderungen gem. Art. 12 (1), (2) EG-Spaltungsrichtlinie. Diese Regelungen sind anwendbar, da auf eine als alternatives Gläubigerschutzsystem gem. Art. 12 (6) EG-Spaltungsrichtlinie in Frage kommende uneingeschränkte gesamtschuldnerische Haftung der begünstigten Gesellschaften für die Verbindlichkeiten der gespaltenen Gesellschaft verzichtet wurde. Art. 12 (1) EG-Spaltungsrichtlinie verlangt ein angemessenes Gläubigerschutzsystem, das Art. 12 (2) EG-Spaltungsrichtlinie mit der konkreten Mindestforderung versieht, daß Gläubiger einen Anspruch auf angemessene Garantien haben sollen, wenn die finanzielle Lage einer beteiligten Gesellschaft dies erforderlich macht und die Gläubiger nicht schon ausreichende Garantien haben. Der nationale Gesetzgeber hat eine ausdrückliche Umsetzung dieser Vorgaben versäumt und sich durch § 15 Sched. 15B CA 1985 nur auf eine ausdrückliche Umsetzung einer gesamtschuldnerischen, durch das zugeteilte Nettoaktivvermögen begrenzte Ausfallhaftung gem. Art. 12 (3) EG-Spaltungsrichtlinie beschränkt. Ein Gläubigerschutz im Sinne von Sicherheits- oder Garantieleistungen gem. Art. 12 (2) EG-Spaltungsrichtlinie wird nur durch die Rechtsprechung in bezug auf gläubigerschützende Verfügungen gem. sec. 427 CA 1985 sowie durch die Ausübung des Genehmigungsermessens gewährleistet. In Anbetracht der Tatsache, daß Art. 12 (2) EG-Spaltungsrichtlinie den Gläubigern einen Anspruch auf Ga-

[598] Siehe S. 369 ff.

rantieleistung verleiht, wäre eine ausdrückliche gesetzgeberische Regelung zu erwarten gewesen, um Rechtsklarheit und Rechtssicherheit zu schaffen.

Das gesetzgeberische Regelungsunterlassen legt somit mehrere Verstöße gegen die Pflicht zur Umsetzung der EG-Spaltungsrichtlinie nahe. Da aber in England alles getan wird, um einer Anwendung von sec. 427A, Sched. 15B CA 1985 aus dem Weg zu gehen, wird eine Klärung der angesprochenen Fragen mit großer Wahrscheinlichkeit lange auf sich warten lassen. In der Praxis werden die Gesellschaften zudem auf Risikominimierung bedacht sein; im seltenen Fall, daß sie die als sperrig und umständlich empfundenen, kontinentaleuropäisch geprägten Vorschriften nicht umgehen, dürften sie daher die Gläubiger befriedigen oder ausreichende Sicherheiten für nicht fällige Ansprüche oder Garantien stellen, wenn nicht sogar die Zustimmung der Gläubiger erwirkt wird.

cc) Vor- und Nachteile sowie Hinweise zur rechtstatsächlichen Anwendung

Aufgrund des Fehlens materieller Vorgaben für einen Vergleichsplan sprechen keine spezifischen steuerlichen Vorteile für die Wahl eines „Scheme of Arrangement". Vielmehr hängt die steuerliche Behandlung ganz vom Inhalt eines Spaltungsplans gem. sec. 425 CA 1985 ab, so daß auf die Ausführungen zum Steuerrecht bei den anderen „demerger"-Methoden verwiesen werden kann.

Die Nachteile eines Vorgehens nach den secs. 425 ff. CA 1985 sind generell die Kompliziertheit, Dauer und Kosten eines solchen gerichtlich kontrollierten Verfahrens.

In der Praxis wird das Vergleichsplanverfahren gem. secs. 425 ff. CA 1985 insbesondere dann benutzt, wenn keine ausreichenden ausschüttbaren Kapitalrücklagen bestehen, um eine „distribution *in specie*" entweder als direkte Dividende oder über das Dreieck auszuführen, und wenn ein Liquidationsplan wegen des zu erwartenden Widerspruchs von Anteilseignern oder Gläubigern, wegen der beschränkten Flexibilität eines Liquidationsplans bei der Verteilung des Liquidationserlöses oder wegen einer schlechten Öffentlichkeitswirkung einer Auflösung der Gesellschaft unangebracht ist.[599]

Einen weiteren Vorteil des Verfahrens nach sec. 425 CA 1985 kann im Einzelfall die relativ geringe numerische Kopfmehrheit darstellen. Je nach Ausgestaltung verlangt eine Gesellschaftssatzung für eine Sachdividendenausschüttung einen außerordentlichen Anteilseignerbeschluß mit 75 %iger Stimmenmehrheit,

---

[599] Gubbins/Crawford/Brann, PLC Juli 1996, 37, 42.

die schwieriger zu erreichen sein kann, als die einfache Kopfmehrheit pro Anteilseignerklasse.[600]

Gegenüber dem Kapitalherabsetzungsverfahren bestehen zunächst keine direkten Vorteile. Beide Verfahren sind gerichtlich kontrolliert, kompliziert sowie zeit- und kostenaufwendig. Sofern keine ausreichenden Kapitalrücklagen zur Ausschüttung bereitstehen oder die Gesellschaft nicht gewillt ist, ausreichende Rücklagen für den Spaltungsvorgang zu verwenden, dann muß ohnehin das „Scheme of Arrangement“ mit dem Kapitalherabsetzungsverfahren kombiniert werden, um nicht gegen das Prinzip der Kapitalerhaltung zu verstoßen.[601]

Aufgrund des höheren Minderheitenschutzniveaus, das auf dem differenzierten „class“-Begriff in sec. 425 (1) CA 1985 beruht, ist statt einer Anwendung der secs. 125 ff. CA 1985 ein Rückgriff auf ein „Scheme of Arrangement“ außerdem dann zu empfehlen, wenn die Kapitalrückgewähr infolge einer Kapitalherabsetzung unter Abweichung von den Liquidationserlösrechten der Anteilseigner erfolgen soll.[602] Außerdem kann durch die meist optionale Einbeziehung der Gläubiger in den Vergleichsplan eine umfassendere Bindung und Rechtssicherheit erreicht werden. Somit stellt die größere Flexibilität des Vergleichsplanverfahrens ohne eine Einbuße an Rechtssicherheit wiederum einen Vorteil dar.

Was die Vorteile der secs. 425 ff. CA 1985 bei der Zwischenschaltung einer gläubigerlosen NewCo. zur späteren Liquidation derselben mittels eines Liquidationsplans gem. sec. 110 IA 1986 gegenüber einem öffentlichen Übernahmeangebot anbetrifft, soll auf die Darstellung des „takeover“[603] verwiesen werden. Generell wird es hier sehr häufig zur Implementierung eines „Scheme of Arrangement“ kommen, das jedoch kein eigentliches „demerger scheme“ ist, sondern nur einen Teilschritt in einem Gesamtplan darstellt.[604]

Selten wird als Vorteil die Möglichkeit gerichtlicher Hilfsanordnungen gemäß sec. 427 CA 1985 angeführt werden können, da diese Regelung nur im selteneren Fall des Vorliegens einer „reconstruction“ anwendbar ist.

---

[600] Vgl. Gubbins/Crawford/Brann, PLC Juli 1996, 37, 43.

[601] Vgl. Aveling Barford Ltd. v. Perion Ltd. [1989] B.C.L.C. 626; Gubbins/Crawford/Brann, PLC Juli 1996, 37, 43.

[602] Vgl. Plowman J. in Re Robert Stephens Holdings Ltd. [1968] 1 All E.R. 195.

[603] Siehe S. 245 ff.

[604] Vgl. etwa die Fallstudie zur Fusion der Verteidiungselektroniksparte der General Electric Company mit British Aerospace von Godden/Butler, PLC Januar/Februar 2000, 43 ff.

IV. Vergleich mit dem deutschen Recht

Ebenso wie in den bereits behandelten Anwendungsbereichen der internen Reorganisation und der Übernahme gibt es auch im Bereich der Vermögensübertragungen kein dem Vergleichsplanverfahren ähnelndes Generalrechtsinstitut im deutschen Kapitalgesellschaftsrecht, sofern man die Spaltung und Vermögensübertragung nach dem Umwandlungsgesetz nicht als Spezifizierungen eines allgemeinen Umwandlungsrechtsinstituts der Verschmelzung begreift, wozu das Schachtelprinzip des Umwandlungsgesetzes Anlaß geben könnte. Diese Rechtsinstitute weisen auch den höchsten Grad an Vergleichbarkeit mit den secs. 425 ff. CA 1985 auf. Um dies zu zeigen, wird zuvor ein kurzer Blick auf einzelvertragliche Gestaltungsmöglichkeiten geworfen.

1. Übertragende Auflösung

Im Aktienrecht wird die Vermögensübertragung in § 179 a AktG, der im übrigen auch für das GmbH-Recht gilt[605], behandelt. Diese Regelung macht die Wirksamkeit eines Vertrages zur Übertragung des gesamten oder nahezu gesamten Vermögens einer Aktiengesellschaft im Wege der Einzelrechtsnachfolge von der Zustimmung der Hauptversammlung abhängig. Durch diese Regelung werden die Vertretungsmacht des Vorstands beschränkt und die Aktionäre vor einer unangemessenen Vertragsgestaltung, besonders einer Übertragung an den bisherigen Mehrheitsaktionär geschützt.[606] Die herrschende Meinung[607] lehnt im übrigen die Ausdehnung des § 179 a AktG auf die Ausgliederung wesentlicher Unternehmensteile ab. Dort gibt es nur die im Innenverhältnis bedeutsame Pflicht des Vorstands, nach § 119 Abs. 2 AktG die Zustimmung der Hauptversammlung einzuholen, sofern es sich um eine Strukturmaßnahme von herausragender Bedeutung handelt.[608]

Da aber auch im deutschen Recht die Gewährung der Gegenleistung (Anteile, andere Wertpapiere, Bargeld) für eine solche Vermögensübertragung direkt an die Gesellschafter der übertragenden Gesellschaft im Hinblick auf die Kapitaler-

---

605 BGH, ZIP 1991, 509, 511; Hachenburg-Ulmer, GmbHG, § 53 Rz. 38, 164; Michalski-Hoffmann, GmbHG, § 53 Rz. 159; E.T. Kraft, in: Lutter (Hrsg.), Holding-Handbuch, 3. Aufl. 1998, Rz. B 124; Lutter-Lutter, UmwG, § 2 Rz. 30.

606 Hüffer, AktG, § 179 a Rz. 1.

607 BGHZ 83, 122, 129 („Holzmüller"); Hüffer, AktG, § 179 a Rz. 23; KK-Kraft, AktG, § 361 a.F. Rz. 10 f.; Geßler/Hefermehl-Kropff, AktG, § 361 a.F. Rz. 10; a.A. Timm, Die Aktiengesellschaft als Konzernspitze, 1980, S. 115 ff., 165 ff.; Lutter/Leinekugel, ZIP 1998, 805, 806 Fn. 21.

608 Hüffer, AktG, § 179 a Rz. 23, § 119 Rz. 16 ff. m.w.N.

haltungsvorschriften grundsätzlich unzulässig ist[609], bedarf es wie im englischen Recht einer Auflösung der Gesellschaft, um die an die Gesellschaft gerichtete Gegenleistung als Liquidationserlös an die Gesellschafter weiterzuleiten. Dabei kann der zusätzlich erforderliche Auflösungsbeschluß gem. § 262 Abs. 1 Nr. 2 AktG bzw. § 60 Abs. 1 Nr. 2 GmbHG schon vor der Übertragung oder erst danach gefaßt werden. Wird die Auflösung vorher beschlossen, nehmen die meist mit den Vorstands- bzw. Geschäftsführungsmitgliedern identischen Abwickler die Vermögensübertragung vor. Der Veräußerungserlös fällt in die Abwicklungsmasse und unterliegt insbesondere den Bindungen der §§ 271, 272 AktG bzw. §§ 72, 73 GmbHG. Es ist eine Sperrfrist von einem Jahr einzuhalten (sog. Sperrjahr), bevor das nach Begleichung der Verbindlichkeiten verbleibende Vermögen unter die Anteilseigner entsprechend ihren Rechten am Liquidationserlös verteilt werden darf, § 272 AktG, § 73 GmbHG.

Insgesamt entspricht die soeben dargestellte übertragende Auflösung eher der Liquidationsverschmelzung oder -spaltung gem. secs. 110, 111 IA 1986 als den Formen der „amalgamation", der „reconstruction" oder des „demerger" mittels Vergleichsplans gem. secs. 425 ff. CA 1985. Zwar findet bei letzterem ohne besondere Beantragung auch keine Auflösung der Gesellschaft durch gerichtliche Anordnung statt. Gleiches gilt für das der Gesamtrechtsnachfolge nahe kommende gerichtliche Vorgehen durch flankierende Anordnungen gem. sec. 427 CA 1985, das im übrigen bei Spaltungen nicht immer beantragt werden kann. Auch wäre die Erläuterungspflicht des Vorstands bei der Hauptversammlung nach § 179 a Abs. 3 S. 4 AktG[610] mit der allerdings schon im Vorfeld der Versammlung zu veröffentlichenden erklärenden Stellungnahme gem. sec. 426 CA 1985 vergleichbar. Außerdem besteht bei einer Vermögensübertragung eine ähnlich große Flexibilität im Hinblick auf die Art der zu erbringenden Gegenleistung, die so-

---

[609] Vgl. Hüffer, AktG, § 179 a Rz. 17; Geßler/Hefermehl-Kropff, AktG, § 361 a.F. Rz. 23 ff.; teilweise a.A. mit Hinweis auf die Haftung des Übernehmers gemäß dem nun abgeschafften § 419 BGB: KK-Kraft, AktG, § 361 a.F. Rz. 13.

[610] Vielfach wird vertreten, daß beim Sonderfall einer übertragenden Auflösung, bei der das gesamte Gesellschaftsvermögen an den Mehrheitsgesellschafter verkauft und die Gesellschaft anschließend aufgelöst wird, auf einzelne Vorschriften des UmwG analog zurückgegriffen werden muß, so daß ein formalisierter Vorstandsbericht entsprechend § 8 UmwG und eine Prüfung des Vorgangs durch unabhängige Sachverständige entsprechend § 9 UmwG geboten ist, ohne daß dadurch ein Verstoß gegen das in § 1 Abs. 2 UmwG verankerte Analogieverbot angenommen wird, vgl. Kallmeyer-Kallmeyer, UmwG, § 1 Rz. 23; Kallmeyer, FS Lutter, 2000, S. 1245, 1254, 1256; Lutter-Lutter, UmwG, Einl. Rz. 45; Lutter/Leinekugel, ZIP 1999, 261, 264; Trölitzsch, DStR 1999, 764, 765; Hirte, Rz. 898; a.A.: BayObLG, ZIP 1998, 2002; OLG Stuttgart, AG 1997, 136, 137; Hüffer, AktG, § 179 a Rz. 12 a; Henze, FS Boujong, 1996, S. 233, 249 f.; offenlassend: BVerfG, NJW 2001, 279, das eine analoge Anwendung nicht als verfassungsrechtlich zwingend geboten ansieht, wohl aber Schutzvorkehrungen, die verhindern, daß ein zum Ausscheiden gezwungener Anteilsinhaber unangemessen benachteiligt wird.

wohl in Anteilen, in anderen Wertpapieren als auch in Sachleistungen oder Geld bestehen kann.[611]

Der entscheidende Unterschied liegt aber darin, daß bei einem Vergleichsplanverfahren die Gegenleistung der aufnehmenden Gesellschaft direkt an die Anteilseigner erbracht werden kann, also auch an die an den Vergleichsplan gebundenen dissentierenden Anteilseigner. Außerdem werden heute regelmäßig die Hilfsanordnungen gem. sec. 427 CA 1985 erfolgreich beantragt, so daß faktisch kaum noch eine einzelvertragliche Übertragung vorkommt und die Gesellschaft meist durch gerichtliche Anordnung aufgelöst wird und das Durchlaufen eines anschließenden Abwicklungsverfahrens atypisch ist.

Die Gestaltung einer übertragenden Auflösung ist mithin eher mit dem Liquidationsplanverfahren gem. secs. 110, 111 IA 1986 vergleichbar, das wegen der zwölfmonatigen Angreifbarkeit der Transaktion einen ähnlich langwierigen Gläubigerschutz gewährleistet und mit einer förmlichen Abwicklung und Auflösung einhergeht.

2. Abspaltungsähnliche Vorgänge

Die übertragende Auflösung gem. §§ 179 a, 262 Abs. 1 Nr. 2 AktG ähnelt wegen der zwangsläufigen Auflösung der übertragenden Gesellschaft nur den durch Vergleichspläne durchgeführten Transaktionen, die nach dem wirtschaftlichen Ergebnis der Verschmelzung oder Aufspaltung entsprechen. Gleichzeitig beinhalten „demerger"-Vergleichspläne aber auch im wirtschaftlichen Ergebnis der Abspaltung ähnliche Transaktionen. Diese können abgesehen von der Abspaltung nach § 123 Abs. 2 UmwG im deutschen Kapitalgesellschaftsrecht in ähnlicher Weise wie in England auch auf anderem Wege durchgeführt werden. Die übertragende Gesellschaft transferiert Vermögen auf eine aufnehmende Gesellschaft, die als Gegenleistung Anteile oder andere Wertpapiere gewährt. Um diese an die Gesellschafter weiterzuleiten, können ohne Liquidation der Gesellschaft als Methoden die Kapitalherabsetzung sowie andere Ausnahmen vom Verbot der Einlagenrückgewähr benutzt werden.

In Deutschland erfolgte eine spaltende Kapitalherabsetzung etwa in den Fällen „Varta" und „Löwenbräu", in denen der bei der Herabsetzung frei werdende Be-

[611] Insoweit muß wohl auf eine Vermögensübertragung gem. § 179 a AktG zurückgegriffen werden, wenn die übernehmende Gesellschaft keine Anteile an ihr gewährt oder gewähren kann, kein Sonderfall einer Vermögensübertragung gem. §§ 174 ff. UmwG vorliegt oder zusätzlich zu Anteilen am übernehmenden Rechtsträger Barzuzahlungen erbracht werden sollen, die zehn Prozent des Gesamtnennbetrags der gewährten Anteile übersteigen (§§ 54 Abs. 4, 68 Abs. 3 UmwG).

trag in Tochtergesellschaftsaktien verteilt wurde.[612] Bei der Kapitalherabsetzung ist jedoch aus aktienrechtlicher Sicht insbesondere die Auszahlungssperrfrist von sechs Monaten gem. § 225 Abs. 2 AktG zu beachten. Eine weitere Kapitalrückführungsmöglichkeit, die zur Abspaltung benutzt werden kann, besteht ausdrücklich erst seit kurzem in der nur begrenzt möglichen Sachdividendenausschüttung gem. § 58 Abs. 5 AktG, die der „direct dividend"-Methode beim englischen „demerger"[613] entspricht. Als letzte, aber ebenfalls sehr beschränkte Abspaltungsalternative wird genannt, daß die übertragende Gesellschaft die als Gegenleistung erhaltenen Anteile oder Wertpapiere mit ihren Anteilseignern gegen eigene Anteile tauscht.[614]

Alle dargestellten Transaktionsformen, die im wirtschaftlichen Ergebnis zu einer Abspaltung führen, entsprechen im Ergebnis nicht den dargestellten „Schemes of Arrangement" mit Vermögensübertragungen, sondern vielmehr den auch im englischen Recht bestehenden oder möglichen „demerger"-Alternativen. Auf einen weiteren Vergleich kann daher verzichtet werden.

3. Verschmelzung, Auf- und Abspaltung nach dem UmwG

a) Allgemeines

Die durch ein „Scheme of Arrangement" mit Vermögensübertragung verwirklichten Umstrukturierungen entsprechen am ehesten denjenigen, die im deutschen Recht durch die Rechtsinstitute der Verschmelzung, Aufspaltung und Abspaltung im Sinne der §§ 2, 123 Abs. 1, 2, 4 UmwG verwirklicht werden. Dafür spricht nicht zuletzt die Umsetzung der EG-Verschmelzungs- und der EG-Spaltungsrichtlinie durch sec. 427A i.V.m. Sched. 15B CA 1985 im englischen und durch die entsprechenden Bestimmungen des Umwandlungsgesetzes im deutschen Recht.

Sofern der englische Vorgang eine „amalgamation" oder „reconstruction" gem. sec. 427 CA 1985 darstellt, ist weiterhin durch den Erlaß flankierender gerichtlicher Übertragungsanordnungen gem. sec. 427 (3)(a) CA 1985 eine der (partiellen) Gesamtrechtsnachfolge gem. §§ 20 Abs. 1 Nr. 1, 131 Abs. 1 Nr. 1 UmwG im deutschen Recht sich annähernde Übertragung der Aktiva und Passiva ohne einzelvertragliche Verfügungen möglich, obwohl dem englischen Recht die Uni-

612 Vgl. dazu KK-Lutter, AktG, vor § 222 Rz. 10 a.E.
613 Siehe S. 435 ff.
614 Vgl. Kallmeyer, ZIP 1994, 1746, 1749; diese Methode wäre in England nicht möglich, da zurückgekaufte eigene Anteile nicht mehr verwandt werden dürfen.

versalsukzession unbekannt bleibt.[615] Bei der Auf- und Abspaltung werden die praktischen Vorteile der partiellen Gesamtrechtsnachfolge im deutschen Recht ohnehin gem. §§ 132, 131 Abs. 1 Nr. 1 S. 2 UmwG durch Geltung der allgemeinen Übertragungshindernisse so stark eingeschränkt[616], daß im Ergebnis kaum ein Unterschied zur englischen Rechtslage nach sec. 427 (3)(a) CA 1985 besteht, wenngleich § 132 S. 2 UmwG bei der Aufspaltung durch den Ausschluß der Geltung des § 399 BGB zu einer gewissen Übertragungserleichterung beiträgt.

Eine weitere wichtige Gemeinsamkeit besteht außerdem darin, daß es bei entsprechender Anordnung gem. sec. 427 (3)(d) CA 1985 durch das englische Gericht wie in Deutschland gem. §§ 20 Abs. 1 Nr. 2, 131 Abs. 1 Nr. 2 UmwG keiner Abwicklung und Auflösung bedarf, damit die übertragende Gesellschaft erlischt.

Verzichtet wird auf einen Vergleich mit der Vermögensübertragung gem. §§ 174 ff. UmwG. Diese ermöglicht zwar wie das „Scheme of Arrangement" eine größere Flexibilität im Hinblick auf die vom übernehmenden Rechtsträger zu erbringende Gegenleistung. Bei der Verschmelzung, Auf- und Abspaltung kommen als Gegenleistung gem. §§ 20 Abs. 1 Nr. 3, 131 Abs. 1 Nr. 3 UmwG nämlich nur Anteile des übernehmenden Rechtsträgers, eventuell gepaart mit einer im Umfang beschränkten Barzuzahlung, die 10 % gemessen am Gesamtnenntrag der gewährten Anteile nicht übersteigt, in Frage, vgl. §§ 54 Abs. 4, 68 Abs. 3, 125 UmwG.

Jedoch hat die größere Gegenleistungsflexibilität bei der Vermögensübertragung ihren Grund darin, daß bei den in § 175 UmwG enumerativ aufgezählten Rechtsträgern (öffentliche Hand, öffentlich-rechtliche Versicherungsunternehmen, Versicherungsvereine auf Gegenseitigkeit sowie Versicherungsaktiengesellschaften) aus strukturellen Gründen ein Umtausch von Anteilen und damit der Weg der Verschmelzung und Spaltung ausscheidet, trotz dieses Mankos sollen diesen Rechtsträgern Umwandlungsmaßnahmen im Wege der Gesamtrechtsnachfolge ermöglicht werden.[617] Da der Anwendungsbereich der Vermögensübertragung jedoch stark eingeschränkt ist und nur teilweise das Kapitalgesellschaftsrecht berührt, soll auf einen Vergleich im folgenden verzichtet werden.

Da bei den beiden genannten Spaltungsformen auf das Grundmodell der Verschmelzung verwiesen wird und deren Regelungen entsprechend anzuwenden sind, sofern sie nicht durch die Sondervorschriften der Spaltung verdrängt werden, vgl. § 125 UmwG, soll im folgenden ein Vergleich mit der Verschmelzung

---

[615] Vgl. zu den auch im deutschen Recht bestehenden Ausnahmen Kallmeyer-Marsch-Barner, UmwG, § 20 Rz. 6 ff.; Lutter-Grunewald, UmwG, § 20 Rz. 13 ff.

[616] Vgl. im einzelnen Kallmeyer-Kallmeyer, UmwG, § 132 Rz. 1 ff.; Lutter-Teichmann, UmwG, § 132 Rz. 22 ff.

[617] Lutter-H. Schmidt, UmwG, § 174 Rz. 1.

vorgenommen werden. Auf Abweichungen bei der Auf- oder Abspaltung wird nur bei Bedarf eingegangen. Eine solche, integrierende Vorgehensweise ist auch durch die bereits ausgeführten[618] Unterschiede zwischen dem Begriff „amalgamation“ und dem der Verschmelzung begründet. Ersterer ist weiter und umfaßt daher auch Abspaltungen von wesentlichen Unternehmens- oder Geschäftsbereichsteilen, so daß ein getrennter Vergleich nicht sinnvoll erscheint.

b) Verfahrensablauf

Nach Aushandlung eines mit der Vergleichsplanvorlage („scheme document“) vergleichbaren Verschmelzungs- oder Spaltungsvertrags[619] durch den Vorstand oder die Geschäftsführung der beteiligten Gesellschaften und der notariellen Beurkundung dieses Vertrages wird er den Anteilseignern zur Entscheidung vorgelegt. Ohne ihre Zustimmung bleibt der Vertrag schwebend unwirksam, (§§ 125, 135 Abs. 1 i.V.m.) § 13 Abs. 1 UmwG.

Wie bei einem Liquidationsplan im Sinne der secs. 110, 111 IA 1986 ist es gem. (§ 125 i.V.m.) § 4 Abs. 2 UmwG auch möglich, der Hauptversammlung nur einen Vertragsentwurf zur Abstimmung vorzulegen. Der später zu schließende Vertrag muß dem Entwurf entsprechen.[620] Ein solches Vorgehen durch ein „Scheme of Arrangement“ gem. secs. 425 ff. CA 1985 wird im englischen Schrifttum und der Rechtsprechung nicht erwähnt, obwohl es ebenfalls denkbar erscheint.

Ein wichtiger Unterschied des umwandlungsrechtlichen Verfahrens zu den secs. 425 ff. CA 1985 besteht darin, daß eine Verschmelzung oder Spaltung in Deutschland nicht nur für die übertragende, sondern auch für die übernehmende Gesellschaft als Grundlagenentscheidung aufgefaßt wird, die notwendigerweise in die Entscheidungskompetenz der Haupt- bzw. Gesellschafterversammlung fällt. Eine Ausnahme besteht nur, wenn die übernehmende Aktiengesellschaft mindestens 90 % an der übertragenden Gesellschaft hält und eine 5 %ige Aktionärsminderheit einen Beschluß nicht ausdrücklich verlangt, (§ 125 i.V.m.) § 62 Abs. 1, 2 UmwG.

Da in England die „amalgamation“ nur als Einbringungsvorgang im Rahmen einer Kapitalerhöhung auf Seiten der übernehmenden Gesellschaft betrachtet wird, ergibt sich eine Anteilseignerversammlungskompetenz zur Kapitalerhöhung nur bei einer nicht ausreichenden Differenz zwischen gezeichnetem und Nomi-

---

618 Siehe S. 326 ff.

619 Bzw. im Falle der Spaltung zur Neugründung mangels möglichen Vertragspartners eines Spaltungsplans, vgl. § 136 UmwG.

620 BGHZ 82, 188 („Hoesch/Hoogovens“).

nalkapital, sofern der Verwaltungsrat zur Ausgabe von Anteilen grundsätzlich ermächtigt ist. Nur bei gewissen Transaktionen börsennotierter Gesellschaften wird eine Hauptversammlungszustimmung der übernehmenden Gesellschaft allgemein erwartet. Überraschend ist auch der liberale englische Paritätsglauben, der bei „private companies" ganz und bei „public companies" bei der Einbringung aller Aktiva und Passiva einer anderen Gesellschaft auf eine unabhängige Bewertung der bei der übernehmenden Gesellschaft eingebrachten Sacheinlage verzichtet. Lediglich auf europarechtlichen Druck hin wurde durch die praktisch fast nie relevante, dem Minimalprinzip verpflichtete sec. 427A CA 1985 i.V.m. § 1 Sched. 15B CA 1985 eine Zustimmungskompetenz aller Anteilseignerklassen der übernehmenden Gesellschaft begründet. Da durch eine Verschmelzung, Aufspaltung oder Abspaltung aber neue Anteilseigner zu den alten der übernehmenden Gesellschaft hinzukommen und dies für die Altanteilseigner eine grundlegende Änderung ihrer Beteiligung bedeutet und ihre relative Beteiligung an der Gesellschaft und damit ihr Einfluß sinkt, kann die englische Rechtslage nicht als vorbildlich bezeichnet werden, auch wenn ihr aus rein formaler Sicht zuzustimmen ist, daß der Verwaltungsrat ja im vorhinein durch die entsprechende Festsetzung der Nominalkapitalziffer und die zusätzliche Ermächtigung zur Ausgabe neuer Anteile legitimiert worden ist und eine Ermächtigungsrücknahme jederzeit durch einen ordentlichen Anteilseignerbeschluß möglich ist. Durch die akquisitionsfreundliche Rechtslage wird jedoch der Anteilseignerschutz empfindlich getroffen, da eine angemessene Kontrolle des Verwaltungsrats nicht gewährleistet ist.

Nach den Zustimmungsbeschlüssen wird der Verschmelzungs- oder Spaltungsvertrag im deutschen Recht zwischen den beteiligten Rechtsträgern schuldrechtlich bindend. Lag nur ein Vertragsentwurf vor, werden die Vertretungsorgane zu einem dem Entwurf entsprechenden Vertragsabschluß verpflichtet.

Vollzogen wird die Verschmelzung oder Spaltung erst mit Eintragung in das Handelsregister, § 20 bzw. (§ 135 Abs. 1 i.V.m.) § 131 UmwG, und nicht wie in England durch bloße Hinterlegung des Genehmigungsbeschlusses beim Gesellschaftsregister begleitet von der flankierenden Anordnung der Vermögensübertragung und Auflösung ohne Abwicklung. Die Verschmelzung oder Spaltung wird in Deutschland zunächst ins Register der übertragenden, (§ 125 Abs. 1 i.V.m.) § 16 Abs. 1 UmwG, und anschließend ins Register der übernehmenden Gesellschaft, §§ 19 Abs. 1, 130 Abs. 1 UmwG, eingetragen. Erst durch die letztgenannte Eintragung geht das gesamte Vermögen (Aktiva und Passiva) im Wege der im Vergleich zu den Übertragungsmöglichkeiten gem. sec. 427 (3)(a) CA 1985 weitreichenderen Gesamtrechtsnachfolge über. Bei der Spaltung kommt es zu einer partiellen Gesamtrechtsnachfolge im Hinblick auf die betroffenen Vermögensbestandteile.

Mit der Eintragung werden die Gesellschafter der übertragenden Gesellschaft nach Maßgabe des im Verschmelzungs- bzw. Auf- oder Abspaltungsvertrages festgelegten Umtauschverhältnisses Gesellschafter der übernehmenden Gesellschaft, §§ 20 Abs. 1 Nr. 3, 131 Abs. 1 Nr. 3 UmwG. Mängel der notariellen Beurkundung des Vertrages werden geheilt, §§ 20 Abs. 1 Nr. 4, 130 Abs. 1 Nr. 4 UmwG. Außerdem lassen andere Mängel unabhängig von deren Schwere die Wirksamkeit der Verschmelzung unberührt.

Insgesamt sorgt das deutsche Recht damit für einen einheitlichen Übergang ohne rechtlichen Bruch, der in England nicht unbedingt garantiert ist. Erst durch eine zeitliche Koordination der gerichtlichen Anordnungen gem. sec. 427 (3) CA 1985, sofern diese überhaupt beantragt werden, wird ein solcher Bruch vermieden.

c) Anteilseigner- und Minderheitenschutz

aa) Mehrheits- und Zustimmungserfordernisse

Genauso wie auch bei allen anderen Grundlagenentscheidungen stellt das Erfordernis einer qualifizierten Mehrheit ein erstes Instrument des Minderheitenschutzes dar. So muß bei der Aktiengesellschaft eine Mehrheit von drei Vierteln des vertretenen Grundkapitals sowie eine einfache Stimmenmehrheit erreicht werden, (§§ 125, 135 Abs. 1 i.V.m.) § 65 Abs. 1 S. 1 UmwG. Bei der GmbH bedarf der Zustimmungsbeschluß einer ¾-Mehrheit der abgegebenen Stimmen, (§§ 125, 135 Abs. 1 i.V.m.) § 50 Abs. 1 S. 1 UmwG. In beiden Fällen kann die Satzung noch höhere Mehrheiten und weitere Erfordernisse bestimmen; die Festlegung niedrigerer Mehrheiten ist ausgeschlossen, (§§ 125, 135 Abs. 1 i.V.m.) § 65 Abs. 1 S. 2, § 50 Abs. 1 S. 2 UmwG.

Beim Vorhandensein mehrerer Aktiengattungen bedarf der Hauptversammlungsbeschluß zu seiner Wirksamkeit der Zustimmung der stimmberechtigten Aktionäre jeder Gattung durch einen Sonderbeschluß, dessen Mehrheitsanforderungen sich nach denjenigen des Hauptversammlungsbeschlusses richten, (§§ 125, 135 Abs. 1 i.V.m.) § 65 Abs. 2 UmwG. Eine Beeinträchtigung der Gattungsrechte ist wie bei § 182 Abs. 2 AktG nicht erforderlich.[621] Das Sonderbeschlußerfordernis für stimmrechtslose Vorzugsaktien hingegen lebt gem. § 141 Abs. 1 S. 1 AktG erst auf, wenn der Vorzug durch die Verschmelzung beeinträchtigt

621 Kallmeyer-Zimmermann, UmwG, § 65 Rz. 22.

wird oder wegfällt.[622] Bei der GmbH müssen Inhaber von statutarischen Sonderrechten bei Beeinträchtigung dem Verschmelzungsbeschluß zustimmen, damit dieser Wirksamkeit erlangt, (§§ 125, 135 Abs. 1 i.V.m.) § 50 Abs. 2 UmwG. Nicht umfaßt sind gesetzliche Sonderrechte, aber auch Gewinn- oder Liquidationserlösvorzüge, da das bei ihnen bestehende vermögensrechtliche Element bei der Bemessung des Umtauschverhältnisses zu berücksichtigen ist.[623]

Da die Rechtslage im Grunde derjenigen bei internen Strukturänderungen entspricht, kann für den Rechtsvergleich auf die Ausführungen dort[624] verwiesen werden, insbesondere im Hinblick auf die durchgehende Anwendung des Prinzips der qualifizierten Mehrheit, den Schutz von Gattungs- und Sonderrechten durch den differenzierteren „class"-Begriff sowie den Verzicht auf eine Hauptversammlungsentscheidung zugunsten einer Entscheidung der unmittelbar betroffenen Anteilseigner. Zu kritisieren ist wiederum das Fehlen eines § 179 Abs. 3 AktG entsprechenden Beeinträchtigungserfordernisses in § 65 Abs. 2 UmwG.

Eine besondere Erwähnung sei die in § 128 UmwG als Sonderfall geregelte sogenannte nicht verhältniswahrende Spaltung wert. Das Umwandlungsgesetz geht ohne ausdrückliche Nennung wie selbstverständlich davon aus, daß bei der Spaltung wie auch bei allen anderen Umwandlungsarten die gewährten Anteile der übernehmenden Gesellschaft genau in dem prozentualen Umfang zugeteilt werden, wie es der vorherigen Beteiligung an der übertragenden Gesellschaft entspricht.[625] Das ergibt sich nicht zuletzt aus dem verfassungsrechtlich geschützten Eigentumsrecht des einzelnen Gesellschafters gem. Art. 14 GG, das eine willkürliche Vermögensverschiebung bei Umstrukturierungen verbietet.[626] § 128 UmwG erlaubt ausnahmsweise[627] bei der Auf- und Abspaltung[628] eine nicht verhältniswahrende Umwandlung, bei der die neu zugeteilten Anteile in der Summe zwar dem Wert des übertragenen Vermögensteils entsprechen müssen, aber abweichend von den Beteiligungsverhältnissen der übertragenden Gesellschaft aufgeteilt werden können. Auf diesem Wege ist eine Aufteilung einer Gesellschaft, die

---

622 Kallmeyer-Zimmermann, UmwG, § 65 Rz. 22.

623 Lutter-M. Winter, UmwG, § 50 Rz. 18; Kallmeyer-Zimmermann, UmwG, § 65 Rz. 21.

624 Siehe S. 187 ff.

625 Hirte, Rz. 980.

626 Hirte, Rz. 981.

627 De lege lata wird nach dem Dogma der Anteilsgewährpflicht eine Nichtzuteilung an gewisse Anteilseigner der übertragenden Gesellschaft bei der Verschmelzung nach herrschender Meinung generell verneint, vgl. Widmann/Mayer-Mayer, UmwR, § 5 UmwG Rz. 20 ff., § 126 UmwG Rz. 276; Lutter-Lutter, UmwG, § 5 Rz. 9; Lutter-M. Winter, UmwG, § 54 Rz. 16 ff. m.w.N.

628 Eine nicht verhältniswahrende Ausgliederung scheidet mangels Zuteilung von Anteilen an die Anteilsinhaber der übertragenden Gesellschaft per definitionem aus, vgl. Lutter-Priester, UmwG, § 128 Rz. 3.

beim Vorhandensein mehrerer Familienmitglieder oder -stämme beabsichtigt werden kann, möglich.[629] Wegen der sich bei einer solchen nicht verhältniswahrenden Aufspaltung ergebenden Vermögensverschiebung und der daraus folgenden schwerwiegenden Beeinträchtigung fordert das Gesetz in § 128 UmwG die Zustimmung jedes Gesellschafters der übertragenden Gesellschaft.[630] Ganz überwiegend[631] wird darüber hinaus vertreten, daß neben dieser quotenabweichenden Spaltung eine sogenannte „Spaltung zu Null" zulässig sein soll, bei der einem oder mehreren Gesellschaftern der übertragenden Gesellschaft kein neuer Anteil gewährt wird.

Das englische Vergleichsplanverfahren ermöglicht im Hinblick auf nicht verhältniswahrende Umstrukturierungen eine maximale Flexibilität, und das nicht nur bei Auf- oder Abspaltungen entsprechenden Vorgängen. Quotenabweichende Umstrukturierungen werden im Zusammenhang mit den secs. 425 ff. CA 1985 auch zur Umgehung der sonst einzuhaltenden Schutzmechanismen des Liquidationsplanverfahrens gem. secs. 110, 111 IA 1986 verwandt. Insgesamt könnte die in England bestehende Flexibilität Anlaß dazu geben zu fragen, ob nicht auch in Deutschland ein Bedürfnis für eine größere Umstrukturierungsflexibilität bei Verschmelzungen besteht und man Abweichungen vom Grundsatz der Quotengleichbehandlung mit entsprechender Zustimmung der nachteilig Betroffenen Anteilsinhaber auch dort zulassen sollte. Weiterhin erscheint es sinnvoll, die Zustimmung aller Anteilsinhaber gem. § 128 UmwG durch die Zustimmung nur der nachteilig betroffenen Anteilsinhaber und im Falle von Aktiengesellschaften eines auf dem Mehrheitsprinzip beruhenden Sonderbeschlusses der nachteilig betroffenen Aktionäre nach dem Vorbild von § 179 Abs. 3 AktG zu ersetzen.

Ein weiterer Aspekt des Anleger- und Minderheitenschutzes betrifft Inhaber von Rechten in einem übertragenden Rechtsträger, die kein Stimmrecht gewähren, insbesondere also Inhaber von stimmrechtslosen Anteilen, Wandel- und Gewinnschuldverschreibungen sowie Genußrechten. Diesen sind gem. (§§ 125, 135 Abs. 1 i.V.m.) § 23 UmwG gleichwertige Rechte in dem übernehmenden Rechtsträger zu gewähren. Bei der Abspaltung können die gleichwertigen Rechte gem. (§ 135 Abs. 1 i.V.m.) § 133 Abs. 2 S. 2 UmwG auch im übertragenden Rechtsträger gewährt werden.

---

629 BegrRegE zu § 128, bei Widmann/Mayer, UmwR, Bd. I.

630 Vgl. Lutter-Priester, UmwG, § 128 Rz. 2.

631 LG Konstanz, ZIP 1998, 1226; Schmitt/Hörtnagl/Stratz-Hörtnagl, UmwG/UmwStG, § 128 UmwG Rz. 11 ff., insbes. 16; Lutter-Krieger, UmwG, § 128 Rz. 11 f.; Kallmeyer-Kallmeyer, UmwG, § 123 Rz. 4, § 128 Rz. 4; Semler/Stengel-J. Semler/Stengel, UmwG, § 126 Rz. 29, § 128 Rz. 6; diff. Widmann/Mayer-Mayer, UmwR, § 126 UmwG Rz. 274 ff., § 128 UmwG Rz. 29.

Das englische Recht enthält ausgehend von der Paritätsdoktrin keine vergleichbaren Vorschriften für den Verschmelzungs- oder Spaltungsfall.[632] Die Abstimmung in Klassen und die nachfolgende gerichtliche Überprüfung ohne Nachprüfung durch unabhängige Sachverständige gewährleistet die Gleichwertigkeit einer etwaig angebotenen Gegenleistung nur unzureichend. Die durch die secs. 425 ff. CA 1985 gewährte Flexibilität ist in bezug auf die Gewährleistung der Angemessenheit oder Gleichwertigkeit der Gegenleistung mit einer Reduzierung des Verwässerungsschutzes verbunden, die im deutschen Recht nicht wünschenswert ist und mit Art. 14 GG in Konflikt geraten könnte. Davon abgesehen ist im englischen Recht bereits unklar, ob die Sonderrechtsinhaber, die keine Anteilseigner sind, überhaupt in den Vergleichsplan einbezogen werden müssen.

bb) Informationspflichten

Das UmwG stellt im Interesse einer ausreichenden Information der Anteilseigner, die eine sachgerechte Entscheidung ermöglichen soll, weitgehende Informationspflichten auf, die über das von sec. 426 CA 1985 bestehende Niveau hinausgehen und dem europarechtlich geprägten, in der Praxis aber völlig unbedeutenden von sec. 427A CA 1985 i.V.m. Sched. 15B CA 1985 in etwa entsprechen.

Zunächst fixiert § 5 UmwG bzw. (§§ 136, 135 Abs. 1 i.V.m.) § 126 Abs. 1 UmwG einen gesetzlichen Mindestinhalt des Verschmelzungs- bzw. Spaltungsvertrages. In einem Spaltungsvertrag muß insbesondere die genaue Aufteilung des gesamten Gesellschaftsvermögens festgelegt werden, § 126 Abs. 1 Nr. 9 UmwG. Darüber hinaus haben die Vertretungsorgane jeder der beteiligten Gesellschaften einen ausführlichen Verschmelzungs- oder Spaltungsbericht zu erstellen, der die geplante Umstrukturierung erläutert und begründet, § 8 UmwG bzw. (§ 135 Abs. 1 i.V.m.) § 127 UmwG. Im Mittelpunkt steht dabei die Erläuterung des Umtauschverhältnisses der Anteile, von dessen Angemessenheit der Erhalt des durch die Mitgliedschaft vermittelten Vermögenswertes der Beteiligung abhängt.

Diese Berichtspflicht entfällt, wenn keine Gefahr einer Vermögensverschiebung besteht. Das ist nur der Fall, wenn es sich bei der übertragenden Gesellschaft um eine 100 %ige Tochtergesellschaft handelt, (§ 127 S. 2 i.V.m.) § 8 Abs. 3 S. 1 Alt. 2 UmwG. Außerdem ist der Bericht entbehrlich, wenn alle Anteilseig-

[632] Art. 15 EG-Verschmelzungsrichtlinie und Art. 13 EG-Spaltungsrichtlinie fordern in ihrem Anwendungsbereich dann keine dem § 23 UmwG entsprechende Gleichwertigkeit, wenn eine Versammlung, soweit sie im einzelstaatlichen Recht vorgesehen ist, der Änderung der Rechte zustimmt. Es besteht also genügend Spielraum, wenn die Inhaber von Sonderrechten in einen Vergleichsplan gem. sec. 425 CA 1985 einbezogen werden und so eine Versammlung der Sonderrechtsinhaber abstimmt.

ner, deren Schutz der Bericht dient, auf ihn verzichten, (§ 127 S. 2 i.V.m.) § 8 Abs. 3 S. 1 Alt. 1 UmwG.

Ein weiterer, äußerst wichtiger Schutzmechanismus besteht in der Verschmelzungs- oder Spaltungsprüfung, die zwingend vorgeschrieben ist, soweit Aktiengesellschaften an der Umwandlung beteiligt sind, (§§ 135 Abs. 1, 125 Abs. 1 S. 1 i.V.m.) § 60 Abs. 1 i.V.m. §§ 9-12 UmwG. Bei der GmbH ist sie nur durchzuführen, wenn mindestens ein Gesellschafter dies verlangt, (§§ 135 Abs. 1, 125 Abs. 1 S. 1 i.V.m.) § 48 i.V.m. §§ 9-12 UmwG. Außerdem ist die Prüfung unter denselben Voraussetzungen entbehrlich wie der Verschmelzungs- oder Spaltungsbericht, (§ 125 Abs. 1 S. 1 i.V.m.) § 9 Abs. 3 i.V.m. § 8 Abs. 3 UmwG.

Die Prüfung muß durch unabhängige und außenstehende Sachverständige durchgeführt werden. Der Schwerpunkt der den gesamten Vertrag(-sentwurf) umfassenden Prüfung liegt an der sensibelsten Stelle, dem Umtauschverhältnis. Der von den Prüfern erstattete Bericht, § 12 UmwG bzw. (§ 135 Abs. 1 i.V.m.) § 127 UmwG, ist von der Einberufung zur Hauptversammlung an, die über die Zustimmung zum Vertrag beschließen soll, in den Geschäftsräumen der Gesellschaft zur Einsicht auszulegen, (§§ 135 Abs. 1, 125 i.V.m.) § 63 Abs. 1 Nr. 5 UmwG, und auf Verlangen jedem Aktionär unverzüglich und kostenlos zuzusenden, (§§ 135 Abs. 1, 125 i.V.m.) § 63 Abs. 3 UmwG. In der GmbH ergibt sich die Verpflichtung zur Zusendung aus (§§ 135 Abs. 1, 125 i.V.m.) § 47 UmwG.

Bemerkenswert aus rechtsvergleichender Sicht ist die minimalistische Umsetzung der europarechtlichen Vorgaben in England und die durch die Erstreckung auf die GmbH über das Europarecht hinausgehende Umsetzung in Deutschland. Auch der Blick auf die praktische Bedeutungslosigkeit der sec. 427A CA 1985 i.V.m. Sched. 15B CA 1985 zeigt, daß der deutsche Gesetzgeber gut daran getan hat, im Anteilseignerschutz andere Akzente als in England zu setzen. Der englische Paritätsglaube wäre nämlich nur dann berechtigt, wenn die Anteilseigner tatsächlich hinreichend aufgeklärt und durch eine generelle unabhängige Überprüfung des Umtauschverhältnisses geschützt würden. Das englische Recht, das ein solches Schutzniveau nur im Hinblick auf gewisse, leicht umgehbare Verschmelzungs- und Aufspaltungskonstellationen unter Beteiligung von „public companies“ gewährleistet[633], kann nicht als vorbildlich bezeichnet werden. Auch der Verweis auf die Sacheinlagenprüfung gem. secs. 103, 108 CA 1985 bei einer übernehmenden „public company“ ist unzureichend, zumal bei einer Verschmelzung, bei der alle Aktiva und Passiva übertragen werden, eine Prüfung gem. sec. 103 (5) CA 1985 unterbleiben darf.

---

[633] Siehe S. 392 ff., 453 f.

cc) Gerichtliche Kontrolle

Auch bei der Verschmelzung und Spaltung kommt es im deutschen Recht zu keiner vorzeitigen Einschaltung des Gerichts wie beim Vergleichsplanverfahren. Vielmehr bleibt es bei der üblichen nachträglichen Überprüfung durch das Registergericht und der Möglichkeit der Erhebung einer Anfechtungs- oder Nichtigkeitsklage. Wie bei den §§ 320 ff., 327 a ff. AktG zieht eine solche Klageerhebung gem. (§ 125 i.V.m.) § 16 Abs. 2 UmwG eine Registersperre nach sich. (§ 125 i.V.m.) § 16 Abs. 3 UmwG beinhaltet ein fast identisches Freigabe- oder Unbedenklichkeitsverfahren wie §§ 319 Abs. 6, 327 e Abs. 2 AktG, so daß auf den bereits erfolgten Rechtsvergleich zwischen den §§ 320 ff., 327 a ff. AktG mit dem Vergleichsplanverfahren[634] weitestgehend verwiesen werden kann. Es ist jedoch zu betonen, daß aufgrund der Beschlußfassung sowohl in der übertragenden als auch in der übernehmenden Gesellschaft anders als in England die Anteilseigner beider Rechtsträger immer gegen einen Beschluß klagen können, so daß der Minderheitenschutz in Deutschland noch stärker ausgeprägt ist.

Im Vergleich zu den §§ 319 Abs. 6, 327 e Abs. 2 AktG beinhaltet (§ 125 i.V.m.) § 16 Abs. 3 S. 6 2. HS UmwG außerdem einen kleinen, aber wichtigen Unterschied. Diese Regelung verwehrt einem trotz erfolgter Freigabe und Eintragung erfolgreichen Kläger den Schadensersatz durch Naturalrestitution und verweist ihn auf einen individuellen Schadensersatzanspruch in Geld. § 16 Abs. 3 S. 6 2. HS UmwG steht in einem engen normativen Zusammenhang mit den §§ 20 Abs. 2, 131 Abs. 2 UmwG, die regeln, daß Mängel der Verschmelzung oder Spaltung die Wirkungen der jeweiligen Eintragung in das Handelsregister unberührt lassen. Die durch die §§ 16 Abs. 3 S. 6 2. HS, 20 Abs. 2, 131 Abs. 2 UmwG geregelte Unumkehrbarkeit einer einmal eingetragenen Verschmelzung oder Spaltung wird nämlich vom Richter bei einer Freigabe- bzw. Unbedenklichkeitsentscheidung gem. (§ 125 i.V.m.) § 16 Abs. 3 UmwG mitberücksichtigt, so daß in der Rechtsprechungspraxis[635] eine gesteigerte Freigabezurückhaltung besteht. Die Differenz mit der eine sofortige Wirksamkeit der Strukturänderung gewährleistenden Rechtslage in England wird folglich noch größer als schon im Zusammenhang mit den §§ 319 Abs. 6, 327 e Abs. 2 AktG aufgezeigt.

Ein weiterer Aspekt der gerichtlichen Kontrolle betrifft die Irreversibilität einer Verschmelzung oder Spaltung nach einmal erfolgter Eintragung. Eine Rückgängigmachung der Umstrukturierung wird nach dem in den §§ 20 Abs. 2, 131 Abs.

---

[634] Siehe S. 298 ff.

[635] Vgl. OLG Karlsruhe, EWiR § 16 UmwG 1/98, 469; LG Hanau, ZIP 1995, 1820 („Schwab/Otto"); OLG Frankfurt/Main, ZIP 1997, 1291 („Chemische Werke Brockhues").

2 UmwG zum Ausdruck gebrachten Willen des Gesetzgebers[636] anders als im englischen Recht kategorisch ausgeschlossen. Die Unumkehrbarkeit wird mit den großen rechtlichen und tatsächlichen Schwierigkeiten, die mit einer Rückgängigmachung verbunden sind, begründet. Teilweise[637] wird zwar kritisiert, daß auch eine Rückgängigmachung der Verschmelzung oder Spaltung mit Wirkung ex nunc zu befriedigenden Ergebnissen führen könne und bei schwersten Rechtsverletzungen möglich sein solle. Letztlich kann aber in Deutschland von der Bestandskraft der Umstrukturierung auch für die Zukunft nach einmal erfolgter Eintragung ausgegangen werden.[638]

Das englische Recht gesteht dem richterlichen Ermessen bei der Frage nach der Bestandskraft einer einmal wirksamen Strukturänderung Entscheidungsspielraum zu. Bei weitgreifenden Strukturänderungen mit Außenwirkung, also bei den hier behandelten Fällen der Verschmelzung und Spaltung, wird jedoch auch in England der Bestandsschutz fast ausnahmslos überwiegen. Anders kann das Ergebnis nur ausfallen, wenn eine kriminelle Handlung kausal für die gerichtliche Genehmigungsanordnung war und die verletzte Norm dem Anteilseignerschutz, dem Schutz der Gesellschaft und dem öffentlichen Interesse zu dienen bestimmt war. Im Ergebnis dürfte eine Rückgängigmachung der Strukturänderung in England daher praktisch nur in Extremfällen vorkommen und wenn, dann auch nur ex tunc, so daß tatsächliche Unterschiede zur Rechtslage in Deutschland kaum vorhanden sind.

Ausgenommen von der Angreifbarkeit durch eine Nichtigkeits- oder Anfechtungsklage ist gem. (§ 125 i.V.m.) § 14 Abs. 2 UmwG - ähnlich wie bei einer Mehrheitseingliederung oder einem Squeeze-out im Hinblick auf die Abfindungshöhe - die Überprüfung des Umtauschverhältnisses. Hinsichtlich dieser sensiblen Frage werden die Anteilseigner auch bei der Verschmelzung bzw. Auf- oder Abspaltung auf das Spruchverfahren verwiesen, das seit dem 1. September 2003 nicht mehr im UmwG, sondern gesondert im Spruchverfahrensgesetz[639] geregelt ist und gem. (§ 125 i.V.m.) § 15 UmwG zu einer baren Zuzahlung als Ausgleich

---

[636] BegrRegE zu § 20 Abs. 2 UmwG, siehe bei: Widmann/Mayer, UmwR, Bd. 1; umstritten ist heute, ob man von einer umfassenden Heilungswirkung der Eintragung sprechen kann, bejahend: BayObLG, AG 2000, 130; Kallmeyer-Marsch-Barner, § 20 Rz. 33, 47, Lutter-Grunewald, UmwG, § 20 Rz. 69 f.; verneinend: MüKo-Hüffer, AktG, § 242 Rz. 28; Schmitt/Hörtnagl/Stratz-Stratz, UmwG, § 20 Rz. 97; K. Schmidt, ZIP 1998, 181, 184, 186 f.

[637] Schmid, ZGR 1997, 493, 514 ff.; K. Schmidt, ZIP 1998, 181, 187 m.w.N.; vorsichtiger: Hirte, Rz. 940.

[638] Vgl. nur Hirte, Rz. 927b f., 940; Schmitt/Hörtnagl/Stratz-Stratz, UmwG/UmwStG, § 20 UmwG Rz. 97; Kallmeyer-Marsch-Barner, UmwG, § 20 Rz. 33, 47; Lutter-Grunewald, UmwG, § 20 Rz. 69 f. m.w.N.

[639] BGBl I 2003, 838 ff.; Überblick bei Büchel, NZG 2003, 793 ff.

für ein zu niedrig bemessenes Umtauschverhältnis führt. Wichtig ist, daß die Sonderregelung des (§ 125 i.V.m.) § 14 Abs. 2 UmwG nur für die Anteilseigner des übertragenden Rechtsträgers gilt, so daß die Anteilseigner des übernehmenden Rechtsträgers die Überprüfung des Umtauschverhältnisses ebenfalls im Klagewege geltend machen müssen. Diese kaum erklärbare Differenzierung ist auf berechtigte Kritik gestoßen.[640] Entsprechend fordert der Baums-Bericht[641], den Anfechtungsausschluß gem. § 14 Abs. 2 UmwG auch auf die aufnehmende Gesellschaft zu erstrecken, um eine sachlich nicht gerechtfertigte Ungleichbehandlung zu beseitigen.
Wie schon beim Rechtsvergleich im Zusammenhang mit Anteilsübertragungen erwähnt, ist eine Überprüfung des Umtauschverhältnisses in England bei einem „Scheme of Arrangement" praktisch nahezu unmöglich, so daß ein wesentlicher Unterschied zum deutschen Recht besteht. Der wegen mangelnder Informationspflichten übertriebene Paritätsglauben englischer Gerichte, der zum Fehlen einer Überprüfbarkeit des Umtauschverhältnisses führt, kann nicht als Vorbild gewertet werden.

dd) Austrittsrecht

Ein weiterer Minderheitenschutzmechanismus, den die secs. 425 ff. CA 1985 nicht beinhalten, stellt das nach herrschender Ansicht[642] nur dissentierenden Gesellschaftern zustehende Austrittsrecht gem. (§ 125 i.V.m.) § 29 UmwG dar. Wenn mit einer Verschmelzung bzw. einer Ab- oder Aufspaltung ein Wechsel der Rechtsform verbunden ist (z.B. Verschmelzung einer AG auf eine GmbH), besteht ein Austrittsrecht gegen angemessene Barabfindung derjenigen Gesellschafter, die Widerspruch zur Niederschrift erhoben haben, (§ 125 i.V.m.) § 29 Abs. 1 S. 1 UmwG. Außerdem gewährt (§ 125 i.V.m.) § 29 Abs. 1 S. 2 UmwG ein solches Recht zum Austritt, wenn die im Zuge des Umwandlungsvorgangs gewährten Anteile der übernehmenden Gesellschaft gleicher Rechtsform strengeren Verfügungsbeschränkungen unterliegen als diejenigen der übertragenden Gesellschaft. In solchen Fällen hat der übernehmende Rechtsträger den Anteilsinhabern des übertragenden Rechtsträgers eine angemessene Barabfindung anzubie-

---

[640] Hirte, Rz. 935; Bork, ZGR 1993, 343, 354 m.w.N.
[641] Rz. 151.
[642] Schmitt/Hörtnagl/Stratz-Stratz, UmwG/UmwStG, § 29 UmwG Rz. 13.; Lutter-Grunewald, UmwG, § 29 Rz. 10; Widmann/Mayer-Vollrath, UmwR, § 29 UmwG Rz. 24; Goutier/Knopf/Tulloch-Bermel, UmwG, § 29 Rz. 18: der Austritt eines der Verschmelzung zustimmenden Gesellschafters wäre als widersprüchliches Verhalten zu werten; a.A. Kallmeyer-Marsch-Barner, UmwG, § 29 Rz. 13 mit Verweis auf den Gesetzeswortlaut und die neutrale BegrRegE zu § 29.

ten, gegen die er die Anteile der ausscheidenden Gesellschafter erwirbt. Die Abfindungshöhe ist durch den Verschmelzungs- oder Spaltungsprüfer zu überprüfen, (§ 125 i.V.m.) § 30 Abs. 2 UmwG. Die Korrektur der Abfindungshöhe erfolgt ebenfalls im Spruchverfahren, (§ 125 i.V.m.) § 34 UmwG i.V.m. SpruchG.

Aus rechtsvergleichender Sicht entspricht das Austrittsrecht gem. (§ 125 i.V.m.) § 29 UmwG in etwa demjenigen gem. secs. 111 (2) IA 1986, das zwar grundsätzlich außerhalb des Untersuchungsgegenstandes liegt, aber den Anteilseignern bei einem „Scheme of Arrangement" dann zugestanden werden muß, wenn das Vorgehen mittels eines Vergleichsplanverfahrens eine (vermeintliche) Umgehung des Liquidationsplanverfahrens gem. secs. 110, 111 IA 1986 darstellt. Daher existiert grundsätzlich auch bei „Schemes of Arrangement" gem. secs. 425 ff CA 1985 ein vergleichbares Austrittsrecht, jedoch nur im Verschmelzungs- und Aufspaltungsfall, nicht jedoch bei der bloßen Abspaltung.

Insgesamt gewährt das deutsche Recht jedoch wieder einen höheren Minderheitenschutz, indem eine unabhängige Überprüfung der Angemessenheit der Abfindung gewährleistet ist und das Austrittsrecht gem. § 29 UmwG auch in Fällen der nicht verhältniswahrenden Aufspaltung gem. § 128 UmwG sowie einer Abspaltung gewährleistet wird, bei denen entsprechend in England das Schutzniveau der secs. 110, 111 IA 1986 nicht garantiert ist. Der erhöhte Minderheitenschutz in Deutschland durch eine unabhängige Überprüfung der Abfindung und ein erweitertes Austrittsrecht ist im Gegensatz zur englischen Rechtslage zu begrüßen.

ee) Schadensersatzansprüche

Ein letzter umwandlungsrechtsspezifischer Schutzmechanismus betrifft Schadensersatzansprüche. Die Anteilseigner eines übertragenden Rechtsträgers können sich bei den Mitgliedern des Vorstands oder der Geschäftsführung desselben Rechtsträgers sowie bei den Mitgliedern des Aufsichtsrats, sofern vorhanden, gem. (§§ 125, 135 Abs. 1 i.V.m.) § 25 UmwG schadlos halten, wenn durch ein schuldhaftes, pflichtwidriges Verhalten dieser Organmitglieder ein Schaden entstanden ist. Die Pflichtverletzung muß sich auf die Prüfung der Vermögenslage oder auf Pflichten bei Abschluß des Verschmelzungsvertrages bezogen haben.[643]

Für die Gesellschafter der übernehmenden Gesellschaft greifen die allgemeinen Vorschriften zur Vorstands- und Aufsichtsratshaftung. Danach ergeben sich nur Ersatzansprüche der Gesellschaft, die nur ausnahmsweise von deren Gesellschaftern zugunsten der Gesellschaft geltend gemacht werden können.

---

643 Lutter-Grunewald, UmwG, § 25 Rz. 9.

Unter den gleichen Voraussetzungen können die Anteilseigner sowohl der übertragenden wie der übernehmenden Gesellschaft[644] gem. (§§ 125, 135 Abs. 1 i.V.m.) § 11 Abs. 2 UmwG i.V.m. § 323 HGB auch Schadenersatzansprüche gegen die bzw. den Verschmelzungs- oder Spaltungsprüfer erheben.

Das englische Recht beinhaltet keine verschmelzungsspezifischen Schadenersatzansprüche gegen die Verwaltungsratsmitglieder oder die sachverständigen Prüfer. Bei der Umsetzung der europarechtlichen Vorgaben wurde auf eine Umsetzung der Art. 20, 21 EG-Verschmelzungsrichtlinie verzichtet. Ob die allgemeinen Vorschriften zur Haftung der Verwaltungsmitglieder oder Sachverständigen in England eine dem gleichkommende Haftung gewährleisten und damit eine ordnungsgemäße Richtlinienumsetzung durch den englischen Gesetzgeber gewährleistet ist, ist noch nicht geklärt.[645]

d) Gläubigerschutz

Auch die Gläubiger der beteiligten Gesellschaften erfahren nach dem deutschen Umwandlungsgesetz besonderen Schutz gegen die mit der Verschmelzung oder Spaltung einhergehenden Risiken. Ihnen ist, soweit sie nicht sofortige Befriedigung verlangen können bzw. anderweitig gesichert sind, Sicherheit zu leisten, wenn sie glaubhaft machen können, daß die Erfüllung ihrer Forderung durch die Verschmelzung oder Spaltung gefährdet ist, (§§ 125, 135 Abs. 1 i.V.m.) § 22 UmwG. Durch diese Regelung soll erreicht werden, daß die Gläubiger sowohl der übertragenden wie der aufnehmenden Gesellschaft angesichts der geänderten Verhältnisse nicht schlechter gestellt werden, als wenn sie ihre Schuldnerin unverändert behalten hatten.[646] Da die Gläubiger die Gefährdung nur glaubhaft machen und nicht nachweisen müssen[647], ist die gewählte Regelung relativ weitgehend. Das gilt umso mehr, als der Gesetzgeber nicht klar gemacht hat, wann eine Gefährdung vorliegt.[648] Entsprechend unterliegt diese zu einem möglichen Verschmelzungs- oder Spaltungshemmnis führende Regelung der Kritik im Schrifttum[649].

[644] Vgl. Lutter-Lutter, UmwG, § 11 Rz. 9.
[645] Siehe oben S. 397 f.
[646] Vgl. ausführlicher Lutter-Grunewald, UmwG, § 22 Rz. 3 f.
[647] Dazu Schmitt/Hörtnagl/Stratz-Stratz, UmwG/UmwStG, § 22 UmwG Rz. 13; Lutter-Grunewald, UmwG, § 22 Rz. 14; anders noch bei der Vorgängerregelung gem. § 347 Abs. 1 S. 2 AktG a.F.
[648] Hirte, Rz. 951.
[649] Hirte, Rz. 951, 953; Lutter, ZGR 1990, 392, 410 f.

Darüber hinaus hat die spaltungsspezifische Gefährdungslage der Gläubiger der übertragenden Gesellschaft, denen durch die Spaltung ein Teil des ihnen haftenden Vermögens entzogen wird, indem es auf verschiedene Gesellschaften aufgeteilt wird, den Gesetzgeber dazu bewegt, nach dem Vorbild der §§ 26, 160 HGB durch § 133 UmwG eine auf fünf Jahre begrenzte, gesamtschuldnerische Haftung aller an der Spaltung beteiligten Gesellschaften anzuordnen. Die Gläubiger werden also fünf Jahre lang so gestellt, als ob die Spaltung noch nicht vollzogen wäre.

Außerdem sind die Gläubiger der übertragenden Gesellschaft potentielle Anspruchsinhaber eines Schadensersatzanspruchs gegen Vertretungs- und Aufsichtsorganmitglieder gem. (§§ 125, 135 Abs. 1 i.V.m.) § 25 UmwG, wenn es aufgrund einer ungenügenden Überprüfung der Vermögenslage des übernehmenden Rechtsträgers zu einer Gefährdung ihrer Ansprüche kommt und bei einer ordnungsgemäßen Prüfung der Umwandlungsvorgang unterblieben wäre.[650]

Fällt der Gläubigerschutz im deutschen Recht äußerst großzügig aus, ist er im englischen Recht begrenzter. Wie gezeigt[651], liegt es vollständig im Ermessen des Gerichts, gem. sec. 427 (3)(e) CA 1985 antragsunabhängig Schutzmaßnahmen zur Sicherung der Interessen der Gläubiger der übertragenden Gesellschaft zu treffen, sollten diese vom Antragsteller nicht schon freiwillig als Partner in den Vergleichsplan einbezogen worden sein, wozu der Antragsteller nicht verpflichtet ist. Außerdem fehlen in England außerhalb des Anwendungsbereichs der europarechtlich geprägten, aber wohl unzureichenden sec. 427A (3) CA 1985[652] spezifische Schutzmechanismen für die Gläubiger der übernehmenden Gesellschaft.

Im Vergleich fällt auf, daß das deutsche Recht durch die gesetzliche Reglementierung eine größere Rechtssicherheit gewährt. Andererseits ist der Gläubigerschutz möglicherweise unangemessen stark ausgeprägt, wohingegen das englische Recht den Vorteil der größeren Flexibilität besitzt.

Jedenfalls im Hinblick auf den Schutz der Gläubiger der übernehmenden Gesellschaft ist aber in England von einem unzureichenden Schutz ohne Vorbildcharakter auszugehen. Dem Umstand, daß die Übernahme der Aktiva und Passiva einer anderen Gesellschaft zu einer erheblichen Zunahme der Verbindlichkeiten führen kann, wird nicht genügend Rechnung getragen. Die Gläubiger der übernehmenden Gesellschaft sehen sich einer inhaltlich gewandelten Gesellschaft gegenüber und müssen mit den hinzukommenden Gläubigern der übertragenden Gesellschaft konkurrieren, so daß die Umwandlung für sie zu einer Risikosteigerung

---

650 Lutter-Grunewald, UmwG, § 25 Rz. 16.

651 Siehe S. 388.

652 Siehe oben S. 371 ff., 395, 458 ff.

führen kann[653], die nicht mit dem Hinweis auf das allgemeine Risiko einer schlechten Geschäftsführung des Schuldners und den Schutz durch die Kapitalerhaltungsvorschriften abgetan werden kann.

4. Grenzüberschreitende Verschmelzung, Spaltung und Sitzverlegung

Vor der „Überseering"-Entscheidung des EuGH[654] galt in Deutschland auf Grundlage der bis dahin noch herrschenden Sitztheorie für grenzüberschreitende Strukturänderungen und Sitzverlegungen grundsätzlich folgendes:

Eine grenzüberschreitende Verschmelzung oder Spaltung unter Verwendung der Rechtsfiguren des Umwandlungsgesetzes war aufgrund der Festlegung auf Rechtsträger mit Sitz im Inland in § 1 Abs. 1 UmwG grundsätzlich nicht möglich, jedenfalls im Falle einer sogenannten Heraus-Umwandlung.[655] Nach ganz herrschender Auffassung im Schrifttum[656] war damit jedoch noch nichts über die generelle Unzulässigkeit solcher Vorgänge außerhalb der Formen des Umwandlungsgesetzes ausgesagt. Ein wirtschaftlich der Verschmelzung oder Spaltung entsprechendes Ergebnis konnte daher durch einzelvertragliche Übertragung eines Unternehmens oder Unternehmensteiles auf und Einbringung in eine deutsche oder ausländische Gesellschaft erreicht werden.[657] Kam es zu einer Übertragung des gesamten Vermögens, mußte die übertragende deutsche Kapitalgesellschaft gem. § 262 Abs. 1 Nr. 2 AktG bzw. § 60 Abs. 1 Nr. 2 GmbHG unter Einhaltung des dem Gläubigerschutz dienenden Sperrjahres aufgelöst werden.

Eine - im Inland durch bloße Satzungsänderung mögliche - Verlegung des Satzungssitzes ins Ausland war ebenfalls nur durch übertragende Auflösung der deutschen AG bzw. GmbH und Einbringung in eine neu gegründete ausländische Gesellschaft möglich.[658] Ein etwaiger Sitzverlegungsbeschluß wurde nach herrschender Meinung[659] in einen Auflösungsbeschluß umgedeutet.

---

[653] Vgl. Lutter-Grunewald, UmwG, § 22 Rz. 4.

[654] Urt. v. 5. 11. 2002 - Rs C-208/00 (BGH, Vorlagebeschl. v. 30. 3. 2000, ZIP 2000, 967; Schlußanträge des GA, ZIP 2002, 75), ZIP 2002, 2037.

[655] Horn, ZIP 2000, 473, 477 und ausführlich differenzierend Lutter-Lutter, UmwG, § 1 Rz. 6 ff. jeweils m.w.N.

[656] Lutter-Lutter, UmwG, § 1 Rz. 6 ff.; Goutier/Knopf/Tulloch-Bermel, UmwR, § 1 UmwG Rz. 16; Widmann/Mayer-Schwarz, UmwR, § 1 UmwG Rz. 29 ff.; Kallmeyer-Kallmeyer, UmwG, § 1 Rz. 10; Semler/Stengel-J. Semler/Stengel, UmwG, Einl. A Rz. 110, 113; mißverständlich: Schmitt/Hörtnagl/Stratz-Stratz, UmwG/UmwStG, § 1 UmwG Rz. 3.

[657] Lutter-Lutter, UmwG, § 1 Rz.17; Kallmeyer, ZIP 1994, 1746, 1752 f.

[658] Vgl. nur MüKo-Heider, AktG, § 5 Rz. 65.

[659] BGHZ 25, 134, 144; OLG Hamm, DB 1997, 1865; GroßKomm-Brändel, AktG, § 5 Rz. 28; a.A. Hüffer, AktG, § 5 Rz. 12 m.w.N.: Nichtigkeit gem. § 241 Nr. 3 AktG.

Eine Verlegung des tatsächlichen Verwaltungssitzes ins Ausland führte auf der Grundlage der Sitztheorie[660], die die gesellschaftsrechtlichen Verhältnisse einer juristischen Person dem Recht desjenigen Staates unterstellt, in dem die Gesellschaft ihren tatsächlichen Verwaltungssitz hat, zu einer Änderung des Personalstatuts, damit nach bisher herrschender Meinung[661] zur nachträglichen Nichtigkeit der nur noch fiktiven Satzungsbestimmung zum Gesellschaftssitz und hatte ein Verfahren zur Amtsauflösung nach § 262 Abs. 1 Nr. 5 AktG bzw. § 60 Abs. 1 Nr. 6 GmbHG i.V.m. § 144 a Abs. 1 S. 1 FGG zur Folge.

Auch eine ausländische Kapitalgesellschaft konnte ihren Sitz selbst dann nicht identitätswahrend nach Deutschland verlegen, wenn dies nach ihrem bisherigen Gesellschaftsstatut zulässig gewesen wäre.[662] Die Sitztheorie[663] erkennt nämlich die Rechtsfähigkeit einer einwandernden Kapitalgesellschaft als solche nicht an, da der Vorgang zu einer Änderung des Personalstatuts führt. Auch die ausländische Kapitalgesellschaft konnte das wirtschaftliche Ergebnis einer Sitzverlegung nach Deutschland daher nur durch Auflösung und Einbringung des handelsrechtlichen Unternehmens in eine neu gegründete deutsche Kapitalgesellschaft erreichen.[664] Der BGH[665] hatte die Sitztheorie in der Vergangenheit nur insoweit modifiziert, als eine nach dem Recht des Gründungsstaates rechtsfähige ausländische Kapitalgesellschaft mit nach Deutschland verlegtem Verwaltungssitz als rechtsfähige Personengesellschaft anerkannt wurde.

Das deutsche Steuerrecht knüpft in § 1 KStG und § 11 AO an den Satzungssitz an. Es gibt also keine eigene steuerrechtliche Sitzbestimmung[666] wie in England. Dennoch ist der Ort des satzungsmäßigen Sitzes nur subsidiär entscheidend für die Finanzbehördenzuständigkeit zur Steuerveranlagung bei einer AG oder GmbH, § 20 Abs. 2 AO. Primär kommt es hier auf den Ort der tatsächlichen Geschäftsleitung gem. § 10 AO an, § 20 Abs. 1 AO. Der steuerrechtliche Begriff der Geschäftsleitung gem. § 10 AO entspricht dem gesellschaftsrechtlichen Verwaltungssitz.[667] Wegen der regelmäßigen begrifflichen Entsprechungen führte damit auch die grenzüberschreitende Verlegung des Sitzes im Sinne von § 11 AO oder

---

660 Vgl. statt aller MüKo-Heider, AktG, Einl. Rz. 122 ff. m.w.N.

661 Zur AG: Hüffer, AktG, § 5 Rz. 11; MüKo-Heider, AktG, § 5 Rz. 67 m.w.N.; MüKo-Pentz, AktG, § 45 Rz. 23; zur GmbH: Baumbach/Hueck-Hueck-Fastrich, GmbHG, § 4 a Rz. 8; Lutter/Hommelhoff, GmbHG, § 4 a Rz. 16 m.w.N.

662 OLG Zweibrücken, AG 1990, 547, 548; Geßler/Hefermehl-Eckardt, AktG, § 45 Rz. 19; Wiesner, in: MünchHdb. AG, § 8 Rz. 3; MüKo-Pentz, AktG, Rz. 25 ff.; die alleinige Verlegung des satzungsmäßigen Sitzes aus dem Ausland nach Deutschland richtet sich nach der Sitztheorie allein nach ausländischem Recht, vgl. MüKo-Pentz, AktG, § 45 Rz. 27.

663 Vgl. nur MüKo-Pentz, AktG, § 45 Rz. 23 m.w.N.

664 MüKo-Pentz, AktG, § 45 Rz. 25 f. m.w.N.

665 Urt. v. 1. 7. 2002 - II ZR 380/00, NZG 2002, 1009.

666 Wiesner, in: MünchHdb. AG, § 8 Rz. 15.

667 Arthur Andersen-Wacht, KStG, § 12 Rz. 10, 22.

der Geschäftsleitung im Sinne von § 10 AO im Steuerrecht meist zur Liquidationsbesteuerung[668], auch wenn das Steuerrecht nicht uneingeschränkt an die Regelungen des Zivilrechts gebunden ist[669].

Innerhalb der Europäischen Union war die in Deutschland vorherrschende Sitztheorie seit der „Centros"-Entscheidung des EuGH[670] immer stärker unter Druck geraten. Nach einer Neuauflage der Sitztheorie durch den BGH[671] hat sich seit November 2002 mit der „Überseering"-Entscheidung des EuGH[672] eine Änderung der Rechtslage bei Sitzverlegungen und grenzüberschreitenden Umwandlungen innerhalb der EU[673] zur Verwirklichung der durch die Art. 43, 48 EGV gewährleisteten Niederlassungsfreiheit vollzogen. Der EuGH erklärte die Sitztheorie für europarechtswidrig in einem Fall, in dem die Rechts- und Parteifähigkeit einer niederländischen Kapitalgesellschaft in Deutschland auf Grundlage der Sitztheorie nicht anerkannt wurde, weil diese von Deutschland aus geführt wurde und sich daher der Verwaltungssitz in Deutschland befand.

Im September 2003 hat der EuGH durch die Entscheidung „Inspire Art"[674] der Sitztheorie einen weiteren Schlag versetzt. Dort verneinte der Gerichtshof die Anwendbarkeit der speziellen niederländischen Vorschriften über Scheinauslandsgesellschaften auf „Inspire Art", eine nach englischem Recht gegründete und im Vereinigten Königreich registrierte „private limited company". Der EuGH bekräftigte seinen seit „Centros" vertretenen Standpunkt, daß es ohne Bedeutung sei, wenn die Auslandsgründung ausschließlich zu dem Zweck vorgenommen werde, um in den Genuß vorteilhafterer Rechtsvorschriften zu kommen als in dem Staat, in dem die überwiegende oder ausschließliche Geschäftstätigkeit erfolgen solle. Auch wies der EuGH den Einwand zurück, die Niederlassungsfreiheit sei durch die niederländische Regelung nicht berührt, da „Inspire Art" doch anerkannt werde und nur besondere formelle und materielle Erfordernisse zu erfüllen habe. Vom englischen Recht (Gründungsstatut) abweichende Erfordernisse über

[668] Vgl. Wiesner, in: MünchHdb. AG, § 8 Rz. 18; Arthur Andersen-Wacht, KStG, § 12 Rz. 9 ff.

[669] Vgl. BVerfGE 13, 331; Arthur Andersen-Wacht, KStG, § 12 Rz. 16.

[670] Urt. v. 9. 3. 1999 - Rs C-212/97, ZIP 1999, 438.

[671] Urt. v. 1. 7. 2002 - II ZR 380/00, NZG 2002, 1009.

[672] Urt. v. 5. 11. 2002 - Rs C-208/00, ZIP 2002, 2037; entsprechend dann das Urteil des BGH, ZIP 2003, 718; siehe zur Flut von Aufsätzen zu „Überseering" im deutschen Schrifttum statt aller Lutter, BB 2003, 7 ff.; Leible/Hoffmann, ZIP 2003, 925, 925 Fn.1 m.w.N.; im englischen Schrifttum Gower and Davies, S. 121 ff.

[673] Vgl. statt aller Lutter/Hommelhoff, GmbHG, Einl. Rz. 27 ff.; MüKo-Heider, AktG, Einl. Rz. 128; Lutter-Lutter, UmwG, § 1 Rz. 9 ff. m.w.N.

[674] EuGH, Urt. v. 30. 9. 2003 - Rs C-167/01, ZIP 2003, 1885; dazu etwa: Ziemons, ZIP 2003, 1913 ff.; Bayer, BB 2003, 2357 ff.; Maul/Schmidt, BB 2003, 2297 ff.; Spindler, RIW 2003, 850 ff.; Triebel/v. Hase, BB 2003, 2409 ff.

die Mindestkapitalausstattung und Geschäftsführerhaftung beeinträchtigten vielmehr die Niederlassungsfreiheit und seien weder durch Art. 46 EGV noch aus zwingenden Gründen des Allgemeininteresses gerechtfertigt. Es bestehe ein ausreichender Schutz durch das Auftreten als ausländische Gesellschaft sowie durch die gemeinschaftsrechtlichen Schutzregelungen der 4.[675] und 11. Richtlinien[676]. Mißbräuchen im konkreten Einzelfall könne auf anderem Wege begegnet werden. Die deutsche Rechtsprechung hat diesen Kurswechsel hin zur Gründungstheorie nach einigen erstinstanzlichen und zwischenzeitlich korrigierten Entscheidungen[677] einhellig akzeptiert. So haben der BGH[678] und weitere Obergerichte[679] geklärt, daß auch Scheinauslandsgesellschaften in der Rechtsform ihrer Gründung als rechts- und parteifähig anerkannt und in das Handelsregister eingetragen werden; sie sind ebenso als ausländische Kapitalgesellschaften - anders als nach h.M. die BGB-Gesellschaft[680] - auch grundbuchfähig[681]. Selbst der BFH[682] hat nunmehr seine Rechtsprechung geändert und nach Maßgabe der Gründungstheorie eine US-amerikanische Gesellschaft aus Delaware mit Verwaltungssitz in Deutschland als tauglichen Träger einer körperschaftssteuerlichen Organschaft (§ 14 Nr. 3 KStG a.F.) anerkannt.

Im übrigen wird die Gründungstheorie in Deutschland bereits heute im Verhältnis zu einigen Drittstaaten angewandt. So gelten etwa nach Art. XXV Abs. 5 Satz 2 des Freundschafts-, Handels- und Schiffahrtsvertrages zwischen der Bundesrepublik Deutschland und den Vereinigten Staaten von Amerika vom 29. 10. 1954[683] „Gesellschaften, die entsprechend den Gesetzen und sonstigen Vorschriften des einen Vertragsteils in dessen Gebiet errichtet sind, ... als Gesellschaften dieses Vertragsteils; ihr rechtlicher Status wird in dem Gebiet des anderen Vertragsteils anerkannt". Ob es sich dabei um eine kollisionsrechtliche, als völkerrechtliches IPR dem autonomen IPR vorgehende Regelung handelt, war umstritten.[684] Der XI. Zivilsenat des BGH[685] hat sich für eine Gründungsanknüp-

---

675 4. gesellschaftsrechtliche Richtlinie vom 25. 7. 1978 (Jahresabschlußrichtlinie) - 78/660/EWG; abgedruckt bei Lutter, Europäisches Unternehmensrecht, 4. Aufl. 1996, S. 147 ff.

676 11. gesellschaftsrechtliche Richtlinie vom 22. 12. 1989 (Zweigniederlassungsrichtlinie) - 89/666/EWG; abgedruckt bei Lutter, Europäisches Unternehmensrecht, 4. Aufl. 1996, S. 269 ff.

677 LG Frankenthal, NJW 2003, 762, aufgehoben durch OLG Zweibrücken, BB 2003, 864; AG Lüneburg, IPRax 2003, 266, aufgehoben durch OLG Celle, IPRax 2003, 245.

678 BGH, ZIP 2003, 718; dazu Leible/Hoffmann, ZIP 2003, 925 ff.

679 OLG Celle, IPRax 2003, 245; OLG Zweibrücken, BB 2003, 864; zur weiteren, meist unveröffentlichten Instanzrechtsprechung Leible/Hoffmann, ZIP 2003, 925, 927 m.w.N.

680 BayObLG, NJW 2003, 70, 71 f. m.w.N.

681 BayObLG, ZIP 2003, 398 = NZG 2003, 290; dazu Leible/Hoffmann, NZG 2003, 259 ff.

682 GmbHR 2003, 722.

683 BGBl II 1956, 487. In Kraft seit dem 14. 7. 1956, BGBl II 1956, 763.

684 Dazu Leible/Hoffmann, ZIP 2003, 925, 930 m.w.N.

685 BGH, ZIP 2002, 1155.

fung entschieden. Dem hat sich der VIII. Zivilsenat des BGH[686] angeschlossen, ohne einen „genuine link“ zum Gründungsstaat zu fordern. Zumindest im Verhältnis zu den USA ist daher selbst auch bei Scheinauslandsgesellschaften von der Gründungstheorie auszugehen.

Ob die „Überseering“- und die „Inspire Art“-Entscheidungen des EuGH dazu führen, daß die deutsche Rechtsprechung die Sitztheorie insgesamt, d.h. insbesondere auch für Sachverhalte, die nicht von Art. 43, 48 EGV überlagert werden, aufgeben wird, oder ob ein gespaltenes Kollisionsrecht entstehen wird, nach dem für der Niederlassungsfreiheit unterfallende Sachverhalte die Gründungstheorie gilt, für andere grenzüberschreitende Sachverhalte - vorbehaltlich zwischenstaatlicher Abkommen mit Drittstaaten - jedoch weiterhin die Sitztheorie, bleibt abzuwarten. So wäre insbesondere eine Anwendung der Sitztheorie beim Wegzug deutscher Gesellschaften allgemein[687] und beim Zuzug von nicht innerhalb des EU- oder EWG-Auslandes gegründeter Gesellschaften nach Deutschland weiterhin denkbar. Genauso bleiben die Auswirkungen auf grenzüberschreitende Verschmelzungen und Spaltungen nach dem UmwG abzuwarten.[688]

Nach der in England vorherrschenden Gründungstheorie[689], nach der sich das Personalstatut einer juristischen Person nach dem Recht desjenigen Staates richtet, nach dessen Bestimmungen die juristische Person gegründet wurde, ist die englische Rechtsordnung grundsätzlich offen für grenzüberschreitende Umwandlungen oder Sitzverlegungen. Auch führt ein Ortswechsel hinsichtlich der Ausübung der tatsächlichen Kontrolle nicht zu einer Sitzverlegung im gesellschaftsrechtlichen Sinne. Nur im Steuerrecht gilt, daß die faktische Verlegung des Ortes der zentralen Geschäftsführung und Kontrolle, der „residence“ im steuerrechtlichen Sinne, ins Ausland dazu führt, daß die Gesellschaft in England nur noch beschränkt steuerlich veranlagt wird, auch wenn sie in England gegründet wurde, sofern in

---

686 BGH, ZIP 2003, 720.

687 Vgl. die sog. „Daily Mail“-Entscheidung des EuGH, Urt. v. 27. 9. 1988 - Rs. 81/87, Slg. 1988, 5483, in der er die behördliche Genehmigungsverweigerung zur Auswanderung einer Gesellschaft wegen fiskalischer Interessen beim damaligen Stand des Gemeinschaftsrechts akzeptierte. In EuGH, ZIP 2002, 2037, 2042 f. Rz. 61 ff., 70 ff. - „Überseering“ - legt der Gerichtshof nur dar, daß die zur Entscheidung vorliegenden Fälle jeweils verschiedene Rechtsfragen betreffen („distinguished“); dabei bestätigt er seine Rechtsauffassung aus der „Daily Mail“-Entscheidung nicht ausdrücklich. Gower and Davies, S. 122 Fn. 26, geben einem Wegzugshindernis wie in „Daily Mail“ nach „Überseering“ keine Zukunft mehr.

688 Vgl. zur Frage der Eintragung einer angestrebten Verschmelzung einer ausländischen europäischen Gesellschaft auf eine deutsche Gesellschaft in das deutsche Handelsregister gem. §§ 16 ff. UmwG den Vorlagebeschluß des LG Koblenz an den EuGH vom 16. 09. 2003, WM 2003, 1990 f. m.w.N. sowie Triebel/v. Hase, BB 2003, 2409 ff.

689 Vgl. nur MüKo-Heider, AktG, Einl. Rz. 122 sowie ausführlich Müller-Driver, a.a.O., S. 67 ff. m.w.N.

Doppelbesteuerungsabkommen zwischen den beteiligten Staaten nichts Abweichendes geregelt ist.[690]

Die zum „Scheme of Arrangement" vorhandenen Regelungen der secs. 425 ff. CA 1985 schließen wie das deutsche UmwG grenzüberschreitende Verschmelzungen oder Spaltungen nicht aus, sie fördern sie aber ebensowenig. Die Vermögensübertragungen erleichternde Vorschrift der sec. 427 (3)(a), (4) CA 1985 verlangt als übernehmende Gesellschaft eine nach dem Companies Act 1985 oder einem seiner Vorgänger gegründete oder registrierte Gesellschaft. Eine ausländische Gesellschaft kommt dafür nicht in Frage. Folglich kann eine „Heraus"-Verschmelzung oder -Spaltung zwar durch ein „Scheme of Arrangement" implementiert werden. Durch die Genehmigung des Verschmelzungsplans wird dieser jedoch nur für alle Beteiligten bindend. Der Verwaltungsrat muß nach wie vor die einzelvertraglichen Übertragungen vornehmen, so daß die Rechtslage derjenigen in Deutschland stark ähnelt.

Ganz ähnlich sieht es bei einer „Herein"-Umwandlung aus. Zwar kann theoretisch auch eine ausländische Kapitalgesellschaft ein „Scheme of Arrangement" beantragen. Wird dieses jedoch nicht auch durch die Gerichte der Rechtsordnung, der die ausländische Gesellschaft unterliegt, als bindend anerkannt, dann wird sich das englische Gericht als forum non conveniens für unzuständig erklären.

Eine Anwendung von sec. 427 CA 1985 auf der Niederlassungsfreiheit gem. Art. 43, 48 EGV unterfallende Gesellschaften ist denkbar, möglicherweise sogar geboten, jedenfalls bei der „Herein"-Umwandlung.

Bei der Änderung des „domicile" sowie bei der grenzüberschreitenden Verlegung des „registered office" ist jedenfalls bei nicht unter die Art. 43, 48 EGV fallenden Sachverhalten genauso wie bei der grenzüberschreitenden Verlegung des Satzungssitzes in Deutschland bis zur „Überseering"-Entscheidung die Abwicklung und Auflösung der „company" und die Einbringung des Unternehmens in eine neu gegründete ausländische Gesellschaft notwendig. Wie bei der transnationalen Verschmelzung ist zwar wiederum ein Vorgehen mittels eines „Scheme of Arrangement" möglich und ratsam. Jedoch muß jedenfalls bei nicht unter Art. 43, 48 EGV fallenden Sitzverlegungen auf die in der Wirkung der Gesamtrechtsnachfolge nahekommenden flankierenden Anordnungen gem. sec. 427 (3), (4) CA 1985 verzichtet werden, so daß kaum ein Unterschied zur einzelvertraglichen übertragenden Auflösung in Deutschland besteht.

Sowohl in Deutschland als auch in England steht eine Anpassung der Rechtslage zur vollständigen Verwirklichung des europäischen Binnenmarktes und damit der umfassenden Niederlassungsfreiheit durch identitätswahrende Umwandlungen und Migrationen von einen Erwerbszweck verfolgenden Kapitalgesellschaften

---

[690] Siehe oben S. 430 ff.

aus. Die „Überseering"-[691] und die „Inspire Art"-Entscheidung[692] des EuGH haben diese Entwicklung stark beschleunigt, die bestehende Rechtsunsicherheit für grenzüberschreitende Strukturänderungen in England und Deutschland leider jedoch noch nicht vollends beseitigt. Zu einer umfassenden Angleichung wird die geplante Verabschiedung der 10. und 14. EG-Richtlinie auf dem Gebiet des Gesellschaftsrechts, der sog. internationalen Fusions[693]- und der Sitzverlegungsrichtlinie[694], führen.

Ob sich die beiden Rechtsordnungen auch der wirtschaftlichen Globalisierung durch eine Öffnung für Ab- oder Zuwanderungen weltweit stärker öffnen werden, bleibt abzuwarten.

V. Zusammenfassung und Ergebnis

Das „Scheme of Arrangement" kann im Bereich der Vermögensübertragung in vielfältiger Weise eingesetzt werden. Entsprechend hoch ist seine Bedeutung für die Praxis. Das Vergleichsplanverfahren gem. secs. 425 ff. CA 1985 ermöglicht die Übertragung aller Aktiva und Passiva oder nur von Teilen davon auf eine oder mehrere andere Gesellschaften, die im Gegenzug Anteile und/oder sonstige Gegenleistungen an die Anteilseigner der das „Scheme" implementierenden Gesellschaft gewähren. Damit eignen sich die secs. 425 ff. CA 1985 für Verschmelzungen, Ab- und Aufspaltungen, Umgründungen sowie grenzüberschreitende Sitzverlegungen.

Das Gesetz verwendet in sec. 427 CA 1985 die Begriffe „amalgamation" und „reconstruction", in sec. 427A CA 1985 die Begriffe „merger" und „division". Alle vier Begriffe haben keine genaue juristische Bedeutung, sondern stellen Vorgänge des Wirtschaftslebens dar.

„Amalgamation" bedeutet genauso wie „merger" die Zusammenführung zweier oder mehrerer Unternehmen durch Übertragung zumindest eines wesentlichen Unternehmensteils auf einen anderen Unternehmensträger, der zumindest an einen wesentlichen Teil der Anteilseigner des übertragenden Unternehmensträgers Anteile in einem vorher festgelegten Verhältnis gewährt.[695]

---

691 Urt. v. 5. 11. 2002 - Rs C-208/00, ZIP 2002, 2037.

692 Urt. v. 30. 9. 2003 - Rs C-167/01, ZIP 2003, 1885.

693 Vgl. dazu die Vorschläge der Kommission v. 14. 1. 1985, Abl. EG 25. 1. 1985 C 23/11, sowie v. 18.11.2003, KOM(2003)703, im Internet abrufbar unter www.europa.eu.int/comm/internal_market/de/company/company/mergers/mergers_de.htm, dazu auch Maul/Teichmann/Wenz, BB 2003, 2633 ff.

694 Vgl. dazu den Vorschlag der Kommission v. 22. 4. 1997, ZIP 1997, 1721, 1723 f.

695 Siehe S. 326 ff., insbesondere zu den Unterschieden zum deutschen Verschmelzungsbegriff nach dem UmwG.

Die „reconstruction“ ähnelt der „amalgamation“ in formaler Hinsicht stark. Bei einer „reconstruction“ geht es jedoch nicht um die Zusammenführung von Unternehmen, sondern um die Fortführung eines im wesentlichen identischen Unternehmens durch einen anderen Unternehmensträger, dessen Anteilseigner nach der Transaktion im wesentlichen identisch sein müssen mit den Anteilseignern der übertragenden Gesellschaft vor der Transaktion.[696] „Reconstructions“ dienen heute der Umstrukturierung innerhalb einer Unternehmensgruppe[697] sowie der (internationalen) Verlegung des „domicile“, des Satzungssitzes der englischen „company“, der nicht identitätswahrend geändert werden kann[698].

Der Begriff „division“ deckt wie der in der Wirtschaftssprache gebräuchlichere Begriff „demerger“ verschiedenste Spaltungsformen ab.[699]

Für die Durchführung einer „amalgamation“ oder „reconstruction“ stehen vor allem das Liquidationsplanverfahren gem. secs. 110, 111 IA 1986 sowie das Vergleichsplanverfahren gem. secs. 425 ff. CA 1985 zur Verfügung.

Das Liquidationsplanverfahren beinhaltet die freiwillige Abwicklung der Gesellschaft durch einen zuvor durch einen außerordentlichen Anteilseignerbeschluß zur Transaktion ermächtigten Liquidator, der die Gegenleistung für die Übertragung der Aktiva und Passiva der abzuwickelnden Gesellschaft empfängt und streng entsprechend den Liquidationserlösrechten an die Anteilseigner verteilt, bevor die Gesellschaft endgültig aufgelöst[700] wird.[701] Für die Praxis ist dieses Verfahren unattraktiv, obwohl es relativ unkompliziert ist und ohne gerichtliche Beteiligung auskommt. Denn die Aktiva und Passiva einer Gesellschaft müssen durch den Liquidator individualvertraglich übertragen werden.[702] Gesellschafter besitzen einen Anspruch auf angemessene Abfindung, sofern sie der Transaktion widersprechen.[703] Nicht zuvor abgefundene oder einer Schuldübernahme durch die übernehmende Gesellschaft nicht zustimmende Gläubiger bleiben drittens auch nach der Unternehmensübertragung weiterhin Gläubiger der „transferor company“ und können während einer einjährigen Schwebezeit nach Ermächtigung des Liquidators noch die zwangsweise Abwicklung der übertragenden Gesellschaft durch das Gericht beantragen.[704] Sofern die Gläubiger es von einer un-

---

[696] Siehe S. 415 ff.
[697] Siehe S. 422 ff.
[698] Siehe S. 426 ff.
[699] Siehe S. 433 ff.
[700] Anders als im deutschen Recht geht die Abwicklung im englischen Recht der Auflösung voraus.
[701] Siehe S. 336 ff.
[702] Siehe S. 345, 358.
[703] Siehe S. 347 ff., 358 f.
[704] Siehe S. 345 ff., 358.

angemessenen Gläubigerbenachteiligung überzeugen können, wird es die Transaktion rückgängig machen. Dies wird ihnen dann nicht gelingen, wenn die „company" ausreichende Sicherheiten zu ihrer Befriedigung bereitgestellt hat. Viertens nimmt die förmliche Abwicklung und Auflösung der Gesellschaft einen langen Zeitraum in Anspruch.[705]

Vermögensübertragungen durch „Schemes of Arrangement" ziehen nicht wie die secs. 110, 111 IA 1986 automatisch die Liquidation der übertragenden Gesellschaft nach sich. Das bedeutet, daß die secs. 425 ff. CA 1985 nicht wie der Liquidationsplan nur Verschmelzungs- und Aufspaltungskonstellationen umfassen, sondern auch Abspaltungen ermöglichen.[706] Das Verfahren zur Implementierung des Vergleichsplans weist in seiner Grundform keine Besonderheiten auf.[707] Zusätzlich zum Vergleichsplan besteht noch eine Ausgabevereinbarung mit der übernehmenden Gesellschaft zur Gewährung von Anteilen und/oder einer anderen Gegenleistung an die Anteilseigner der übertragenden Gesellschaft. Diese müssen aber im Gegensatz zu den secs. 110, 111 IA 1986 nicht zwingend entsprechend ihren Liquidationserlösrechten oder ihrer bisherigen Beteiligung an der übernehmenden Gesellschaft behandelt werden. Sec. 425 ermöglicht aufgrund der gerichtlichen Kontrolle auch nicht verhältniswahrende Umstrukturierungen.[708]

Weiterhin müssen bei den genannten Vermögensübertragungsvarianten nicht zwingend alle Anteilseigner in den Vergleichsplan einbezogen werden.[709] So kann auf eine Beteiligung derjenigen Anteilseigner verzichtet werden, die keinen Anspruch oder keine Aussicht auf den Liquidationserlös der „company" im Falle der Abwicklung haben. Genauso müssen auch diejenigen Anteilseigner nicht zwingend an der Abstimmung beteiligt werden, die weiterhin Anteilseigner der übertragenden Gesellschaft bleiben und keine Anteile von der übernehmenden Gesellschaft erhalten. Diese Konstellation könnte man nach deutscher Terminologie als Abspaltung zu „Null" bezeichnen. Des weiteren müssen die Anteilseigner der aufnehmenden Gesellschaft grundsätzlich nicht über die Umstrukturierung abstimmen.[710]

Liegt bei der geplanten Vermögensübertragung eine „amalgamation" oder „reconstruction" vor, dann kann das Gericht flankierende Anordnungen gem. sec. 427 (3) CA 1985 erlassen, die die Strukturänderung stark vereinfachen[711]:

Sec. 427 (3)(a), (4) CA 1985 ermöglicht eine in der Wirkung der Gesamtrechtsnachfolge ähnelnde Übertragung der Aktiva und Passiva durch gerichtlichen

---

[705] Siehe S. 356 ff.
[706] Siehe S. 449 f.
[707] Siehe S. 361 ff.
[708] Siehe S. 360.
[709] Siehe S. 368 ff.
[710] Siehe S. 370 f.
[711] Siehe S. 375 ff.

Übertragungsbeschluß („vesting order").[712] Gem. sec. 427 (3)(b) CA 1985 kann das Gericht die Zuteilung der für die Vermögensübertragung zu gewährenden Anteile, Schuldverschreibungen etc. anordnen. Sec. 427 (3)(c) CA 1985 ermöglicht die Anordnung, daß Prozeßhandlungen der oder gegen die übertragende Gesellschaft für oder gegen die übernehmende fortgelten. Gem. sec. 427 (3)(d) CA 1985 kann das Gericht die Auflösung der übertragenden Gesellschaft ohne Abwicklung beschließen. Sec. 427 (3)(e) CA 1985 stellt es ins Ermessen des Gerichts, Schutzmaßnahmen für dissentierende Minderheiten oder Gläubiger zu treffen und so nicht zu einer Alles-oder-Nichts-Lösung durch Genehmigungsbeschluß oder -verweigerung gezwungen zu sein. Diese Regelung hat insbesondere deswegen Bedeutung, weil nach der englischen Rechtsprechung durch einen Vergleichsplan zur Vermögensübertragung kein Eingriff in Rechte der Gläubiger vorliegt, diese also auch nicht zwingend in den Plan als abstimmungsberechtigte Klasse einbezogen werden müssen.[713] Der gleichwohl gegebenen Interessenbeeinträchtigung wegen eines Verlusts der realen Haftungsmasse der übertragenden Gesellschaft kann das Gericht auf Antrag oder im Rahmen seiner allgemeinen Weisungsbefugnis Abhilfe durch Anordnungen gem. sec. 427 (3)(e) CA 1985 verschaffen.[714] So besteht die Möglichkeit, daß es etwa die Übertragung der Aktiva und Passiva von einer Befriedigung der Gläubiger, einer angemessenen Sicherheitsleistung oder von einer Zustimmung durch die Gläubiger mit qualifizierter Mehrheit abhängig macht.[715] Weiterhin ermöglicht sec. 427 (3)(e) CA 1985 dem Gericht, eine Umgehung des durch die secs. 110, 111 IA 1986 garantierten Minderheitenschutzniveaus zu verhindern. Jedoch ist die Praxis der englischen Gerichte uneinheitlich, ob sie auf eine Abfindung widersprechender Anteilseigner bestehen oder wie sie auf „Schemes" reagieren, bei denen keine Behandlung der Anteilseigner streng nach ihren Liquidationserlösrechten vorliegt.[716]

Der britische Gesetzgeber hat die EG-Verschmelzungs- und Spaltungsrichtlinie durch sec. 427A i.V.m. Sched 15B CA 1985 ohne großen Ehrgeiz umgesetzt.[717] Für gewisse, leicht umgehbare[718] Konstellationen der Verschmelzung oder Aufspaltung unter Beteiligung von plcs. sind mithin die europarechtlichen Vorgaben zu beachten, die für die Strukturänderung die Zustimmung durch die Anteilseigner der übernehmenden „company", umfangreiche Pflichtangaben zur Information der Anteilseigner, einen Direktorenbericht und einen Bericht eines unabhängigen

---

[712] Siehe zum genauen Umfang der Übertragungsbefugnis S. 380 ff.
[713] Siehe S. 371 ff.
[714] Die Gläubiger der übernehmenden Gesellschaft werden in England übrigens als nicht schutzbedürftig angesehen, siehe S. 373 f.
[715] Siehe S. 371 ff., 387 ff., 450 ff.
[716] Siehe S. 388 f., 452 f.
[717] Siehe ausführlich S. 390 ff.
[718] Siehe zu den tatsächlich praktizierten Umgehungsmöglichkeiten S. 392 f., 453 f.

Sachverständigen sowie die Möglichkeit zur Dokumenteneinsicht erfordern. In der Praxis spielt sec. 427A CA 1985 keine Rolle.[719]

„Amalgamations" und „reconstructions" werden darüber hinaus manchmal, insbesondere im Falle von Bankenfusionen oder bei „reconstructions", die internationale Sitzverlegungen darstellen, durch Einzelfallgesetze auf private Vorlage („private bill") verwirklicht.[720] Daneben bestehen spezialgesetzliche Verfahren zur Umstrukturierung bestimmter Gesellschaftstypen (z.B. „building societies", Bank- und Versicherungsgesellschaften).[721]

Zur Implementierung eines „demerger" stehen ebenfalls das Liquidations- und das Vergleichsplanverfahren zur Verfügung. Alternative „demerger"-Methoden sind die reguläre Sachdividendenausschüttung[722] und die Kapitalherabsetzung[723]. Beide werden auch über das Dreieck, d. h. unter Zuhilfenahme einer Zweckgesellschaft praktiziert, auf die das abzuspaltende Vermögen durch Sachdividendenausschüttung oder Kapitalherabsetzung übertragen wird und die entsprechend einer Ausgabevereinbarung dafür Wertpapiere an die Anteilseigner der übertragenden Gesellschaft ausgibt.[724] Die Sachdividendenausschüttung scheitert oft daran, daß nicht genügend ausschüttbare Kapitalreserven vorhanden sind.[725] „Demergers" durch Kapitalherabsetzungen sind selten.[726]

Im Bereich der Verschmelzung, Umgründung, Sitzverlegung und Auf- und Abspaltung kann das „Scheme of Arrangement" wie schon bei internen Reorganisationen im Ergebnis nur in Einzelaspekten Anstöße für eine Rechtsfortentwicklung in Deutschland geben.

Grundsätzlich bestehen bei der „amalgamation", der „reconstruction" und dem „demerger" durch ein „Scheme of Arrangement" gem. secs 425 ff. CA 1985 Ähnlichkeiten mit dem Verfahren der Verschmelzung, Auf- und Abspaltung gem. §§ 2, 123 Abs. 1, 2, 4 UmwG.[727] Die gerichtlichen Übertragungsanordnungen gem. sec. 427 (3)(a) CA 1985 führen zu vergleichbaren Ergebnissen wie die (partielle) Gesamtrechtsnachfolge gem. §§ 20 Abs. 1 Nr. 1, 131 Abs. 1 Nr. 1 UmwG.[728] Sec. 427 (3)(d) CA 1985 ermöglicht eine Übertragung aller Aktiva und

---

[719] Siehe S. 391, 409.
[720] Siehe S. 404 ff., 427 f.
[721] Siehe S. 410 ff.
[722] Siehe S. 435 ff.
[723] Siehe S. 440 f.
[724] Siehe S. 441 ff.
[725] Siehe S. 438 ff.
[726] Siehe S. 440 f.
[727] Siehe S. 462 ff., 465.
[728] Siehe S. 465.

Passiva der Gesellschaft ohne förmliche Abwicklung und Auflösung ähnlich wie nach den §§ 20 Abs. 1 Nr. 2, 131 Abs. 1 Nr. 2 UmwG.[729]

Nach einmal erfolgter gerichtlicher Genehmigung ist die Wirksamkeit und der Vollzug der Strukturmaßnahme in England nicht mehr gefährdet.[730] Ebenso verhält es sich in Deutschland nach einmal erfolgter Eintragung der Strukturänderung. Nur bei schwersten Rechtsverletzungen werden englische Gerichte sich gegen die Bestandskraft der Transaktion entscheiden und sie ex nunc rückgängig machen werden. Ganz überwiegend wird ein nach Vollzug der Strukturmaßnahme erfolgreicher Kläger jedoch auf Schadensersatz in Geld verwiesen werden. Das gesetzlich geregelte deutsche Modell führt zu ähnlichen Ergebnissen, ist jedoch stärker formalisiert. Durch Erhebung einer Anfechtungs- oder Nichtigkeitsklage gem. §§ 241 ff. AktG kann ein Anteilseigner eine Registersperre erwirken und so die Eintragung der Strukturänderung verhindern. Das Freigabeverfahren und die gesetzliche Regelung der Unumkehrbarkeit der Strukturänderung nach Eintragung und der anschließende Verweis auf einen Schadensersatzanspruch in Geld gem. (§ 125 i.V.m.) § 16 Abs. 3 S. 6, 2. HS UmwG trägt dem Erpressungspotential und den Rückabwicklungsschwierigkeiten bei einer Verschmelzung oder Spaltung ähnlich wie die englische Rechtsprechung Rechnung.[731]

Sec. 425 CA 1985 verbietet grenzüberschreitende Umwandlungen ebensowenig wie § 1 Abs. 1 UmwG. Mangels Anwendbarkeit von sec. 427 CA 1985 auf transnationale Sachverhalte ist die Rechtslage ähnlich wie in Deutschland, wo das UmwG nach dessen § 1 Abs. 1 nur auf Rechtsträger mit Sitz im Inland anzuwenden ist mit der Folge, daß die Vermögensübertragung grundsätzlich einzelvertraglich erfolgen muß.[732] Darüber hinaus ist die grenzüberschreitende Verlegung des Satzungssitzes („domicile") aus England heraus ebenso wie von Gesellschaften mit Satzungssitz in Deutschland aus Deutschland heraus nur durch Auflösung und Abwicklung der Gesellschaft sowie Einbringung in eine ausländische NewCo. möglich.[733] Diese Rechtslage galt in beiden Ländern jedenfalls bis zur „Überseering"-Entscheidung des EuGH[734].

Im übrigen bestehen wichtige Unterschiede zwischen beiden Verfahren.

1. Was den Vergleich in bezug auf die fehlende Anteilseignerversammlungszuständigkeit sowie auf Beschlußmehrheiten und Zustimmungserfordernisse von Anteilsgattungen und Sonderrechtsinhabern angeht, kann weitestgehend auf die

[729] Siehe S. 465.
[730] Siehe S. 474 ff.
[731] Siehe S. 474 f.
[732] Siehe S. 480 ff.
[733] Siehe S. 481, 484.
[734] Urt. v. 5. 11. 2002 - Rs C-208/00, ZIP 2002, 2037.

Ausführungen zur internen Reorganisation[735] verwiesen werden. Positiv fällt beim „Scheme of Arrangement" wiederum auf, daß Vetorechte vermittelnde Zustimmungserfordernisse auch im Verschmelzungs- und Spaltungsfall nur bei einer nachteiligen Betroffenheit bestehen. Entsprechend sollte § 65 Abs. 2 UmwG begrenzt und der allgemeinen Regel des § 179 Abs. 3 AktG nachgebildet werden.[736]

2. Weiterhin sind die Möglichkeiten quotenabweichender Umstrukturierungen nach dem UmwG in Deutschland geringer als in England, wo auch nicht verhältniswahrende Verschmelzungen mit gerichtlicher Genehmigung gem. sec. 425 (2) CA 1985 möglich sind. Sofern in Deutschland bei Spaltungen Quotenabweichungen für zulässig erachtet werden, ist zu kritisieren, daß dazu gem. § 128 UmwG eine Zustimmung aller statt nur der benachteiligten Anteilseigner notwendig ist.[737] Bei Aktiengesellschaften sollte die Zustimmung durch einen Sonderbeschluß der benachteiligten Anteilseigner nach dem Vorbild von § 179 Abs. 3 S. 2 AktG ausreichen.[738]
3. Negativ zu bewerten ist an der englischen Rechtslage, daß außerhalb des Anwendungsbereichs von sec. 427A CA 1985 anders als im deutschen Recht nicht zwingend eine Zustimmung der Anteilseigner der übernehmenden Gesellschaft bei einer Verschmelzung oder Spaltung eingeholt werden muß, sondern diese Vorgänge nur nach den allgemeinen Regelungen als Einbringung von Sacheinlagen im Rahmen einer Kapitalerhöhung betrachtet werden.[739] Die dabei grundsätzlich notwendige unabhängige Einlagenprüfung entfällt gem. sec. 103 (5) CA 1985 bei einer Verschmelzung, bei der alle Aktiva und Passiva einer anderen Gesellschaft übertragen werden.[740] Diese akquisitionsfreundliche Rechtslage gewährt keine angemessene Kontrolle des Verwaltungsrates durch die Anteilseigner.
4. Weiterhin führt in Deutschland die Eintragung im Handelsregister der übernehmenden Gesellschaft zum einheitlichen Vollzug der Transaktion. Gleichzeitig mit der (partiellen) Gesamtrechtsnachfolge werden die Anteilseigner der übertragenden Gesellschaft Anteilseigner der übernehmenden Gesellschaft. In England führt bereits die Hinterlegung des gerichtlichen Genehmigungsbeschlusses zur Wirksamkeit des Vergleichsplans. Die Einheitlichkeit dessen Vollzugs ist jedoch nicht sichergestellt.[741] Es besteht vielmehr die Gefahr eines rechtlichen Bruchs durch zeitliche Divergenzen.

---

[735] Siehe S. 211 ff.
[736] Siehe S. 470.
[737] Siehe S. 470 f.
[738] Siehe S. 471.
[739] Siehe S. 467 f.
[740] Siehe S. 473.
[741] Siehe S. 468 f.

5. Im englischen Recht ist des weiteren eine unabhängige Überprüfung des Umtauschverhältnisses sowie eine umfassende rechtliche Kontrolle zu vermissen, so daß gerade der sensibelste Bereich bei Verschmelzungen und Spaltungen nur einer unzureichenden richterlichen Kontrolle unterliegt.[742] Die auf der Abstimmung durch qualifizierte Mehrheiten in stark differenzierten Klassen begründete englische Paritätsdoktrin ist abzulehnen. Das gilt umso mehr, als eine angemessene Information der Anteilseigner durch sec. 426 CA 1985 de facto nicht erreicht wird.[743] Englische Gesellschaften sind weder ausdrücklich verpflichtet, Mindestangaben im Verschmelzungs- bzw. Spaltungsplan wie nach den §§ 5, 126 UmwG zu machen, noch einen Verschmelzungs- oder Spaltungsbericht der Verwaltungsratsmitglieder wie nach den §§ 8, 127 UmwG erstellen zu lassen. Vor allem besteht auch keine Pflicht, eine Verschmelzungs- oder Spaltungsprüfung durch einen unabhängigen Sachverständigen wie nach den §§ 9-12, 48, 60, 125 UmwG durchzuführen und den Prüfungsbericht den Anteilseignern zugänglich zu machen. Erst im Anwendungsbereich der praktisch leicht umgehbaren sec. 427A i.V.m. Sched. 15B CA 1985 wird ein angemessenes Informations- und Umtauschkontrollniveau nach kontinentaleuropäischer Prägung erreicht.[744]
6. Im Hinblick auf das Austrittsrecht dissentierender Anteilseigner gegen angemessene Barabfindung gem. (§ 125 i.V.m.) § 29 UmwG, das zwar auf den Fall eines Rechtsformwechsels oder einer Beschränkung der Verfügungsbefugnis infolge Verschmelzung, Auf- oder Abspaltung beschränkt ist, bestehen Parallelen zum Abfindungsanspruch dissentierender Anteilseigner gem. sec. 111 (2) IA 1986. Da diese Regelung aus Gründen des Umgehungsschutzes grundsätzlich auch bei einem Vergleichsplan zu beachten ist, existiert eine vergleichbare Rechtslage.[745] Negativ fällt im englischen Recht jedoch wiederum auf, daß eine unabhängige Überprüfung der Abfindung nicht stattzufinden hat.
7. Im englischen Recht fehlen mit § 25 UmwG oder § 11 Abs. 2 UmwG i.V.m. § 323 HGB vergleichbare spezielle Anspruchsgrundlagen, die einen angemessenen besonderen Anteilseignerschutz bei Verschmelzungen und Spaltungen gewährleisten; ob ein solches Schutzniveau durch die allgemeinen Vorschriften zur Haftung englischer Verwaltungsratsmitglieder erreicht wird, ist noch nicht geklärt.[746]
8. Das Gläubigerschutzniveau ist bei Verschmelzungs- und Spaltungsvorgängen gem. secs. 425 ff. CA 1985 teilweise unangemessen niedrig.[747] Die Möglichkeit

---

742 Siehe S. 474 ff.
743 Siehe S. 472 f.
744 Siehe S. 473.
745 Siehe S. 476 ff.
746 Siehe S. 477.
747 Siehe S. 478 f.

von Schutzanordnungen gem. sec. 427 (3)(e) CA 1985 gewährleistet im Vergleich zur gesetzlichen Regelung gem. §§ 22, 25, 133 UmwG keine ausreichende Rechtssicherheit. Ist das Gläubigerschutzniveau im deutschen Recht eher zu hoch, ist an der englischen Rechtslage insbesondere zu kritisieren, daß für die Gläubiger der übernehmenden Gesellschaft im Verschmelzungs- oder Spaltungsfall überhaupt keine besonderen Schutzvorschriften bestehen und deren besondere Schutzbedürftigkeit auch von der Rechtsprechung stillschweigend nicht anerkannt wird.

9. Nach der bis zur „Überseering"-Entscheidung des EuGH[748] in Deutschland noch herrschenden Sitztheorie zog die Verlegung des Verwaltungssitzes ins Ausland die Auflösung und Abwicklung der Gesellschaft nach sich; auf Grundlage der Gründungstheorie ist eine Verlegung der „residence" aus England heraus ohne weiteres identitätswahrend möglich.[749] In Deutschland hat die Rechtsprechung seit „Überseering" einen Kurswechsel hin zur Gründungsanknüpfung beim Zuzug von Gesellschaften nunmehr weitgehend vollzogen. Dennoch steht eine Anpassung der Rechtslage zur vollständigen Verwirklichung des europäischen Binnenmarktes und damit der umfassenden Niederlassungsfreiheit in Deutschland wie in England noch aus; außerdem müssen in beiden Ländern verbleibende Rechtsunsicherheiten für grenzüberschreitende Strukturänderungen und Sitzverlegungen sowohl innerhalb der EU als auch weltweit beseitigt werden.[750]

[748] Urt. v. 5. 11. 2002 - Rs C-208/00, ZIP 2002, 2037.

[749] Siehe S. 430 ff., 480 ff.

[750] Siehe S. 484 ff.

Schlußwort

Das „Scheme of Arrangement“ gem. secs. 425 ff. CA 1985 ist ein Rechtsinstitut, das die umfassende Umstrukturierung der englischen „company“ ermöglicht. Für Umstrukturierungen der Gesellschafterrechte ist ein umfassendes Vergleichsplanverfahren dem deutschen Recht fremd. Das hat unter anderem historische Gründe. Das „Scheme of Arrangement“ hat seinen Ursprung in der zweiten Hälfte des 19. Jahrhunderts. Seitdem haben sich wie im deutschen Recht für interne Reorganisationen speziellere Verfahren herausgebildet, die nicht unter gerichtlicher Aufsicht durchgeführt werden und aufgrund ihrer tatbestandlichen Einschränkung gesetzliche Vorgaben enthalten, nach denen eine Gesellschaft die Umstrukturierung schneller und kostengünstiger vornehmen kann. Dies führt dazu, daß das „Scheme of Arrangement“ in diesem Anwendungsbereich zu einem nur noch in Nischen tatsächlich angewandten Fossil des englischen Kapitalgesellschaftsrechts geworden ist. Insoweit kann ein flexibles Planverfahren auch in Deutschland nicht als Vorbild gelten. Lediglich gewisse Einzelaspekte[1] geben Anstöße für eine Fortentwicklung vor allem des deutschen Aktienrechts, das dem tendenziell auf größere Kapitalgesellschaften zugeschnittenen englischen „company law“ näher steht.

Bei der in England eher seltenen Umstrukturierung durch Vermögensübertragung ist das „Scheme of Arrangement“ in der praktischen Anwendung beliebt. Das Vergleichsplanverfahren findet in dieser Fallgruppe seinen deutschen Gegenpart in der Verschmelzung, Auf- und Abspaltung nach dem Umwandlungsgesetz. Hier weisen die secs. 425 ff. CA 1985 jedoch zumindest außerhalb des europarechtlich vorgegebenen Anwendungsbereichs Defizite im Bereich des Minderheiten- und Gläubigerschutzes auf, die nicht als vorbildhaft zu bewerten sind. Insgesamt geben auch hier nur Einzelaspekte[2] interessante Anregungen zur Fortentwicklung des deutschen Umwandlungsrechts.

Seinen Hauptanwendungsbereich findet das „Scheme of Arrangement“ in England heute bei einverständlichen Unternehmensübernahmen und beim „merger of equals“ durch Vereinigung in einer NewCo. Mittels der secs. 425 ff. CA 1985 können durch Beschluß der freien Anteilseigner mit qualifizierter Mehrheit alle Anteile auf den Bieter (bzw. die Bietergesellschaft/NewCo.) übertragen werden, wenn das Gericht die 100 %ige Übernahme gegen Gewährung der angebotenen Gegenleistung genehmigt und der Genehmigungsbeschluß beim Gesellschaftsregister hinterlegt wird. Dieses Modell einer kompletten Übernahme weist von der Grundidee her gegenüber der in Deutschland regelmäßig notwendigen Kombina-

---

[1] Siehe Zusammenfassung und Ergebnis zur internen Reorganisation der Kapitalstruktur S. 211 ff.

[2] Siehe Zusammenfassung und Ergebnis zur Vermögensübertragung S. 486 ff.

tion aus Übernahmeangebot und Zwangsausschlußverfahren bzw. Mehrheitseingliederung Vorteile auf. Diese Vorteile empfehlen ein allgemeines Übertragungsbeschlußverfahren im deutschen Aktienrecht nachdrücklich.[3] Durch Einführung eines solchen Verfahrens käme es zu einer Verfahrensvereinfachung, -verdichtung und -beschleunigung. Statt der genannten zwei Verfahren wäre nur ein einziges integriertes Verfahren notwendig. Dabei würde die individualvertragliche Aktienübertragung durch einen kollektiven Übertragungsbeschluß ersetzt, der auch unbekannte und nicht erreichbare Aktionäre binden würde. Auch sollte die flexible Einbeziehung der Inhaber von Options- und Wandlungsrechten in den Übertragungsplan ermöglicht werden.

Da das englische Verfahren jedoch im Detail schwer mit dem deutschen Normenumfeld zu vereinbaren ist und grundrechtlich bedenklich wäre, sollte es nur zu einer Umsetzung der Grundidee eines allgemeinen Übertragungsbeschlußverfahrens kommen, das die Bindung von Minderheitsaktionären erlaubt, gleichzeitig aber auch angemessene Schutzmechanismen enthält. Diese sollten ein bei anderen Strukturentscheidungen bestehendes Schutzniveau weitestgehend gewährleisten, andererseits aber auch die Besonderheiten und Parallelen zum Übernahmeangebot berücksichtigen. Daher sollten nur widersprechende Anteilseigner von einer im Spruchverfahren erreichten Nachbesserung der Gegenleistung profitieren können.

Das Verfahren sollte in das deutsche Aktiengesetz integriert werden, ohne einen Fremdkörper darzustellen. Insbesondere müssen nicht zuletzt auch wegen grundrechtlicher Erwägungen umfassende Informations- und Berichtspflichten gefordert werden, die eine unabhängige Sachverständigenprüfung vor allem des Umtauschverhältnisses umfassen sollten. Statt eines gerichtlich von Anfang an beaufsichtigten Verfahrens käme die übliche nachträgliche Kontrolle durch das Registergericht und im Klagefalle durch das Prozeßgericht in Betracht. Als Verfahrensoption für börsennotierte Gesellschaften könnte das zum 1. Januar 2002 in Kraft getretene Wertpapiererwerbs- und Übernahmegesetz die Möglichkeit einer obligatorischen gerichtlichen Aufsicht über ein Übertragungsbeschlußverfahren eröffnen, um Befreiungsmöglichkeiten von US-amerikanischen Kapitalmarktbestimmungen ausnutzen zu können. Die notwendige Verzahnung der allgemeinen aktienrechtlichen Vorschriften für ein solches Verfahren mit dem WpÜG dürfte im übrigen keine unüberwindbaren Probleme mit sich bringen.

Durch ein allgemeines Übertragungsbeschlußverfahren würde de lege ferenda ein Defizit im Bereich der bisher begrenzten Anteilsübertragungsbeschlußmöglichkeiten im deutschen Kapitalgesellschaftsrecht beseitigt und ein Beitrag zur Stärkung des Standorts Deutschland im Wettbewerb der Rechtsordnungen geleistet, ohne sich damit auf ein sogenanntes „race to the bottom“ einzulassen.

---

[3] Siehe Zusammenfassung und Ergebnis zur Anteilsübertragung S. 320 ff.

Literaturverzeichnis

Angerer, Lutz: Der Squeeze-out, BKR 2002, 260 ff.

Anton, Alexander Elder/Beaumont, Paul R.: Private International Law, 2. Auflage, Edinburgh 1990

Arthur Andersen: Kommentar zum Körperschaftssteuergesetz, Bonn, Berlin 1997, Loseblatt, Stand: 29. Nachlieferung Juni 2002 [zit.: Arthur Andersen-*Bearbeiter*, KStG]

Barron, Roger/Scott, Tom: BT demerger - Reversing the trend, PLC März 2002, 29 ff.

Baumann, Horst/Reiss, Wilhelm: Satzungsergänzende Vereinbarungen - Nebenverträge im Gesellschaftsrecht, ZGR 1989, 157 ff.

Baumbach, Adolf/Hueck, Alfred: Kommentar zum GmbH-Gesetz, 17. Auflage, München 2000 [zit.: Baumbach/Hueck-*Bearbeiter*, GmbHG]

Baums, Philipp A.: Der Ausschluß von Minderheitsaktionären nach §§ 327 a ff. AktG n.F., WM 2001, 1843 ff.

ders.: Ausschluß von Minderheitsaktionären, Frankfurt am Main 2001

Baums, Theodor: Eintragung und Löschung von Gesellschafterbeschlüssen, Heidelberg 1981

Baums, Theodor (Hrsg.): Gesetz über die Aktiengesellschaften für die königlich preußischen Staaten vom 9. November 1843, Text und Materialien, Aalen 1981

Baums, Theodor: Verschmelzung mit Hilfe von Tochtergesellschaften, in: Festschrift für Wolfgang Zöllner, Bd. I, hrsg. von Manfred Lieb, Ulrich Noack, Harm Peter Westermann, Köln, Berlin, Bonn, München 1998, S. 65 ff.

Baums, Theodor (Hrsg.): Bericht der Regierungskommission Corporate Governance - Unternehmensführung, Unternehmenskontrolle, Modernisierung des Aktienrechts, Köln 2001 [zit.: Baums-Bericht]

Bayer, Walter: Die EuGH-Entscheidung „Inspire Art" und die deutsche GmbH im Wettbewerb der europäischen Rechtsordnungen, BB 2003, 2357 ff.

Behrens, Peter: Die Gesellschaft mit beschränkter Haftung im internationalen und ausländischen Recht, Berlin 1976

Beitzke, Günther: Internationalrechtliches zur Gesellschaftsfusion, in: Festschrift für Walter Hallstein, hrsg. von Ernst von Caemmerer, Hans-Jürgen Schochauer, Ernst Steindorff, Frankfurt am Main 1966, S. 14 ff.

Bernstorff, Christoph Graf von: Einführung in das englische Recht, 2. Auflage, München 2000

Beyer, Andreas: Zusammenschlußkontrolle im englischen und deutschen Recht unter besonderer Berücksichtigung von Sanierungsfusionen, Berlin 1986

Birkett, Kirsten: Glaxo Wellcome and SmithKlineBeecham - Chemical attraction, PLC April 2000, 19 ff.
Booth, Charles D.: Hong Kong Insolvency Law Reform: Preparing for the next millenium, JBL 2001, 126 ff.
Bork, Reinhard: Beschlußverfahren und Beschlußkontrolle, ZGR 1993, 343 ff.
Bramwell, Richard/Hardwick, Michael/James, Alun/Oratore, Vincent: Taxation of Companies and Company Reconstructions, 5. Auflage, London 1991
Bramwell, Richard/Hardwick, Michael/Oratore, Vincent: Taxation of Companies and Company Reconstructions, 1. Ergänzungsband zur 5. Auflage, London 1992
Brown, David: Corporate Rescue - Insolvency Law in Practice, Chichester, New York, Brisbane, Toronto, Singapore 1996
Büchel, Helmut: Neuordnung des Spruchverfahrens, NZG 2003, 793 ff.
Buckley on the Companies Act, 15. Auflage, London 2000, Loseblatt, Stand 1. Nachlieferung Februar 2001 [zit.: Buckley]
Bunge, Jürgen: Zivilprozeß und Zwangsvollstreckung in England, Berlin 1995
Burnside, Alec: Overcoming Barriers to European M & A, Comp. Lawy. 1992, 19 ff.
Burgess, Robert: Corporate Finance Law, 2. Auflage, London 1992

Cabrelli, David: In dire need of assistance? Sections 151-158 of the Companies Act 1985 revisited, JBL 2002, 272 ff.
Carey, Andrew/Friel, Daniel/Compagnoni, Marco: Distributable profits - Impact on transactions, PLC August 1996, 25 ff.
Charlesworth & Morse: Company Law, hrsg. von Geoffrey Morse, Enid A. Marshall, Richard Morris, Letitia Crabb, 16. Auflage, London 1999 [zit.: Charlesworth & Morse]
Chitty on Contracts, hrsg. von A.G. Guest, Bd. 1, 27. Auflage, London 1994, Stand 2. Ergänzungslieferung 1997 [zit.: Chitty on Contracts]
Connolly, Karen: London Stock Exchange Developments: London Stock Exchange/Deutsche Börse Merger, JIFM 2000, N46-47
Coonan, Adam: Australia: Company Law - Schemes of Arrangement, ICCLR 1997, C59 ff.
Cork, Sir Kenneth/Graham, David: Insolventsrechtsreform in England - Erläuterungen zum Cork-Report, ZIP 1982, 1275 ff.
Cork-Report: Insolvency Law and Practice, Report of the Review Committee, Chairman Sir Kenneth Cork, hrsg.vom Secretary of State for Trade, HMSO Cmd. 8558, London 1982
Cornette de Saint-Cyr, Anne-Sophie/Rogers, Philip: Cross-Border Mergers, ICCLR 2002, 343 ff.
Crawford, Susan/Cruise, John: Stamp duty in commercial transactions - Ways to reduce your liability, PLC Dezember 1999, 41 ff.

DAV-Handelsrechtsausschuß: Stellungnahme zum Referentenentwurf eines Gesetzes zur Bereinigung des Umwandlungsrechts, WM 1993, Sonderbeil. Nr. 2
DAV-Handelsrechtsausschuß: Stellungnahme zum Referentenentwurf des WpÜG, NZG 2001, 420 ff.
Davies, James/Holmes, Nicholas: Granada and Compass - Structuring the transaction, PLC Oktober 2000, 25 ff.
Davies, Paul L.: The Regulation of Take-overs and Mergers, London 1976
Decher, Christian E.: Rechtsfragen des grenzüberschreitenden *Merger of Equals*, in: Festschrift für Marcus Lutter, hrsg. von Uwe H. Schneider, Peter Hommelhoff, Karsten Schmidt, Wolfram Timm, Barbara Grunewald, Tim Drygala, Köln 2000, S. 1209 ff.
Dicey and Morris, The Conflict of Laws, hrsg. von Lawrence Collins, 13. Auflage, London 2000, [zit.: Dicey & Morris]
Dow, Robert/Millerchip, Christopher: The Legal Mechanics of the Argos Demerger, PLC Juni 1990, 7 ff.

Edgtton, Verdun: Appointment of proxies by electronic communication: Do Companies have to wait for enabling legislation, Comp. Lawy. 2000, 294 ff.
Ehricke, Ulrich/Roth, Markus: Squeeze-out im geplanten deutschen Übernahmerecht, DStR 2001, 1120 ff.
Emmerich, Volker/Sonnenschein, Jürgen/Habersack, Mathias: Konzernrecht, 7. Auflage, München 2001

Farrar, John H.: Corporate Insolvency and the Law, JBL 1976, 214 ff.
Farrar, John H./Fletcher, Ian F.: The Cork Report - General Principles, JBL 1983, 72 ff.
Farrar, John H./Hannigan, Brenda M./Furey, Nigel E./Wylie, Philip: Farrar's Company Law, 4. Auflage, London, Edinburgh, Dublin 1998 [zit.: Farrar's Company Law]
Ferran, Eilís: Company Law and Corporate Finance, Oxford 1999
Fidler, Peter: Electronic Submission of Proxies for Creditors' Meetings, InsInt 2001, 14 (3), 17 ff.
Flessner, Axel: Sanierung und Reorganisation,Tübingen 1982
Fletcher, Ian F.: The Law of Insolvency, 2. Auflage, London 1996
Frieze, Steven A.: Section 425 Schemes: Guidance from Australia, Case Comment on Re Bond Corp. Holdings Ltd. (1991) 9 A.C.L.C. 1264, InsInt 1992, 5 (3), 17 ff.

Geibel, Stephan/Süßmann, Rainer (Hrsg.): Kommentar zum Wertpapiererwerbs- und Übernahmegesetz, München 2002 [zit.:Geibel/Süßmann-*Bearbeiter*, WpÜG]

Gesmann-Nuissl, Dagmar: Die neuen Squeeze-out-Regeln im Aktiengesetz, WM 2002, 1205 ff.
Geßler, Ernst/Hefermehl, Wolfgang/Eckardt, Ulrich/Kropff, Bruno (Hrsg.): Kommentar zum Aktiengesetz, München 1973 ff. [zit.: Geßler/Hefermehl-*Bearbeiter*, AktG]
Gillespie, Stephen: Buying the business and assets of insolvent companies, PLC Oktober 1990, 19 ff.
Gillespie, Stephen - Westwater, Robert: Sell up or meltdown - Buying the assets of an insolvent company, PLC November 2001, 27 ff.
Gillessen, Frederick: Europäische transnationale Sitzverlegung und Fusion im Vereinigten Königreich und in Irland, Frankfurt am Main, Berlin, Bern, Bruxelles, New York, Oxford, Wien 2000
Godden, Richard/Butler, Nick: British Aerospace and GEC - Structuring the merger, PLC Januar/Februar 2000, 43 ff.
Godden, Richard/Clay, Owen: Allied Domecq and Tarmac - A novel structuring solution, PLC November 1999, 23 ff.
Goldenberg, Philip: Guide to Company Law, Bicester 1997
Goode, Roy M.: Principles of Corporate Insolvency Law, 2. Auflage, London 1997
Gore-Browne, Sir Francis: On Companies, hrsg. von A. J. Boyle, Robin Potts, Leonard S. Sealy, 44. Auflage, Bristol 1986, Loseblatt, Stand: 44. Ergänzungslieferung Juli 2003 [zit.: Gore-Browne]
Gottwald, Peter: Aspekte der Unternehmensinsolvenz im englischen Recht, KTS 1981, 17 ff.
Goutier, Klaus/Knopf, Rüdiger/Tulloch, Anthony: Kommentar zum Umwandlungsrecht, Heidelberg 1996 [zit.: Goutier/Knopf/Tulloch-*Bearbeiter*, UmwG]
Gower, Laurence C.B./Davies, Paul L.: Gower's Principles of Modern Company Law, 6. Auflage, London 1997 [zit.: Gower/Davies]
Gower, Laurence C.B./Davies, Paul L.: Gower and Davies' Principles of Modern Company Law, 7. Auflage, London 2003 [zit.: Gower and Davies]
Graham, David: The Cork Report. A Plan for The Reform of English Insolvency Law and Practice, DPCI 1983, Vol. 9, 103 ff.
Greenbank, Ashley/Newsham, Simon: Taxing groups of companies - Moving the goalposts ?, PLC August 2000, 27 ff.
Greenbank, Ashley/Tidball, Stephanie: Abolition of ACT - Implications for companies, PLC Mai 1999, 35 ff.
Grier, Nicholas: UK Company Law, Chichester, New York, Weinheim, Brisbane, Singapore, Toronto 1998
Griffith, Earl/Weeks, Randal: Marconi Restructuring: a blueprint for the future?, PLC Oktober 2003, 19 ff.

Großkommentar zum Aktiengesetz: hrsg. von Claus Hopt, Herbert Wiedemann, 4. Auflage, München 1992 ff. [zit.: GroßKomm-*Bearbeiter*, AktG]
Grunewald, Barbara: Die neue Squeeze-out-Regelung, ZIP 2002, 18 ff.
Grys, Francis le/Nineham, Hugh/Polito, Simon: Granada - Creating a focused media group, PLC März 2001, 41 ff.
Gubbins, Richard/Crawford, Susan/Brann, Terry: Demergers - How to break up, PLC Juni 1996, 17 ff.
Gubbins, Richard/Crawford, Susan/Brann, Terry: Demergers, PLC Juli 1996, 37 ff.
Güthoff, Julia: Gesellschaftsrecht in Großbritannien, 2. Auflage, München - Berlin 1998

Haarmann, Wilhelm/Riehmer, Klaus/Schüppen, Matthias (Hrsg.): Öffentliche Übernahmeangebote - Kommentar zum Wertpapiererwerbs- und Übernahmegesetz, Heidelberg 2002 [zit.: Haarmann/Riehmer/Schüppen-*Bearbeiter*, WpÜG]
Hachenburg, Max: Kommentar zum GmbHG, Großkommentar, 8. Auflage, Berlin, New York 1992 ff. [zit.: Hachenburg-*Bearbeiter*, GmbHG]
Hale, Chris/Beddow, Simon/Oditah, Fidelis: Preference Shares - Conversion, Redemption and Class Rights, PLC November 1995, 39 ff.
Halm, Dirk: „Squeeze-Out" heute und morgen: Eine Bestandsaufnahme nach dem künftigen Übernahmerecht, NZG 2000, 1162 ff.
Halsbury's Statutes of England and Wales: hrsg. von Andrew Davies, 4. Auflage, Neuausgabe,
- Band 5, London 1998
- Band 22, London 2000
- Band 41, London 2000
- Band 43, London 1996
- Band 44, London 1996

Hannigan, Brenda: Annoted Guide to the Companies Act, London 2001 (zit.: Hannigan, Companies Act)
Hannigan, Brenda: The Reform of the Ultra Vires Rule, JBL 1987, 165 ff.
Hanton, Bruce/Cotton, Samantha/Wheeler, Michelle: Financial assistance - When is it permitted ?, PLC Juli 2000, 49 ff.
Harrison-Cripps, Bill/Wilkinson, Rob: Buying businesses: Tax and accounting issues, PLC Mai 1991, 33 ff.
Haworth, Mark: Development in the UK Laws on Transfer of Undertakings, EBLR 1994, 236 ff.
Hein, Jan von: Grundfragen des europäischen Übernahmekollisionsrechts, AG 2001, 213 ff.
Henze, Hartwig: Minderheitenschutz durch materielle Kontrolle der Beschlüsse über die Zustimmung nach § 179 a AktG und die Änderung des Unternehmens-

gegenstandes der Aktiengesellschaft, in: Festschrift für Karlheinz Boujong, hrsg. von Carsten Thomas Ebenroth, Dieter Hesselberger, Manfred Eberhard Rinne, München 1996, S. 233 ff.
Hess, Klaus-Peter: Der „ultra-vires"-Grundsatz im britischen Gesellschaftsrecht, RIW 1992, 638 ff.
Hirte, Heribert: Kapitalgesellschaftsrecht, 3. Auflage, Köln 2001 [zit.: Hirte]
Hoffmann-Becking, Michael: Der Einfluß schuldrechtlicher Gesellschaftervereinbarungen auf die Rechtsbeziehung in der Kapitalgesellschaft, ZGR 1994, 442 ff.
Hopt, Klaus J.: Änderungen von Anleihebedingungen - Schuldverschreibungsgesetz, § 796 BGB und AGBG -, in: Festschrift für Ernst Steindorff, hrsg. von Jürgen F. Baur, Klaus J. Hopt, K. Peter Mailänder, Berlin, New York 1990, S. 341 ff.
Horn, Norbert: Internationale Unternehmenszusammenschlüsse, ZIP 2000, 473 ff.
Hornby, J.A.: Class Membership in a Company's Scheme of Arrangement, M.L.R. 1976 (Vol. 39), 207 ff.
Hüffer, Uwe: Kommentar zum Aktiengesetz, 5. Auflage, München 2002
Hughes, Karen/Parden, Nick: Mergers: UK favoured routes, PLC August 2002, 31 ff.
Hutton, Noel/Rawnsley, Patrick: Internal Reorganisation - Keeping at arm's length, PLC Dezember 1995, 11 ff.

IDW (Hrsg.): Reform des Umwandlungsrechts, Düsseldorf 1993
Isaacs, Barry: The Equitable Life Scheme of Arrangement Sanction Hearing: Classes, Human Rights and Fairness, InsInt 2002, 15 (7), 49 ff.

Jacob, Sir Jack I.H. (Hrsg.): The Supreme Court Practice 1997, Vol. 1 part 1, 11. Auflage, London 1996, Stand: 3. Ergänzungsband, London 1997 [zit.: Jacob, Supreme Court Practice 1997]
Jacob, Sir Jack I.H. (Hrsg.): Atkin's Encyclopaedia of Court Forms in Civil Proceedings, Vol. 9, Companies: General, 2. Auflage, London 1992
Jarass, Hans D./Pieroth, Bodo: Kommentar zum Grundgesetz, 6. Auflage, München 2001 [zit.: Jarass/Pieroth-*Bearbeiter*, GG]
Jones, Tim/Baker, Richard: The Reed Elseviewer Merger: Preserving separate identities, PLC Januar/Februar 1993, 15 ff.

Kallmeyer, Harald: Das neue Umwandlungsrecht, ZIP 1994, 1746 ff.
Kallmeyer, Harald: Anwendung von Verfahrensvorschriften des Umwandlungsgesetzes auf Ausgliederungen nach Holzmüller, Zusammenschlüsse nach der Pooling-of-interests-Methode und die sog. übertragende Auflösung, in: Festschrift für Marcus Lutter, hrsg. von Uwe H. Schneider, Peter Hommelhoff, Karsten

Schmidt, Wolfram Timm, Barbara Grunewald, Tim Drygala, Köln 2000, S. 1245 ff.
Kallmeyer, Harald: Kommentar zum Umwandlungsgesetz, 2. Auflage, Köln 2001 [zit.: Kallmeyer-*Bearbeiter*, UmwG]
Keidel, Theodor/Kuntze, Joachim/Winkler, Karl: Kommentar zum Gesetz über die Angelegenheiten der freiwilligen Gerichsbarkeit, 14. Auflage, München 1999 [zit.: Keidel/Kuntze/Winkler-*Bearbeiter*, FGG]
Kemp, Karen/Harris, David: Debt to equity conversions - Relieving the interest burden, PLC August 1993, 19 ff.
Kingstone, Mark/Land, Stephen: UK/US Mergers - Structure and tax, PLC März 1998, 17 ff.
Knight, Bill: Acquisition Structures - Dancing in the minefield, PLC September 1992, 19 ff.
Knight, Bill: Acquisition Structures - The hidden dangers, PLC Oktober 1992, 11 ff.
Knoll, Heinz-Christian: Die Übernahme von Kapitalgesellschaften, Baden-Baden 1992
Kölner Kommentar zum Aktiengesetz: hrsg. von Wolfgang Zöllner, 2. Auflage, Köln 1986 ff. [zit.: KK-*Bearbeiter*, AktG]
Kölner Kommentar zum Wertpapiererwerbs- und Übernahmegesetz: hrsg. von Heribert Hirte und Christoph von Bülow, Köln, Berlin, Bonn, München 2003 [zit.: KK-*Bearbeiter*, WpÜG]
Krause, Hartmut: Das neue Übernahmerecht, NJW 2002, 705 ff.
Krieger, Gerd: Squeeze-out nach neuem Recht: Überblick und Zweifelsfragen, BB 2002, 53 ff.
Kropff, Bruno: Aktiengesetz: Textausgabe des Aktiengesetzes vom 6. 9. 1965 mit Begründung des Regierungsentwurfs und Bericht des Rechtsausschusses des Deutschen Bundestags, Düsseldorf 1965 [zit.: Kropff, RegBegr. AktG]
Kümpel, Siegfried: Bank- und Kapitalmarktrecht, 2. Auflage, Köln 2000

Lange, Paul: Diskussionsanstöße für die deutsche Insolvenzrechtsreform aus dem englischen Recht, ZIP 1991, 850 ff.
Leible, Stefan/Hoffmann, Jochen: „Überseering" und das deutsche Gesellschaftskollisionsrecht, ZIP 2003, 925 ff.
Leible, Stefan/Hoffmann, Jochen: Die Grundbuchfähigkeit der Scheinauslandsgesellschaft: (teilweise) Aufgabe der Sitztheorie?
Leinekugel, Magdalena: Die Sachdividende im deutschen und europäischen Aktienrecht, Köln, Berlin, Bonn, München 2001
Leinekugel, Rolf: Die Ausstrahlungswirkung des Umwandlungsgesetzes, Köln 2000

Lembeck, Eva-Désirée: UK Company Law Reform - Ein Überblick, NZG 2003, 956 ff.
Levitt, Adam: Reduction of share capital, PLC März 1992, 23 ff.
Lewis, David: Allotment of shares: Valuation Reports for schemes of arrangement, Comp. Lawy. 1995, 245 ff.
Lewis, David: Corporate Transactions - Use of private legislation, PLC September 2001, 33 ff.
Lightman, Gavin: Attitudes and Values: Developments in Insolvency Law: Part 2, InsInt 2001 (9), 69 ff.
Lingard, J.R.: Corporate Rescues and Insolvencies, 2. Auflage, London 1989
Loges, Rainer/Distler, Wolfram: Gestaltungsmöglichkeiten durch Aktiengattungen, ZIP 2002, 467 ff.
Lord Hailsham of St. Marylebone: Halsbury's Laws of England, Band 7 (2), Companies, 4. Auflage, Neuausgabe, London 1996
Lord Mackay of Clashfern: Halsbury's Laws of England, Band 37, Practice and Procedure, 4. Auflage, Neuausgabe, London 2001
Lutter, Marcus: Die Eintragung anfechtbarer Hauptversammlungsbeschlüsse im Handelsregister, NJW 1969, 1873 ff.
Lutter, Marcus: Zur Reform von Umwandlung und Fusion, ZGR 1990, 392 ff.
Lutter, Marcus: Europäisches Unternehmensrecht, 4. Auflage, Berlin, New York 1996
Lutter, Marcus (Hrsg.): Holding-Handbuch, 3. Auflage, Köln 1998
Lutter, Marcus (Hrsg.): Kommentar zum Umwandlungsgesetz, 2. Auflage, Köln 2000 [zit.: Lutter-*Bearbeiter*, UmwG]
Lutter, Marcus: „Überseering" und die Folgen, BB 2003, 7 ff.
Lutter, Marcus/Drygala, Tim: Die übertragende Auflösung: Liquidation der Aktiengesellschaft oder Liquidation des Minderheitenschutzes, in: Festschrift für Bruno Kropff, hrsg. von Heinz Forster, Barbara Grunewald, Marcus Lutter, Johannes Semler, Düsseldorf 1997, S. 191 ff.
Lutter, Marcus/Hommelhoff, Peter: Kommentar zum GmbH-Gesetz, 15. Auflage, Köln 2000 [zit.: Lutter/Hommelhoff, GmbHG]
Lutter, Marcus/Leinekugel, Magdalena/Rödder, Thomas: ECLR - Die Sachdividende, ZGR 2002, 204 ff.
Lutter, Marcus/Leinekugel, Rolf: Der Ermächtigungsbeschluß der Hauptversammlung zu grundlegenden Strukturmaßnahmen - zulässige Kompetenzübertragung oder unzulässige Selbstentmachtung ?, ZIP 1998, 805 ff.
Lutter, Marcus/Leinekugel, Rolf: Planmäßige Unterschiede im umwandlungsrechtlichen Minderheitenschutz?, ZIP 1999, 261 ff.

Marshall, Jennifer: Insolvency Act 2000 - A taste of things to come, PLC Juni 2001, 33 ff.

Mather, Howard/Cowan, John: Squeezing out minority shareholders - England and Wales, European Counsel, April 1998, 29 ff.
Maul, Silja/Schmidt, Claudia: Inspire Art - Quo vadis Sitztheorie?, BB 2003, 2297 ff.
Maul, Silja/Teichmann, Christian/Wenz, Martin: Der Richtlinienvorschlag zur grenzüberschreitenden Verschmelzung von Kapitalgesellschaften, BB 2003, 2633 ff.
Mayson, Stephen W./French, Derek/Ryan, Christopher L.: Company Law, Auflage 2003-2004, Oxford 2003 [zit.: Mayson/French/Ryan]
McCrum, Anna: London Stock Exchange/Deutsche Börse Merger: The regulatory consequences, PLC Juni 2000, 9 f.
Michalski, Lutz (Hrsg.): Kommentar zum GmbH-Gesetz, München 2002 [zit.: Michalski-*Bearbeiter*, GmbHG]
Milman, David: In focus - Firming up moratoria, P.I.C. 3/2001, 1 f.
Milman, David: In focus - Schemes of Arrangement, P.I.C. 6/2001, 1 f.
Milman, David: Schemes of Arrangement: Their continuing role, Insolv. Lawy. 2001, 145 f.
Milman, David/Durrant, Chris: Corporate Insolvency: Law and Practice, 2. Auflage, London 1994
Morse, Geoffrey: Controlling Takeovers - the self-regulation option in the United Kingdom, JBL 1998, 58 ff.
Morse, Geoffrey: The City Code on Takeovers and Mergers - Self Regulation or Self Protection, JBL 1991, 509 ff.
Moss, Gabriel: Hawk Triumphant: A Vindication of the Modern Approach to Classes in Section 425 Schemes, InsInt 2002, 15 (6), 41 ff.
Mülbert, Peter O.: Aktiengesellschaft, Unternehmensgruppe und Kapitalmarkt, 2. Auflage, München 1996
Müller-Driver, Andreas: Grenzüberschreitende Restrukturierungen von Kapitalgesellschaften zwischen Deutschland und England, Frankfurt 2002
Münchener Handbuch des Gesellschaftsrechts: Band 4: Aktiengesellschaft, hrsg. von Michael Hoffmann-Becking, 2. Auflage, München 1999 [zit.: *Bearbeiter*, in: MünchHdb. AG]
Münchener Kommentar zum Aktiengesetz: hrsg. von Bruno Kropff, Johannes Semler, 2. Auflage, München 2000 ff. [zit.: MüKo-*Bearbeiter*, AktG]
Münchener Kommentar zum Bürgerlichen Gesetzbuch: Band 11: Internationales Handels- und Gesellschaftsrecht - Einführungsgesetz zum Bürgerlichen Gesetzbuch, hrsg. von Kurt Rebmann, Franz Jürgen Säcker, Roland Rixecker, 3. Auflage, München 1999 [zit.: MüKo-*Bearbeiter*, IntGesR]

Newman, Jane: Migration of Manpower plc: Combining the takeover rules of the City Code and the SEC, PLC September 1991, 3 ff.

Ogowewo, Tunde Idolo: Compulsory Expropriation of a Dissentient Minority: Reform or Retrogression in Nigerian Company Law, ICCLR 1996, 55 ff.

Page, Tim: Banking Business Transfer Schemes in the United Kingdom, JIBL 2002, 263 ff.

Palmer, James/Basuyaux, Bruno/Thaeter, Ralf: Squeezing out minority shareholders after a succesful public offer, in: Mergers and Acquisitions Handbook, London 2001, 60 ff.

Palmer's Company Law: hrsg. von Geoffrey Morse, 25. Auflage, London 1992, Loseblatt, Stand: 90. Lieferung März 2003 [zit.: Palmer]

Pearson, Andrew/Wood, Jonathan: Reduction of share capital - Different methods, PLC August 2001, 34 ff.

Pennington, Robert R.: Company Law, 5. Auflage, London 1985 [zit.: Pennington, Company Law]

Pennington, Robert R.: Corporate Insolvency Law, 2. Auflage, London, Edinburgh, Dublin 1997

Pennington, Robert R.: Jura Europae, Droit des Sociétés - Gesellschaftsrecht - Company Law, Bd. IV, 90.00 ff. (Vereinigtes Königreich), München, Paris, Stand: 24. Ergänzungslieferung, Oktober 1994

Pentz, Andreas: Die verbundene Aktiengesellschaft als außenstehender Aktionär, AG 1996, 97 ff.

Perker, Susanne: Das Reorganisationsverfahren im englischen Insolvenzrecht im Vergleich zur geplanten deutschen Insolvenzrechtsreform, München 1994

Practical Law Company: Practice Manuel: Asset Purchases, London 2001

Prentice, D.D.: Corporate Arrangements - Protecting Minority Shareholders, L.Q.R. 1976 (Vol. 92), 13

Pyman, Ian/Foster, Stephen: Australian Insolvency Procedures, JIBL 1987, 184 ff.

Rajak, Harry: Company Liquidations, Bicester 1988

Randell, Charles/Walford, Richard: Consolidation and sub-division of share capital, PLC April 1998, 12 ff.

Ranking and Spicer's: Company Law, hrsg. von J.M. Gullick, 13. Auflage, London 1987 [zit.: Ranking and Spicer's]

Rawnsley, Patrick/Simpson, Mark/Hutton, Noel: Internal Reorganisations - Pricing, Tax and Documentation, PLC Januar/Februar 1996, 35 ff.

Reinhart, Stefan: Sanierungsverfahren im internationalen Insolvenzrecht: eine rechtsvergleichende Untersuchung über die besonderen internationalrechtlichen Probleme liquidationsabwendender Insolvenzverfahren, Berlin 1995

Rice, D.G.: Protection of Minorities against Opression under section 206 of the Companies Act, 1948, M.L.R. 1958 (Vol. 21), 623 ff.

Riesenfeld, Stefan: Das amerikanische Sanierungsverfahren - Ein rechtsvergleichender Überblick, KTS 1983, 85 ff.

Romain, Alfred/Bader, Hans Anton/Byrd, B. Sharon: Wörterbuch der Rechts- und Wirtschaftssprache, Teil I: englisch - deutsch, 5. Auflage, München, Basel, Wien 2000

Rosenberg, J.N.: A New Scheme of Reorganization, Col. L. Rev. 17 (1917), 523 ff.

Rowedder, Heinz/Schmidt-Leithoff, Christian: Kommentar zum GmbH-Gesetz, 4. Auflage, München 2002 [zit.: Rowedder/Schmidt-Leithoff-*Bearbeiter*, GmbHG]

Rühland, Philipp: Die Abfindung von aus der Aktiengesellschaft ausgeschlossenen Minderheitsaktionären, WM 2000, 1884 ff.

Sagasser, Bernd/Bula, Thomas/Brünger, Thomas R.: Umwandlungen, 3. Auflage, München 2002 [zitiert: Sagasser/Bula/Brünger-*Bearbeiter*]

Schmid, Christoph: Das umwandlungsrechtliche Unbedenklichkeitsverfahren und die Reversibilität registrierter Verschmelzungsbeschlüsse, ZGR 1997, 493 ff.

Schmidt, Karsten: Einschränkung der umwandlungsrechtlichen Eintragungswirkung durch den umwandlungsrechtlichen numerus clausus?, ZIP 1998, 181 ff.

Schmidt, Karsten: Gesellschaftsrecht, 4. Auflage, Köln 2002

Schmidt, Karsten/Uhlenbruck, Wilhelm: Die GmbH in Krise, Sanierung und Insolvenz, 2. Auflage, Köln 1999

Schmitt, Joachim/Hörtnagl, Robert/Stratz, Rolf-Christian: Kommentar zum Umwandlungsgesetz und Umwandlungssteuergesetz, 3. Auflage, München 2001 [zit.: Schmitt/Hörtnagel/Stratz-*Bearbeiter*, UmwG/UmStG]

Schmitthoff, Clive M.: Editorial: Does British Company Law Admit Mergers Across the Frontiers ?, JBL 1972, 1 ff.

Schneider, Uwe H.: Internationales Kapitalmarktrecht - Regelungsprobleme, Methoden, Aufgaben, AG 2001, 269 ff.

Schofield, Peter: Protection of Employment on Transfer of Undertakings, JBL 1983, 18 ff.

Scholz, Franz (Hrsg.): Kommentar zum GmbH-Gesetz, 9. Auflage, Köln 2000/2002 [zit.: Scholz-*Bearbeiter*, GmbHG]

Schroeder, Ulrich: Finanzielle Unterstützung des Aktienerwerbs, Köln 1995

Schubert, Werner/Hommelhoff, Peter (Hrsg.): Hundert Jahre modernes Aktienrecht, ZGR-Sonderheft 4, Berlin, New York 1985

Schüppen, Matthias: Übernahmegesetz ante portas ! - Zum Regierungsentwurf eines „Gesetzes zur Regelung von öffentlichen Angeboten zum Erwerb von Wertpapieren und von Unternehmensübernahmen, Wpg. 2001, 958 ff.

Scott, Martin/Lewis, David: Schemes of Arrangement - Using them in a recommended Takeover, PLC Januar/Februar 1992, 17 ff.

Scott, Tom: Returning cash to shareholders - Options for companies, PLC April 1997, 19 ff.
Sellmann, Christian: Ausgleichs- und Verfahrensregelungen des Squeeze-out auf dem Prüfstand, WM 2003, 1545 ff.
Semler, Johannes/Stengel, Arndt: Kommentar zu Umwandlungsgesetz, 1. Auflage, München 2003 [zit.: Semler/Stengel-*Bearbeiter*]
Sieger, Jürgen J./Hasselbach, Kai: Ausschluß von Minderheitsaktionären (Squeeze-out) im ausländischen Recht, NZG 2001, 926 ff.
Sieger, Jürgen J./Hasselbach, Kai: Der Ausschluß von Minderheitsaktionären nach den neuen §§ 327 a ff. AktG, ZGR 2002, 120 ff.
Siems, Mathias: Neue Medien im UK Company Law - Eine rechtsvergleichende Darstellung der Companies Act 1985 (Electronic Communications) Order 2000, RIW 2002, 202 ff.
Singhof, Bernd: Zur finanziellen Unterstützung des Erwerbs eigener Aktien durch Kreditinstitute, NZG 2002, 745 ff.
Smart, P. St. J.: Cross-Border Insolvency, 2. Auflage, London 1998
Smith, Peter: Investment Trusts - Releasing their value, PLC Oktober 1997, 19 ff.
Spindler, Gerald: Deutsches Gesellschaftsrecht in der Zange zwischen Inspire Art und Golden Shares?, RIW 2003, 805 ff.
Spring, Samuel: Upset Prices in Corporate Reorganization, Harv. L. Rev., Vol. XXXII 1918-1919, 489 ff.
Starnecker, Hermann: Englische Insolvenzverfahren - Administrative Receivership und Administration Order vor dem Hintergrund der deutschen Insolvenzordnung, Frankfurt am Main, Berlin, Bern, New York, Paris, Wien 1995
Staudinger, J. von (Begr.): Kommentar zum Bürgerlichen Gesetzbuch mit Einführungsgesetz und Nebengesetzen, Einführungsgesetz zum Bürgerlichen Gesetzbuch/IPR, Internationales Gesellschaftsrecht, 13. Auflage, bearbeitet von Bernhard Großfeld, Berlin 1993 [zit.: Staudinger-Großfeld, IntGesR]
Steinmeyer, Roland/Häger, Michael: Kommentar zum Wertpapiererwerbs- und Übernahmegesetz, Berlin, Bielefeld, München 2002 [zit.: Steinmeyer/Häger, WpÜG]
Stranex, Mark: The Scheme of Arrangement in South African Company Law, JBL 1989, 177 ff.
Stretch, Nicholas: Share options and takeovers: Managing the target's schemes, PLC Juni 2002, 39 ff.
Summerfield, Spencer/Hale, Chris: From public to privat - Management buyouts of listed companies, PLC Mai 1998, 33 ff. (Teil I) und PLC Juni 1998, 21 ff. (Teil II)
Sykes, Richard: Schemes of Arrangement - The hawk that muddied the waters, PLC Juni 2001, 6 f.

Sykes, Annabel/Connolly, Karen: Financial Services and Markets Act - An overview (Part I), PLC August 2001, 21 ff.

Tay, Derrick C.: Canada: Insolvency: Plan of Arrangement, JIBL 1994, N191 ff.
Than, Jürgen: Zwangsweises Ausscheiden von Minderheitsaktionären nach Übernahmeangebot ?, in: Festschrift für Carsten Peter Claussen, hrsg. von Klaus-Peter Martens, Harm Peter Westermann, Wolfgang Zöllner, Köln, Berlin, Bonn, München 1997, S. 405 ff.
Timm, Wolfram: Die Aktiengesellschaft als Konzernspitze, Köln 1980
Tomsett, Eric G./Noble, Nicholas R.: Company Reorganisations - Tax and Tax Planning, 2. Auflage, London, Dublin, Edinburgh 1990
Tolley's Company Law: Hrsg. von Stephen Barc, Trowbridge/Wiltshire 1990, Loseblatt, Stand: 57. Nachlieferung Juni 2001
Triebel, Volker/Hase, Karl von: Wegzug und grenzüberschreitende Umwandlungen deutscher Gesellschaften nach „Überseering" und „Inspire Art", BB 2003, 2409 ff.
Triebel, Volker/Hodgson, Stephen/Kellenter, Wolfgang/Müller, Georg: Englisches Handels- und Wirtschaftsrecht, 2. Auflage, Heidelberg 1995
Trölitzsch, Thomas: Aktuelle Tendenzen im Umwandlungsrecht, DStR 1999, 764 ff.

Ufland, Richard: The Vodafone and Chubb Demergers, PLC Dezember 1992, 9 ff.

Vach, Michael: Aspekte der Insolvenzrechtsreform von 1986 in England, Frankfurt am Main, Bern, New York, Paris 1991
Vetter, Eberhard: Der Ausschluß der Minderheitsaktionäre nach §§ 327 a-327 f AktG, AG 2002, 176 ff.
Vogel, Hans-Gert: Die Vergemeinschaftung der Anleihegläubiger und ihre Vertretung nach dem Schuldverschreibungsgesetz, Baden-Baden 1999
Vogel, Hans-Gert: Das Schuldverschreibungsgesetz - Gesetzgeberisches Fossil oder lebendes Kapitalmarktrecht, ZBB 1996, 321 ff.
Vossius, Oliver: Squeeze-out - Checklisten für Beschlußfassung und Durchführung, ZIP 2002, 511 ff.

Walmsley, Keith (Hrsg.): Butterworths Company Law Handbook, 17. Auflage, London, Edinburgh, Dublin 2003
Walsom, Roger: C shares and S shares - A different class of shares, PLC November 1997, 27 ff.

Weinberg and Blank on Takeovers and Mergers: hrsg. von Laurence Rabinowitz, J.O. Dick, Paul Lasok, William Underhill, 5. Auflage, London 1989, Loseblatt, Stand: 25. Lieferung Januar 2002 [zit.: Weinberg/Blank/*Bearbeiter*]

Weiss, Gerry A.: Die Erhaltung insolvenzgefährdeter Unternehmen in Großbritannien, ZIP 1982, 1038 ff.

Welch, Jane: Tenth Draft Directive on Cross-border mergers, Comp. Lawy. 1986, 69 ff.

Widmann, Siegfried/Mayer, Dieter: Kommentar zum Umwandlungsrecht, Bonn - Berlin Loseblattsammlung, Stand: 71. Lieferung September 2003 [zit.: Widmann/Mayer-*Bearbeiter*, UmwR]

Wilkinson, Andrew/Cohen, Adrian: Creditors' Schemes of Arrangement and Company Voluntary Arrangements, in: Alison Clarke (Hrsg.), Current Issues in Insolvency Law, London 1991, S. 121 ff.

Wilkinson, Andrew/Sutherland, Rosemary: Creditors' schemes of arrangement: Their use for troubled insurance companies in the London Market, IntILR 1993, 30 ff.

Wilsing, Hans-Ulrich/Kruse, Tobias: Zur Behandlung bedingter Aktienbezugsrechte beim Squeeze-out, ZIP 2002, 1465 ff.

Wirth, Gerhard/Arnold, Michael: Anfechtungsklagen gegen Squeeze-out-Hauptversammlungsbeschlüsse wegen angeblicher Verfassungswidrigkeit, AG 2002, 503 ff.

Wolf, Martin: Der Minderheitenausschluß qua „übertragender Auflösung" nach Einführung des Squeeze-Out gemäß §§ 327a-f AktG, ZIP 2002, 153 ff.

Wood, Helen: Marks & Spencer: Returning capital to shareholders, PLC März 2002, 8 f.

Wooldridge, Frank: Company Law in the United Kingdom and the European Community: Its Harmonization and Unification, London 1991

Wooldridge, Frank: The Third Directive and the Meaning of Mergers, Comp. Lawy. 1980, 75 ff.

Ziemons, Hildegard: Freie Bahn für den Umzug von Gesellschaften nach Inspire Art?!, ZIP 2003, 1913 ff.

Zinser, Alexander: Übernahmeangebote (takeover bids) im englischen und deutschen Recht, Frankfurt am Main 2000

Zinser, Alexander: Der britische City Code on Takeovers and Mergers in der Fassung vom 9. 3. 2001, RIW 2001, 481 ff.

Frankfurter wirtschaftsrechtliche Studien

Herausgegeben von
Theodor Baums, Andreas Cahn, Friedrich Kübler, Hans-Joachim Mertens,
Eckard Rehbinder, Gunther Teubner

Band 1 Tomas Brinkmann: Unternehmensinteresse und Unternehmensrechtsstruktur. Aufgaben und Grenzen eines normativen Regulativs unternehmenspolitischer Prozesse. 1983.

Band 2 Rüdiger Hahn: Behinderungsmißbräuche marktbeherrrschender Unternehmen. Eine Untersuchung der Beeinträchtigung von Wettbewerb und Marktstruktur durch horizontalen Nichtleistungswettbewerb als Gegenstand der Mißbrauchaufsicht nach § 22 Abs. 4 S. 2 Nr. 1 GWB. 1984.

Band 3 Peter Buchmann: Registerpublizität und Gläubigerschutz bei der Einmann-Gesellschaft. 1984.

Band 4 Christian Joerges/Eugen Hiller/Knut Holzscheck/Hans-W. Micklitz: Vertriebspraktiken im Automobilersatzteilsektor. Ihre Auswirkungen auf die Interessen der Verbraucher. 1985.

Band 5 Annette Boerner: Die Haftung des herrschenden Kommanditisten. 1985.

Band 6 Dirk H. Mahler: Rechtsmißbrauch und einstweiliger Rechtsschutz bei Dokumentenakkreditiven und "Akkreditiven auf erstes Anfordern": Eine rechtsvergleichende Untersuchung. 1986.

Band 7 Brigitte Kratz: Ausländische Eingriffsnorm und inländischer Privatrechtsvertrag. 1986.

Band 8 Dimitris Tsibanoulis: Die genossenschaftliche Gründungsprüfung. 1987.

Band 9 Jürgen Braun: Rechtsfragen des Transport-Unfall-Informations- und Hilfeleistungs-Systems der deutschen chemischen Industrie. 1987.

Band 10 Thomas Pfeiffer: Die Bedeutung des privatrechtlichen Immissionsschutzes. Eine Untersuchung zu §§ 1004, 906 BGB. 1987.

Band 11 Michael Bothe/Josef Brink/Christian Kirchner/Albrecht Stockmayer: Rechtsfragen der internationalen Verschuldungskrise. Voraussetzungen, Formen und Verfahren internationaler Umschuldungsmaßnahmen und Umschuldungsvereinbarungen. 1988.

Band 12 Felix Dörr: Die fehlerhafte GmbH. 1989.

Band 13 Rolf Trittmann: Anwendungsprobleme des Haager Beweisübereinkommens im Rechtshilfeverkehr zwischen der Bundesrepublik und den Vereinigten Staaten von Amerika. Exklusive Regelung zur Überbrückung der Unterschiede zwischen dem kontinental-europäischen und anglo-amerikanischen Zivilprozeßrechtssystem? 1989.

Band 14 Margaretha Sudhof: Dreieckige Rechtsverhältnisse im Wirtschaftsverwaltungsrecht - Am Beispiel von Konkurrentenklagen. 1989.

Band 15 Michael Weigel: Schriftformklauseln in Allgemeinen Geschäftsbedingungen. 1989.

Band 16 Hans-Peter Schröder: Der sichere Weg bei der Vertragsgestaltung. 1990.

Band 17 Matthias Haas: Haftungsfreizeichnungsklauseln in Allgemeinen Geschäftsbedingungen. Eine rechtsdogmatische und ökonomische Analyse. 1991.

Band 18 Andreas Hahn: Instandhaltungsverträge. Begriffe, Einordnung, Rechtsfolgenbestimmung, Auswirkung auf die Kautelarpraxis. 1991.

Band 19 Jürgen Götz: Der Entherrschungsvertrag im Aktienrecht. 1991.

Band 20 Friedrich Wächtershäuser: Das Gesellschaftsrecht des internationalen Joint Ventures. 1992.

Band 21 Christina Escher-Weingart: Nutzungsausfall als Schaden und sein Ersatz. 1993.

Band 22 Jean-Claude Zerey: Rechtliche Probleme der Finanzierung von *Leveraged Buyouts* und *Tender Offers* durch Banken in den USA und in der Bundesrepublik Deutschland. Eine rechtsvergleichende Studie über die Rolle der Banken bei Unternehmenskontrolltransaktionen in den USA und in der Bundesrepublik Deutschland. 1994.

Band 23 Markus Bauer: Gläubigerschutz durch eine formelle Nennkapitalziffer - Kapitalgesellschaftsrechtliche Notwendigkeit oder überholtes Konzept? Eine rechtsvergleichende Untersuchung der Gläubigerschutzkonzepte des amerikanischen und deutschen Kapitalgesellschaftsrechts. 1995.

Band 24 Marion Vollmann: Minderheitenschutz im aktienrechtlichen Beschlußmängelrecht. Eine Bestandsaufnahme und Vorschläge zu einer rechtspolitischen Reform. 1997.

Band 25 Lydia Klose-Mokroß: Gläubigerschutz im Kapitalgesellschaftsrecht am Beispiel der Lehre von der verdeckten Sacheinlage. 1997.

Band 26 Stephan Aubel: Der vereinfachte Bezugsrechtsausschluß. Aktionärs- und Gesellschaftsinteressen beim vereinfachten Bezugsrechtsausschluß nach Maßgabe des § 186 Absatz 3 Satz 4 AktG. 1998.

Band 27 Kurt Peter Dittrich: Die Privatplazierung im deutschen Kapitalmarktrecht. Eine Untersuchung der Vorschriften des Auslandinvestmentgesetzes, des Wertpapier-Verkaufsprospektgesetzes und des Gesetzes über Kapitalanlage-Gesellschaften unter Berücksichtigung des Rechts der Vereinigten Staaten von Amerika und des Vereinigten Königreichs. 1998.

Band 28 Viola Sailer: Aktienrechtliche Minderheitskompetenzen zwischen Mißbrauch und unternehmerischer Entscheidungsfreiheit. 1999.

Band 29 Marc Zimmerling: Kapitalerhaltung und Konzernfinanzierung. Eine Untersuchung der kapitalerhaltungsrechtlichen Problematik aufsteigender Sicherheiten im Konzern. 1998.

Band 30 Joachim Wichert: Die Finanzen der Kommanditgesellschaft auf Aktien. 1999.

Band 31 Kerstin Andrea Müller: Produktverantwortung und ihre Durchsetzung. Eine kartellrechtliche Beurteilung von Selbstverpflichtungen im Umweltrecht aus deutscher und europäischer Sicht unter besonderer Berücksichtigung der Altautoentsorgung. 1999.

Band 32 Bettina Friedrich: Konvergenzen im Gesellschaftsrecht. Recht-Fertigung durch Status- und Befundsicherung. 2000.

Band 33 Rudolf Lemke: Haftungsrechtliche Fragen des Ratingwesens – ein Regelungsproblem? 2000.

Band 34 Klaus R. Roller: Die Vergütung des Aufsichtsrats in Abhängigkeit vom Aktienkurs. 2000.

Band 35 Bettina Bokelmann: Personelle Verflechtungen über Aufsichtsräte. Aufsichtsratsmitglieder mit hauptberuflicher Vorstandsfunktion. 2000.

Band 36 Kai-Uwe Steck: Regulierung von US-amerikanischen Investmentgesellschaften (Investment Companies). Unter besonderer Berücksichtigung des National Securities Markets Improvement Act of 1996 (NSMIA) und anderer aktueller Rechtsanpassungen. 2000.

Band 37 Kristofer Bott: Wissenszurechnung bei Organisationen. 2000.

Band 38 Ursula Lenzen: Unerlaubte Eingriffe in die Börsenkursbildung. 2000.

Band 39 Martin Schulz: Verfassungsrechtliche Vorgaben für das Kollisionsrecht in einem Gemeinsamen Markt. Eine rechtsvergleichende Untersuchung zu den Grenzen einzelstaatlicher Anknüpfungsmethoden im internationalen Vertrags-, Delikts- und Gesellschaftsrecht am Beispiel der Vereinigten Staaten von Amerika. 2000.

Band 40 Maximilian Koch: Diversifizierung und Vorstandskompetenzen. 2001.

Band 41 Corrado Wohlwend: Die Hauptversammlung im Wandel der Kommunikationsformen. 2001.

Band 42 Michael Rozijn: Der Unternehmensmaklervertrag. Zur Anwendung des allgemeinen Maklervertragsrechts auf Mergers & Acquisitions-Dienstleistungen. 2001.

Band 43 Konstantinos N. Kyriakakis: Die Überwachung einer US-amerikanischen Aktiengesellschaft durch institutionelle Anleger. 2002.

Band 44 Uta Fredebeil: Aktienemissionen. Das underwriting agreement (der Übernahmevertrag) und seine spezifischen Klauseln. 2002.

Band 45 Michaela G. Döbler: Die Einführung des WTO-weiten Erschöpfungsgrundsatzes in das Markenrecht der EU und der USA. 2002.

Band 46 Jan Liersch: Regulierung des Blockhandels an den organisierten Aktienmärkten der Vereinigten Staaten, Großbritanniens und Deutschlands. 2002.

Band 47 Sascha Lotze: US-amerikanisches Kapitalmarktrecht und Internet. Aufsichts- und haftungsrechtliche Fragen des Internet-Einsatzes bei Wertpapieremissionen und im Wertpapierhandel. 2002.

Band 48 Boris Trautmann: Die Konkurrenz von Haftpflicht- und Versicherungsanspruch. Ein Beitrag zur ökonomischen Analyse des Rechts unter Berücksichtigung von Unsicherheit und Verhaltensanomalien. 2002.

Band 49 Matthias Möller: Rechtsformen der Wagnisfinanzierung. Eine rechtsvergleichende Studie zu den USA und zu Deutschland. 2003.

Band 50 Heiner Feldhaus: Die Eignung zur erheblichen Kursbeeinflussung bei der Ad-hoc-Publizität. Eine rechtsvergleichende und interdisziplinäre Untersuchung unter Berücksichtigung der europarechtlichen Vorgaben. 2003.

Band 51 Matthias Janke: Gesellschaftsrechtliche Treuepflicht. Neubewertung der richterrechtlichen Generalklausel im Rahmen einer rechtsvergleichenden und ökonomischen Analyse. 2003.

Band 52 Katrin Thoma: Eigengeschäfte des Vorstands mit der Aktiengesellschaft. Eine vergleichende Untersuchung zum englischen, U.S.-amerikanischen und deutschen Recht. 2003.

Band 53 Mathias Stöcker: Rechtsfragen grenzüberschreitender Unternehmenszusammenschlüsse - unter besonderer Berücksichtigung des Falles Daimler/Chrysler - 2003.

Band 54 Otto Korte: Zur mißbräuchlichen Wahrnehmung der aktienrechtlichen Anfechtungsbefugnis. 2003.

Band 55 Wilhelm Wilderink: Die Auflösung, die Übertragung und die Verschmelzung von Investmentfonds. 2003.

Band 56 Anja Birkenkämper: Rechtsfragen feindlicher Übernahmen. Jurisitische Nachlese zum Fall Krupp/Thyssen. 2003.

Band 57 Manuel Lorenzo Alonso: Die Neuausrichtung der Zwischenstaatlichkeitsklausel der Art. 81, 82 EG. Folgen der neuesten Entwicklungen des Gemeinschaftsrechts für die Zwischenstaatlichkeitsklausel - unter besonderer Berücksichtigung des Bankenbereichs. 2003.

Band 58 Dirk Kocher: Kapitalgesellschaft & Co. KG in Finnland. Eine Untersuchung zur Frage der Übertragbarkeit der deutschen Grundtypenvermischung auf das finnische Recht. 2003.

Band 59 Ruiting Qin: Parteiautonomie: Eine rechtsvergleichende Untersuchung. Versuch zur Entwicklung einer Gerechtigkeitsjurisprudenz im IPR. 2003.

Band 60 René Runte: Walter Julius Derenberg – Leben und Werk. 2004.

Band 61 Udo Prinz: Umstrukturierung durch *Schemes of Arrangement* mit Gesellschaftern im englischen Recht. – Ein Vorbild? 2004.

Katrin Thoma

Eigengeschäfte des Vorstands mit der Aktiengesellschaft

Eine vergleichende Untersuchung zum englischen, U.S.-amerikanischen und deutschen Recht

Frankfurt am Main, Berlin, Bern, Bruxelles, New York, Oxford, Wien, 2003.
XVI, 359 S.
Frankfurter wissenschaftsrechtliche Studien. Bd. 52
Verantwortlicher Herausgeber: Theodor Baums
ISBN 3-631-50621-X · br. € 56.50*

Eigengeschäfte von Vorstandsmitgliedern mit der Aktiengesellschaft und die damit verbundenen Interessenkonflikte werfen zahlreiche Fragen sowohl nach geltendem Recht als auch in rechtspolitischer Hinsicht auf. Bis zur Einführung des Deutschen Corporate Governance Kodex waren solche Eigengeschäfte weithin ungeregelt. Demgegenüber wird die Problematik der „self dealing transactions" in England und in den U.S.A. seit vielen Jahren im Rahmen der Corporate Governance-Debatte diskutiert. Aus diesem Grund bietet es sich an, vor dem Hintergrund der dortigen Erfahrungen die Ansätze für die Behandlung von Eigengeschäften im deutschen Recht zu überprüfen und weiter zu entwickeln.

Aus dem Inhalt: Eigengeschäfte von Vorstandsmitgliedern im englischen, U.S.-amerikanischen und deutschen Recht · Rechtsvergleich

Frankfurt am Main · Berlin · Bern · Bruxelles · New York · Oxford · Wien
Auslieferung: Verlag Peter Lang AG
Moosstr. 1, CH-2542 Pieterlen
Telefax 00 41 (0) 32 / 376 17 27

*inklusive der in Deutschland gültigen Mehrwertsteuer
Preisänderungen vorbehalten

Homepage http://www.peterlang.de

Kolibri 360 GmbH
Ferdinand-Jühlke-Straße 7
99095 Erfurt, Deutschland
produktsicherheit@kolibri360.de

Druck:
CPI Druckdienstleistungen GmbH
im Auftrag der
Kolibri 360 GmbH
Ferdinand-Jühlke-Str. 7
99095 Erfurt